Markus Eisenbach

Personenwiedererkennung mittels maschineller Lernverfahren für öffentliche Einsatzumgebungen

Personenwiedererkennung mittels maschineller Lernverfahren für öffentliche Einsatzumgebungen

Markus Eisenbach

Universitätsverlag Ilmenau
2020

Impressum

Bibliografische Information der Deutschen Nationalbibliothek
Die Deutsche Nationalbibliothek verzeichnet diese Publikation in der Deutschen Nationalbibliografie; detaillierte bibliografische Angaben sind im Internet über http://dnb.d-nb.de abrufbar.

Diese Arbeit hat der Fakultät für Informatik und Automatisierung der Technischen Universität Ilmenau als Dissertation vorgelegen.

Tag der Einreichung:	1. Juli 2019
1. Gutachter:	Univ.-Prof. Dr.-Ing. Horst-Michael Groß (Technische Universität Ilmenau)
2. Gutachter:	Univ.-Prof. Dr.-Ing. habil. Gerhard Rigoll (Technische Universität München)
3. Gutachter:	Dr.-Ing. Michael Brauckmann (IDEMIA Identity & Security Germany AG, Bochum)
Tag der Verteidigung:	18. Dezember 2019

Technische Universität Ilmenau/Universitätsbibliothek
Universitätsverlag Ilmenau
Postfach 10 05 65
98684 Ilmenau
https://www.tu-ilmenau.de/universitaetsverlag

ISBN 978-3-86360-226-0 (Druckausgabe)
DOI 10.22032/dbt.45621
URN urn:nbn:de:gbv:ilm1-2019000698

Covergrafik: Markus Eisenbach

Kurzfassung

Die erscheinungsbasierte Personenwiedererkennung in öffentlichen Einsatzumgebungen ist eines der schwierigsten, noch ungelösten Probleme der Bildverarbeitung. Viele Teilprobleme können nur gelöst werden, wenn Methoden des maschinellen Lernens mit Methoden der Bildverarbeitung kombiniert werden.

In dieser Arbeit werden maschinelle Lernverfahren eingesetzt, um alle Abarbeitungsschritte einer erscheinungsbasierten Personenwiedererkennung zu verbessern: Mithilfe von *Convolutional Neural Networks* werden erscheinungsbasierte Merkmale gelernt, die eine Wiedererkennung auf menschlichem Niveau ermöglichen. Für die Generierung des *Templates* zur Beschreibung der Zielperson wird durch Einsatz maschineller Lernverfahren eine automatische Auswahl personenspezifischer, diskriminativer Merkmale getroffen. Durch eine gelernte Metrik können beim Vergleich von Merkmalsvektoren szenariospezifische Umwelteinflüsse kompensiert werden. Eine Fusion komplementärer Merkmale auf *Score Level* steigert die Wiedererkennungsleistung deutlich. Dies wird vor allem durch eine gelernte Gewichtung der Merkmale erreicht.

Das entwickelte Verfahren wird exemplarisch anhand zweier Einsatzszenarien — Videoüberwachung und Robotik — evaluiert. Bei der Videoüberwachung ermöglicht die Wiedererkennung von Personen ein kameraübergreifendes Tracking. Dies hilft menschlichen Operateuren, den Aufenthaltsort einer gesuchten Person in kurzer Zeit zu ermitteln. Durch einen mobilen Serviceroboter kann der aktuelle Nutzer anhand einer erscheinungsbasierten Wiedererkennung identifiziert werden. Dies hilft dem Roboter bei der Erfüllung von Aufgaben, bei denen er den Nutzer lotsen oder verfolgen muss.

Die Qualität der erscheinungsbasierten Personenwiedererkennung wird in dieser Arbeit anhand von zwölf Kriterien charakterisiert, die einen Vergleich mit biometrischen Verfahren ermöglichen. Durch den Einsatz maschineller Lernverfahren wird bei der erscheinungsbasierten Personenwiedererkennung in den betrachteten unüberwachten, öffentlichen Einsatzfeldern eine Erkennungsleistung erzielt, die sich mit biometrischen Verfahren messen kann.

Abstract

Appearance-based person re-identification in public environments is one of the most challenging, still unsolved computer vision tasks. Many subtasks can only be solved by combining machine learning with computer vision methods.

In this thesis, we use machine learning approaches in order to improve all processing steps of the appearance-based person re-identification: We apply convolutional neural networks for learning appearance-based features capable of performing re-identification at human level. For generating a template to describe the person of interest, we apply machine learning approaches that automatically select person-specific, discriminative features. A learned metric helps to compensate for scenario-specific perturbations while matching features. Fusing complementary features at score level improves the re-identification performance. This is achieved by a learned feature weighting.

We deploy our approach in two applications, namely surveillance and robotics. In the surveillance application, person re-identification enables multi-camera tracking. This helps human operators to quickly determine the current location of the person of interest. By applying appearance-based re-identification, a mobile service robot is able to keep track of users when following or guiding them.

In this thesis, we measure the quality of the appearance-based person re-identification by twelve criteria. These criteria enable a comparison with biometric approaches. Due to the application of machine learning techniques, in the considered unsupervised, public fields of application, the appearance-based person re-identification performs on par with biometric approaches.

Danksagung

> If everyone is moving forward together,
> then success takes care of itself.
>
> Henry Ford

Sehr gute Ergebnisse können nur in einem sehr guten Team erreicht werden. Daher möchte ich meinen ehemaligen und jetzigen Kollegen für die gemeinsame Arbeit in dem großartigen Team des Fachgebiets Neuroinformatik und Kognitive Robotik danken.

Zuerst gilt mein Dank Prof. Horst-Michael Groß, der das Team des Fachgebiets zusammenhält, auf ein ausgezeichnetes, kooperatives Arbeitsklima achtet und stets ein offenes Ohr für seine Doktoranden hat. Ich habe mich durch Sie als Doktorvater sehr gut betreut gefühlt.

Für die sehr gute Zusammenarbeit im Forschungsprojekt APFel danke ich Alexander Kolarow, Konrad Schenk und Klaus Debes. Eine ebenso gute Zusammenarbeit war im Forschungsprojekt ROREAS möglich. Dafür danke ich Erik Einhorn, Thanh Quang Trinh, Christoph Weinrich, Tim Wengefeld und Andrea Scheidig. Des Weiteren danke ich Steffen Müller für die sehr gute Zusammenarbeit im Forschungsprojekt SYMPARTNER und Ronny Stricker für die sehr gute Zusammenarbeit im Forschungsprojekt ASINVOS. Den langjährigen Erfahrungsträgern Christof Schröter, Erik Schaffernicht und Michael Volkhardt danke ich für die nützlichen Hinweise und Diskussionen. Für die zahlreichen Erörterungen am Whiteboard danke ich meinen Zimmerkollegen Daniel Seichter und Dustin Aganian. Für ein gutes Arbeitsklima und eine gute Zusammenarbeit sorgten natürlich auch alle weiteren Kollegen. Mein Dank gilt daher meinen ehemaligen und jetzigen wissenschaftlichen Kollegen Cornelia Dittmar, Tim van der Grinten, Sven Hellbach, Sandra Helsper-Noack, Dominik Höchemer, Bianca Jäschke, Robert Kaltenhäuser, Alexander Katzmann, Jens Kessler, Benjamin Lewandowski, Jonathan Liebner, Thomas Schmiedel, Benjamin Schütz, Benedict Stephan, Christian Vollmer und Alexander Vorndran. Mein Dank gilt auch unseren technischen Mitarbeitern Heike Groß und Sabine Schulz dafür, dass sie die notwendige Rechentechnik stets am Laufen halten.

Ein weiterer großer Dank gilt allen Sekretärinnen — Ute Schütz, Evelin Grabley, Katja Hamatschek, Anja Zwetkow-Schilling und Jana König — die uns Verwaltungsaufgaben abnehmen und für einen reibungslosen Ablauf am Fachgebiet sorgen. Durch euch wird wissenschaftliche Arbeit an einer Uni überhaupt erst möglich.

Neben den Mitarbeitern des Teams des Fachgebiets Neuroinformatik und Kognitive Robotik trugen natürlich auch die Projektpartner entscheidend zum Erfolg der Forschungsprojekte bei. Für die besonders gute Zusammenarbeit im Forschungsprojekt danke ich den technischen Projektpartnern der Firma L-1 Identity Solutions, Michael Dose, Michael Brauckmann und Stefan Schlenger, sowie der Hochschule Ruhr-West, Prof. Uwe Handmann, Matthias Grimm und Sebastian Hommel. Außerdem gilt mein Dank den Anwendungspartnern des Flughafens Erfurt-Weimar, des Fluglandeplatzes Schönhagen, des European Aviation Security Center (EASC) e.V. — speziell Uwe Weigmann und Veit Voges — und der Firma AVISTRA. Durch das Engagement der Anwender wurde die realitätsnahe Erprobung der entwickelten Verfahren ermöglicht. Für die sehr gute Kooperation im Forschungsprojekt ROREAS danke ich den Projektpartnern der Firma MetraLabs, Andreas Bley, Christian Martin und Robert Arenknecht, des SIBIS-Instituts, Sibylle Meyer, Christa Fricke und Silke Oelkers, sowie dem zuständigen Chefarzt Prof. Gustav Pfeiffer der m&i-Fachklinik Bad Liebenstein, die eine realitätsnahe Erprobung des Serviceroboters mit echten Patienten ermöglichten.

Weiterhin möchte ich den durch mich betreuten Studenten danken, die durch ihre Abschlussarbeiten zu den guten Ergebnissen dieser Arbeit beitrugen.

Für das Korrekturlesen danke ich Dustin Aganian, Daniel Seichter, Alexander Vorndran, meiner Frau Miriam Eisenbach und meiner Oma Liesa Gössinger.

Zuletzt möchte ich noch meiner Familie danken — vor allem meiner Frau Miriam und meiner Tochter Mila — dafür, dass sie mir den Rücken frei hielten und mir die notwendige Zeit einräumten, um diese Arbeit fertigzustellen.

Inhaltsverzeichnis

Kapitel 1

Einleitung

Die heutige Zeit ist geprägt von einer Vielzahl an technischen Neuerungen, die technischen Systemen ein immer höheres Maß an Autonomie ermöglichen. Dies kann in vielen Bereichen des Lebens beobachtet werden. Bekannte Beispiele sind erste selbstfahrende Autos [LEVINSON et al., 2011] oder Haushaltshilfen, wie zum Beispiel autonom agierende Staubsaugroboter [ULRICH et al., 1997]. Daneben gibt es aber auch neuartige technische Hilfen im medizinischen Bereich. So können in der Bewegung eingeschränkte Menschen mittels Exoskeletten wieder selbstständig laufen [VENEMAN et al., 2007]. Blinden Menschen wird ermöglicht, sich durch intelligente Rollatoren, die als eine Art Blindenhundersatz fungieren, wieder frei zu bewegen [WACHAJA et al., 2017]. Im Bereich der Pflege und Gesundheitsvorsorge wird auch verstärkt am Einsatz von Servicerobotern geforscht, welche zum Beispiel im häuslichen Umfeld bei der Betreuung von Demenzpatienten [SCHRÖTER et al., 2013], bei der Rehabilitation von Schlaganfallpatienten [GROSS et al., 2017b][1] oder bei der Rehabilitation von Patienten nach Hüftoperationen [SCHEIDIG et al., 2019] eingesetzt werden.

[1] Der Autor dieser Dissertation war Co-Autor der Publikation.

1.1 Motivation

In diesen Bereichen, in denen technische Systeme in direkten Kontakt mit Menschen kommen, wird zunehmend auch die Interaktion zwischen Menschen und Maschinen immer wichtiger. Um dies zu bewerkstelligen, müssen Personen zunächst erfasst werden. Danach ist der Kontakt zum Nutzer aufrecht zu erhalten. Hierzu muss eine Wiedererkennung des Nutzers zu jeder Zeit möglich sein. Bei der Wiedererkennung des Nutzers im Gesundheits- und Pflegebereich gibt es jedoch einige Einschränkungen. Es ist zu beachten, dass es sich bei diesen Anwendungsbereichen um unkontrollierte Szenarien handelt. Dies bedeutet, dass keine ständige Kooperation der Personen erwartet werden kann, um zum Beispiel eine Erkennung anhand biometrischer Merkmale zu ermöglichen. So ist es eher unpraktikabel, wenn eine Person sich ständig über ihren Fingerabdruck identifizieren muss. Auch eine Gesichtser-

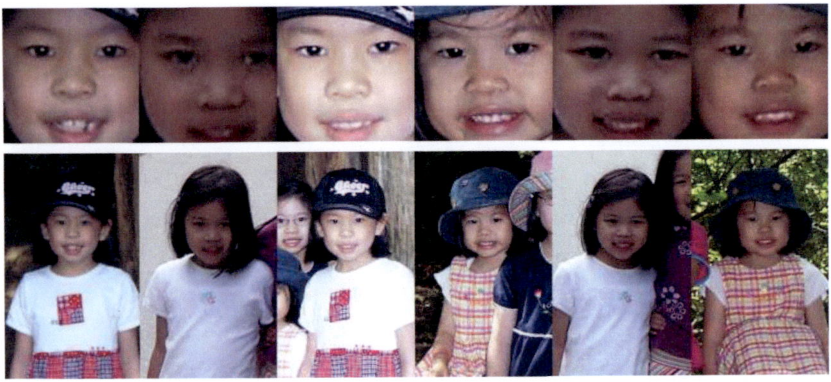

Abbildung 1.1: Zuordnung von Personen anhand von Gesicht und Kleidung
Die alleinige Zuordnung der Personen anhand des Gesichts ist oft recht schwierig (oben). Mit Hilfe der Kleidung wird dies deutlich erleichtert (unten). [Krause, 2013][2], Bildquelle: [Gallagher und Chen, 2008]

[2]Die Bachelorarbeit von Kerstin Krause wurde vom Autor betreut. Hinweise zur Motivation des Wiedererkennungsproblems sind in die Arbeit eingeflossen.

kennung, die weniger Kooperation erfordert, wäre nur möglich, wenn die Person dem Roboter oder technischen System direkt zugewandt und das Gesicht dadurch erkennbar ist. Auch dies ist bei Realweltanwendungen nicht zu erwarten. In diesen Anwendungsbereichen müssen technische Systeme daher auf die gesamte visuelle Erscheinung der Personen achten, inklusive deren Kleidung. [GONG et al., 2014b][3]

Dies entspricht auch dem menschlichen Vorgehen, was anhand Abbildung 1.1 ersichtlich wird. Die Unterscheidung der drei Kinder wird deutlich erleichtert, wenn zusätzlich zum Gesicht auch die Kleidung betrachtet wird. Das gesamte Erscheinungsbild spielt also bei der menschlichen Wahrnehmung eine deutlich größere Rolle als einzelne biometrische Merkmale, wie beispielsweise das Gesicht.

In der Literatur ist diese erscheinungsbasierte Wiedererkennung von Personen durch ein technisches System wie folgt definiert:

Definition

PERSONENWIEDERERKENNUNG

„Personenwiedererkennung ist das Problem der Erkennung und Zuordnung einer Person an verschiedenen physischen Orten über die Zeit, nachdem die Person zuvor irgendwo anders visuell beobachtet wurde." [GONG et al., 2014b][4] Die „Hauptaufgabe der Personenwiedererkennung ist das Messen der Ähnlichkeit zwischen zwei personenzentrierten Bildregionen, um Vorhersagen zu ermöglichen, ob diese Regionen die gleiche Person darstellen trotz Veränderungen der Beleuchtung, des Blickwinkels, störender Hintergründe, Verdeckungen sowie unterschiedlicher Bildqualität und Auflösung." [MA et al., 2014][5]

---

[3][GONG et al., 2014b], Preface, S. v

Wie aus dem letzten Teil der Definition hervorgeht, soll die erscheinungsbasierte Wiedererkennung auch bei unterschiedlichen Umwelteinflüssen funktionieren, die jedoch oft nicht bekannt sind. Das heißt, die Wiedererkennung einer Person muss auch möglich sein

- wenn die Person nicht kooperiert und biometrische Merkmale der Person nicht erkennbar sind (unüberwachtes Szenario),
- wenn die Person teilweise oder zeitweise vollständig verdeckt ist (Verdeckung),
- wenn die Person aus verschiedenen Perspektiven beobachtet wird, das heißt zum Beispiel erst frontal, dann von hinten (Blickwinkel),
- wenn die Person in verschiedenen Posen beobachtet wird, zum Beispiel erst sitzend, dann stehend (Pose),
- wenn die Person weit von der Kamera entfernt ist und der Bildausschnitt daher nur niedrig aufgelöst ist (Auflösung),
- wenn die Bilder der Person unscharf sind, zum Beispiel durch die Bewegung der Kamera, die an einem mobilen Roboter angebracht ist (Bildqualität),
- wenn die Kleidung der Person durch wechselnde Beleuchtungsbedingungen oder Schattenwürfe unterschiedlich erscheint (Umwelteinflüsse) und
- wenn mehrere Personen ähnliche Kleidung tragen (Varianz).

Wegen dieser großen Herausforderung bietet das Problem der Personenwiedererkennung ein enormes Potential für mögliche Forschungen. Es ist aber zugleich auch eines der schwierigsten, noch ungelösten Probleme der Bildverarbeitung. Viele Teilprobleme können nur gelöst werden, wenn Methoden des maschinellen Lernens mit Methoden der Bildverarbeitung kombiniert werden. Dies wird auch deutlich anhand der relativ

[4] [Gong et al., 2014b], Preface, S. v: engl. *„Person re-identification is the problem of recognising and associating a person at different physical locations over time after the person had been previously observed visually elsewhere.“*

[5] [Ma et al., 2014], S. 23: engl. *„[...] one key issue of person re-identification is [...] to measure the similarity between two person-centered image regions, allowing to predict if these represent the same person despite changes in illumination, viewpoints, background clutter, occlusion, and image quality/resolution.“*

großen Anzahl an Publikationen in den letzten zehn Jahren zu diesem Thema in allen relevanten größeren Konferenzen und Journalen der beiden Forschungsbereiche. [Gong et al., 2014b]

1.2 Anwendungen

Das Lösen des Wiedererkennungsproblems stellt allein schon eine große Herausforderung dar. Zusätzlich bietet es laut [Gong et al., 2014a] auch noch ein enormes Potential für ein große Bandbreite praktischer Anwendungen. Diese umfassen

- die erneute Erfassung von Personen beim Tracking in einer Kamera nach vollständigen Verdeckungen,
- das Tracking von Personen über mehrere Räume für heimische (Smart-Home-) Anwendungen,
- die passive, unaufdringliche Feststellung der Identität für personalisierte Gesundheitsanwendungen,
- die Unterscheidung der Zielperson von umgebenden Personen für die Mensch-Roboter-Interaktion,
- die Personenverfolgung in verteilten Kamerasystemen mit nichtüberlappenden Erfassungsbereichen, wie Flughäfen, Bahnhöfen oder Einkaufszentren, zum Beispiel um gesuchte Personen zu finden oder Bewegungsflüsse zu optimieren,
- die Suche nach bestimmten Personen bei der Analyse forensischer Daten,
- die Verifikation der Identität einer Person bei der Zugangskontrolle.
- die Erfassung nützlicher kundenspezifischer Informationen im Einzelhandel zur Verbesserung des Kundendienstes oder zur Optimierung der Verkaufsflächen und
- die Hilfe bei der Suche nach ähnlichen Objekten in großen Bilddatenbeständen im Internet, zum Beispiel beim Onlineshopping.

Im Rahmen dieser Arbeit werden exemplarisch zwei Anwendungsgebiete adressiert. Zum einen die Suche nach Personen in einem Multikamerasystem an öffentlichen Plätzen, zum anderen die Betreuung von Schlaganfallpatienten durch einen Serviceroboter. Beide Szenarien haben gemeinsam, dass Personen in Echtzeit visuell erfasst und durch Merkmale charakterisiert werden müssen, damit später eine Wiedererkennung ohne größeren Zeitaufwand stattfinden kann. Nachfolgend werden die beiden Anwendungen genauer beschrieben.

1.2.1 Videoüberwachung

Aufgrund steigender organisierter Kriminalität und anhaltender Terrorismusgefahr werden kritische Infrastrukturen und öffentliche Plätze mit hohem Personenaufkommen vermehrt videoüberwacht. Die Videodaten werden typischerweise an einen zentralen Leitstand übertragen und von Fachpersonal ohne technische Unterstützung ausgewertet. Die für die Auswertung zuständigen Operateure sollen Auffälligkeiten rechtzeitig erkennen, Gefahrensituationen zeitnah beurteilen und bei Bedarf Sicherheitspersonal informieren.[6]

Forschungsprojekt APFel

Im Rahmen des Forschungsprojekts APFel[7] wurde für das Szenario der Überwachung von Flughäfen und Fluglandeplätzen ein System entwickelt, welches das Fachpersonal dabei unterstützt, ausgewählte Personen über mehrere Kameras hinweg im Blick zu behalten (Abbildung 1.2). Außerdem kann durch dieses System gezielt zeitlich vorwärts und rückwärts an Stellen gesprungen werden, an denen die gesuchten Personen vom System erkannt wurden.

[6] Quelle: Verbundbeschreibung Forschungsprojekt APFel

[7] APFel: Analyse von Personenbewegungen an Flughäfen mittels zeitlich rückwärts- und vorwärtsgerichteter Videodatenströme. Forschungsprojekt gefördert vom Bundesministerium für Bildung und Forschung unter dem Förderkennzeichen 13N10797. Laufzeit: 01.01.2010 – 31.03.2014

Abbildung 1.2: Anwendung der Wiedererkennung im Bereich Videoüberwachung
Bei der Videoüberwachung öffentlicher Plätze muss ein Operateur die Bilder mehrerer Kameras gleichzeitig auswerten (links, Mitte). Ein unterstützendes Analysetool (rechts) kann dabei helfen, eine ausgewählte Person im Blick zu behalten. Dabei sind Zeitpunkte, an denen die Zielperson vom System wiedererkannt wurde, grün hervorgehoben.

Rolle der Wiedererkennung

Die schnelle Wiedererkennung von Personen spielt eine entscheidende Rolle, um die gesuchten Personen in einem Multikamerasystem zu finden. Die Kameras sind dabei aus ökonomischen Gründen oft so angeordnet, dass sie sich nicht überlappen. Eine ausgewählte Person, die den Erfassungsbereich einer Kamera verlässt, muss später in anderen Kameras wiedererkannt werden können, damit ein Operateur sie weiter verfolgen kann. Viele der Kameras sind so ausgerichtet, dass sie möglichst große Bereiche erfassen. Dadurch sind Details, wie das Gesicht, nicht erkennbar und können bei diesen Übersichtskameras auch nicht für die Erkennung von Personen verwendet werden. Die Wiedererkennung muss in diesen Fällen basierend auf der Kleidung der Personen erfolgen. Eine besondere Schwierigkeit stellen dabei Unterschiede in Beleuchtung und Blickwinkel dar.

Übertragbarkeit des Szenarios

Anhand dieses Forschungsprojekts soll stellvertretend die Anwendung der Wiedererkennung zur Auswertung von Videos in einem Multikamerasystem untersucht werden. Daraus ergeben sich praktische Anwendungsmöglichkeiten für

- die Überwachung von kritischen Infrastrukturen, wie zum Beispiel Flughäfen, Bahnhöfen, U-Bahn-Stationen, Einkaufszentren, aber auch öffentlichen Plätzen,
- die Auswertung forensischer Daten,
- das Tracking von Personen über mehrere Räume in Smart-Home-Anwendungen und
- die Erfassung kundenspezifischer Informationen im Einzelhandel.

1.2.2 Servicerobotik im Bereich Gesundheitsassistenz

Aufgrund neuer Diagnose- und Behandlungsmöglichkeiten überleben heutzutage deutlich mehr Patienten einen Schlaganfall. Da ein Schlaganfall jedoch häufig starke kognitive Einschränkungen verursacht, ist eine rehabilitative Nachsorge wichtig, um eine hohe Selbstständigkeit wiederherzustellen. Ein neuer Trend bei der stationären Rehabilitation ist das Eigentraining, das im Anschluss oder begleitend zur klassischen Psycho- und Physiotherapie durchgeführt wird. Durch selbstständig durchzuführende Aufgaben soll die motorische und kognitive Regeneration der Patienten unterstützt werden. [Vorndran, 2015b][8], [Eisenbach et al., 2015b]

[8] Die Bachelorarbeit von Alexander Vorndran wurde vom Autor betreut.

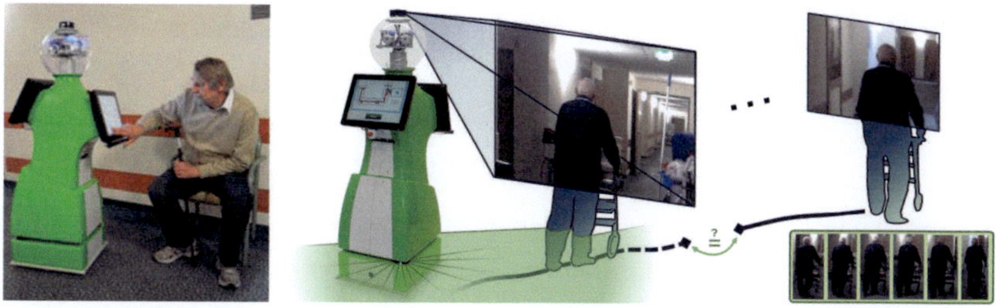

Abbildung 1.3: Anwendung der Wiedererkennung im Bereich Servicerobotik
Wenn ein mobiler Roboter seinem aktuellen Nutzer folgen soll, dann muss er ihn von anderen Personen unterscheiden können (links). In eindeutigen Fällen kann der Nutzer dazu multimodal getrackt werden (Mitte). Sollte das weitere Tracking nicht möglich sein (zum Beispiel durch zeitweise Verdeckungen), dann muss der Nutzer vom Roboter wiedererkannt werden (rechts), um weiterhin folgen zu können.

Forschungsprojekt ROREAS

Im Rahmen des Forschungsprojekts ROREAS[9] wurde ein Roboter entwickelt, der Schlaganfallpatienten beim Eigentraining unterstützt. Patienten, die bereits motorisch weitgehend genesen sind und ohne menschliche Hilfe gehen können, sollen ein Geh- und Orientierungstraining in der Rehaklinik durchführen, um ihre kognitiven Orientierungsfähigkeiten zu trainieren. Dabei begleitet der Roboter die Patienten und dient ihnen bei Bedarf als Orientierungshilfe (Abbildung 1.3). Außerdem kann den Patienten die Angst genommen werden, nicht wieder zu ihren Zimmern zurückzufinden. [Vorndran, 2015b][8], [Eisenbach et al., 2015b]

[9]ROREAS: Interaktiver Robotischer Reha-Assistent für das Lauf- und Orientierungstraining von Patienten nach Schlaganfällen. Forschungsprojekt gefördert vom Bundesministerium für Bildung und Forschung unter dem Förderkennzeichen 16SV6133. Laufzeit: 01.07.2013 – 31.03.2016

Rolle der Wiedererkennung

Das Orientierungstraining der Patienten findet während des normalen Klinikbetriebs auf dem Gang statt. Dabei treten häufig Situationen auf, bei denen der Roboter den Patienten nicht mehr erfassen kann, zum Beispiel weil sich andere Personen zwischen dem Patienten und dem Roboter befinden oder aufgrund von Ausweichmanövern des Roboters zur Hindernisvermeidung oder höflichen Navigation, bei denen kein Sichtkontakt zum Patienten gehalten werden kann. In diesen Situationen spielt die Wiedererkennung ebenfalls eine zentrale Rolle, um sicherzustellen, dass der Roboter auch bei erhöhtem Personenaufkommen stets dem aktuellen Patienten folgt. Die größten Schwierigkeiten stellen dabei wechselnde Beleuchtungsbedingungen und teilweise Verdeckungen dar. [VORNDRAN, 2015b][8], [EISENBACH et al., 2015b]

Übertragbarkeit des Szenarios

Anhand dieses Forschungsprojekts soll stellvertretend die Anwendung der Wiedererkennung in dem neuen Anwendungsfeld Servicerobotik untersucht werden. Dieses wurde bisher in der Literatur kaum betrachtet. Praktische robotische Anwendungsmöglichkeiten ergeben sich für

- die Begleitung von Personen im medizinischen Kontext,
- das Lotsen von Personen in öffentlichen Einsatzumgebungen, wie zum Beispiel Einkaufszentren, Museen, Flughäfen oder Bürogebäuden und
- die Unterscheidung von Personen in Einsatzumgebungen mit eingeschränktem Nutzerkreis, wie zum Beispiel Seniorenresidenzen oder Smart-Home-Umgebungen. Stellvertretend für dieses Anwendungsszenario wird im Rahmen der Arbeit zusätzlich das For-

schungsprojekt SYMPARTNER[10] betrachtet, bei dem ein Serviceroboter alleinlebende Senioren in ihrem Alltag begleitet.

1.3 Zielstellung

Diese beiden Anwendungsszenarien — Videoüberwachung und Servicerobotik — haben gemeinsam, dass eine Wiedererkennung unter unkontrollierten Bedingungen (keine Kooperation der Personen) unter Einfluss verschiedener Umwelteinflüsse robust funktionieren muss. Die Ergebnisse müssen dabei in Echtzeit berechnet werden, um in den Anwendungen direkt verarbeitet werden zu können.

Hieraus leiten sich die Anforderungen an das Wiedererkennungssystem ab, das im Rahmen dieser Arbeit entwickelt wurde:

- **Merkmale**: Um einem unkontrollierten Szenario gerecht zu werden, soll bei der Wiedererkennung von Personen das gesamte Erscheinungsbild beachtet werden. Den Schwerpunkt für die erscheinungsbasierte, ansichtsinvariante Erkennung stellt die kleidungsbasierte Wiedererkennung dar.
- **Echtzeitfähigkeit**: Alle Komponenten der Wiedererkennung müssen so entworfen sein, dass deren Berechnung sehr schnell erfolgen kann. Das Ziel ist eine Erkennung, die schneller als in Echtzeit erfolgen kann (Videoüberwachung) oder in Echtzeit unter Verwendung möglichst weniger Rechenressourcen (Servicerobotik).
- **Flexibilität / Praktikabilität**: Da sich Umwelteinflüsse für verschiedene Anwendungen stark unterscheiden können, bieten händisch designte Lösungen nicht genügend Flexibilität, um das Wiedererkennungssystem diesbezüglich anzupassen. Für alle Teil-

[10] SYMPARTNER: Symbiose von PAUL und Roboter Companion für eine emotionssensitive Unterstützung. Forschungsprojekt gefördert vom Bundesministerium für Bildung und Forschung unter dem Förderkennzeichen 16SV7218. Laufzeit: 01.04.2015 – 30.06.2018

komponenten der Wiedererkennung sollen daher bevorzugt maschinelle Lernverfahren zum Einsatz kommen.

Daraus resultierend ist die Zielstellung dieser Arbeit die Entwicklung einer echtzeitfähigen erscheinungsbasierten Personenwiedererkennung, die flexibel für verschiedene Anwendungen einsetzbar ist. Schwerpunktmäßig soll dabei untersucht werden, für welche Teilaspekte Verfahren des maschinellen Lernens zum Einsatz kommen können und wie diese zu gestalten sind.

1.3.1 Eigene Beiträge im Rahmen dieser Dissertation

In dieser Arbeit werden zu allen Teilkomponenten eines Wiedererkennungssystems eigene Beiträge vorgestellt, die mittels maschineller Lernverfahren die Wiedererkennungsleistung verbessern:

- Für die exakte Detektion von Personen, die für eine anschließende Extraktion von Wiedererkennungsmerkmalen wichtig ist, wird ein neuartiges Deep-Learning-basiertes Verfahren [Eisenbach et al., 2016b] vorgestellt.
- Um den Einfluss variierender Beleuchtungen auf die Kleidungsfarbe wiederzuerkennender Personen zu kompensieren wird ein Optimierungsansatz zum Lernen einer Beleuchtungskarte [Eisenbach et al., 2013] vorgestellt. Das Lernen der Beleuchtungskarte erfolgt im Gegensatz zum State of the Art rein datengetrieben und ohne Modellwissen.
- Für die Extraktion geeigneter Wiedererkennungsmerkmale werden drei komplementäre Deep-Learning-Ansätze [Westphal, 2014][11], [Golda, 2016][12], [Aganian, 2019][13] verglichen. Dabei werden Softmax-Loss-Weiterentwicklungen erstmals für die erscheinungsbasierte Wiedererkennung verwendet. Durch die Kom-

[11]Die Bachelorarbeit von Oliver Westphal wurde vom Autor betreut.
[12]Die Masterarbeit von Thomas Golda wurde vom Autor betreut.
[13]Die Masterarbeit von Dustin Aganian wurde vom Autor betreut.

bination von gelernten Merkmalsvektoren unter Einsatz verschiedener Fehlerfunktionen wird eine Wiedererkennungsleistung auf menschlichem Niveau erreicht.

- Für die Erstellung eines für schnelle Vergleiche optimierten, kompakten Templates, das die Zielperson beschreibt, wird eine personenspezifische Merkmalsauswahl [EISENBACH et al., 2012] vorgestellt.
- Für das effiziente Matching von Personen mit dem Template der Zielperson werden bezüglich Echtzeitfähigkeit optimierte, gelernte Metriken [EISENBACH et al., 2015b] präsentiert.
- Zur Fusion unterschiedlicher Wiedererkennungsmerkmale mit dem Ziel der Leistungssteigerung werden komplementäre Ansätze verglichen. Der in [EISENBACH et al., 2015a] vorgestellte Ansatz übertrifft die erreichten Wiedererkennungsraten des State of the Art deutlich.
- Für die Verrechnung mehrerer Beobachtungen einer Person bei der Entscheidung, um welche Person es sich handelt, wird ein probabilistisches Framework [EISENBACH et al., 2015b] vorgestellt, das fehlerhafte Zuordnungen gegenüber einfachen Heuristiken deutlich verringert.
- Außerdem werden Ansätze zur Suchraumeinschränkung [KOLAROW et al., 2013][1], [WENGEFELD et al., 2016][1] vorgestellt, durch die die Menge der mit dem Template zu vergleichenden Personen stark reduziert wird, wodurch das Risiko für fehlerhafte Zuordnungen zum Template aufgrund ähnlicher Bekleidungen vermindert wird.
- Die echtzeitfähige Einbindung der Wiedererkennung in zwei Realweltanwendungen [KOLAROW et al., 2013][1], [GROSS et al., 2017b][1] bei limitierten Ressourcen stellt einen Neuheitswert gegenüber dem State of the Art dar und unterstreicht die Flexibilität und Leistungsfähigkeit der im Rahmen dieser Arbeit gewählten Ansätze.

1.3.2 Publikationen

Teile der in dieser Dissertation beschriebenen Methoden und durchgeführten Experimente wurden bereits auf internationalen Konferenzen und in internationalen erscheinenden Journalen publiziert. Die nachfolgende Auflistung fasst die Inhalte der Publikationen zusammen.

Publikationen des Autors mit einem direkten Bezug zur Arbeit

[EISENBACH et al., 2012] M. EISENBACH, A. KOLAROW, K. SCHENK, K. DEBES und H.-M. GROSS (2012). *View Invariant Appearance-based Person Reidentification Using Fast Online Feature Selection and Score Level Fusion.* In: *IEEE Int. Conf. on Advanced Video and Signal-Based Surveillance (AVSS)*, S. 184–190. IEEE.

Zur Erstellung eines kompakten, personenspezifischen Templates der Zielperson wurde eine automatische Merkmalsauswahl vorgestellt (→ Kapitel 6). Außerdem erfolgte eine Kombination von Merkmalen mittels Score-Level-Fusion (→ Kapitel 8) und eine Einbindung in die Videoüberwachungsanwendung (→ Kapitel 10).

[EISENBACH et al., 2013] M. EISENBACH, P. SCHEINER, A. KOLAROW, K. SCHENK, H.-M. GROSS und I. WEINREICH (2013). *Learning Illumination Maps for Color Constancy in Person Reidentification.* In: *German Workshop Farbbildverarbeitung (FWS)*, S. 103—-114. GFaI.

Es wurde beschrieben, wie eine Beleuchtungskarte für statische Kameraanordungen gelernt werden kann, mit der variierende Beleuchtungen kompensiert werden können (→ Kapitel 4).

[EISENBACH et al., 2015a] M. EISENBACH, A. KOLAROW, A. VORNDRAN, J. NIEBLING und H.-M. GROSS (2015). *Evaluation of Multi Feature Fusion at Score-Level for Appearance-based Person Re-Identification.* In: *IEEE Int. Joint Conf. on Neural Networks (IJCNN)*, S. 469–476. IEEE.

Techniken zur Score-Level-Fusion wurden im Kontext der erscheinungsbasierten Wiedererkennung verglichen. Außerdem wurde ein Ansatz zur Merkmalsgewichtung bei der Fusion vorgestellt (→ Kapitel 8).

[EISENBACH et al., 2015b] M. EISENBACH, A. VORNDRAN, S. SORGE und H.-M. GROSS (2015). *User Recognition for Guiding and Following People with a Mobile Robot in a Clinical Environment*. In: *IEEE/RSJ Int. Conf. on Intelligent Robots and Systems (IROS)*, S. 3600—3607. IEEE.

Die erscheinungsbasierte Wiedererkennung des Nutzers wurde auf einem mobilen Roboter zur Begleitung von Schlaganfallpatienten eingesetzt (→ Kapitel 10). Dazu erfolgten die Laufzeitoptimierung der Merkmalsextraktion (→ Kapitel 5) und der Einsatz von Metric Learning (→ Kapitel 7). Außerdem wurde ein probabilistisches Framework zur Verrechnung mehrerer Beobachtungen vorgestellt (→ Kapitel 9).

[EISENBACH et al., 2016b] M. EISENBACH, D. SEICHTER, T. WENGEFELD und H.-M. GROSS (2016). *Cooperative Multi-Scale Convolutional Neural Networks for Person Detection*. In: *World Congress on Computational Intelligence (WCCI)*, S. 267–276. IEEE.

Ein Deep-Learning-basierter Ansatz zur Personendetektion wurde vorgestellt (→ Kapitel 4).

[EISENBACH et al., 2016a] M. EISENBACH, D. SEICHTER und H.-M. GROSS (2016). *Are Color Features Important for Person Detection? - Insights into Features Learned by Deep Convolutional Neural Networks*. In: *German Workshop Farbbildverarbeitung (FWS)*, S. 169–182.

Die gelernten Merkmale zur Personendetektion wurden analysiert (→ Kapitel 4).

[EISENBACH et al., 2017c] M. EISENBACH, R. STRICKER, D. SEICHTER, A. VORNDRAN, T. WENGEFELD und H.-M. GROSS (2017). *Speeding up Deep Neural Networks on the Jetson TX1*. In: *IJCNN-Workshop on Computational Aspects of Pattern Recognition and Computer Vision with Neural Systems (CAPRI)*, S. 11–22. Springer.

Die Deep-Learning-basierte Personendetektion wurde optimiert, sodass eine echtzeitfähige Anwendung auf einem mobilen Roboter möglich ist (→ Kapitel 4).

Publikationen als Co-Autor mit einem direkten Bezug zur Arbeit

[Wengefeld et al., 2016] T. Wengefeld, M. Eisenbach, T.Q. Trinh und H.-M. Gross (2016). *May I be your Personal Coach? Bringing Together Person Tracking and Visual Re-identification on a Mobile Robot.* In: *International Symposium on Robotics (ISR)*, S. 141–148. VDE.

Ein Ansatz zur Suchraumeinschränkung auf einem mobilen Roboter wurde vorgestellt (→ Kapitel 9).

[Schnürer et al., 2019] T. Schnürer, S. Fuchs, M. Eisenbach und H.-M. Gross (2019). *Real-Time 3D Pose Estimation from Single Depth Images.* In: *Int. Conf. on Computer Vision Theory and Applications (VISAPP).*

Ein Deep-Learning-basierter Ansatz zur Personendetektion in Tiefenbildern wurde vorgestellt (→ Kapitel 4).

[Kolarow et al., 2012] A. Kolarow, M. Brauckmann, M. Eisenbach, K. Schenk, E. Einhorn, K. Debes und H.-M. Gross (2012). *Vision-based Hyper-Real-Time Object Tracker for Robotic Applications.* In: *IEEE/RSJ Int. Conf. on Intelligent Robots and Systems (IROS)*, S. 2108–2115. IEEE.

Ein schnelles, visuelles Personentracking wurde vorgestellt (→ Kapitel 4).

[Scheidig et al., 2015] A. Scheidig, E. Einhorn, C. Weinrich, M. Eisenbach, S. Müller, T. Schmiedel, T. Wengefeld, T.Q. Trinh, H.-M. Gross, A. Bley, R. Scheidig, G. Pfeiffer, S. Meyer und S. Oelkers (2015). *Robotischer Reha-Assistent zum Lauftraining von Patienten nach Schlaganfall: Erste Ergebnisse zum Laufcoach.* In: *German AAL Conference (AAL)*, S. 436–445. VDE.

[Gross et al., 2016b] H.-M. Gross, A. Scheidig, M. Eisenbach, T.Q. Trinh und T. Wengefeld (2016). *Assistenzrobotik für die Gesundheitsassistenz. Ein Beitrag zur Evaluierung der Praxistauglichkeit am Beispiel eines mobilen Reha-Roboters.* In: *German AAL Conference (AAL)*, S. 58–67. VDE.

[Gross et al., 2016a] H.-M. Gross, M. Eisenbach, A. Scheidig, T.Q. Trinh und T. Wengefeld (2016). *Contribution towards Evaluating the Practicability of Socially Assistive Robots - by Example of a Mobile Walking Coach Robot*. In: *Int. Conf. on Social Robotics (ICSR)*, Bd. 9979 d. Reihe *Lecture Notes in Artificial Intelligence (LNAI)*, S. 890–899. Springer.

[Gross et al., 2017b] H.-M. Gross, A. Scheidig, K. Debes, E. Einhorn, M. Eisenbach, S. Müller, T. Schmiedel, T.Q. Trinh, C. Weinrich, T. Wengefeld, A. Bley und C. Martin (2017). *ROREAS: Robot Coach for Walking and Orientation Training in Clinical Post-Stroke Rehabilitation. Prototype Implementation and Evaluation in Field Trials*. Autonomous Robots (AR), 41(3):679–698.

[Gross et al., 2017a] H.-M. Gross, S. Meyer, R. Stricker, A. Scheidig, M. Eisenbach, S. Müller, T.Q. Trinh, T. Wengefeld, A. Bley, C. Martin und C. Fricke (2017). *Mobile Robot Companion for Walking Training of Stroke Patients in Clinical Post-stroke Rehabilitation*. In: *IEEE Int. Conf. on Robotics and Automation (ICRA)*, S. 1028–1035. IEEE.

In diesen fünf Publikationen wurden die Ergebnisse der Nutzertests in der robotischen Anwendung vorgestellt. Ein mobiler Roboter begleitete Schlaganfallpatienten während ihres Eigentrainings in einer Rehabilitationsklinik (→ Kapitel 10). Die letzte Publikation war Finalist des Best Paper Awards on Human-Robot Interaction (HRI).

[Kolarow et al., 2013] A. Kolarow, K. Schenk, M. Eisenbach, M. Dose, M. Brauckmann, K. Debes und H.-M. Gross (2013). *APFel: The Intelligent Video Analysis and Surveillance System for Assisting Human Operators*. In: *IEEE Int. Conf. on Advanced Video and Signal-Based Surveillance (AVSS)*, S. 195–201. IEEE.

Die Anwendung des intelligenten Videoüberwachungssystems wurde vorgestellt (→ Kapitel 10).

[SCHENK et al., 2011] K. SCHENK, M. EISENBACH, A. KOLAROW und H.-M. GROSS (2011). *Comparison of Laser-based Person Tracking at Feet and Upper-Body Height.* In: *German Conf. on Artificial Intelligence (KI)*, Bd. 7006 d. Reihe *Lecture Notes in Artificial Intelligence (LNAI)*, S. 277–288. Springer.

[SCHENK et al., 2012a] K. SCHENK, A. KOLAROW, M. EISENBACH, K. DEBES und H.-M. GROSS (2012). *Automatic Calibration of a Stationary Network of Laser Range Finders by Matching Movement Trajectories.* In: *IEEE/RSJ Int. Conf. on Intelligent Robots and Systems (IROS)*, S. 431–437. IEEE.

[SCHENK et al., 2012b] K. SCHENK, A. KOLAROW, M. EISENBACH, K. DEBES und H.-M. GROSS (2012). *Automatic Calibration of Multiple Stationary Laser Range Finders using Trajectories.* In: *IEEE Int. Conf. on Advanced Video and Signal-Based Surveillance (AVSS)*, S. 306–312. IEEE.

In diesen drei Publikationen wurde ein Laserscannernetztwerk für das Personentracking vorgestellt, das beim Videoüberwachungsszenario zur Erstellung der Ground Truth genutzt wurde.

Publikationen des Autors ohne einen direkten Bezug zur Arbeit

[EISENBACH et al., 2017a] M. EISENBACH, R. STRICKER, K. DEBES und H.-M. GROSS (2017). *Crack Detection with an Interactive and Adaptive Video Inspection System.* In: *Arbeitsgruppentagung Infrastrukturmanagement*, S. 94–103.

Durch Deep-Learning-Techniken wurden Merkmale gelernt, um die bildbasierte Straßenschädenerkennung automatisieren zu können.

[EISENBACH et al., 2017b] M. EISENBACH, R. STRICKER, D. SEICHTER, K. AMENDE, K. DEBES, M. SESSELMANN, D. EBERSBACH, U. STÖCKERT und H.-M. GROSS (2017). *How to Get Pavement Distress Detection Ready for Deep Learning? A Systematic Approach.* In: *IEEE Int. Joint Conf. on Neural Networks (IJCNN)*, S. 2039–2047. IEEE.

Es wurde ein Deep-Learning-Datensatz für die Straßenschädenerkennung veröffentlicht.

[EISENBACH et al., 2019] M. EISENBACH, R. STRICKER, M. SESSELMANN, D. SEICHTER und H. M. GROSS (2019). *Enhancing the quality of visual road condition assessment by Deep Learning.* In: *World Road Congress (WRC).*

Die Anwendung zur automatisierten Straßenschädenerkennung wurde vorgestellt.

Publikationen als Co-Autor ohne einen direkten Bezug zur Arbeit

[STRICKER et al., 2019] R. STRICKER, M. EISENBACH, M. SESSELMANN, K. DEBES und H. M. GROSS (2019). *Improving Visual Road Condition Assessment by Extensive Experiments on the Extended GAPs Dataset.* In: *IEEE Int. Joint Conf. on Neural Networks (IJCNN).* IEEE.

Der Deep-Learning-Datensatz für die Straßenschädenerkennung wurde erweitert. Außerdem wurden zahlreiche Deep-Learning-Techniken im Kontext der Straßenschädenerkennung evaluiert.

[SEICHTER et al., 2018] D. SEICHTER, M. EISENBACH, R. STRICKER und H. M. GROSS (2018). *How to Improve Deep Learning based Pavement Distress Detection while Minimizing Human Effort.* In: *Int. Conf. on Automation Science and Engineering (CASE)*, S. 63–68. IEEE.

Es wurden Verfahren zur Schätzung von Unsicherheiten in Neuronalen Netzwerken evaluiert. Außerdem wurde ein Active-Learning-Ansatz präsentiert, um automatisch Bilder für das Labeling vorzuschlagen, die geeignet sind, die Leistungsfähigkeit eines Neuronalen Netzwerks zu verbessern.

[SESSELMANN et al., 2019] M. SESSELMANN, R. STRICKER und M. EISENBACH (2019). *Einsatz von Deep Learning zur automatischen Detektion und Klassifikation von Fahrbahnschäden aus mobilen LiDAR Daten.* AGIT – Jour. für Angewandte Geoinformatik.

Durch Deep-Learning-Techniken wurden Merkmale für die Straßenschädenerkennung auf Laserscannerdaten gelernt.

Gliederung

Die Dissertation ist wie folgt gegliedert: In Kapitel 2 wird das entworfene Wiedererkennungssystem vorgestellt. Kapitel 3 beschreibt die für das Verständnis der Arbeit notwendigen Grundlagen. In den anschließenden Kapiteln 4 bis 9 werden alle Teilkomponenten der Wiedererkennung näher untersucht. Kapitel 10 erläutert die Einbindung der Wiedererkennung in die beiden adressierten Anwendungen. Abschließend fasst Kapitel 11 die Ergebnisse dieser Arbeit zusammen und gibt einen Ausblick auf zukünftige Forschungsarbeiten.

Kapitel 2

Systemüberblick

Nachdem im vorherigen Kapitel die erscheinungsbasierte Personenwiedererkennung motiviert und die Anwendungsszenarien vorgestellt wurden, wird in diesem Kapitel der Systementwurf vorgestellt. In Abschnitt 2.1 wird die Verarbeitungskette beschrieben, durch die eine echtzeitfähige Wiedererkennung mit begrenzten Rechenkapazitäten möglich ist. Auf die im Wiedererkennungssystem verwendeten Teilkomponenten wird in Abschnitt 2.2 näher eingegangen. Abschließend werden in Abschnitt 2.3 Kategorien abgeleitet, mit denen die im Rahmen dieser Arbeit entwickelte erscheinungsbasierte Personenwiedererkennung bewertet werden soll.

2.1 Systementwurf

Der Systementwurf für die erscheinungsbasierte Wiedererkennung orientiert sich an einem biometrischen System. Zuerst werden zu erkennende Personen sensorisch über eine oder mehrere Kameras erfasst. Durch Vorverarbeitungsschritte lassen sich aus dem Ausgangsbild die Regionen für die Merkmalsextraktion bestimmen. Die eigentlichen Wiedererkennungsschritte — Merkmalsextraktion, Template-Generierung, Matching, Fusion und Entscheidungsfindung — finden sich auch in ei-

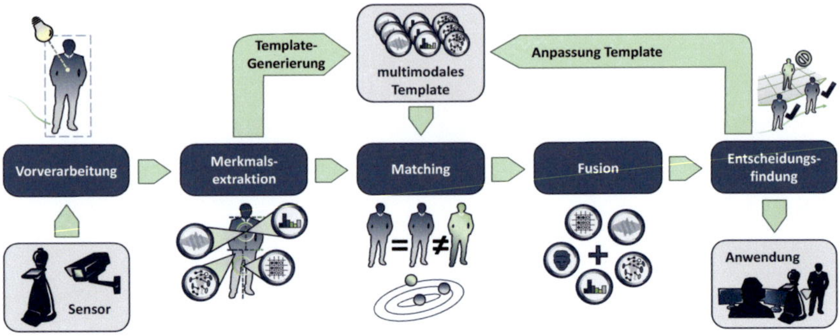

Abbildung 2.1: Verarbeitungskette für echtzeitfähige Personenwiedererkennung
Das Wiedererkennungssystem enthält alle Verarbeitungsschritte eines biometrischen Systems. Durch geeignete Komponenten für Merkmalsextraktion, Template-Generierung, Matching, Fusion und Entscheidungsfindung kann eine echtzeitfähige Personenwiedererkennung realisiert werden.

nem biometrischen System wieder. Durch den modularen Aufbau ist der Austausch der biometrischen Merkmale gegen erscheinungsbasierte Merkmale ohne Probleme möglich. Für die Template-Generierung, das Matching, die Fusion und die Entscheidungsfindung können Komponenten verwendet werden, die sowohl für die Verarbeitung biometrischer als auch erscheinungsbasierter Merkmale geeignet sind. Insbesondere durch Verfahren des maschinellen Lernens ist dies problemlos möglich. Für eine echtzeitfähige Personenwiedererkennung ist vor allem die geeignete Umsetzung der Komponenten für Matching und Fusion wichtig. Aber auch die Techniken bei der Entscheidungsfindung — insbesondere Suchraumeinschränkungen — tragen zu einer echtzeitfähigen Umsetzung bei.

Abbildung 2.1 zeigt die entworfene Verarbeitungskette für eine echtzeitfähige Personenwiedererkennung: Bei der Merkmalsextraktion wird das Erscheinungsbild der erfassten Personen über mehrere komplementäre Merkmale beschrieben. Eine ausgewählte Zielperson wird durch ein *Template* (dt. Modell) repräsentiert, das aus mehreren Merkmalen zusammengesetzt ist, die während der *Template*-Generierung in einer Initialisierungsphase (engl. *Enrollment*) beobachtet wurden. In der Anwendungsphase erfolgt das *Matching* (dt. Vergleich) aller beobachteten Personen mit dem *Template* der Zielperson. Dazu wird eine gelernte Distanzmetrik pro Merkmal eingesetzt. Bei der Fusion werden die Distanzwerte der einzelnen Merkmale verrechnet. Anschließend wird die Entscheidung getroffen, welche der Personen am besten mit dem *Template* übereinstimmt. Dabei werden gegebenenfalls die Ergebnisse mehrerer Bobachtungen pro Person berücksichtigt und eine Suchraumeinschränkung wird vorgenommen. Falls eine Person sicher als Zielperson identifiziert werden kann, wird das *Template* aktualisiert. Abschließend werden die Ergebnisse geeignet für die Anwendung aufbereitet.

2.2 Teilkomponenten des erscheinungsbasierten Personenwiedererkennungssystems

Nachdem die Designentscheidungen für das echtzeitfähige Wiedererkennungssystem erläutert wurden, wird in diesem Abschnitt ein Überblick zu allen Teilkomponenten gegeben. Die detaillierte Umsetzung aller Teilkomponenten wird in einzelnen Kapiteln behandelt.

2.2.1 Sensorik

Die im Rahmen dieser Arbeit betrachteten Algorithmen arbeiten vorwiegend auf visuellen Daten. Im Anwendungsszenario Videoüberwachung werden dementsprechend Bilder aus mehreren Überwachungskameras verwendet, die an öffentlichen Plätzen angebracht sind. Im betrachteten Forschungsprojekt APFel werden statische HD-Kameras eines Flughafens und eines Fluglandeplatzes genutzt, die vorwiegend als Übersichtskameras angebracht sind und große Bereiche eines Terminals beziehungsweise mehrerer Flugfelder abdecken. Das Sichtfeld

eines Teils der Kameras ist partiell überlappend. Für die Verarbeitung der Bilder steht ein Pool von leistungsfähigen PCs zur Verfügung.
Im Anwendungsszenario Servicerobotik werden die Kameras eines mobilen Roboters verwendet. Für einen 360°-Rundumblick sind mehrere weitwinklige Kameras am Kopf des Roboters angebracht. Zusätzlich verfügen die verwendeten Roboter in der Regel über eine MS Kinect 2, die in Fahrtrichtung ausgerichtet ist und zusätzlich zum Farbbild noch ein Tiefenbild liefert. Außerdem sind weitere Tiefenkameras und Laser zum Zwecke der Hindernisvermeidung angebracht. Die in dieser Dissertation betrachteten Algorithmen zur Personenwiedererkennung verwenden ausschließlich die Farbbilder der Kameras. Für die Verarbeitung der Bilder stehen zwei Onboard-PCs sowie eine NVIDIA Jetson TX2 für Deep-Learning-Berechnungen zur Verfügung.

2.2.2 Vorverarbeitung

Vorverarbeitungsschritte im Sinne eines erscheinungsbasierten Wiedererkennungssystems sind alle notwendigen Berechnungen, um Personen aus Kamerabildern zu extrahieren. Dies umfasst die visuelle Detektion, um personenzentrierte Bildausschnitte zu erhalten und das zeitliche Tracking der Personen. Außerdem kann ein Beleuchtungsausgleich genutzt werden, um die spätere Wiedererkennung der dargestellten Personen zu erleichtern.

Personendetektion

Zuerst müssen alle Personen im Kamerabild detektiert werden. Dies erfolgt durch Einsatz verschiedener State-of-the-Art-Verfahren (siehe Kapitel 4), die auf herkömmliche handdesignte Merkmale setzen, sowie eines im Rahmen dieser Arbeit entwickelten *Deep-Learning*-Ansatzes [Eisenbach et al., 2016b], der die Merkmale zur Erkennung von Personen datengetrieben lernt.
Der Einsatz anwendungsspezifischer Techniken trägt zur Verringerung falscher Detektionen bei, zum Beispiel von Gegenständen, die irrtüm-

lich als Personen erkannt wurden. Mithilfe dieser Techniken lässt sich außerdem die aufwendige Berechnung beschleunigen.

Bei der Videoüberwachung werden dazu zwei Ansätze verfolgt. Beim ersten Ansatz werden im Kamerabild zunächst Vordergrundbereiche segmentiert. Dies erfolgt bei den verwendeten statischen Kameraanordnungen durch Subtraktion des visuellen Hintergrundmodells. Die Personendetektion muss dann nur auf den Vordergrundbereichen berechnet werden. Der zweite Ansatz ist die Modellierung einer Fußbodenebene, auf der alle Personen stehen müssen. Durch sie lässt sich vorhersagen, wie groß Personen in den entsprechenden Bildbereichen sein müssen. Beide Schritte helfen unplausible Personenhypothesen zu vermeiden.

Bei der Personendetektion auf einem mobilen Roboter werden zwei andere Strategien verfolgt. Die zusätzliche Sensorik des Roboters ermöglicht die Nutzung eines multimodalen Ansatzes. Laserscanner detektieren die Beine der Personen in der Umgebung des Roboters. Die visuellen und laserbasierten Detektionen werden mittels intrinsischer und extrinsischer Parameter der Sensoren in ein gemeinsames globales Koordinatensystem überführt, das die Positionen der Personenhypothesen relativ zum Roboter angibt. Personenhypothesen, die nur durch eine Modalität detektiert werden, sind nicht plausibel und werden aussortiert. Als zweite Strategie wird die globale Umgebungskarte des Roboters genutzt, um zu überprüfen, ob der Roboter eine vermeintlich erkannte Person überhaupt beobachten kann und sich diese zum Beispiel nicht hinter einer Wand befindet.

Personentracking

Nach der Detektion sollten erkannte Personen in zeitlich aufeinander folgenden Bildern getrackt werden. Das ermöglicht, bei der Wiedererkennung jeweils mehrere Beispielbilder pro Person für die Identifikation zu berücksichtigen. Dieser Schritt ist optional, verbessert aber in der Praxis die Wiedererkennungsleistung deutlich.

Bei der Videoüberwachung wird ein bildbasierter Tracker [KOLAROW et al., 2012] genutzt. Die Bewegungsspuren der Personen werden anschließend vom Kamerabild in eine globale Karte projiziert, in der die Tracks aus mehreren überlappenden Kameras zusammengeführt werden. Mehrdeutige Situationen und Übergänge zwischen nicht überlappenden Kameras werden für die spätere Wiedererkennung markiert.
Bei der robotischen Anwendung liegen alle Detektionen bereits in einer globalen Karte vor. Diese werden dann in globalen Koordinaten durch einen Kalman-Filter getrackt [VOLKHARDT et al., 2013]. Sollte die Zuordnung anhand der räumlichen Nähe aufgrund von Mehrdeutigkeiten nicht möglich sein, wird die erscheinungsbasierte Wiedererkennung eingesetzt.

Beleuchtungskorrektur

Neben der Personenerfassung im Kamerabild umfasst die Vorverarbeitung auch die Verbesserung der Bildqualität, um die Wiedererkennung zu erleichtern. Die meisten Probleme bei der erscheinungsbasierten Identifikation bereiten inkorrekte Darstellungen von Farben, die durch ungünstige Beleuchtungen verursacht werden. Um die Beleuchtung zu kompensieren, wird ein Ansatz genutzt, der mittels maschinellen Lernens eine Beleuchtungskarte berechnet [EISENBACH et al., 2013]. Dies erfolgt rein datengetrieben durch Beobachtung der Personen in der Szene. Anhand der Beleuchtungskarte kann auf die tatsächliche Farbe der Kleidung ohne Beleuchtungseinflüsse zurückgeschlossen und das Bild der Person entsprechend korrigiert werden.
Die gesamte Vorverarbeitungskette wird detailliert in Kapitel 4 beschrieben.

2.2.3 Merkmalsextraktion

Nachdem Personen im Bild erfasst wurden, müssen sie für die spätere Wiedererkennung durch geeignete Merkmale beschrieben werden. Die

häufig für die Personenidentifikation eingesetzten biometrischen Merkmale sind in den adressierten Anwendungsfeldern nur bedingt einsetzbar. Dies hängt mit niedrig aufgelösten Bildern durch eine große Distanz der Personen zur Kamera und zeitweisen Rückansichten der Personen zusammen, bei denen die gebräuchlichen biometrischen Merkmale, wie zum Beispiel Gesicht, Iris oder Ohr, nicht erkennbar sind. Da diese Situationen bei der Videoüberwachung als auch im robotischen Einsatzfeld sehr oft auftreten, müssen erscheinungsbasierte Merkmale extrahiert werden, die auch bei variierenden Ansichten nutzbar sind. Dies kann zum Beispiel die Textur und Farbe der Kleidung sein. Da diese Merkmale weniger leistungsfähig sind als biometrische Merkmale, ist eine gute Wiedererkennungsleistung häufig nur durch die Kombination mehrerer geeigneter, komplementärer Merkmale zu erreichen.
Im Rahmen dieser Arbeit werden dazu verschiedene händisch entworfene State-of-the-Art-Merkmale, als auch durch *Deep Learning* extrahierte Merkmale untersucht. Die Extraktion der Merkmale muss in Echtzeit erfolgen, um die Anforderungen der anvisierten Anwendungen zu erfüllen. Daher wurden an einigen Merkmalen Modifikationen vorgenommen. In Kapitel 5 erfolgt eine Übersicht der State-of-the-Art-Merkmale und eine genauere Analyse ihrer Verwendbarkeit für die vorgestellten Anwendungsfelder mit gegebenenfalls notwendigen Anpassungen. Schwerpunktmäßig werden mittels Deep Belief Networks und Convolutional Neural Networks datengetrieben gelernte Merkmale untersucht.

2.2.4 Template-Generierung

Damit eine Person später wiedererkannt werden kann, muss sie in einer Initialisierungsphase (engl. *Enrollment*) zunächst durch ein geeignetes Modell (engl. *Template*) beschrieben werden. Das *Template* umfasst extrahierte Merkmale für eine oder mehrere Ansichten der Person. Ein gutes *Template* sollte möglichst kompakt sein, das heißt, es sollte nur relevante Merkmale und Ansichten für die jeweilige Person speichern.

Außerdem sollte ein *Template* adaptiv sein, sich also bei veränderten Umwelteinflüssen anpassen.
In Kapitel 6 werden daher zwei Verfahren aus dem Bereich des maschinellen Lernens vorgestellt, die diese Eigenschaften umsetzen. Das kompakte *Template* wird durch einen in [EISENBACH et al., 2012] vorgestellten Ansatz generiert, der die relevanten, personenspezifischen Merkmale auswählt, um die Zielperson von anderen Personen zu unterscheiden. Durch den Einsatz eines schnell berechenbaren informationstheoretischen Maßes, der *Joint Mutual Information*, zur Verifikation der Eignung von Merkmalen und Merkmalskombinationen wird der Einsatz in Echtzeitanwendungen ermöglicht.
Um die Adaptivität des *Templates* zu erreichen, werden jeweils neue Ansichten der Zielperson zum *Template* hinzugefügt, wenn die Person sicher wiedererkannt wurde. Dadurch werden veränderte Umwelteinflüsse für zukünftige Erkennungsschritte berücksichtigt. Hat das *Template* eine vorgegebene Größe erreicht, so erfolgt ein Clustering über alle gespeicherten Ansichten, um das *Template* wieder zu reduzieren. Dabei wird jeweils nur eine repräsentative Ansicht pro gefundenem Cluster ausgewählt. Die Vielfältigkeit des *Templates* wird durch dieses ausschließliche Gruppieren ähnlicher Ansichten kaum vermindert.

2.2.5 Matching

Um das *Template* der Zielperson mit aktuell beobachteten Personen zu vergleichen (engl. *Matching*), ist eine geeignete Metrik notwendig. Durch Anwendung dieser Metrik sollten Merkmalsvektoren, die aus Bildern extrahiert wurden, die dieselbe Person darstellen (engl. *Genuines*), im idealen Fall, trotz verschiedener Umwelteinflüsse, stets ähnlicher sein als Merkmalsvektoren, die aus Bildern extrahiert wurden, die verschiedene Personen zeigen (engl. *Impostors*). Dies ist bei herkömmlichen Distanzmaßen jedoch nicht der Fall. In Kapitel 7 werden daher Ansätze aus dem Bereich des maschinellen Lernens vorgestellt, die eine geeignete Distanzmetrik lernen (*Metric-Learning*-Verfahren).

Die Probleme der herkömmlichen Distanzmaße lassen sich auf die hochdimensionalen Räume zurückführen, in denen der Vergleich stattfindet. Das Prinzip von *Metric-Learning*-Verfahren ist daher die Abbildung der Merkmalsvektoren auf einen niedrigdimensionalen Unterraum, bevor der Vergleich erfolgt. Im Rahmen dieser Arbeit werden zwei leistungsfähige Verfahren detaillierter untersucht: Das lineare KISSME-Verfahren und die nichtlineare kernelbasierte LFDA (kLFDA). Untersuchungen in [EISENBACH et al., 2015b] zeigen, dass sich durch eine Vorverarbeitung der Trainingsdaten die Leistungsfähigkeit der Metriken weiter steigern lässt.

Nachdem eine geeignete Metrik gefunden ist, können Merkmalsvektoren anhand ihrer Distanz zum *Template* (engl. *Distance Score*) sortiert werden. Das dadurch aufgestellte Ranking ist in der Praxis oft nicht optimal und kann durch eine Umsortierung (engl. *Re-Ranking*) verbessert werden. Auch dafür wird ein geeigneter Ansatz in Kapitel 7 vorgestellt.

2.2.6 Fusion

Eine gute Wiedererkennungsleistung ist nur durch die Kombination verschiedener Merkmale zu erreichen. Die Fusion der Merkmale kann dabei auf fünf Ebenen erfolgen, die in Kapitel 8 näher erläutert werden. In der Literatur wird am häufigsten die Fusion auf Merkmalsebene verwendet. Das heißt, die extrahierten Merkmalsvektoren mehrerer Merkmale werden aneinandergefügt und für den konkatenierten Merkmalsvektor wird eine geeignete Distanzfunktion mittels *Metric Learning* gelernt. Hierfür werden die in Kapitel 7 vorgestellten Verfahren eingesetzt. Dies hat jedoch zwei Nachteile: Zum einen können leistungsfähige Merkmale, die für verschiedene Bilder Merkmalsvektoren variierender Länge erzeugen, nicht fusioniert werden. Zum anderen wird der durch Aneinanderfügen der Merkmale erzeugte Merkmalsraum oft sehr hochdimensional. Damit *Metric Learning* für diese hochdimensionalen Räume noch funktioniert, werden viele Trainingsdaten benötigt. Die Erstellung eines riesigen Trainingsdatensatzes ist jedoch für reale Anwendungen eher unpraktikabel.

Um diese Probleme zu beheben, kann die Fusion auf *Score Level* erfolgen. Dafür erfolgt der Vergleich der beobachteten Personen mit dem *Template* für die einzelnen Merkmale separat. Anschließend werden die Matchingergebnisse (engl. *Scores*) der einzelnen Merkmale fusioniert.

In Kapitel 8 wird evaluiert, welche Fusionstechniken bei der erscheinungsbasierten Wiedererkennung von Personen am erfolgversprechendsten sind. Der Schwerpunkt liegt auf *Score-Level-Fusion*. Es werden verschiedene Verfahren zur Scorenormierung und Merkmalsgewichtung analysiert. Bei der Normierung werden in dieser Arbeit vor allem drei Ansätze verwendet: *Likelihood-Ratio*-Normierung, z-Normierung und FAR-Normierung. Für die Normierung werden die Vergleichswerte des *Matchings* von Bildpaaren, die die gleiche Person (engl. *Genuine Scores*[1]) und verschiedene Personen (engl. *Impostor Scores*) darstellen, herangezogen. Für die Gewichtung der Merkmale ist der in [EISENBACH et al., 2015a] vorgestellte Ansatz am besten geeignet. Bei diesem als PROPER bezeichneten Ansatz werden Gewichte für die Merkmale durch ein paarweises Optimierungsschema vergeben.

Zusätzlich kann die *Score-Level-Fusion* mit *Metric Learning* kombiniert werden. Hierfür wird *Metric Learning* auf mehreren Teilmengen des Merkmalsraums angewendet und die Matchingergebnisse werden auf *Score Level* fusioniert. Dies erzielt in der Praxis die besten Ergebnisse [EISENBACH et al., 2015a].

Nach der *Score-Level-Fusion* der Merkmale liegt ein einziger fusionierter *Score* vor, der die Distanz einer Beobachtung zum *Template* angibt. Basierend auf den Scores aller aktuellen Beobachtungen kann ein Ranking aufgestellt werden.

[1] Die Begriffe sind der Biometrie entnommen und beziehen sich dort auf das Vortäuschen einer anderen Identität (*Impostor*, dt. Betrüger) beziehungsweise die übereinstimmende Identität (*Genuine*, dt. Original).

2.2.7 Entscheidungsfindung

Nachdem die Ähnlichkeiten der Personen zum *Template* der Zielperson durch *Scores* beschrieben wurden und darauf aufbauend ein Ranking erstellt wurde, muss schließlich die Entscheidung getroffen werden, ob eine der Personen mit dem Template übereinstimmt. Hierzu wird in Kapitel 9 eine probabilistische Herangehensweise vorgestellt: Bei mehreren Beobachtungen pro Person stehen auch mehrere *Scores* und Rankings für die Entscheidung zur Verfügung. Dies kann für einen Mehrheitsentscheid genutzt werden. Da die Beobachtungen jedoch nicht unabhängig voneinander sind, müssen die *Scores* mittels Ordnungsstatistiken korrigiert werden. Sie lassen sich anschließend als Wahrscheinlichkeiten beschreiben, die angeben, ob es sich jeweils um die gesuchte Person handelt. Basierend auf diesen Wahrscheinlichkeiten und einer Wahrscheinlichkeit bezüglich des Rankings lässt sich eine probabilistische Mehrheitsentscheidung treffen, die als Ergebnis keine binäre, sondern eine wahrscheinlichkeitsbasierte Entscheidung ausgibt [Eisenbach et al., 2015b]. Anhand dessen kann dann auch beurteilt werden, wie sicher eine Entscheidung ist.

Neben diesen Techniken zur Entscheidungsfindung werden in Kapitel 9 auch Vorgehensweisen beschrieben, um den Suchraum für die Wiedererkennung einzuschränken und somit Fehler bei der Entscheidung zu reduzieren. Der Suchraum kann eingegrenzt werden durch statistische Vorhersagen über die Laufwege von Personen, durch Kontextinformationen, wie Begleitpersonen in einer Gruppe, in der sich die Zielperson aufhält oder durch eine stärkere Kopplung mit dem Tracker, bei der nur noch Trackstücke zu personenspezifischen Tracks zusammengesetzt werden müssen. Unabhängig von der eingesetzten Methode wird die Wiedererkennungsleistung durch eine Suchraumeinschränkung in jedem Fall verbessert.

2.2.8 Einbindung in Anwendung

Nach der Wiedererkennung der Zielperson muss das Ergebnis an die Anwendung weitergegeben und geeignet verarbeitet werden.

Bei der Videoüberwachung werden die Videoabschnitte, in denen eine ausgewählte Zielperson wiedererkannt wurde, grafisch hervorgehoben. Außerdem wird auch die Sicherheit der Entscheidung dargestellt. Der menschliche Operator, der die Videoaufnahmen sichtet, kann basierend auf diesen Informationen den Videodatenstrom gezielt durchsuchen und dadurch die Situation schneller beurteilen. Die Einbindung der Wiedererkennung in das Videoüberwachungssystem wird in Kapitel 10 anhand des Forschungsprojekts APFel näher erläutert, in dem ein intelligentes Videoanalysetool entwickelt wurde [Kolarow et al., 2013] (siehe Kapitel 1).

Bei einer robotischen Anwendung muss das Wiedererkennungsergebnis in Fahrkommandos umgesetzt werden, um den aktuellen Nutzer zu verfolgen oder ihn zu lotsen. Sollte der Nutzer nicht erkannt werden, muss gegebenenfalls eine Interaktion erfolgen, um den Nutzer zu bitten, den Kontakt wiederherzustellen. In einigen Fällen sind unter Umständen auch andere szenariospezifische Notfallstrategien sinnvoll. Die Verwendung der Wiedererkennung auf einem mobilen Roboter wird in Kapitel 10 anhand des Forschungsprojekts ROREAS (siehe Kapitel 1) näher erläutert, in dem ein Roboter entwickelt wurde, der Schlaganfallpatienten während ihrer Rehabilitation beim Eigentraining unterstützt, indem er sie begleitet, um ihr Sicherheitsgefühl zu steigern und sie zu motivieren. Außerdem wird auf das Forschungsprojekt SYMPARTNER eingegangen, bei dem ein Roboter alleinlebende Senioren in ihrer Wohnung begleitet.

2.3 Leistungsfähigkeit des entworfenen Systems im Vergleich zu biometrischen Systemen

Eine Wiedererkennung unter Einsatz erscheinungsbasierter Merkmale, die die getragene Kleidung beschreiben, kann nicht so leistungsfähig sein wie Verfahren, die biometrische Merkmale einsetzen. Die entworfene erscheinungsbasierte Personenwiedererkennung soll jedoch in Anwendungsbereichen eingesetzt werden, in denen auch der Einsatz biometrischer Verfahren unter gewissen Randbedingungen möglich wäre. Daher soll die erscheinungsbasierte Personenwiedererkennung im Rahmen dieser Arbeit anhand von Bewertungskriterien beurteilt werden, die eigentlich im Kontext von biometrischen Systemen Verwendung finden. Dabei soll evaluiert werden, ob die Leistungsfähigkeit biometrischer Ansätze beim Einsatz von maschinellen Lernansätzen auch mit einer erscheinungsbasierten Personenwiedererkennung erreichbar ist. Nur dann wäre eine alleinige Verwendung der erscheinungsbasierten Wiedererkennung ohne biometrische Komponenten sinnvoll. Nachfolgend werden geeignete Gütekriterien vorgestellt.

In [Jain et al., 2004] werden vier Bedingungen vorgestellt, die ein Merkmal mindestens erfüllen muss, damit es den Anspruch erheben darf, biometrisch zu sein. Auch erscheinungsbasierte Merkmale sollten diese Anforderungen zu einem gewissen Maß erfüllen. Folgende Anforderungen sind an biometrische Merkmale zu stellen:

- **Allgemeingültigkeit** (engl. *Universality*): Das Merkmal sollte für jede Person vorhanden sein.
- **Unterscheidungskraft** (engl. *Distinctiveness*): Anhand des Merkmals sollten zwei beliebige Personen hinreichend unterschieden werden können. Dieses Kriterium trifft also eine Aussage darüber, wie viele Personen maximal unterschieden werden können, ohne dass es zu Mehrdeutigkeiten kommt.

- **Beständigkeit** (engl. *Permanence*): Das Merkmal sollte über eine gewisse Zeitspanne hinweg unveränderlich sein. Das heißt, Umwelteinflüsse sollten kompensiert werden können.
- **Erfassbarkeit** (engl. *Collectability*): Eine quantitative Erfassung des Merkmals muss möglich sein. Dabei wird bewertet, ob ein Merkmal ohne größere Einschränkungen robust erfasst werden kann.

Allerdings sollte nach [Jain et al., 2004] und [Maltoni et al., 2009] die Praktikabilität des Ansatzes zusätzlich anhand folgender vier Kriterien beurteilt werden:

- **Verarbeitungsgeschwindigkeit** (engl. *Recognition Speed*): Dieses Kriterium beurteilt die Erkennungsgeschwindigkeit und die dafür benötigten Ressourcen. Außerdem wird berücksichtigt, welche Umwelteinflüsse die Rechengeschwindigkeit beeinflussen.
- **Genauigkeit** (engl. *Accuracy*): Dieses Kriterium beurteilt die Genauigkeit der Wiedererkennung. Auch hierbei sollte berücksichtigt werden, durch welche Umwelteinflüsse das Ergebnis beeinflusst wird.
- **Akzeptanz** (engl. *Acceptability*): Anhand dieses Kriteriums wird beurteilt, in welchem Ausmaß der Einsatz des verwendeten Merkmals für die betroffenen Personen in den entsprechenden Anwendungsszenarien akzeptabel ist.
- **Resistenz gegen Überlistung** (engl. *Circumvention*): Anhand dieses Kriteriums wird beurteilt, wie einfach das System in betrügerischer Absicht durch eine Person getäuscht werden kann.

In [Brauckmann und Busch, 2011] werden vier weitere Kriterien definiert, mit denen beurteilt werden kann, wie gut das System in der Praxis skaliert:

- **Integrierbarkeit** (engl. *Integrability*): Dieses Kriterium beurteilt, wie einfach das Verfahren in bestehende Systeme integriert werden kann. Dabei ist zu berücksichtigen, ob Standards beachtet werden, klare Schnittstellen vorhanden sind und gängige Protokolle verwendet werden.

- **Flexibilität** (engl. *Flexibility*): Dieses Kriteriums bezieht sich auf eine hohe Flexibilität bezüglich Hardware, Betriebssystem, Algorithmen und Anwendungen.
- **Skalierbarkeit** (engl. *Scalability*): Anhand dieses Kriteriums wird beurteilt, ob sich die Wiedererkennung ohne größere Anpassungen auf größere Maßstäbe, das heißt mehr zu erkennende und zu vergleichende Personen, erweitern lässt.
- **Widerstandsfähigkeit** (engl. *Durability*): Dieses Kriterium beurteilt, ob das System tolerant gegenüber Fehlern ist, geeignete Wiederherstellungsszenarien (engl. *Recovery Scenarios*) für Fehlerfälle bereithält, eine Sicherung und Wiederholbarkeit (engl. *Backup and Replication*) ermöglicht, Redundanzen enthält und eine einzige Bruchstelle (engl. *Single Point of Failure*) vermeidet.

Die Beurteilung dieser zwölf Kriterien soll anhand von Abbildung 2.2 erfolgen. Diese Übersichtsgrafik wurde im Rahmen dieser Arbeit entwickelt. Zu jedem Kriterium sind Bewertungsskalen angegeben. Einige Kriterien lassen sich dabei nur qualitativ erfassen, für andere Kriterien sind quantitative Maße angegeben. Die Qualität einer Wiedererkennung kann als Polygon eingezeichnet werden. Je größer der Flächeninhalt des Polygons ist, desto besser erfüllt die Wiedererkennung die geforderten zwölf Kriterien.

Bevor in den Kapiteln 4 bis 10 alle Verarbeitungsschritte der erscheinungsbasierten Wiedererkennung im Detail beschrieben werden, werden in Kapitel 3 zunächst die dafür notwendigen Grundlagen erläutert.

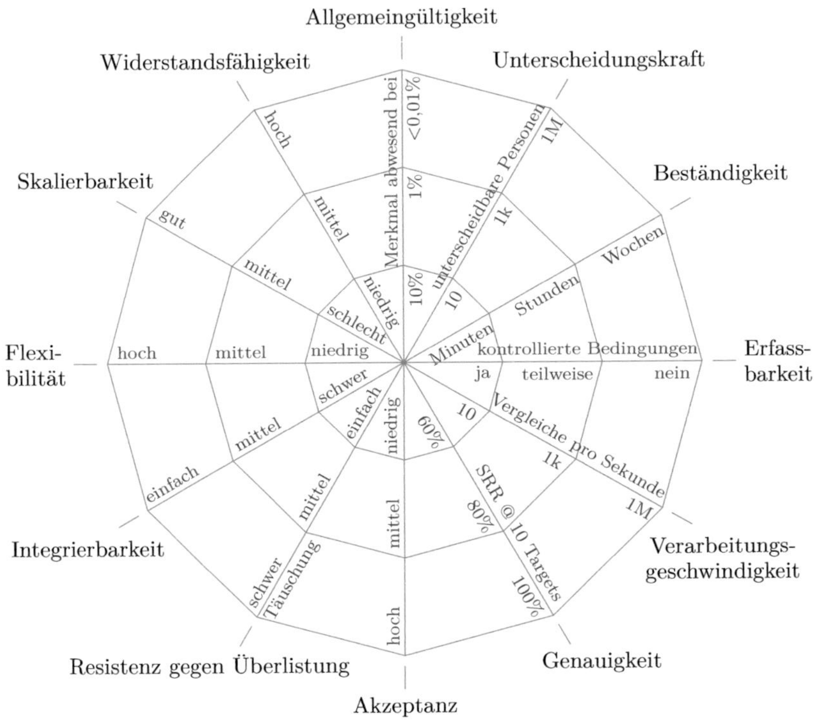

Abbildung 2.2: Bewertung der Personenwiedererkennung
Die Bewertung der erscheinungsbasierten Wiedererkennung soll anhand von zwölf Kriterien erfolgen, die auch für biometrische Verfahren angesetzt werden können. Zu jedem Kriterium sind zusätzlich Skalen für die Bewertung angegeben.

Kapitel 3

Grundlagen

Nachdem in den vorherigen Kapiteln eine Einführung in die Personenwiedererkennung erfolgte und das implementierte Systems vorgestellt wurde, werden in diesem Kapitel die für das Verständnis dieser Arbeit notwendigen Grundlagen erläutert.

In Abschnitt 3.1 werden die mathematische Notation, die Evaluationsmethodik und gebräuchliche Benchmarkdatensätze der erscheinungsbasierten Personenwiedererkennung beschrieben. Abschnitt 3.2 beschäftigt sich mit Grundlagen der Bildverarbeitung. Abschnitt 3.3 erläutert Grundlagen zum maschinellen Lernen. In Abschnitt 3.4 wird auf Grundlagen aus den Bereichen Statistik, Wahrscheinlichkeitstheorie und Informationstheorie eingegangen.

3.1 Grundlagen Personenwiedererkennung

Für das Verständnis der Dissertation ist grundlegendes Wissen zur Personenwiedererkennung notwendig. Nachfolgend werden daher die mathematische Notation, die Ziele der Wiedererkennung, die Methodik der Evaluation, gebräuchliche Gütemaße, Kurven und Benchmarkdatensätze vorgestellt.

3.1.1 Mathematische Notation

In diesem Abschnitt wird die in dieser Arbeit verwendete mathematische Notation im Kontext der Personenwiedererkennung eingeführt. Zum besseren Verständnis sind alle mathematischen Bezeichner anhand eines Beispiels in Abbildung 3.1 veranschaulicht. Die Notation ist angelehnt an [Chen et al., 2016a], [Karaman und Bagdanov, 2012] und [Ross und Nandakumar, 2009] und wurde in ähnlicher Form auch in [Vorndran, 2015b][1] verwendet.

Gegeben bei der Personenwiedererkennung ist eine Menge von Bildern $\mathcal{I}$ mit entsprechenden Labeln $\mathcal{L}$, die angeben, welche Bilder die gleiche Person zeigen. Für jedes Bild lässt sich ein Merkmalsvektor $\underline{\mathbf{x}}$ ermitteln. Der Raum aller möglichen Merkmale wird mit $\mathcal{X}$ bezeichnet. Im Rahmen der Wiedererkennung werden Bilder gesucht, die die gleiche Person darstellen und somit identische Label besitzen. Die mathematische Notation lautet $\ell(\underline{\mathbf{x}}_i) = \ell(\underline{\mathbf{x}}_j)$ für Bilder beziehungsweise Merkmale mit den Indizes i und j.

Aus mathematischer Sicht gilt es drei Untermengen aus $\mathcal{X}$ zu unterschieden:

- Der **Trainingsdatensatz** $\mathcal{T}$ wird verwendet, um geeignete Merkmale (siehe Kapitel 5), Distanzfunktionen (siehe Kapitel 7), oder Fusionsstrategien (siehe Kapitel 8) zu erlernen.
- Die **Gallerie** $\mathcal{G}$ umfasst Bilder der Personen, die erkannt werden sollen. Diese werden entweder initial festgelegt oder im Laufe der Anwendung hinzugefügt.
- Die **Probe** $\mathcal{P}$ umfasst Bilder von Personen, die in der Anwendungsphase beobachtet werden. Für diese Personen sollen übereinstimmende Galeriebilder $\underline{\mathbf{g}}^{\omega^+} \in \mathcal{G}^{\omega^+}$ gefunden werden bezie-

[1] Die Bachelorarbeit von Alexander Vorndran wurde vom Autor betreut.

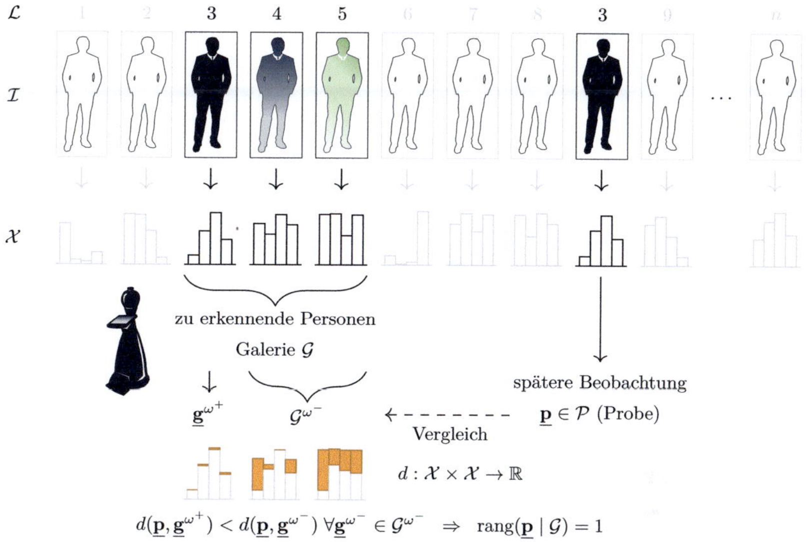

Abbildung 3.1: Veranschaulichung der mathematischen Notation am Beispiel
Die aus den Bildern $\mathcal{I}$ ermittelten Merkmale $\mathcal{X}$ werden aufgeteilt in Galerie $\mathcal{G}$ und Probe $\mathcal{P}$. Für ein Probebild $\underline{\mathbf{p}} \in \mathcal{P}$ wird das Bild aus einer zuvor beobachteten Menge von Bildern, der Galerie $\mathcal{G}$, gesucht, bei der die Identität übereinstimmt. Der Vergleich der Merkmale erfolgt mittels einer Distanzfunktion $d : \mathcal{X} \times \mathcal{X} \to \mathbb{R}$, die für das übereinstimmende Genuine-Galerieelement $\underline{\mathbf{g}}^{\omega^+}$ kleiner sein sollte als für alle anderen Elemente der Galerie mit nicht übereinstimmenden Identitäten, den sogenannten Impostors $\underline{\mathbf{g}}^{\omega^-} \in \mathcal{G}^{\omega^-}$. In diesem Fall steht die gesuchte Person im Ranking auf Platz eins ($\operatorname{rang}(\underline{\mathbf{p}} \mid \mathcal{G}) = 1$).

hungsweise festgestellt werden, dass die beobachtete Person nicht in der Galerie enthalten ist ($\underline{\mathbf{g}} \in \mathcal{G}^{\omega^-} \forall \underline{\mathbf{g}} \in \mathcal{G}$).

Die Personen in Trainings- ($\mathcal{T}$) und Testdaten ($\mathcal{G}$, $\mathcal{P}$) unterscheiden sich, sodass gilt $\mathcal{L}^{\mathcal{T}} \cap (\mathcal{L}^{\mathcal{P}} \cup \mathcal{L}^{\mathcal{G}}) = \varnothing$.

Für jedes Element aus der Probe $\underline{\mathbf{p}} \in \mathcal{P}$ können bezüglich der Identität übereinstimmende Elemente in der Galerie $\underline{\mathbf{g}}^{\omega^+} \in \mathcal{G}^{\omega^+}$ (*Genuines*), als auch nicht übereinstimmende Elemente $\underline{\mathbf{g}}^{\omega^-} \in \mathcal{G}^{\omega^-}$ (*Impostors*) existieren. Das Ziel einer Wiedererkennung ist die Identifikation der übereinstimmenden Elemente $\underline{\mathbf{g}}^{\omega^+}$ mittels einer Distanzfunktion $d : \mathcal{X} \times \mathcal{X} \to \mathbb{R}$. Eine genaue Definition der notwendigen Eigenschaften dieser Distanzmetrik d erfolgt in Kapitel 7. Die mittels der Distanzfunktion d erstellte Sortierung der Galerie $\mathcal{G}$ wird als Ranking bezeichnet. Der Rang (Gleichung (3.1)) gibt an, an welcher Stelle das übereinstimmende Element $\underline{\mathbf{g}}^{\omega^+}$ einsortiert wird.

$$\operatorname{rang}(\underline{\mathbf{p}} \mid \mathcal{G}) = |\{\underline{\mathbf{g}}^{\omega^-} \in \mathcal{G}^{\omega^-} \mid d(\underline{\mathbf{p}}, \underline{\mathbf{g}}^{\omega^-}) \leq d(\underline{\mathbf{p}}, \underline{\mathbf{g}}^{\omega^+})\}| + 1 \quad (3.1)$$

Wiedererkennungsszenarien

Sind alle Personen der Probe in der Galerie enthalten, das heißt

$$\forall\, \underline{\mathbf{p}} \in \mathcal{P} : \exists\, \underline{\mathbf{g}} \in \mathcal{G} \text{ sodass } \ell(\underline{\mathbf{p}}) = \ell(\underline{\mathbf{g}}), \quad (3.2)$$

dann wird dies als *Closed-Set*-Szenario (dt. Szenario mit abgeschlossener Personenmenge) bezeichnet. Die übereinstimmende Person sollte in diesem Szenario im anhand der Distanzfunktion erstellten Ranking auf Platz eins einsortiert werden.

Enthält die Galerie $\mathcal{G}$ nicht alle Personen aus der Probe $\mathcal{P}$, das heißt

$$\exists\, \underline{\mathbf{p}} \in \mathcal{P} : \ell(\underline{\mathbf{p}}) \neq \ell(\underline{\mathbf{g}})\; \forall\, \underline{\mathbf{g}} \in \mathcal{G}, \quad (3.3)$$

dann entspricht dies einem *Open-Set*-Szenario (dt. Szenario mit offener Personenmenge). In diesem Fall muss zusätzlich zur Bedingung des ersten Platzes im Ranking ein Schwellwert $d_{\max}$ unterschritten werden ($d(\underline{\mathbf{p}}, \underline{\mathbf{g}}^{\omega^+}) < d_{\max}$), um eine übereinstimmende Identität festzustellen.

Ziel der Wiedererkennung

Das Ziel der Wiedererkennung ist für beide Szenarien die Erstellung eines optimalen Rankings, bei dem die Distanz für die gesuchte Person $d(\underline{\mathbf{p}}, \underline{\mathbf{g}}^{\omega^+})$ jeweils kleiner ist als die Distanz zu allen anderen Personen

$d(\underline{\mathbf{p}}, \underline{\mathbf{g}}^{\omega^-})$. Dementsprechend ergibt sich die optimale Distanzfunktion d^*:

$$d^*(\underline{\mathbf{p}}, \underline{\mathbf{g}}^{\omega^+}) < d^*(\underline{\mathbf{p}}, \underline{\mathbf{g}}^{\omega^-}), \forall\, \underline{\mathbf{p}} \in \mathcal{P},\ \forall\, \underline{\mathbf{g}}^{\omega^-} \in \mathcal{G}^{\omega^-} \tag{3.4}$$

In der Praxis ist diese optimale Distanzfunktion d^* jedoch in der Regel nicht bekannt. Daher sollte eine gelernte Metrik (siehe Kapitel 7) diese Funktion möglichst gut approximieren. Die Metrik d muss dafür wie folgt optimiert werden:

$$\begin{aligned} \hat{d}(\underline{\mathbf{p}}, \underline{\mathbf{g}}) = \underset{d:\mathcal{X}\times\mathcal{X}\to\mathbb{R}}{\operatorname{argmin}} & \left|\{\underline{\mathbf{g}}^{\omega^-} \mid d(\underline{\mathbf{p}}, \underline{\mathbf{g}}^{\omega^-}) \leq d(\underline{\mathbf{p}}, \underline{\mathbf{g}}^{\omega^+})\}\right| \\ & \forall \underline{\mathbf{g}}^{\omega^+} \in \mathcal{G}^{\omega^+},\ \forall \underline{\mathbf{g}}^{\omega^-} \in \mathcal{G}^{\omega^-},\ \forall \underline{\mathbf{p}} \in \mathcal{P} \end{aligned} \tag{3.5}$$

Es wird also eine Metrik $\hat{d}$ gesucht, die die gewünschte Sortierung $d(\underline{\mathbf{p}}, \underline{\mathbf{g}}^{\omega^+}) < d(\underline{\mathbf{p}}, \underline{\mathbf{g}}^{\omega^-})$ für möglichst wenige Impostors $\underline{\mathbf{g}}^{\omega^-}$ verletzt, sodass $\underline{\mathbf{g}}^{\omega^+}$ möglichst weit vorn im Ranking einsortiert wird. [Vorndran, 2015b][1]

Neben der Distanzfunktion trägt auch ein geeigneter Merkmalsraum zur Optimierung der Gleichung (3.5) bei (siehe Kapitel 5). Ist das Ranking für einzelne Merkmale suboptimal, so kann die Fusion mehrerer Merkmale (Kapitel 8) das Ranking verbessern. Außerdem hilft eine Suchraumeinschränkung (Kapitel 9) die Anzahl der zu betrachtenden Impostors $\underline{\mathbf{g}}^{\omega^-}$ zu verringern und somit das Ranking zu verbessern.

3.1.2 Methodik der Evaluation

Bei der Evaluation der Wiedererkennungsleistung sind entsprechend der Anzahl der zur Verfügung stehenden Bilder pro Person verschiedene Modi zu unterscheiden:

- **Single Shot** (auch Single-versus-Single-Shot, SvsS): Für jede Person existiert nur ein Galeriebild und ein Probebild:

$$\mathcal{G}_j = \{\underline{\mathbf{g}}\},\ \underline{\mathbf{g}} \in \{\underline{\mathbf{g}} \in \mathcal{G} \mid \ell(\underline{\mathbf{g}}) = j\},\ j \in \mathcal{L}^{\mathcal{G}}$$

$$\mathcal{P}_j = \{\underline{\mathbf{p}}\},\ \underline{\mathbf{p}} \in \{\underline{\mathbf{p}} \in \mathcal{P} \mid \ell(\underline{\mathbf{p}}) = j\},\ j \in \mathcal{L}^{\mathcal{P}}$$

- **Multi-versus-Single-Shot** (MvsS): Für jede Person existiert genau ein Probebild. Beim Abgleich gegen die Galerie können mehrere Bilder pro Person verwendet werden:

$$\mathcal{G}_j \subset \{\underline{\mathbf{g}} \in \mathcal{G} \mid \ell(\underline{\mathbf{g}}) = j\},\ |\mathcal{G}_j| = M\ \forall j \in \mathcal{L}^{\mathcal{G}}$$

$$\mathcal{P}_j = \{\underline{\mathbf{p}}\},\ \underline{\mathbf{p}} \in \{\underline{\mathbf{p}} \in \mathcal{P} \mid \ell(\underline{\mathbf{p}}) = j\},\ j \in \mathcal{L}^{\mathcal{P}}$$

- **Multi Shot** (auch Multi-versus-Multi-Shot, MvsM): Für jede Person existieren mehrere Probe- und Galeriebilder, die zum Aufbau des Templates und zum Abgleich verwendet werden können:

$$\mathcal{G}_j \subset \{\underline{\mathbf{g}} \in \mathcal{G} \mid \ell(\underline{\mathbf{g}}) = j\},\ |\mathcal{G}_j| = M\ \forall j \in \mathcal{L}^{\mathcal{G}}$$

$$\mathcal{P}_j \subset \{\underline{\mathbf{p}} \in \mathcal{P} \mid \ell(\underline{\mathbf{p}}) = j\},\ |\mathcal{P}_j| = M\ \forall j \in \mathcal{L}^{\mathcal{P}}$$

- **Zero Shot**: Dieser Modus ist ein Spezialfall. Für die gesuchten Personen liegen keine Probebilder vor, sondern nur semantische Beschreibungen. Die Galerie besteht aus einem Bild pro Person.

$$\mathcal{G}_j = \{\underline{\mathbf{g}}\},\ \underline{\mathbf{g}} \in \{\underline{\mathbf{g}} \in \mathcal{G} \mid \ell(\underline{\mathbf{g}}) = j\},\ j \in \mathcal{L}^{\mathcal{G}}$$

$$\mathcal{P}_j = \{\phi(\underline{\mathbf{p}})\},\ \underline{\mathbf{p}} \in \{\underline{\mathbf{p}} \in \mathcal{P} \mid \ell(\underline{\mathbf{p}}) = j\},\ j \in \mathcal{L}^{\mathcal{P}}$$

  $\phi(\underline{\mathbf{x}})$ steht dabei für eine semantische Beschreibung von $\underline{\mathbf{x}}$.

Des Weiteren wird nach Art der Wiedererkennungsaufgabe unterschieden:

- Bei der **Verifikation** ist ein Paar bestehend aus Probebild $\underline{\mathbf{p}} \in \mathcal{P}$ und Galeriebild $\underline{\mathbf{g}} \in \mathcal{G}$ gegeben. Die Fragestellung ist, ob die Identität der abgebildeten Personen übereinstimmt:

$$\ell(\underline{\mathbf{p}}) \stackrel{?}{=} \ell(\underline{\mathbf{g}})$$

- Bei der **Identifikation** ist ein Probebild $\underline{\mathbf{p}} \in \mathcal{P}$ gegeben und eine Menge von Galeriebildern $\mathcal{G}$. Gesucht ist das Galeriebild $\underline{\mathbf{g}}^{\omega^+}$, das die gleiche Person wie das Probebild $\underline{\mathbf{p}}$ darstellt:

$$\underline{\mathbf{g}} \in \mathcal{G}: \ \ell(\underline{\mathbf{p}}) = \ell(\underline{\mathbf{g}})$$

Erfolgt die Evaluation anhand eines Benchmarkdatensatzes, so besteht die Aufgabe in der Identifikation der Probepersonen in der Galerie. Die berichteten Ergebnisse beziehen sich in der Regel auf Single-Shot-Szenarien. Um vergleichbare Ergebnisse zu erzielen, wird meistens das Protokoll nach [Farenzena et al., 2010] mit zehnfacher Kreuzvalidierung verwendet. Für jeden der zehn Durchläufe werden zufällig die Hälfte der verfügbaren Personen zum Testen ausgewählt. Die Bilder der verbleibenden Personen können für das Training verwendet werden. Die Bilder aller Personen im Testdatensatz werden in Galerie und Probe aufgeteilt. Sind im Datensatz mehr als zwei Bilder pro Person vorhanden, so wird das Experiment in der Regel 20-mal wiederholt mit pro Person jeweils zufällig gewähltem Bild für die Galerie und die Probe.

Kurven zur Darstellung der Wiedererkennungsleistung

Die Wiedererkennungsleistung wird typischerweise in Kurven dargestellt. Die gebräuchlichen Kurven werden in diesem Abschnitt näher vorgestellt. In Abbildung 3.2 sind alle Kurven für eine beispielhafte Wiedererkennung dargestellt.

Die **Cumulative Match Characteristic (CMC)** (Abbildung 3.2(c)) ist eine der wichtigsten Kurven zur Darstellung der Wiedererkennungsleistung im Sinne einer *Identifikation*. Sie trägt die kumulierte Wiedererkennungsrate (engl. *Match Rate*) gegenüber dem Rang ab. Auf Rang eins ist entsprechend der Anteil der Personen angegeben, der unter allen Personen $\underline{\mathbf{g}} \in \mathcal{G}$ im Datensatz sicher wiedererkannt werden kann. Bei Rang zwei wird der Anteil der Personen abgebildet, bei denen eine Ver-

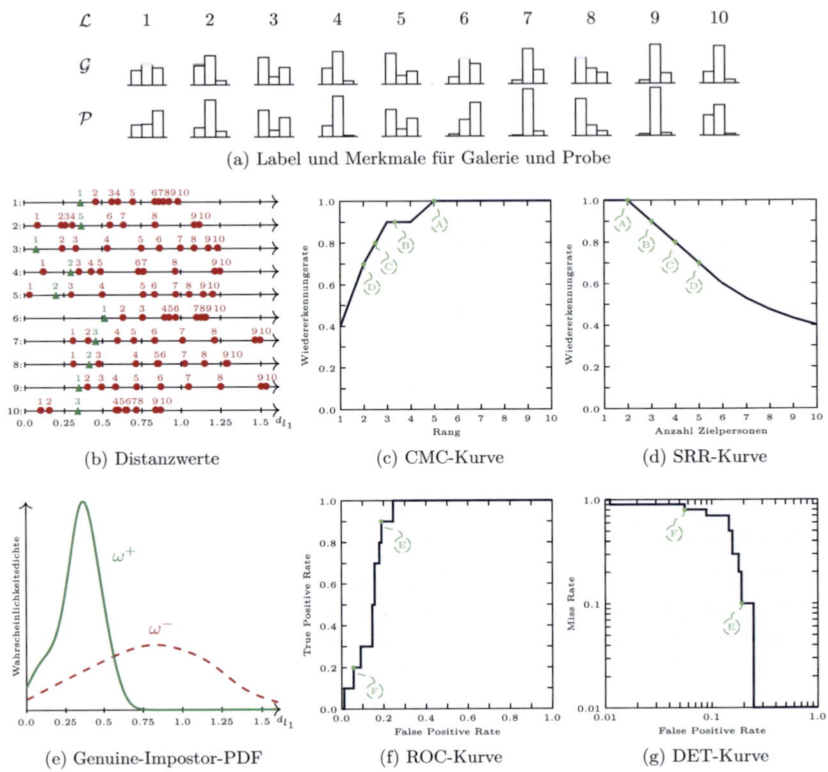

(a) Label und Merkmale für Galerie und Probe

(b) Distanzwerte

(c) CMC-Kurve

(d) SRR-Kurve

(e) Genuine-Impostor-PDF

(f) ROC-Kurve

(g) DET-Kurve

Abbildung 3.2: Kurven zur Darstellung der Wiedererkennungsleistung

Die beispielhaften Histogrammmerkmale (a) werden mittels Manhattandistanz verglichen. Entsprechend ergeben sich für die zehn Personen in der Probe zehn Rankings (b). Die Wahrscheinlichkeitsdichteverteilung (PDF) der Distanzwerte ist im Genuine-Impostor-Plot (e) dargestellt. Die CMC-Kurve (c) lässt sich anhand der Rankings konstruieren. Daraus lässt sich die SRR-Kurve (d) ableiten. Einander entsprechende Punkte in beiden Kurven sind mit Markierungen (A) – (D) versehen. Anhand der Verteilung der Distanzen lässt sich die ROC-Kurve (f) konstruieren. Daraus lässt sich die DET-Kurve (g) ableiten. Die Markierungen (E) und (F) heben einander entsprechende Punkte in den beiden Kurve hervor.

wechslung mit maximal einer Person auftritt und so weiter. Der Einsatz der CMC-Kurve ist nur für *Closed-Set*-Szenarien sinnvoll, da der Fall, dass es für eine Person $\underline{\mathbf{p}} \in \mathcal{P}$ keine Entsprechung in der Galerie $\mathcal{G}$ gibt, nicht sinnvoll abgebildet werden kann. Die CMC-Kurve ist sehr gut geeignet, um Algorithmen auf Benchmarkdatensätzen zu vergleichen. Der größte Nachteil der CMC-Kurve besteht in der Abhängigkeit von der Größe der Galerie $p = |\mathcal{G}|$. Das heißt, aus dieser Kurve kann nur die Wiedererkennungsleistung bei p zur Auswahl stehenden Personen abgelesen werden, jedoch nicht, wie die Wiedererkennungsleistung für eine geringere Anzahl zu unterscheidender Personen ausfällt.

Für diese Fragestellung lässt sich die Cumulative Match Characteristic (CMC) jedoch in die **Synthetic Recognition Rate (SRR)** (Abbildung 3.2(d)) überführen. Die SRR-Kurve trägt die (synthetisierte) Wiedererkennungsleistung für verschiedene Anzahlen zu unterscheidender Personen (engl. *Number of Targets*) ab. Für vier zu unterscheidende Personen wird beispielsweise die Wiedererkennungsleistung an Rang $\frac{p}{4}$ aus der CMC-Kurve übertragen. Dies lässt sich leicht nachvollziehen, denn wenn eine Person bei p Personen in der Galerie im ersten Viertel gerankt wird (entspricht Rang $\frac{p}{4}$ in der CMC-Kurve), dann wäre sie bei vier zu unterscheidenden Personen mit der gleichen Wahrscheinlichkeit korrekt erkannt worden, denn das erste Viertel bei vier Personen entspricht Rang eins. Die SRR-Kurve gibt damit einen guten Überblick, welche Wiedererkennungsraten für unterschiedliche Anzahlen an Personen zu erwarten sind, wenn die Bedingungen mit dem verwendeten Benchmarkdatensatz übereinstimmen. Auch diese Kurve ist nur für *Open-Set*-Szenarien zur Auswertung der *Identifikationsleistung* sinnvoll einsetzbar.

Für die Darstellung von *Open-Set*-Szenarien, bei denen es um die Beurteilung der *Verifikationsleistung* geht, wird meistens die **Receiver Operator Characteristic (ROC)**-Kurve (Abbildung 3.2(f)) oder die davon abgeleitete Version mit logarithmischen Achsen und gespiegelter Ordinate, die **Detection Error Tradeoff (DET)**-Kurve

(Abbildung 3.2(g)), verwendet. Die ROC-Kurve stellt die True Positive Rate (TPR), also den Anteil richtig erkannter Personen, der False Acceptace Rate (FAR), also dem Anteil der fälschlicherweise bei gleichem Schwellwert $d_{\max}$ als übereinstimmend angenommenen Person, gegenüber.

Der **Genuine-Impostor-Plot** (Abbildung 3.2(e)) stellt dar, wie sich bei einer gegebenen Distanzfunktion $d : \mathcal{X} \times \mathcal{X} \rightarrow \mathbb{R}$ die Genuine-Scores $d(\underline{\mathbf{p}}, \underline{\mathbf{g}}^{\omega^+})$ und Impostor-Scores $d(\underline{\mathbf{p}}, \underline{\mathbf{g}}^{\omega^-})$ verteilen. Dabei lässt sich gut erkennen, in welchem Bereich es zu Verwechslungen kommen kann. Dies wird ersichtlich durch eine Überschneidung der Wahrscheinlichkeitsdichteverteilungen von Genuine- und Impostor-Scores.

Performanzmaße zur Charakterisierung der Wiedererkennungsleistung

Um die Wiedererkennungsleistung mit einem einzelnen Kennwert zu charakterisieren, lassen sich aus den Kurven verschiedene Performanzmaße ableiten, die im Folgenden näher erläutert werden.

Der Verlauf der CMC-Kurve lässt sich beschreiben über die normierte Fläche unter der Kurve (nAUC, engl. *normalized Area Under Curve*), durch den Erwartungswert bezüglich des Rangs (ER, engl. *Expected Rank*) oder anhand einzelner Werte für ausgewählte Ränge (Rang-n-Statistiken).

Rang-n-Statistiken Die Wiedererkennungsrate auf Rang eins (Rang-1-Statistik) gibt an, welcher Anteil der Personen im gesamten Datensatz sicher erkannt werden kann. Die Rang-n-Statistik gibt an, wie groß der Anteil der Personen in $\mathcal{P}$ ist, die mindestens auf Rang n wiedererkannt werden. Die Berechnung der Wiedererkennungsrate erfolgt nach Gleichung (3.6).

$$\text{Rank-n} = \frac{1}{|\mathcal{P}|} |\{\underline{\mathbf{p}} \in \mathcal{P} \mid \text{rang}(\underline{\mathbf{p}} \mid \mathcal{G}) \leq n\}| \tag{3.6}$$

Expected Rank (ER) Dieser Kennwert gibt den im Mittel zu erwartenden Rang für ein zufällig gewähltes Probebild an. Die Berechnung unter Verwendung von Gleichung (3.1) ergibt sich wie folgt:

$$\mathrm{ER} = \frac{1}{|\mathcal{P}|} \sum_{\underline{\mathbf{p}} \in \mathcal{P}} \mathrm{rang}(\underline{\mathbf{p}} \mid \mathcal{G}) \tag{3.7}$$

Normalized Area Under Curve (nAUC) Dieser Kennwert gibt die normalisierte Fläche unter der CMC-Kurve an. Unter Verwendung von Gleichung (3.1) ergibt sich die Berechnung nach Gleichung (3.8). Die beiden Kennwerte ER und nAUC lassen sich ineinander umwandeln. Die Umwandlung erfolgt nach Gleichung (3.9). Eine ausführlichere Herleitung der Umwandlung ist in Anhang A.2 zu finden.

$$\begin{aligned} \mathrm{nAUC} &= \frac{1}{|\mathcal{G}| \cdot |\mathcal{P}|} \sum_{r=1}^{|\mathcal{G}|} |\{\underline{\mathbf{p}} \in \mathcal{P} \mid \mathrm{rang}(\underline{\mathbf{p}} \mid \mathcal{G}) \leq r\}| && (3.8) \\ &= 1 - \frac{1}{|\mathcal{G}| \cdot |\mathcal{P}|} \sum_{\underline{\mathbf{p}} \in \mathcal{P}} \left(\mathrm{rang}(\underline{\mathbf{p}} \mid \mathcal{G}) - 1\right) \\ &= 1 - \frac{1}{|\mathcal{G}|}(\mathrm{ER} - 1) && (3.9) \end{aligned}$$

Verifikationsmaße Anhand der ROC-Kurve lässt sich die Wiedererkennungsleistung für Verifikationsszenarien über alle üblichen Kennwerte für binäre Klassifikationsprobleme – zum Beispiel Accuracy, Balanced Error Rate, oder F_1-Score – beschreiben. Der erste für die Berechnung der binären Klassifikationsmaße notwendige Kennwert *True Positive Rate* (TPR, dt. Korrektpositivrate), beziehungsweise dessen Inverse, die *False Rejection Rate* (FRR, dt. Falschrückweisungsrate), lässt sich nach Gleichung (3.10) berechnen.

$$\begin{aligned} \mathrm{TPR} = 1 - \mathrm{FRR} = \frac{1}{\sum_{j \in \mathcal{L}} |\mathcal{G}_j^{\omega^+}|} |\{\underline{\mathbf{p}} \in \mathcal{P}, \\ \underline{\mathbf{g}}^{\omega^+} \in \mathcal{G}^{\omega^+} \mid d(\underline{\mathbf{p}}, \underline{\mathbf{g}}^{\omega^+}) < d_{max}\}| \end{aligned} \tag{3.10}$$

Der zweite benötigte Kennwert, die *False Positive Rate* (FPR, dt. Falschpositivrate), auch bekannt als *False Acceptance Rate* (FAR, dt. Falschakzeptanzrate), kann durch Gleichung (3.11) berechnet werden.

$$\begin{aligned} \text{FPR} = \text{FAR} = \frac{1}{\sum_{j \in \mathcal{L}} |\mathcal{G}_j^{\omega^-}|} |\{\underline{\mathbf{p}} \in \mathcal{P}, \\ \underline{\mathbf{g}}^{\omega^-} \in \mathcal{G}^{\omega^-} \mid d(\underline{\mathbf{p}}, \underline{\mathbf{g}}^{\omega^-}) < d_{max}\}| \end{aligned} \tag{3.11}$$

Ein weiteres übliches Performanzmaß bei der Wiedererkennung, dass den Kurvenverlauf dieser beiden Kennwerte (FAR, FRR) in der ROC-Kurve zusammenfasst, ist die *Equal Error Rate* (EER, dt. gleiche Fehlerrate). EER ist definiert als Punkt in der ROC-Kurve, an dem Falschakzeptanzrate und Falschrückweisungsrate den gleichen Wert annehmen.

Visualisierung hochdimensionaler Räume und Distanzmetriken

Um die bei der Personenwiedererkennung auftretenden hochdimensionalen Datenverteilungen oder Distanzfunktionen in hochdimensionalen Merkmalsräumen zu visualisieren, kann **t-Distributed Stochastic Neighbor Embedding (t-SNE)** [VAN DER MAATEN und HINTON, 2008] eingesetzt werden. Es ist eines der am besten geeignetsten Verfahren, um hochdimensionale Daten auf zwei oder drei Dimensionen abzubilden. Für Details zur Berechnung der Abbildung sei auf [VAN DER MAATEN und HINTON, 2008] verwiesen. Eine gute Zusammenfassung ist in [VORNDRAN, 2015b][1] zu finden.

Im Rahmen dieser Arbeit wird t-SNE in Kapitel 7 eingesetzt, um den Effekt von gelernten Distanzmetriken zu verdeutlichen. Bei der Auswertung der zweidimensionalen t-SNE-Einbettung müssen potentiell auftretende Abbildungsfehler beachtet werden. Diese werden in Anhang A.1 erläutert.

3.1.3 Benchmark-Datensätze

Zur Evaluation der Personenwiedererkennungsleistung gibt es zahlreiche Benchmarkdatensätze. In diesem Abschnitt werden die für diese Arbeit relevanten Datensätze vorgestellt. Eine Kurzübersicht gibt Tabelle 3.1. Beispielbilder sind in Abbildung 3.3 dargestellt.

Datensatz	Anzahl Personen	Kameras Anzahl	Kameras Art
Casia-A	20	1	statisch
CAVIAR4REID	72	2	statisch
CUHK03	1.467	10	statisch
i-LIDS	119	5	statisch
Market-1501	1501	6	dynamisch
VIPeR	632	2	dynamisch

Datensatz	Anzahl Bilder	Bildgröße [Pixel]	Aufnahmeort
Casia-A	19.135	variiert ($h = 80 - 135$)	Firmengelände
CAVIAR4REID	1220	variiert ($h = 39 - 150$)	Kaufhaus
CUHK03	14.096	variiert ($h = 88 - 420$)	Campus
i-LIDS	476	variiert ($h = 76 - 304$)	Flughafenterminal
Market-1501	25.259	konstant (128×64)	Marktplatz
VIPeR	1264	konstant (128×48)	Fußgängerzone

Tabelle 3.1: Verwendete Benchmarkdatensätze
Charakterisierung der für diese Arbeit relevanten Datensätze zur Evaluation der Wiedererkennungsleistung. Bei Datensätzen mit variierender Bildgröße ist jeweils die minimale und maximale Höhe h der Personen in Pixeln angegeben.

Die nachfolgende Beschreibung charakterisiert die in der Literatur meistgenutzten Datensätze. Daneben existieren aber noch viele weitere, meist frei verfügbare Datensätze (siehe Anhang A.3). Eine umfassende Auflistung, inklusive kurzer Beschreibungen, ist in [Karanam et al., 2016] und dem zugehörigen Zusatzmaterial[2] zu finden.

VIPeR-Datensatz VIPeR ist der am häufigsten genutzte Datensatz [Gray et al., 2007][3] für das Benchmarking der erscheinungsbasierten

[2] Zusatzmaterial zu [Karanam et al., 2016] verfügbar unter `http://robustsystems.coe.neu.edu/sites/robustsystems.coe.neu.edu/files/systems/projectpages/reiddataset.html`

[3] VIPeR-Datensatz verfügbar unter `http://users.soe.ucsc.edu/~manduchi/VIPeR.v1.0.zip`

(a) VIPeR

(b) iLIDS

(c) CAVIAR4REID

(d) CUHK03

(e) Market-1501

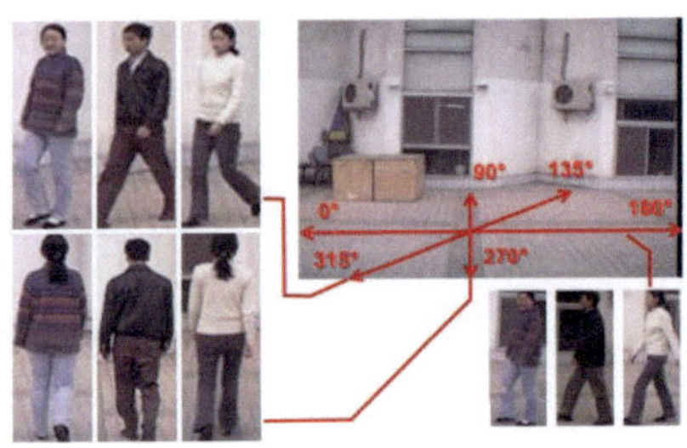

(f) Casia-A

Abbildung 3.3: Beispielbilder Benchmarkdatensätze
Visualisierung exemplarischer Personen aus den sechs für diese Arbeit relevanten Benchmarkdatensätzen. Die jeweils obere Zeile zeigt die Galeriebilder und die jeweils untere Zeile die zugehörigen Probebilder. Für Casia-A (f) werden außerdem die kontrollierten Bedingungen bezüglich der Perspektive verdeutlicht.

Personenwiedererkennung. Herausfordernd sind unterschiedliche Ansichten und Blickwinkel, natürliche Tageslichtbeleuchtung sowie sehr unterschiedliche Beleuchtungsbedingungen.

iLIDS-Datensatz Ein weiterer häufig verwendeter Datensatz ist iLIDS [Zheng et al., 2009][4]. Charakteristisch sind stark unterschiedliche Posen und starke Verdeckungen durch andere Personen sowie mitgeführtes Gepäck. Dieser Datensatz spiegelt am besten das in dieser Arbeit adressierte Überwachungsszenario wieder.

CAVIAR4REID-Datensatz Für den CAVIAR4REID-Datensatz [Cheng et al., 2011][5] charakteristisch sind durch die Kameraanordnung bedingte, niedrig aufgelöste Bilder der Personen und starke Beleuchtungsunterschiede.

CUHK03-Datensatz In den letzten Jahren wurden häufiger die CUHK-Datensätze verwendet. Die neueste Version ist CUHK03 [Li et al., 2014][6]. Dieser Datensatz ist beliebt für die Anwendung von *Deep Learning*, da er deutlich mehr Bilder und mehr Personen als die zuvor beschriebenen Datensätze umfasst. Die Schwierigkeiten bestehen in vielen ähnlich gekleideten Personen und in Beleuchtungsunterschieden. Jedoch fallen die Unterschiede in der Beleuchtung nicht so deutlich aus wie bei den anderen Datensätzen.

Market-1501-Datensatz Der Market-1501-Datensatz [Zheng et al., 2015a][7] wurde zur Überprüfung der Skalierbarkeit von Wiedererkennungsverfahren erstellt. Er umfasst die größte Anzahl an Personen und Bildern unter den in dieser Arbeit betrachteten Datensätzen. Die Personen sind anhand ihrer Kleidung relativ gut unterscheidbar.

---

[4] iLIDS-Datensatz verfügbar unter `http://www.eecs.qmul.ac.uk/~jason/data/i-LIDS_Pedestrian.tgz`

[5] CAVIAR4REID-Datensatz verfügbar unter `http://www.lorisbazzani.info/datasets/CAVIAR4REID.zip`

[6] CUHK03-Datensatz verfügbar unter `https://drive.google.com/uc?export=download&confirm=6eK3&id=0BxJeH3p7Ln48djNVVVJtUXh6bXc`

[7] Market-1501-Datensatz verfügbar unter `https://drive.google.com/uc?export=download&confirm=_3pF&id=0B8-rUzbwVRk0c054eEozWG9COHM`

Jedoch erschweren unterschiedliche Beleuchtungen und Perspektiven sowie Selbstverdeckungen die Wiedererkennung.

CASIA-Gait-Datensatz A Der CASIA-Gait-Datensatz A [WANG et al., 2003][8] wurde erstellt zum Benchmarking von Algorithmen zur Wiedererkennung anhand des Laufmusters (engl. *Gait Recognition*). Durch die systematischen Aufnahmen unter kontrollierten Bedingungen bezüglich der Perspektive ist der Datensatz besonders gut geeignet, um die Ansichtsinvarianz von Personenwiedererkennungsalgorithmen zu überprüfen. Die Orientierung der Personen zur Kamera umfasst sechs definierte Winkel $(0°, 90°, 135°, 180°, 270°, 315°)$.

Anwendungsspezifische Datensätze Im Rahmen dieser Dissertation wurden für die beiden betrachteten Szenarien, Videoüberwachung und Servicerobotik, eigene Datensätze erstellt. Die Zuordnung von Personen-IDs zu Bildern erfolgte halbautomatisch. Zunächst wurden Tracks von Personen erfasst und entsprechende Bildausschnitte pro Person extrahiert. In der Robotikanwendung wurde dafür das Personentrackingverfahren [VOLKHARDT et al., 2013] des Roboters genutzt. Im Überwachungsszenario kam für das kameraübergreifende Tracking ein Netzwerk aus Laserscannern [SCHENK et al., 2011][9], [SCHENK et al., 2012b][9], [SCHENK et al., 2012a][9] zum Einsatz. Details dazu sind in Anhang A.4 zu finden. Tracks der gleichen Personen zu unterschiedlichen Zeitpunkten wurden anschließend händisch zusammengefügt. Die Datensätze werden im Zuge der Evaluation der Wiedererkennungsleistung in den beiden Anwendungen in Kapitel 10 vorgestellt.

3.2 Grundlagen Bildverarbeitung

Nachfolgend wird das für das Verständnis der Dissertation notwendige Grundlagenwissen im Bereich der Bildverarbeitung vermittelt. Dazu

[8] CASIA-Gait-Datensatz A verfügbar unter http://www.cbsr.ia.ac.cn/english/Gait%20Databases.asp

[9] Der Autor dieser Dissertation war Co-Autor der Publikation.

werden im Rahmen dieser Arbeit verwendete Farbräume beschrieben. Anschließend wird auf Histogramme sowie Histogrammvergleichsmaße eingegangen.

3.2.1 Farbräume

Bei der erscheinungsbasierten Wiedererkennung von Personen spielt Farbe eine wichtige Rolle. Dabei können verschiedene Farbräume eingesetzt werden. Im Rahmen dieser Arbeit werden vier bekannte Kategorien von Farbräumen betrachtet (siehe Abbildung 3.4), die im Folgenden näher erläutert werden. In Anhang A.5, Abbildung A.3 sind die einzelnen Kanäle der Farbräume für ein Beispielbild visualisiert.

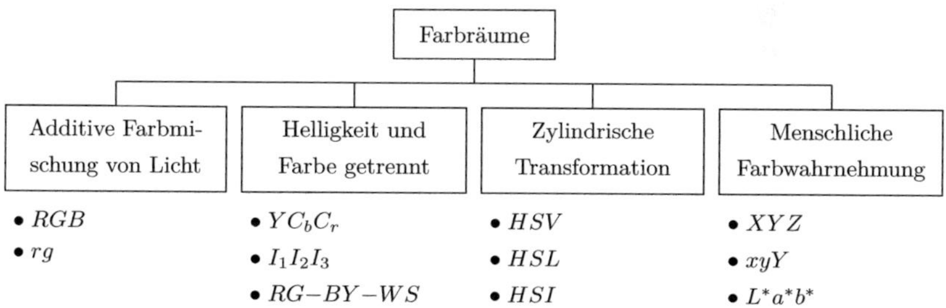

Abbildung 3.4: Systematisierung der verwendeten Farbräume
Vier von fünf Familien von Farbräumen werden im Rahmen dieser Arbeit betrachtet. Die einzelnen Kategorien werden im Text näher erläutert. Die einzige nicht verwendete Farbraumfamilie ist die subtraktive Farbmischung, zu der zum Beispiel der CMYK-Farbraum einzuordnen ist. Diese Farbraumfamilie eignet sich eher für Farbdrucke als für die Bildverarbeitung.

Farbräume basierend auf additiver Farbmischung von Licht

Durch additive Mischung der Farben Rot, Grün und Blau können alle wahrnehmbaren Farben erzeugt werden. Dementsprechend ist der *RGB-Farbraum* (für Rot, Grün, Blau) häufig der Ausgangspunkt für die elektronische Darstellung und Erfassung von Farben. Insbesondere digitale Kameras unterstützen in der Regel mindestens die Übertragung von RGB-Farbbildern. Eine helligkeitsunabhängige Version des RGB-Farbraums ist der *rg-Farbraum*. Für nähere Erläuterungen sei auf Anhang A.5.1 verwiesen.

Farbräume mit getrennter Helligkeit und Farbe

In einem Bild tragen Helligkeit und Farbe häufig jeweils einen eigenen Anteil an Informationen. Beim RGB-Farbraum sind diese Informationen jedoch auf alle Kanäle verteilt. Sollen die beiden Informationen unterschiedlich verarbeitet werden, so ist es besser, einen Kanal für die Helligkeitsinformation zu verwenden und die beiden anderen für die Farbe. Vertreter dieser Kategorie sind der *YCbCr-Farbraum*, der $I_1I_2I_3$*-Farbraum* [OHTA, 1985] und der *RG-BY-WB-Farbraum* [POMIERSKI und GROSS, 1996]. Nähere Erläuterungen zu diesen Farbräumen sind in Anhang A.5.2 zu finden.

Farbräume mit zylindrischer Transformation

Während die Farbräume in den bisher beschriebenen Kategorien jeweils affine Transformationen des RGB-Farbraums sind, wurden Farbräume mit zylindrischer Transformation dazu entworfen, Farbveränderungen intuitiver zu gestalten [JACK, 2007]. Diese Farbräume sind an die menschliche Interpretation von Farbe angelehnt und teilen die Farbinformation auf in Farbton (engl. *Hue*), Sättigung (engl. *Saturation*) und Helligkeit. Zur Repräsentation der Helligkeitsinformation gibt es drei verschiedene Möglichkeiten: Dunkelstufe (engl. *Value*), Lichtintensität (engl. *Intensity*) und relative Helligkeit (engl. *Lightness*). Entsprechend ergeben sich die *Farbräume HSV, HSI und HSL*. Details werden in Anhang A.5.3 erläutert. Der HSV-Farbraum hat sich bei der Personenwiedererkennung als besonders gut geeignet herausgestellt.

Farbräume angelehnt an die menschliche Farbwahrnehmung

Ein experimentell durch die Internationale Beleuchtungskommission CIE ermittelter Farbraum, der geräteunabhängig die wahrgenommene Farbe durch einen menschlichen Normalbeobachter widerspiegelt, ist XYZ.

Die normierte Variante davon ist der *xyY-Farbraum*, dessen beide ersten Komponenten eine zweidimensionale Darstellung der Farbe ermöglichen. Daraus ergibt sich ein hufeisenförmiges zweidimensionales Diagramm der wahrnehmbaren Farben, die sogenannte *CIE-Normfarbtafel*. In Kapitel 4 wird dieses Diagramm zur visuellen Bewertung des entwickelten Verfahrens zur Beleuchtungskorrektur verwendet.

Aus dem XYZ-Farbraum wurde durch die CIE der *$L^*a^*b^*$-Farbraum* entwickelt, bei dem visuelle und rechnerische Gleichabständigkeit angestrebt wurde. Für nähere Erläuterungen zu diesen Farbräumen sei auf Anhang A.5.4 verwiesen.

Bei der erscheinungsbasierten Personenwiedererkennung gab es Versuche den $L^*a^*b^*$-Farbraum einzusetzen, unter anderem auch im Rahmen dieser Arbeit in Kapitel 6 in Form von Histogrammmerkmalen. Jedoch war dieser Farbraum meistens dem HSV-Farbraum unterlegen. Des Weiteren spricht die deutlich aufwendigere Umwandlung aus dem RGB-Farbraum gegen dessen Verwendung.

3.2.2 Histogramme

Farbhistogramme repräsentieren die Auftretenswahrscheinlichkeiten von Farben in einem Bild bei Vernachlässigung der räumlichen Position. Im Allgemeinen erfolgt durch ein Histogramm eine Approximation der Wahrscheinlichkeitsdichteverteilung (siehe Abschnitt 3.4.1) beispielsweise der Farben in einem Farbraum. Der Wertebereich wird dafür in diskrete *Bins* (dt. Klassen) eingeteilt, die entweder eine konstante oder variable Breite haben. Im Rahmen dieser Arbeit werden ausschließlich Histogramme mit konstanter Binbreite eingesetzt.

Die Einsortierung der beobachteten Farbwerte in *Bins* kann entweder diskret erfolgen oder interpoliert. Wird keine Interpolation verwendet, so wird jede Farbe entsprechend ihrer Koordinaten in das entsprechende Bin einsortiert, auch wenn sich die Farbe an der Grenze zu einem benachbarten Bin befindet. Bei Verwendung von Interpolation wird eine Farbe, deren Koordinaten nicht in der Mitte eines Bins liegen, nur anteilig in dieses Bin einsortiert und anteilig in das angrenzende Bin. Die Verwendung von Interpolation macht Histogramme weniger anfällig für Bildrauschen. Der Nachteil besteht in einer leicht erhöhten Rechenzeit bei der Erstellung des Histogramms.

Damit die Werte der Histogrammbins den Wahrscheinlichkeiten entsprechen, dass Werte in den Bereichen der jeweiligen Bins auftreten, muss sichergestellt werden, dass die Summe aller Bins eins ergibt. Um dies zu realisieren, erfolgt eine L_1-Normierung. Durch diese Normierung liegen Histogramme immer auf einer Hyperebene. Das heißt eine Dimension des Merkmalsraums ist redundant. Ein Histogramm mit n Bins entspricht daher einem Punkt in einem n-dimensionalen Merkmalsraum, wobei alle Punkte in einem $(n-1)$-dimensionalen Unterraum liegen.

Farbhistogramme können entweder als volle Histogramme erstellt werden oder als Randverteilungshistogramme. In vollen Histogrammen umfasst jedes Bin ein dreidimensionales Volumen bei drei Farbkanälen. Bei Randverteilungshistogrammen werden für die drei Farbkanäle separate eindimensionale Histogramme erstellt. Die drei Histogramme werden anschließend konkateniert und normiert.

Für den Vergleich von Histogrammen existieren zahlreiche Histogrammvergleichsmaße. Nach [Rubner et al., 2000] lassen diese sich unterteilen in Maße mit ausschließlicher Verwendung von Bin-für-Bin-Vergleichen, Maße mit zwischen-Bin-Vergleichen und Maße, die Histogramme zunächst parametrieren und anschließend die Parameter vergleichen. Typische Vertreter der Bin-für-Bin-Vergleichsmaße sind Manhattan-Distanz, euklidische Distanz, Histogramm-Intersection, Cosinus-Ähnlichkeit, Bhattacharyya-Distanz, χ^2-Distanz und Kullback-Leibler-Divergenz [CHA, 2008]. Typische Beispiele für Maße mit zwischen-Bin-Vergleichen sind die Mahalanobis-Distanz und die Earth-Mover-Distanz [RUBNER et al., 2000]. Parametrische Maße werden im Kontext der Personenwiedererkennung nicht verwendet. Für Formeln zur Berechnung der Maße sei auf [CHA, 2008], [RUBNER et al., 2000] und Anhang A.6 verwiesen. In Anhang A.6 werden die Histogrammvergleichsmaße weiter systematisiert und gebräuchliche Maße werden näher erläutert.

3.3 Grundlagen des maschinellen Lernens

In diesem Abschnitt werden die im Rahmen der Dissertation verwendeten maschinellen Lernverfahren vorgestellt. Beim maschinellen Lernen unterscheidet man zwischen überwachten (engl. *supervised*) und unüberwachten (engl. *unsupervised*) Verfahren. Beim überwachten Lernen werden Informationen zur Klassenzugehörigkeit von Datenpunkten berücksichtigt. Unüberwachte Lernverfahren werden in der Regel eingesetzt, wenn diese Informationen nicht vorliegen. Des Weiteren existieren noch teilüberwachte (engl. *semi-supervised*) Lernverfahren, die zum Einsatz kommen, wenn Klasseninformationen nur für eine Teilmenge der Daten verfügbar sind. Dieser Anwendungsfall wird im Rahmen dieser Arbeit nicht betrachtet.

In Abschnitt 3.3.1 werden ein unüberwachtes und ein überwachtes Verfahren zur Merkmalsraumtransformation im Sinne einer Dimensionsreduktion vorgestellt. In Abschnitt 3.3.2 werden zwei überwachte Lernverfahren zur Klassifikation vorgestellt. In Abschnitt 3.3.3 wird auf unüberwachtes Clustering eingegangen.

3.3.1 Merkmalsraumtransformation

Durch Anwendung einer Merkmalsraumtransformation kann eine Dimensionsreduktion realisiert werden. Die neuen Dimensionen ergeben sich aus einer Linearkombination der ursprünglichen Dimensionen.

Principal Component Analysis (PCA)

Die *Principal Component Analysis* (PCA, dt. Hauptkomponentenanalyse) [PEARSON, 1901] ist ein Verfahren um Daten $\underline{\mathbf{X}}$ aus einem hochdimensionalen Raum $\mathbb{R}^m$ auf einen Raum $\mathbb{R}^k$ mit wenigen Dimensionen $k \ll m$ zu reduzieren und dabei möglichst wenig Varianz in den Daten zu verlieren. Dieses Verfahren sucht also nach Dimensionen, die eine große Varianz aufweisen, den sogenannten Hauptachsen. Diese lassen sich durch eine Eigenwertzerlegung (siehe Anhang A.7.2) der Kovarianzmatrix $\underline{\mathbf{C}}$ bestimmen. Die Kovarianzmatrix lässt sich für N Datenpunkte nach Gleichung (3.13) unter vorheriger Ermittlung des Mittelwertes $\underline{\mu}$ (Gleichung (3.12)) berechnen.

$$\underline{\mu} = \frac{1}{N} \sum_{i=1}^{N} \underline{\mathbf{x}}_i \tag{3.12}$$

$$\underline{\mathbf{C}} = \frac{1}{N-1} \sum_{i=1}^{N} \left(\underline{\mathbf{x}}_i - \underline{\mu}\right) \left(\underline{\mathbf{x}}_i - \underline{\mu}\right)^T \tag{3.13}$$

Durch Auswahl der Eigenvektoren zu den k größten Eigenwerten lässt sich mittels Konkatenation eine Matrix $\underline{\mathbf{W}}$ bilden, die die Daten $\underline{\mathbf{X}}$ nach Gleichung (3.14) in einen Raum mit niedrigerer Dimensionalität transformiert. Die transformierten Daten $\underline{\mathbf{Y}}$ weisen nicht nur eine niedrigere Dimensionalität auf, sondern sind auch mittelwertfrei und dekorreliert.

$$\underline{\mathbf{Y}} = \underline{\mathbf{W}}^T (\underline{\mathbf{X}} - \underline{\mu}) \tag{3.14}$$

Die PCA ist sehr gut geeignet als erster Vorverarbeitungsschritt beim Umgang mit hochdimensionalen Daten. Vor allem bei der Verwendung von Distanzmaßen, die einen sehr wichtigen Aspekt bei der Personenwiedererkennung darstellen, können Probleme bei hoher Dimensionalität auftreten. Die Ursache sind Datenpunkte, die zu sehr vielen Datenpunkten der nächste Nachbar sind, sogenannte Hubs, und Datenpunkte, die zu keinem anderen Datenpunkt der nächste Nachbar sind, sogenannte Anti-Hubs [RADOVANOVIĆ et al., 2010], [SCHNITZER und FLEXER, 2015]. Diese Datenpunkte treten in hochdimensionalen Daten, das heißt bei mehr als 50 Dimensionen, gehäuft auf. Die Reduktion auf wenige Dimensionen durch Anwendung der PCA ist ein geeignetes Mittel, um diese Effekte zu vermindern.

Der Nachteil der PCA besteht im Ignorieren von Labelinformationen. Die Ermittlung der Hauptachsen erfolgt unüberwacht, nur anhand des Varianzkriteriums. Die jeweilige Problemstellung wird ignoriert. Damit besteht die Gefahr wichtige Informationen zu entfernen. Daher wird die PCA in der Regel nur als erster Vorverarbeitungsschritt genutzt. Die Zieldimensionalität wird so gewählt, dass die Datenvarianz fast vollständig erhalten bleibt. Anschließend werden überwachte Dimensionsreduktionsverfahren, wie die LDA, eingesetzt, um die Dimensionalität weiter zu verringern.

Linear Discriminant Analysis (LDA)

Die lineare Diskriminanzanalyse (LDA, engl. *Linear Discriminant Analysis*) [FISHER, 1936] verwendet das Fisher-Kriterium für die Dimensionsreduktion. Um zu beurteilen, wie gut eine Dimension i zur Trennung der gegebenen c Klassen geeignet ist, wird die Fisher-Diskriminante σ_i mittels Gleichung (3.15) berechnet.

$$\sigma_i = \frac{\sum_{k=1}^{c} \left(\mu_i^{(k)} - \mu_i\right)^2}{\sum_{k=1}^{c} \sum_{j \in k} \left(x_{ij}^{(k)} - \mu_i^{(k)}\right)^2} \tag{3.15}$$

Dabei wird sowohl die Zwischenklassenvarianz berücksichtigt (Zähler), indem für alle Klassen die Differenz des Klassenmittelpunkts $\mu_i^{(k)}$ zum Mittelpunkt aller Klassen μ_i ermittelt wird, als auch die Innerklassenvarianz (Nenner) in Form des Abstandes aller Punkte $x_{ij}^{(k)}$ der Klasse zum Klassenmittelpunkt. Gesucht sind Dimensionen mit großer Zwischenklassenvarianz und kleiner Innerklassenvarianz. σ_i wird in diesen Fällen maximiert.

Die Berechnung lässt sich auch auf beliebige Dimensionen $\underline{\mathbf{w}}$ entlang des Raumes $\mathbb{R}^m$ übertragen. Dafür müssen Matrizen zur Beschreibung der Zwischenklassenvarianzen $\underline{\mathbf{S}}_b$ (engl. *Between Class Scatter Matrix*, Gleichung (3.16)) und Innerklassenvarianzen $\underline{\mathbf{S}}_w$ (engl. *Within Class Scatter Matrix*, Gleichung (3.17)) ermittelt werden:

$$\underline{\mathbf{S}}_b = \sum_{k=1}^{c} \left(\underline{\mu}^{(k)} - \underline{\mu}\right) \left(\underline{\mu}^{(k)} - \underline{\mu}\right)^T \tag{3.16}$$

$$\underline{\mathbf{S}}_w = \sum_{k=1}^{c} \sum_{j \in k} \left(\underline{\mathbf{x}}_j^{(k)} - \underline{\mu}^{(k)}\right) \left(\underline{\mathbf{x}}_j^{(k)} - \underline{\mu}^{(k)}\right)^T \tag{3.17}$$

Die zu maximierende Fisher-Diskriminante σ für den Vektor $\underline{\mathbf{w}}$ berechnet sich wie folgt:

$$\sigma(\underline{\mathbf{w}}) = \frac{\underline{\mathbf{w}}^T \underline{\mathbf{S}}_b \underline{\mathbf{w}}}{\underline{\mathbf{w}}^T \underline{\mathbf{S}}_w \underline{\mathbf{w}}} \rightarrow \max \tag{3.18}$$

Dies ist ein Optimierungsproblem der Form $f : \mathbb{R}^n \rightarrow \mathbb{R}, f(\underline{\mathbf{x}}) = \underline{\mathbf{x}}^T \underline{\mathbf{A}} \underline{\mathbf{x}}$ mit symmetrischer Matrix $\underline{\mathbf{A}}$ [Scheiner, 2012][10] ($\underline{\mathbf{S}}_b$ entspricht $\underline{\mathbf{A}}$, $\underline{\mathbf{w}}$ entspricht $\underline{\mathbf{x}}$) mit Nebenbedingung $g(\underline{\mathbf{w}}) = \underline{\mathbf{w}}^T \underline{\mathbf{S}}_w \underline{\mathbf{w}}$, dessen Lösung sich auf ein Eigenwertproblem zurückführen lässt. Eine detaillierte Umfor-

[10] Die Bachelorarbeit von Petra Scheiner wurde vom Autor betreut.

mung ist in Anhang A.7.1 zu finden. Die gewünschten Projektionsvektoren $\underline{\mathbf{w}}$ der LDA erhält man mittels Gleichung (3.19).

$$\underline{\mathbf{w}}_i = \underline{\mathbf{S}}_b^{-\frac{1}{2}} \underline{\mathbf{v}}_i \tag{3.19}$$

Dabei ist $\underline{\mathbf{v}}_i$ der i-te Eigenvektor der Matrix $\underline{\mathbf{S}}_b^{\frac{1}{2}} \underline{\mathbf{S}}_w^{-1} \underline{\mathbf{S}}_b^{\frac{1}{2}}$. Die Anzahl der Dimensionen des LDA-Raums kann reduziert werden, indem nur die k größten Eigenvektoren $\underline{\mathbf{v}}$ zu den größten Eigenwerten der Matrix verwendet werden.

Durch Konkatenation der Vektoren $\underline{\mathbf{w}}_i$ zu einer Matrix $\underline{\mathbf{W}}$ können die Daten $\underline{\mathbf{X}}$ nach Gleichung (3.20) transformiert werden. Die so erhaltenen Daten $\underline{\mathbf{Y}}$ liegen in einem k-dimensionalen Raum mit $k_{\max}=c-1$, wobei c der Anzahl der Klassen entspricht.

$$\underline{\mathbf{Y}} = \underline{\mathbf{W}}^T \underline{\mathbf{X}} \tag{3.20}$$

Der Vorteil der LDA ist die Nutzung der Klassenlabel zur Beurteilung der Relevanz einzelner Dimensionen für die Lösung der gegebenen Problemstellung. Die Nachteile liegen in der ausschließlichen Beurteilung der linearen Trennbarkeit und in der durch die Anzahl der Klassen festgelegten Zieldimensionalität $k=c-1$. Für binäre Problemstellungen ergibt sich demnach nur eine einzige Dimension.

Diese Probleme werden durch Erweiterungen gelöst. Die Zieldimensionalität kann erhöht werden, indem jeweils nur die lokale Nachbarschaft für jeden Datenpunkt berücksichtigt wird (lokale Fisher-Diskriminazanalyse, LFDA). Nichtlineare Trennung kann durch Verwendung einer Kernelfunktion erreicht werden. Diese Erweiterungen ermöglichen die Verwendung der LDA zum Lernen geeigneter Distanzfunktionen (*Distance Metric Learning*). Sie werden in Kapitel 7 in diesem Kontext näher erläutert.

3.3.2 Klassifikation

Für die Klassifikation werden überwachte Lernverfahren eingesetzt, die eine Trennung der Klassen anhand von Trainingsdaten mit zugehörigen Klassenlabeln erlernen. In der Regel ist die dabei gefundene Lösung auch auf unbekannte Daten übertragbar. Nachfolgend werden die zwei gebräuchlichsten Verfahren vorgestellt.

Support Vector Machine

Eine *Support Vector Machine* (SVM) ist ein Klassifikator, der eine lineare Trennung mit größtmöglichen *Margin* (dt. Toleranzbereich) zwischen den Klassen lernt. Die Grundidee geht auf [Vapnik und Lerner, 1963] zurück. Um den Bereich zwischen zwei Klassen zu maximieren, werden Stützvektoren (engl. *Support Vectors*) an den Klassengrenzen gewählt. Von allen möglichen Hypertrennebenen wird die gewählt, deren Abstand zu allen Stützvektoren maximal ist. Um SVMs auf nicht linear separierbare Daten anzuwenden, gibt es zwei Möglichkeiten, *Soft-Margin* und *Kernel-Trick*, die auch in Kombination verwendet werden können. Bei der Klassifikation mittels *Soft-Margin* wird ein Hyperparameter eingeführt, der erlaubt, dass eine gewisse Anzahl an Punkten falsch klassifiziert wird, also auf der falschen Seite der Hypertrennebene liegt [Cortes und Vapnik, 1995]. Bei Verwendung des *Kernel-Tricks* [Boser et al., 1992] wird die Problemstellung mittels eines nichtlinearen Kernels, beispielsweise einer Gaußfunktion, in einen hochdimensionalen Raum übertragen, in dem eine lineare Trennung möglich ist.
Der Vorteil von SVMs liegt in der mathematisch gut nachvollziehbaren, eindeutigen und global optimalen Lösung. Problematisch ist der relativ hohe Rechenaufwand, vor allem bei Verwendung des *Kernel-Tricks*. Da die problemabhängige Wahl der Hyperparameter bezüglich der Konfiguration des Kernels und des Soft-Margins oft sehr schwer ist, kommt in vielen Fällen eine wiederholte Berechnung zur Parametersuche hinzu, bei der alle sinnvollen Parameterkombinationen ausprobiert werden müssen. Problematisch ist auch die Anwendung bei Multiklassenproble-

men, da die SVM nur für zwei Klassen definiert ist. In der Praxis wird in der Regel eine Eins-gegen-alle-Betrachtung (engl. *One versus All*) verwendet, bei der für jede Klasse eine SVM zur Abtrennung gegen alle andere Klassen trainiert wird.
Viele der in dieser Arbeit verwendeten Personendetektoren (siehe Kapitel 4) verwenden eine *Support Vector Machine* als Klassifikator. Es wird jedoch fast ausschließlich die lineare Variante mit *Soft-Margin* verwendet, die während des Trainings und in der Anwendung effizienter ist.

Neuronale Netzwerke

Künstliche Neuronale Netzwerke (engl. *Neural Networks*) bestehen aus mehreren künstlichen Neuronen. Diese Neuronen orientieren sich am biologischen Vorbild des Gehirns. Über Verbindungen zueinander können Neuronen andere Neuronen aktivieren.
Es gibt eine Vielzahl an Umsetzungen Neuronaler Netzwerke. Abbildung 3.5 zeigt eine Systematisierung gebräuchlicher Varianten. Im Folgenden wird nur die Funktionsweise der im Rahmen dieser Arbeit verwendeten nichtstochastischen mehrschichtigen vorwärtsgerichteten Neuronalen Netzwerke (engl. *Non-Stochastic Multilayer Feedforward Neural Networks*) erläutert. Die Beschreibung orientiert sich an [Seichter, 2015][11].
Bei nichtstochastischen Neuronalen Netzwerken sind Neuronen typischerweise in Schichten angeordnet, und der Informationsfluss erfolgt zielgerichtet von einer Eingabeschicht zu einer Ausgabeschicht, die das gewünschte Ergebnis repräsentiert. Alle Schichten dazwischen sind verdeckt und werden daher als Hiddenschichten bezeichnet. Diese Anordnung wird *Multilayer Perceptron* (MLP, dt. mehrschichtiges Perzeptron) [Rosenblatt, 1961] genannt.
In einem MLP werden Neuronen durch das Skalarprodukt der Ausgaben aller Neuronen der vorherigen Schicht und der Gewichte entspre-

[11] Die Bachelorarbeit von Daniel Seichter wurde vom Autor co-betreut.

		Lernparadigma			
		unüberwachtes Training		überwachtes Training	
stochastisch	ja	flach • Restricted Boltzmann Machine (RBM) [SMOLENSKY, 1986]	tief • Deep Belief Network (DBN) [HINTON et al., 2006] • Sum-Product Network [POON und DOMINGOS, 2011]		
	nein	flach • Autoencoder [HINTON und SALAKHUTDINOV, 2006]	tief • Deep (sparse/denoising/contractive) Autoencoder [HINTON und SALAKHUTDINOV, 2006]	flach • Multilayer Perceptron (MLP) [ROSENBLATT, 1961]	tief • Convolutional Neural Network (CNN) [LECUN et al., 1990] • Deep Neural Network (DNN) [COLLOBERT und WESTON, 2008] • Recurrent Neural Network (RNN) [PEARLMUTTER, 1989]

Abbildung 3.5: Systematisierung Neuronaler Netzwerke
Kategorisierung Neuronaler Netze bezüglich Lernparadigma, Stochastizität und Tiefe der Architekturen. Vorlage: [RANZATO, 2014], [SEICHTER, 2015][11]

chend der Verbindungen eines Neurons zur vorherigen Schicht aktiviert. Die Schichten in einem MLP werden entsprechend als vollverschaltete Schichten bezeichnet. Die Aktivierung eines Neurons wird anhand einer nichtlinearen Funktion in eine Ausgabe überführt.
Die Kernkomponente des *Multilayer Perceptrons* ist das Training mittels *Backpropagation* (dt. Fehlerrückführung) [RUMELHART et al., 1986], bei der die Gewichte entsprechend beobachteter Fehler bei präsentierten Beispielen angepasst werden. Für eine ausführlichere Beschreibung sei auf Anhang A.8.1 verwiesen.

Deep Learning Als tiefe Neuronale Netzwerke (engl. *Deep Neural Networks*) werden in der Regel vorwärtsgerichtete Neuronale Netzwerke (engl. *Feedforward Neural Networks*) mit fünf oder mehr Schichten bezeichnet. Lange Zeit galten *Multilayer Perceptrons* mit so vielen Schichten als nur sehr schwer zielführend trainierbar. Das Problem liegt in verschwindenden Gradienten beim *Backpropagation*-Algorithmus. Nähere Erläuterungen sind in Anhang A.8.2 zu finden.

Um dieses Problem zu beheben, beschäftigt sich das Forschungsgebiet des *Deep Learnings* mit Erweiterungen, die einen besseren Gradientenfluss von späten zu frühen Schichten beim *Backpropagation*-Algorithmus ermöglichen und das Training tiefer Neuronaler Netzwerke im Allgemeinen deutlich verbessern. Wichtige Techniken sind:

- die Nutzung von Mini-Batches für Gewichtsupdates [Dekel et al., 2012],
- die Verwendung der Ausgabefunktion der *Rectified Linear Units* (ReLU) in Hiddenschichten [Nair und Hinton, 2010],
- die Nutzung der Softmax-Funktion in der Ausgabeschicht in Verbindung mit der Kreuzentropie als Fehlerfunktion für Klassifikationsprobleme [Bishop, 1995],
- die Regularisierung mittels Dropout [Srivastava et al., 2014],
- das Teilen von Gewichten in *Convolutional Neural Networks* (CNNs) [LeCun et al., 1990],
- die Normalisierung der Ausgaben beziehungsweise Aktivierungen von Hiddenschichten mittels *Batch Normalization* [Ioffe und Szegedy, 2015], sowie
- die Verbesserung des Gradientenflusses in *Residual Networks* (ResNets) [He et al., 2016a].

In Anhang A.8.3 werden diese Techniken näher erläutert.

Neuronale Netzwerke weisen zahlreiche Vorteile gegenüber anderen überwachten Lernverfahren (zum Beispiel SVMs) auf: Sie sind in der Lage nichtlineare Klassentrennungen zu erlernen. Auch Mehrklassenentscheidungen sind problemlos möglich. Besonders gut geeignet sind sie bei mathematisch nur schwer beschreibbaren Problemen, wie zum Beispiel bei Bilderkennungsaufgaben [Russakovsky et al., 2015]. Sie erlernen die Klassifikation rein datengetrieben und können auf rohe Eingabedaten, wie zum Beispiel Bilder, angewendet werden. Im Gegensatz zu anderen überwachten Lernverfahren können in tiefen Neuronalen Netzwerken alle Verarbeitungsschritte von der Merkmalsextraktion bis zur Klassifikation gelernt werden. Die erlernten Merkmale sind oftmals deutlich besser geeignet als händisch designte Merkmale [WANG et al., 2018b]. Dies ist der Grund, warum tiefe Neuronale Netzwerke die derzeit am häufigsten genutzten Verfahren für visuelle Erkennungsaufgaben sind.

Tiefe Neuronale Netzwerke weisen jedoch auch zwei Nachteile auf: Zum einen sind sehr viele Trainingsdaten notwendig, um eine gut generalisierende Funktion zu erlernen. Zum anderen finden Neuronale Netzwerke in der Regel nicht die global optimale Lösung für ein Problem, sondern nur ein lokales Optimum. Dies stellt jedoch bei tiefen Neuronalen Netzwerken kein Problem dar, weil nahezu alle lokalen Optima einen ähnlich geringen Fehler auf Testdaten aufweisen wie die global optimale Lösung [CHOROMANSKA et al., 2015].

Im Rahmen dieser Arbeit werden Neuronale Netzwerke zur Personendetektion (Kapitel 4) und zum Lernen geeigneter Merkmale für eine Personenwiedererkennung (Kapitel 5) eingesetzt.

3.3.3 Clustering

Als Clustering werden unüberwachte Lernverfahren bezeichnet, die Datenpunkte auf Grund ihrer räumlichen Nähe gruppieren. Die dadurch entstehenden Datencluster lassen sich durch das Clusterzentrum und dessen Ausdehnung, zum Beispiel in Form einer Kovarianzmatrix, beschreiben.

Bei der Wiedererkennung von Personen wird Clustering im Rahmen dieser Dissertation verwendet um festzustellen, ob eine Datenverteilung (siehe Abschnitt 3.4.1) mehrere Cluster ausprägt. Diese Information ist wichtig für eine geeignete Parametrierung der Merkmalsauswahl in Kapitel 6 zur Erstellung eines möglichst kompakten Templates. Außerdem wird Clustering zur Zusammenfassung ähnlicher Ansichten im Rahmen des Template-Updates in Kapitel 6 verwendet.

Zum Gruppieren der Datenpunkte gibt es verschiedene Clusteringansätze. Im Rahmen dieser Arbeit wird *k-Medoids*-Clustering, auch bekannt als *Partitioning Around Medoids* (PAM, dt. Partitionierung um Medoiden) [Kaufman und Rousseeuw, 1987], und *Mean-Shift*-Clustering [Fukunaga und Hostetler, 1975] eingesetzt.

Beim *k-Medoids*-Clustering muss die Anzahl der zu suchenden Cluster vorgegeben werden. Dieses Clusterverfahren wird daher im Rahmen der Dissertation bevorzugt eingesetzt, wenn die Anzahl der benötigten Cluster bekannt ist. Dies ist zum Beispiel beim Gruppieren ähnlicher Ansichten beim Template-Update der Fall (Kapitel 6), bei der die minimale und maximale Anzahl der verwendeten Ansichten festgelegt wird.

Oft ist die Anzahl der benötigten Cluster unbekannt. In diesen Fällen ist *Mean Shift* ein geeignetes Clusteringverfahren. Anstatt der Anzahl der Cluster wird beim *Mean-Shift*-Ansatz nur die lokale Nachbarschaft in Form einer Kernelfunktion festgelegt. *Mean-Shift*-Clustering wird im Rahmen dieser Arbeit genutzt, um die Anzahl der Cluster einer Datenverteilung zu bestimmen. Diese Information wird unter anderem bei der Template-Generierung benötigt (Kapitel 6).

Der Nachteil des *Mean-Shift*-Clusterings ist die relativ langsame Konvergenz. Eine Variante mit schnellerer Konvergenz bei geringerer Genauigkeit ist *Gaussian Blurring Mean Shift* [Cheng, 1995]. Diese Variante wird beim laserbasierten Personentracking (siehe Kapitel 4) eingesetzt, bei dem eine schnelle Verarbeitung gegenüber hoher Genauigkeit Vorrang hat. Detaillierte Beschreibungen zu den Vor- und Nachteilen dieser Clusteringverfahren und Erläuterungen zur Funktionsweise sind in Anhang A.9 zu finden.

3.4 Grundlagen der Stochastik

In diesem Abschnitt werden die für das Verständnis der Dissertation notwendigen Grundlagen in den Bereichen Statistik, Wahrscheinlichkeitstheorie und Informationstheorie erläutert.

3.4.1 Wahrscheinlichkeitsdichteverteilung

Eine Wahrscheinlichkeitsdichteverteilung (engl. *Probability Density Function* (PDF)) ist eine reellwertige Funktion, die angibt, wie dicht Punkte einer Zufallsgröße aneinander liegen. Sie ist wie folgt definiert: Die Fläche zwischen der x-Achse und der Dichtefunktion $f(x)$ im Bereich von a bis b entspricht der Wahrscheinlichkeit einen Wert zwischen a und b zu beobachten. Die Fläche unter der gesamten Kurve beträgt eins. Die Funktion $f(x)$ nimmt stets positive Werte an. Wahrscheinlichkeitsdichten über eins sind aufgrund der Definition über die Fläche möglich.

Wahrscheinlichkeitsdichteverteilungen werden bei der Wiedererkennung zum Normieren und Fusionieren von Scores verwendet, die beim Matching einzelner Merkmale entstehen (siehe Kapitel 8). Außerdem werden sie benötigt, um Scores in Wahrscheinlichkeiten umzurechnen. Dies wird für die probabilistische Entscheidungsfindung, ob es sich um übereinstimmende Identitäten handelt, benötigt (Kapitel 9).

Da für eine konkrete Stichprobe die Wahrscheinlichkeitsdichtefunktion in der Regel nicht bekannt ist, muss sie approximiert werden. Möglichkeiten dafür sind Histogramme, *Kernel Density Estimation* und *Gaussian Mixture Models*. Bei der Verwendung von Histogrammen entsteht der größte Schätzfehler, weshalb in praktischen Anwendungen bevorzugt die beiden anderen Möglichkeiten zur Schätzung der Dichtefunktion verwendet werden. Abbildung 3.6 visualisiert die Grundidee der beiden Verfahren zur Ermittlung der Wahrscheinlichkeitsdichtefunktion für eine Stichprobe bestehend aus drei Werten.

Kernel Density Estimation

Bei der *Kernel Density Estimation* (KDE, dt. Kerneldichteschätzung) [Rosenblatt et al., 1956, Parzen, 1962] wird über jeden der n Punkte einer Stichprobe eine Kernelfunktion gelegt und mit dem Faktor $\frac{1}{n}$ gewichtet (siehe Abbildung 3.6(b)). Die Wahrscheinlichkeitsdichtefunk-

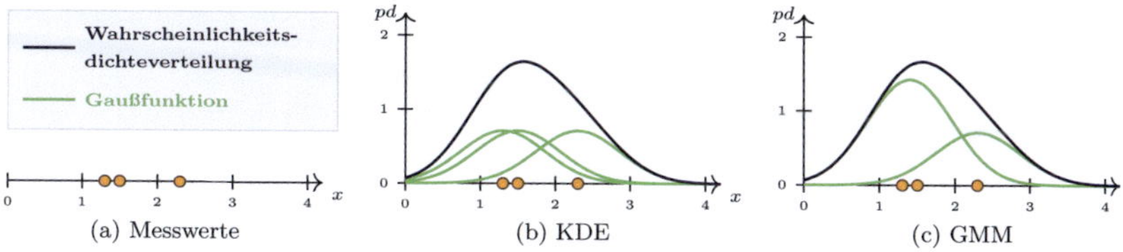

Abbildung 3.6: Beispiel einer Wahrscheinlichkeitsdichteverteilung (a) Drei gegebene Messwerte (orange Kreise). (b) Berechnete Verteilung der Wahrscheinlichkeitsdichte (engl. *Probability Density*) mittels *Kernel Density Estimation* (KDE) durch Überlagerung von drei Gaußfunktionen. (c) *Gaussian Mixture Model* (GMM) unter Verwendung von zwei Gaußfunktionen zur Modellierung der Verteilungsfunktion.

tion ergibt sich aus der gewichteten Summe aller Kernelfunktionen. In dieser Arbeit werden ausschließlich Gaußkernel verwendet.

Gaussian Mixture Model

Beim *Gaussian Mixture Model* (GMM, dt. Mischverteilung aus Gaußkurven) wird mittels m Gaußfunktionen die Dichte über der Stichprobe bestehend aus $n > m$ Punkten mittels *Expectation-Maximization*-Algorithmus [DEMPSTER et al., 1977] geschätzt. Der grundsätzliche Ablauf ähnelt dem *Mean-Shift*-Clustering (siehe Abbildung A.6). Das Resultat der *Expectation-Maximization*-Schätzung sind Mittelwerte für m Gaußfunktionen mit Gewichten entsprechend der beitragenden Punkte (siehe Abbildung 3.6(c)). Die Wahrscheinlichkeitsdichtefunktion ergibt sich, wie bei der KDE, als gewichtete Summe der m Gaußfunktionen.

3.4.2 Informationstheoretische Maße

Bei der Wiedererkennung von Personen kann es hilfreich sein, die relevanten Informationen zu selektieren oder den Informationsgehalt eines Bildbereiches als Merkmal zu verwenden. Nachfolgend werden die in Kapitel 6 beim Lernen des Templates einer Person verwendeten Maße zur Merkmalsauswahl beschrieben. Anschließend wird auf den Informationsgehalt eines Bildbereichs eingegangen, der als Strukturmerkmal verwendet werden kann.

Mutual Information

Die *Mutual Information* (dt. Transinformation) ist ein Maß, dass den statistischen Zusammenhang zwischen zwei Zufallsgrößen X und Y misst. Dabei wird die Verbundverteilung $p(x,y)$ mit dem Produkt der Randverteilungen $p(x) \cdot p(y)$ mittels Kulback-Leibler-Divergenz verglichen [COVER und THOMAS, 1991]:

$$I(X;Y) = \int\limits_x \int\limits_y p(x,y) \cdot \mathrm{ld} \frac{p(x,y)}{p(x) \cdot p(y)} dxdy \tag{3.21}$$

Da die in Gleichung (3.21) verwendeten Wahrscheinlichkeitsdichteverteilungen in der Regel nicht bekannt sind, müssen sie für Wertepaare (x,y) abgeschätzt werden. Dies kann mittels *Kernel Density Estimation* erfolgen. Dann sind die Integrale in Gleichung (3.21) analytisch lösbar. Werden die Verteilungen hingegen durch Histogramme approximiert, so werden die Integrale zu Summen, und die Mutual Information lässt sich numerisch berechnen.

Ergibt sich die Verbundverteilung $p(x,y)$ aus dem Produkt der Randverteilungen $p(x) \cdot p(y)$, so sind die beiden Zufallsgrößen X und Y statistisch unabhängig und die *Mutual Information* $I(X;Y)$ nimmt entsprechend den Wert null an. Gibt es jedoch einen statistischen Zusammenhang, so gilt $I(X;Y) > 0$. Die *Mutual Information* wird maximiert, wenn ein linearer Zusammenhang besteht. Im Rahmen dieser Arbeit wird die *Mutual Information* zur Merkmalsauswahl eingesetzt (siehe Kapitel 6). Dazu wird der statistische Zusammenhang zwischen einzelnen Merkmalen und dem Klassenlabeln ermittelt. Die Merkmale, bei denen der größte statistische Zusammenhang mit den Klassenlabeln besteht, sind am geeignetsten für eine Wiedererkennung.

Joint Mutual Information

Die *Joint Mutual Information* (dt. Verbundtransinformation) misst, ob es einen statistischen Zusammenhang zwischen einer Zufallsgröße und einer Menge von n Zufallsgrößen gibt, zum Beispiel zwischen einer Kombination von Merkmalen und den Klassenlabeln. Die Berechnung erfolgt ebenfalls mittels Kullback-Leibler-Divergenz:

$$I(X;Y) = \int_x \int_y p(x_1, \ldots, x_n, y) \cdot \mathrm{ld} \frac{p(x_1, \ldots, x_n, y)}{p(x_1, \ldots, x_n) \cdot p(y)} dx dy \tag{3.22}$$

Durch die *Joint Mutual Information* können bei einer Merkmalsauswahl auch Merkmale ausgewählt werden, die nur in Kombination mit anderen Merkmalen einen Beitrag zum Klassenlabel liefern. Diese sogenannten schwach relevanten Merkmale würden mittels *Mutual Information* verworfen.

Die *Joint Mutual Information* ist gut geeignet bei vielen Beispieldaten in Form von Wertetupeln zur Approximation der Wahrscheinlichkeitsdichteverteilungen und einer niedrigen Dimensionalität, die der Anzahl der Merkmale entspricht. Probleme treten bei der Abschätzung von Wahrscheinlichkeitsdichteverteilungen im hochdimensionalen Raum auf, da ein solcher Raum in der Regel nur spärlich besetzt ist. Dennoch eignet sich die *Joint Mutual Information* gut zur Auswahl einer Kombination von wenigen Merkmalen (typischerweise zwei bis fünf).

Entropie

Die Shannon-Entropie [SHANNON, 1948] ist ein Maß für den Informationsgehalt einer Nachricht. Sie berechnet sich entsprechend Gleichung (3.23).

$$H(x) = -\sum_{x} p(x) \operatorname{ld} p(x) \tag{3.23}$$

Im Rahmen dieser Arbeit wird die Entropie als Maß der Strukturiertheit von Bildregionen genutzt. In homogenen Regionen trägt jedes Pixel x_i die gleiche Information. Bei einer niedrigeren Auflösung der Region wäre die gleiche Information enthalten. Entsprechend ergibt sich eine Entropie von null.

Bei stark texturierten Regionen wird die Entropie maximiert. In diesen Regionen bringt jedes Pixel einen Zugewinn an Informationen. Bei einer niedrigeren Auflösung der gleichen Region würden Informationen verloren gehen.

3.4.3 Wiedererkennung mittels mehrerer Beobachtungen

Die Wiedererkennung von Personen verbessert sich stark, wenn für die Entscheidung, ob ein Match vorliegt, mehrere Beobachtungen einbezogen werden. Ein robustes Tracking ist dafür eine Grundvoraussetzung. Ein Kalman-Filter hilft, das Bewegungsmodell der Personen in das Tracking einzubeziehen und es somit zu verbessern. Anschließend müssen die ermittelten Matchingscores für jede Beobachtung mithilfe des Bayes-Theorems in Wahrscheinlichkeiten umgewandelt und anschließend unter Beachtung von Ordnungsstatistiken verrechnet werden.

Kalman-Filter

Beim Tracking von Personen (siehe Kapitel 4) können vollständige Verdeckungen auftreten. Um die Person nicht zu verlieren, kann ein Kalman-Filter [Kalman, 1960] eingesetzt werden, um mittels eines linearen Bewegungsmodells die aktuelle Position zu prädizieren und nach späteren Beobachtungen die ermittelte Position zu korrigieren. Die Beschreibung der beiden Schritte, Prädiktion und Korrektur, erfolgt über einfache mathematische Gleichungen, bei denen jeweils nur Mittelwerte und Kovarianzen verrechnet werden. Das Kalman-Filter ist dementsprechend ein sehr effizienter und robuster Zustandsschätzer und somit sehr gut für das echtzeitfähige Tracking in realen Anwendungen geeignet. Durch ein robusteres Tracking kann eine gesteigerte Anzahl an Beobachtungen einer Person in die Wiedererkennung einfließen und die Erkennungsleistung kann deutlich verbessert werden (siehe Kapitel 9).

Bayes-Theorem

Um die bedingte Wahrscheinlichkeit $p(A|B)$ zu berechnen, kann das Bayes-Theorem hilfreich sein. Dafür müssen sowohl die Wahrscheinlichkeiten für das Auftreten beider Ereignisse $p(A)$ und $p(B)$ bekannt sein, als auch die bedingte Wahrscheinlichkeit $p(B|A)$. In diesem Fall kann $p(A|B)$ nach dem Satz von Bayes berechnet werden [Lee, 2012]:

$$p(A|B) = \frac{p(B|A) \cdot p(A)}{p(B)} \tag{3.24}$$

Diese Art der Berechnung bedingter Wahrscheinlichkeiten ist bei der Wiedererkennung von Personen ein wichtiges Mittel, um eine ermittelte Distanz $d(\underline{\mathbf{p}}, \underline{\mathbf{g}})$ in die Wahrscheinlichkeit zu überführen, dass es sich um übereinstimmende Individuen handelt ($\ell(\underline{\mathbf{p}}) = \ell(\underline{\mathbf{g}})$). Die entsprechende Fragestellung lautet: Wie wahrscheinlich ist es, dass die verglichene Person mit der gesuchten übereinstimmt (Ereignis A: $\ell(\underline{\mathbf{p}}) = \ell(\underline{\mathbf{g}})$) unter der Bedingung (B) des berechneten Distanzwerts $d(\underline{\mathbf{p}}, \underline{\mathbf{g}})$? Die für den Satz von Bayes benötigten Wahrscheinlichkeiten lassen sich alle mittels

Wahrscheinlichkeitsdichteverteilungen über beobachtete Distanzen auf Trainingsdaten beschreiben (siehe Kapitel 8 und 9). Dies ermöglicht eine Umwandlung von Distanzen in Wahrscheinlichkeiten und somit eine probabilistische Verrechnung mehrerer Beobachtungen einer Person (siehe Kapitel 9), was zu einer Steigerung der Erkennungsleistung führt.

Ordnungsstatistiken

Die i-te Ordnungsstatistik, auch Rangstatistik genannt, bezeichnet den i-t kleinsten Wert einer Stichprobe. Ordnungsstatistiken werden bei der Wiedererkennung zur probabilistischen Verrechnung von abhängigen Zufallsgrößen benötigt. Abhängige Zufallsgrößen sind in diesem Zusammenhang temporal aufeinander folgende Beobachtungen der gleichen Person. Bei der Umrechnung von Distanzen in Wahrscheinlichkeiten muss die Verteilung der geordneten Distanzen beachtet werden. Dementsprechend müssen die Wahrscheinlichkeitsdichteverteilungen korrigiert werden. Die mathematischen Umsetzung wird in Kapitel 9 erläutert.

Kapitel 4

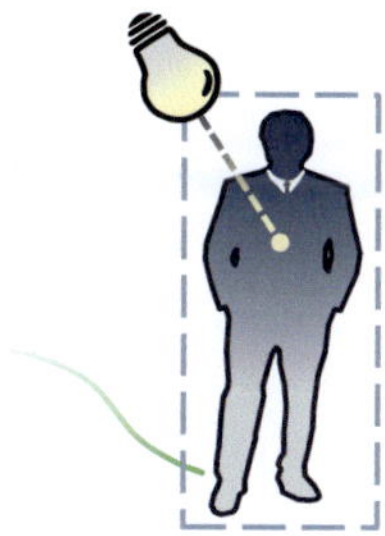

Vorverarbeitung

Nachdem die Personenwiedererkennung in Kapitel 1 motiviert und das Konzept zur echtzeitfähigen Umsetzung in Kapitel 2 vorgestellt wurde, werden in diesem Kapitel die notwendigen Vorverarbeitungsschritte für eine robuste Wiedererkennung vorgestellt. Vorverarbeitung im Sinne der Personenwiedererkennung ist alles, was benötigt wird, um personenzentrierte Bildausschnitte aus dem Kamerabild zu bekommen. Dies beinhaltet Module für die Vorsegmentierung des Kamerabildes (Abschnitt 4.1), die Personendetektion (Abschnitt 4.1) und das Tracking (Abschnitt 4.3). Außerdem kann ein Beleuchtungsausgleich die spätere Wiedererkennung der dargestellten Personen verbessern (Abschnitt 4.4).

4.1 Vordergrund-Hintergrund-Segmentierung

Eine Vordergrund-Hintergrund-Segmentierung hilft, die Suche nach Personen in einem Kamerabild auf die Vordergrundbereiche einzuschränken. Um eine Vordergrund-Hintergrund-Segmentierung zu realisieren, wurde im Rahmen dieser Arbeit ein *Mixture-of-Gaussian*-Ansatz

(MoG, dt. Mischung aus Gaußfunktionen) umgesetzt (siehe Grundlagen, Abschnitt 3.4.1). Dabei wird für jedes Pixel eines Bildes die Wahrscheinlichkeitsdichteverteilung der auftretenden Farben im Hintergrund durch mehrere Gaußfunktionen modelliert. Einzelne Gaußfunktionen repräsentieren pro Pixel verschiedene Beleuchtungen oder unterschiedliche Zustände, wie offene und geschlossene Türen.

In der Anwendungsphase wird überprüft, wie gut die beobachteten Farben zum Hintergrundmodell passen. Weist die beobachtete Farbe eines Pixels eine zu große Distanz zu allen Gaußfunktionen auf, die die möglichen Farben des Hintergrundes modellieren, so wird das Pixel als Vordergrund klassifiziert, andernfalls als Hintergrund. Damit ergibt sich eine binäre Segmentierung des Bildes, die zeigt, wo sich Vordergrundobjekte, wie Personen, befinden können.

Für die Aktualisierung des Hintergrundmodells wird die nachfolgende Personendetektion einbezogen. Dabei werden nur die Bereiche des Bildes aktualisiert, die keine Personen enthalten.

Dieser Ansatz ist nur für temporär statische Kameraanordnungen geeignet. Daher wird er nur in dem betrachteten Videoüberwachungsszenario verwendet. Für Details sei auf [Kolarow et al., 2013][1] verwiesen.

Auf einem Roboter kann eine echtzeitfähige Vordergrund-Hintergrund-Segmentierung nur über 3D-Kameras, wie die Kinect von Microsoft, erfolgen. Beispiele dafür sind die in [Spinello und Arras, 2011], [Choi et al., 2013] und [Jafari et al., 2014] beschriebenen Ansätze.

Im Rahmen betreuter studentischer Arbeiten wurden noch weitere, komplementäre 2D-Ansätze untersucht, die sich jedoch gegenüber dem hier vorgestellten Ansatz nicht durchsetzen konnten. Auf diese Ansätze wird in Anhang B.1 eingegangen. Für die Analyse weiterer State-of-the-Art-Verfahren sei auf Ausführungen in [Sieder, 2010][2] und [Meder, 2011][3] verwiesen.

[1]Der Autor dieser Dissertation war Co-Autor der Publikation.
[2]Die Bachelorarbeit von Richard Sieder wurde vom Autor betreut.
[3]Die Bachelorarbeit von Julian Meder wurde vom Autor betreut.

4.2 Personendetektion

Ein wichtiger Vorverarbeitungsschritt für die Wiedererkennung ist die Personendetektion. Nachfolgend werden die Ansätze vorgestellt, die in den beiden Szenarien dieser Arbeit — Videoüberwachung und Robotik — zum Einsatz kommen.

4.2.1 Visuelle Detektion

Für die Detektion von Personen in Bildern existieren zahlreiche Ansätze. Ein guter Überblick zum State of the Art ist in [BENENSON et al., 2014] und [ZHANG et al., 2016c] zu finden. Nachfolgend werden ausgewählte Ansätze beschrieben, die im Rahmen dieser Dissertation verwendet werden.

Histogram of Oriented Gradients

Klassische Verfahren der Bildverarbeitung nutzen Kanteninformationen, um die Silhouette einer Person zu beschreiben. Der bekannteste Vertreter dieser Verfahren ist das *Histogram of Oriented Gradients* (HOG, dt. Histogramm orientierter Gradienten) [DALAL und TRIGGS, 2005].

Mittels einfacher Kantenfilter werden Gradienten im Bild erfasst. Ein Histogramm wird genutzt, um die vorkommenden Kantenorientierungen in bestimmten Bereichen des Detektionsfensters zu beschreiben. Die vorkommenden Orientierungen werden bezüglich der Magnituden der Kanten an den jeweiligen Positionen gewichtet. Dies erfolgt für mehrere überlappende Bereiche innerhalb des Detektionsfensters. Die Histogramme aller Bereiche werden konkateniert und normiert.

Mittels eines *Sliding Windows* (dt. an mehrere Stellen des Bildes verschobenes Detektionsfenster) wird ein Klassifikator an mehreren Positionen eines Bildes in mehreren Auflösungen angewendet. Dieser entscheidet, ob die Histogramme an der jeweiligen Position eine Person

beschreiben oder nicht. Anhand der Ergebnisse auf dieser Auflösungspyramide lässt sich mittels *Non Maximum Suppression* (NMS, dt. Unterdrückung von Ergebnissen, die nicht das Maximum darstellen) feststellen, wo im Bild sich Personen befinden und in welcher Größe.
Ein GPU-optimierte echtzeitfähige Version des HOG-Verfahrens wurde in [Morgenstern, 2012][4] umgesetzt.

Weitere Verfahren der klassischer Bildverarbeitung

Weitere Vertreter von Detektoren basierend auf klassischer Bildverarbeitung sind das Oberkörper-HOG mit Schätzung der Orientierung [Weinrich et al., 2012], das körperteilbasierte HOG [Felzenszwalb et al., 2010], die Contour Cues [Wu et al., 2011] und der Fastest Person Detector in the West (FPDW) [Dollár et al., 2010]. Diese Verfahren bauen alle auf dem zuvor beschriebenen Prinzip des *Histogram of Oriented Gradients* auf. Genauere Bescheibungen der Verfahren sind in Anhang B.2 zu finden.

Convolutional Neural Networks

Im Rahmen dieser Arbeit wurde ein auf Convolutional Neural Networks (CNN, dt. Neuronales Netzwerk mit Faltungsschichten) basierendes Verfahren [Eisenbach et al., 2016b] entwickelt. Drei CNNs werden genutzt, um Personen in verschiedenen Größen zu detektieren. Kooperativ wird durch die drei tiefen Neuronalen Netzwerke eine Pyramide von Antwortkarten aufgebaut. Die *Non Maximum Suppression* zur Feststellung der Position und Größe der detektierten Personen erfolgt über ein 3D-Max-Pooling, das auf die Antwortpyramide angewendet wird. Dieses Verfahren verwendet keine händisch erstellten Merkmale und kann direkt auf Bilder angewendet werden. Alle Merkmale werden datengetrieben anhand von Beispielbildern von Personen und anderen Objekten gelernt. Welche Merkmale dabei gelernt werden, wird

[4] Die Bachelorarbeit von Wieland Morgenstern wurde vom Autor co-betreut.

in [EISENBACH et al., 2016a] analysiert. Durch die gelernten Merkmale erzielt das Verfahren deutlich bessere Detektionsraten als die oben beschriebenen Verfahren. Dies geht jedoch zu Lasten der Laufzeit. In [EISENBACH et al., 2017c] wurde dieses Verfahren daher für die Anwendung auf einer NVIDIA Jetson TX1 bezüglich der Laufzeit optimiert. Eine NVIDIA Jetson TX1 ist eine energieeffiziente Recheneinheit mit Grafikkarte in Chipkartengröße. Auf Robotern, die mit einer NVIDIA Jetson TX1 ausgestattet sind, kann die Detektion von Personen mittels dieses Verfahrens etwa zweimal pro Sekunde erfolgen.

4.2.2 Laserbasierte Detektion

Als laserbasierte Methode wird bei der Robotikanwendung der GDIF-Detektor [WEINRICH et al., 2014a] eingesetzt. GDIF steht für *Generic Distance-Invariant Features* (dt. generische distanzinvariante Merkmale). Der Detektor sucht Beinpaare in der 2D-Laserentfernungsmessung. Er kann Personen sogar in Situationen robust detektieren, in denen sie Gehhilfsmittel benutzen, wie zum Beispiel in dem adressierten Szenario des Reha-Robobters zur Schlaganfallnachsorge. Die laserbasierte Detektion spielt für diese Arbeit nur eine untergeordnete Rolle und wird daher hier nicht im Detail beschrieben. Der interessierte Leser sei für genauere Beschreibungen auf Anhang B.3 verwiesen.

4.2.3 Eingesetztes Verfahren bei der Videoüberwachung

Um beim Videoüberwachungsszenario eine echtzeitfähige Detektion auf HD-Bildern zu erreichen, wird der in Abbildung 4.1 dargestellte Aufbau genutzt [KOLAROW et al., 2013][1]. Dieser kann auf beliebige Personendetektoren angewendet werden, die auf *Sliding Windows* (dt. an mehrere Stellen des Bildes verschobene Detektionsfenster) beruhen. Beispiele dafür sind die in Abschnitt 4.2.1 genannten Detektoren der klassischen Bildverarbeitung.

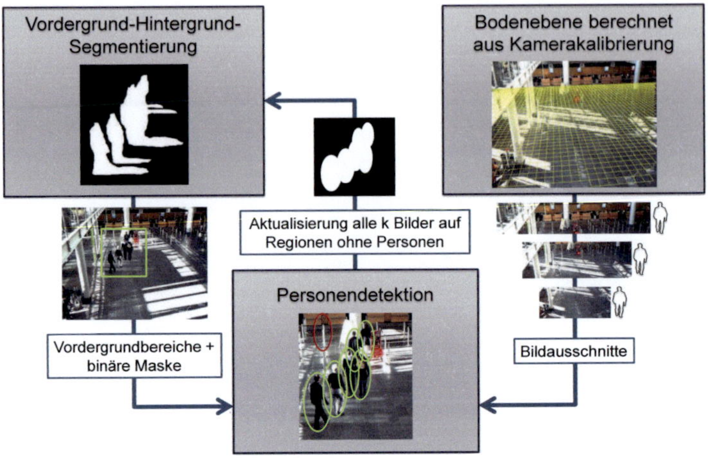

Abbildung 4.1: Eingesetztes Verfahren bei der Videoüberwachung
Die Vordergrund-Hintergrund-Segmentierung und die Parameter der kalibrierten Kameras zur Schätzung der Bodenebene werden genutzt, um die Leistung und die Geschwindigkeit eines Personendetektors zu verbessern, der auf *Sliding Windows* basiert.

Die Personendetektion erfolgt mittels *Contour Cues* [WU et al., 2011] (Anhang B.2.3). Der Personendetektor wird mit der in Abschnitt 4.1 beschriebenen Vordergrund-Hintergrund-Segmentierung gekoppelt, um die auszuwertenden Bereiche auf den Vordergrund zu beschränken. Eine echtzeitfähige Detektion wäre mit State-of-the-Art-Detektoren sonst ohne Spezialhardware nicht möglich.
Zusätzlich wird die Annahme getroffen, dass Personen nur auf der Bodenebene zu suchen sind. Aufgrund der Kenntnis der extrinsischen Parameter der kalibrierten Kameras (Position und Neigung) sowie der intrinsischen Parameter (Verzerrung durch die Linse und Öffnungswinkel) können die auszuwertenden Bereiche der Auflösungspyramide stark eingegrenzt werden. Personen mit einer Körpergröße von $1\,m$ bis $2{,}2\,m$ können nur innerhalb bestimmter Bildbereiche erscheinen. Nur die entsprechenden Regionen jeder Stufe der Auflösungspyramide werden für die Personendetektion genutzt.

Mit dieser Konfiguration wird die Personendetektion im Durchschnitt um den Faktor 112 beschleunigt (Faktor acht durch die Segmentierung × Faktor 14 für die Ausnutzung der bekannten Fußbodenebene). Bei Verwendung des schnellen *Contour-Cues*-Detektors [Wu et al., 2011] wird auf einem Intel-Core-i7-System eine Laufzeit von weniger als 100 ms pro HD-Bild (1600 × 1200 Pixel) erreicht. Außerdem werden durch die ausschließliche Auswertung relevanter Bildbereiche Fehldetektionen reduziert.

4.2.4 Eingesetztes Verfahren auf dem Roboter

Für die Personendetektion wurden auf dem Roboter zwei Modalitäten umgesetzt: Der in Abschnitt 4.2.2 beschriebene laserbasierte GDIF-Beindetektor [Weinrich et al., 2014a] und der in Anhang B.2.1 beschriebene visuelle Oberkörperdetektor basierend auf HOGs und Entscheidungsbäumen [Weinrich et al., 2012].

Im adressierten Szenario des Begleitens von Schlaganfallpatienten muss die Detektion von Personen, die Gehhilfsmittel verwenden, gewährleistet sein. Dementsprechend wurde der in [Weinrich et al., 2014a] vorgestellte laserbasierte Detektor gewählt, der auf dieses Szenario optimiert ist. Die laserbasierte Detektion ist wenig rechenaufwendig und kann zusammen mit aufwendigeren Prozessen, wie der Navigation, auf einem PC ausgeführt werden. [Eisenbach et al., 2015b]

Bei der visuellen Detektion fiel die Entscheidung auf einen Oberkörperdetektor, weil Nutzer häufig sehr nahe am Roboter stehen, um mit ihm via Touchscreen zu interagieren. In diesem Fall ist in der am Kopf des Roboters angebrachten Kamera nur deren Oberkörper zu sehen. Die visuelle Personendetektion ist sehr rechenaufwendig und muss daher auf einem zweiten on-board PC ausgeführt werden, der über eine energiesparende CPU verfügt.

In [Wengefeld et al., 2016][1] wurden als alternative visuelle Detektoren der FPDW, das körperteilbasierte HOG und die in [Eisenbach et al., 2016b] vorgestellten CNNs evaluiert. Das körperteilbasierte HOG erwies sich als deutlich besser geeignet als der Oberkörperdetektor aus [WEINRICH et al., 2012]. Die besten Leistungen erzielten mit Abstand die CNNs. Diese sind jedoch nur auf einer NVIDIA Jetson TX1 echtzeitfähig [EISENBACH et al., 2017c], weshalb sie nur auf Robotern mit entsprechender Ausstattung einsetzbar sind.

Für den Datenaustausch zwischen den beiden PCs des Roboters und gegebenenfalls mit der NVIDIA Jetson TX1 wird die robotische Middleware MIRA [EINHORN et al., 2012] genutzt. Die Ergebnisse beider Detektoren (visuell und laserbasiert) werden durch einen Personentracker [VOLKHARDT et al., 2013] zusammengeführt. Dieser nutzt Kovarianzintersection und Kalman-Filter (siehe Grundlagen, Abschnitt 3.4.3) für das zeitliche Tracking. Neue Detektionen werden als gültige Hypothesen angesehen, wenn sie von beiden Modalitäten detektiert werden oder von nur einer Modalität bei gleichzeitig festzustellender Bewegung durch die Szene (nicht-statisch-Kriterium). Zusätzlich wird eine globale Belegtheitskarte genutzt, um zu überprüfen, ob die Personenhypothese für den Roboter sichtbar ist. Alle gültigen Personenhypothesen mit visueller Referenz werden für die Wiedererkennung verwendet. [EISENBACH et al., 2015b]

4.3 Tracking

Um möglichst viele Ansichten einer Person für die Wiedererkennung verwenden zu können, müssen mehrere, zeitlich aufeinanderfolgende Detektionen mittels Tracking verknüpft werden. Die durch visuelles Tracking entstehende Gruppierung der Detektionen wird nachfolgend als Tracklet bezeichnet.

Definition

TRACKLET

Ein Tracklet ist ein eindeutiger Pfad einer Person in einer einzigen Kamera, der aus den Personendetektionen eines einzigen Verfahrens erzeugt und mittels eines visuellen Trackingverfahrens verknüpft wurde. Tracklets werden vorsätzlich nicht fortgesetzt, wenn kritische Situationen auftreten, wie zum Beispiel Verdeckungen.

Die Verknüpfung zeitlich aufeinander folgender Personendetektionen innerhalb des Bildraums kann aufgrund geometrischer Überschneidungen erfolgen. Untersuchungen in [STOLBERG, 2011][5] zeigten jedoch, dass eine hohe Gefahr für Verwechslungen (engl. *ID Switches*) besteht, wenn Verdeckungen auftreten. Daher ist in den adressierten Szenarien der Videoüberwachung und Robotik ein visuelles Tracking zu bevorzugen. Ein geeignetes Verfahren wird im nächsten Abschnitt vorgestellt.

4.3.1 Visuelles Tracking

Für das visuelle Tracking von detektierten Personen im Bild wird ein auf *Template Matching* basierendes Verfahren eingesetzt, das echzeitfähiges Tracking bei sehr geringer Rechenlast ermöglicht.
Um Personen in aufeinanderfolgenden Bildern wiederzufinden, wird eine logarithmische Suche [JAIN, 1989] eingesetzt. Die logarithmische Suche ist eines der schnellsten Suchverfahren bei gleichzeitig sehr hoher Genauigkeit. Allerdings sind die Voraussetzungen für die Anwendbarkeit dieses Suchverfahrens bei Trackinganwendungen nur schwer zu erfüllen. Daher wurde in [KOLAROW et al., 2012][1] ein Ansatz entwickelt, der automatisch ein spärliches, die zu trackende Person beschreibendes Template initialisiert, das den Ansprüchen der logarithmischen Suche

[5] Die Bachelorarbeit von Sven Stolberg wurde vom Autor betreut.

gerecht wird. Während viele Trackigverfahren auf sehr komplexe Deskriptoren für ausgewählte Punkte in einem Template setzen, verwendet der in [KOLAROW et al., 2012][1] beschriebene Ansatz bewusst nur sehr einfache Merkmale von Punkten aus homogenen Regionen.

Das Personentracking mit sehr wenigen Vergleichen wird ermöglicht durch die Kombination aus logarithmischer Suche, einer geringen Anzahl ausgewählter Punkte für das spärliche Template und dem Verzicht auf komplexe Deskriptoren. Der gesamte Ablauf ist in Abbildung 4.2 dargestellt.

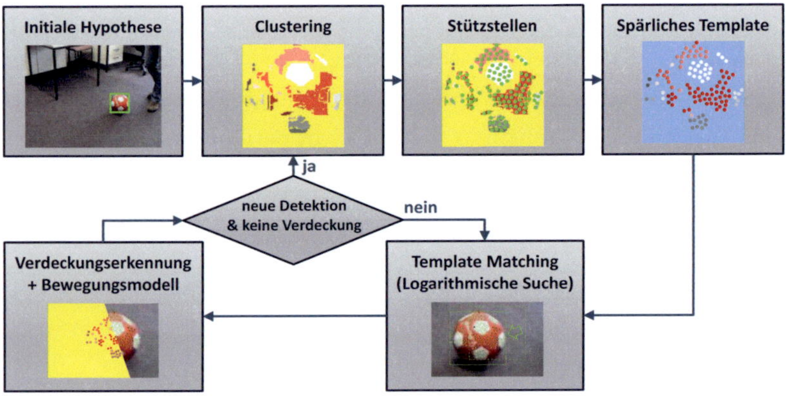

Abbildung 4.2: Tracking mittels logarithmischer Suche und spärlichem Template
Das Verfahren nach [KOLAROW et al., 2012] setzt ein sehr schnelles Tracking um. Das Bild des zu trackenden Objekts wird geclustert, um homogene Regionen zu ermitteln. Das Template wird aus daraus gezogenen Punkten zusammengesetzt. Für das Template Matching wird eine logarithmische Suche eingesetzt. Um auf Veränderungen der Perspektive oder Beleuchtung zu reagieren, wird das Template nach jeder neuen Detektion adaptiert, wenn keine Verdeckung ermittelt wurde. Sollte eine Verdeckung ermittelt werden, wird ein Bewegungsmodell (Kalman-Filter) anstatt der logarithmischen Suche eingesetzt, bis das Template wieder besser mit der Beobachtung übereinstimmt. Dies ist an einem geringeren Matchingfehler erkennbar.

Das Verfahren kann durch die gewählte Suchstrategie und die Art des Templates eine detektierte Person robust mit 200 Hz tracken. Dies ist 40-mal so schnell wie andere State-of-the-Art-Verfahren bei vergleichbarer Trackingqualität [Kolarow et al., 2012][1]. Dazu ist keine Spezialhardware, sondern nur ein Kern einer Intel Core i7 CPU notwendig. Wird das Verfahren in einer robotischen Anwendung verwendet, bei der nur zwei Bilder pro Sekunde verarbeitet werden, dann wird weniger als ein Prozent der Rechenresourcen des Roboters beansprucht.

Neben der hohen Verarbeitungsgeschwindigkeit hat das Verfahren den Vorteil, dass Verdeckungen robust erkannt werden können. Diese Information ist sehr wertvoll für die anschließende Wiedererkennung der Person.

Ergänzende Ausführungen Nähere Details zum visuellen Tracking sind in Anhang B.4 zu finden. Anhang B.4.1 erläutert die Funktionsweise der logarithmische Suche. Anhang B.4.2 beschreibt, wie das spärliche Template, bestehend aus Punkten homogener Regionen, erzeugt wird. In Anhang B.4.3 wird auf die erzielte Leistung und die Erkennung von Verdeckungen eingegangen. Anhang B.4.4 geht auf Alternativen zur logarithmischen Suche ein.

4.3.2 Einbindung des Trackings in eine Anwendung mit Wiedererkennung

Anhand des im vorherigen Abschnitt beschriebenen visuellen Trackings können bereits mehrere Ansichten einer Person zu einem Tracklet verknüpft werden. Ziel der nachfolgenden Trackingschritte ist die Verknüpfung von Tracklets, die im Bildraum aufgrund kritischer Situationen, wie Verdeckungen oder dem Verlassen des Bildes, nicht zusammengeführt werden können.

Für die Verknüpfung von Tracklets gib es generell zwei Ansätze. Eine Möglichkeit ist der Einsatz der Wiedererkennung, um die Person in der

Nähe der letzten Beobachtung wiederzufinden und Tracklets zu Tracks zu verknüpfen.

Definition

TRACK

Ein Track ist definiert als eindeutiger Pfad einer Person in einer einzigen Kamera, zusammengesetzt aus mehreren Tracklets durch ein Personenwiedererkennungsverfahren, wie zum Beispiel gesichtsbasierte oder erscheinungsbasierte Wiedererkennung.

Die Wiedererkennung wird deutlich vereinfacht durch nur wenige in Frage kommende Hypothesen in der lokalen Nähe der letzten Beobachtung. Dieser Ansatz wird im Robotikszenario verfolgt [WENGEFELD et al., 2016][1] (siehe Kapitel 9).
Eine zweite Möglichkeit ist die Verküpfung der Tracklets aufgrund von räumlicher Nähe in globalen Koordinaten zu einem Metatrack.

Definition

METATRACK

Ein *Metatrack* ist ein definierter Pfad einer Person in Koordinaten der globalen Karte, der durch mehrere *Tracklets* und *Tracks* erzeugt und über räumliche Nähe, sowie Tracklet und Track-ID verknüpft wurde.

Dieser Ansatz wird sowohl im Robotikszenario [EISENBACH et al., 2015b] zusätzlich zur Erzeugung von Tracks, als auch bei der Videoüberwachung [KOLAROW et al., 2013][1] verwendet.
Mehrere Ansichten einer Person aus überlappenden Kameras oder bei einer beweglichen Kamera im Falle des Roboters können auf diese Wei-

se verknüpft werden. Erfolgt eine Unterbrechung der Metatracks mit größerer räumlicher und zeitlicher Ausdehnung, so ist eine Verknüpfung nur über eine Wiedererkennung der Person möglich. Entsprechend wird diese Art des Tracks als Personentrack bezeichnet.

Definition

PERSONENTRACK

Ein Personentrack ist ein eindeutiger Pfad einer Person durch mehrere Kameras, bestehend aus mehreren Metatracks, die mittels Wiedererkennungsalgorithmen verbunden wurden.

Die verschieden Tracktypen werden in Abbildung 4.3 am Beispiel der Videoüberwachung veranschaulicht.

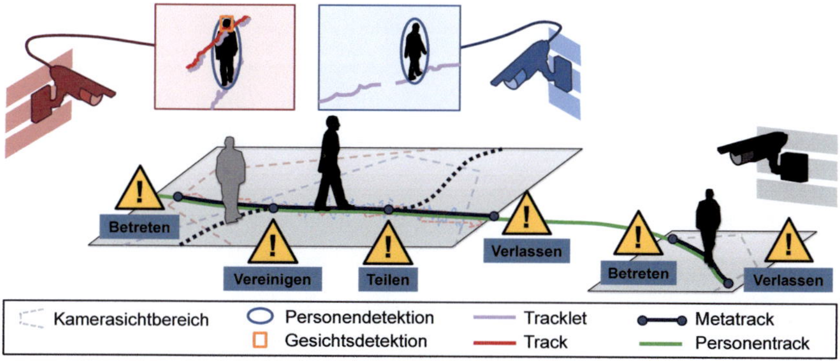

Abbildung 4.3: Tracktypen am Beispiel der Videoüberwachung
Beim Multikameratracking wird zwischen Tracklets, Tracks, Metatracks und Personentracks unterschieden (siehe Definitionen). Letztere können nur mittels Wiedererkennung erzeugt werden.

Die Verwendung möglichst vieler Ansichten einer Person durch geeignetes Tracking erleichtert die Wiedererkennung deutlich (siehe Kapitel 9).

4.4 Beleuchtungsausgleich

Ein weiterer Vorverarbeitungsschritt, um die Personenwiedererkennung zu erleichtern, ist ein Beleuchtungsausgleich für alle extrahierten Ansichten der Person. Bei der erscheinungsbasierten Personenwiedererkennung haben Farbmerkmale einen entscheidenden Einfluss auf die Wiedererkennungsleistung [LIU et al., 2014b, LIU et al., 2015a]. Durch Unterschiede in der Beleuchtung werden jedoch unterschiedlich wahrgenommene Kleidungsfarben verursacht. Durch große raum-zeitliche Unterschiede für zwei Beobachtungen kann die Beleuchtung bei der erscheinungsbasierten Wiedererkennung nur kompensiert werden, wenn eine Beleuchtungskarte bekannt ist. Um die Beleuchtung auf Oberkörperhöhe zu schätzen, müssen Personen als Referenzobjekte genutzt werden (siehe Abbildung 4.4(a)). Die Grundidee zum Lernen von Beleuchtungsunterschieden ist die Beobachtung von Personen, die sich durch die Szene bewegen. Die wahrgenommene Farbe der Kleidung verändert sich genau dann, wenn sich die Beleuchtung verändert. Dadurch lassen sich Beleuchtungsunterschiede für verschiedene räumliche Positionen feststellen. Die exakte Beleuchtung kann jedoch nur ermittelt werden, wenn die Kleidungsfarbe bekannt ist. Die exakte Kleidungsfarbe kann aus der wahrgenommenen Farbe wiederum nur abgeleitet werden, wenn die Beleuchtung bekannt ist. Initial sind aber sowohl die exakten Kleidungsfarben für Personen als auch die unterschiedlichen Beleuchtungen im Raum unbekannt.

In [EISENBACH et al., 2013] wurde gezeigt, dass sich dieses Problem durch eine iterative Optimierung lösen lässt. Abwechselnd werden bei diesem Ansatz des maschinellen Lernens die Kleidungsfarben und die Beleuchtungen in der Karte geschätzt. Iterativ erfolgt eine Annäherung beider unbekannter Größen an die gesuchten Werte. Alle Optimierungsschritte lassen sich effizient in Form eines Eigenwertproblems lösen. Experimente zeigten, dass heterogene Beleuchtung innerhalb des Erfas-

[6] Die Bachelorarbeit von Petra Scheiner wurde vom Autor betreut.

(a) Person als Referenzobjekt

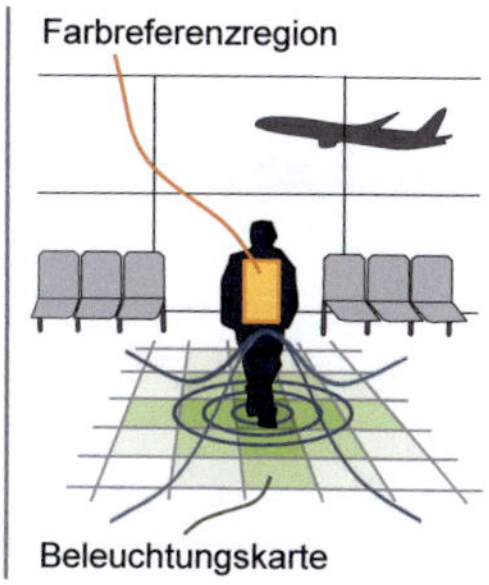

(b) Beleuchtungskarte

Abbildung 4.4: Beleuchtungsausgleich durch Lernen einer Beleuchtungskarte
Künstliche Beleuchtungen oder Tageslicht durch offene Fensterfronten haben einen starken Einfluss auf die wahrgenommene Farbe der Kleidung einer Person. (a) Die Beleuchtung auf Oberkörperhöhe für einen Bildbereich ist in der Regel nicht identisch mit der Beleuchtung des Hintergrunds im gleichen Bereich des Bildes. Daher kann die Beleuchtung nur erfasst und in eine Karte eingetragen werden, wenn sich Personen in den Bildbereichen aufhalten, an denen die Beleuchtung geschätzt werden soll. (b) Eine Beobachtung geht gewichtet in Gridzellen der Beleuchtungskarte ein. Die Gewichte berechnen sich als Volumen unter einer bivariaten Normalverteilung, deren Mittelpunkt die Position der Person darstellt. Auch die Beleuchtungskorrektur erfolgt entsprechend dieser Gewichtung. Skizzen angelehnt an [Scheiner, 2012][6]

sungsbereichs einer Kamera durch das beschriebene Verfahren kompensiert werden konnte. Die Unterscheidbarkeit der Personen wurde durch die Beleuchtungskorrektur anhand der automatisch gelernten Beleuchtungskarte deutlich verbessert.

Um gute Generalisierungseigenschaften zu erreichen, sind jedoch relativ viele Beobachtungen notwendig. Die Anzahl der Personenbeobachtungen lässt sich aber nur steigern, wenn Beobachtungen aus einem größeren Zeitraum einfließen. Dies kann jedoch im Konflikt stehen zur Adaption der Beleuchtungskarte in möglichst kurzer Zeit bei eintretenden Beleuchtungsänderungen. Sollte der Zustandsraum weiter vergrößert werden, zum Beispiel um den Beobachtungswinkel für einen Ro-

boter, dann wird dieses Problem weiter verstärkt. In diesem Fall sind noch mehr Beobachtungen für eine adäquate Schätzung der Beleuchtungskarte notwendig. Handelt es sich bei der Einsatzumgebung nicht um stark frequentierte Räume, so ist eine ausreichend genaue Schätzung der Beleuchtungskarte in der Praxis de facto ausgeschlossen. Dies trifft vor allem für robotische Szenarien im klinischen sowie häuslichen Einsatzbereich zu.
Aufgrund dieser eingeschränkten Praktikabilität wurde dieser Ansatz nicht weiterverfolgt und wird daher auch hier nicht näher ausgeführt. Der interessierte Leser sei stattdessen auf Anhang B.5 verwiesen, in dem die algorithmische Umsetzung beschrieben wird.

4.5 Erzielter Nutzen durch Vorverarbeitung

Wichtige Vorverarbeitungsschritte für eine spätere Personenwiedererkennung sind die Personendetektion, das Tracking und ein Beleuchtungsausgleich. In Abbildung 4.5 ist dargestellt, bezüglich welcher Kriterien die Wiedererkennung durch die Vorverarbeitung verbessert wird. Da die Detektion der Personen in Videodaten erfolgen kann, ohne dass die Personen in ihren Handlungen eingeschränkt werden und ohne notwendige Kooperation oder Interaktion, wird die *Akzeptanz* des Wiedererkennungssystems erhöht. Durch den Einsatz von Convolutional Neural Networks können Personen in den meisten Fällen sehr sicher detektiert werden. Auch das eingesetzte Tracking mittels logarithmischer Suche erzielt eine hohe Genauigkeit. Die eingesetzten Verfahren stellen daher eine hohe *Erfassbarkeit* der erscheinungsbasierten Merkmale sicher. Diese liegt höher als bei biometrischen Merkmalen, da Blickwinkel, starke Posen oder Verdeckungen in der Regel keine Probleme für eine ganzkörperbasierte Detektion oder ein Tracking darstellen. Auch die *Resistenz gegen Überlistung* wird durch die gute Erfassbarkeit leicht gesteigert, da sich Personen in der Regel einer erscheinungsba-

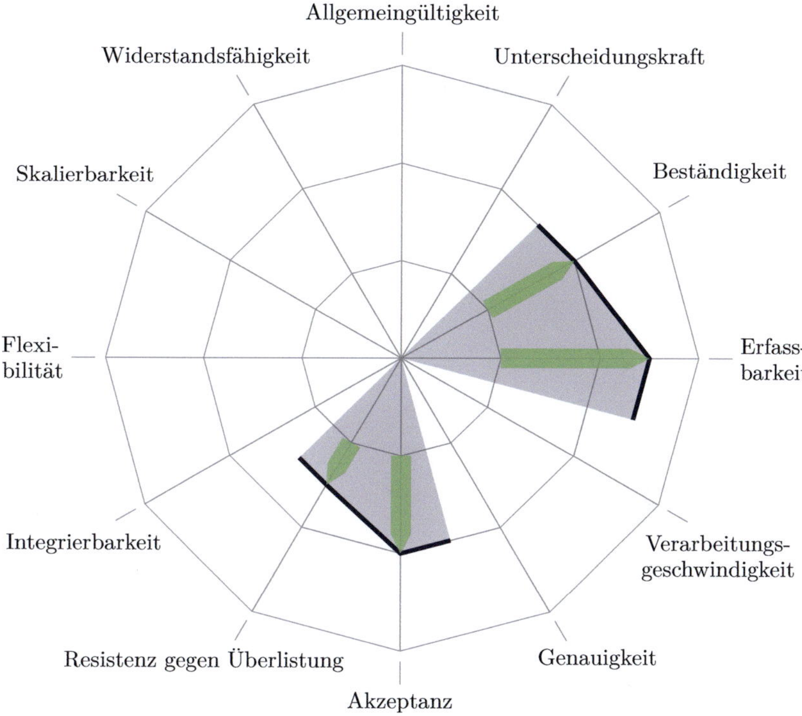

Abbildung 4.5: Nutzen der Vorverarbeitung für die Personenwiedererkennung
Für eine Beschreibung der erzielten Verbesserungen sei auf den Text in Abschnitt 4.5 verwiesen.

sierten Wiedererkennung nicht entziehen können. Außerdem hilft ein Tracking Situationen zu erkennen, in denen Personen in der Absicht einer Täuschung die Kleidung wechseln. Das neue Erscheinungsbild kann in diesem Fall dem die Person beschreibenden Template hinzugefügt werden. Durch den Beleuchtungsausgleich wird die *Beständigkeit* aller extrahierten Farbmerkmale verbessert.

Kapitel 5

Merkmalsextraktion

Nachdem in Kapitel 4 beschrieben wurde, wie personenzentrierte Bildausschnitte extrahiert werden können, müssen diese nun mittels Merkmalen beschrieben werden, um einen schnellen Vergleich von Personenbildern zu ermöglichen. Die Extraktion geeigneter Merkmale nimmt dabei eine Schlüsselrolle bei der Personenwiedererkennung ein. Informationen bezüglich der abgebildeten Person, die nicht durch das extrahierte Merkmal repräsentiert werden, können nicht für die Wiedererkennung verwendet werden und haben somit einen negativen Einfluss auf die erreichbaren Wiedererkennungsraten. In diesem Kapitel werden daher verschiedene Möglichkeiten für eine geeignete Merkmalsextraktion vorgestellt, bei der möglichst viele Informationen bezüglich der dargestellten Person erfasst werden.

In Abschnitt 5.1 werden Merkmale, die für eine Wiedererkennung geeignet sind, kategorisiert. Abschnitt 5.2 geht auf händisch entworfene Merkmale ein. Den Schwerpunkt dieses Kapitels stellt Abschnitt 5.3 dar, in dem beschrieben wird, wie Merkmale ohne Designerwissen datengetrieben gelernt werden können. Abschließend fasst Abschnitt 5.4 zusammen, welchen Nutzen eine geeignete Merkmalsextraktion für die Wiedererkennung erzielt.

Bei der Auswahl der Merkmale wurde im Rahmen dieser Arbeit auf Echzeitfähigkeit geachtet. Unter dem Gesichtspunkt, dass ein Merkmalsvektor für jedes Personenbild nur einmal extrahiert werden muss, aber der Merkmalsvektor anschließend mit vielen weiteren Merkmalsvektoren verglichen werden muss, ist eine schnelle Vergleichbarkeit vorrangig. Das Ziel ist daher in der Regel die Extraktion von kompakten Merkmalsvektoren, die mittels einfacher Distanz- oder Ähnlichkeitsfunktionen, wie Manhattandistanz, Euklidischer Distanz oder Kosinusähnlichkeit, verglichen werden können. Die eigentliche Extraktion von Merkmalsvektoren auf wenigen personenzentrierten Bildausschnitten pro Zeitschritt kann auch aufwendigere Berechnungen enthalten, ohne das Kriterium der Echzeitfähigkeit zu verletzen. Auch beim Einsatz tiefer Neuronaler Netzwerke zur Extraktion gelernter Merkmale können die Echtzeitanforderungen erfüllt werden. Neuronale Netzwerke stellen auch den Schwerpunkt dieses Kapitels dar, da sie geeignet sind verschiedene Kategorien von Merkmalen zu repräsentieren.

5.1 Übersicht zu Merkmalen für die Wiedererkennung von Personen

Abbildung 5.1 zeigt eine Übersicht von potentiellen visuellen und kontextuellen Merkmalen, um eine Person zu beschreiben. Merkmale, die im Rahmen dieser Arbeit untersucht wurden, sind grau hinterlegt.

Personen können in Übersichtskameras bei der Videoüberwachung oder aufgrund einer großen Distanz zur Kamera im robotischen Einsatzfeld oft nur in einer niedrigen Auflösung beobachtet werden. Daher ist die Verwendung biometrischer Merkmale, wie Gesicht, Iris oder Ohr, für die Wiedererkennung nur unter Einschränkungen oder nicht möglich. Situationen, bei denen Personen zeitweise nur von hinten beobachtet werden können, sind ebenfalls nicht durch biometrische Merkmale handhabbar. Daher wurden für die in dieser Arbeit betrachteten Anwendungsfelder vorwiegend Merkmale gewählt, die die Textur und

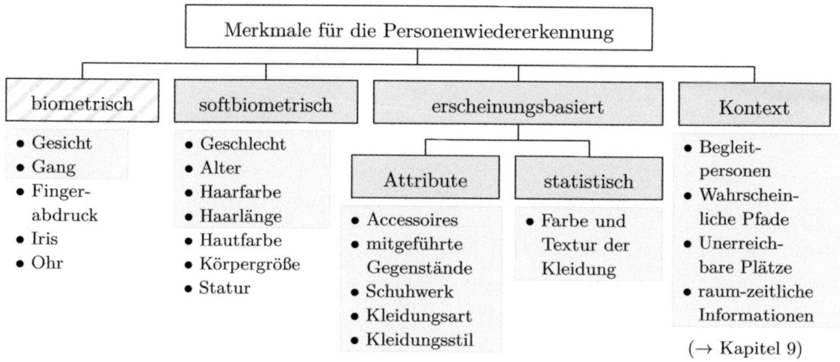

Abbildung 5.1: Systematisierung von Wiedererkennungsmerkmalen
Die im Rahmen dieser Arbeit untersuchten Merkmale für die Personenwiedererkennung sind grau hervorgehoben. Biometrische Merkmale werden zwar thematisiert, bilden hier aber keinen Schwerpunkt. Alle anderen Merkmalskategorien werden eingehender betrachtet.

Farbe der Kleidung beschreiben und sehr schnell mit wenig Rechenaufwand extrahierbar sind. Zusätzlich fließen verschiedene Kontextinformationen in die Entscheidung ein (siehe Kapitel 9).

Als Ergänzung zu den erscheinungsbasierten Merkmalen bietet sich bei der Videoüberwachung und in robotischen Szenarien eine Gesichtserkennung an, um die Identität ausgewählter Individuen zu bestätigen. In [Aganian, 2018][1] wurde gezeigt, dass eine Deep-Learning-basierte Gesichtserkennung [Liu et al., 2017] sehr hohe Erkennungsraten erzielt. Dies war jedoch nur unter eingeschränkten Randbedingungen bezüglich der Gesichtspose und der Entfernung zwischen Person und Kamera möglich. Eine Gangerkennung wäre als Ergänzung ebenfalls in Betracht zu ziehen. Diese ist jedoch rechenaufwendig und weniger leistungsfähig als erscheinungsbasierte Ansätze. Dies wird durch Evaluationen in [Eisenbach et al., 2012] und [Vorndran, 2017][2] bestätigt.

[1] Das Fachpraktikum von Dustin Aganian wurde vom Autor betreut.
[2] Die Masterarbeit von Alexander Vorndran wurde vom Autor co-betreut.

Die robuste Extraktion von softbiometrischen Merkmalen und semantischen Attributen stellt eine große Herausforderung dar und ist gegebenenfalls alleine nicht genügend diskriminativ [Su et al., 2015], sondern kann nur in Kombination mit erscheinungsbasierten oder biometrischen Ansätzen hohe Erkennungsraten erzielen. Die Deep-Learning-basierte Extraktion dieser Art von Merkmalen wurde in [Golda, 2016][3] näher untersucht (siehe Abschnitt 5.3.2).

Den Schwerpunkt dieser Arbeit stellen erscheinungsbasierte Merkmale dar, welche die Textur und Farbe der Kleidung statistisch beschreiben. Dabei wurden sowohl händisch entworfene Merkmale (Abschnitt 5.2) als auch gelernte Merkmale (Abschnitt 5.3) untersucht. Den Schwerpunkt bei der in diesem Kapitel beschriebenen Merkmalsextraktion liegt auf den gelernten Merkmalen, da diese deutlich höhere Wiedererkennungsraten ermöglichen als händisch entworfene Merkmale.

5.2 Händisch entworfene Merkmale

Vor dem Aufkommen von *Deep Learning* benötigten Lernverfahren händisch entworfene Merkmale als Eingabe. Daher gibt es zahlreiche Publikationen, die geeignete Merkmale für die erscheinungsbasierte Personenwiedererkennung vorstellen. Diese Merkmale werden mittels Methoden der Bildverarbeitung extrahiert und zielen darauf ab, die hochdimensionale Repräsentation des Eingabebildes auf einen niedrigerdimensionalen Merkmalsvektor abzubilden. Anschließend werden in der Regel Verfahren des Metric Learning (siehe Kapitel 7) und der Fusion (siehe Kapitel 8) auf die extrahierten Merkmalsvektoren angewendet. Die Beschreibung ausgewählter, für diese Dissertation relevanter Merkmale erfolgt in Abschnitt 5.2.1. In Abschnitt 5.2.2 wird kurz auf Optimierungen der Laufzeit eingegangen, die einen echtzeitfähigen Einsatz für die geplanten Anwendungen der Servicerobotik und Videoüberwachung (Kapitel 10) ermöglichen. Eine umfassendere Betrachtung ist

[3] Die Masterarbeit von Thomas Golda wurde vom Autor betreut.

nicht sinnvoll, da die mittels *Deep Learning* ermittelten Merkmalsvektoren (Abschnitt 5.3) deutlich leistungsfähiger sind.

5.2.1 Übersicht der relevanten Merkmale

Die nachfolgend vorgestellten Merkmale beschreiben das menschliche Erscheinungsbild in Form von Farbe und Textur in verschiedenen komplementären Weisen. Bei der Verwendung dieser Merkmale im Rahmen dieser Arbeit wurde auf die frei verfügbaren Implementierungen der jeweiligen Autoren zurückgegriffen.

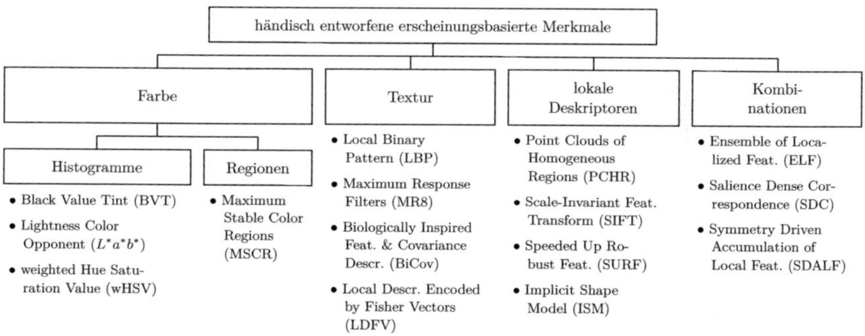

Abbildung 5.2: Systematisierung händisch entworfener Merkmale
Systematisierung einer Auswahl händisch entworfener erscheinungsbasierter Merkmale für die Personenwiedererkennung, die im Rahmen dieser Arbeit betrachtet wurden.

Die in dieser Arbeit betrachteten Merkmale können gemäß Abbildung 5.2 systematisiert werden. Die Farbe der Kleidung stellt die wichtigste Information für die erscheinungsbasierte Wiedererkennung dar. Dementsprechend erzielen Farbmerkmale auch die höchsten Wiedererkennungsraten unter den betrachteten Merkmalskategorien. Die Textur beschreibt eine Person oft nicht genügend. Sie stellt jedoch eine gute Ergänzung zu Farbinformationen dar. Lokale Deskriptoren erzielen die niedrigsten Wiedererkennungsraten. Sie sind aufgrund der fehlenden Ansichtsinvarianz oft ungeeignet eine Person zu beschreiben, die aus verschiedenen Perspektiven beobachtet wird. Die Kombinatio-

nen stellen größere Merkmalsvektoren aus Textur- und Farbmerkmalen zusammen. Die extrahierten Merkmalsvektoren bilden oft die Basis für ein Metric Learning (siehe Kapitel 7), bei dem die Gewichtung einzelner Elemente des Merkmalsvektors gelernt werden.
Einige der in Abbildung 5.2 dargestellten Merkmale wurden zwar im Rahmen dieser Dissertation untersucht, aber nicht in den Anwendungen verwendet, da die Echtzeitanforderungen nicht erfüllt werden konnten. Als geeignet für eine echtzeitfähige Extraktion stellten sich das gewichtete HSV-Farbhistogramm (wHSV) und die Maximum Stable Color Regions (MSCR) heraus.

Nachfolgend werden die für diese Arbeit wichtigsten Merkmale aus Abbildung 5.2 kurz beschrieben. Merkmale, die zwar in der Dissertation erwähnt werden, aber keinen Schwerpunkt bilden, werden in Anhang C.1.1 beschrieben.

wHSV-Histogramm Anstatt der reinen HSV-Histogramme aus [Figueira et al., 2013] werden im Rahmen dieser Arbeit gewichtete Farbhistogramme im HSV-Farbraum [Farenzena et al., 2010] verwendet. Das wHSV-Merkmal (für engl. *weighted HSV histograms*) beschreibt das Aussehen des Ober- und Unterkörpers durch ein Histogramm im HSV-Farbraum, wobei das Gewicht eines einzelnen Pixels durch einen Gauß-Kernel, der zentriert auf Symmetrielienen des Ober- und Unterkörpers liegt, bestimmt wird.

MSCR In dieser Arbeit werden *Maximal Stable Color Regions* (MSCR, dt. maximal stabile Farbregionen) [Farenzena et al., 2010, Cheng et al., 2011] eingesetzt, um die lokale Farbverteilung für die Kleidung einer Person zu beschreiben. Innerhalb einer Vordergrundmaske werden stabile Farbregionen (engl. *color blobs*) im $L^*a^*b^*$-Farbraum anhand der mittleren Farbe, Position und Ausdehnung beschrieben. Im Gegensatz zu den Histogrammen, erzeugt MSCR keinen Merkmalsvektor mit fester Länge. Dieses Merkmal ist daher nicht für maschinelle Lernverfahren geeignet, die Eingaben konstanter Länge benötigen. Für den Vergleich dieser Merkmalsvektoren ist stattdessen eine spezielle Vergleichsfunktion nach [Farenzena et al., 2010] notwendig, die Zuordnungen einzelner Farbregionen aufgrund von Position und Farbe vornimmt und daraus eine Gesamtdistanz ermittelt. Eine Fusion mit anderen Merkmalen kann aufgrund der Eigenschaft dieses Merkmals auch nur auf *Score Level* erfolgen (siehe Kapitel 8).

SDALF Um die Farbe der Kleidung zu beschreiben, werden in dieser Arbeit an einigen Stellen die beiden Farbmerkmale des SDALF-Ansatzes [Farenzena et al., 2010] (*Symmetry-Driven Accumulation of Local Features*, dt. symmetriegetriebene Akkumulation lokaler Merkmale) benutzt. Der Ansatz fusioniert das gewichtete HSV-Farbhistogramm wHSV und die Maximum Stable Color Regions (MSCR). In [Sorge, 2013][4] wurden diese Merkmale näher untersucht und bezüglich Laufzeit und Erkennungsleistung optimiert.

5.2.2 Optimierung der SDALF-Merkmale

Die SDALF-Merkmale wHSV und MSCR bilden für einige Analysen dieser Dissertation den Ausgangspunkt. Um sie unter Beachtung der Echtzeitanforderungen der Einsatzszenarien verwenden zu können, wurden in [Sorge, 2013][4] einige Optimierungen bezüglich Laufzeit und Leistungsfähigkeit durchgeführt.

Die Originalimplementierung der SDALF-Merkmale (MatLab) erfüllt nicht die Echtzeitanforderungen der adressierten Anwendungsfelder. Daher wurden diese Merkmale in C++ implementiert und bezüglich einer schnellen Extraktion optimiert [Sorge, 2013][4]. Dabei wurde für alle Verarbeitungsschritte untersucht, ob eine schnellere Verarbeitung möglich ist oder die Wiedererkennungsrate gesteigert werden kann.

In [Sorge, 2013][4] und [Eisenbach et al., 2015b] wurden einige Approximationen gefunden, die die Geschwindigkeit der Extraktion steigern

[4] Die Masterarbeit von Sven Sorge wurde vom Autor betreut.

und der Wiedererkennungsleistung nicht schaden: Die Aufteilung des Körpers und die Symmetrielinien des wHSV-Merkmals müssen nicht sehr akkurat sein und können daher fest gewählt werden. Auch die für MSCR benötigte Vordergrundmaske kann durch eine feste durchschnittliche Personenmaske ersetzt werden, was eine wichtige Voraussetzung für eine robotische Anwendung darstellt. Des Weiteren wurden in [Sorge, 2013][4] und [Eisenbach et al., 2015b] einige Approximationen der Originalimplementierung zurückgenommen, um die Erkennungsraten zu steigern. Um dies zu erreichen, wurden statt Randverteilungshistogrammen volle trilinear interpolierte Histogramme für wHSV genutzt. Abschließend wurde noch eine kreuzvalidierte Parameterfeinabstimmung durchgeführt. Für Details sei auf Anhang C.1.2 verwiesen.

Ergebnisse

Durch diese Optimierungen konnte die Laufzeit für ein Training auf dem VIPeR-Benchmarkdatensatz [Gray et al., 2007] (siehe Grundlagen, Kapitel 3.1.3, Abbildung 3.3(a)) mit anschließender Merkmalsextraktion für 632 Bilder und das Matching von 316 Probebildern gegen 316 Galeriebilder von 4:18 Minuten auf 14,72 Sekunden reduziert werden. Für Details sei auf Tabelle C.2 in Anhang C.1.2 verwiesen.

Gleichzeitig konnte durch die beschriebenen Verbesserungen die Erkennungsleistung auf dem VIPeR-Benchmarkdatensatz gesteigert werden. Während die Implementierung nach [Farenzena et al., 2010] eine normierte Fläche unter der CMC-Kurve (nAUC) von 0,922 erreicht, konnte in [Eisenbach et al., 2015b] eine nAUC von 0,963 bei zusätzlicher Verwendung von *Metric Learning* (siehe Kapitel 7) und *Score Level Fusion* (siehe Kapitel 8) erreicht werden. Details zum Einfluss einzelner Verbesserungen sind in Tabelle C.1 in Anhang C.1.2 zu finden.

5.3 Gelernte Merkmale

Eine Alternative zur Verwendung händisch entworfener Merkmale ist das Erlernen eines geeigneten Merkmalsvektors mittels eines tiefen Neuronalen Netzwerks. Dieses Neuronale Netzwerk bekommt direkt das Bild einer Person als Eingabe. Frühe Schichten im Neuronalen Netzwerk lernen dann zunächst einfache Merkmale, wie Farb- und Kantenfilter. In späteren Schichten werden diese einfachen Merkmale zu immer höherwertigeren Merkmalen kombiniert. Das Ziel ist, dass die letzte Schicht im Neuronalen Netzwerk einen Merkmalsvektor hervorbringt, der geeignet ist, die Person möglichst ohne Informationsverlust zu beschreiben. Des Weiteren sollte es möglich sein, zwei Merkmalsvektoren mittels eines einfachen Distanzmaßes, wie zum Beispiel der Euklidischen Distanz, zu vergleichen, um so in der Anwendungsphase ein schnelles Matching gegen viele Merkmalsvektoren zu ermöglichen.

Im Rahmen dieser Arbeit wurden drei Möglichkeiten untersucht, um einen Merkmalsvektor durch *Deep-Learning*-Methoden datengetrieben zu lernen:

- Unüberwachtes Training mittels Deep Belief Networks mit anschließender überwachter Merkmalsauswahl [Westphal, 2014][5] (Abschnitt 5.3.1).
- Überwachtes Training mit Convolutional Neural Networks, um vorgegebene softbiometrische Merkmale und semantische Attribute zu ermitteln [Golda, 2016][3] (Abschnitt 5.3.2).
- Überwachtes Training mit Convolutional Neural Networks, um Merkmale herauszubilden, die eine hohe Unterscheidungskraft für die ansichtsbasierte Personenwiedererkennung aufweisen [Aganian, 2019][6] (Abschnitt 5.3.3). Da diese Variante die besten Ergebnisse erzielte, bildet sie den Schwerpunkt dieses Kapitels zur Merkmalsextraktion.

[5] Die Bachelorarbeit von Oliver Westphal wurde vom Autor betreut.
[6] Die Masterarbeit von Dustin Aganian wurde vom Autor betreut.

5.3.1 Unüberwachtes Training

In diesem Abschnitt wird die Möglichkeit eines unüberwachten Trainings vorgestellt. Das Ziel ist das Training eines Merkmalsvektors ohne die Notwendigkeit vorgegebener Label. Dazu wurden im Rahmen dieser Dissertation in [WESTPHAL, 2014][5] Deep Belief Networks (siehe Anhang A.8.3) näher untersucht.

Merkmale für die Personenwiedererkennung lernen

Um einen ausreichend großen Trainingsdatensatz zusammenzustellen, wurden in [WESTPHAL, 2014][5] acht Personenwiedererkennungsdatensätze verwendet[7]. Pro Person wurden vier Bilder zufällig ausgewählt[8]. Dies hält den Datensatz balanciert, was für ein unüberwachtes Training wichtig ist. Der Datensatz bestand insgesamt aus 10.036 Bildern von 2509 unterschiedlichen Personen. Davon wurden die 632 Personen des VIPeR-Datensatzes [GRAY et al., 2007] für die Validierung (316 Personen) und den Test (316 Personen) abgespalten. Das *Pretraining* und *Finetuning* des *Deep Belief Networks* erfolgte auf den verbleibenden 7508 Bildern der 1877 Personen im Trainingsdatensatz.

In [WESTPHAL, 2014][5] wurden unter anderem Untersuchungen zu geeigneten Eingabebildern, zur Eingabekodierung, zur Netzwerktopologie und zur Merkmalsvektorgröße durchgeführt. Die Experimente ergaben, dass mit den gelernten Merkmalsvektoren bei einer reduzierten Auflösung der Eingabebilder bessere Wiedererkennungsraten erzielt wurden. Am besten geeignet war eine relativ geringe Auflösung von 32×12 Pixeln bei drei Farbkanälen. Die Eingabeschicht für das Deep Belief Network bestand entsprechend aus $32 \times 12 \times 3 = 1152$ Neuronen. Die

[7]Verwendete Datensätze: 3DPeS [BALTIERI et al., 2011] (193 Personen), CAVIAR4REID [CHENG et al., 2011] (72 Personen), ETHZ [SCHWARTZ und DAVIS, 2009] (142 Personen), GRID [LOY et al., 2009] (1025 Personen), iLIDS [ZHENG et al., 2009] (84 Personen), PRID [HIRZER et al., 2011] (934 Personen), SARC3D [BALTIERI et al., 2010] (50 Personen), VIPeR [GRAY et al., 2007] (632 Personen)

[8]Waren weniger als vier Bilder einer Person vorhanden, so wurden die fehlenden Instanzen durch horizontales Spiegeln der vorhandenen Bilder erzeugt.

besten Wiedererkennungsergebnisse wurden bei Verwendung des HSV-Farbraums für die Eingabebilder erzielt. Als beste Topologie stellte sich ein Deep Belief Network mit fünf Schichten und mit 100 Neuronen in der letzten Schicht für den Merkmalsvektor heraus. Beispiele für gelernte Merkmale nach dem *Pretraining* sind in Abbildung 5.3 zu sehen. Da Deep Belief Networks generative Neuronale Netzwerke sind, können

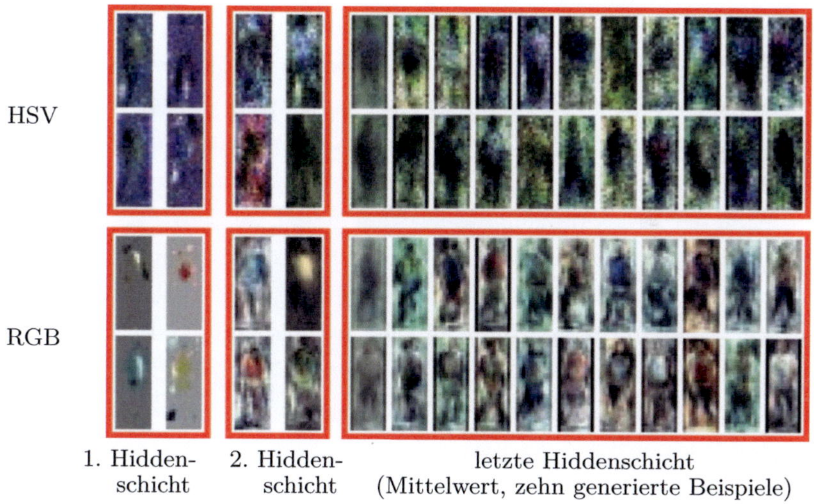

Abbildung 5.3: Visualisierung unüberwacht gelernter Merkmale
Dargestellt sind im HSV- und RGB-Farbraum gelernte Merkmale in verschiedenen Schichten des *Deep Belief Network* nach abgeschlossenem *Pretraining*. Für die erste und zweite Hiddenschicht wurde die Aktivierung maximiert. Für die letzte Hiddenschicht, die den Merkmalsvektor darstellt, wurden zehn Stichproben generiert und der Mittelwert daraus gebildet. Es ist das für *Deep Learning* typische hierarchische Prinzip erkennbar, bei dem in frühen Schichten primitive Merkmale gelernt werden, die zu komplexeren Merkmalen in späten Schichten zusammengesetzt werden. Quelle: [WESTPHAL, 2014][5]

die Bilder der maximal aktivierenden Eingaben leicht erzeugt werden. Es ist zu sehen, dass scheinbar sinnvolle Merkmale gelernt wurden. Die Wiedererkennungsraten zeigten auch eine deutlich bessere Erkennungsleistung an, als sie bei Verwendung der reinen Eingabebilder als

Merkmalsvektoren bei gleicher Auflösung erreicht wurde. Die Qualität händisch entworfener Merkmale konnte jedoch nicht erreicht werden. Nach dem *Finetuning* erschienen die Merkmale visuell klarer und weniger verpixelt. Die Wiedererkennungsleistung verbesserte sich durch das *Finetuning* jedoch nicht.

In [WESTPHAL, 2014][5] wurden daher zwei Ansätze des überwachten Lernens untersucht, um die Wiedererkennungsleistung zu steigern: Als erstes wurde das Deep Belief Network um eine Klassifikationsschicht erweitert, die für Bildpaare entscheiden sollte, ob die gleiche oder verschiedene Personen zu sehen sind. Für das Training wurden 5040 *Genuine*-Bildpaare und 5040 *Impostor*-Bildpaare[9] aus dem iLIDS-Datensatz gewonnen. Mit diesem relativ kleinen Datensatz konnten keine Verbesserungen der Wiedererkennungsleistung erzielt werden.

Als alternativer Ansatz wurde in [WESTPHAL, 2014][5] eine Merkmalsauswahl durchgeführt, die zu einer Steigerung der Wiedererkennungsleistung führte. Pro Merkmal des 100-elementigen Merkmalsvektors wurden zunächst alle *Genuine*- und *Impostor*-Distanzen[10] auf dem Validierungsdatensatz bestimmt. Pro Merkmal wurde anschließend anhand aller ermittelten Distanzen eine Normierung durchgeführt, sodass der Mittelwert der Distanzen null ergab und die Standardabweichung eins betrug. Dadurch sind die Zwischenklassenvarianzen für alle Merkmale etwa gleich. Als Maß für die Unterscheidungskraft eines Merkmals wurden die normierten *Genuine*-Distanzen verwendet. Je kleiner die Varianz der *Genuine*-Distanzen ist, desto geringer ist die Innerklassenvarianz. Eine geringe Innerklassenvarianz bei gleicher Zwischenklassenvarianz weist auf eine bessere Trennbarkeit hin. Durch die Auswahl der 15 besten Merkmale konnte die Wiedererkennungsleistung deutlich gesteigert werden. Abbildung 5.4 zeigt an, bei welchen Eingaben das beste Merkmal maximal und minimal aktiviert wird. Es ist zu erkennen,

[9] *Genuine*-Bildpaare stellen die gleiche Person dar, während *Impostor*-Bildpaare aus Bildern verschiedener Personen zusammengesetzt sind.

[10] *Genuine*-Distanzen werden zwischen Merkmalsvektoren bestimmt, die aus Bildern der gleichen Person gewonnen wurden. *Impostor*-Distanzen beziehen sich auf Bilder unterschiedlicher Personen.

dass sich dieses Neuron auf Personen mit schwarzer Oberbekleidung und Jeanshose spezialisiert hat.

Abbildung 5.4: Aktivierungen für das beste ausgewählte Merkmal des DBN

Dargestellt sind Bilder des VIPeR-Testdatensatzes [Gray et al., 2007] (siehe Grundlagen, Kapitel 3.1.3, Abbildung 3.3(a)), die das beste ausgewählte Merkmal aus dem unüberwacht gelernten Merkmalsvektor des Deep Belief Network (DBN) maximieren beziehungsweise minimieren. Quelle: [Westphal, 2014][5]

Die Analyse der CMC-Kurve (siehe Abbildung C.1(a) in Anhang C.2) und SRR-Kurve (siehe Abbildung C.1(b) in Anhang C.2) in [Westphal, 2014][5] zeigte für die gelernten Merkmale ein anderes Verhalten als für die händisch entworfenen Merkmale: Für wenige Targets in der SRR-Kurve wurden mit den gelernten Merkmalen bessere Ergebnisse erzielt als mit händisch entworfenen Merkmalen. Dies zeigt, dass sehr gut zwischen unterschiedlich aussehenden Gruppen von Personen unterschieden werden kann. In den ersten Rängen der CMC-Kurve war die Leistung jedoch schlechter als bei den händisch entworfenen Farbmerkmalen. Dies zeigt, dass mit dem unüberwacht trainierten Deep Belief Network eine Unterscheidung ähnlich aussehender Individuen nur schlecht möglich ist. Ein (teilweise) unüberwachter Trainingsansatz erscheint daher für das Erlernen des Merkmalsvektors ungeeignet.

5.3.2 Erlernen vorgegebener Merkmale

Eine Alternative zum unüberwachten Training ist die Vorgabe der zu erlernenden Merkmale. In [Golda, 2016][3] wurde im Rahmen dieser Dissertation untersucht, ob sich semantisch beschreibbare Merkmale für die Wiedererkennung von Personen eignen. Diese Kategorien von Merkmalen — semantische Attribute und softbiometrische Merkmale — bilden eine gute Ergänzung zu den statistischen Merkmalen, die Farbe und Textur der Kleidung beschreiben. In Abbildung 5.5 ist beispielhaft zu sehen, dass eine Unterscheidung der beiden Personen mit statistischen Merkmalen kaum möglich wäre. Das semantische Attribut „trägt einen Rucksack" würde jedoch eine Unterscheidung ermöglichen. Die Vorgehensweise, sich auf auffällige Merkmale, wie beispielsweise spezielle Kleidung oder Gegenstände, zu fokussieren, um Personen zu identifizieren, wurde in [Cheng et al., 2011] für Menschen experimentell nachgewiesen. Das Erlernen vorgegebener semantischer Attribute und softbiometrischer Merkmale sollte demnach die Personenwiedererkennung erleichtern.

Die Bilder zeigen unterschiedliche Personen, die ähnlich aussehen. Durch einen ähnlichen Stil und eine ähnliche Farbe der Kleidung wird die Wiedererkennung erschwert. Jedoch können die Personen anhand des getragenen Rucksacks (links) unterschieden werden. Hierfür ist jedoch eine Fokussierung auf dieses semantische Attribut notwendig.

Abbildung 5.5: Die Unterscheidung ähnlich aussehender Personen ist schwierig
Die Bilder wurden aus dem PETS-Datensatz [Deng et al., 2014] entnommen. Quelle: [Golda, 2016][3]

State of the Art zur Extraktion semantischer Attribute und softbiometrischer Merkmale

Der State of the Art zur Extraktion ansichtsinvarianter semantischer Attribute und softbiometrischer Merkmale, die für die Personenwiedererkennung geeignet sind, wird nachfolgen kurz zusammengefasst. Eine ausführlichere Beschreibung ist in Anhang C.3.1 zu finden. Die Erläuterung der Grundideen der Verfahren ist an [GOLDA, 2016][3] angelehnt[11].

Extraktion durch Bildverarbeitung und klassisches maschinelles Lernen [LAYNE et al., 2012], [LAYNE et al., 2014], [DENG et al., 2014] und [SU et al., 2015] wenden eine SVM auf den 2784-dimensionalen SELF-Merkmalsvektor an, um semantische Attribute und softbiometrische Merkmale zu extrahieren. In [DENG et al., 2014] wurde zusätzlich der Pedestrian Attribute (PETA)-Datensatz[12] vorgestellt, der mehrere frei verfügbare Datensätze kombiniert und 105 binäre, semantische Label für 19.000 Personenbilder zur Verfügung stellt. [DENG et al., 2014] wenden neben der SVM auch ein Markov Random Field (MRF) [KINDERMANN und SNELL, 1980] an. In [PALA, 2016] wurden durch komplexe händisch entworfene Merkmale und die Anwendung einer SVM und Fuzzylogik [ZADEH, 1965] semantische Attribute extrahiert, die sich auf die Kleidungsfarbe beziehen.

Extraktion mittels Deep Learning [PALA, 2016] wählt ein mehrstufiges Vorgehen für die Extraktion von Attributen: Zunächst wird die Person im Bild pixelgenau segmentiert [LUO et al., 2013]. Anschließend erfolgt eine Partitionierung in Kopf, Torso und Beine. Auf jeden dieser drei Bildbereiche wird ein Convolutional Neural Network (CNN) angewendet. Das Training erfolgt auf dem PETA-Datensatz [DENG et al., 2014] mit zusätzlicher Datenaugmentierung. Attribute, die in weniger

[11] Wichtige Charakteristika einiger Verfahren wurden ergänzt. Außerdem wurden fehlerhafte Beschreibungen korrigiert.

[12] PETA-Datensatz verfügbar unter `https://www.dropbox.com/s/52ylx522hwbdxz6/PETA.zip`

als 1% der Bilder vorkamen, und Attribute bezüglich der Schuhe wurden verworfen, sodass 54 Attribute verbleiben. Die Leistung des Attributvektors für eine Wiedererkennung wurde nicht evaluiert.

[ZHU et al., 2015] teilen das Bild der Person in drei überlappende Spalten und fünf überlappende Zeilen, also insgesamt 15 überlappende Regionen, auf. Für jede dieser 15 Bildausschnitte wird ein CNN angewendet. Die Ausgaben der CNNs, deren Bildausschnitte einen Einfluss auf ein bestimmtes Attribut haben, werden konkateniert und vollverschaltet mit dem Neuron, dass dieses Attribut repräsentiert, verbunden. Das Training erfolgt auf dem VIPeR-Datensatz [GRAY et al., 2007] und dem GRID-Datensatz [LOY et al., 2009].

[SU et al., 2016] prädizieren mit einem AlexNet [KRIZHEVSKY et al., 2012] alle 105 binären Attribute aus dem PETA-Datensatz [DENG et al., 2014]. Das Training erfolgt in drei Schritten: Zuerst erfolgt ein überwachtes Training auf dem PETA-Datensatz. Als zweites erfolgt ein *Finetuning* des AlexNet auf dem MOTChallenge-Personentrackingdatensatz [LEAL-TAIXÉ et al., 2015], der den relativ kleinen PETA-Datensatz um über 20.000 Bilder ergänzt. Für diesen Datensatz liegen keine Attribut-Label vor. Es wird lediglich forciert, dass Attributvektoren der selben Person ähnlicher zueinander sind, als Attributvektoren verschiedener Personen. Als letzter Schritt erfolgt ein teilüberwachtes Lernen auf einer Kombination aus PETA- und MOTChallenge-Datensatz.

Eigener Ansatz

Nachfolgend wird auf die in [GOLDA, 2016][3] umgesetzte und im Rahmen dieser Dissertation verwendete Vorgehensweise zum Erlernen semantischer Attribute und softbiometrischer Merkmale näher eingegangen.

Datensatz Als Trainingsdatensatz wurde der Pedestrian Attribute (PETA)-Datensatz [DENG et al., 2014] gewählt. Für alle enthaltenen

19.000 Bilder von 8705 Individuen sind 65 Attribute annotiert. Diese teilen sich auf in 51 binäre semantische Attribute, die den Kleidungsstil, Accessoires und mitgeführte Gegenstände beschreiben, vier Multiklassenattribute zur Benennung der Kleidungsfarbe mit jeweils elf semantischen Farbnamen sowie zehn binäre softbiometrische Merkmale zur Beschreibung von Haaren, Alter und Geschlecht. Da die Multiklassenattribute keine exklusive Klassenzuordnung erlauben, beispielsweise bei Personen, deren Oberbekleidung mehrere Farben enthält, ist jeweils eine Repräsentation durch elf semantische binäre Farbattribute angebracht. Damit ergibt sich ein binärer Attributvektor mit $51 + 4 \cdot 11 + 10 = 105$ Einträgen. Um eine genügend große Datengrundlage zu garantieren, wurden in [GOLDA, 2016][3] aus diesen 105 Attributen nur die 44 Attribute ausgewählt, die in mindestens 5% der Bilder vorkommen. Die ausgewählten Attribute beschreiben Accessoires, mitgeführte Gegenstände, Farbe und Art der Schuhe, Unterbekleidung und Oberbekleidung, Länge und Farbe der Haare sowie Geschlecht und Alter der Person. Da der PETA-Datensatz für *Deep Learning* relativ klein ist, wurde der Bilddatenbestand mittels Translationen, Rotationen, Spiegeln und Stauchen der Bilder augmentiert.

Training Für das Erlernen der Attribute wurden drei unterschiedliche Neuronale Netzwerke untersucht:

- AlexNet [KRIZHEVSKY et al., 2012]: Diese Architektur schnitt aufgrund ihrer großen Anzahl an trainierbaren Gewichten bei der geringen Anzahl an Trainingsdaten am schlechtesten ab.
- Convolutional Neural Network für die Personendetektion aus [EISENBACH et al., 2016b]: Diese Architektur besteht aus fünf Convolutional Schichten, drei Max-Pooling-Schichten, zwei vollverschalteten Schichten und einer Ausgabeschicht mit 44 Neuronen mit Sigmoid-Aktivierungsfunktion für die Repräsentation der binären Attribute. Das Training erfolgte mittels Stochastic Gradient Descent (SGD) mit Momentum. Als Fehlerfunktion wurde für jedes Ausgabeneuron die binäre Kreuzentropie eingesetzt. Die Erken-

nungsraten der Attribute lagen deutlich über denen des AlexNet. Durch Änderung der Aktivierungsfunktionen von ReLU [Nair und Hinton, 2010] zu ELU [Clevert et al., 2016] konnten die Erkennungsraten weiter gesteigert werden.

- Convolutional Neural Network, das aus [Eisenbach et al., 2016b] abgeleitet wurde: Diese Architektur wurde mit dem Ziel einer geringeren Anzahl trainierbarer Parameter entworfen. Sie besteht aus drei Convolutional Schichten, drei Max-Pooling-Schichten, zwei vollverschalteten Schichten mit relativ wenigen Neuronen und einer Ausgabeschicht mit 44 Neuronen. Diese kompakte Architektur schnitt aufgrund der geringen Anzahl verfügbarer Trainingsdaten am besten ab.

Neben der Architektur wurde auch untersucht, ob Transfer Learning die Attributerkennungsraten der Neuronalen Netzwerke verbessert. Es zeigte sich, dass bei zufälliger Initialisierung der Gewichte ein längeres Training erforderlich war, die erzielten Erkennungsraten jedoch schließlich höher ausfielen.

Ergebnisse im Vergleich zum State of the Art

Das Training der Neuronalen Netzwerke wurde in [Golda, 2016][3] sowie in den State-of-the-Art-Verfahren [Su et al., 2016] und [Pala, 2016] auf dem PETA-Datensatz [Deng et al., 2014] durchgeführt. Jedoch wurden in allen genannten Publikationen die Bilder des VIPeR-Datensatzes [Gray et al., 2007], die im PETA-Datensatz enthalten sind, beim Training vorenthalten, sodass ein fairer Vergleich auf VIPeR als Testdatensatz möglich ist. In [Su et al., 2016] wurde die Attribute Classification Accuracy für die Bewertung der Attribut-Erkennungsraten eingesetzt, während in [Pala, 2016] die mean Average Precision, auch bekannt als mittlere Fläche unter der Precision-Recall-Kurve, als Bewertungsgrundlage verwendet wurde. Tabelle 5.1 zeigt die erzielten Ergebnisse der im Rahmen dieser Arbeit in [Golda, 2016][3] durchgeführten Untersuchungen im Vergleich zum State of the Art.

Arbeit	mAP
[Golda, 2016][3]	**0,531**
[Pala, 2016]	0,487

(a)

Arbeit	ACA
[Golda, 2016][3]	**0,651**
[Su et al., 2016]	0,586

(b)

Tabelle 5.1: Durchschnittliche Erkennungsleistung von Attributen Vergleich der im Rahmen dieser Arbeit durchgeführten Untersuchung in [Golda, 2016][3] mit dem State of the Art (a) [Pala, 2016] anhand der *mean Average Precision* (mAP) ermittelt über die 26 Attribute, die in beiden Arbeiten verwendet wurden und (b) [Su et al., 2016] anhand der Attribute Classification Accuracy (ACA) ermittelt über alle 105 Attribute. Die erzielte Average Precision für einzelne Attribute mit Vergleich zu [Pala, 2016] ist für den interessierten Leser in Tabelle C.3 in Anhang C.3.3 aufgelistet.

Der Vergleich mit [Pala, 2016] in Tabelle 5.1(a) zeigt die Überlegenheit der in dieser Arbeit verwendeten Architektur mit deutlich weniger trainierbaren Gewichten beim Erlernen von Attributen. Die Ursache liegt in der für Deep-Learning-Verhältnisse relativ kleinen Größe des PETA-Datensatzes. Beim Vergleich der 26 Attribute, die in beiden Ansätzen extrahiert wurden, erzielt der hier beschriebene Ansatz bei sechs Attributen geringfügig schlechtere Ergebnisse während bei 20 Attributen zum Teil deutlich höhere Erkennungsraten erzielt wurden.

Für den fairen Vergleich mit [Su et al., 2016] wurde das in [Golda, 2016][3] entworfene Convolutional Neural Network zusätzlich auf allen 105 binären Attributen des PETA-Datensatzes trainiert. Die deutlich besseren Ergebnisse des hier beschriebenen Ansatzes — trotz eines geringeren Trainingsaufwands — sind in Tabelle 5.1(b) zu sehen. Dies zeigt erneut, dass bei den wenigen verfügbaren Trainingsdaten eine kompaktere Architektur zu bevorzugen ist. Die Beschränkung auf die 44 am häufigsten im PETA-Datensatz vertretenen Attribute führte noch einmal zu einer leichten Verbesserung der Attribute Classification Accuracy auf 0,655.

Bei der Wiedererkennung mittels des extrahierten Attributvektors und einem Vergleich von Merkmalsvektoren mittels l_2-Distanz wurden jedoch trotz der guten Erkennungsleistung bezüglich der Attribute (siehe Tabelle 5.1) relativ schlechte Wiedererkennungsraten erzielt. Problematisch ist, dass der Attributvektor nicht auf Vergleichbarkeit trainiert wurde, wie dies im State of the Art üblich ist, zum Beispiel in [Su et al., 2015] und [Su et al., 2016]. Daher wurde zusätzlich ein Multi Layer Perceptron (MLP) trainiert, das eine geeignete Distanz zweier Attributvektoren ausgibt. Das Training erfolgte auf dem Market-1501-Datensatz [Zheng et al., 2015a] (siehe Grundlagen, Kapitel 3.1.3, Abbildung 3.3(e)) unter Einsatz des Triplet Loss [Schroff et al., 2015]. Für Details zum Wirkprinzip dieser Fehlerfunktion sei auf Abschnitt 5.3.3 verwiesen. Unter Verwendung des MLP als Vergleichsfunktion konnten deutlich bessere Wiedererkennungsraten erzielt werden, die auf dem Niveau von händisch entworfenen, statistischen Merkmalen liegen. In [Su et al., 2016] wurden mittels des deutlich aufwendigeren, dreistufigen Trainings deutlich bessere Wiedererkennungsraten erzielt, die jedoch auch nur auf dem Niveau der besten händisch entworfenen Merkmale in Kombination mit Metric Learning (siehe Kapitel 7) liegen. In vielen State-of-the-Art-Verfahren werden die extrahierten Attribute noch mit händisch entworfenen, statistischen Merkmalen kombiniert. Dadurch lässt sich die Wiedererkennungsleistung leicht steigern. Die erzielten Wiedererkennungsraten bleiben jedoch deutlich unter denen, die mit Merkmalen erzielt werden, deren Unterscheidungskraft bei der Wiedererkennung gezielt im Training optimiert wurde. Auf diese Art von Merkmalen wird im folgenden Abschnitt detailliert eingegangen.

Ergänzende Ausführungen In Anhang C.3 wird auf einige Aspekte der semantischen Attribute und softbiometrischen Merkmale näher eingegangen. Eine detaillierte Beschreibung des State of the Art erfolgt in Anhang C.3.1. Anhang C.3.2 erläutert die Berechnung des Gütemaßes *Attribute Classification Accuracy*, Anhang C.3.2 geht auf die *mean Average Precision* zur Bewertung der Attribut-Erkennungsraten näher ein. Die detaillierten Ergebnisse für die Erkennungsleistung einzelner

Attribute in Tabelle C.3 in Anhang C.3.3 bestätigen die bessere Erkennungsleistung des vorgestellten Ansatzes gegenüber dem Referenzansatz.

5.3.3 Merkmale mit hoher Unterscheidungskraft lernen

In diesem Abschnitt werden Methoden vorgestellt, mit denen ein Merkmalsvektor überwacht gelernt werden kann, ohne dass dafür die zu lernenden Merkmale vorgegeben werden müssen. Stattdessen wird die Leistungsfähigkeit des Merkmalsvektors bei der Unterscheidung von Personen als Trainingskriterium verwendet. Laut [Deng et al., 2018][13] haben dabei drei Faktoren in dieser Reihenfolge einen entscheidenden Einfluss auf die Güte der gelernten Merkmale: Daten, Netzwerkarchitektur und Fehlerfunktion. Auf diese drei Aspekte wird nachfolgend näher eingegangen.

Trainingsdaten Der Umfang und die Qualität der Trainingsdaten beeinflussen laut [Deng et al., 2018] die Güte der gelernten Merkmale am deutlichsten. Für die Gesichtserkennung lassen sich Bilddaten relativ leicht mittels Namen berühmter Personen labeln. Daher existieren auch relativ große Trainingsdatensätze (zum Beispiel MegaFace [Kemelmacher-Shlizerman et al., 2016] mit 690.000 Personen). Bei der erscheinungsbasierten Personenwiedererkennung ist das Labeling deutlich schwieriger, da die getragene Kleidung das Erscheinungsbild beeinflusst. Bei der Erstellung von Trainingsdaten für eine kameraübergreifende Wiedererkennung ist ein händisches Labeling in der Regel nicht vermeidbar. Daher existieren für die erscheinungsbasierte Personenwiedererkennung nur vergleichsweise kleine Trainingsdatensätze. In [Aganian, 2019][6] wurden daher die Trainingsdaten der drei größ-

[13] In [Deng et al., 2018] wird auf die Gesichtserkennung Bezug genommen. Die Erkenntnisse sind aber auf die erscheinungsbasierte Wiedererkennung ohne Beschränkung übertragbar.

ten Datensätze für die erscheinungsbasierte Personenwiedererkennung, Market-1501 [Zheng et al., 2015a] (1501 Personen: 751 Training, 750 Test), DukeMTMC-reID [Ristani et al., 2016] (1404 Personen: 702 Training, 702 Test) und CUHK03-NP [Li et al., 2014] (1467 Personen: 767 Training, 700 Test), genutzt (insgesamt 36.823 Bilder, 2220 Personen im Trainingsdatensatz). Eine signifikante Vergrößerung dieser Trainingsdatenmenge war aus oben genannten Gründen im Rahmen dieser Arbeit nicht möglich.

Architektur des Neuronalen Netzwerks Das Training eines leistungsfähigen Merkmalsvektors für die erscheinungsbasierte Personenwiedererkennung erfordert den Einsatz von tiefen Neuronalen Netzwerken, die auf einem großen Datensatz wie ImageNet [Deng et al., 2009] vortrainiert wurden [Aganian, 2019][6]. Ein Training auf ImageNet ist ressourcenintensiv und konnte im Rahmen dieser Arbeit mit den zur Verfügung gestandenen Rechenkapazitäten nicht durchgeführt werden. Daher musste eine Beschränkung auf bekannte Architekturen erfolgen, für die auf ImageNet trainierte Gewichte frei verfügbar sind. In [Aganian, 2019][6] fiel die Entscheidung auf das ResNet50 [He et al., 2016a], da diese Architektur für eine hohe Leistungsfähigkeit bei gleichzeitig relativ schnellem und einfachem Training bekannt ist und auch von zahlreichen Arbeiten im Bereich der erscheinungsbasierten Personenwiedererkennung eingesetzt wird, beispielsweise in [Bai et al., 2017b], [Hermans et al., 2017], [Zhang et al., 2017b] und [Wang et al., 2018b].

Fehlerfunktion für das Training des Neuronalen Netzwerks Ein weiterer wichtiger Aspekt für das Training tiefer Neuronaler Netzwerke ist die Verwendung einer geeigneten Fehlerfunktion. Dieser Aspekt kann auch bei limitierten Rechenressourcen in genügender Tiefe untersucht werden. Im Rahmen dieser Dissertation wurde in [Aganian, 2019][6] daher eingehend untersucht, welche Fehlerfunktionen geeignet sind, um einen leistungsfähigen Merkmalsvektor für die erscheinungsbasierte Wiedererkennung zu lernen. Im Folgenden werden die theoretischen Analysen und experimentellen Untersuchungen aus dieser Masterarbeit zusammengefasst und wichtige Erkenntnisse näher erläutert.

Übersicht zu Fehlerfunktionen für die Wiedererkennung

Grundlegend kann man nach [Aganian, 2019][6] zwischen drei Arten von Fehlerfunktionen unterscheiden, mit denen man Merkmalsvektoren mittels eines tiefen Neuronalen Netzwerks erlernen kann (Abbildung 5.6): Klassifikationsfehler, additive Erweiterungen zum Klassifikationsfehler und Metrikfehler. Nachfolgend wird auf das jeweilige Grundprinzip und die in Abbildung 5.6 aufgeführten Fehlerfunktionen eingegangen. Die Beschreibung der Fehlerfunktionen ist in gekürzter Form aus [Aganian, 2019][6] entnommen.

In Abbildung 5.6(b) ist die Grundidee zum Lernen eines Merkmalsvektors unter Nutzung eines Klassifikationsfehlers skizziert. Die Neuronen der Ausgabeschicht repräsentieren Personen im Trainingsdatensatz. Die Ausgabeschicht wird nur für die Ableitung eines sinnvollen Fehlers beim Training benötigt und kann nach dem Training entfernt werden. Die vorletzte Schicht (rot) repräsentiert den Merkmalsvektor. Diese Schicht sollte einen Engpass im Neuronalen Netzwerk darstellen, damit die Merkmalsvektoren gut generalisieren. Die additiven Erweiterungen zum Klassifikationsfehler geben zusätzliche Nebenbedingungen für die Merkmalsvektorschicht an. In Abbildung 5.6(c) wird skizziert, wie mithilfe eines Metrikfehlers ein Merkmalsvektor gelernt werden kann. Für das Training werden Triplets entsprechend der Skizze zusammengestellt. Das Ziel des Trainings ist, dass Merkmalsvektoren der gleichen Person einen geringeren Abstand zueinander aufweisen als Merkmalsvektoren unterschiedlicher Personen.

Klassifikationsfehler

Für das Training mittels Klassifikationsfehler wird die Personenwiedererkennung während des Trainings als Klassifikationsproblem inter-

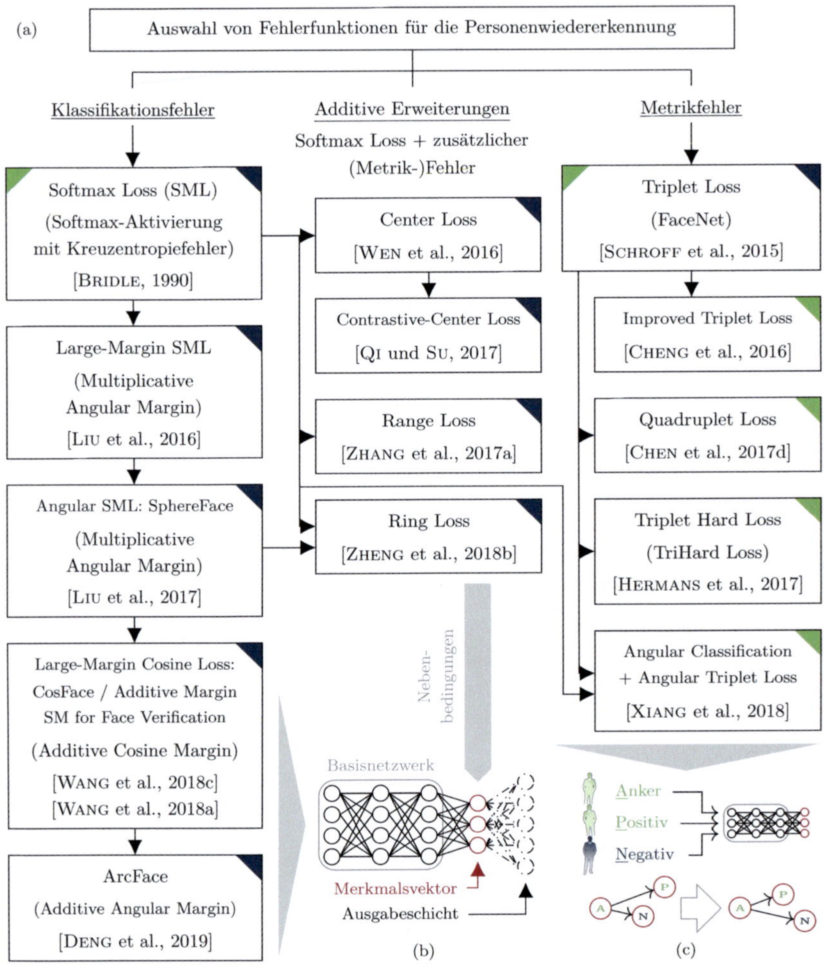

Abbildung 5.6: Übersicht zu Fehlerfunktionen zum Lernen eines Merkmalsvektors

(a) Es können drei Arten von Fehlerfunktionen unterschieden werden. ◥ markiert die Fehlerfunktionen, die bereits im State of the Art der erscheinungsbasierten Wiedererkennung eingesetzt wurden, während ◥ einen Einsatz bei der Gesichtserkennung markiert. Die Pfeile symbolisieren Weiterentwicklungen. Vorlage: [Aganian, 2019][6]. (b) Grundidee zu Klassifikationsfehler und zu additiven Erweiterungen. (c) Grundidee Metrikfehler.

pretiert[14]. Als Eingabe des Neuronalen Netzwerks dient das Bild einer Person. Die letzte Schicht des Neuronalen Netzwerks mit Softmax-Ausgabefunktion muss im Training ein Neuron pro Person im Trainingsdatensatz enthalten. Das Trainingsziel ist die Vorhersage des korrekten Personenlabels für das *Input*-Bild. Das heißt das Neuron, das die gesuchte Person repräsentiert, sollte die maximale Aktivierung unter den Neuronen der Ausgabeschicht aufweisen.

Merkmalsvektor Der Merkmalsvektor wird in der vorletzten Schicht herausgebildet. Die Merkmalsvektorschicht ist in Abbildung 5.6(b) rot hervorgehoben. Die Anzahl der Neuronen dieser Schicht gibt die Länge des Merkmalsvektors vor. Damit gut generalisierende Merkmale gelernt werden, die auch für die Wiedererkennung unbekannter Personen geeignet sind, muss diese Merkmalsvektorschicht einen Engpass im Neuronalen Netzwerk darstellen (Abbildung 5.6(b)). Das heißt die Anzahl der Neuronen der Merkmalsvektorschicht muss geringer sein als die Anzahl der Personen im Trainingsdatensatz. Andernfalls ist das Neuronale Netzwerk nicht gezwungen gute Merkmale in dieser Schicht herauszubilden, um das Klassifikationsproblem zu lösen.

Erweiterungen des Softmax Loss Der typischerweise für Klassifikationsprobleme eingesetzte Kreuzentropiefehler in Kombination mit einer Softmax-Ausgabe, auch Softmax Loss genannt, kann auch für die Wiedererkennung eingesetzt werden. Jedoch wurden in den letzten Jahren zahlreiche Weiterentwicklungen des Softmax Loss veröffentlicht, die bei der Gesichtserkennung neue Bestwerte auf Benchmarkdaten erzielten. In Abbildung 5.7[15] werden anhand eines einfachen Zweiklassenproblems die grundlegenden Ideen der Weiterentwicklungen verdeutlicht.

[14] Die Klassifikationsschicht kann nach dem Training entfernt werden. Sie wird nur benötigt, um während des Trainings einen sinnvollen Fehler abzuleiten.

[15] Vergrößerte Grafiken aus Abbildung 5.7 sind in Anhang C ab Seite 373 zu finden.

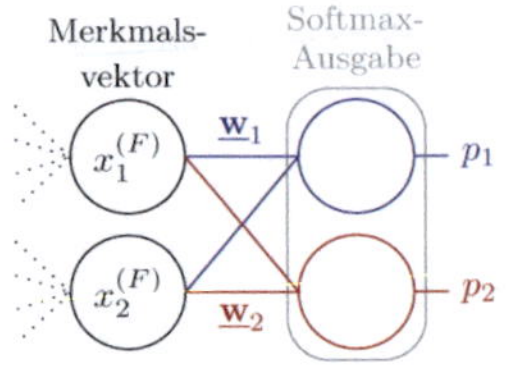

(a) gewähltes Beispiel

Das Ziel der Softmax-Loss-Weiterentwicklungen ist die Bestimmung der Klassenzugehörigkeit ausschließlich anhand der Winkel θ_i zwischen Merkmalsvektor $\underline{\mathbf{x}}^{(F)}$ und Gewichtsvektor $\underline{\mathbf{w}}_i$. Zuerst müssen dafür die Biasgewichte zur Klassifikationsschicht entfallen (dargestellt für 2 Klassen in Abbildung (a)).

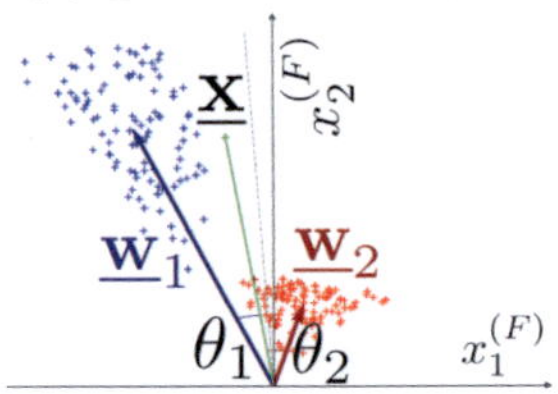

(b) Softmax Loss ohne Bias

<u>Ausgangssituation:</u>

Entscheidung für Klasse 1 falls $p_1 > p_2$

$$p_1 = \frac{e^{f_1(\underline{\mathbf{x}}^{(F)})}}{e^{f_1(\underline{\mathbf{x}}^{(F)})} + e^{f_2(\underline{\mathbf{x}}^{(F)})}}, \qquad (p_2 \text{ analog})$$

$$\begin{aligned} f_i &= \underline{\mathbf{w}}_i^T \underline{\mathbf{x}}^{(F)} \\ &= ||\underline{\mathbf{w}}_i^T|| \cdot ||\underline{\mathbf{x}}^{(F)}|| \frac{\underline{\mathbf{w}}_i^T \underline{\mathbf{x}}^{(F)}}{||\underline{\mathbf{w}}_i^T|| \cdot ||\underline{\mathbf{x}}^{(F)}||} \\ &= ||\underline{\mathbf{w}}_i^T|| \cdot ||\underline{\mathbf{x}}^{(F)}|| \cos(\theta_i) \end{aligned}$$

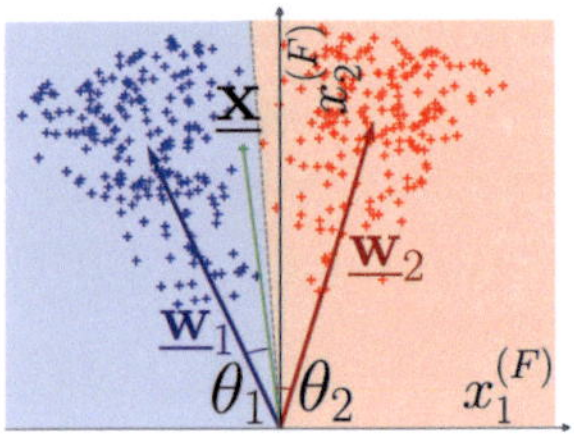

(c) mit normierten Gewichten

Abbildung (b) zeigt, dass die Winkelhalbierende (gestrichelte Linie) keine adäquate Trenngerade darstellt. Durch <u>Normierung der Gewichtsvektoren</u> $||\underline{\mathbf{w}}_i||_2 = 1$ wird dies korrigiert. Der Merkmalsvektor $\underline{\mathbf{x}}$ (grün) kann anhand des Winkels der korrekten Klasse zugeordnet werden (Abbildung (c)).

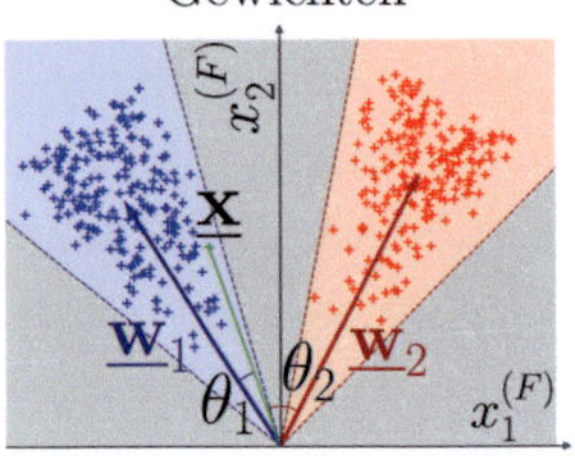

(d) mit zusätzlichem Abstand

Nun kann ein <u>zusätzlicher Abstand m</u> (engl. *Margin*) bei der Entscheidung anhand des Winkels eingefügt werden. Abbildung (d) zeigt die Zuordnung zu den beiden Klassen für den *Multiplicative Angular Margin Loss*, bei dem für eine Zuordnung zu Klasse 1 gelten muss $\cos(m_{\mathrm{MAML}} \cdot \theta_1) > \cos(\theta_2)$.

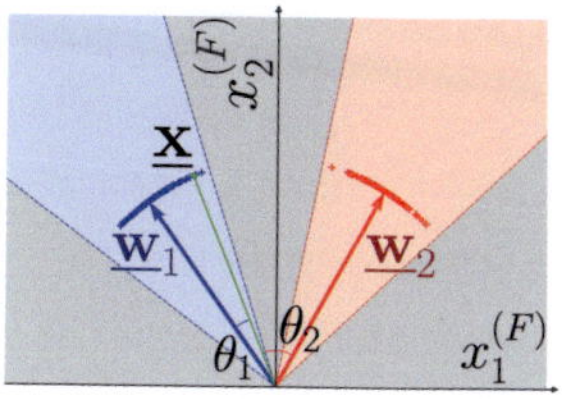

(e) mit normierten Merkmalsvektoren

Der *Margin* erhöht die Zwischenklassenvarianz und verringert die Innerklassenvarianz, wodurch der Merkmalsvektor robuster wird. Dies kann weiter gesteigert werden, indem auch der Merkmalsvektor normiert wird mit $||\underline{\mathbf{x}}^{(F)}||_2{=}s$ (Abbildung (e)).

Abbildung 5.7: Herleitung der Erweiterungen des Softmax Loss
Inhalte aus [Aganian, 2019][6] zusammengefasst sowie Bilder (b)–(e) übernommen

Abbildung 5.7(a) skizziert den für die Wiedererkennung relevanten Teil des beispielhaft gewählten Neuronalen Netzwerks. Der Merkmalsvektor $\underline{\mathbf{x}}^{(F)}$ in der vorletzten Schicht besteht aus zwei Neuronen, sodass sich der entstehende Merkmalsraum für die geometrische Interpretation der Weiterentwicklungen zweidimensional darstellen lässt. Ebenfalls wurden nur zwei Klassen (rot und blau) gewählt, um die Darstellungen übersichtlich zu halten. Entsprechend ergeben sich auch zwei Neuronen für die Klassifikationsschicht mit Softmax-Ausgabe.

Das Ziel der Weiterentwicklungen ist die Einführung eines Mindestabstandes m (engl. *Margin*) in die Klassifikation. Dieser wirkt sich positiv auf den Merkmalsvektor $\underline{\mathbf{x}}^{(F)}$ aus, indem die Innerklassevarianz verkleinert und die Zwischenklassenvarianz vergrößert wird, beides Eigenschaften, die gute Unterscheidbarkeit charakterisieren. Um einen Margin m einführen zu können, muss zunächst erreicht werden, dass die Klassifikationsentscheidung ausschließlich anhand der Winkel θ_i zwischen Merkmalsvektor $\underline{\mathbf{x}}^{(F)}$ und Gewichten $\underline{\mathbf{w}}_i$ möglich wird. Dafür muss der Bias für die Ausgabeschicht entfallen (Abbildung 5.7(b)), da durch den Bias eine translative Verschiebung der Gewichtsvektoren umgesetzt würde. Außerdem muss eine Normierung der Gewichtsvektoren $||\underline{\mathbf{w}}_i||_2{=}1$ erfolgen (Abbildung 5.7(c)). In [Liu et al., 2016] wurde ein multiplikativer Margin eingeführt (Abbildung 5.7(d)), wodurch statt einer Trenngeraden ein Bereich entsteht, in dem sich keine Klasse befinden kann (grau). Dies forciert, dass die Merkmalsvektoren jeder Klasse (blaue und rote Kreuze) näher an den jeweiligen Gewichtsvektor geschoben werden. In [Liu et al., 2017] wird vorgeschlagen, auch die Merkmalsvektoren $\underline{\mathbf{x}}^{(F)}$ zu normieren (Abbildung 5.7(e)), wodurch die Innerklassenvarianz weiter verringert und die Zwischenklassenvarianz vergrößert wird.

Diese Ideen werden auch von den nachfolgenden Weiterentwicklungen in der Literatur aufgegriffen. Die Unterschiede liegen in der Art, wie der Margin m eingeführt wird (siehe Tabelle 5.2). Während in [Liu et al., 2016] und [Liu et al., 2017] der Margin m_{MAML} mit dem Winkel θ_i multipliziert wird (*Multiplicative Angular Margin Loss*), wird der Margin m_{ACML} in [Wang et al., 2018a] und [Wang et al., 2018c] vom Kosinus des Winkels θ_i subtrahiert (*Additive Cosine Margin Loss*). In [Deng et al., 2019] wird stattdessen vorgeschlagen, den Margin m_{AAML} direkt auf den Winkel θ_i zu addieren (*Additive Angular Margin Loss*). Entsprechend der unterschiedlichen Positionen des Margins in den Gleichungen ergeben sich auch unterschiedliche Trennbereiche, die in Abbildung 5.8 dargestellt sind.

Bei Verwendung des *Multiplicative Angular Margin Loss* ergibt sich für große Winkel ein größerer Margin als für kleine Winkel. Bei sehr kleinen Winkeln ist fast kein Margin vorhanden, was nicht optimal ist. Bei *Additive Cosine Margin Loss* (ACML) und *Additive Angular Margin Loss* (AAML) ist für alle Winkel ein großer Margin zu beobachten. Beide Fehlerfunktionen erzielen dementsprechend auch bessere Ergebnisse in der Gesichtserkennung. Der Vorteil von AAML gegenüber ACML liegt laut [Deng et al., 2019] in einem einfacheren Training. Laut [Aganian, 2019][6] kann dies begründet werden durch den größer werdenden Abstand m bei *Additive Cosine Margin Loss* für kleine Innerklassenwinkel θ_i, die im späteren Verlauf des Trainings dominieren. Durch kleiner werdende Innerklassenwinkel wird das Training erschwert, „da

Fehlerfunktion	Entscheidung für Klasse 1 falls
Softmax Loss	$\underline{\mathbf{w}}_1\underline{\mathbf{x}}^{(F)} + b_1 > \underline{\mathbf{w}}_2\underline{\mathbf{x}}^{(F)} + b_2$
Softmax Loss mit normierten Gewichten ohne Bias	$\cos(\theta_1) > \cos(\theta_2)$
Multiplicative Angular Margin Loss mit normierten Merkmalsvektoren	$\cos(m_{\mathrm{MAML}} \cdot \theta_1) > \cos(\theta_2)$
Additive Cosine Margin Loss	$\cos(\theta_1) - m_{\mathrm{ACML}} > \cos(\theta_2)$
Additive Angular Margin Loss	$\cos(\theta_1 + m_{\mathrm{AAML}}) > \cos(\theta_2)$

Tabelle 5.2: Klassengrenzen betrachteter Fehlerfunktionen für Zweiklassenproblem
Tabelle angelehnt an [AGANIAN, 2019][6].

die Außerklassenwinkel immer stärker beschränkt werden. Dies ist bei AAML nicht gegeben, da die Klassengrenzen linear verlaufen.“ [AGANIAN, 2019][6] In Experimenten werden die Vorteile von AAML durch etwas bessere Ergebnisse auf Benchmarkdatensätzen der Gesichtserkennung belegt.

AAML wurde daher als beste Fehlerfunktion der Kategorie der Klassifizierungsfehler näher untersucht und wird nachfolgend näher dargestellt. AAML sowie die anderen Weiterentwicklungen des Softmax Loss wurden bisher nur für die Gesichtserkennung genutzt. Eine Anwendung im Bereich der erscheinungsbasierten Personenwiedererkennung stellt daher einen Neuheitswert und damit eigenen Beitrag dieser Arbeit dar.

[16] Parametrierung für Klassengrenzen in Abbildung 5.8: Norm des Merkmalsvektors s=1 für alle Fehlerfunktionen, Multiplicative Angular Margin Loss m_{MAML}=2, Additive Cosine Margin Loss m_{ACML}=0.35, Additive Angular Margin Loss m_{AAML}=0.5

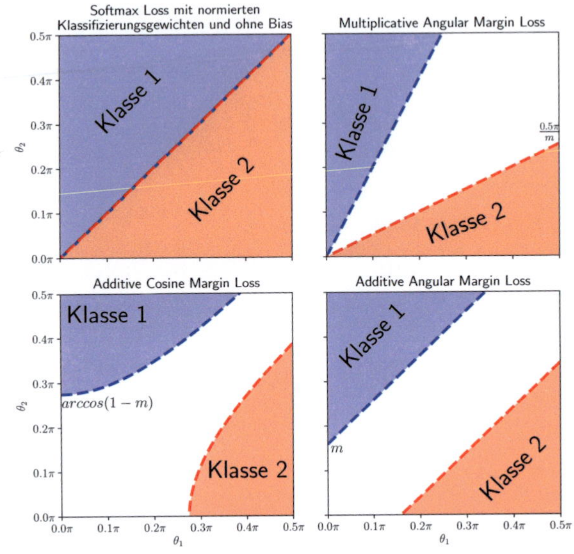

Abbildung 5.8: Klassengrenzen der Softmax-Loss-Weiterentwicklungen
Darstellung der sich ergebenden Klassengrenzen für unterschiedliche Arten von Margins[16]. Bildquelle: [AGANIAN, 2019][6]

Additive Angular Margin Loss (AAML) Bei AAML [DENG et al., 2019] ergeben sich die Ausgaben y_1 und y_2 des Neuronalen Netzwerks für ein Zweiklassenproblem wie folgt:

$$
\begin{aligned}
y_1 &= \frac{e^{s(\cos(\theta_1+m))}}{e^{s(\cos(\theta_1+m))}+e^{s\cos(\theta_2)}} \\
y_2 &= \frac{e^{s(\cos(\theta_2+m))}}{e^{s\cos(\theta_1)}+e^{s(\cos(\theta_2+m))}}
\end{aligned}
\tag{5.1}
$$

Dementsprechend ergibt sich die Klassenzugehörigkeit entsprechend Gleichung (5.2)[17]:

$$\begin{aligned} &\text{Klasse Eins, wenn:} && \theta_1 + m \leq \theta_2 \\ &\text{Klasse Zwei, wenn:} && \theta_2 + m \leq \theta_1 \end{aligned} \tag{5.2}$$

Gleichung (5.2) besagt, dass die Innerklassenwinkel um einen Abstand m kleiner als die Außerklassenwinkel sein müssen. Je größer der Abstand m gewählt wird, desto kleiner wird die Innerklassenvarianz und desto größer wird die Zwischenklassenvarianz. Das Optimierungsproblem wird entsprechend schwieriger. Der beste in [Deng et al., 2019] experimentell ermittelte Wert für den Abstand m bei Anwendung für die Gesichtserkennung ist 0,5 (beziehungsweise 28,65°). Dieser beste Wert konnte durch Untersuchungen in dieser Arbeit für die erscheinungsbasierte Personenwiedererkennung experimentell bestätigt werden.

Die sich ergebende Fehlerfunktion (*Additive Angular Margin Loss*) für eine beliebige Anzahl an Klassen und einen Minibatch der Größe N ist wie folgt definiert[18]:

$$\begin{aligned} \mathcal{L}_{\mathcal{AAM}} &= \frac{1}{N}\sum_{i}^{N} -\log\left(\frac{e^{f_{t_i}}}{e^{f_{t_i}} + \sum_{k,k\neq t_i} e^{f_k}}\right) \\ f_{t_i} &= s(\cos(\theta_{t_i} + m)) \qquad f_k = s\cos(\theta_k) \end{aligned} \tag{5.3}$$

[17] Da die Logit-Aktivierungsfunktion $\cos(\Theta - m)$ für große Innerklassenwinkel $\Theta > \pi - m$ (beziehungsweise $180° - m$) größere Aktivierungen hervorruft, als für Winkel $\Theta = \pi - m$, gilt diese Formulierung theoretisch nur für Winkel im Bereich $[0, \pi - m]$. In [Deng et al., 2019] konnte jedoch gezeigt werden, dass in der Praxis alle Innerklassenwinkel bei zufälliger Initialisierung eines Neuronalen Netzwerks zu Beginn des Trainings Werte um $\frac{\pi}{2}$ (beziehungsweise 90°) und im späteren Verlauf kleinere Werte annehmen. Daher treten in der Praxis nur Probleme bei der Wahl eines großen Abstandes m auf, zum Beispiel bei $m = \frac{\pi}{2}$. Für ausführliche theoretische Betrachtungen sei auf [Deng et al., 2019] und [Aganian, 2019][6] verwiesen. Für die in [Aganian, 2019][6] untersuchten Werte des Abstandes m gilt Gleichung (5.2) in der Praxis ohne Einschränkung.

[18] Eine effiziente Implementierung dieser Fehlerfunktion erfordert einige mathematische Umformungen, um den Winkel nicht direkt berechnen zu müssen. Für Einzelheiten sei auf [Aganian, 2019][6] verwiesen.

Der konfigurierbare Parameter s gibt dabei die Norm der Merkmalsvektoren an (siehe Abbildung 5.7).

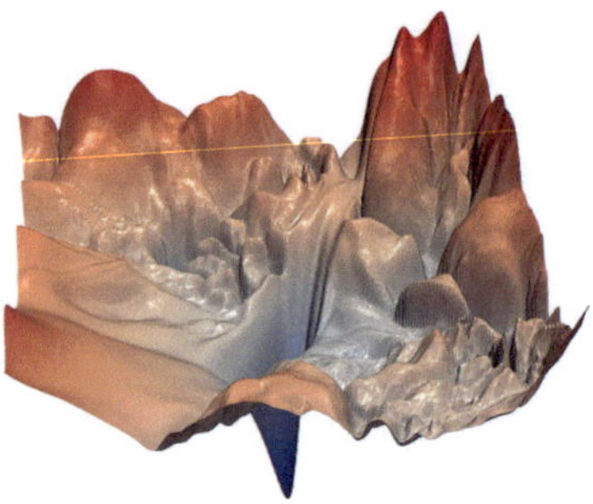

(a) 2D-Visualisierung Fehlergebirge

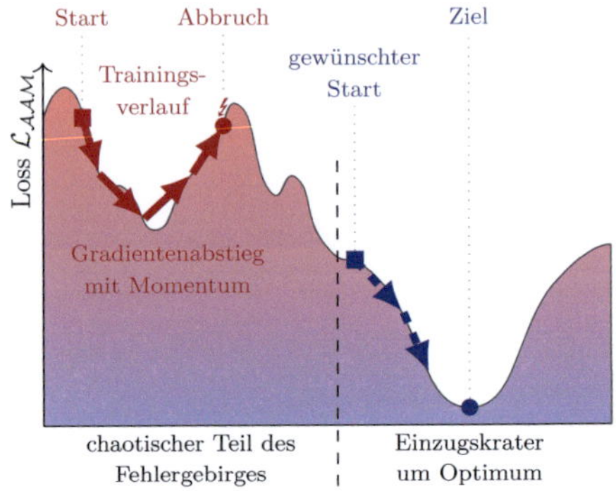

(b) resultierendes Problem beim Training

Abbildung 5.9: Probleme bei der Optimierung durch Initialisierung in einem ungünstigen Bereich des Fehlergebirges
In [Li et al., 2017] konnte durch Visualisierungen gezeigt werden, dass Fehlergebirge tiefer Neuronaler Netzwerke alle ein ähnliches Aussehen haben. Sie bestehen aus einem Einzugskrater um das Optimum. Außerhalb des Einzugskraters hat das Fehlergebirge einen chaotischen Verlauf mit durchgängig hohen Fehlern. In (a) ist eine repräsentative 2D-Visualisierung zu sehen. In (b) ist ein beispielhafter Querschnitt durch ein solches Fehlergebirge entlang eines möglichen Optimierungspfades dargestellt. Liegt die Initialisierung des Neuronalen Netzwerks im chaotischen Teil des Fehlergebirges, dann treten deutliche Probleme bei der Optimierung auf. Kann eine Initialisierung innerhalb oder am Rand des Einzugskraters zu einem Optimum gefunden werden, so ergibt sich ein relativ leichtes Optimierungsproblem. Bildquelle (a): [Li et al., 2017], Vorlage (b): [Aganian, 2019][6].

Bei der Anwendung des *Additive Angular Margin Loss* auf die erscheinungsbasierte Personenwiedererkennung, mit den in [Deng et al., 2019] für die Gesichtserkennung vorgeschlagenen Parametern, kam es zu Problemen beim Training. Als mögliche Ursachen wurden der Abstand m, die Mini-Batch-Größe und die Initialisierung der Gewichte untersucht. Die Analysen zeigten, dass das Training bei einer Initialisierung mit ImageNet-Gewichten in einem chaotischen Teil des Fehlergebirges startet (siehe Abbildung 5.9). Der Startpunkt der Optimierung muss für ein erfolgreiches Training näher am Optimum liegen. Dies kann durch die Initialisierung mit Gewichten aus erfolgreichen Trainingsdurchläufen unter Nutzung anderer Fehlerfunktionen — beispielsweise Softmax Loss oder Ring Loss — erfolgen.

Additive Erweiterung zum Klassifikationsfehler

Die zweite Kategorie von Fehlerfunktionen aus Abbildung 5.6 stellen additive Erweiterungen zum Klassifikationsfehler dar. Die additiven Erweiterungen versuchen durch Nebenbedingungen die Eigenschaften des Merkmalsvektors bezüglich Innerklassen- und Zwischenklassenvarianz zu verbessern. In der Regel werden die Fehlerfunktionen dieser Kategorie noch mit dem Softmax Loss verrechnet.
In dieser Arbeit wurde Ring Loss näher analysiert, da Ring Loss bereits in Kombination mit einer Softmax-Erweiterung [Liu et al., 2017] verwendet wurde und die besten Ergebnisse dieser Kategorie von Fehlerfunktionen auf Benchmarkdaten der Gesichtserkennung erzielt. Ring Loss sowie die anderen additiven Erweiterungen zu einem Klassifikationsfehler wurden bisher nur für die Gesichtserkennung genutzt. Auch für diese Fehlerfunktion wird durch die erstmalige Anwendung im Bereich der erscheinungsbasierten Personenwiedererkennung ein Neuheitswert geschaffen und somit ein eigener Beitrag geleistet.

Ring Loss Bei Ring Loss [Zheng et al., 2018b] ist das Ziel einen skalaren Wert R zu lernen, der die Norm der Merkmalsvektoren vorgibt (siehe Abbildung 5.10). Abweichungen von dieser ℓ_2-Norm gehen quadriert in die Fehlerfunktion ein. Durch die Normierung der Merkmalsvektoren wird die Innerklassenvarianz reduziert und die Zwischenklassenvarianz erhöht, was sich positiv auf die Unterscheidbarkeit der damit beschriebenen Personen auswirkt. Dass diese Norm R gelernt werden kann und nicht experimentell bestimmt werden muss wie bei den zuvor vorgestellten Klassifikationsfehlerfunktionen, stellt einen deutlichen

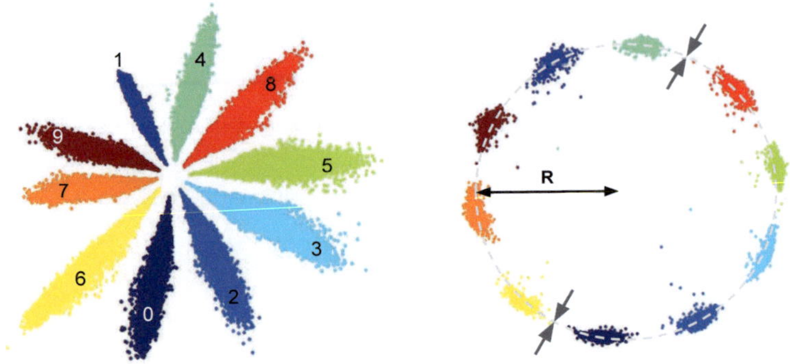

(a) Merkmalsvektoren von Softmax Loss (b) Merkmalsvektoren von Ring Loss

Abbildung 5.10: Gelernte Merkmale mittels Softmax Loss und Ring Loss
Vergleich gelernter Merkmalsvektoren durch Training mit (a) Softmax Loss und (b) Kombination aus Softmax Loss und Ring Loss am Beispiel des MNIST-Datensatzes [LECUN und CORTES, 2010] mit einem Engpass von zwei Neuronen für den Merkmalsvektor. Die zehn zu unterscheidenden handgeschriebenen Ziffern sind in (a) und (b) identisch eingefärbt, um den Bezug zwischen den Abbildungen herzustellen. In (a) sind den Farben zusätzlich Label zugeordnet. R bezeichnet die mittels Ring Loss gelernte Norm der Merkmalsvektoren. Die erreichte Accuracy liegt im Beispiel bei (a) 98.97% und (b) 99.34%. Bildquelle: [ZHENG et al., 2018b], Beschreibung: [AGANIAN, 2019][6]

Vorteil von Ring Loss dar. Die mittels Ring Loss gelernte Norm bietet außerdem einen guten Anknüpfungspunkt zu dem ebenfalls evaluierten Verfahren *Additive Angular Margin Loss* [DENG et al., 2019], bei dem auch ein normierter Merkmalsvektor gefordert wird.

Für ein Minibatch der Größe N ist Ring Loss wie folgt definiert:

$$\mathcal{L}_{\mathcal{R}} = \frac{\mu}{2 \cdot N} \sum_{i=1}^{N} (||\underline{\mathbf{x}}_i^{(F)}||_2 - R)^2 \tag{5.4}$$

Dabei ist μ der Faktor, mit dem Ring Loss bei Kombination mit dem Klassifikationsfehler in den Gesamtfehler eingeht. Typische Werte für μ liegen im Bereich von 0,001 bis 0,05. Es zeigte sich, dass für kleine Merkmalsvektoren (32 Elemente) größere Werte für μ (0,05) bessere Ergebnisse erzielten, während für große Merkmalsvektoren (2048 Elemente) kleinere Werte für μ (0,001) zu besseren Ergebnissen führten. Der Grund liegt in einem steigenden quadratischen Fehler bei steigender Merkmalsvektorgröße. [AGANIAN, 2019][6]
Die algorithmische Umsetzung der Fehlerfunktion und Anwendung für die erscheinungsbasierte Wiedererkennung erwies sich als sehr einfach. Die Bestimmung des Gewichtungsfaktors μ zur Kombination von Ring Loss mit dem Klassifikationsfehler stellte die einzige Herausforderung dar.

Metrikfehler

Die dritte Kategorie von Fehlerfunktionen aus Abbildung 5.6 stellen Metrikfehler dar, bei denen keine Klassifikationsschicht notwendig ist, sondern der Merkmalsvektor direkt gelernt wird. Das Ziel ist, dass Merkmalsvektoren der gleichen Person eine geringere Distanz zueinander aufweisen als Merkmalsvektoren unterschiedlicher Personen. Um dies durch eine Fehlerfunktion zu forcieren, müssen für das Training Triplets gebildet werden, bestehend aus Anker, Positiv und Negativ. Anker und Positiv entsprechen zwei unterschiedlichen Bildern der gleichen Person. Das Negativ entspricht einem Bild einer Person, deren Identität sich vom Anker unterscheidet. Für das Triplet können die drei Merkmalsvektoren $\underline{\mathbf{x}}_i^{(F),\,\omega^\circ}$ (Anker), $\underline{\mathbf{x}}_i^{(F),\,\omega^+}$ (Positiv) und $\underline{\mathbf{x}}_i^{(F),\,\omega^-}$ (Negativ) bestimmt werden. Anschließend wird überprüft, ob die Bedingung erfüllt ist, dass der Abstand des Anker-Positiv-Paars um einen Mindestabstand m (engl. *Margin*) kleiner als der Abstand des Anker-Negativ-Paars ist:

$$||\underline{\mathbf{x}}_i^{(F),\,\omega^\circ} - \underline{\mathbf{x}}_i^{(F),\,\omega^+}||_2^2 + m < ||\underline{\mathbf{x}}_i^{(F),\,\omega^\circ} - \underline{\mathbf{x}}_i^{(F),\,\omega^-}||_2^2 \tag{5.5}$$

Ist dies nicht der Fall, wie in Abbildung 5.6(c) gezeigt, so ergibt sich ein Fehler. Beim Training wird der Merkmalsvektor aufgrund des Fehlers verändert, sodass die Bedingung anschließend erfüllt ist. Diese Fehlerfunktion wird, angelehnt an die Art der Zusammenstellung von Trainingsdaten, als Triplet Loss [SCHROFF et al., 2015] bezeichnet.

In der Regel besteht die Schwierigkeit beim Training im Finden geeigneter Triplets. Dazu ist häufig ein sogenanntes *Hard Positive Mining* und *Hard Negative Mining* notwendig. Beim *Hard Positive Mining* werden Anker-Positiv-Paare gesucht, deren Merkmalsvektoren die größten Abstände aufweisen, also Bilder der gleichen Person, die zu sehr unterschiedlichen Merkmalsvektoren führen. Beim *Hard Negative Mining* werden hingegen Anker-Negativ-Paare gesucht, die den kleinsten Abstand im Merkmalsraum aufweisen, also Bilder unterschiedlicher Personen, die auf einen ähnlichen Merkmalsvektor abgebildet werden.

$$\begin{aligned} \text{Hard-Positiv:} \quad \underline{\mathbf{x}}^{(F),\,\omega^+} &= \underset{\underline{\mathbf{x}} \in \mathcal{X}^{\omega^+}}{\operatorname{argmax}} \, ||\underline{\mathbf{x}}^{(F),\,\omega^\circ} - \underline{\mathbf{x}}||_2^2 \\ \text{mit } \mathcal{X}^{\omega^+} &= \{\underline{\mathbf{x}} | \ell(\underline{\mathbf{x}}) = \ell(\underline{\mathbf{x}}^{(F),\,\omega^\circ})\} \\ \text{Hard-Negativ:} \quad \underline{\mathbf{x}}^{(F),\,\omega^-} &= \underset{\underline{\mathbf{x}} \in \mathcal{X}^{\omega^-}}{\operatorname{argmin}} \, ||\underline{\mathbf{x}}^{(F),\,\omega^\circ} - \underline{\mathbf{x}}||_2^2 \\ \text{mit } \mathcal{X}^{\omega^-} &= \{\underline{\mathbf{x}} | \ell(\underline{\mathbf{x}}) \neq \ell(\underline{\mathbf{x}}^{(F),\,\omega^\circ})\} \end{aligned} \tag{5.6}$$

Die Fehlerfunktionen der Kategorie der Metrikfehler sind alle von Triplet Loss [SCHROFF et al., 2015] abgeleitet. Das beschriebene Grundprinzip ist für alle Fehlerfunktionen gleich. Es bestehen jedoch Unterschiede bei der Zusammenstellung der Triplets und bei den Nebenbedingungen für die Abstände der Merkmalsvektoren.

In dieser Arbeit wurde *Triplet Hard Loss* [HERMANS et al., 2017] als die am häufigsten im Bereich der erscheinungsbasierten Personenwiedererkennung verwendete Fehlerfunktion näher untersucht. Nachfolgend wird auf Triplet Hard Loss als repräsentative Fehlerfunktion der Kategorie Metrikfehler näher eingegangen.

Triplet Hard Loss Der in [HERMANS et al., 2017] beschriebene Metrikfehler weist gegenüber *Triplet Loss* [SCHROFF et al., 2015] Verbesserungen bei der Triplet-Zusammenstellung und dem verwendeten Margin auf.

Triplet-Zusammenstellung: Die Hard-Positiv- und Hard-Negativ-Trainingsbeispiele werden jeweils nur innerhalb eines Minibatches bestimmt. Dafür ist eine geeignete Zusammenstellung der Minibatches wichtig: Pro Minibatch werden zufällig P Personen aus dem Trainingsdatensatz bestimmt. Jede Person wird dabei jedoch nur einmal pro Epoche ausgewählt. Für jede der ausgewählten Personen werden K zufällig gezogene Bilder zum Minibatch hinzugefügt. Existieren für eine Person weniger als K Bilder, werden horizontal gespiegelte Bilder ergänzt. Für die Zusammenstellung der Triplets dient jedes Bild des Minibatches einmal als Anker. Positiv und Negativ werden durch *Hard Positive Mining* und *Hard Negative Mining* aus dem Minibatch bestimmt. Je größer P und K gewählt werden, desto schwieriger werden die Triplets. Das heißt, die Größe des Minibatches hat einen Einfluss auf die Schwierigkeit des Trainings.

Margin: Bei Triplet Loss wird als Fehlerterm die Funktion $\max(0, m+\bullet)$ eingesetzt. Die Idee ist, dass Triplets, welche die Gleichung (5.5) bereits erfüllen, nicht mehr in den Fehler eingehen. [HERMANS et al., 2017] erkannten, dass ein weiteres Zusammenziehen der Anker-Positiv-Paare auch bei Erfüllung von Gleichung (5.5) sinnvoll ist, um die Innerklassenvarianz weiter zu reduzieren. Sie schlagen daher die Verwendung der Softplus-Funktion $\ln(1 + \exp(\bullet))$ als Soft Margin vor. Das hat mehrere Vorteile: Ein harter Sprung in der Fehlerfunktion bei dem Wert des Abstandes m wird vermieden. Gleichzeitig gehen Triplets, die Gleichung (5.5) verletzen, immer noch stärker in den Fehler ein, als Triplets, welche die Ungleichung erfüllen. Außerdem entfällt bei Verwendung der Softplus-Funktion die Suche nach einem geeigneten Abstand m.

Für ein Minibatch der Größe $P \cdot K$ ist Triplet Hard Loss wie folgt definiert:

$$\mathcal{L}_{\mathcal{TH}} = \frac{1}{PK} \overbrace{\sum_{i}^{P} \sum_{\omega^\circ}^{K}}^{\text{alle Anker}} \ln\Big(1 + \exp\big(d_{\text{HP}}\big) \cdot \exp\big(-d_{\text{HN}}\big)\Big) \tag{5.7}$$

$$d_{\text{HP}} = \overbrace{\max_{p=1\ldots K} ||\underline{\mathbf{x}}_i^{(F),\omega^\circ} - \underline{\mathbf{x}}_i^{(F),\omega^+}||_2}^{\text{schwierigstes Positivbeispiel (Hard-Positv)}}$$

$$d_{\text{HN}} = \underbrace{\min_{\substack{j=1\ldots P\\ n=1\ldots K\\ j\neq i}} ||\underline{\mathbf{x}}_i^{(F),\omega^\circ} - \underline{\mathbf{x}}_j^{(F),\omega^-}||_2}_{\text{schwierigstes Negativbeispiel (Hard-Negativ)}}$$

Nach [Hermans et al., 2017] lässt sich beim Training folgendes Verhalten beobachten: Zuerst werden die Merkmalsvektoren in Richtung ihrer Klassenmittelpunkte gezogen. Merkmalsvektoren verschiedener Klassen schieben sich dabei aneinander vorbei. Anschließend werden die Innerklassenvarianzen minimiert und die Zwischenklassenvarianzen maximiert. In [Aganian, 2019][6] wurde unter Verwendung ähnlicher Parameter zu [Hermans et al., 2017] beobachtet, dass ein erfolgreiches Training nicht möglich war. Die Merkmalsvektoren unterschiedlicher Klassen konnten einander nicht passieren. Daher konvergierten deren Distanzen gegen null und das Training kollabierte. Die Verwendung einer sehr kleinen konstanten Lernrate konnte den beobachteten Effekt verhindern, jedoch wurden damit nur sehr schlechte Ergebnisse erzielt, die unter der Softmax-Loss-Referenz und unter den Ergebnissen aus [Hermans et al., 2017] lagen. Zum Erfolg führte ein Lernraten-*Scheduling* über alle Epochen $e \in \mathbb{R}_{\geq 0}$ mit einem anfänglich schnellen linearen Anstieg der Lernrate in den ersten i Epochen bis zur Ziellernrate LR und einer anschließend langsam linear abfallenden Lernrate bis zur letzten Epoche $e_{\max}$ gegen null:

$$\lambda_{\text{tent}_i}(e) = \begin{cases} \frac{\text{LR}\cdot(i-1)}{i^2} \cdot e + \frac{\text{LR}}{i}, & \text{wenn } e < i \\ \frac{\text{LR}}{i-e_{\max}} \cdot e + \frac{\text{LR}\cdot e_{\max}}{e_{\max}-i}, & \text{sonst} \end{cases} \tag{5.8}$$

Die Anpassung der Lernrate erfolgte dabei nach jedem Trainingsschritt. Durch die anfangs kleine Lernrate konnten die Merkmalsvektoren unterschiedlicher Klassen einander passieren. Die anschließend größeren Lernraten führten zu einer deutlichen Optimierung der Innerklassenvarianzen und Zwischenklassenvarianzen. Mit dieser Anpassung konnten die Ergebnisse aus [HERMANS et al., 2017] nicht nur reproduziert, sondern sogar übertroffen werden.

Ergänzende Ausführungen In Anhang C.4 wird auf einige Aspekte der gelernten Merkmale durch Einsatz moderner Fehlerfunktionen näher eingegangen. In Anhang C werden ab Seite 373 die Abbildungen zu den Erweiterungen des Softmax Loss aus Abbildung 5.7 vergrößert dargestellt. Details der Untersuchungen zu den Ursachen der Probleme beim Training mit Additive Angular Margin Loss (AAML) sind in Anhang C.4.2 zu finden. Auf die Nebenbedingungen der einzelnen Verfahren zur additiven Erweiterung eines Klassifikationsfehlers zur Verbesserung der Eigenschaften des Merkmalsvektors bezüglich Innerklassen- und Zwischenklassenvarianz wird in Anhang C.4.3 eingegangen. Auf die Unterschiede der in Abbildung 5.6 aufgelisteten Metrikfehler zu Triplet Loss [SCHROFF et al., 2015] wird in Anhang C.4.4 eingegangen.

Experimenteller Vergleich der Fehlerfunktionen

Um einen fairen Vergleich der Fehlerfunktionen zu ermöglichen, wurde jeweils eine ausführliche Parametersuche durchgeführt, bei der alle relevanten Parameter variiert wurden.

Softmax Loss Durch die ausführliche Parametersuche konnten beim *Softmax-Loss*-Training bessere Ergebnisse auf dem Market-1501-Datensatz erzielt werden als in [ZHENG et al., 2015a] bei identischem Neuronalen Netzwerk (ResNet50) und identischer Fehlerfunktion. Die *Softmax-Loss*-Referenz stellt demnach einen geeigneten Ausgangswert für den Vergleich mit den anderen Fehlerfunktionen dar.

Das beste Ergebnis für den *Softmax Loss* ($\text{nAUC}_5 = 0{,}848$) wurde für einen Merkmalsvektor der Größe 64 erreicht (siehe Tabelle 5.3 und rote Linien in Abbildung 5.11). Größere Merkmalsvektoren stellen für die relativ geringe Anzahl an Klassen (2220) einen zu geringen Engpass dar. In diesem Fall erfolgt eine zu starke Fokussierung auf die Personen im Trainingsdatensatz, weshalb der Merkmalsvektor schlechter auf unbekannte Personen des Testdatensatzes generalisiert. Probleme bezüglich des Engpasses traten für alle Klassifikationsfehler auf.

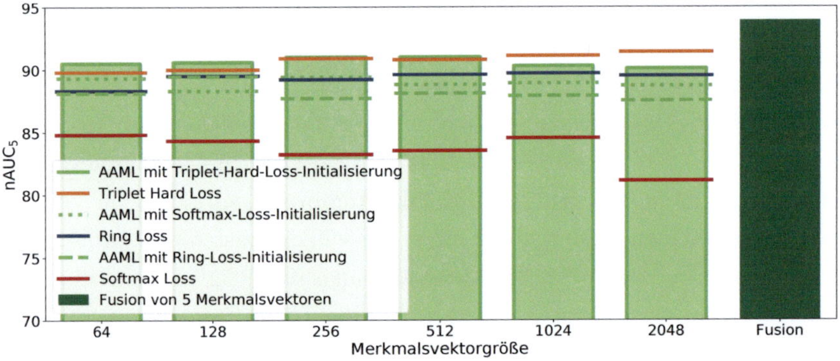

Abbildung 5.11: Wiedererkennungsleistung der Fehlerfunktionen Erzielte Wiedererkennungsleistungen durch Anwendung verschiedener Fehlerfunktionen für unterschiedliche Merkmalsvektorgrößen auf dem Market-1501-Datensatz [ZHENG et al., 2015a] (siehe Grundlagen, Kapitel 3.1.3, Abbildung 3.3(e)). Als Gütemaß dient die normierte Fläche unter der CMC-Kurve über die ersten fünf Ränge ($nAUC_5$). Die genauen Werte für alle Fehlerfunktionen sind in Tabelle 5.3 angegeben.

	Merkmalsvektorgröße					
Fehlerfunktion	64	128	256	512	1024	2048
SL	**0,848**	0,843	0,832	0,835	0,845	0,811
RL	0,883	0,895	0,892	0,896	**0,897**	0,895
$AAML_{SL}$	0,893	0,883	**0,894**	0,888	0,889	0,887
$AAML_{RL}$	0,881	**0,895**	0,877	0,881	0,879	0,875
$AAML_{THL}$	0,905	0,906	**0,910**	**0,910**	0,903	0,901
THL	0,898	0,900	0,909	0,908	0,911	**0,914**

Tabelle 5.3: Wiedererkennungsleistung der Fehlerfunktionen
Ergänzend zu Abbildung 5.11 sind die Wiedererkennungsleistungen für Softmax Loss (SL), Ring Loss (RL), AAML mit Softmax-Loss-Initialisierung ($AAML_{SL}$), AAML mit Ring-Loss-Initialisierung ($AAML_{RL}$), AAML mit Triplet-Hard-Loss-Initialisierung ($AAML_{THL}$) und Triplet Hard Loss (THL) als normierte Fläche unter der CMC-Kurve über die ersten fünf Ränge ($nAUC_5$) angegeben. Die Ergebnisse wurden durch Anwendung verschiedener Fehlerfunktionen für unterschiedliche Merkmalsvektorgrößen auf dem Market-1501-Datensatz [Zheng et al., 2015a] (siehe Grundlagen, Kapitel 3.1.3, Abbildung 3.3(e)) erzielt. Der Wert der am besten geeigneten Merkmalsvektorgröße pro Fehlerfunktion ist hervorgehoben.

Ring Loss Das Training mit *Ring Loss* als additive Erweiterung zum *Softmax Loss* bereitete in keinem der Experimente Probleme. Unter Einsatz von *Ring Loss* wurde das beste Ergebnis ($\text{nAUC}_5 = 0{,}897$) für einen Merkmalsvektor der Größe 1024 erreicht (siehe Tabelle 5.3 und blaue Linien in Abbildung 5.11). Die erzielten Erkennungsraten liegen für alle Merkmalsvektorgrößen deutlich über der *Softmax-Loss*-Referenz. Dies zeigt, dass *Ring Loss* einen positiven Einfluss auf den Merkmalsvektor hat und somit eine sinnvolle Ergänzung zum *Softmax Loss* darstellt.

Additive Angular Margin Loss Ein stabiles Training mit *Additive Angular Margin Loss* (AAML) war bei Initialisierung mit ImageNet-Gewichten nicht möglich. Eine Initialisierung mit Gewichten von zuvor durchgeführten Trainingsdurchläufen mittels *Softmax Loss*, *Ring Loss* oder *Triplet Hard Loss* war für ein erfolgreiches Training notwendig. Die erzielten Ergebnisse mit *Softmax-Loss-*, *Ring-Loss-* und *Triple-Hard-Loss*-Initialisierung sind in Abbildung 5.11 als grüne Linien und Balken zu sehen. Die besten Ergebnisse bei *Softmax-Loss*-Initialisierung ($nAUC_5 = 0{,}894$) wurden für einen Merkmalsvektor der Größe 256 erreicht. Die Wiedererkennungsleistung wurde durch AAML für alle Merkmalsvektorgrößen deutlich gesteigert. Bei *Ring-Loss*-Initialisierung konnten keine Verbesserungen gegenüber der initialen Wiedererkennungsleistung erzielt werden. Nur bei einem Merkmalsvektor der Größe 128 blieb die Wiedererkennungsleistung gleich ($nAUC_5 = 0{,}895$). Die besten Ergebnisse wurden mit *Triple-Hard-Loss*-Initialisierung erreicht. Für Merkmalsvektoren bis zu einer Größe von 512 wurden Verbesserungen gegenüber dem Ergebnis von *Triple Hard Loss* erzielt. Für größere Merkmalsvektoren ist der Engpass zu gering, sodass eine Überspezialisierung auf die Personen des Trainingsdatensatzes zu beobachten ist. Die beste Leistung ($nAUC_5 = 0{,}910$) wurde bei einer Merkmalsvektorgröße von 512 erreicht.

Triplet Hard Loss Für ein stabiles Training mit *Triplet Hard Loss* war ein Lernraten-*Scheduling* notwendig, bei dem die Lernrate zunächst ansteigt und anschließend wieder fällt. Bei Verwendung von *Triplet Hard Loss* wurden mit größeren Merkmalsvektoren jeweils auch bessere Ergebnisse erzielt. Das beste Ergebnis ($nAUC_5 = 0{,}914$) wurde für einen Merkmalsvektor der Größe 2048 erreicht (Tabelle 5.3, orange Linie in Abbildung 5.11). Dabei wurden die Ergebnisse aus [Hermans et al., 2017] nicht nur reproduziert, sondern überboten (siehe Tabelle 5.4). Die Ergebnisse von *Triplet Hard Loss* liegen für große Merkmalsvektoren deutlich über denen der anderen Fehlerfunktionen. Auf Validierungsdaten, die die gleichen Personen wie im Training enthielten, erreichte jedoch Additive Angular Margin Loss die besten Ergebnisse. Dies zeigt, dass mittels *Triplet Hard Loss* gut generalisierende Merkmalsvektoren gelernt werden, während die Merkmalsvektoren bei Verwendung eines Klassifikationsfehlers zu sehr an die im Training enthaltenen Personen angepasst werden.

Arbeit	Rang 1	Rang 5
[AGANIAN, 2019][6]	**0,8590**	**0,9448**
[HERMANS et al., 2017]	0,8492	0,9421

Tabelle 5.4: Vergleich der Triplet-Hard-Loss-Ergebnisse
Gegenüberstellung der mittels Triplet Hard Loss erzielten Ergebnisse auf dem Market-1501-Datensatz (siehe Grundlagen, Kapitel 3.1.3, Abbildung 3.3(e)) aus den im Rahmen dieser Arbeit durchgeführten Untersuchungen in [AGANIAN, 2019][6] mit der Referenz [HERMANS et al., 2017]

Kombination von Fehlerfunktionen

Neben der Verwendung der einzelnen Fehlerfunktionen wurde auch der kombinierte Einsatz mehrerer Fehlerfunktionen evaluiert. Dabei wurden drei Varianten untersucht: Sequentielles Training, paralleles Training und Konkatenation von gelernten Merkmalsvektoren.

Nur durch die Konkatenation gelernter Merkmalsvektoren konnten Verbesserungen gegenüber dem besten Einzelergebnis erzielt werden. Im Folgenden wird daher nur auf diese Variante eingegangen.

Konkatenation von gelernten Merkmalsvektoren Für dieses Experiment wurden die besten Merkmalsvektoren, die durch verschiedene Fehlerfunktionen gelernt wurden, kombiniert. Die Kombination wurde durch eine Konkatenation der fertig trainierten Merkmalsvektoren erreicht. Um die beste Kombination zu ermitteln wurden die besten Merkmalsvektoren aller Fehlerfunktionen systematisch kombiniert und evaluiert. Das beste Ergebnis ($nAUC_5 = 0{,}939$) wurde mit einem zusammengesetzten Merkmalsvektor der Größe 3840 erreicht, der aus folgenden Teilen bestand:

- durch *Ring Loss* gelernter Merkmalsvektor der Größe 1024
- durch AAML mit *Ring-Loss*-Initialisierung gelernter Merkmalsvektor der Größe 128
- durch *Triplet Hard Loss* gelernter Merkmalsvektor der Größe 2048

- durch AAML mit *Triplet-Hard-Loss*-Initialisierung gelernter Merkmalsvektor der Größe 512
- durch paralleles Training von *Triplet Hard Loss* und AAML gelernter Merkmalsvektor der Größe 128

Dies ist eine deutliche Leistungssteigerung gegenüber der Nutzung eines einzelnen Merkmalsvektors (siehe dunkelgrüner Balken in Abbildung 5.11). Aber auch eine Kombination von nur zwei Fehlerfunktionen — AAML mit *Triplet-Hard-Loss*-Initialisierung kombiniert mit *Triplet Hard Loss* — brachte bereits eine deutliche Leistungssteigerung auf $\text{nAUC}_5 = 0{,}929$. Die signifikanten Leistungssteigerungen deuten darauf hin, dass bei der Verwendung verschiedener Fehlerfunktionen unterschiedliche Merkmalsvektoren gelernt werden. Diese Diversität ist eine wichtige Voraussetzung für eine Fusion. Hierzu sei auf Kapitel 8 verwiesen, in dem weitere Möglichkeiten aufgezeigt werden, wie Merkmale fusioniert werden können.

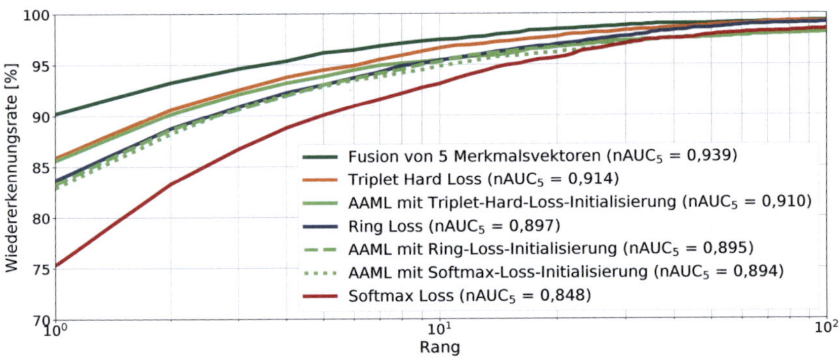

Abbildung 5.12: CMC-Kurven für den Vergleich der Fehlerfunktionen

Vergleich der besten erzielten Ergebnisse auf dem Market-1501-Datensatz [ZHENG et al., 2015a] (siehe Grundlagen, Kapitel 3.1.3, Abbildung 3.3(e)) beim Training mit den untersuchten Fehlerfunktionen anhand der Cumulative Match Characteristic (CMC). Die Abszisse ist für die bessere Erkennbarkeit der vorderen Ränge logarithmisch dargestellt. Vorlage: [AGANIAN, 2019][6].

In Abbildung 5.12 sind die jeweils besten Ergebnisse der einzelnen Fehlerfunktionen und der Kombination aus fünf Merkmalsvektoren anhand der *Cumulative Match Characteristik* (CMC) gegenübergestellt. Es ist zu sehen, dass durch alle drei Kategorien von Fehlerfunktionen der Übersichtsgrafik aus Abbildung 5.6 deutliche Verbesserungen gegenüber *Softmax Loss* erzielt werden können. Für die erscheinungsbasierte Wiedererkennung haben sich Metrikfehler (*Triplet Hard Loss*) als am besten geeignet herausgestellt. Bei den Klassifikationsfehlern und Ergänzungen zu den Klassifikationsfehlern konnten bei größeren Merkmalsvektoren keine Verbesserungen erzielt werden. Das Problem ist, dass die verfügbaren Trainingsdaten zu wenige Personen enthalten und die Klassifikationsschicht daher nur wenige Neuronen enthält. Große Merkmalsvektoren stellen in diesem Fall keinen wirklichen Engpass im Neuronalen Netzwerk dar, weshalb es zu einer Überspezialisierung auf die Trainingsdaten und einer schlechten Generalisierung auf Testdaten kommt. Mögliche Lösungen für das Problem der wenigen Personen in den Trainingsdaten werden in [ZHAI et al., 2019] aufgezeigt. Die Autoren schlagen Veränderungen an der Klassifikationsschicht vor, um den benötigten Engpass für Klassifikationsfehler herzustellen. Dadurch werden Verbesserungen in der Wiedererkennungsleistung auf dem Market-1501-Datensatz [ZHENG et al., 2015a] erreicht.

Tabelle 5.5 zeigt einen Vergleich der im Rahmen dieser Arbeit erreichten Ergebnisse auf dem Market-1501-Datensatz [ZHENG et al., 2015a] mit dem State of the Art der erscheinungsbasierten Wiedererkennung bei identischen Trainingsdaten. Außerdem ist in Tabelle 5.5 die durch Menschen erzielbare Wiedererkennungsleistung auf diesem Datensatz abgetragen, die in [ZHANG et al., 2017b] ermittelt wurde. Es ist zu sehen, dass die erreichten Wiedererkennungsraten dieser Dissertation über den Ergebnissen aus [HERMANS et al., 2017] liegen, die eine vergleichbare Architektur verwendet haben. Die besten Ergebnisse des State of the Art liegen leicht über denen der Kombination aus fünf Merkmalsvektoren, welche die mittlere menschliche Wiedererkennungs-

Arbeit	Rang 1
[WANG et al., 2018b]	0,957
beste menschliche Wiedererkennungsleistung**	0,935
[BAI et al., 2017b]*	0,923
[ZHANG et al., 2017b]*	0,918
[XIANG et al., 2018]*	0,910
diese Arbeit (Konkatenation 5 Merkmalsvektoren)	0,904
mittlere menschliche Wiedererkennungsleistung**	0,883
[AGANIAN, 2019][6] (Triplet Hard Loss)	0,859
[HERMANS et al., 2017]*	0,849

Tabelle 5.5: Vergleich der Ergebnisse mit dem State of the Art
Gegenüberstellung der erzielten Ergebnisse auf dem Market-1501-Datensatz (siehe Grundlagen, Kapitel 3.1.3, Abbildung 3.3(e)) mit dem aktuellen State of the Art der erscheinungsbasierten Personenwiedererkennung. Die Ergebnisse dieser Arbeit wurden im Rahmen der Untersuchungen in [AGANIAN, 2019][6] erzielt und in ergänzenden Experimenten zur Kombination von gelernten Merkmalsvektoren. Die mittels * markierten Publikationen wurden bisher nur auf arXiv veröffentlicht. Die menschliche Wiedererkennungsleistung** wurde in [ZHANG et al., 2017b] in einem Test mit zehn Probanden ermittelt. Die beste Person erreichte eine Rang-1-Erkennungsleistung von 0,935, die fünftbeste Person erreichte 0,883. Vorlage: [AGANIAN, 2019][6]

leistung leicht übertrifft. Das beste State-of-the-Art-Ergebnis [WANG et al., 2018b] übertrifft sogar die beste durch einen Menschen erreichte Wiedererkennungsleistung. Dabei ist anzumerken, dass in [BAI et al., 2017b], [ZHANG et al., 2017b], [WANG et al., 2018b] und [XIANG et al., 2018] jeweils deutlich aufwendigere Architekturen für die Neuronalen Netzwerke verwendet wurden, die Merkmalsvektoren für einzelne Körperteile ermitteln und ebenfalls Fehlerfunktionen kombinieren. In allen Arbeiten wird jedoch nur Softmax Loss und Triplet Hard Loss verwendet. In dieser Arbeit hat sich jedoch gezeigt, dass durch das Ersetzen von Softmax Loss mit AAML oder Ring Loss deutlich bessere Ergebnisse erzielt werden können. Daher ist zu erwarten, dass durch die Kombination der in dieser Dissertation evaluierten Fehlerfunktionen mit den im derzeit besten State of the Art verwendeten Architekturen weitere Steigerungen der Wiedererkennungsleistung erzielt werden können[19].

Weitere Untersuchungen Neben den hier beschriebenen Experimenten wurden im Rahmen dieser Arbeit noch weitere Untersuchungen durchgeführt, auf die im Anhang eingegangen wird. Anhang C.4.5 beschreibt die Parametertests, die für einen fairen Vergleich der Fehlerfunktionen durchgeführt wurden und berichtet die besten gefundenen Parameter. Bei der ausführlichen Parametersuche wurden folgende Parameter variiert: Art der Datenaugmentierung, Gestaltung der *Average-Pooling-* Schicht des eingesetzten ResNet50, Merkmalsvektorgrößen, Lernraten-*Scheduler*, Startlernrate, Gewichtung von *Ring Loss* für die Kombination mit *Softmax Loss*, Abstand m und Skalierung s bei *Additive Angular Margin Loss*, Minibatchgröße, Initialisierung der Gewichte.
Eine Analyse der Ergebnisse zur Kombination von Fehlerfunktionen durch sequentielles und paralleles Training ist in Anhang C.4.6 zu finden.

5.3.4 Fazit

Geeignete Merkmale für die erscheinungsbasierte Wiedererkennung müssen alle relevanten Informationen zu einer Person im Merkmalsvektor kodieren, um Verschlechterungen bei den Wiedererkennungsraten zu vermeiden. Die Kodierung aller relevanten Informationen lässt sich durch händisch entworfene Merkmale nicht sicherstellen. Das datengetriebene Lernen geeigneter Merkmalsvektoren stellt die bessere Alternative dar. Bei den Untersuchungen im Rahmen dieser Arbeit zeigte sich, dass ein unüberwachtes Training nicht zum Erfolg führt. Die Vorgabe zu lernender Merkmale schränkt die Leistungsfähigkeit ebenfalls

[19] Der Fokus dieser Arbeit lag auf einem fairen Vergleich verschiedener Fehlerfunktionen. Eine Evaluation aufwendiger Architekturen war mit den zur Verfügung stehenden Rechenressourcen nicht möglich.

ein. Merkmale so zu trainieren, dass die Unterscheidbarkeit von Personen gesteigert wird, stellte sich als am vielversprechendsten heraus. Dabei wird die Leistungsfähigkeit der gelernten Merkmalsvektoren entscheidend beeinflusst durch die Größe des Trainingsdatensatzes und die Anzahl der darin enthaltenen Personen, durch die gewählte Architektur des Neuronalen Netzwerks sowie durch die verwendete Fehlerfunktion. Durch die Beachtung aller dieser Aspekte können Merkmalsvektoren erzeugt werden, die eine Wiedererkennungsleistung ermöglichen, die mit der menschlichen Leistung vergleichbar ist.

5.4 Erzielter Nutzen durch Merkmalsextraktion

Die Extraktion geeigneter Merkmale nimmt eine Schlüsselrolle für eine robuste Wiedererkennung ein. Abbildung 5.13 zeigt, bezüglich welcher Kriterien die Wiedererkennung durch die extrahierten Merkmale verbessert wird.

Durch die Verwendung kleidungsbasierter Merkmale, wie Textur, Farbe und semantische Attribute, wird eine bestmögliche *Allgemeingültigkeit* erreicht. Die Merkmale können für alle Personen extrahiert werden.

Die *Unterscheidungskraft* kann durch möglichst diskriminative Merkmale erhöht werden. Eine hohe Diskriminanz kann vor allem durch gelernte Merkmale, insbesondere durch *Deep Learning*, erreicht werden. Das beste State-of-the-Art-Verfahren zur Merkmalsextraktion [Wang et al., 2018b], das mehrere gelernte Merkmale kombiniert, überschreitet sogar die menschliche Leistungsfähigkeit [Zhang et al., 2017b]. Die Bedingung, die an biometrische Merkmale gestellt wird, dass ein Merkmal für beliebige zwei Personen hinreichend unterschiedlich sein muss, wird jedoch von keinem erscheinungsbasierten Merkmal erfüllt.

Die *Beständigkeit* ist für ansichtsinvariante Merkmale hoch. Dies trifft auf Farbmittelwerte, Histogramme und semantische Attribute zu. Für Texturmerkmale oder lokale Deskriptoren kann in der Regel keine hohe

Beständigkeit erreicht werden, da diese unter Umständen vom Beobachtungspunkt, zum Beispiel Vorder- oder Rückansicht, abhängen. Dies kann nur durch die Aufnahme mehrerer Beobachtungen in das die Person beschreibende Template kompensiert werden.

Die *Erfassbarkeit* ist für die meisten Merkmale sehr hoch, da sie auf größere Körperregionen abzielen. Manche der semantischen Attribute sind jedoch schwer zu erfassen, weil sie auf kleine Regionen des Kör-

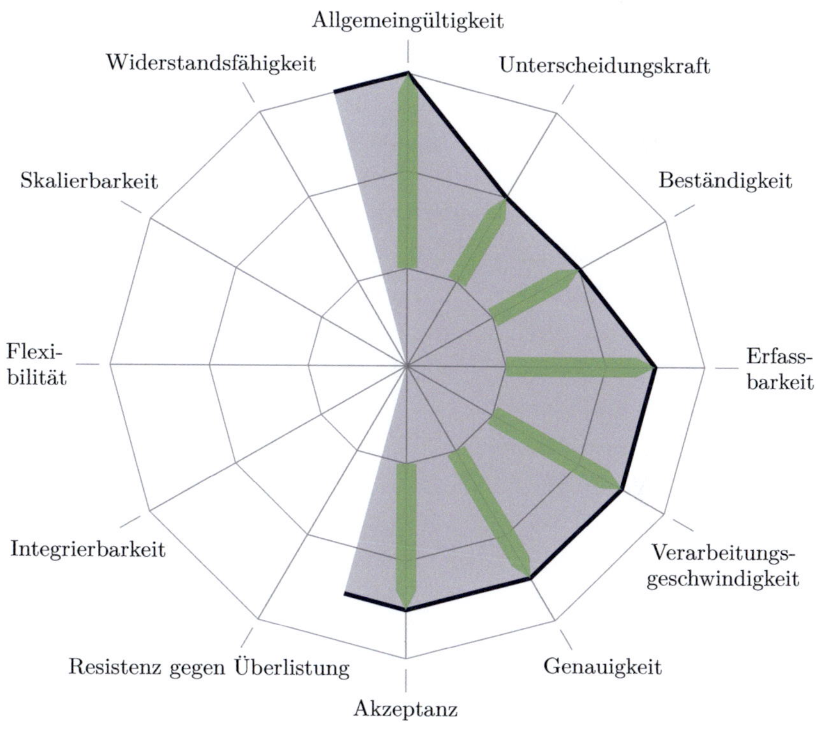

Abbildung 5.13: Nutzen der Merkmalsextraktion für die Wiedererkennung
Für eine Beschreibung der erzielten Verbesserungen sei auf den Text in Abschnitt 5.4 verwiesen.

pers abzielen, die unter Umständen algorithmisch nur schwer exakt zu lokalisieren sind, wie zum Beispiel die Schuhe. Eine Kombination aus verschiedenen Merkmalen sollte jedoch eine hohe Erfassbarkeit für eine Teilmenge der Merkmale garantieren.
Da die Extraktion der Merkmale zeitlich optimiert wurde, ergibt sich auch eine hohe *Verarbeitungsgeschwindigkeit* für die Wiedererkennung, bei der die Merkmalsextraktion in der Regel den größten Teil der Laufzeit ausmacht.
Durch den Einsatz von gelernten Merkmalen und händisch entworfenen Merkmalen, die sehr gut für ein späteres Metric Learning geeignet sind, wird die *Genauigkeit* der Wiedererkennung deutlich gesteigert. Dies gilt auch für variierende Umwelteinflüsse, die größtenteils durch die Merkmale kompensiert werden. Die Merkmale erreichen jedoch nicht die Erkennungsgenauigkeit biometrischer Merkmale. Biometrische Merkmale können diese hohe Genauigkeit jedoch auch nur unter bestimmten Randbedingungen, wie zum Beispiel einer hohen Auflösung eines Gesichts, erreichen. Unter gleichen Bedingungen, wie zum Beispiel weit von der Kamera entfernten und somit niedrig aufgelösten Personen, erzielt eine erscheinungsbasierte Wiedererkennung unter Umständen sogar bessere Erkennungsleistungen als biometrische Merkmale wie Gesicht, Gang, Iris und Ähnliches.
Da die extrahierten Merkmale keine datenschutzrechtlich kritischen personenbezogenen Daten erfassen, sondern nur allgemeine Informationen wie Geschlecht, Farbe sowie Textur der Kleidung und Ähnliches, wird eine hohe *Akzeptanz* bei den erfassten Personen erzielt.

Kapitel 6 

Template-Generierung

Nachdem Merkmale für eine ausgewählte Person extrahiert wurden, muss die Zielperson zunächst in einer Initialisierungsphase (engl. *Enrollment*) durch ein geeignetes *Template* beschrieben werden, um sie später wiedererkennen zu können. Das *Template* umfasst extrahierte Merkmale für eine oder mehrere Ansichten der Person.

Ein gutes *Template* sollte möglichst kompakt sein, das heißt, es sollte nur relevante Merkmale und Ansichten für die jeweilige Person speichern. Durch die Verwendung nur weniger relevanter Merkmale kann ein sehr schnelles Matching in der Anwendungsphase sichergestellt werden. In Abschnitt 6.2 wird ein eigener Ansatz des maschinellen Lernens vorgestellt, der die relevanten, personenspezifischen Merkmale auswählt, um die Zielperson von anderen Personen zu unterscheiden. Die Eignung der Merkmale wird mittels *Joint Mutual Information* bestimmt.

Außerdem sollte ein *Template* adaptiv sein, also sich bei veränderten Umwelteinflüssen anpassen. In Abschnitt 6.3 wird ebenfalls ein eigener Ansatz vorgestellt. Die Anpassung des *Templates* an neue Umwelteinflüsse erfolgt durch Hinzunahme neuer Ansichten, falls die Person sicher wiedererkannt oder getrackt wird. Hat das *Template* eine vorgegebene Größe erreicht, so werden ähnliche Ansichten zusammengefasst, um das *Template* wieder zu reduzieren. Dies wird im Rahmen dieser Arbeit durch k-Medoids-Clustering realisiert.

6.1 State of the Art kompaktes, adaptives Template

Nachfolgend werden State-of-the-Art-Ansätze beschrieben, die ähnliche Umsetzungen wie [EISENBACH et al., 2012] zur Realisierung eines kompakten Templates und [EISENBACH et al., 2015b] zur Realisierung eines adaptiven Templates wählen.

6.1.1 Merkmalsauswahl für ein kompaktes Template

In einigen Arbeiten erfolgt die Merkmalsauswahl unabhängig von der Zielperson in einer Trainingsphase. [GRAY und TAO, 2008] verwenden *Boosting*, um eine für alle Personen geeignete Untermenge an Merkmalen auszuwählen, mit denen die Personen gut unterschieden werden können. [PROSSER et al., 2010] bestimmen die Gewichte für einzelne Merkmale durch eine SVM.

[ZHAO et al., 2013] und [MARTINEL et al., 2014] wählen Bildausschnitte für den Vergleich von Merkmalen anhand herausragender Bereiche (engl. *Saliency*) aus. Je wichtiger ein Bereich eingeschätzt wird, desto höher werden Merkmale aus diesem Bereich gewichtet.

[LIU et al., 2012], [LIU et al., 2014a] und [LIU et al., 2014b] stellen Ansätze vor, um Merkmale personenspezifisch zu gewichten. Zuerst erfolgt eine Zuordnung der Personen zu einem der auf Trainingsdaten ermittelten Prototypen. Für jeden Prototyp sind die Merkmale so gewichtet, dass die Personen dieses Prototyps gut von anderen Personen unterscheidbar sind.

[LI et al., 2015a] nutzen Sparse Coding, um relevante Merkmale aus einem Merkmalsvektor zu ermitteln. Die Spärlichkeit wird über eine

l_1-Normierung des Vektors zur Gewichtung der Merkmale erzwungen. Spärlichkeit wird auch in [KARANAM et al., 2015a] und [KARANAM et al., 2015b] genutzt. Dabei wird die Spärlichkeit jedoch durch eine Projektion in einen Unterraum erreicht.

[BĄK et al., 2012] wählen gut geeignete Merkmale zur Beschreibung der Zielperson online beim *Enrollment* aus. Geeignete Merkmale werden in einem Kovarianzmetrikraum anhand eines entropiebasierten Kriteriums gelernt. [WU et al., 2014] setzen ebenfalls eine Auswahl personenspezifischer, diskriminativer Merkmale während des *Enrollments* um. Dazu wird die Verteilung jedes Merkmals als Gaußfunktion modelliert. Die Verteilung bezieht sich auf mehrere Personen aus einem Trainingsdatensatz und stellt das generische Modell dar. Für eine bestimmte Person werden die Merkmale online ausgewählt, die am meisten vom generischen Modell abweichen, da diese als besonders signifikant für die Erkennung der Zielperson angesehen werden.

Alle beschriebenen Ansätze, die eine Online-Merkmalsauswahl während des *Enrollments* durchführen, wurden nach [EISENBACH et al., 2012] veröffentlicht. Die erstmalige Verwendung einer Merkmalsauswahl beim *Enrollment* einer erscheinungsbasierten Wiedererkennung stellt somit einen Neuheitswert dieser Arbeit dar.

6.1.2 Clustering von Ansichten für das adaptive Template

Die Gruppierung ähnlicher Ansichten durch ein Clustering wird außer in [EISENBACH et al., 2015b] auch in [LI et al., 2015b] und [ZHENG et al., 2018a] umgesetzt. [LI et al., 2015b] setzen Fisher Guided Hierarchical Clustering ein. [ZHENG et al., 2018a] wenden Normalized Cut auf die Ähnlichkeitsmatrix der Ansichten an. In den beiden Ansätzen werden wie in [EISENBACH et al., 2015b] die Clusterzentren als repräsentative Ansichten für die gefundenen Cluster gewählt.

In [Lu et al., 2016] werden weitere Möglichkeiten genannt, um das Matching mit mehreren Ansichten umzusetzen. Es werden vier Vorgehensweisen unterschieden:

- Vergleich aller Ansichten einer Person gegen alle Ansichten einer anderen Person und Finden der geringsten Distanz
- Vergleich aller Ansichten mit anschließender gewichteter Verrechnung
- Zusammenfassen ähnlicher Ansichten und finden der minimalen Distanz zu einer dieser reduzierten Ansichten — dieser Vorgehensweise sind [Eisenbach et al., 2015b], [Li et al., 2015b] und [Zheng et al., 2018a] zuzuordnen
- Zusammenfassen aller Ansichten zu einem Deskriptor mit dem verglichen werden muss

Für beispielhafte Verfahren, die die einzelnen Vorgehensweisen umsetzen, sei auf [Lu et al., 2016] verwiesen.

6.2 Personenspezifisches, kompaktes Template

Um möglichst viele Personen anhand ihrer Kleidung unterscheiden zu können, ist es notwendig ein vielfältiges und universales Merkmalsset zu verwenden. Für die Beschreibung einer ausgewählten Person ist jedoch nur eine Teilmenge der Merkmale notwendig. Viele Wiedererkennungsansätze benutzen vorausgewählte Merkmalssets. Abhängig von der aktuellen Anwendung, Zielperson und Beleuchtungssituation sind aber jeweils andere Teile des Merkmalssets geeignet, um eine robuste Wiedererkennung zu realisieren. Die Benutzung einer vorher ausgewählten Merkmalsmenge versagt daher in vielen Situationen bei der Unterscheidung der aktuell beobachteten Personen, weil die entscheidenden Merkmale unter Umständen bereits entfernt wurden.

Der im Rahmen dieser Arbeit entwickelte und in [Eisenbach et al., 2012] vorgestellte Ansatz benutzt eine Merkmalsauswahl während des

Enrollments, um ein diskriminatives aber möglichst kleines Merkmalsset zu ermitteln, welches auf die ausgewählte Person zugeschnitten ist. Das Matching in der Anwendungsphase kann aufgrund der geringen Dimensionalität des Merkmalsraums deutlich schneller erfolgen. Dadurch wird die zusätzlich benötigte Zeit für die Auswahl des minimalen Merkmalssets für die Erstellung des Templates schnell kompensiert.

Anwendbarkeit Bei den Untersuchungen in [EISENBACH et al., 2012] wurden händisch entworfene Merkmale verwendet, da zu diesem Zeitpunkt noch keine Datensätze mit einer ausreichenden Größe verfügbar waren, um Merkmale durch Deep Learning zu lernen. Der Ansatz lässt sich jedoch auch auf einen gelernten Merkmalsvektor anwenden. Die einzige Bedingung ist, dass einzelne Teile des Merkmalsvektors unterschiedliche Informationen kodieren. Durch die Regularisierung mittels Dropout kann eine Co-Adaption von Neuronen geeignet verhindert werden, sodass die Neuronen, die den Merkmalsvektor repräsentieren, für die Verarbeitung unterschiedlicher Informationen zuständig sind. Der beschriebene Ansatz kann daher auch auf Merkmalsvektoren angewendet werden, die durch die in Kapitel 5 vorgestellten Verfahren gelernt werden.
Da die Untersuchungen in [EISENBACH et al., 2012] im Rahmen des Forschungsprojekts APFel durchgeführt wurden, erfolgt die Evaluation des entwickelten Verfahren am Beispiel der Videoüberwachung. Der Ansatz kann jedoch auch in der robotischen Anwendung eingesetzt werden. In den robotischen Anwendungen ist jedoch die Wartezeit während der *Template*-Generierung problematisch. Daher muss, parallel zum *Enrollment*, solange ein Matching mit einem generischen Merkmalsset erfolgen, bis die Berechnung der personenspezifischen Merkmalsauswahl abgeschlossen ist.

Ablauf der Merkmalsauswahl Die Merkmalsauswahl läuft in mehreren Schritten ab: Zuerst wird das universelle Merkmalsset für alle detektierten und getrackten Personen extrahiert. Nachdem eine Person ausgewählt wurde, startet die Online-Merkmalsauswahl während des Enrollments. Für die Merkmalsauswahl können nicht alle Personen in der Szene einbezogen werden, da sie sehr rechenaufwendig ist. Daher wird ein Datensatz erzeugt, bestehend aus ausgewählten, gut geeigneten Tracks der ausgewählten Person und der anderen Personen in der Szene. Danach werden die Merkmale der Trainingsdaten normiert und es wird während des Enrollments eine Online-Merkmalsauswahl basierend auf informationstheoretischem Lernen durchgeführt. Als Kriterium für die Relevanz von Merkmalsteilmengen wird die *Joint Mutual Information* [Yang und Moody, 1999] (dt. Verbundtransinformation) verwendet. Nach der Auswahl der Merkmale kann eine geeignete personenspezifische Metrik gelernt (siehe Kapitel 7) und Score-Level-Fusion eingesetzt (siehe Kapitel 8) werden. Basierend auf Distanzscores und einem darauf aufbauendem Ranking kann entschieden werden, ob eine der beobachteten Personen mit dem Template übereinstimmt (siehe Kapitel 9). Nachfolgend wird auf die einzelnen Schritte näher eingegangen.

6.2.1 Merkmalsextraktion

Grundsätzlich können alle Arten von Merkmalen für diesen erscheinungsbasierten Wiedererkennungsansatz genutzt werden. Da die verwendete filterbasierte Merkmalsauswahl aber nur eine geringe Anzahl an relevanten Merkmalsraumdimensionen ermittelt, sollte ein Merkmal nur aus einem Kanal bestehen oder einer geringen Anzahl an Kanälen, die sich in einzelne diskriminative Teile aufspalten lassen. Diese Bedingung lässt sich für die leistungsfähigen *Deep-Learning*-Merkmale aus Kapitel 5 durch eine Regularisierung mittels Dropout erreichen. Dropout verhindert eine Co-Adaption von Neuronen einer Schicht. Die Neuronen des Merkmalsvektors repräsentieren in diesem Fall unterschiedliche Informationen. Eine zweite Bedingung für Merkmale ist deren echtzeitfähige Extraktion. Hierzu sei auf Kapitel 5 verwiesen.

Um die Leistungsfähigkeit des hier vorgestellten Ansatzes zur Extraktion personenspezifischer, diskriminativer Merkmale hervorzuheben, wird das Merkmalsset in den nachfolgenden Untersuchungen bewusst auf folgende sehr einfache Merkmale beschränkt:

- 13 Texturmerkmale aus [HARALICK et al., 1973]
- Farbmittelwerte einer definierten Region in neun verschiedenen Farbräumen

Die Merkmale werden in zwei vordefinierten Regionen des Ober- und Unterkörpers extrahiert.

6.2.2 Enrollment

Nachdem die Zielperson ausgewählt wurde, müssen die relevanten, personenspezifischen Merkmale ausgewählt werden. Dazu wird zunächst ein Trainingsdatensatz erstellt, der Beispiele der Zielperson als Positivdaten enthält und Beispiele anderer Personen als Negativdaten. Bei der Zusammenstellung des Datensatzes muss auf eine große Vielfalt bezüglich Perspektiven und Beleuchtungen geachtet werden. Außerdem müssen mögliche Probleme, wie Verdeckungen oder Verwechslungen (engl. *ID Switches*), erkannt und vom Datensatz ausgeschlossen werden.

Anschließend wird der statistische Zusammenhang von Merkmalsteilmengen zum Klassenlabel (positiv/negativ) bestimmt, und es werden die Merkmale mit dem größten Zusammenhang ausgewählt. Diese sind am besten geeignet, um die Zielperson von anderen Personen zu unterscheiden.

Merkmalsauswahl basierend auf informationstheoretischen Maßen

Als informationstheoretisches Maß kann die *Mutual Information* (dt. Transinformation) genutzt werden, um die statistische Abhängigkeit zwischen einzelnen Merkmalen und dem Klassenlabel (positiv/negativ) zu erkennen und basierend darauf eine Merkmalsauswahl durchzuführen. Um die gemeinsame statistische Abhängigkeit einer Merkmalsteilmenge zum Klassenlabel zu ermitteln, wird die *Joint Mutual Information* [YANG und MOODY, 1999] (dt. Verbundtransinformation) genutzt. Für mathematische Details zu diesen beiden informationstheoretischen Maßen sei auf die Grundlagen in Kapitel 3.4.2 verwiesen.

Approximation der Mutual Information In [SCHAFFERNICHT et al., 2010] wurden verschiedene Methoden zur Abschätzung der Mutual Information bezüglich der Eignung für die Merkmalsauswahl verglichen. Jede der untersuchten Methoden zur Abschätzung der Mutual Information war etwa gleich gut für eine Merkmalsauswahl geeignet. Da einfache den komplexeren Verfahren vorzuziehen sind, wurde der einfache Histogrammansatz mit gleicher Binbreite gewählt. Die Verwendung von Histogrammen zur Abschätzung der Wahrscheinlichkeitsdichteverteilungen reduziert die Komplexität der Implementierung der Mutual Information (Gleichung (6.1)) und der Joint Mutual Information (Gleichung (6.2)), da die üblicherweise benötigten Integrale durch Summen ersetzt werden.

$$I(X;Y) = \sum_{x} \sum_{y} p(x,y) \cdot \mathrm{ld} \frac{p(x,y)}{p(x) \cdot p(y)} \tag{6.1}$$

$$I(X;Y) = \sum_{x} \sum_{y} p(x_1,\ldots,x_n,y) \cdot \mathrm{ld} \frac{p(x_1,\ldots,x_n,y)}{p(x_1,\ldots,x_n) \cdot p(y)} \tag{6.2}$$

Die Verbundwahrscheinlichkeiten $p(x,y)$ beziehungsweise $p(x_1,\ldots,x_n,y)$ lassen sich durch zwei- beziehungsweise $(n+1)$-dimensionale l_1-normierte Histogramme approximieren. Gleiches gilt für die Randverteilungshistogramme $p(x)$ beziehungsweise $p(x_1,\ldots,x_n)$ und $p(y)$. Die Summe läuft über alle Bins der Histogramme. Die Bins beinhalten jeweils diskrete Werte als Approximation der Wahrscheinlichkeiten.

Bei der Erstellung der Histogramme ist auf eine geeignete Wahl der Binbreiten zu achten. In [Eisenbach et al., 2012] wurde vorgeschlagen, die Modi der häufig multimodalen Datenverteilungen über Mean-Shift-Clustring zu ermitteln und die Binbreite nach der Regel von Scott [Scott, 1992], angewendet auf den Modus mit der größten Varianz, zu bestimmen. Außerdem sollten Positiv- und Negativdaten so gewichtet werden, dass sie den gleichen Einfluss auf das Histogramm haben.

Merkmalsauswahl Für die Auswahl von Merkmalsteilmengen wird die Joint Mutual Information verwendet, weil sie auch in der Lage ist, schwach relevante Merkmale zu identifizieren und auszuwählen. Dies ist wichtig, da XOR-ähnliche Probleme, das heißt schwach relevante Merkmale, in Merkmalsräumen bei Merkmalen der erscheinungsbasierten Wiedererkennung vorkommen.
Da es nahezu unmöglich ist, die Joint Mutual Information für alle Kombinationen von Kanälen in vertretbarer Zeit zu berechnen, werden die Kanäle bei dem vorgestellten Ansatz in annähernd unabhängige Gruppen von fünf bis zehn Kanälen aufgeteilt. Die Aufteilung kann durch die Ermittlung der statistischen Unabhängigkeit mittels Mutual Information automatisch erfolgen oder durch Expertenwissen. Unter Benutzung kleiner Gruppen wird die beste Untermenge an Merkmalen pro Gruppe anhand der größten Joint Mutual Information ausgewählt. Im nächsten Durchlauf werden ähnliche Gruppen kombiniert, um neue Untermengen zu finden und nicht selektierte Kanäle zu entfernen. Dieses Entfernen von Kanälen wird wiederholt, bis die gewünschte Anzahl an Merkmalen ausgewählt wurde.

Template-Generierung

Nach der Auswahl der am besten geeigneten Merkmale muss das *Template* der Zielperson erstellt und eine geeignete Metrik für den Vergleich mit beobachteten Personen gefunden werden. Zum Lernen der geeigneten Metrik wird in diesem Kapitel bewusst ein einfacher Ansatz gewählt. Dies soll den Beitrag der Merkmalsauswahl zur Erstellung eines personenspezifischen *Templates* in den späteren experimentellen Untersuchungen betonen. Modernere Ansätze zum *Metric Learning* werden ergänzend in Kapitel 7 vorgestellt.

In dem hier verwendeten einfachen Ansatz werden zuerst aus den Trainingsbeispielen der Zielperson die Modi der gegebenenfalls multimodalen Datenverteilung durch Mean-Shift-Clustering ermittelt. Anschließend wird pro Cluster als Metrik die Mahalanobis-Distanz anhand der Kovarianzmatrix[1] bestimmt. Das kompakte *Template* beinhaltet nur die Clusterzentren mit jeweiliger Metrik.

6.2.3 Vergleich von Personen mit dem Template

Für das *Matching* eines Merkmalsvektors $\underline{\mathbf{x}}_i$ einer beobachteten Person i mit dem *Template* wird als Score die geringste Mahalanobis-Distanz d_i zu einem der k Clusterzentren $\underline{\mu}_j$ ermittelt (Gleichung (6.3)). Die Mahalanobis-Distanz pro Cluster wird jeweils durch eine Matrix $\underline{\mathbf{M}}_j$ abgebildet.

$$d_i = \min_j \sqrt{(\underline{\mathbf{x}}_i - \underline{\mu}_j)^T \underline{\mathbf{M}}_j (\underline{\mathbf{x}}_i - \underline{\mu}_j)}, \qquad j = 1 \dots k \tag{6.3}$$

Zur Beurteilung der Übereinstimmung der Person mit dem *Template* werden mehrere Beobachtungen berücksichtigt. Außerdem werden Merkmale aus mehreren Bildregionen kombiniert. Für die Entscheidung, ob die beobachtete Person mit dem Template übereinstimmt, wird berücksichtigt,

- ob die Person auf Platz eins des Rankings steht,
- ob der Score zu Rang zwei des Rankings eine Mindestdifferenz überschreitet und
- ob der Score einen globalen Schwellwert überschreitet.

[1] Die notwendige Berechnung und Invertierung der Kovarianzmatrix bereitet aufgrund der geringen Dimensionalität des ausgewählten Merkmalssets keine Probleme.

Ergänzende Ausführungen Vertiefende Details zur Erstellung eines kompakten Templates sind in Anhang D.1 zu finden. Anhang D.1.1 erläutert die Bedingungen zur Verwendbarkeit von Merkmalen für den vorgestellten Algorithmus zur Merkmalsauswahl und gibt Beispiele an. Weitere Beschreibungen zu den verwendeten Merkmalen sind in Anhang D.1.2 zu finden. Die geeignete Zusammenstellung der Trainingsdaten wird in Anhang D.1.3 erläutert. Nähere Ausführungen der Erkenntnisse aus [SCHAFFERNICHT et al., 2010] zur Eignung verschiedener Methoden zur Abschätzung der Mutual Information für eine Merkmalsauswahl sind in Anhang D.1.4 zu finden. Details zur Approximation von Wahrscheinlichkeiten über Histogramme werden in Anhang D.1.5 erläutert. Die Vor- und Nachteile der Joint Mutual Information gegenüber einem alternativen Ansatz werden in Anhang D.1.6 diskutiert. Die Aspekte zur Beurteilung der Übereinstimmung einer Person mit dem *Template* werden in Anhang D.1.7 näher ausgeführt.

6.2.4 Evaluation

Zur Evaluation des vorgestellten Ansatzes wird der Casia-A-Datensatz [WANG et al., 2003] verwendet (siehe Grundlagen, Kapitel 3.1.3, Abbildung 3.3(f)). Als Referenz werden die Ergebnisse des Ansatzes von [JÜNGLING und ARENS, 2011] aufgeführt, bei dem SIFT- und ISM-Merkmale für die Wiedererkennung genutzt werden. Der Referenzansatz erzielte zum Zeitpunkt der Veröffentlichung des vorgestellten Verfahrens [EISENBACH et al., 2012] auf dem Casia-A-Datensatz die besten Ergebnisse, sodass die erzielte Verbesserung durch den eigenen Ansatz verdeutlicht werden kann.

Versuchsaufbau

Der Casia-A-Datensatz beinhaltet 16 Personen. Jede dieser Personen bewegte sich je zweimal entlang sechs vorgegebener Pfade und kann dadurch aus sechs verschiedenen Perspektiven beobachtet werden (siehe

Abbildung 6.1). Insgesamt ergeben sich damit $16 \times 6 \times 2 = 192$ Sequenzen. Für jede der sechs Perspektiven existieren 32 Aufnahmen, in denen jede Person in genau zwei Aufnahmen enthalten ist. Die Hälfte der 32 Aufnahmen wird für die Generierung des *Templates*, inklusive automatischer Merkmalsauswahl, verwendet. Dabei sind alle 16 Personen enthalten.

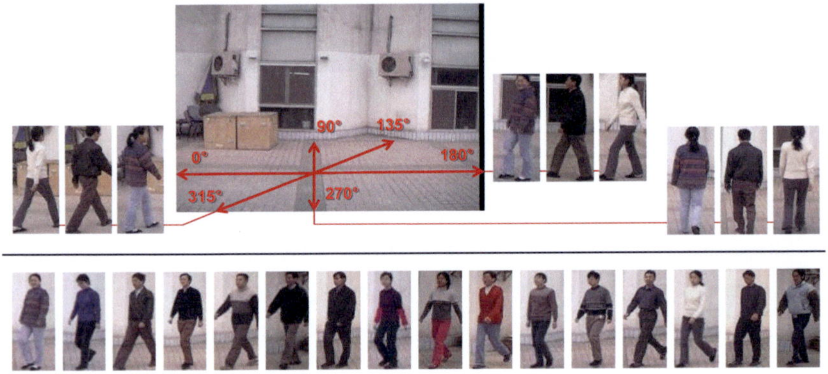

Abbildung 6.1: Casia-A-Datensatz
Bei der Wiedererkennung sind 16 Personen zu unterscheiden, die sich entlang der sechs gekennzeichneten Pfade bewegen. Quelle Einzelbilder: [WANG et al., 2003]

Beim Casia-A-Datensatz besteht die Aufgabe darin, einer Probe, die 16 Personen in einer von sechs Perspektiven ($0°, 90°, 135°, 180°, 270°$ oder $315°$) zeigt, das am besten übereinstimmende Template der Galerie zuzuordnen. Die Bilder der Galerie enthalten die selben Personen, aber die Perspektive kann sich unterscheiden.

Die Evaluation der Wiedererkennungsleistung wurde für alle Paare von Perspektiven durchgeführt. Wie in [JÜNGLING und ARENS, 2011] erfolgte eine *Closed Set Evaluation*, das heißt, die Personen der Galerie und der Probe waren identisch (siehe Grundlagen, Kapitel 3.1.1). Die Merkmalsauswahl für die Template-Generierung erfolgte anhand der 16 Trainingssequenzen der ersten Perspektive. Alle 32 Sequenzen dieser Perspektive bildeten die Galerie. Die Probe bestand aus den 32 Sequenzen der zweiten Perspektive. Waren die Perspektiven identisch, so wurde eine 32-faltige Kreuzvalidierung durchgeführt, bei der die Galerie jeweils aus 31 der 32 Sequenzen bestand und die Probe aus der verbleibenden Sequenz.

Es musste für alle Probesequenzen ein Ranking der Galerie erstellt werden, dass anschließend bewertet wurde. Als Gütekriterium wurde die Korrektklassifikationsrate (CCR, engl. *Correct Classification Rate*) [JÜNGLING und ARENS, 2010] verwendet, um einen Vergleich mit dem Referenzansatz zu ermöglichen. Um einen fairen Vergleich zu erreichen, wurde das Ranking nur als korrekt betrachtet, wenn die zwei Sequenzen (von 32) der Galerie, die zur Person aus der Probe gehören, auf Platz eins und zwei in das Ranking einsortiert wurden. Jedes *Template* der gesuchten Person, das schlechter in das Ranking einsortiert wurde, wurde als Fehler bewertet. Bei identischen Perspektiven wurde überprüft, ob das einzige *Template* der gesuchten Person der Galerie auf Rang eins im Ranking (von 31 *Templates*) einsortiert wurde. Die Korrektklassifikationsrate entpricht somit der Rang-1-Statistik der CMC-Kurve.

Ergebnisse für einzelne Körperbereiche

In Tabelle 6.2(a) sind die Ergebnisse des vorgestellten Ansatzes für verschiedene Ansichtskombinationen des Casia-A-Datensatzes dargestellt. Dabei wurden online ausgewählte Merkmale des Oberkörpers verwendet. Tabelle 6.2(b) stellt die Ergebnisse dar, die mit online ausgewählten Merkmalen des Unterkörpers erzielt wurden. Die Referenzergebnisse von [JÜNGLING und ARENS, 2011] sind in Tabelle 6.1 dargestellt. Für eine bessere Vergleichbarkeit sind Unterschiede zum Referenzansatz bezüglich der Wiedererkennungsleistung in Tabelle 6.2 farblich hervorgehoben (siehe Bildunterschrift).

Wie zu sehen ist, führen die ausgewählten einfachen aber diskriminativen, personenspezifischen Merkmale zu sehr guten Ergebnissen bei der ansichtsinvarianten, erscheinungsbasierten Personenwiedererkennung. Die Vorteile des gewählten Ansatzes werden deutlich: Statt wie [JÜNGLING und ARENS, 2011] generische, deskriptive Merkmale zu wählen, die unter Umständen schon bei einer Drehung der Person nicht mehr erkennbar sind, wird durch die Merkmalsauswahl des vorgestellten Ansatzes ein auf die Zielperson zugeschnittenes Merkmalsset ausgewählt. Dieses besteht ausschließlich aus einfachen Merkmalen, zum Beispiel der Kleidungsfarbe, die auch bei Änderungen der Perspektive noch erkannt werden kann. Texturmerkmale werden nur für Zielpersonen ausgewählt, bei denen die Bekleidung auch eine gewisse Struktur aufweist. Die ausgewählten Merkmale wären unter Umständen nicht für die Unterscheidung von zwei anderen Personen geeignet. Weil die Merkmalsauswahl online während des Enrollments erfolgt, kann für jede Person eine geeignete Menge an wenigen Merkmalen gefunden werden.

Weitere Untersuchungen

In [EISENBACH et al., 2012] wurden weitere Untersuchungen durchgeführt, die nachfolgend zusammengefasst werden. Ausführliche Erläuterungen sind in Anhang D.2 zu finden.

		Probe					
	Winkel	0°	90°	135°	180°	270°	315°
Galerie	0°	93	25	42	81	27	57
	90°	25	100	36	20	67	34
	135°	42	36	100	50	36	72
	180°	81	20	50	93	20	25
	270°	27	67	36	20	100	42
	315°	57	34	72	25	42	100

Tabelle 6.1: Korrektklassifikationsrate des Referenzansatzes
Korrektklassifikationsrate (CCR, engl. *Correct Classification Rate*) des Referenzansatzes [JÜNGLING und ARENS, 2011] für den Casia-A-Datensatz

	Winkel	Probe 0°	90°	135°	180°	270°	315°
Galerie	0°	100	78	94	100	81	92
	90°	73	100	83	77	89	75
	135°	84	89	94	83	78	86
	180°	100	78	88	100	78	94
	270°	81	91	88	81	100	91
	315°	86	66	77	78	89	100

(a) Oberkörpermerkmale

	Winkel	Probe 0°	90°	135°	180°	270°	315°
Galerie	0°	94	70	72	86	72	75
	90°	50	100	64	45	94	61
	135°	80	89	88	70	83	88
	180°	89	72	73	91	70	75
	270°	61	94	75	52	100	80
	315°	83	66	80	66	73	94

(b) Unterkörpermerkmale

Tabelle 6.2: Korrektklassifikationsraten für Paare von Perspektiven

Angegeben ist die Korrektklassifikationsrate (CCR, engl. *Correct Classification Rate*) des vorgestellten Ansatzes [EISENBACH et al., 2012] mit Merkmalen des (a) Oberkörpers und (b) Unterkörpers für verschiedene Paare von Perspektiven des Casia-A-Datensatzes. Um einen schnellen Vergleich zum Referenzansatz [JÜNGLING und ARENS, 2011] zu ermöglichen, sind die Ergebnisse grün hervorgehoben, wenn sie besser sind, schwarz bei Gleichheit und orange bei einer schlechteren Wiedererkennungsleistung.

Fusion von Merkmalen Unter anderem wurden die Wiedererkennungsergebnisse der Merkmale aus den beiden Körperbereichen fusioniert. Durch die Kombination der Merkmale kann die Leistungsfähigkeit signifikant gesteigert werden. Das vorgestellte Verfahren schneidet für jede Kombination von Perspektiven deutlich besser ab als [JÜNGLING und ARENS, 2011]. Wenn die Perspektiven für Galerie und Probe übereinstimmen, wird eine perfekte Wiedererkennung erreicht.

Evaluation auf Realweltdaten Neben der Evaluation auf Benchmarkdaten erfolgte in [Eisenbach et al., 2012] auch eine Evaluation auf Realweltdaten am Beispiel der im Forschungsprojekt APFel umgesetzten Videoüberwachung. Die Vorstellung der anwendungsbezogenen Ergebnisse erfolgt in Kapitel 10.

Laufzeitanalyse Durch das reduzierte Merkmalsset und den Einsatz eines sehr einfachen Ähnlichkeitsmaßes erfolgt das Matching sehr effizient. Die Wiedererkennung einer Person bei der Videoüberwachung auf allen Bildern von 100 Minuten HD-Videodaten bei vorberechneten Merkmalen dauerte weniger als 10 Sekunden. Damit kann die Zeit für die Erstellung des Templates schnell kompensiert werden.

Anwendbarkeit des Verfahrens Obwohl das vorgestellte Verfahren in den Experimenten sehr gut funktioniert, gibt es zwei Einschränkungen bei der Anwendbarkeit, die geeignet behandelt werden müssen. In Anhang D.2.3 wird darauf eingegangen, wie die Zeit für die *Template*-Generierung reduziert werden kann und wie hochdimensionale Merkmalsvektoren eingebunden werden können.

6.3 Adaption des Templates

Die Qualität des *Templates* hängt maßgeblich von den Umweltbedingungen — das heißt zum Beispiel unterschiedlichen Perspektiven und Beleuchtungen — ab, die durch die Trainingsdaten beim Enrollment abgebildet werden. In manchen Anwendungen kann es notwendig sein, das Enrollment bereits mit sehr wenigen Trainingsdaten zu beginnen. Dies ist zum Beispiel bei dem gewählten robotischen Szenario des Begleitens von Patienten notwendig, um eine lange Einlernphase, die mit Wartezeiten für die Patienten einhergeht, zu vermeiden. Durch die wenigen Trainingsdaten kann die Vielfalt der Umweltbedingungen der Anwendung meistens nicht abgebildet werden. Das *Template* ist nur für die

Wiedererkennung über einen kurzen Zeitraum geeignet. Um die Zielperson auch über einen längeren Zeitraum robust wiedererkennen zu können, muss das Template adaptiert werden. Nachfolgend wird der in [EISENBACH et al., 2015b] publizierte Ansatz zur Adaption des *Templates* beschrieben.

Erweiterung der Trainingsdaten Die Adaptivität des *Templates* wird erreicht, indem jeweils neue Ansichten der Zielperson zum Trainingsdatensatz für die *Template*-Generierung hinzugefügt werden, wenn die Person durch die erscheinungsbasierte Wiedererkennung sicher erkannt wird. In diesem Fall können alle neuen Ansichten verwendet werden, solange die Person ohne Mehrdeutigkeiten sicher getrackt werden kann. Diese neuen Ansichten beinhalten oft auch neue Beleuchtungssituationen und andere Umwelteinflüsse, die bisher im *Template* nicht berücksichtigt wurden. Anhand der erweiterten Trainingsdaten kann ein angepasstes *Template* generiert werden. Durch die neuen Ansichten werden veränderte Umwelteinflüsse für zukünftige Erkennungsschritte berücksichtigt. Die Berücksichtigung weiterer Umwelteinflüsse führt im Gegenzug öfters zu einer sicheren Wiedererkennung.

Reduktion der Trainingsdaten Haben die Trainingsdaten für die *Template*-Generierung eine vorgegebene Größe erreicht, sollte ein Clustering über alle gespeicherten Ansichten erfolgen, um die Menge der Trainingsdaten wieder zu reduzieren. Durch die Limitierung der Trainingsdatenmenge wird die maximal benötigte Zeit für die Generierung des *Templates* begrenzt.

Für die Reduktion der Trainingsdaten wird das k-Medoids-Clustering eingesetzt. Dieses Clustering hat den Vorteil, dass Clusterzentren ausschließlich auf den zu clusternden Datenpunkten liegen können. Damit wird garantiert, dass nur die in den Trainingsdaten vorhandenen Ansichten als Clusterzentren gewählt werden können, statt Mittelwerte zwischen zwei Ansichten.

Durch die Anzahl der Cluster wird vorgegeben, auf wie viele Ansichten die Trainingsdaten reduziert werden sollen. Dabei wird jeweils nur eine repräsentative Ansicht pro gefundenem Cluster — das Clusterzentrum — ausgewählt. Die Vielfältigkeit des *Templates* wird durch dieses ausschließliche Gruppieren ähnlicher Ansichten kaum vermindert. Somit kann sichergestellt werden, dass lange zurückliegende Ansichten nicht vergessen werden, aber auch ständig neues Wissen über die Zielperson hinzugefügt wird.

Evaluation Der Nutzen der Adaption des *Templates* kann nur in einer realen Anwendung beurteilt werden. Daher wird die Adaption des *Templates* erst im Rahmen der robotischen Anwendung in Kapitel 10.2.3 experimentell evaluiert und der interessierte Leser auf dieses Kapitel verwiesen. Dabei werden für das initiale Enrollment nur wenige Trainingsdaten genutzt, sodass die Wiedererkennung nur bei geeigneter Adaption des *Templates* robust über einen längeren Zeitraum erfolgen kann.

6.4 Fazit

Die Generierung eines geeigneten Templates ist entscheidend für eine spätere Wiedererkennung. Das Template erzielt einen großen Nutzen, wenn es möglichst kompakt und adaptiv ist.

Die geringe Größe des *Templates* wird durch eine automatische, personenspezifische Online-Merkmalsauswahl während des Enrollments erreicht. Die Relevanz der Merkmale wird basierend auf der Joint Mutual Information (dt. Verbund-Transinformation) ermittelt. Weil das *Template* nur aus einer minimalen Anzahl diskriminativer Merkmale besteht, kann das *Matching* sehr schnell berechnet werden. Um die Zielpersonen in 100-minütigen Videodaten zu finden, werden nur zehn Sekunden benötigt. Die Experimente weisen nach, dass der vorgestellte Ansatz auf dem Casia-A-Datensatz bessere Wiedererkennungsergebnis-

se erzielt als ein Verfahren, das ein leistungsfähiges aber nicht personenspezifisches Merkmalsset verwendet.
Die Adaptivität des *Templates* wird durch ein kontinuierliches Template-Update im Falle einer sicheren Wiedererkennung oder eines sicheren Trackings erreicht. In diesem Fall werden neue Ansichten zum Trainingsdatensatz hinzugefügt. Durch das regelmäßige Zusammenfassen ähnlicher Ansichten wird die Trainingsdatenmenge reduziert, sodass zu jeder Zeit ein neues, verbessertes *Template* in geringer Zeit generiert werden kann.

6.5 Erzielter Nutzen durch Template-Generierung

Der durch das kompakte und adaptive *Template* erzielbare Nutzen für eine Personenwiedererkennung ist in Abbildung 6.2 dargestellt.
Da während des Enrollments robuste personenspezifische Merkmale ausgewählt werden, die für die Zielperson hinreichend unveränderlich sind, wird die *Beständigkeit* deutlich verbessert. Die Verwendung nur weniger ausgewählter Merkmale erhöht außerdem die *Verarbeitungsgeschwindigkeit.*
Da die ausgewählten Merkmale für die Person spezifisch sind und das Auswahlkriterium eine hohe Diskriminanz zu andern Personen ist, verbessert sich durch die Merkmalsauswahl auch die *Genauigkeit* der Wiedererkennung.
Die *Resistenz gegen Überlistung* wird durch mehrere Mechanismen verbessert: Die automatische Auswahl personespezifischer Merkmale verhindert bewusste Täuschungen, die auf bestimmte Merkmale abzielen. Durch ein Template-Update werden ständig neue Erscheinungsbilder einer Person in das Template aufgenommen. Solange die Person sicher getrackt wird, kann auch ein bewusster Wechsel der Kleidung das Wiedererkennungssystem nicht täuschen, da die neuen Ansichten zum Template hinzugefügt werden.

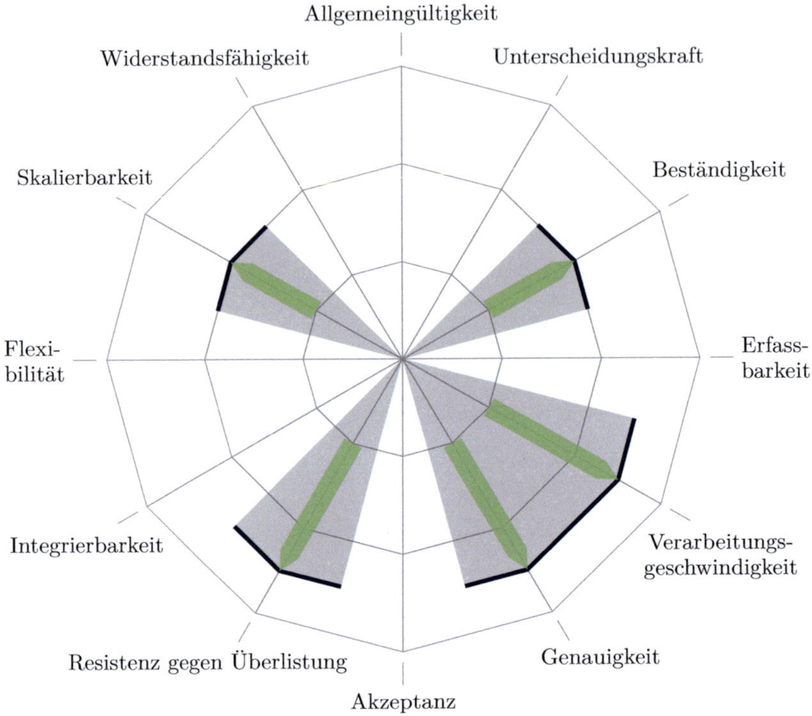

Abbildung 6.2: Nutzen der Template-Generierung für die Wiedererkennung
Für eine Beschreibung der erzielten Verbesserungen sei auf den Text in Abschnitt 6.5 verwiesen.

Eine gute *Skalierbarkeit* wird durch ein kompaktes, adaptives Template gewährleistet. Durch ausgewählte Merkmale wird das Template kompakt gehalten. Bei der Adaption des Templates wird durch Clustering erreicht, dass ähnliche Ansichten zusammengefasst werden und das Template eine vorgegebene Größe somit nicht überschreitet.

Kapitel 7

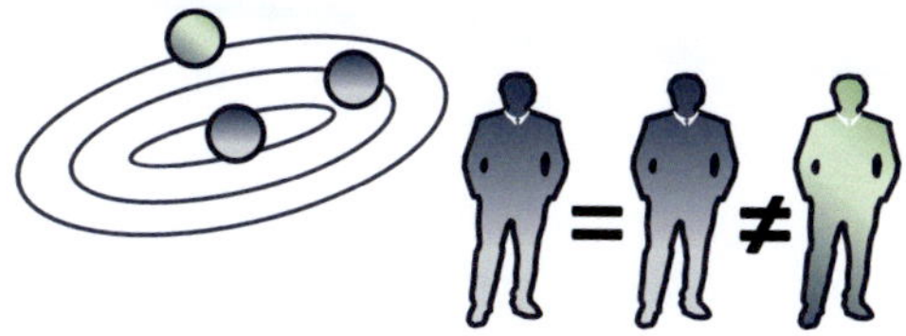

Matching

Nach der Generierung des Templates der Zielperson (Kapitel 6) und der Extraktion der Merkmale für alle aktuell beobachteten Personen (Kapitel 5), muss ein Vergleich der Merkmale der beobachteten Personen mit dem Template der Zielperson erfolgen (engl. *Matching*). Um die Zielperson in großen Videodatenmengen in kurzer Zeit finden zu können, sind effiziente und leistungsfähige Vergleiche der Merkmalsvektoren notwendig. Zusätzlich sollten beim Vergleich der Merkmalsvektoren störende szenariospezifische Umweltbedingungen, wie zum Beispiel variierende Beleuchtungen und Bildauflösungen, kompensiert werden. Die dafür nötige szenariospezifische Distanzmetrik kann beispielsweise durch *Metric Learning* gefunden werden (Abschnitt 7.1). Typischerweise setzen maschinelle Lernverfahren aus dieser Familie unter anderem eine Dimensionsreduktion der Merkmalsvektoren um. Dies wird erreicht durch eine Projektion der Merkmalsvektoren in einen geeigneten Unterraum. Die geringere Dimensionalität der zu vergleichenden Vektoren führt zu einer erhöhten Effizienz beim Matching, sodass das Videomaterial schneller als in Echtzeit durchsucht werden kann.

Anhand der gelernten Metrik kann der Merkmalsvektor der Probe mit allen Templates der Galerie verglichen und pro Template ein Distanzscore berechnet werden. Durch die Sortierung der Personen der

Galerie basierend auf den berechneten Scores lässt sich ein Ranking erstellen. Die Person auf Platz eins des Rankings stimmt am besten mit der Probe überein. Trotz der Kompensation von Umweltbedingungen durch die Distanzmetrik kann es zu einer nicht optimalen Sortierung kommen. In diesem Fall kann ein *Re-Ranking* helfen, die Sortierung zu verbessern (Abschnitt 7.2).

7.1 Metric Learning

Metric Learning wird genutzt, um eine szenariospezifische Distanzmetrik[1] zu bestimmen. Anhand der gelernten Distanzmetrik lassen sich extrahierte Merkmalsvektoren von Personen besser vergleichen als mit herkömmlichen Distanzmaßen. Dadurch wird die Unterscheidbarkeit der Personen verbessert. Dies wird erreicht durch eine Reduktion der Innerklassenvarianz und eine Vergrößerung der Zwischenklassenvarianz. Das Ziel von *Metric Learning* ist das Finden einer Distanzmetrik, durch die die Distanzscores aus Vergleichen von Merkmalsvektoren der gleichen Person (*Genuine*-Scores) stets kleiner sind als Distanzscores aus Vergleichen von Merkmalsvektoren unterschiedlicher Personen (*Impostor*-Scores). Dieses Ziel lässt sich in der Praxis jedoch nicht erreichen. Stattdessen versucht *Metric Learning* eine Distanzmetrik zu finden, die diese gewünschte Sortierung für möglichst viele *Genuine*- und *Impostor*-Scores sicherstellen kann. Hierzu sei auf Gleichung (3.5) in den Grundlagen, Kapitel 3.1.1, Absatz "Ziel der Wiedererkennung" verwiesen.

Anwendbarkeit und Abgrenzung zu gelernten Merkmalen Sowohl beim Lernen von Merkmalen (Kapitel 5.3.3) als auch beim *Metric Learning* wird versucht die Unterscheidbarkeit der Merkmalsvektoren unterschiedlicher Personen zu steigern. Dabei soll jeweils die In-

[1] Die mathematische Definition einer Distanzmetrik ist in Anhang E.1.1 zu finden.

nerklassenvarianz reduziert und die Zwischenklassenvarianz gesteigert werden.

Die beiden Ansätze zielen jedoch auf unterschiedliche Anwendungsszenarien ab. Zum Lernen von Merkmalen durch den Einsatz von Deep-Learning-Techniken werden sehr viele Trainingsdaten benötigt. Diese Datenmenge ist in der Regel nur in Benchmarkdatensätzen vorhanden. Für ein Training auf Daten der geplanten Anwendung ist ein erheblicher Labelingaufwand notwendig. *Metric Learning* ist dagegen auch mit sehr wenigen Daten möglich, da Verfahren des klassischen maschinellen Lernens eingesetzt werden. Das Lernen einer Metrik auf wenigen gelabelten Anwendungsdaten bereitet keine Probleme. Somit werden anwendungsspezifische Umwelteinflüsse, wie spezielle Beleuchtungs- oder Verdeckungssituationen, durch die gelernte Metrik kompensiert. Für die praktische Anwendung ist eine Kombination beider Ansätze zu empfehlen. Zunächst sollten geeignete Merkmale auf Benchmarkdatensätzen gelernt werden. Anschließend sollte zusätzlich eine geeignete Metrik für den Vergleich der gelernten Merkmale auf Anwendungsdaten gelernt werden. Damit lassen sich die Vorteile beider Ansätze kombinieren.

In den Untersuchungen dieser Arbeit wird *Metric Learning* auf händisch entworfene Merkmale angewendet. Der Grund war der Zeitpunkt der Durchführung der Experimente in [Eisenbach et al., 2015b]. In den Jahren 2014 und 2015 wurden die ersten Datensätze für das Training tiefer Neuronaler Netzwerke zum Lernen erscheinungsbasierter Wiedererkennungsmerkmale gerade erst veröffentlicht.

Die geringere Leistungsfähigkeit der händisch entworfenen Merkmale ist jedoch auch gut geeignet, um den Nutzen der gelernten Metrik herauszustellen.

7.1.1 State of the Art Metric Learning

[Bellet et al., 2013] stellen verschiedene Kriterien zur Systematisierung von *Metric-Learning*-Verfahren vor. In dieser Arbeit werden die Verfahren nach der Form der Metrik unterschieden. Abbildung 7.1 zeigt eine Systematisierung von *Metric-Learning*-Verfahren, die für die erscheinungsbasierte Wiedererkennung eingesetzt wurden. Es werden lineare und nichtlineare Distanzmetriken unterschieden. Lokale Metriken werden in Kapitel 7.1.5 betrachtet.

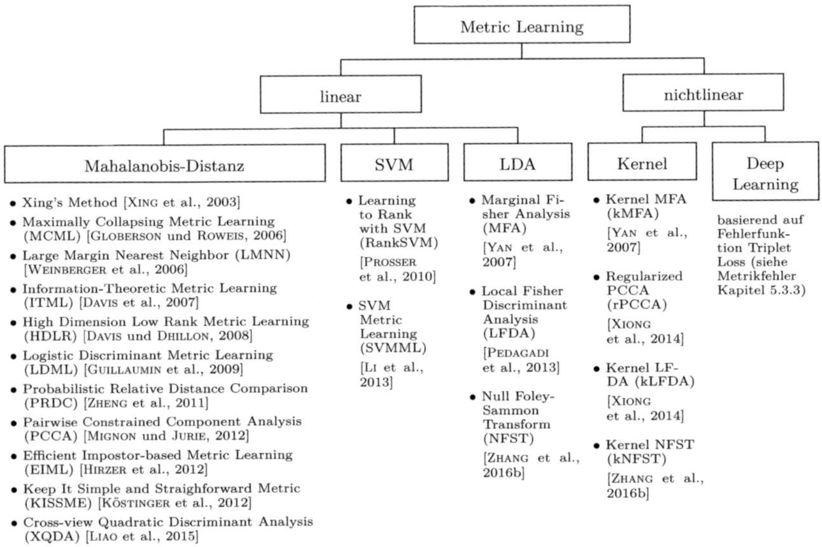

Abbildung 7.1: Übersicht Metric-Learning-Verfahren
Systematisierung von State-of-the-Art–Verfahren zum Metric Learning, die für die erscheinungsbasierte Personenwiedererkennung eingesetzt wurden. Einteilung der Verfahren angelehnt an [Vorndran, 2015b][3] und um weitere Verfahren ergänzt

Bei den linearen Verfahren können drei Umsetzungen unterscheiden werden. Viele Ansätze versuchen die Matrix zur Berechnung einer Mahalanobis-Distanz zu ermitteln. Die Matrix kann entweder über ein Optimierungsproblem iterativ angenähert werden oder direkt in einem Schritt approximiert werden. Bei der direkten Schätzung werden zunächst die Differenzen von Merkmalsvektoren aus *Genuine*-Paaren und *Impostor*-Paaren bestimmt. Durch die Differenzvektoren lassen sich die *Genuine*- und *Impostor*-Kovarianzmatrizen ermitteln. Die Matrix zur

Berechnung einer Mahalanobis-Distanz ergibt sich aus der Differenz der *Genuine-* und *Impostor*-Kovarianzmatrix. Verfahren der Kategorie SVM formulieren die Mahalanobis-Distanz derart um, dass eine *Support Vector Machine* (SVM) zur Ermittlung der Distanz genutzt werden kann. Verfahren der Kategorie LDA führen eine Unterraumprojektion der Merkmalsvektoren durch, sodass die projizierten Vektoren durch die euklidische Distanz verglichen werden können. Die Verfahren zum Lernen eines geeigneten Unterraums sind abgeleitet von der *Linear Discrimint Analysis* (LDA).

Nichtlineare *Metric-Learning*-Verfahren sind entweder kernelbasierte Versionen der linearen Verfahren oder setzen die Nichtlinearität über *Deep Learning* um. Für Verfahren der Kategorie *Deep Learning* sei auf Kapitel 5.3.3, Abschnitt Metrikfehler verwiesen.

Im Rahmen dieser Arbeit wurde in [VORNDRAN, 2015a][2], [VORNDRAN, 2015b][3] und [EISENBACH et al., 2015b] die Eignung von *Metric-Learning*-Verfahren für die erscheinungsbasierte Personenwiedererkennung untersucht. Dabei wurden KISSME [KÖSTINGER et al., 2012] und das Kernel-LFDA-Verfahren zum Lernen einer Distanzmetrik untersucht, weil diese Verfahren in der umfangreichen Evaluation von [XIONG et al., 2014] auf zahlreichen Datensätzen jeweils eine der besten Leistungen für lineare beziehungsweise nichtlineare Ansätze erzielten. Auf KISSME wird in Abschnitt 7.1.2 näher eingegangen, auf das Kernel-LFDA-Verfahren in Abschnitt 7.1.3.

Neben diesen beiden Verfahren wird für die erscheinungsbasierte Wiedererkennung außerdem noch häufig das XQDA-Verfahren [LIAO et al., 2015] angewendet. Für umfangreiche Übersichten zu *Metric-Learning*-Verfahren für verschiedene Anwendungen sei auf [BELLET et al., 2013] und [KULIS, 2013] verwiesen.

[2] Das Fachpraktikum von Alexander Vorndran wurde vom Autor betreut.
[3] Die Bachelorarbeit von Alexander Vorndran wurde vom Autor betreut.

7.1.2 Lineares Metric Learning[4]

Als repräsentatives, leistungsfähiges lineares *Metric-Learning*-Verfahren wurde KISSME [Köstinger et al., 2012] (Keep It Simple and Straightforward Metric, dt. halte-es-einfach-und-unkompliziert-Metrik) ausgewählt. KISSME erzielte unter den linearen Verfahren in der umfangreichen Evaluation von [Xiong et al., 2014] auf zahlreichen Datensätzen die besten Leistungen. Das *Metric-Learning*-Verfahren ermittelt eine Mahalanobis-Distanzmetrik in einem Schritt. Das heißt, es wird kein aufwendiges, iterativ zu lösendes Optimierungsproblem formuliert, sondern eine direkte Lösung berechnet. Dies führt zu geringen Trainingszeiten. Algorithmus 7.1 zeigt die notwendigen Rechenschritte zur Bestimmung der Matrix $\underline{\mathbf{M}}$, die für die Berechnung der Mahalanobis-Distanz notwendig ist.

Zuerst wird das Multiklassenproblem der Identifikation verschiedener Personen umformuliert in ein Zweiklassenproblem zur Unterscheidung von *Genuine*- und *Impostor*-Paaren (Algorithmus 7.1, Zeile 3 – 7). Anschließend werden die Differenzen der jeweiligen Paare berechnet. Die Differenzen der *Genuine*- und *Impostor*-Paare werden als normalverteilt angenommen und entsprechend über Kovarianzmatrizen beschrieben (Algorithmus 7.1, Zeile 8). Zuletzt wird die Mahalanobis-Matrix $\underline{\mathbf{M}}$ direkt als Differenz der inversen Kovarianzmatrizen berechnet (Algorithmus 7.1, Zeile 9). Dabei kann der Einfluss der *Impostor*-Kovarianzmatrix noch mit einem Faktor α gewichtet werden. Die Metrik bewertet demnach den Einfluss von Dimensionen beziehungsweise Richtungsvektoren im Merkmalsraum höher, bei denen es größere Unterschiede zwischen *Genuine*- und *Impostor*-Paaren gibt und die damit zu einer besseren Unterscheidung von *Genuine*- und *Impostor*-Paaren beitragen. Für den mathematischen Nachweis, dass die Matrix $\underline{\mathbf{M}}$ auf diese Weise geeignet approximiert wird, sei auf [Köstinger et al., 2012] verwiesen.

[4] Die in diesem Abschnitt verwendeten Formeln wurden aus [Vorndran, 2015a][2] entnommen und angepasst.

Eingaben

$\underline{\mathbf{X}} = \left(\underline{\mathbf{x}}_1,\ \underline{\mathbf{x}}_2,\ \ldots,\ \underline{\mathbf{x}}_N\right)$ *// N Merkmalsvektoren*

$\underline{\mathbf{l}} = (l_1,\ l_2,\ \ldots,\ l_N)$ *// N Personenlabel*

Initialisierung

$S_{\omega^k} \leftarrow \varnothing,\ k\in\{+,-\}$ *// Mengen der Genuines und Impostors*
// anfangs leer

Einteilung in Genuines und Impostor:

`for` $i \leftarrow 1 \ldots (N-1)$: *// betrachte alle Paare* $(x_i,\ x_j)$

  `for` $j \leftarrow (i+1) \ldots N$:

  $k \leftarrow \begin{cases} + & \texttt{if} \quad l_i = l_j \\ - & \texttt{if} \quad l_i \neq l_j \end{cases}$

  // Genuine wenn Label übereinstimmen, Impostor sonst

  $S_{\omega^k} \leftarrow S_{\omega^k} \cup \left\{(\underline{\mathbf{x}}_i,\ \underline{\mathbf{x}}_j)\right\}$

  // Paar $(x_i,\ x_j)$ *zu entsprechender Menge hinzufügen*

Berechnung der Matrix $\hat{\underline{\mathbf{M}}}$ (Pseudometrik):

$\underline{\mathbf{C}}_{\omega^k} \leftarrow \frac{1}{N} \sum_{(\underline{\mathbf{x}}_i,\underline{\mathbf{x}}_j)\in S_{\omega^k}} (\underline{\mathbf{x}}_i - \underline{\mathbf{x}}_j) \cdot (\underline{\mathbf{x}}_i - \underline{\mathbf{x}}_j)^T,\ k\in\{+,-\}$

// Kovarianzmatrizen berechnen für Genuines und Impostors

$\hat{\underline{\mathbf{M}}} \leftarrow \underline{\mathbf{C}}_{\omega^+}^{-1} - \alpha \cdot \underline{\mathbf{C}}_{\omega^-}^{-1}$ `mit` $0 \leq \alpha \leq 1$

// Pseudometrikmatrix ergibt sich aus Differenz der
// inversen Kovarianzmatrizen ($\underline{\mathbf{C}}_{\omega^-}^{-1}$ *gewichtet mit* α)

Umwandlung in eine valide Metrik mittels Eigenwertclipping:

$\underline{\lambda}, \underline{\mathbf{V}} \leftarrow$ `Eigenwertzerlegung(`$\hat{\underline{\mathbf{M}}}$`)` *// Zerlegung in K Eigenwerte*
// und -vektoren

`for` $i \leftarrow 1 \ldots K$: *// prüfe ob alle Eigenwerte größer Null sind*

  `if` $\lambda_i < \epsilon$: *// wenn nicht*

  $\lambda_i \leftarrow \epsilon$ *// ersetze durch kleine positive Eigenwerte (Clipping)*

$\underline{\mathbf{M}} \leftarrow \underline{\mathbf{V}} \cdot (\underline{\lambda} \cdot \underline{\mathbf{I}}) \cdot \underline{\mathbf{V}}^T$

// Rekonstruktion der Matrix mit positiven Eigenwerten
// $\underline{\mathbf{M}}$ *ist nun symmetrisch positiv definit (SPD)*

Rückgabe

$\underline{\mathbf{M}}$ *// Matrix für Berechnung der Metrik*

Algorithmus 7.1: Metric-Learning-Verfahren KISSME

Algorithmus zur Berechnung der Keep-It-Simple-and-Straighforward-MEtric

Die quadrierte Mahalanobis-Distanz kann nach der Bestimmung der Mahalanobis-Matrix $\underline{\mathbf{M}}$ für zwei Merkmalsvektoren $\underline{\mathbf{x}}_i$ und $\underline{\mathbf{x}}_j$ wie folgt berechnet werden:

$$d^2_{\underline{\mathbf{M}}_{\text{KISSME}}} = (\underline{\mathbf{x}}_i - \underline{\mathbf{x}}_j)^T \cdot \underline{\mathbf{M}}_{\text{KISSME}} \cdot (\underline{\mathbf{x}}_i - \underline{\mathbf{x}}_j) \qquad (7.1)$$

Bei der Berechnung der Mahalanobis-Matrix $\underline{\mathbf{M}}$ mit dem KISSME-Verfahren können drei Probleme auftreten:

- $\underline{\mathbf{M}}$ ist unter Umständen keine gültige Metrik, da auch negative Distanzwerte beim Vergleich von Merkmalsvektoren entstehen können.
- Unbalancierte Daten führen dazu, dass überrepräsentierte Personen und Importors zu stark in die Berechnungen einfließen.
- Die Kovarianzmatrizen sind gegebenenfalls singulär und somit nicht invertierbar.

Auf die geeignete Behandlung dieser drei Probleme wird nachfolgend näher eingegangen.

Keine gültige Metrik

Die Differenz zweier invertierter Kovarianzmatrizen (Algorithmus 7.1, Zeile 8) ergibt in der Regel keine positiv semidefinite Matrix. Aber nur positiv semidefinite Matrizen erzwingen, dass alle berechneten Mahalanobis-Distanzen größer oder gleich null sind. Andernfalls wird die Nicht-Negativität-Bedingung für Distanzmetriken verletzt.

In [Köstinger et al., 2012] wird vorgeschlagen, die durch das KISSME-Verfahren berechnete Mahalanobis-Matrix $\hat{\underline{\mathbf{M}}}$ durch ein Eigenwertclipping in eine positiv semidefinite Matrix $\underline{\mathbf{M}}$ umzuwandeln (Algorithmus 7.1, Zeile 10 – 14). Dabei werden negative Eigenwerte durch kleine positive Eigenwerte ersetzt. Die anhand der geänderten Eigenwerte rekonstruierte Matrix $\underline{\mathbf{M}}$ ist symmetrisch positiv definit und erzeugt beim Vergleich von Merkmalsvektoren ausschließlich nicht-negative Distanzen.

Unbalancierte Daten

In der Regel lassen sich deutlich mehr *Impostor-* als *Genuine*-Paare aus den Trainingsdaten ableiten. Außerdem führt eine größere Anzahl an Bildern für einige Personen in den Trainingsdaten zu einer Überrepräsentation dieser Personen bei der Berechnung der Metrik. Diese unbalancierten Daten führen zu einer schlechter generalisierenden Metrik.

In Experimenten in [VORNDRAN, 2015a][2] stellten sich folgende Lösungsstrategien als geeignet heraus: Bei der Trainingsdatenzusammenstellung sollte das Verhältnis von *Impostor-* zu *Genuine*-Paaren festgelegt werden. Ein maximales Verhältnis von zehn *Impostor*-Paaren zu einem *Genuine*-Paar sollte nicht überschritten werden. Um den Einfluss einzelner überrepräsentierter Personen zu reduzieren, kann eine *Genuine*-Kovarianzmatrix pro Person ermittelt werden. Die *Genuine*-Kovarianzmatrix für alle Personen ergibt sich durch die Summierung der normierten *Genuine*-Kovarianzmatrizen der einzelnen Personen. In gleicher Weise kann die *Impostor*-Kovarianzmatrix ermittelt werden indem einzelne *Impostor*-Kovarianzmatrizen für Personenpaare berechnet werden. Ein Nachteil dieser Vorgehensweise ist die höhere Gewichtung von Personen mit einer geringen Anzahl an verfügbaren Trainingsbildern. Durch Anwendung dieser Techniken konnte die Rang-1-Statistik verbessert werden. Die normierte Fläche unter der CMC-Kurve (nAUC) fiel jedoch etwas geringer aus.

Kovarianzmatrizen singulär

Hochdimensionale Merkmalsvektoren $\underline{\mathbf{x}} \in \mathbb{R}^d$ führen in Kombination mit wenigen Trainingsdaten zu singulären Kovarianzmatrizen, da d^2 Parameter für die Kovarianzmatrix ermittelt werden müssen. Hauptsächlich führen zu wenige *Genuine*-Paare zu einer singulären oder annähernd singulären *Genuine*-Kovarianzmatrix. Da singuläre Matrizen nicht invertierbar sind und es bei der Invertierung annähernd singulärer Matrizen zu numerischen Problemen kommt, kann die Berechnung in Algorithmus 7.1, Zeile 9 in diesem Fall nicht durchgeführt werden.

Um das Problem singulärer Matrizen zu beheben, sind mehrere Vorgehensweisen möglich. Aufgrund der guten Ergebnisse in [VORNDRAN, 2015a][2] ist die Dimensionsreduktion der Merkmalsvektoren mittels PCA die bevorzugte Vorgehensweise in dieser Dissertation. Als Vorverarbeitungsschritt zu KISSME wird eine PCA auf die Merkmalsvektoren $\underline{\mathbf{x}}$ angewendet:

$$\underline{\mathbf{y}} = \underline{\mathbf{M}}_{\mathrm{PCA}}^{T} \cdot (\underline{\mathbf{x}} - \underline{\mu}), \tag{7.2}$$

wobei $\underline{\mu}$ der Mittelwert aller Merkmalsvektoren ist. Das Ergebnis sind Hauptkomponentenvektoren $\underline{\mathbf{y}}$ mit niedrigerer Dimensionalität. Durch die Verringerung der Dimensionalität müssen weniger Parameter für die Kovarianzmatrix ermittelt werden. Auch bei wenigen Trainingsdaten kann so vermieden werden, dass die Kovarianzmatrizen singulär werden.

Laufzeitverbesserungen Durch Umformungen lässt sich zeigen, dass die Matrix $\underline{\mathbf{M}}_{\mathrm{PCA}}^{T}$ zur Dimensionsreduktion direkt auf die Differenz von Merkmalsvektoren angewendet werden kann und die Matrizen für PCA ($\underline{\mathbf{M}}_{\mathrm{PCA}}$) und KISSME ($\underline{\mathbf{M}}_{\mathrm{KISSME}}$) anschließend zusammengefasst werden können. Dies spart Berechnungen in der Anwendungsphase.

Die rechenaufwendige Matrixmultiplikation kann bei der Distanzberechnung vermieden werden. Dies ist möglich indem die Matrix $\underline{\mathbf{M}}$ umgeformt und direkt auf die Merkmalsvektoren angewendet wird. Dabei erfolgt auch eine Dimensionsreduktion. Die transformierten, niedrigdimensionalen Merkmalsvektoren können beim anschließenden Matching sehr schnell anhand der euklidischen Distanz verglichen werden.

7.1.3 Nichtlineares Metric Learning[5]

Als nichtlineares *Metric-Learning*-Verfahren wurde die Kernel-LFDA (kLFDA) [Xiong et al., 2014] ausgewählt. Die Basis bildet das lineare *Metric-Learning*-Verfahren Local Fisher Discriminant Analysis (LFDA). Die LFDA [Sugiyama, 2007] ist eine Weiterentwicklung der Linear Discriminant Analysis (LDA, siehe Grundlagen, Kapitel 3.3.1). Bei der LFDA wird die lokale Nachbarschaft bei der Berechnung der Inner- und Zwischenklassenvarianzen berücksichtigt. Dies hat mehrere Vorteile:

- Multimodale Datenverteilungen können modelliert werden.
- Die Anzahl der berechneten Dimensionen hängt im Gegensatz zur LDA nicht von der Anzahl der Klassen ab.
- Projektionen, die eine nichtlineare Trennung erfordern, können gefunden werden.

Kernel-LFDA

Um eine nichtlineare Metrik zu lernen, werden die Merkmalsvektoren zunächst durch eine nichtlineare Kernelfunktion $\phi : \mathcal{X} \rightarrow H$ vom Merkmalsraum $\mathcal{X}$ in den Kernelraum H übertragen. Im Kernelraum wird anhand der LFDA ein Unterraum gelernt, in dem die euklidische Distanz als Vergleichsmaß zweier Vektoren verwendet werden kann. Das Grundprinzip der Kernel-LFDA ist in Abbildung 7.2 verdeutlicht. Die Transformation in den Unterraum wird durch eine Matrix $\underline{\mathbf{M}}_{LFDA}$ beschrieben. Der Rechenaufwand beim Matching steigt linear mit der Dimensionalität des transformierten Vektors. Daher ist eine Dimensionsreduktion wünschenswert. In der Regel erfolgt bei der Übertragung des Merkmale in den Kernelraum bereits eine Dimensionsreduktion. Die Unterraumdimensionen der LFDA sind meistens noch einmal deutlich kleiner als die Kernelraumdimensionen. Durch die geringe Dimensionalität des LFDA-Unterraums werden sehr schnelle Vergleiche möglich.

---

[5] Die in diesem Abschnitt verwendeten Formeln wurden aus [Vorndran, 2015a][2] entnommen und angepasst.

Optional kann anstatt einer euklidischen Distanz für die Vergleiche im LFDA-Unterraum auch eine szenariospezifische Distanzmetrik durch Anwendung des KISSME-Verfahrens gelernt werden. Untersuchungen in [VORNDRAN, 2015a][2] zeigten auf manchen Daten der robotischen Anwendung eine verbesserte Wiedererkennungsleistung bei Anwendung dieses zusätzlichen Schritts.

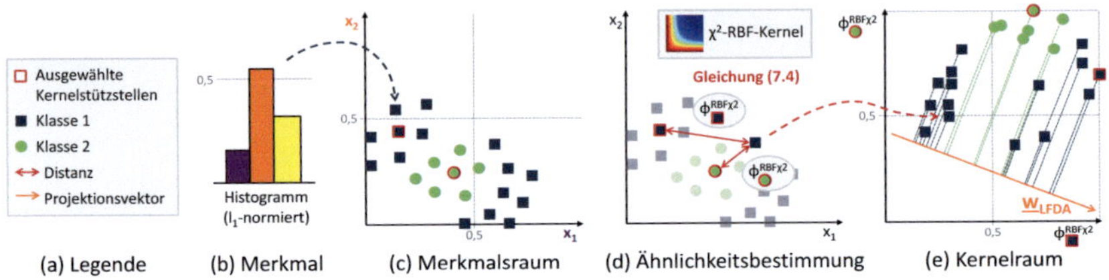

Abbildung 7.2: Grundprinzip Kernel-LFDA
Die Ausgangsbasis sind Merkmalsvektoren im Merkmalsraum (c). Exemplarisch sind in (c) die ersten zwei Dimensionen mehrerer Histogrammmerkmale (b) dargestellt. Die dritte Dimension ergibt sich entsprechend der l_1-Normierung der Merkmale und ist somit redundant.
Als erstes müssen die Merkmalsvektoren in den Kernelraum überführt werden. Dazu wurden in (d) exemplarisch zwei Kernelstützstellen gewählt, sodass sich ein Kernelraum mit zwei Dimensionen ergibt (e). Für jeden Merkmalsvektor werden die Ähnlichkeiten zu den Kernelstützstellen entsprechend der Kernelfunktion bestimmt (d). In (d) ist dies für den χ^2-RBF-Kernel gezeigt, der auch im Rahmen dieser Arbeit eingesetzt wird. Die Position im Kernelraum (e) ist durch die Ähnlichkeiten zu den Kernelstützstellen festgelegt, das heißt jede Dimension im Kernelraum entspricht der Ähnlichkeit zu einer Kernelstützstelle. Im Kernelraum (e) wird anschließend die LFDA angewendet, um einen Vektor zu ermitteln, bei dem die projizierten Punkte gut trennbar sind. Durch die LFDA werden unter Umständen auch Vektoren gefunden, die eine nichtlineare Trennung ermöglichen.

Übertragung in den Kernelraum

Der Kernelraum kodiert Merkmalsvektoren über die Distanz zu vorher festgelegten Stützstellen. Als mögliche Abstandsmaße wurden in [XIONG et al., 2014] die quadrierte euklidische Distanz, die χ^2-Distanz und die jeweiligen Distanzen mit gaußförmiger radialer Basisfunktion (RBF) $f_\sigma(x) = exp\left(-\frac{x}{2\sigma^2}\right)$ untersucht. Laut Untersuchungen in [XIONG et al., 2014] war die χ^2-Distanz mit radialer Basisfunktion am besten für die erscheinungsbasierte Wiedererkennung geeignet. Daher wird sie auch im Rahmen dieser Arbeit für die Kernel-LFDA eingesetzt. Ein d-dimensionaler Merkmalsvektor $\underline{\mathbf{x}}_i$ kann unter Verwendung der k Kernelstützstellen $\underline{\mathbf{c}}_j$, $j = 1 \dots k$ und eines χ^2-Kernels mit radialer Basisfunktion $\varphi^{\mathrm{RBF}\chi^2}$ mit zu parametrierender Standardabweichung σ wie folgt in den Kernelraum transformiert werden:

$$\phi(\underline{\mathbf{x}}_i) = \begin{pmatrix} \varphi_1^{\mathrm{RBF}\chi^2}(\underline{\mathbf{x}}_i) \\ \varphi_2^{\mathrm{RBF}\chi^2}(\underline{\mathbf{x}}_i) \\ \vdots \\ \varphi_k^{\mathrm{RBF}\chi^2}(\underline{\mathbf{x}}_i) \end{pmatrix} \tag{7.3}$$

$$\text{mit} \quad \varphi_j^{\mathrm{RBF}\chi^2}(\underline{\mathbf{x}}_i) = \exp\left(-\frac{\sum_{l=1}^{d} \frac{(x_{il}-c_{jl})^2}{x_{il}+c_{jl}}}{2\sigma^2}\right) \tag{7.4}$$

$$\text{und} \quad \underline{\mathbf{x}}_i, \underline{\mathbf{c}}_j \in \mathcal{X}$$

Über die Anzahl der Stützstellen k für die Transformation lässt sich die Dimensionalität des Kernelraums festlegen. Laut [XIONG et al., 2014] sollten am besten alle Trainingsdaten als Kernelstützstellen verwendet werden. Es wäre jedoch wünschenswert, eine geringere Anzahl an Stützstellen auszuwählen, da dies die Verarbeitungsgeschwindigkeit erhöhen würde, denn der Rechenaufwand im Training und bei der Anwendung steigt linear mit der Anzahl der Kernelstützstellen. Untersuchungen in [VORNDRAN, 2015a][2] zeigten jedoch eine abnehmende Wiedererkennungsleistung bei einer verringerten Anzahl an Stützstellen. Für die praktische und echtzeitfähige Umsetzung der Wiedererkennung ist eine Reduktion der Stützstellen aber unerlässlich. In Unterabschnitt "Umsetzung für ein schnelleres und verbessertes Matching" wird auf die Auswahl geeigneter Stützstellen näher eingegangen.

Anwendungsphase

Um zwei Merkmalsvektoren in der Anwendungsphase vergleichen zu können, müssen die beiden Merkmalsvektoren zunächst nach Gleichung (7.3) und (7.4) in den Kernelraum transformiert und anschließend in den k-dimensionalen[6] LFDA-Unterraum projiziert werden:

$$\underline{\mathbf{x}}_i' = \underline{\mathbf{M}}_{LFDA}^T \cdot \phi(\underline{\mathbf{x}}_i) \tag{7.5}$$

Die Transformation in den Kernelraum und in den LFDA-Unterraum kann für jeden Merkmalsvektor einmalig — direkt nach der Merkmalsextraktion — erfolgen. Die transformierten Merkmalsvektoren $\underline{\mathbf{x}}_i'$ und $\underline{\mathbf{x}}_j'$ können anschließend anhand der (quadratischen) euklidischen Distanz verglichen werden:

$$d_{M_{kLFDA}}(\underline{\mathbf{x}}_i', \underline{\mathbf{x}}_j') = \left\| \underline{\mathbf{x}}_i' - \underline{\mathbf{x}}_j' \right\|_2^2 \tag{7.6}$$

Umsetzung für ein schnelleres und verbessertes Matching

In den Untersuchungen im Rahmen dieser Arbeit hat sich das Kernel-LFDA-Verfahren als bester *Metric-Learning*-Ansatz für alle betrachteten Anwendungsfelder herausgestellt. Um eine geeignete Metrik zu erhalten, hat es sich jedoch als vorteilhaft erwiesen, nicht wie in [Xiong et al., 2014] einfach nur die Kernel-LFDA auf die rohen szenariospezifischen Trainingsdaten anzuwenden, sondern den Trainingsdatensatz einer Vorverarbeitung zu unterziehen [Eisenbach et al., 2015b]. Folgende drei Vorverarbeitungsschritte verbessern sowohl die Verarbeitungsgeschwindigkeit in der Anwendungsphase als auch die Erkennungsleistung:

1. Verwendung eines Co-Trainingsdatensatzes,
2. Erhöhen der Innerklassenvarianz,

[6] Evaluationen in [Vorndran, 2015b] haben gezeigt, dass unter Verwendung von $k = 40$ LFDA-Unterraumdimensionen die besten Wiedererkennungsergebnisse erzielt werden.

3. Ausbalancieren des Datensatzes.

Verwendung eines Co-Trainingsdatensatzes Es wird ein zusätzlicher Datensatz, der viele Personen beinhaltet, hinzugefügt, um eine generischere Metrik zu erhalten. Dazu wird die Hälfte des Co-Trainingsdatensatzes zum szenariospezifischen Datensatz hinzugefügt und die andere Hälfte als Validierungsdatensatz verwendet.

Erhöhen der Innerklassenvarianz Die Anzahl der Beispiele pro Person wird durch k-Medoids-Clustering reduziert, indem nur die k Clusterzentren ausgewählt werden ($k \approx 5-8$). Dies ist notwendig, um die Innerklassenvarianz zu erhöhen indem sehr ähnliche Beispiele entfernt werden, die auch leicht mit einer einfachen Metrik verglichen werden könnten. Andernfalls würde das *Metric-Learning*-Verfahren davon abgehalten, schwierigere Zusammenhänge zu erkennen.

Ausbalancieren des Datensatzes Der Datensatz wird ausbalanciert indem k-Medoids-Clustering[7] auf die Beispiele aller Personen angewendet wird. Nur die Clusterzentren werden als Trainingsdaten und Kernelstützstellen[8] selektiert. Dadurch werden ähnliche Outfits gruppiert und somit szenariospezifische, überrepräsentierte Kleidungskombinationen, wie schwarze Jacken mit Jeans oder weiße Bekleidung der Klinikbelegschaft im Robotikszenario, vermindert. Diese Kleidungskombinationen würden sonst den Datensatz dominieren. Bei $k = 500$ Trainingsbeispielen wird ein guter Kompromiss zwischen guter Wiedererkennungsleistung und schneller Verarbeitung beim Training und beim

[7]Konzepte der SVM zur Auswahl der Kernelstützstellen sind aufgrund anderer Optimierungskriterien beim *Metric Learning* nicht übertragbar [VORNDRAN, 2015a][2]. Untersuchungen in [XIONG et al., 2014] und [VORNDRAN, 2015a][2] zeigten außerdem, dass SVM-basierte Metric-Learning-Verfahren [LI et al., 2013] schlechter generalisieren als die in diesem Kapitel vorgestellten Verfahren. Daher kann statt SVM-basierter Methoden nur ein Clustering ähnlicher Trainingsbeispiele als Kriterium für die Auswahl der Stützstellen verwendet werden.

[8]Untersuchungen in [VORNDRAN, 2015a][2] zeigten, dass die Kernelstützstellen vor dem Training gewählt werden müssen. Andernfalls bricht die Wiedererkennungsleistung deutlich ein.

Matching erzielt. Anhand eines $\chi^2 - RBF$-Kernels[9] werden alle Beispiele in den Kernelraum transformiert und die LFDA wird angewendet. Die verringerte Anzahl an Kernelstützstellen erhöht die Verarbeitungsgeschwindigkeit im Training und auch in der Anwendungsphase.

7.1.4 Experimentelle Ergebnisse

In Abbildung 7.3 wird die Wiedererkennungsleistung der vorgestellten *Metric-Learning*-Verfahren KISSME und kLFDA unter Verwendung des wHSV-Merkmals verglichen[10]. Anhand von Abbildung 7.3 ist zu erkennen, dass das nichtlineare kLFDA-Verfahren unabhängig vom Datensatz eine Metrik lernt, die deutlich besser für den Vergleich der Merkmalsvektoren geeignet ist, als die durch das lineare KISSME-Verfahren gelernte Metrik. Beide gelernten Metriken sind deutlich besser geeignet als die euklidische Distanz.

Vergleich mit dem State of the Art

Nachfolgend wird die in Abschnitt 7.1.3 vorgestellte Vorgehensweise nach [EISENBACH et al., 2015b] zum *Metric Learning* durch Anwendung der Kernel-LFDA nach einer Trainingsdatensatzvorverarbeitung evaluiert. Die Wiedererkennungsleistung wird mit State-of-the-Art-Ansätzen auf dem VIPeR-Datensatz [GRAY et al., 2007] (siehe Grundlagen, Kapitel 3.1.3, Abbildung 3.3(a)) verglichen. Dabei kommt das Evaluationsprotokoll nach [FARENZENA et al., 2010] zum Einsatz (siehe Grundlagen, Kapitel 3.1.2). Beim Vergleich werden die Ergebnisse von zwei Varianten angegeben: Zum einen die echzeitfähige Version, die die in Kapitel 5 vorgestellten modifizierten SDALF-Merkmale [EISENBACH et al., 2015b], [SORGE, 2013][11] verwendet, zum anderen eine

---

[9] Für eine Visualisierung dieses Kernels sei auf Abbildung E.3(c) in Anhang E.1.6 verwiesen.

[10] Die Wiedererkennungsleistung der beiden Verfahren für das Merkmal aus [XIONG et al., 2014], das für *Metric Learning* oft verwendet wird, ist in Anhang E.1.8, Abbildung E.5 zu sehen.

[11] Die Masterarbeit von Sven Sorge wurde vom Autor betreut.

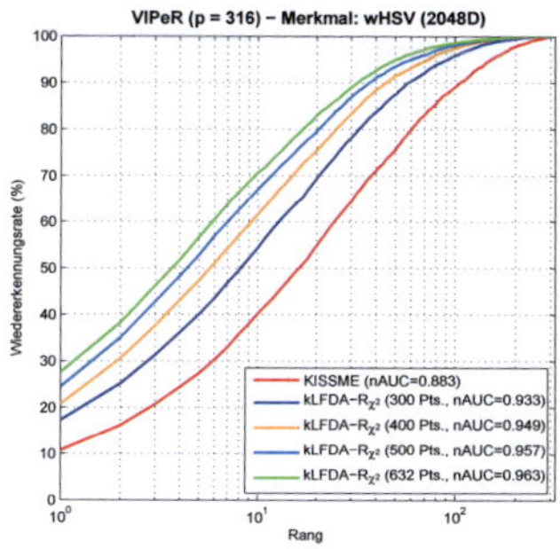

(a) VIPeR-Datensatz

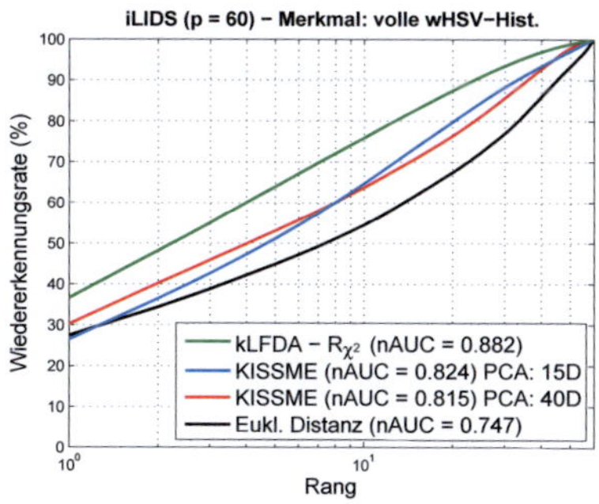

(b) iLIDS-Datensatz

Abbildung 7.3: Vergleich Metric-Learning-Verfahren
Vergleich der Wiedererkennungsleistung der vorgestellten Metric-Learning-Verfahren auf zwei Benchmarkdatensätzen anhand der Cumulative Match Characteristic (CMC). Zur besseren Darstellung der vorderen Ränge wurde eine logarithmische Einteilung der Abszisse gewählt. Ausgangspunkt ist jeweils das 2048-dimensionale wHSV-Merkmal mit vollen Histogrammen (siehe Kapitel 5.2.1). Für den Vergleich der Merkmalsvektoren wurden anhand von KISSME und kLFDA gelernte Metriken eingesetzt. Auf dem iLIDS-Datensatz [ZHENG et al., 2009] (siehe Grundlagen, Kapitel 3.1.3, Abbildung 3.3(b)) ist zusätzlich das Ergebnis bei Verwendung der euklidischen Distanz eingezeichnet. Es ist zu sehen, dass das nichtlineare kLFDA-Verfahren eine deutlich bessere Wiedererkennungsleistung erzielt als das lineare KISSME-Verfahren. Die Wiedererkennungsleistung unter Verwendung der euklidischen Distanz ist deutlich schlechter als die Leistung bei Verwendung einer gelernten Metrik. In (a) ist zusätzlich zu sehen, dass eine Verringerung der Anzahl der Kernelpunkte einen negativen Einfluss auf die durch kLFDA erzielte Leistung hat. In (b) ist zusätzlich zu sehen, welchen Einfluss die Anzahl der Hauptkomponenten (15 oder 40 Dimensionen) auf die durch KISSME erzielte Leistung hat. Quellen: (a) [VORNDRAN, 2015a][2], (b) [VORNDRAN, 2015b][3]

nicht echzeitfähige Version, in der mehrere Merkmale zu einem insgesamt 48.440-dimensionalen Merkmalsvektor kombiniert werden[12]. Die zweite Version dient nur der Einordnung der Leistungsfähigkeit im Bezug zum State of the Art.

CMC an Rang	1	5	10	20
Vorgestellte kLFDA mit zusätzlichen Merkmalen^{M_1}	**34,9**	**67,4**	**81,3**	**91,2**
RBF_{χ^2}-Kernel-MFA^{M_2} [Xiong et al., 2014]	32,2	66,0	79,7	90,6
RBF_{χ^2}-Kernel-LFDA^{M_2} [Xiong et al., 2014]	32,3	65,8	79,7	90,9
SVMML^{M_3} [Li et al., 2013]	30,1	63,2	77,4	88,1
Vorgestellte kLFDA mit SDALF-Merkmalen (echtzeitfähig)^{M_4}	**27,5**	**56,7**	**70,0**	**82,8**
KISSME^{M_5} [Köstinger et al., 2012]	25,8	56,2	70,1	82,9
RBF_{χ^2}-Kernel-rPCCA^{M_2} [Xiong et al., 2014]	22,0	54,8	71,0	85,3
RBF_{χ^2}-Kernel-PCCA^{M_2} [Xiong et al., 2014]	19,6	51,5	68,2	82,9
LFDA^{M_5} [Pedagadi et al., 2013]	21,4	49,6	65,2	79,5
SDALF-Merkmale ohne Metric Learning^{M_6} [Farenzena et al., 2010]	19,9	38,9	49,4	65,7
PRDC^{M_7} [Zheng et al., 2011]	15,7	38,4	53,9	70,1
RankSVM^{M_7} [Prosser et al., 2010]	13,0	37,0	51,0	68,0
ITML^{M_7} [Davis et al., 2007]	11,6	31,4	45,8	63,9
LMNN^{M_7} [Weinberger et al., 2006]	6,2	19,7	32,6	52,3

Tabelle 7.1: Vergleich zum State of the Art
Vergleich der State-of-the-Art-Metric-Learning-Verfahren auf dem VIPeR-Datensatz [Gray et al., 2007] (siehe Grundlagen, Kapitel 3.1.3, Abbildung 3.3(a)) zum Stand der Veröffentlichung [Eisenbach et al., 2015b]. Die Verfahren sind sortiert nach Leistung an Rang 5. Die vorgestellte Kernel-LFDA (kLFDA) verwendet die beschriebene Trainingsdatenvorverarbeitung [Eisenbach et al., 2015b]. Für eine Erläuterung der Abkürzungen der Verfahren sei auf die Systematisierung der Metric-Learning-Verfahren in Abbildung 7.1 verwiesen.

Tabelle 7.1 zeigt die Leistungsfähigkeit des vorgestellten Verfahrens im Vergleich zu den State-of-the-Art-Ansätzen, die in [Ma et al., 2012b],

[XIONG et al., 2014] und [ZHAO et al., 2013] aufgeführt wurden[12]. Der State of the Art umfasst Ansätze des *Metric Learnings* und Ansätze, die händisch entworfene Merkmale anhand nicht gelernter Metriken vergleichen.
Für alle Verfahren, die in [EISENBACH et al., 2015b] mit verschiedenen Konfigurationen evaluiert wurden, sind jeweils nur die besten Ergebnisse aufgeführt. Zusätzlich zeigen die Abbildungen 7.4(a) und 7.4(b) die Cumulative Match Characteristic (CMC) und die Synthetic Recognition Rate (SRR).
Es ist zu erkennen, dass die echtzeitfähige Version des vorgestellten Wiedererkennungsalgorithmus mit den besten State-of-the-Art-Ansätzen zum Zeitpunkt der Veröffentlichung in [EISENBACH et al., 2015b] mithalten konnte. Anhand der Synthetic Recognition Rate (SRR) ist zu erkennen, wie gut eine Person bei verschiedenen Anzahlen an zu unterscheidenden Personen vor dem Roboter oder in einer Überwachungskamera wiedererkannt werden kann. Die Kurve zeigt, dass der Nutzer bei bis zu sechs Targets in 95% der Fälle korrekt identifiziert werden kann. Diese Performanz genügt für das robotische Szenario des Folgens und Lotsens von Nutzern durch enge Flure. Im Überwachungsszenario sind weitere Suchraumeinschränkungen oder die Einbeziehung eines menschlichen Operateurs notwendig.
Es sei darauf hingewiesen, dass keiner der State-of-the-Art-Ansätze echtzeitfähig bezüglich der Anforderungen der adressierten Szenarien ist. Der Grund ist eine zu aufwendige Merkmalsextraktion. Die Berechnungen der benötigten Histogramme auf mehreren Teilen des Bildes in mehreren Farbräumen und die Extraktionen einiger Texturmerkmale sind sehr zeitaufwendig.

[12] Verwendete Merkmale: M_1 – volles wHSV+RGB+HSV+$L^*a^*b^*$+YUV+LBP-Hist. auf 6 Streifen (48.440 Dimensionen), M_2 – RGB+HSV+YUV+LBP-Randvert.-Hist. auf 6 Streifen (2580 Dimensionen), M_3 – RGB+HSV+YUV+LBP-Randvert.-Hist. auf 75 Patches (32.250 Dimensionen), M_4 – volles wHSV-Hist. + MSCR (ca. 2142 Dimensionen, $\sigma_{MSCR} = 16$), M_5 – RGB+HSV+YUV+LBP-Randvert.-Hist. auf 341 Patches (146.630 Dimensionen), M_6 – wHSV + MSCR + RHSP / LBP (ca. 227 Dimensionen, $\sigma_{MSCR} = 16$), M_7 – SELF-Merkmale (2784 Dimensionen), siehe Tabelle 7.1 und [EISENBACH et al., 2015b]

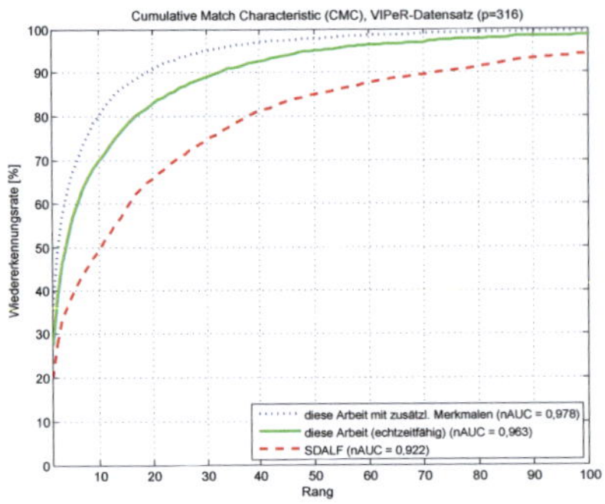

(a) CMC (VIPeR-Datensatz)

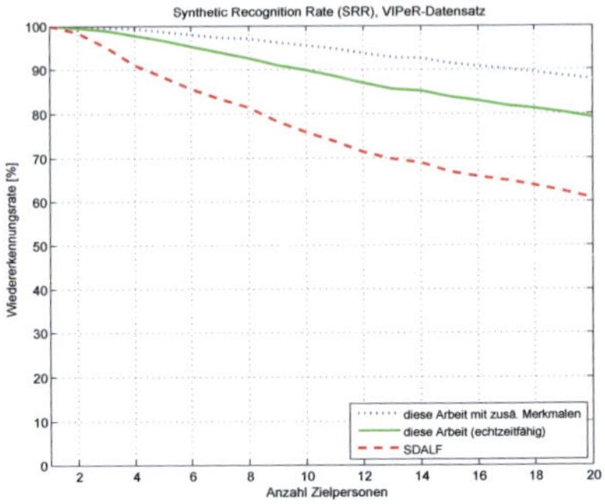

(b) SRR (VIPeR-Datensatz)

Abbildung 7.4: Vergleich zum State of the Art
Das in dieser Arbeit genutzte Verfahren [Eisenbach et al., 2015b] wendet das nichtlineare *Metric-Learning*-Verfahren nach einer Trainingsdatensatzvorverarbeitung auf den SDALF-Merkmalen an. Anhand der Cumulative Match Characteristic (CMC) und Synthetic Recognition Rate (SRR) wird auf dem VIPeR-Datensatz [Gray et al., 2007] (siehe Grundlagen, Kapitel 3.1.3, Abbildung 3.3(a)) die Verbesserung der Wiedererkennungsleistung durch das vorgestellten Verfahren im Vergleich zu den reinen SDALF-Merkmalen ohne Verwendung einer gelernten Metrik gezeigt.

Die verbesserte Leistung der nicht echtzeitfähigen Version des vorgestellten Verfahrens im Vergleich zu RBF_{χ^2}-LFDA und RBF_{χ^2}-MFA [Xiong et al., 2014] ergibt sich aus der Verwendung voller anstatt Randverteilungshistogramme (siehe Kapitel 5.2.2) und der Vorverarbeitung der Trainingsdaten für das *Metric Learning*.

Anwendungsspezifische Wiedererkennungsleistung Die anwendungsspezifische Evaluation des vorgestellten Verfahrens erfolgt in Kapitel 10 anhand eines Datensatzes, der mit einem mobilen Roboter in einer Rehabilitationsklinik aufgenommen wurde.

7.1.5 Evaluation der Erweiterung zu einer lokalen Metrik

Globale Metriken, die nicht auf die zu suchende Person zugeschnitten sind, können ähnlich aussehende Personen gegebenenfalls nicht unterscheiden. Daher besteht die Idee von lokalen Metriken darin, verschiedene Metriken für verschiedene Personen anzuwenden. Dazu wurde eine Person in [Vorndran, 2015b][3] zunächst mit einer gelernten globalen Metrik einem Personenprototypen zugeordnet. Für jeden Prototyp lag eine gelernte lokale Metrik vor, die auf die Unterscheidung von Personen dieses Prototyps zugeschnitten war. Die lokale Metrik wurde genutzt, um das Ranking für eine zu suchende Person zu erstellen.
In Experimenten in [Vorndran, 2015b][3] mit einer gelernten globalen Metrik für die Prototypzuordnung und gelernten lokalen Metriken für alle Prototypen unter Nutzung des kLFDA-Verfahrens konnte die Wiedererkennungsleistung der ausschließlich globalen kLFDA-Metrik nicht erreicht werden. Das Hauptproblem beim Lernen der lokalen Metriken liegt in zu wenigen *Genuine*-Paaren pro Prototyp für die adäquate Schätzung der Innerklassenvarianz. Auch bei anderen Metriken stellt sich die geringe Anzahl an Trainingsbeispielen pro Prototyp als Problem dar.

Ergänzende Ausführungen In Anhang E.1 wird auf einige Aspekte des *Metric Learnings* näher eingegangen. Die mathematische Definition der Nicht-Negativität-Bedingung für Distanzmetriken ist in Anhang E.1.1, Gleichung (E.1a) angegeben. Die drei möglichen Vorgehensweisen, um das Problem singulärer Matrizen zu beheben, werden in Anhang E.1.2 diskutiert. Anhang E.1.3 erläutert die mathematischen Details zur Kombination der PCA- und der KISSME-Matrix. In Anhang E.1.4 wird gezeigt, wie die rechenaufwendige Matrixmultiplikation bei der Distanzberechnung vermieden werden kann. Anhang E.1.5 bereitet die LFDA mathematisch auf. In Anhang E.1.6, Abbildung E.3 sind Visualisierungen der in [Xiong et al., 2014] untersuchten Kernelfunktionen zu finden. Die abnehmende Wiedererkennungsleistung bei der KLFDA bei einer verringerten Anzahl an Stützstellen wird in Anhang E.1.7 anhand von Abbildung E.4 gezeigt. In Anhang E.1.9, Abbildung E.6 werden die gelernten KISSME- und kLFDA-Metriken mittels t-SNE visualisiert. Für ausführliche Beschreibungen zur Einteilung der Personen in Prototypen und zum Lernen der Metriken sowie für detaillierte Ergebnisse der Untersuchungen zu lokalen Metriken sei auf Anhang E.1.10 verwiesen.

7.2 Re-Ranking

Nachdem die Distanzscores für alle Personen der Galerie berechnet wurden, kann basierend auf den sortierten Scores ein Ranking der zur Probe ähnlichsten Personen aufgestellt werden. In vielen Fällen ist diese Sortierung nicht optimal und enthält leicht erkennbare Fehler. An dieser Stelle setzt ein *Re-Ranking* an, um basierend auf der Mannigfaltigkeit der Daten eine Umsortierung vorzunehmen. Verbesserungen werden erzielt, weil Wissen über die intrinsische Struktur der Daten genutzt wird, um lokale Nachbarschaften zu bewahren.

Die Vorteile des *Re-Rankings* anhand der Mannigfaltigkeit lassen sich anhand von Abbildung 7.5 erkennen: Eine Metrik berücksichtigt in der Regel die Mannigfaltigkeit nicht (Abbildung 7.5(b)). Dadurch gehen jedoch lokale Nachbarschaften verloren. Das Ziel des *Re-Rankings* ist die Berücksichtigung lokal benachbarter Punkte bei der Umsortierung des Rankings (Abbildung 7.5(c)).

Im Rahmen dieser Arbeit wurde ein Ansatz zum Re-Ranking basierend auf der Mannigfaltigkeit umgesetzt. Dieser zeigte auch Verbesserungen der Wiedererkennungsleistung in der SRR-Kurve. Vor allem für wenige zu unterscheidende Personen konnte die Leistungsfähigkeit verbessert werden. Diese Leistungssteigerung geht jedoch einher mit einem deutlich steigenden Rechenaufwand. Daher wurde dieses Verfahren in den betrachteten Anwendungen nicht eingesetzt. Aufgrund dieser geringen

Relevanz für die Anwendung wird das entwickelte Verfahren nur in Anhang E.2 im Detail beschrieben.

An dieser Stelle soll lediglich die Grundidee anhand von Abbildung 7.6 vermittelt werden. Die Mannigfaltigkeit wird durch einen k-Nearest-Anchor-Graphen beschrieben, der basierend auf einem Trainingsdatensatz aufgebaut wird. In der Anwendungsphase werden die Galeriebilder und das Probebild ergänzt. In einer Simulation breitet sich ein initialer Wert ausgehend vom Probebild durch den Graphen aus. Nach Been-

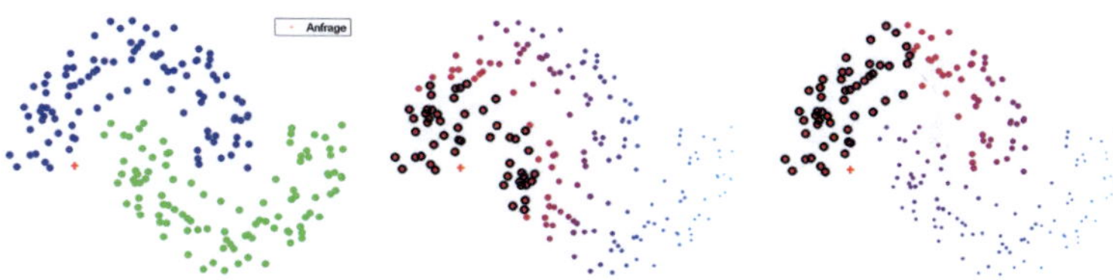

(a) Problemstellung (b) euklidische Distanz (c) Mannigfaltigkeit

Abbildung 7.5: Beispiel für Ranking anhand Distanz und Mannigfaltigkeit
In (a) ist das Doppel-Halbmond-Problem dargestellt. Der Datenpunkt der Probe ist als rotes Kreuz markiert. Ausgehend von diesem Anfragepunkt soll ein Ranking erstellt werden. In (b) und (c) sind verschiedene Rankings dargestellt, wobei Datenpunkte, die vorne im Ranking einsortiert wurden dicker dargestellt werden, als Punkte, die hinten im Ranking einsortiert wurden. Die besten Platzierungen im Ranking sind zusätzlich schwarz umrahmt. Beim Aufbau des Rankings anhand der euklidischen Distanz (b) wird die Mannigfaltigkeit der Daten nicht berücksichtigt. Ein ideales Ranking entlang der Mannigfaltigkeit (c) berücksichtigt lokal benachbarte Punkte. Durch die Berücksichtigung der Mannigfaltigkeit entsteht ein deutlich anderes Ranking, das sich zuerst entlang des oberen Halbmondes ausbreitet. Das Ziel des *Re-Rankings* ist die Berücksichtigung der lokalen Nachbarschaften bei der Umsortierung des Rankings. — Das Doppel-Halbmond-Beispiel wurde ebenfalls in [Zhou et al., 2004], [Xu et al., 2011] und im ergänzenden Material zu [Loy et al., 2013] zur Erläuterung des *Manifold Rankings* genutzt. Quelle: [Vorndran, 2015b][3] in Anlehnung an [Zhou et al., 2004]

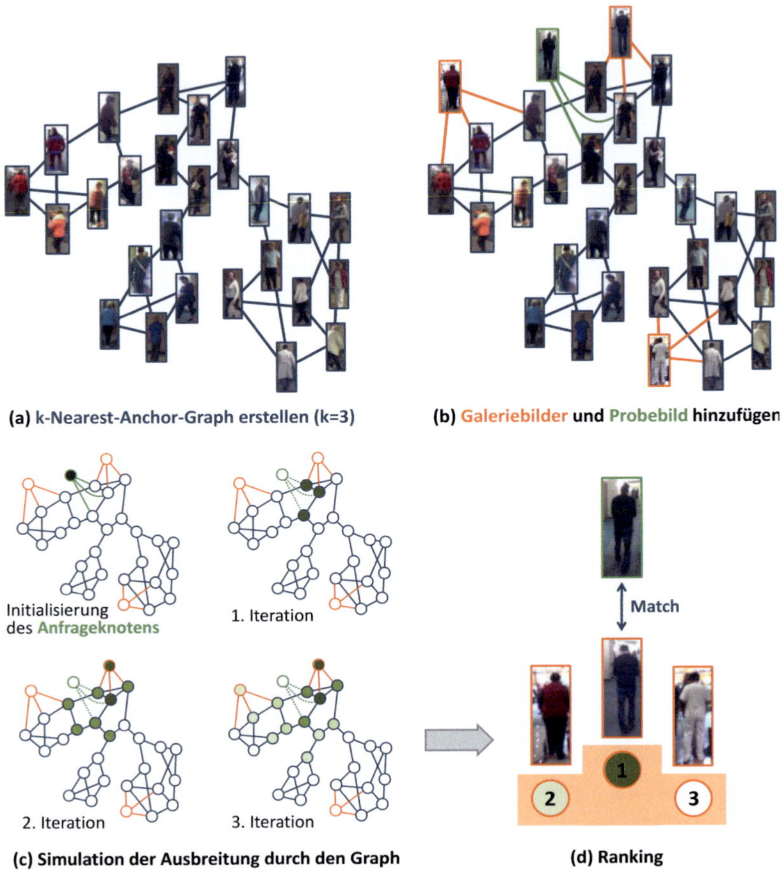

Abbildung 7.6: Ranking entlang einer Mannigfaltigkeit
(a) Die Mannigfaltigkeit der möglichen Erscheinungsbilder von Personen wird anhand eines k-Nearest-Anchor-Graphen beschrieben. Dazu werden die k nächsten Nachbarn im Merkmalsraum für ausgewählte Personen aus einem Trainingsdatensatz ermittelt. (b) Die Galeriebilder und das Probebild werden in den Graphen eingefügt. Dafür werden jeweils die k nächsten Ankerpunkte im Merkmalsraum bestimmt. (c) Ausgehend vom Anfrageknoten, der dem Probebild entspricht, wird eine Ausbreitung eines initialen Wertes durch den Graphen simuliert. Am Ende der Simulation gibt der Wert jedes Knotens an, wie ähnlich die repräsentierte Person zur Zielperson ist. (d) Dementsprechend wird das Ranking anhand der Werte der Galerieknoten erstellt.

digung der Simulation kann ein Ranking basierend auf den Werten in den Knoten der Galeriebilder erstellt werden.

7.3 Erzielter Nutzen durch Matching

Um das Template der Zielperson mit aktuell beobachteten Personen zu vergleichen, ist eine geeignete Metrik notwendig. Wird diese Metrik

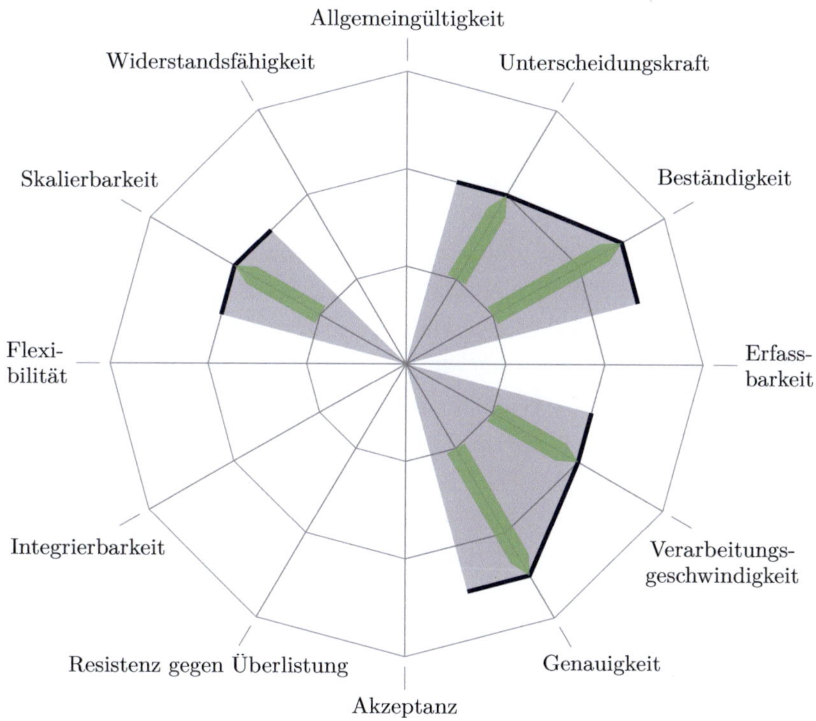

Abbildung 7.7: Nutzen des Matchings für die Personenwiedererkennung
Für eine Beschreibung der erzielten Verbesserungen sei auf den Text in Abschnitt 7.3 verwiesen.

datengetrieben und szenariospezifisch gelernt, kann ein maximaler Nutzen für die Wiedererkennung erzielt werden. Auch ein *Re-Ranking* des basierend auf der Metrik erstelltem Rankings kann nachfolgenden Wiedererkennungsschritten nutzen. Abbildung 7.7 zeigt, bezüglich welcher Kriterien die Wiedererkennung durch *Metric Learning* und *Re-Ranking* verbessert wird.

Durch eine gelernte Metrik wird die *Unterscheidungskraft* der verwendeten Merkmale gesteigert. Eine gelernte Metrik kann Umwelteinflüsse kompensieren. Dies wurde auch für die im Rahmen dieser Arbeit evaluierten Metriken KISSME und kLFDA beobachtet. Die *Beständigkeit* der Merkmale wird somit gesteigert.

Durch die Verschiebung der Berechnungen der Metriken in die Merkmalsextraktion konnten doppelte Berechnungen vermieden werden. Dies führt zu einer deutlichen Steigerung der *Verarbeitungsgeschwindigkeit*. Die meisten Metriken erreichen zusätzlich auch eine Dimensionsreduktion bezüglich der Merkmalsvektoren. Dies hat auch einen positiven Einfluss auf die Verarbeitungsgeschwindigkeit.

Die *Genauigkeit* der Wiedererkennung wird durch eine gelernte Metrik deutlich gesteigert. Aber auch ein Re-Ranking verbessert in Kombination mit nachfolgenden Wiedererkennungsschritten die Genauigkeit.

Durch die mit der gelernten Metrik durchgeführte Dimensionsreduktion bleiben Merkmalsvektoren kompakter und lassen sich schneller vergleichen. Dies wirkt sich bei einer steigenden Anzahl an zu vergleichenden Personen positiv auf den Speicherbedarf und die Laufzeit aus. Somit wird die *Skalierbarkeit* verbessert.

Kapitel 8

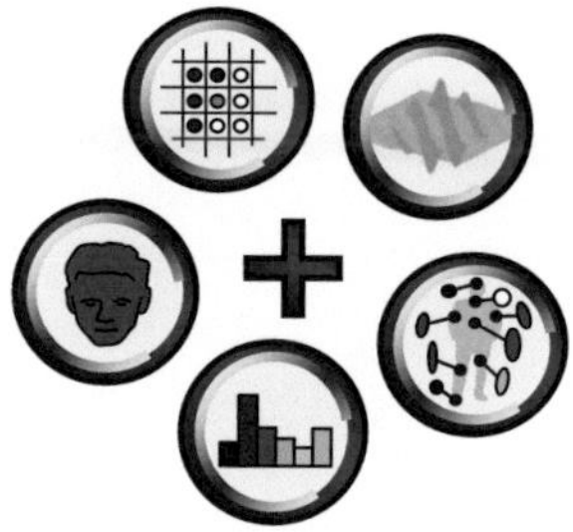

Fusion

Eine robuste kleidungsbasierte Personenwiedererkennung kann nur über eine Kombination mehrerer verschiedenartiger Merkmale erreicht werden, die Personen auf unterschiedliche Weisen beschreiben. Da individuelle Merkmale unterschiedlich leistungsfähig sind, ist es nicht trivial sie zu kombinieren. Das im vorherigen Kapitel vorgestellte *Metric Learning* wird oft verwendet, um mehrere Merkmale zu kombinieren (zum Beispiel in [Figueira et al., 2013, Liu et al., 2012, Liu et al., 2014b, Pham et al., 2014, Xiong et al., 2014]). Dafür werden mehrere Merkmalsvektoren aneinandergehängt. Anschließend wird eine neue Distanzmetrik für den Vergleich der verketteten Merkmale gelernt. Diese Vorgehensweise hat einen großen Nachteil, denn es können einige leistungsfähige Merkmale (z.B. MSCR [Farenzena et al., 2010]) nicht fusioniert werden. Die Ursache sind Merkmalsvektoren mit variabler Länge, abhängig vom Eingabebild. Des Weiteren wird der durch das Aneinanderhängen der Merkmalsvektoren erzeugte Merkmalsraum oft sehr hochdimensional, was das Training erschwert. Um eine gute Leistung zu erzielen, benötigen *Metric-Learning*-Ansätze viele Trainingsbeispiele, die in den meisten Realweltanwendungen nicht verfügbar sind. An dieser Stelle setzt eine Fusion auf einer abstrakteren Ebene an, bei der der Merkmalsraum zerteilt wird. Für jeden Teil des Merkmalsraums

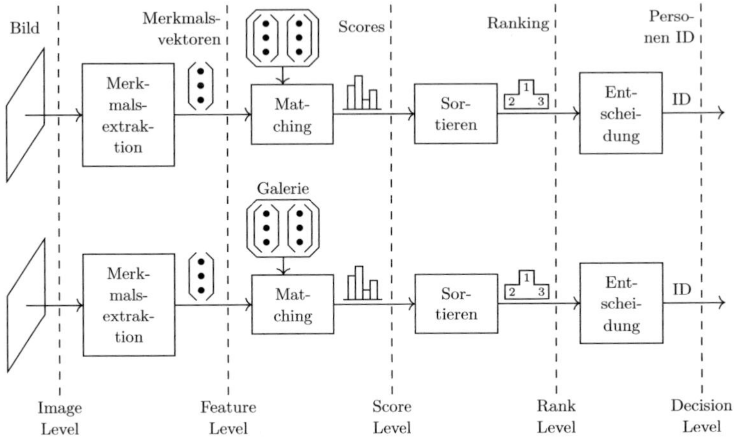

Abbildung 8.1: Fusionsebenen
Die Fusion von Informationen kann an fünf Stellen des Ablaufs einer Wiedererkennung erfolgen (gestrichelte Linien). Die Benennung der Fusionsebenen erfolgt anhand der Art der Informationen, die fusioniert werden. Ab der gewählten Stelle der Fusion wird die Prozesskette mit einem Abarbeitungsstrang fortgesetzt. Die Fusion kann dabei auch für mehr als zwei Abarbeitungsstränge erfolgen.

erfolgt ein separates Matching und die Matchingergebnisse werden im Anschluss fusioniert. In diesem Kapitel wird daher evaluiert, welche Fusionstechniken auf abstrakteren Ebenen bei der erscheinungsbasierten Personenwiedererkennung am erfolgversprechendsten sind. [Eisenbach et al., 2015a]

8.1 Fusionsebenen

In einem Wiedererkennungssystem gibt es fünf Ebenen auf denen Informationen fusioniert werden können (siehe Abbildung 8.1).

Nachfolgend wird auf die einzelnen Fusionsebenen eingegangen.

8.1.1 Sensor-Level-Fusion

Die früheste Fusion findet auf Sensorebene (engl. *Sensor Level*) statt. Werden wie bei der erscheinungsbasierten Wiedererkennung hauptsächlich Bild- und Videodaten verarbeitet, wird dies auch als *Image-Level-Fusion* (dt. Fusion auf Bildebene) bezeichnet. Die Fusion auf Bildebene dient der Verbesserung der zugrunde liegenden Eingabedaten für die nachfolgenden Erkennungsschritte. Die Fusion der Bilder kann dabei konkurrierend, komplementär oder kooperativ erfolgen [Elmenreich, 2002].

Da die Fusion auf dieser frühen Ebene nur Sensordaten verarbeitet, ist sie nicht geeignet, um verschiedene Merkmale für die Wiedererkennung von Personen zu fusionieren. Sie kann jedoch zusätzlich zu Fusionstechniken auf abstrakteren Ebenen eingesetzt werden. Wie die Fusion auf dieser Ebene umgesetzt werden sollte, um einen möglichst großen Nutzen für die anschließende Wiedererkennung zu erzielen, hängt stark von der Anwendung und der eingesetzten Sensorik ab. Daher kann an dieser Stelle keine detailliertere Behandlung erfolgen. Für mögliche Umsetzungen von *Image-Level-Fusion* sei auf [Blum und Liu, 2005] verwiesen.

8.1.2 Feature-Level-Fusion

Bei der Fusion auf Merkmalsebene (engl. *Feature Level*) werden die einzelnen extrahierten Merkmalsvektoren zu einem fusionierten Merkmalsvektor verkettet. Dies ist in der Regel die Fusion mit dem geringsten Informationsverlust. Anschließend muss eine neue Metrik gelernt werden, um zusammengesetzte Merkmalsvektoren vergleichen zu können. Geeignete *Metric-Learning*-Verfahren wurden in Kapitel 7 vorgestellt. Nur durch die beim *Metric Learning* häufig notwendigen Dimensionsreduktionen entstehen Informationsverluste bei der Fusion auf Merkmalsebene.

Daher wird die Fusion von Merkmalen auf dieser Ebene bei der erscheinungsbasierten Wiedererkennung auch am häufigsten verwendet. Zahlreiche Beispiele wurden in Kapitel 7 genannt.

Das Berechnen einer geeigneten Metrik für hochdimensionale Merkmalsvektoren ist jedoch nicht trivial und kann bei einer geringen Anzahl an Trainingsbeispielen auch fehlschlagen. Daher ist unter Umständen eine Fusion auf einer abstrakteren Ebene besser geeignet.

8.1.3 Score-Level-Fusion

Die Fusion auf *Score Level* findet nach dem *Matching* einzelner Merkmale statt. Der Vergleich einer beobachteten Person mit dem *Template* wird dabei für jedes Merkmal einzeln durchgeführt. Anschließend werden die Distanzwerte (engl. *Distance Scores*) aller Merkmale fusioniert.

In multibiometrischen Systemen ist die *Score-Level-Fusion* der populärste Ansatz. Diese Ebene bietet oft den besten Kompromiss zwischen geringem Informationsverlust und hoher Fusionseffizienz. [Maltoni et al., 2009]

Eine ausführliche Analyse der Verwendung von *Score-Level-Fusion* für die Kombination erscheinungsbasierter Wiedererkennungsmerkmale erfolgt in Abschnitt 8.3.

8.1.4 Rank-Level-Fusion

Die nächst abstraktere Fusion findet auf Rangebene (engl. *Rank Level*) statt. Dabei wird basierend auf den Scorewerten pro Merkmal ein Ranking erstellt. Anschließend werden die Rankings fusioniert. Die Vorgehensweise ähnelt der Bewertung sportlicher Wettkämpfe für eine Saisonwertung. Pro Platzierung im Ranking werden dabei Punkte vergeben. Die Punktzahlen für jede der beobachteten Personen werden über die Rankings aller Merkmale addiert. Basierend auf den Gesamtpunktzahlen wird ein fusioniertes Ranking erstellt.

Die Fusion auf Rangebene konnte bei der erscheinungsbasierten Wiedererkennung einige Erfolge erzielen. Sie wurde zum Beispiel in [de Carvalho Prates und Schwartz, 2015b], [Ye et al., 2015a] und [Gao et al., 2017] erfolgreich für die Fusion von Merkmalen eingesetzt. Diese Fusionsebene ist jedoch kein Schwerpunkt dieser Arbeit und wird daher nicht detaillierter betrachtet.

8.1.5 Decision-Level-Fusion

Die spätest mögliche Fusion findet auf der Entscheidungsebene (engl. *Decision Level*) statt. Pro Merkmal wird eine binäre Entscheidung getroffen, ob beobachtete Personen mit dem *Template* übereinstimmen. Anschließend erfolgt die Fusion mittels (gewichtetem) Mehrheitsentscheid. Weil bei der Personenwiedererkennung die Entscheidung zwischen vielen Klassen getroffen werden muss (jede Person ist eine Klasse), beinhaltet die Festlegung auf einen binären Wert einen sehr hohen Informationsverlust. Daher hat die Fusion auf Entscheidungsebene für die erscheinungsbasierte Wiedererkennung kaum eine praktische Relevanz. Nur in [Liu et al., 2015a] und [Martinel et al., 2016] wurden Ensembleansätze für die Fusion auf Entscheidungsebene untersucht.

8.2 State of the Art der Fusion

In Abbildung 8.2 werden erscheinungsbasierte Wiedererkennungsansätze, die Merkmale fusionieren, bezüglich der verwendeten Fusionsebene systematisiert. Die Fusion auf *Score Level* wird unter den späten Fusionsebenen am häufigsten für die erscheinungsbasierte Personenwiedererkennung eingesetzt. Nach der Beschreibung der Grundidee der *Score-Levl-Fusion* und der Beschreibung des eigenen Ansatzes in Abschnitt 8.3, erfolgt in Abschnitt 8.3.4 eine Einordnung der in Abbildung 8.2 aufgeführten Ansätze zur *Score-Level-Fusion*.

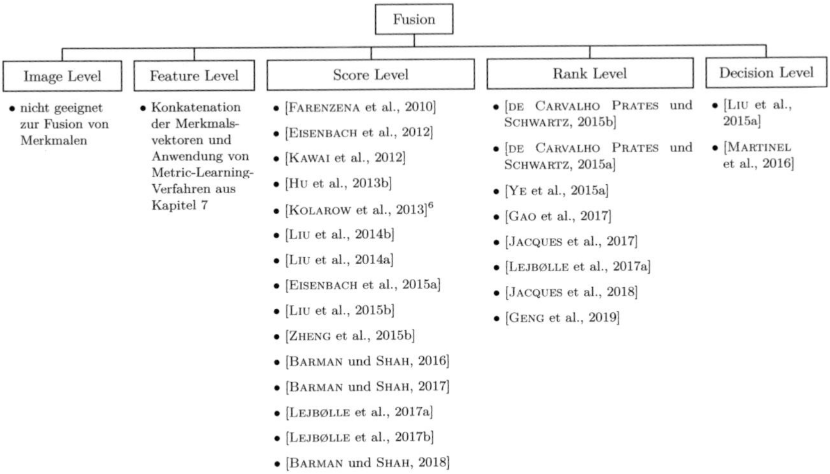

Abbildung 8.2: State of the Art der Fusion für die Personenwiedererkennung
Systematisierung von State-of-the-Art-Ansätzen der erscheinungsbasierten Personenwiedererkennung bezüglich der fünf Fusionsebenen

8.3 Score-Level-Fusion[1]

Score-Level-Fusion hat das Ziel Informationen auf einer abstrakten Ebene zu fusionieren. Daher werden Distanzwerte (engl. *Distance Scores*) von verglichenen Merkmalsvektoren kombiniert (siehe Abbildung 8.3). Das Ziel ist die Berechnung eines fusionierten Scores, der für die Erstellung eines Rankings geeignet ist. Dies wird in drei Schritten erreicht:

- Zuerst werden die Scores aller Merkmale normiert, um sie vergleichbar zu machen (Abschnitt 8.3.1). Zusätzlich hilft eine (nichtlineare) Normierung die Separierbarkeit zwischen *Genuine*-Scores (Distanzwerte für Bildpaare, die die gleiche Person darstellen)

[1] Die in diesem Abschnitt beschriebenen Algorithmen zur Score-Level-Fusion, sowie die zugehörigen Experimente in Abschnitt 8.4 sind in [EISENBACH et al., 2015a] publiziert. Die nachfolgenden Beschreibungen sind der Publikation entnommen.

und *Impostor*-Scores (Distanzwerte für Bildpaare, die verschiedene Personen zeigen) zu vergrößern.

- Der zweite Schritt ist die Berechnung von Gewichten für jedes Merkmal (Abschnitt 8.3.2).
- Im dritten Schritt wird der fusionierte Score als gewichtete Summe berechnet.

Alle diese Schritte beinhalten in der Anwendungsphase nur wenige und einfache Berechnungen. Daher kann *Score-Level-Fusion* viel schneller ausgeführt werden als *Feature-Level-Fusion* (das heißt aneinanderhängen von Merkmalsvektoren in Kombination mit *Metric Learning*). Eine Kombination aus beiden Fusionsstrategien (*Feature Level*, *Score Level*) ist ebenfalls möglich und erreicht in der Praxis die besten Wiedererkennungsergebnisse (Abschnitt 8.3.3).

8.3.1 Scorenormierung

Um *Score-Level-Fusion* anwenden zu können, müssen die Scores aller Merkmale im gleichen Wertebereich liegen. Dies wird normalerweise über eine Scorenormierung erreicht. Abbildung 8.4 zeigt eine kombinierte Systematisierung von *Score-Level-Fusions*-Ansätzen, die in [Maltoni et al., 2009], [Ross und Nandakumar, 2009] und [Ulery et al., 2006] beschrieben wurden. Diese Methoden können in drei generelle Kategorien eingeteilt werden: Wahrscheinlichkeitsdichte, Transformation und Klassifikation. Die letzte Kategorie kann nur für die Verifikation (nicht Identifikation) benutzt werden, da sie keinen fusionierten Score berechnet, sondern die Fusion als ein binäres Entscheidungsproblem formuliert. Daher wird sie im Folgenden nicht weiter betrachtet. Die Ansätze zur Normierung, basierend auf Wahrscheinlichkeitsdichtefunktionen beziehungsweise Transformationen, werden nachfolgend näher erläutert.

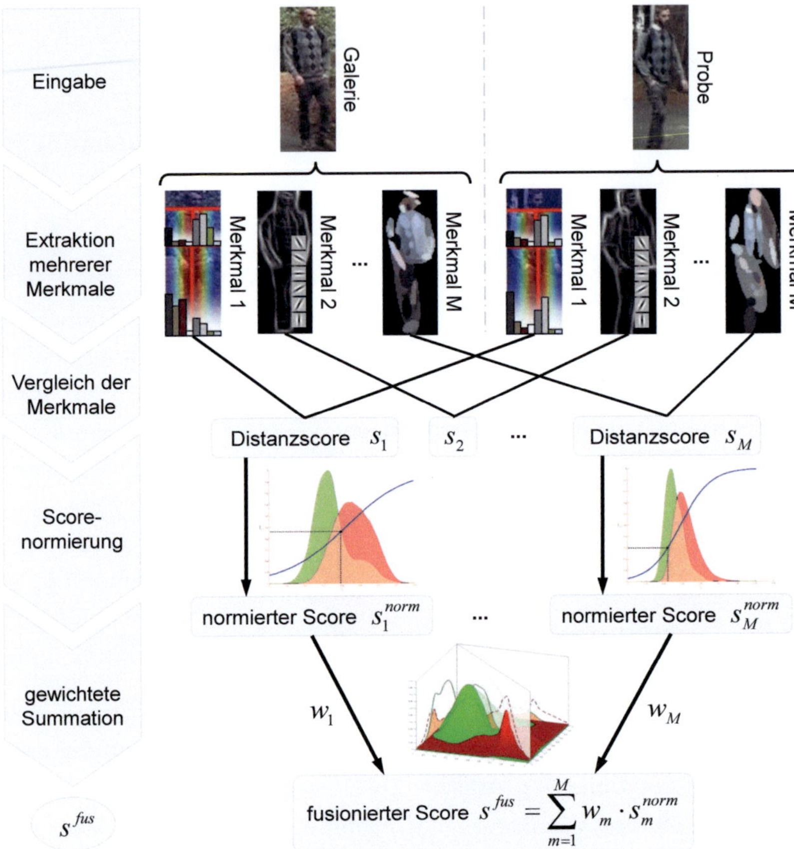

Abbildung 8.3: Ablauf der Score-Level-Fusion
Nach dem Vergleich zweier Bilder anhand M einzelner extrahierter Merkmale liegen M Distanzwerte (engl. *Scores*) vor. Alle Scores werden zunächst normiert. Anschließend werden die normierten Scores gewichtet summiert. Die Gewichte orientieren sich dabei an der Leistungsfähigkeit der einzelnen Merkmale. Das Ergebnis ist ein fusionierter Score, der unter Berücksichtigung aller Merkmale angibt, wie ähnlich sich die auf den beiden Bildern abgebildeten Personen sind. Im dargestellten Beispiel werden die Merkmale wHSV (1), Gabor-Filter (2) und MSCR (M) verwendet (siehe Merkmalsbeschreibungen in Kapitel 5.2).

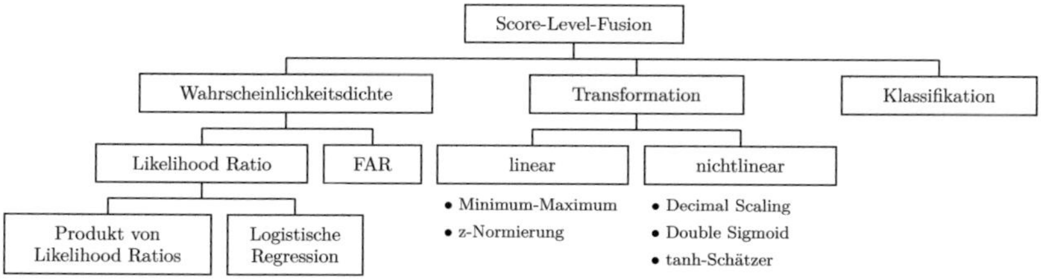

Abbildung 8.4: Systematisierung von Ansätzen zur Score-Level-Fusion
Eine Score-Level-Fusion kann entweder durch eine Addition normierter Scores oder eine Klassifikation realisiert werden. Ansätze zur Scorenormierung basieren entweder auf der Modellierung der Wahrscheinlichkeitsdichtefunktionen der *Genuine-* und *Impostor-*Scores oder auf einer Transformation der Scores.

Wahrscheinlichkeitsdichtebasierte Ansätze

Wahrscheinlichkeitsdichtebasierte Ansätze modellieren die Wahrscheinlichkeitsdichteverteilungen der *Genuine-* (ω^+) und *Impostor-* (ω^-) Scores[2] (siehe Abbildung 8.5), um den fusionierten Score mittels Wahrscheinlichkeitsrechnung berechnen zu können.

Herleitung: Probabilistische Interpretation der *Score-Level-Fusion* Der fusionierte Score $s^{(\text{fus})}$ kann definiert werden als Wahrscheinlichkeit $P(\omega^+|\underline{\mathbf{s}})$ einen *Genuine*-Score zu beobachten unter Verwendung zusammenhängender Scores $\underline{\mathbf{s}} = [s_1, \ldots, s_M]$ der gleichen beobachteten Person für M Merkmale und deren gegebenen Scoreverteilungen. Unter Benutzung des Bayes-Theorems (siehe Grundlagen, Kapitel 3.4.3) kann eine *A-posteriori*-Wahrscheinlichkeit wie

[2] Die Notation ist angelehnt an die Kennzeichnung von *Genuine-* und *Impostor-*Scores in der Encyclopedia of Biometrics [Ross und Nandakumar, 2009]. Es wird jedoch das hochgestellte + und − für eine konsistente Notation zu vorherigen Kapiteln verwendet.

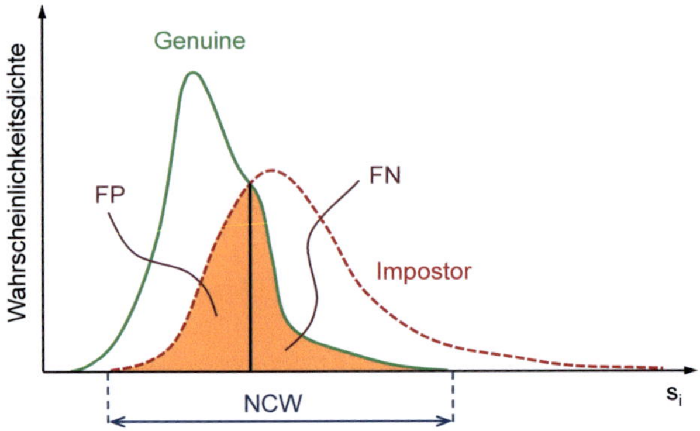

Abbildung 8.5: Exemplarische Genuine-Impostor-Scoreverteilung Dargestellt ist die Scoreverteilung des MSCR-Merkmals [FARENZENA et al., 2010] auf dem VIPeR-Datensatz [GRAY et al., 2007]. Scores in der hervorgehobenen Fläche verursachen Fehler (Falsch-Positive (FP) und Falsch-Negative (FN)), wenn der Schwellwert wie dargestellt am Schnittpunkt der *Genuine-* und *Impostor*-Scores gewählt wird. Die *Non-Confidence Width* (NCW, dt. Breite des nicht vertrauenswürdigen Bereichs) misst die Breite dieser kritischen Überlappfläche.

folgt im Sinne von Verbundwahrscheinlichkeitsdichten ausgedrückt werden [MALTONI et al., 2009]:

$$P(\omega^+|\underline{\mathbf{s}}) = \frac{P(\underline{\mathbf{s}}|\omega^+)P(\omega^+)}{P(\underline{\mathbf{s}}|\omega^+)P(\omega^+) + P(\underline{\mathbf{s}}|\omega^-)P(\omega^-)}. \tag{8.1}$$

Unter der Annahme, dass es gleich wahrscheinlich ist einen *Genuine-* oder *Impostor*-Score zu beobachten ($P(\omega^+) = P(\omega^-)$), kann Gleichung 8.1 vereinfacht werden zu

$$P(\omega^+|\underline{\mathbf{s}}) = \frac{P(\underline{\mathbf{s}}|\omega^+)}{P(\underline{\mathbf{s}}|\omega^+) + P(\underline{\mathbf{s}}|\omega^-)}, \tag{8.2}$$

wobei die verbleibenden Wahrscheinlichkeiten $P(\underline{\mathbf{s}}|\omega^+)$ und $P(\underline{\mathbf{s}}|\omega^-)$ aus den modellierten *Genuine-* und *Impostor-*Verbundwahrscheinlichkeitsdichteverteilungen aller Merkmale abgelesen werden können. Es ist also möglich, eine *Score-Level-Fusion* durchzuführen, indem man die angegebenen Verbundwahrscheinlichkeiten anhand Trainingsdaten modelliert und die entsprechenden Werte für einen bestimmten Scorevektor $\underline{\mathbf{s}}$ abliest.

***Likelihood-Ratio*-Normierung (LR)** Es ist jedoch nahezu unmöglich diese Verbundwahrscheinlichkeitsverteilung in einem hochdimensionalen Raum mit nur wenigen Trainingsbeispielen zu modellieren. Daher werden die Verbundverteilungen normalerweise approximiert durch das Produkt ihrer M Randverteilungen

$$P(\underline{\mathbf{s}}|\omega^k) = \prod_{m=1}^{M} P(s_m|\omega^k), {\scriptstyle k \in \{+,-\}}. \tag{8.3}$$

Diese Approximation geht von einer statistischen Unabhängigkeit der Merkmale aus. Dies ist bei der Fusion mehrerer Merkmale aber nicht der Fall, da alle Merkmale aus den gleichen Bildern extrahiert werden und zu den gleichen Personen gehören. Dennoch haben die Evaluationen in [NANDAKUMAR et al., 2009] gezeigt, dass sich eine Korrelation von Merkmalen „nicht nachteilig auf die Performanz des LR-Fusionsschemas auswirkt, im Besonderen wenn die verschiedenen Matcher akkurat sind und die Differenz zwischen *Genuine-* und *Impostor*-Korrelation nicht groß ist.“ In [EISENBACH et al., 2015a] konnte verifiziert werden, dass letztere Bedingung (Differenz zwischen *Genuine-* und *Impostor*-Korrelation gering) für erscheinungsbasierte Merkmale zutrifft. Auch die erste Bedingung (Matcher akkurat) trifft für die meisten Merkmale zu. Einige Texturmerkmale können Personen jedoch nicht gut beschreiben, besonders wenn die Personen einfarbige untexturierte Kleidung tragen. Die daraus resultierende geringe Matchinggenauigkeit kann unter Umständen zu Problemen führen.

Unter Benutzung der Randverteilungen als Vereinfachung kann die *Likelihood-Ratio*-Normierung durchgeführt werden, indem die *Genuine-* und *Impostor*-Score-Randverteilungen für jedes Merkmal separat ermittelt werden. Die Modellierung der Wahrscheinlichkeitsdichteverteilungen $P(s_i|\omega^+)$ und $P(s_i|\omega^-)$ kann auf verschiedene Weisen erfolgen, zum Beispiel durch eine Kerneldichteschätzung oder die Ableitung der kumulativen Wahrscheinlichkeitsdichtefunktion. Die resultierende *Likelihood-Ratio*-Normierungs-Regel für einen beobachteten Score s_i ist

$$s_i'^{(\mathrm{LR})} = P(\omega^+|s_i) = \frac{P(s_i|\omega^+)}{P(s_i|\omega^+) + P(s_i|\omega^-)}. \tag{8.4}$$

Das größte Problem der *Likelihood-Ratio*-Methode ist die Notwendigkeit, die *Genuine*-Verteilung akkurat berechnen zu müssen. Die Schwierigkeit ergibt sich dadurch, dass *Genuine*-Trainingsbeispiele (Bildpaare der gleichen Person, die unter verschiedenen Umweltbedingungen aufgenommen wurden) in den meisten Benchmarkdatensätzen deutlich unterrepräsentiert sind. Dies gilt ebenso für reelle Anwendungen.

Statt der *Likelihood-Ratio*-Methode können auch alternative Normierungen verwendet werden, die auf eine explizite und genaue Modellierung der *Genuine*-Verteilung verzichten: Die Logistische Regression modelliert das logarithmische Verhältnis der *Genuine*- und *Impostor*-Verteilung in einem Wertebereich mit genügend Daten und nutzt anschließend ein Polynom für die Approximation dieses Verhältnisses. Bei der Normierung über die Falschakzeptanzraten muss nur die *Impostor*-Verteilung modelliert werden.

Die wahrscheinlichkeitsdichtebasierte Normierung ist dafür bekannt, sehr gute Generalisierungseigenschaften zu besitzen. Dennoch kann sie zu Fehlern führen, wenn die Scoreverteilungen nicht akkurat modelliert werden. Da eine akkurate Modellierung bei einer zu geringen Anzahl an Trainingsdaten nicht bewerkstelligt werden kann, kommen stattdessen oft die viel einfacheren transformationsbasierten Normierungsansätze zum Einsatz.

Transformationsbasierte Normierung

Transformationsbasierte Ansätze können eingeteilt werden in lineare und nichtlineare Methoden (siehe Abbildung 8.4). Lineare Ansätze normieren nur die Wertebereiche der Scores aller Merkmale auf den gleichen Bereich, ohne die Form der Scoreverteilungen zu verändern. Typische Vertreter sind die Minimum-Maximum-Normierung und die z-Normierung. Nichtlineare Ansätze orientieren sich am Verlauf der *Genuine-* und *Impostor*-Score-Verteilung, um eine nichtlineare Normierung durchzuführen. Typische Vertreter nichtlinearer Normierungen sind *Decimal Scaling*, die *Double-Sigmoid*-Normierung [CAPPELLI et al., 2000] und die Normierung mittels tanh-Schätzer [HAMPEL et al., 1986].

8.3.2 Merkmalsgewichtung

Nachdem alle Merkmale auf einen einheitlichen Wertebereich normiert wurden, können sie kombiniert werden. Um den fusionierten Score als gewichtete Summe berechnen zu können, wird für jedes Merkmal anhand eines Testdatensatzes von normierten Distanzwerten[3] $\underline{\mathbf{s}}'_m$ ein Gewicht w_m bestimmt. Die fusionierten Scores werden entsprechend berechnet als

$$s_i^{(\mathrm{fus})} = \sum_{m=1}^{M} w_m s'_{i,m}, \tag{8.5}$$

wobei i der Index des Bildpaares ist, dessen Vergleich den Score s_i ergab, m der Index des Merkmals und M die Anzahl der Merkmale, die fusioniert werden.

Üblich sind die Gleichgewichtung, die Gewichtung anhand eines Gütemaßes und die Gewichtung anhand der *Genuine-Impostor*-Verteilung. Als Gütemaße können beispielsweise die *Equal Error Rate*, die Rang-1-

[3] für den Fall, dass die Normierung Ähnlichkeitswerte (engl. *Similarity Scores*) $\underline{\mathbf{s}}^{(\mathrm{sim})}$ ergibt, werden sie zu Distanzwerten transformiert $\underline{\mathbf{s}}^{(\mathrm{dist})} = 1 - \underline{\mathbf{s}}^{(\mathrm{sim})}$

oder Rang-10-Statistik oder die Fläche unter der CMC-Kurve des jeweiligen Merkmals verwendet werden. Für die Gewichtung der einzelnen Merkmale kann auch die jeweilige Trennbarkeit der *Genuine*- und *Impostor*-Verteilung als Grundlage genommen werden [CHIA et al., 2010]. Der D-Prime-Ansatz verwendet dafür die Mittelwerte und Standardabweichungen der beiden Verteilungen während die *Non-Confidence Width* die Breite der Überlappregion misst (siehe Abbildung 8.5).

Gewichtung formuliert als Optimierungsproblem

Alle genannten Methoden leiten das Gewicht für jedes Merkmal einzeln direkt aus einem Qualitätsmaß ab. Daher berechnen diese Methoden nicht die optimalen Gewichte, um die Fehler bei der Wiedererkennung mit den fusionierten Merkmalen zu minimieren. Der Grund für die separate Betrachtung der Merkmale ist die ursprüngliche Verwendung der Methoden im biometrischen Kontext, wo gemeinsame Scores (engl. *Joint Scores*) für verschiedene Merkmale — zum Beispiel Fingerabdrücke und Gesichtstemplates — selten verfügbar sind.

Paarweise Bestimmung der Gewichte Da sich bei der erscheinungsbasierten Wiedererkennung jedoch alle Merkmale auf die gleichen Bilder beziehen, sind zusätzlich auch Informationen zu *Genuine-Impostor*-Verbundverteilungen verfügbar. Um diese Informationen zu nutzen, sollte die Berechnung der Gewichte wie folgt als paarweises Optimierungsproblem[4] formuliert werden [EISENBACH et al., 2015a]: Die Gewichte w_1 und w_2 zweier Merkmale definieren einen Vektor, auf den die normierten Scores der beiden Merkmalen projiziert werden, um den fusionierten Score zu erhalten. Ohne Beschränkung der Allgemeinheit können diese Gewichte ausgedrückt werden als $k \cdot w_1 = \cos(\phi)$

[4] Bei einer paarweisen Formulierung muss die Verbundverteilung im zweidimensionalen Raum modelliert werden. Dies ist mit der Anzahl an verfügbaren Scores in Trainingdaten von Benchmarkdatensätzen der erscheinungbasierten Wiedererkennung handhabbar. Die Modellierung der Verbundverteilung für viele Merkmale in einem hochdimensionalen Raum ist mit der geringen Menge verfügbarer *Genuine*-Scores nicht ohne größere Approximationsfehler möglich.

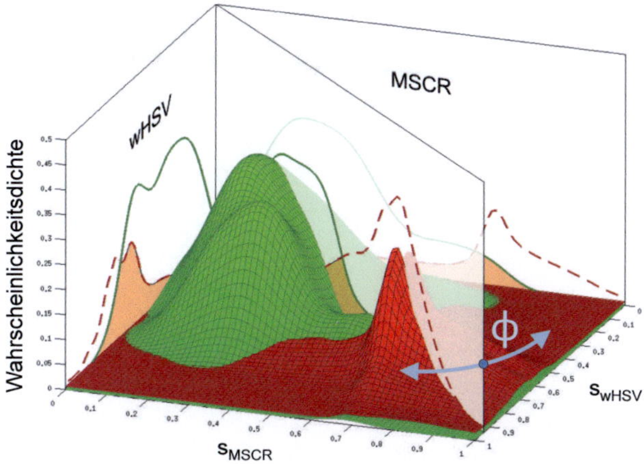

Abbildung 8.6: Formulierung der Gewichtung als Optimierungsproblem
Der Projektionsvektor (dargestellt als halbtransparente Ebene) hängt nur von ϕ ab. Es sei darauf hingewiesen, dass die Wahrscheinlichkeitsdichten der Randverteilungen bezüglich der z-Achse skaliert wurden, um den Bezug zur Verbundwahrscheinlichkeitsdichteverteilung visuell hervorzuheben.

und $k \cdot w_2 = \sin(\phi)$, wobei k eine Konstante und ϕ der Winkel zwischen der Achse des ersten Merkmals und dem Projektionsvektor ist. Abbildung 8.6 zeigt eine Visualisierung.

Dann ergeben sich die fusionierten *Genuine-* und *Impostor*-Verteilungen als Funktion der Randverteilungen über den normierten Scores zweier Merkmale und dem Winkel des Projektionsvektors ϕ. Gute Gewichte zu finden, entspricht daher der Aufgabe, das ϕ zu finden, bei dem ein Fehlermaß bezüglich der beiden projizierten Verteilungen minimiert wird. Im Rahmen der Experimente in [EISENBACH et al., 2015a] wurden die *Non-Confidence Width* und der Überlapp der *Genuine-Impostor*-Verteilung evaluiert (siehe Abbildung 8.5). Die *Non-Confidence Width* führt zu einem zerklüfteten Fehlergebirge. Dies ist eine schlechte Voraussetzung für einen Optimierungsalgorithmus, die dazu führt, dass oft nur lokale Minima gefunden werden. Der Überlapp erzeugt hingegen eine glatte Fehlerkurve. Daher sollte der Überlapp als Fehlerfunktion verwendet werden. Die Optimierungsfunktion ergibt sich in diesem Fall als

$$\phi^{best} = \operatorname{argmin}_{\phi=0}^{\frac{\pi}{2}} \operatorname{overlap}\left(\underline{\mathbf{s}}_{(\text{fus})}^{\omega^+}, \underline{\mathbf{s}}_{(\text{fus})}^{\omega^-}\right), \tag{8.6}$$

mit

$$\underline{\mathbf{s}}_{(\text{fus})}^{\omega^k} = \cos(\phi)\underline{\mathbf{s}}_{m_1}^{\omega^k} + \sin(\phi)\underline{\mathbf{s}}_{m_2}^{\omega^k}, {\scriptstyle k\in\{+,-\}}. \tag{8.7}$$

Wenn die *Genuine-* und *Impostor*-Verteilungen durch eine *Kernel Density Estimation* (KDE) abgeschätzt werden, berechnet sich der Überlapp wie folgt:

$$\begin{aligned} \operatorname{overlap}\left(\underline{\mathbf{s}}_{(\text{fus})}^{\omega^+}, \underline{\mathbf{s}}_{(\text{fus})}^{\omega^-}\right) = &\int_{-\infty}^{\tau(\phi)} \operatorname{KDE}\left(\underline{\mathbf{s}}_{(\text{fus})}^{\omega^-}\right) \\ &+ \int_{\tau(\phi)}^{\infty} \operatorname{KDE}\left(\underline{\mathbf{s}}_{(\text{fus})}^{\omega^+}\right), \end{aligned} \tag{8.8}$$

wobei $\tau(\phi)$ der Schnittpunkt der *Genuine-* und *Impostor*-Verteilung in der Projektion ist und das Integral über der KDE definiert ist als

$$\begin{aligned} \int_a^b \operatorname{KDE}(\underline{\mathbf{s}}) = \frac{1}{N}\sum_{i=1}^{N} \Bigg[&\frac{1}{2}\left(1 + \operatorname{erf}\left(\frac{a - s_i}{\sqrt{2}h}\right)\right) \\ &-\frac{1}{2}\left(1 + \operatorname{erf}\left(\frac{b - s_i}{\sqrt{2}h}\right)\right)\Bigg]. \end{aligned} \tag{8.9}$$

Die Kernelbandbreite h kann nach der Formel von Silverman [SILVERMAN, 1986] berechnet werden (Gleichung (F.2)).

Aufgrund der glatten Fehlerkurve mit nur einem einzigen vorhandenen Optimum kann die schnelle logarithmische Suche angewendet werden, um das globale Optimum zu finden. Es könnten jedoch auch andere heuristische Optimierungsalgorithmen eingesetzt werden. Anhand der Optimierung von ϕ, durch eine Minimierung des Überlapps der *Genu-*

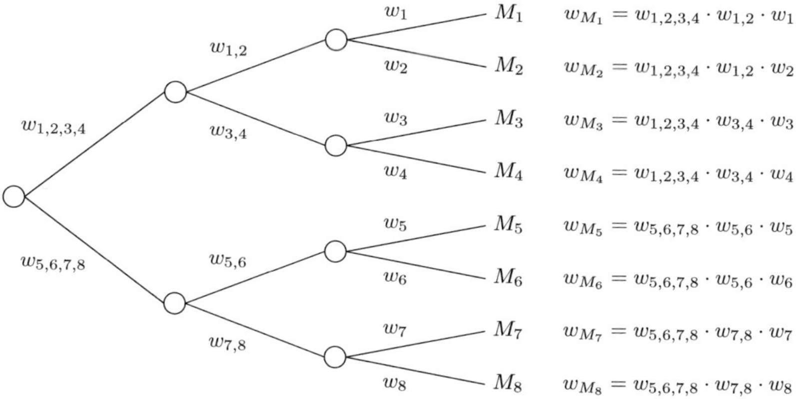

Abbildung 8.7: Fusionsschema für paarweise Gewichtsoptimierung
Die Gewichte w_{M_i} für die Merkmale M_1 bis M_8 werden paarweise bestimmt. Dabei werden jeweils Merkmale, die über einen Knoten verbunden sind, fusioniert. Das Gewicht pro Merkmal ergibt sich multiplikativ entlang der Kanten vom Wurzelknoten bis zum entsprechenden Blatt.

ine- und *Impostor*-Verteilung, können jeweils paarweise Gewichte für zwei Merkmale bestimmt werden.

Optimierungsschema Um die Gewichte für alle Merkmale zu bestimmen, wird zunächst ein binärer Baum erstellt (siehe Abbildung 8.7). Die Blätter des Baums entsprechen den Merkmalen. Beginnend von den Blättern werden anschließend die Knoten abgearbeitet. Pro Knoten sind jeweils die Gewichte für zwei Merkmale zu bestimmen, die mit dem jeweiligen Knoten verbunden sind. Jeder Knoten repräsentiert anschließend das fusionierte Merkmal. In den Kanten werden die paarweisen Gewichte gespeichert. Im nächsten Schritt können Gewichte für je zwei fusionierten Merkmale bestimmt werden, die mit dem gleichen Knoten verbunden sind. Das Schema setzt sich auf gleiche Weise bis zum Wurzelknoten fort.

Die gesuchten Gewichte für jedes Merkmal ergeben sich als Multiplikation der Gewichte entlang der Kanten vom Wurzelknoten bis zum entsprechenden Blatt. Das Schema wird in Abbildung 8.7 verdeutlicht. Wichtig für dieses Schema ist die Bedingung jeweils Merkmale paarweise zu fusionieren, die etwa die gleiche Leistungsfähigkeit besitzen. Daher werden die Merkmale vor Einsortierung in den Binärbaum entsprechend des Überlapps der *Genuine-* und *Impostor*-Verteilung der normierten Scores des jeweiligen Merkmals sortiert.
Dieses in [EISENBACH et al., 2015a] vorgestellte Gewichtungsschema wird nachfolgend, wie in der Publikation, als PROPER bezeichnet (für engl. *Pairwise Optimization of Projected Genuine-Impostor Overlap*, dt. paarweise Optimierung des projizierten Genuine-Impostor-Überlapps).

8.3.3 Kombination mit Metric Learning

Die Parameter für die *Score-Level-Fusion* können auch mit relativ wenigen Trainingsdaten robust bestimmt werden. Daher ist diese Art der Fusion eine gute Wahl für die Fusion großer Ensembles von Merkmalen. Diese These wird durch die in Abschnitt 8.4 beschriebenen Experimente gestützt. Für kleine Merkmalsensembles schneidet *Score-Level-Fusion* aber nur mittelmäßig ab.
Im Gegensatz dazu funktioniert eine *Feature-Level-Fusion*, die Merkmalsvektoren konkateniert und *Metric Learning* anwendet, sehr gut für kleine und mittelgroße Merkmalsvektoren. Bei Anwendung von *Metric Learning* auf großen Merkmalsvektoren ist in der Regel eine (gegebenenfalls unüberwachte) Dimensionsreduktion als Vorverarbeitungsschritt notwendig (siehe Kapitel 7), die zum Verlust potentiell wichtiger Informationen führen kann.
In diesem Unterabschnitt wird beschrieben, wie diese beiden Ansätze — *Score-Level-* und *Feature-Level-Fusion* — kombiniert werden können, um die mittels Fusion erreichte Wiedererkennungsleistung zu verbessern. Für die Kombination muss

- der hochdimensionale Merkmalsvektor zunächst in kleinere Teile zerlegt werden (Partitionierung).
- Dann wird für jeden Teil eine Distanzmetrik gelernt (*Metric Learning*).
- Schließlich werden die Matchingscores für alle Merkmalsvektorteile fusioniert (*Score-Level-Fusion*).

Partitionierung Um den Merkmalsvektor, der aus mehreren Merkmalen zusammengesetzt ist, in mehrere mittelgroße Teile zu zerlegen, kann die zu Grunde liegende Struktur des Merkmalssets genutzt werden[5]. Dabei werden Merkmalsvektoren des gleichen Merkmals gruppiert, die an verschiedenen Körperteilen ermittelt wurden. Verschieden Merkmale werden nicht gruppiert.

Metric Learning Für den Vergleich konkatenierter Merkmalsvektoren des gleichen Merkmals wird jeweils eine adäquate Distanzmetrik gelernt. Dafür kommen die in Kapitel 7 beschriebenen Verfahren zum Einsatz. Der Vergleich erfolgt für alle Merkmale einzeln mit der entsprechenden Metrik. Das Ergebnis ist ein Matchingscore pro Merkmal.

Score-Level-Fusion Um die Matchingscores aller Merkmale zu kombinieren, werden die Verfahren zur Normierung aus Abschnitt 8.3.1 und zur Gewichtung aus Abschnitt 8.3.2 verwendet.

Aufteilung der Trainingsdaten zwischen Metric Learning und Score-Level-Fusion

Bei der Kombination von *Metric Learning* und *Score-Level-Fusion* ist zu beachten, dass die Trainingsdaten identisch sind. Bei leistungsfähigen nichtlinearen *Metric-Learning*-Verfahren werden alle Trainings-

[5] Hinweis: Die Aufteilung hat einen großen Einfluss auf die Fusionsleistung. Dieser Aspekt wird jedoch im Rahmen dieser Arbeit nicht weiter untersucht. Eine automatische Aufteilung sollte für zukünftige Forschungsarbeiten in Betracht gezogen werden.

punkte der gleichen Klasse, das heißt *Genuine* beziehungsweise *Impostor*, nahezu auf die gleichen Punkte im transformierten Raum zusammengezogen. Diese Konzentration der Datenpunkte kann jedoch unter Verwendung der gelernten Metriken nicht für die Validierungs- oder Testdaten beobachtet werden. Eine Scorenormierung ist also effektiv auf den Trainingsdaten nicht mehr möglich, da sie sich zu deutlich von den Daten der Anwendungsphase unterscheiden. Dies führt vor allem bei Ansätzen zu Problemen, die versuchen die Wahrscheinlichkeitsdichteverteilungen zu modellieren. Der Trainingsdatensatz muss daher aufgeteilt werden, sodass sich die Trainingsdaten für *Metric Learning* und *Score-Level-Fusion* unterscheiden [EISENBACH et al., 2015a]. Zum Lernen einer geeigneten Metrik werden jedoch schon große Teile der Trainingsdaten verbraucht. Auf den wenigen verbleibenden Daten für die Parameterbestimmung der *Score-Level-Fusion* funktionieren wahrscheinlichkeitsdichtebasierte Ansätze nur schlecht. Bei der Kombination von *Metric Learning* und *Score-Level-Fusion* haben sich daher transformationsbasierte Ansätze als besser geeignet herausgestellt. Bei den Experimenten in [EISENBACH et al., 2015a] erzielte die z-Normierung, die auf nur wenige Daten angewiesen ist, die besten Ergebnisse.
Da in allen drei Verarbeitungsschritten — Partitionierung, *Metric-Learning* und *Score-Level-Fusion* — ausschließlich Heuristiken und überwachte Lernverfahren eingesetzt werden, gehen Informationen nur kontrolliert verloren, was zu einer spürbaren Leistungssteigerung bei der Fusion führt. Dies wird im nächsten Abschnitt ersichtlich.

Ergänzende Ausführungen In Anhang F wird auf einige Aspekte der Fusion näher eingegangen. Anhang F.1 geht auf die Einteilung in die konkurrierende, komplementäre und kooperative Fusion der Bilder bei der Sensor-Level-Fusion ein. Die Möglichkeiten zur Modellierung der Wahrscheinlichkeitsdichteverteilungen $P(s_i|\omega^+)$ und $P(s_i|\omega^-)$ werden in Anhang F.2 näher erläutert. Anhang F.3 geht auf die wahrschinlichkeitsdichtebasierten Normierungen anhand einer Logistischen Regression und anhand der Falschakzeptanzrate ein. Auf die linearen Ansätze zur transformationsbasierten Normierung wird in Anhang F.4.1 näher eingegangen. Anhang F.4.2 behandelt die nichtlinearen Ansätze. Auf die Möglichkeiten zur Gewichtung von Merkmalen wird in Anhang F.5 detailliert eingegangen.

8.3.4 Einordnung der State-of-the-Art-Ansätze, die Score-Level-Fusion nutzen

Nachfolgend werden die in Abbildung 8.2 aufgeführten Ansätze zur *Score-Level-Fusion* kurz beschrieben, um einen Vergleich zum eigenen Ansatz [Eisenbach et al., 2015a] zu ermöglichen.

Fusion erscheinungsbasierter und biometrischer Merkmale In [Kawai et al., 2012] und [Liu et al., 2015b] werden erscheinungsbasierte Merkmale mit Merkmalen zur Beschreibung der Gangart auf *Score Level* fusioniert. In [Kolarow et al., 2013][6] erfolgt die Fusion erscheinungsbasierter Merkmale mit einer Gesichtserkennung. Die Scorenormierung erfolgt anhand der Falschakzeptanzrate. Die logarithmierten normierten Scores werden gleichgewichtet summiert.

Kombination erscheinungsbasierter Merkmale ohne Scorenormierung In [Farenzena et al., 2010], [Hu et al., 2013b], [Liu et al., 2014b] und [Liu et al., 2014a] werden unnormierte Scores verschiedener Merkmale gewichtet addiert. Die Gewichte pro Merkmal werden in [Farenzena et al., 2010] und [Hu et al., 2013b] manuell vorgegeben. In [Liu et al., 2014b] und [Liu et al., 2014a] werden die Gewichte gelernt.

Gleichgewichtete Summation normierter Scores Mehrere Verfahren fusionieren durch eine Scorenormierung mit anschließender gleichgewichteter Summation. In [Eisenbach et al., 2012] erfolgt die Scorenormierung anhand der Falschakzeptanzrate. In [Nanni et al.,

[6]Der Autor dieser Dissertation war Co-Autor der Publikation.

2016] wird eine z-Normierung der Scores eingesetzt. In [Barman und Shah, 2016] erfolgt die Normierung mittels tanh-Schätzer.

Score-Level-Fusion mit Scorenormierung und Merkmalsgewichtung In [Zheng et al., 2015b] werden mehrere erscheinungsbasierte Merkmale entsprechend der in diesem Kapitel vorgestellten Vorgehensweise auf *Score Level* fusioniert. Bei der Verrechnung der normierten Scores wird jedoch das Produkt statt der Summe gebildet. Für die Scorenormierung wird in [Zheng et al., 2015b] die Minimum-Maximum-Transformation eingesetzt. Für die Gewichtung einzelner Merkmale wird die jeweilige Fläche der Scorekurve als Gütekriterium angesetzt. Dies ähnelt dem Gütekriterium der *Non-Confidence Width* aus [Chia et al., 2010]. Sowohl für die Scorenormierung als auch die Merkmalsgewichtung erreichten andere Verfahren in [Eisenbach et al., 2015a] bessere Ergebnisse. Der Fusionsansatz aus [Zheng et al., 2015b] wird auch in [Lejbølle et al., 2017a] für die Kombination mehrerer Merkmale und in [Lejbølle et al., 2017b] für die Kombination von Merkmalen mehrerer Körperteile genutzt. In [Lejbølle et al., 2017a] wurde außerdem *Score-Level-Fusion* mit *Rank-Level-Fusion* verglichen. Auf dem VIPeR-Datensatz [Gray et al., 2007] (siehe Grundlagen, Kapitel 3.1.3, Abbildung 3.3(a)) wurden mit beiden Fusionsstrategien nahezu identische Ergebnisse erzielt. Auf dem CUHK-Datensatz [Li et al., 2014] (siehe Grundlagen, Kapitel 3.1.3, Abbildung 3.3(d)) schnitt *Rank-Level-Fusion* besser ab. Dabei ist jedoch zu beachten, dass in [Lejbølle et al., 2017a] für die *Score-Level-Fusion* laut Analysen in [Eisenbach et al., 2015a] suboptimale Komponenten für die Scorenormierung und Merkmalsgewichtung verwendet wurden. In [Barman und Shah, 2017] und [Barman und Shah, 2018] werden Merkmale auf *Score Level* fusioniert, indem eine Scorenormierung durchgeführt wird und die Gewichte pro Merkmal wie in [Eisenbach et al., 2015a] durch eine heuristische Optimierung bestimmt werden. Dabei wird in

[Barman und Shah, 2017] *Simulated Annealing* und in [Barman und Shah, 2018] ein genetischer Algorithmus eingesetzt.

8.4 Experimente

Um die Fusionsansätze, die in diesem Kapitel vorgestellt wurden, zu evaluieren, wird zunächst die Leistungsfähigkeit aller Teilkomponenten untersucht. Anschließend wird das vorgestellte *Score-Level-Fusions*-Verfahren mit dem State of the Art der *Feature-Level-Fusion* und mit einer Kombination beider Ansätze verglichen.

8.4.1 Versuchsaufbau

Als Merkmale wurden in den Experimenten BVT-, LBP-, MR8-, Lab- und wHSV-Histogramme sowie ELF-Merkmale für alle mittels *Pictorial Structures* [Cheng et al., 2011] detektierten Körperteile extrahiert. Auf dem ganzen Bild wurden zusätzlich die Merkmale SELF, wHSV mit SDALF-Bildsegmentierung, MSCR und PCHR extrahiert. Für eine Beschreibung der Merkmale sei auf Kapitel 5.2.1 und Ergänzungen im zugehörigen Anhang C.1.1 verwiesen. Das in dieser Weise zusammengestellte Merkmalsset umfasst 84 Merkmalsvektoren, die eine akkumulierte Dimensionalität von 242.109 im Mittel aufweisen (MSCR variiert, $\sigma = 16$).
Für die Experimente wurde der VIPeR-Datensatz [Gray et al., 2007] (siehe Grundlagen, Kapitel 3.1.3, Abbildung 3.3(a)) genutzt. Es kam das Evaluationsprotokoll nach [Farenzena et al., 2010] mit zehnfacher Kreuzvalidierung (siehe Grundlagen, Kapitel 3.1.2) zum Einsatz.

8.4.2 Beste Teilkomponenten

Um die beste Konfiguration für die *Score-Level-Fusion* zu ermitteln, wurde die Leistung aller 64 Kombinationen der beschriebenen acht *Scorenormierungen* und acht *Merkmalsgewichtungen* verglichen. Die beste

Scorenormierung mit PROPER-Gewichtung	nAUC
Likelihood Ratio	0,942
tanh-Schätzer	0,940
z-Normierung	0,940
Minimum-Maximum	0,939
Falschakzeptanzrate	0,932
Decimal Scaling	0,932
Double Sigmoid	0,929
Logistische Regression	0,916

(a)

Merkmalsgewichtung mit LR-Normierung	nAUC
PROPER	0,942
Non-Confidence Width	0,932
D-Prime	0,926
nAUC der CMC-Kurve	0,925
Rang-10-Statistik	0,924
Rang-1-Statistik	0,922
Equal Error Rate	0,921
Gleichgewichtung	0,918

(b)

Tabelle 8.1: Evaluation der besten Teilkomponenten bei der Fusion Der Vergleich von Kombinationen für Scorenormierung und Merkmalsgewichtung erfolgt anhand der normalisierten Fläche unter der CMC-Kurve (nAUC) auf dem VIPeR-Datensatz [Gray et al., 2007] (siehe Grundlagen, Kapitel 3.1.3, Abbildung 3.3(a)).

Erkennungsleistung wurde für die *Likelihood-Ratio*-Scorenormierung in Kombination mit der vorgestellten *PROPER*-Merkmalsgewichtung erzielt (siehe Tabelle 8.1).

Alle Scorenormierungsmethoden verbesserten in Kombination mit der *PROPER*-Merkmalsgewichtung die Erkennungsleistung, sodass die beste Leistung eines einzelnen Merkmals überboten wurde. Die Methoden zur Merkmalsgewichtung wurden unter Nutzung der besten Scorenormierung (*Likelihood Ratio*) anhand der normalisierten Fläche unter der CMC-Kurve (nAUC) verglichen. Dabei zeigte sich ein deutlicher Vorsprung der vorgestellten *PROPER*-Merkmalsgewichtung gegenüber dem State of the Art (siehe Tabelle 8.1). Die Gleichgewichtung aller Merkmale schnitt am schlechtesten ab.

Ergänzende Visualisierungen Für den interessierten Leser wird die Wiedererkennungsleistung durch Scorenormierung und Merkmalsgewichtung in Anhang F.6 anhand weiterer Grafiken veranschaulicht. Es erfolgt eine Analyse der in Abbildung F.2 dargestellten CMC-

Kurven. Außerdem wird auf die in Abbildung F.3 dargestellte gelernte Gewichtung der Merkmale näher eingegangen.

8.4.3 Kombination mit Metric Learning

Die Experimente in [Eisenbach et al., 2015a] zeigen, dass *Score-Level-Fusion* eine gut geeignete Methode ist, um mehrere Merkmale zu kombinieren. Dennoch fusionieren zahlreiche State-of-the-Art-Ansätze Merkmale auf *Feature-Level*, indem sie alle Merkmalsvektoren aneinanderhängen und *Metric Learning* anwenden. Daher wird im Folgenden die Leistung dieser beiden Fusionstechniken sowie deren Kombination evaluiert.

In Abbildung 8.8 ist die CMC-Kurve der Score-Level-Fusion mit Likelihood-Ratio-Normierung und *PROPER*-Merkmalsgewichtung als gestrichelte grüne Linie eingezeichnet. Die beste in Kapitel 7 vorgestellte lineare *Metric-Learning*-Methode KISSME [Köstinger et al., 2012] (durchgezogene blaue Linie) schneidet auf dem konkatenierten Merkmalsvektor schlechter ab. Dies lässt sich durch den Informationsverlust aufgrund des unüberwachten PCA-Vorverarbeitungsschritts begründen. Auf einer Teilmenge der Merkmale (durchgezogene hellblaue Linien) ist KISSME jedoch in der Lage eine bessere Leistung als die Score-Level-Fusion zu erzielen. In diesem Fall gehen weniger Informationen durch die PCA verloren.

Dieses Experiment zeigt, dass die Leistung von *Metric-Learning*-Methoden bei hochdimensionalen Merkmalsvektoren einbricht. Daher wurde im Rahmen der Experimente in [Eisenbach et al., 2015a] das *Metric-Learning*-Verfahren KISSME auf mehreren Merkmalsteilmengen angewendet, um die Teilmengen anschließend auf *Score Level* zu fusionieren. Die Leistung der kombinierten *Feature-* und *Score-Level-Fusion* ist als gestrichpunktete blaue Linie dargestellt. Diese Kombination schneidet sogar besser ab als die beste nichtlineare *Metric-Learning*-Methode — die kernelbasierte *Local Fisher Diskriminant Analysis* (kLFDA) [Xiong et al., 2014] — auf dem konkatenier-

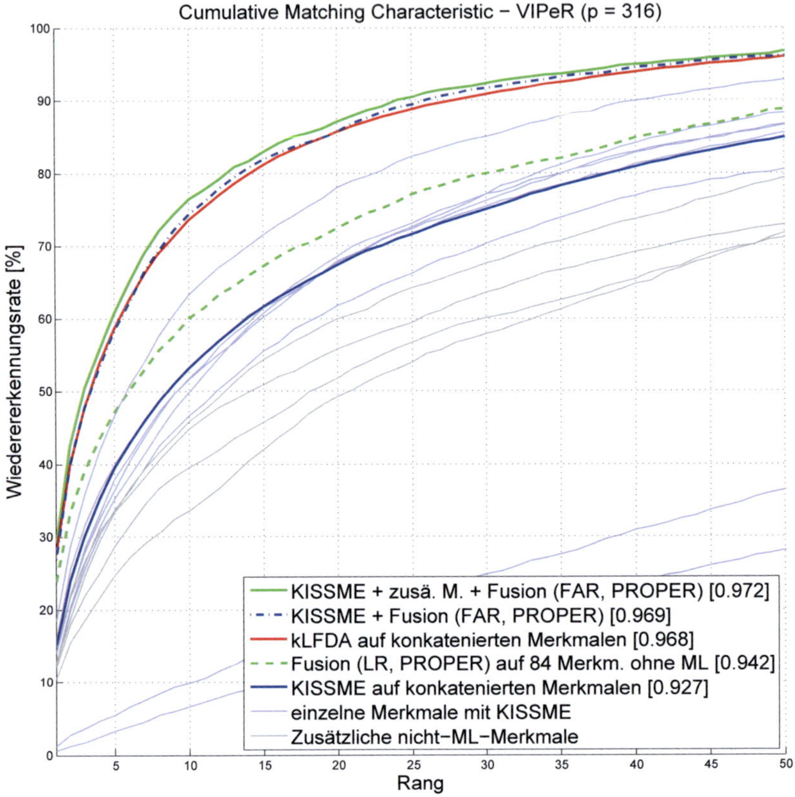

Abbildung 8.8: Kombination von Score-Level-Fusion und Metric Learning

Die CMC-Kurven stellen der Wiedererkennungsleistung auf dem VIPeR-Datensatz [Gray et al., 2007] (siehe Grundlagen, Kapitel 3.1.3, Abbildung 3.3(a)) dar. Die Fläche unter der jeweiligen Kurve (nAUC) ist in eckigen Klammern angegeben. Die Kombination aus Score-Level-Fusion und linearem *Metric Learning* (KISSME [Köstinger et al., 2012]) schlägt den besten nichtlinearen *Metric-Learning*-Ansatz (kLFDA [Xiong et al., 2014]) aus Kapitel 7.

ten Merkmalsvektor (rote Linie). Außerdem ist das Ergebnis besser als lineares oder nichtlineares *Metric Learning* auf den konkatenierten Merkmalsvektoren und besser als *Metric Learning* auf jeglicher Untermenge von Merkmalen[7].

Die Hinzunahme weiterer Merkmale zur *Score-Level-Fusion*, die nicht für eine *Feature-Level-Fusion* geeignet sind (siehe Abschnitt 8.1), verbessert die Erkennungsrate weiter (durchgezogene grüne Linie). Durch Kombination aus linearem *Metric Learning* unter Nutzung von KISSME und *Score-Level-Fusion* wird eine Fläche unter der CMC-Kurve von $nAUC = 0{,}972$ erreicht. Bei Verwendung von kLFDA als nichtlinearem *Metric-Learning*-Verfahren verbessert sich die Leistung nochmals leicht auf $nAUC = 0{,}973$. Die Kombination aus *Feature-* und Score-Level-Fusion erreicht also Wiedererkennungsleistungen, die mit keiner der beiden Fusionstechniken allein erzielt werden können. Dies zeigt eine bessere Vorgehensweise gegenüber dem State of the Art auf, bei dem vorrangig *Feature-Level*-Fusion (*Metric Learning*) eingesetzt wird.

8.5 Fazit

In diesem Kapitel wurden *Score-Level-Fusions*-Techniken zur Kombination erscheinungsbasierter Merkmale evaluiert. Wie in anderen Anwendungsfeldern, funktioniert auch bei der Personenwiedererkennung die Scorenormierung mittels *Likelihood Ratio* am besten. Um die Merkmale zu gewichten, wurde in [Eisenbach et al., 2015a] das paarweise Optimierungsschema PROPER vorgestellt, welches deutlich besser als die State-of-the-Art-Ansätze abschneidet. Bei der Fusion großer Merkmalsensembles ist die *Score-Level-Fusion* mit *Likelihood-Ratio*-Scorenormierung und PROPER-Gewichtung den linearen *Metric-Learning*-Ansätzen, bei denen die Fusion auf *Feature Level* stattfindet, überlegen. Eine Kombination aus linearem *Metric Learning* und *Score-Level-*

[7] Der Übersichtlichkeit halber sind die Ergebnisse für die vielen möglichen Untermengen von Merkmalen in Abbildung 8.8 nicht eingezeichnet.

Fusion erzielt sogar noch bessere Ergebnisse und schneidet leicht besser ab als der derzeit beste nichtlineare kernelbasierte *Metric-Learning*-Ansatz. Des Weiteren ist der vorgestellte Ansatz deutlich schneller in der Anwendungsphase. *Score-Level-Fusion* ist daher ein leistungsfähiges Werkzeug, um große Merkmalssets zu fusionieren, vor allem in Kombination mit *Metric Learning*.

8.6 Erzielter Nutzen durch Fusion

Da einzelne erscheinungsbasierte Merkmale nicht so leistungsfähig sind wie biometrische Merkmale, kann ein hoher Nutzen für die erscheinungsbasierte Wiedererkennung nur durch eine geeignete Kombination von Merkmalen erzielt werden. Die Fusion der Merkmale auf *Score Level* erzielt dabei sehr gute Ergebnisse, die durch die Kombination mit *Metric Learning* weiter gesteigert werden können. Welchen Nutzen diese Art der Fusion für die Wiedererkennung erzielt, ist in Abbildung 8.9 zu sehen.

Personen lassen sich leichter unterscheiden, wenn die Ergebnisse des Vergleichs einzelner Merkmale fusioniert werden. Durch diese Kombination mehrerer Merkmale wird die *Unterscheidungskraft* deutlich gesteigert. Werden sich ergänzende Merkmale kombiniert, wird in der Regel auch die *Genauigkeit* der Wiedererkennung deutlich gesteigert. Die Kombination aus Metric Learning und Score-Level-Fusion erreicht in den Experimenten im Rahmen dieser Arbeit die beste Erkennungsgenauigkeit.

Score-Level-Fusion kann auch angewendet werden, wenn nur ein Teil der Merkmale extrahierbar ist. Somit wird die *Erfassbarkeit* verbessert. Auch im Falle, dass nur ein einziges Merkmal extrahierbar ist, kann durch die Normierung des Matchingscores noch eine geeignete Aussage getroffen werden, ob es sich um die Zielperson handelt.

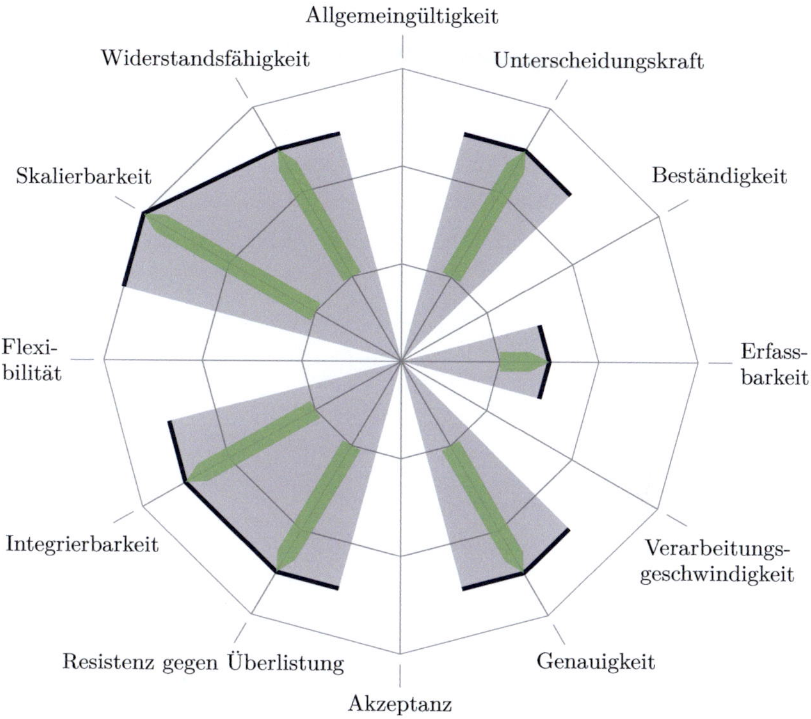

Abbildung 8.9: Nutzen der Fusion für die Personenwiedererkennung
Für eine Beschreibung der erzielten Verbesserungen sei auf den Text in Abschnitt 8.6 verwiesen.

Durch die Verwendung verschiedenartiger Merkmale wird eine bewusste Täuschung, die nur auf einzelne Merkmale abzielt, vereitelt. Die *Resistenz gegen Überlistung* wird somit gesteigert.

Die Verrechnung der Scores einzelner Merkmale erfolgt bei der Score-Level-Fusion sehr einfach und universell. Für die einzelnen Merkmale sind durch eine einheitliche Normierung und Gewichtung klare Schnittstellen geschaffen. Dies verbessert die *Integrierbarkeit*. Zum Wiedererkennungssystem können jederzeit problemlos weitere Merkmale hinzugefügt werden. Auch eine Kombination mit biometrischen Merkmalen ist auf Score Level problemlos möglich. Durch die verteilte Berechnung der einzelnen Merkmale wird ein monolithisches System verhindert. Die parallele Abarbeitung und einheitliche Fusion auf Score Level verbessert die *Skalierbarkeit* entscheidend.

Einzelne Fehler bei der Merkmalsextraktion und dem Matching haben durch die Kombination mehrerer Merkmale auf Score Level nur einen relativ geringen Einfluss. Das Wiedererkennungssystem ist daher zu einem gewissen Maße fehlertolerant, wodurch die *Widerstandsfähigkeit* erhöht wird.

Kapitel 9

Entscheidungsfindung

Nachdem die Ähnlichkeiten der Personen zum *Template* der Zielperson durch *Scores* beschrieben wurden und darauf aufbauend ein Ranking erstellt wurde, muss schließlich die Entscheidung getroffen werden, ob eine der Personen mit dem Template übereinstimmt.
In Abschnitt 9.1 wird zunächst das probabilistische Framework vorgestellt, mit Hilfe dessen die Entscheidung bezüglich der Übereinstimmung mit dem Template herbeigeführt wird.
Anschließend werden in Abschnitt 9.2 Techniken beschrieben, die Zusatzinformationen nutzen, um die Entscheidung auf Plausibilität zu überprüfen und somit die Wiedererkennungsleistung deutlich zu steigern.

9.1 Trackbasierte Verifikation und Identifikation

Um zu entscheiden, welche Hypothese die größte Übereinstimmung mit dem *Template* der gesuchten Person hat, sollten mehrere Beobachtungen berücksichtigt werden. Das heißt es sollten nicht nur die aktuellen Bilder der infrage kommenden Personen mit dem Template vergleichen werden. Stattdessen sollten mehrere Beobachtungen pro Person durch Tracking ermittelt werden. Anschließend können alle bisherigen Beobachtungen[1] der jeweiligen Personen für die Entscheidungsfindung genutzt werden. Dies verringert die Anzahl an Wiedererkennungsfehlern drastisch, da vereinzelte, durch ungünstige Umweltbedingungen verursachte, niedrige *Genuine-* und hohe *Impostor-Scores*[2] nur einen geringen Einfluss haben.

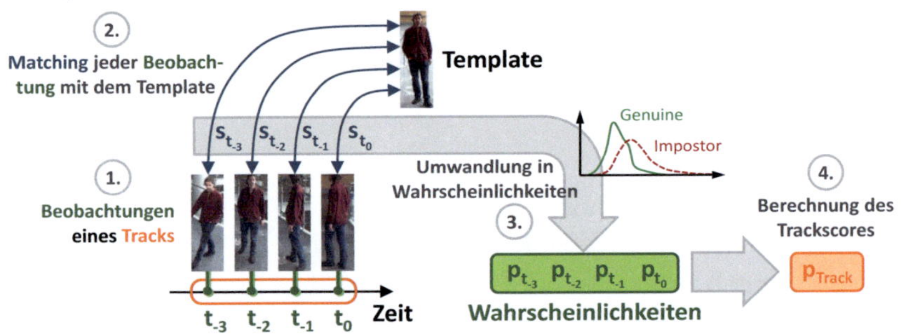

Abbildung 9.1: Trackbasierte Scoreberechnung
Für die Berechnung eines Trackscores werden alle bisherigen Beobachtungen des Tracks berücksichtigt. Zunächst wird für jede Beobachtung einzeln ein Matchingscore ermittelt. Die Berechnung des Scores kann auch die Fusion mehrerer Merkmale beinhalten. Ist dies der Fall, so wird ein fusionierter Score pro Beobachtung ermittelt. Die Scores aller bisherigen Beobachtungen des Tracks werden anschließend in Wahrscheinlichkeiten umgerechnet. Anhand eines probabilistischen Mehrheitsentscheids wird der Trackscore berechnet.

Um eine Wiedererkennung anhand mehrerer Beispiele zu erzielen, müssen zunächst mehrere Vergleichswerte von Beobachtungen (engl. *Matching Scores*) aller Personentracks mit dem *Template* gesammelt werden (siehe Abbildung 9.1). Basierend auf diesen Beobachtungen kann

[1]Da die Entscheidungsfindung online erfolgt, können nur die aktuelle und zeitlich zurückliegende Beobachtungen genutzt werden. Im Videoüberwachungsszenario kann für die investigative Personensuche auch eine Offline-Entscheidung getroffen werden. In diesem Fall sind die kompletten Tracks bekannt. Daher können auch alle Beobachtungen der jeweiligen Tracks genutzt werden.

[2]Für eine Definition zu *Genuine-* beziehungsweise *Impostor-Scores* siehe Kapitel 3.1 und Kapitel 8.3.1

das in [EISENBACH et al., 2015b] vorgestellte probabilistische Framework angewendet werden, um zu entscheiden welcher Track der gesuchten Person entspricht.

Indikatoren

Für die Entscheidung, welcher Track der gesuchten Person entspricht, werden mehrere Indikatoren extrahiert. Zuerst wird ein rangbasierter Indikator verwendet. Die Wahrscheinlichkeit, mit der dieser Indikator dafür abstimmt, den Track der gesuchten Person zuzuweisen, verringert sich immer dann, wenn ein *Score* dieses Tracks nicht der *Best Match* im Vergleich zu gleichzeitig beobachteten *Scores* anderer Tracks ist.
Der zweite Teil der Indikatoren überprüft, ob die bisher beobachteten *Scores* eines Tracks eine hohe Ähnlichkeit zum *Template* der gesuchten Person indizieren. Um dies zu beurteilen, wird für jeden *Score* die Wahrscheinlichkeit ermittelt, dass es sich um einen *Genuine-Score* handelt. Die Wahrscheinlichkeit, dass ein Score zur *Genuine*-Verteilung gehört und somit eine Übereinstimmung mit dem *Template* darstellt, kann wie folgt berechnet werden:

$$P(\omega^+|s_i) = \frac{P(s_i|\omega^+)}{P(s_i|\omega^+) + P(s_i|\omega^-)}, \tag{9.1}$$

wobei $P(s_i|\omega^+)$ und $P(s_i|\omega^-)$ die Wahrscheinlichkeitsdichten der *Genuine*- und *Impostor*-Verteilung an der Stelle s_i sind (siehe Kapitel 8). Um eine schnelle Berechnung zu ermöglichen, werden beide Wahrscheinlichkeitsdichtefunktionen (engl. *probability density functions*, PDF) im Voraus auf einem Trainingsdatensatz berechnet[3].

Korrektur der PDFs für abhängige Beobachtungen

Diese Berechnung nimmt an, dass jede der Beobachtungen unabhängig ist, was für *Scores* desselben Tracks nicht zu halten ist, da sie alle zur

[3]Siehe Modellierung PDF bei Likelihood-Ratio-Scorenormierung in Kapitel 8.3.1

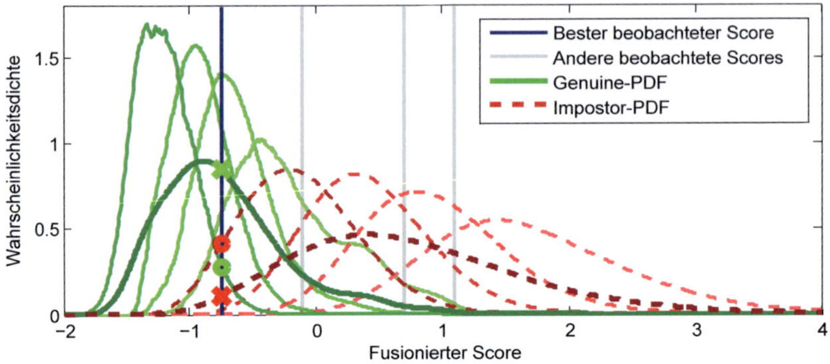

Abbildung 9.2: Rangkorrigierte Wahrscheinlichkeitsdichtefunktionen

Rangkorrigierte *Genuine-* und *Impostor-PDFs* für vier sortierte *Scores* eines Tracks, berechnet aus den jeweiligen unkorrigierten PDFs (dunklere, dickere Linien). Die vier rangkorrigierten *Genuine-PDFs* geben an, in welchem Wertebereich (von links nach rechts) der beste, zweitbeste, drittbeste und schlechteste der vier *Scores* zu erwarten ist, sollten sie *Genuine-Scores* sein. Die vier rangkorrigierten *Impostor-PDFs* geben den Wertebereich an, in welchem *Scores* erwartet würden, sollten sie *Impostor* sein. Beispiel: Der beste der vier *Scores* s_1 ist als blaue Linie markiert, die anderen grau. Würden die PDFs nicht korrigiert, würde Gleichung (9.1) suggerieren, dass s_1 mit Wahrscheinlichkeit $p = \frac{0.84}{0.84+0.11} = 0.88$ *Genuine* wäre (Kreuze). Das Wissen, dass dieser Score der beste aus vier zusammenhängenden Beobachtungen ist, verändert die Erwartungen jedoch deutlich. Ein *Genuine-Score* würde am ehesten innerhalb des Bereichs erwartet, der von der am weitesten linken *Genuine-PDF* vorgegeben wird, und ein *Impostor-Score* innerhalb des Bereichs, der von der am weitesten linken *Impostor-PDF* vorgegeben wird. Daher ergibt sich eine korrigierte Wahrscheinlichkeit, berechnet nach Gleichung (9.1), dass dieser *Score Genuine* ist, von lediglich $p = \frac{0.275}{0.275+0.415} = 0.40$ (Kreise).

selben Person gehören. Daher muss für jeden Track die Reihenfolge der *Scores* berücksichtigt werden (siehe Abbildung 9.2 für ein anschauliches Beispiel). Um die PDFs für die sortierten *Scores* $s_1, \ldots, s_j, \ldots, s_n$ zu korrigieren, müssen Ordnungsstatistiken (engl. *Order Statistics*, siehe Grundlagen, Kapitel 3.4) berechnet werden:

$$f_{(j)}^{(\omega^k)}(s_j) = n \cdot f^{(\omega^k)}(s_j) \cdot \begin{pmatrix} n-1 \\ j-1 \end{pmatrix} \cdot F^{(\omega^k)}(s_j)^{j-1} \cdot (1 - F^{(\omega^k)}(s_j))^{n-j}, {}_{k \in \{+,-\}}, \tag{9.2}$$

wobei $f_{(j)}^{(\omega^k)}(s_j)$ die korrigierte Wahrscheinlichkeitsdichte $P(s_j|\omega^k)$ für den j-t besten *Score* s_j aus n *Scores* ist, mit ω^k als *Genuine* oder *Impostor*, $f^{(\omega^k)}$ als unkorrigierte PDF und $F^{(\omega^k)}$ als unkorrigierte kumulative Verteilungsfunktion (engl. *Cumulative Distribution Function*, CDF). Die Wahrscheinlichkeit, dass ein sortierter *Score Genuine* ist, kann dann unter Verwendung von Gleichung (9.1) und den korrigierten *Genuine-* und *Impostor-PDFs* berechnet werden. Abbildung 9.2 zeigt die Vorgehensweise exemplarisch für einen Track mit vier Beobachtungen.

Probabilistischer Mehrheitsentscheid

Die ermittelten Indikatoren stimmen jeweils mit Wahrscheinlichkeit p_i dafür ab, dass der Track der gesuchten Person zugewiesen werden sollte und mit Wahrscheinlichkeit $(1-p_i)$ dafür, dass dies nicht geschehen soll. Für jeden Track sind n scorebasierte Indikatoren und ein rangbasierter Indikator bei der Abstimmung involviert.

Als *Trackscore* wird die Wahrscheinlichkeit ermittelt, mit der die Mehrheit der Indikatoren eines Tracks für die Zuweisung zur gesuchten Person abstimmt. Zum Beispiel würde sich der *Trackscore* p_{Track} für drei Indikatoren p_1, p_2, p_3 berechnen als

$$\begin{aligned} p_{\text{Track}} &= p_1 \cdot p_2 \cdot (1 - p_3) && \text{Indikator 1 \& 2 stimmen für die Zuweisung} \\ &+ p_1 \cdot (1 - p_2) \cdot p_3 && \text{Indikator 1 \& 3 stimmen für die Zuweisung} \\ &+ (1 - p_1) \cdot p_2 \cdot p_3 && \text{Indikator 2 \& 3 stimmen für die Zuweisung} \\ &+ p_1 \cdot p_2 \cdot p_3 && \text{alle Indikatoren stimmen für die Zuweisung,} \end{aligned}$$

das heißt, entweder zwei Indikatoren stimmen für die Zuweisung und einer dagegen oder alle drei Indikatoren stimmen für die Zuweisung.

Schließlich wird die Personen-ID der gesuchten Person dem Track zugewiesen, der den größten *Trackscore* erzielt, falls er über einem definierten Schwellwert liegt. Im Fall, dass dieser Wahrscheinlichkeitswert nahe 1,0 liegt, kann davon ausgegangen werden, dass die gesuchte Person sicher erkannt wurde. Dann sollte zusätzlich eine Aktualisierung des *Templates* der gesuchten Person mit den Beobachtungen des Tracks durchgeführt werden (siehe Kapitel 6.3). Dadurch werden auch veränderte Umweltbedingungen bei nachfolgenden Entscheidungen berücksichtigt (siehe Kapitel 2).

Erzielte Ergebnisse

In [Eisenbach et al., 2015b] konnte gezeigt werden, dass sich die Verwendung des probabilistischen Frameworks zur Verrechnung mehrerer Bobachtungen positiv auf die Nutzererkennung beim Lotsen und Folgen von Schlaganfallpatienten im Rahmen des Projekts ROREAS auswirkt. Die Anzahl der Verwechslungen des Nutzers mit anderen Personen durch die Wiedererkennungskomponente konnte deutlich reduziert werden. Für Details sei auf die Experimente für das Robotikszenario in Kapitel 10.2.3 verwiesen.

9.2 Verbesserung der Wiedererkennungsleistung durch Zusatzinformationen

Die erscheinungsbasierte Wiedererkennung stellt aufgrund von Mehrdeutigkeiten durch ähnliche Bekleidung in der Regel ein sehr schwer zu entscheidendes Problem dar. Daher ist es wichtig, die getroffene Entscheidung bezüglich der Zugehörigkeit einer Person zum Template zu verifizieren. Dafür können mehrere Zusatzinformationen genutzt werden. Eine Suchraumeinschränkung kann helfen, eine große Anzahl von Hypothesen bereits vor der Entscheidungsfindung auszuschließen. Wurde eine Person zuvor bereits identifiziert, so kann ein Tracking der Person helfen, um bei nachfolgenden Entscheidungen die Anzahl zu vergleichender Personen stark einzuschränken. Durch Einbeziehung des lokalen Kontextes kann auch bei vollständiger Verdeckung auf den Aufenthaltsort einer Person geschlossen werden.

9.2.1 Suchraumeinschränkung beim Multikameratracking

In diesem Abschnitt wird auf die Einschränkung des Suchraums für das Szenario der Videoüberwachung eingegangen. Zuerst wird auf die Verwendung einer Erreichbarkeitskarte eingegangen, um auf mögliche Aufenthaltsorte der Zielperson zu schließen. Anschließend wird beschrieben, wie eine Prädiktion von Bewegungsspuren genutzt werden kann, um Vergleiche mit Personen anhand der wahrscheinlichsten Aufenthaltsorte zu priorisieren. In [Kolarow et al., 2013][4] konnte gezeigt werden, dass diese beiden Techniken den Suchraum deutlich einschränken und den Operateur helfen, die Zielperson im Videoüberwachungsszenario deutlich schneller zu finden.

Schlussfolgern (engl. *Reasoning*)

Um die Suche nach einer Person in einem Kameranetzwerk zu beschleunigen und zu verbessern, kann eine Suchraumeinschränkung mittels Erreichbarkeitskarte vorgenommen werden (siehe Abbildung 9.3). Dazu muss eine binäre raum-zeitliche Karte berechnet werden, die alle Regionen — und somit Kameras — zeigt, die eine Person ausgehend von der gegebenen Anfangsposition unter Annahme einer maximalen Geschwindigkeit erreichen kann. Die Berechnung basiert auf einem Wellenfrontmodell [Hart et al., 1968] und verwendet eine Karte, die die Szene geometrisch darstellt. Als Berechnungsgrundlage dienen die aktuelle Position der Person sowie ein kinematisches Bewegungsmodell. Das Wiedererkennungsmodul nutzt dieses raum-zeitliche Wissen zur

[4] Der Autor dieser Dissertation war Co-Autor der Publikation.

Vorhersage, wann eine Person in welcher Kamera erscheinen kann. Dies führt nicht nur zu einer Reduktion des Suchraums, sondern gleichzeitig auch zu einer Reduktion der falsch positiven Treffer. Der interessierte Leser sei für detailliertere Ausführungen auf [Kolarow et al., 2013][4] verwiesen.

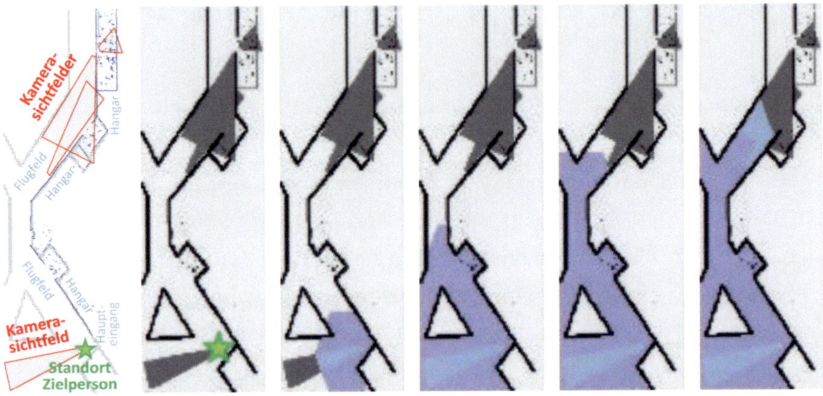

Abbildung 9.3: Erreichbarkeitskarte zur Suchraumeinschränkung
Anhand der maximalen Bewegungsgeschwindigkeit lassen sich ausgehend von der letzten Beobachtung der Zielperson (grüner Stern) zahlreiche Positionen und Kamerasichtbereiche für die Wiedererkennung ausschließen. Dazu wird eine geometrische Karte genutzt, durch die sich die erreichbaren Positionen (blau) über die Zeit (zweites bis sechstes Bild) ausbreiten. Zur besseren Orientierung ist im linken Bild die Karte des Fluglandeplatzes Schönhagen überlagert. Bildquelle: Demonstrator Projekt APFel [Kolarow et al., 2013][4]

Prädiktion

Um alle Sequenzen zu finden, in denen eine gesuchte Person enthalten ist, ist es notwendig, alle Aufnahmen durchzugehen, die nicht mittels Erreichbarkeitskarte ausgeschlossen werden können. Es kann jedoch Zeit gespart werden, wenn die Verarbeitung der Sequenzen basierend auf Statistiken zu Übergangs- und Aufenthaltszeiten von Personen zwi-

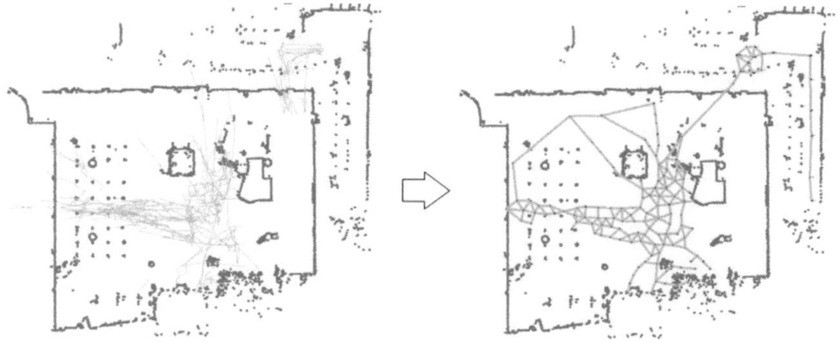

Abbildung 9.4: Prädiktionsgraph
Erstellung eines Prädiktionsgraphen am Beispiel des Flughafens Erfurt-Weimar. Links: Karte des Terminals und beobachtete Bewegungsspuren des Personentrackers (hellgrau). Rechts: Clustering der Bewegungsspuren zur Erzeugung des Graphen (Knoten rot, Kanten grau). Quelle: [Eisenbach et al., 2014]

schen und in Kameras priorisiert wird. Dies geschieht durch Nutzung einer datengetriebenen Vorhersage.

Die Datengrundlage für die Vorhersage wird durch einen räumlichen Graph kodiert (Abbildung 9.4). Er wird in einer Offline-Phase erzeugt. Dafür werden Bewegungsspuren geclustert, die durch kamerabasiertes [Kolarow et al., 2012][4] und laserbasiertes Personentracking [Schenk, 2011][5], [Schenk et al., 2011][4], [Schenk et al., 2012a][4], [Schenk et al., 2012b][4] ermittelt wurden. Die mittleren Übergangszeiten und Varianzen zwischen benachbarten Knoten werden in den verbindenden Kanten gespeichert. Die Wahrscheinlichkeiten für Übergänge werden in allen Knoten für alle angrenzenden Kanten gespeichert.

In der Anwendungsphase wird die Vorhersage ausgehend von der Position beziehungsweise dem Track einer ausgewählten Person gestartet (siehe Abbildung 9.5). Dafür wird eine Monte-Carlo-Simulation auf dem Graph ausgeführt [Schenk, 2018]. Die zeitlichen Statistiken werden in den jeweiligen Knoten gespeichert. Anschließend werden die gespei-

[5]Die Masterarbeit von Konrad Schenk wurde vom Autor betreut.

cherten Zeiten für alle Knoten innerhalb des Sichtbereichs einer Kamera geclustert, um multimodale zeitliche Intervalle von wahrscheinlichen Aufenthaltszeiten der gesuchten Person zu erhalten. Für Details zur Prädiktion von Personenbewegungen sei der interessierte Leser auf [SCHENK, 2018] verwiesen.

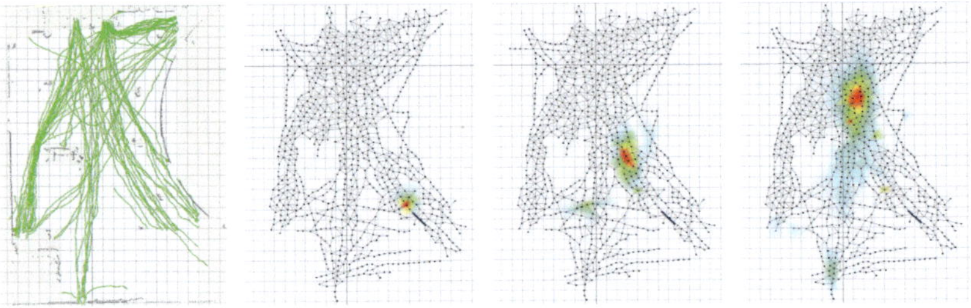

Abbildung 9.5: Prädiktion der wahrscheinlichsten Aufenthaltsposition
Anhand beobachteter Trajektorien (links) wird ein Prädiktionsgraph ermittelt. Die rechten drei Bilder zeigen die Prädiktion der wahrscheinlichsten Aufenthaltsorte ausgehend von einem initial beobachteten Pfad (blaue Linie) nach 1, 3 und 6 Sekunden, wobei rot eine hohe Wahrscheinlichkeit symbolisiert und blau oder keine Einfärbung eine niedrige Wahrscheinlichkeit. Quelle: [EISENBACH et al., 2014]

Die implementierte Prädiktion benötigt für die Vorhersage der Pfade einer Person weniger als 100 ms auf einem Intel-Core-i7-Prozessor. Diese Simulation reduziert den Suchraum für die Wiedererkennung signifikant und liefert zusätzlich nützliche Scorewerte, die in eine Fusion auf *Score Level* (siehe Kapitel 8) einfließen können. Für Details sei auf [KOLAROW et al., 2013][4] verwiesen.

9.2.2 Suchraumeinschränkung auf einem mobilen Roboter

In [WENGEFELD et al., 2016][4] konnte experimentell gezeigt werden, dass die erscheinungsbasierte Personenwiedererkennung auf einem mobilen Roboter in einem klinischen Einsatzfeld deutlich schwieriger ist als die Wiedererkennung auf typischen Benchmarkdatensätzen aus dem Bereich der Videoüberwachung. Daher ist es wichtig, den Suchraum für die Wiedererkennung des Nutzers des Roboters auf eine geringe Anzahl plausibler Hypothesen einzuschränken. Dies kann nur gelingen, wenn die in [Wengefeld et al., 2016][4] beschriebene Kopplung von Personentracker und erscheinungsbasierter Wiedererkennung umgesetzt wird, denn die zuvor beschriebenen Ansätze für statische Kameraanordnungen können auf einem mobilen Roboter verständlicherweise nicht eingesetzt werden. Auf einem mobilen Roboter ist es wichtig, Personen so lange wie möglich spatio-temporal zu tracken und den Nutzer in mehrdeutigen Situationen robust innerhalb einer Gruppe von Kandidaten wiederzuerkennen. In diesen Fällen sollte der Suchraum für die Wiedererkennung anhand der räumlichen Distanz auf ausschließlich relevante Hypothesen eingeschränkt werden.

Kopplung von Tracker und Wiedererkennung

Bei der Umsetzung der beschriebenen Strategie muss ein konservativer Ansatz beim Tracking gewählt werden. Das heißt, zeitlich aufeinander folgende Detektionen können anhand der räumlichen Nähe zu einem Tracklet verbunden werden, aber nur dann, wenn es keine Mehrdeutigkeiten gibt. Es darf kein Risiko für eine ID-Verwechslung (engl. *ID Switch*) bestehen. Kann dies nicht garantiert werden, müssen Tracklets nahe beieinander stehender Personen abgeschnitten und für alle Personenhypothesen neue Tracklets gestartet werden. Um beim Verbinden von Tracklets zu Tracks ID-Verwechslungen zu vermeiden, wird für die Auflösung der Mehrdeutigkeiten eine erscheinungsbasierte Personenwiedererkennung verwendet. Dabei können die Wiedererkennungsraten gesteigert werden, indem der Suchraum für die Wiedererkennung auf genau die Personen beschränkt wird, die die Mehrdeutigkeit verursacht haben können (siehe Abbildung 9.6).

Hierfür wird ein Entscheidungsbaum eingesetzt, der Track IDs, Matching Scores der Wiedererkennung und räumliche Distanzen zur vor-

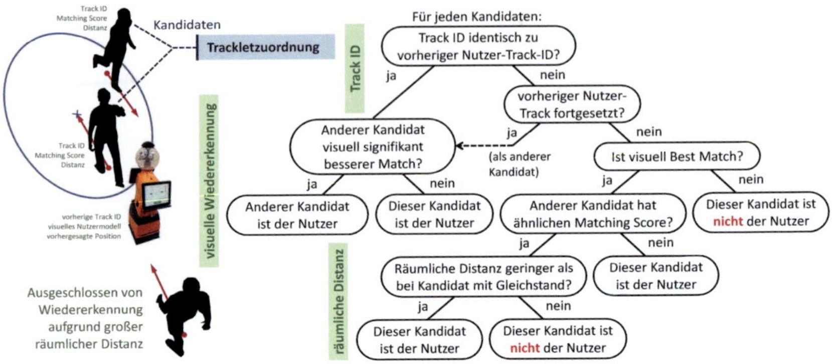

Abbildung 9.6: Entscheidungsbaum: Kopplung Tracker mit Wiedererkennung
Der Entscheidungsbaum wird genutzt, um den Suchraum für die Wiedererkennung auf wenige Personen in der Nähe des durch Tracking vorhergesagten Aufenthaltsortes einzuschränken. Quelle: [WENGEFELD et al., 2016][4]

hergesagten Position des Nutzers berücksichtigt, um zu entscheiden, welcher der gerade beobachteten und getrackten Kandidaten der aktuelle Nutzer des Roboters ist. Zusätzlich werden Tracklets von Personen, die sicher vom Nutzer unterschieden werden können, für zukünftige Vergleiche ausgeschlossen. Dies steigert die Verarbeitungsgeschwindigkeit und vermeidet spätere Fehler bei Vergleichen nach wechselnden Beleuchtungen, die das Erscheinungsbild der Person verändern können. Um zu überprüfen, ob eine sichere Unterscheidung möglich ist, werden die Matching Scores der am besten mit dem Template übereinstimmenden Kandidaten verglichen. Die Differenz des besten zum zweitbesten Matching Score muss einen vorgegebenen Schwellwert überschreiten.

Ergebnisse aus Experimenten

Für die Evaluation des mittels Entscheidungsbaum gekoppelten Tracking- und Wiedererkennungssystems wurden Trackingsequenzen aus Lauftrainings vier verschiedener Personen, die Gehhilfen verwendeten, mit einer Gesamtlaufzeit von 52 Minuten genutzt. Dabei verfolgte oder lotste der Roboter die Patienten über eine Gesamtdistanz von 929 Metern und begegnete 141 anderen Personen, darunter technisches und klinisches Personal sowie andere Patienten. Als Vergleich diente die Kombination aus Tracking und erscheinungsbasierter Wiedererkennung ohne Suchraumeinschränkung.

Durch die geeignete Verknüpfung von Tracker und Wiedererkennung konnte der Prozentsatz vollständig autonomer Trainingsdurchläufe, das heißt ohne manuelle Korrekturen der Nutzerhypothese, vervierfacht werden. Die Anzahl abgerissener Tracks konnte halbiert und die durchschnittliche Tracklänge verdoppelt werden. Die Verbesserungen sind das Resultat der Suchraumeinschränkung auf genau die Personen, die sich in der Nähe des letzten Beobachtungspunktes des Nutzers befanden. Der Suchraum konnte dabei fast jedes Mal auf zwei mögliche Kandidaten reduziert werden.

Ein weiterer Vorteil dieser Suchraumeinschränkung ist die Verminderung des Einflusses der Beleuchtung. Personen, die Kleidung mit ähnlicher Farbe tragen, zum Beispiel nur leicht unterschiedliche Grautöne mit einer großen Varianz im Erscheinungsbild durch den Einfluss wechselnder Beleuchtungen, müssen nur dann verglichen werden, wenn sie nahe beieinander stehen und dadurch unter ähnlichen Beleuchtungseinflüssen beobachtet werden.

9.2.3 Kontextinformationen

Menschen bewegen sich an öffentlichen Plätzen und in öffentlichen Gebäuden, wie zum Beispiel Flughäfen, oft in Gruppen. Eine Erkennung einzelner Personen innerhalb der Gruppe kann unter Umständen schwierig sein. Die Erkennung anderer Personen dieser Gruppe kann in diesen Fällen ein Indiz für Aufenthaltsort der Zielperson sein. Eine Identifikation der Gruppe stellt somit die notwendige Kontextinformation für die Wiedererkennung der Zielperson dar.

In [Zheng et al., 2014] wird eine Gruppenwiedererkennung ebenfalls als Kontextinformation genutzt. Für die Beschreibung der Gruppe wird ein Deskriptor anhand des Gruppenbildes berechnet. Der Deskriptor wird anschließend genutzt, um die Gruppe als Ganzes wiederzuerkennen. Diese Vorgehensweise kann jedoch problematisch sein bei wechselnden Kameraperspektiven oder bei variierenden Anordnungen der Personen innerhalb der Gruppe.

Stattdessen orientiert sich die in dieser Arbeit vorgeschlagene und im Rahmen des Projekt APFel [Kolarow et al., 2013][4] umgesetzte Methode an der menschlichen Vorgehensweise, bei der Korrespondenzen von Einzelpersonen zwischen zwei Gruppen hergestellt werden (siehe Abbildung 9.7).

Abbildung 9.7: Menschliche Herangehensweise zur Gruppenwiedererkennung
Menschen vergleichen Gruppen, indem sie Einzelpersonen zwischen den Gruppen zuordnen. Quelle: [Eisenbach et al., 2014]

Damit diese Vorgehensweise angewendet werden kann, müssen Gruppen spatio-temporal getrackt sowie einzelne Personen innerhalb der Gruppe visuell detektiert und getrackt werden, trotz Verdeckungen innerhalb der Gruppe. Dabei sollten für alle in der Gruppe enthaltenen Personen Bilder mit möglichst wenigen Verdeckungen extrahiert werden. In der Regel kann dies nur durch die Auswahl von Bildern verschiedener Zeitpunkte erreicht werden. Für die eingesetzte Methodik beim Gruppentracking und der Extraktion der Einzelpersonen sei auf [EISENBACH et al., 2014] verwiesen.

Für die Zuordnung von Personen zwischen zwei beobachteten Gruppen kommen die in dieser Arbeit beschriebenen Methoden zur Wiedererkennung von Einzelpersonen zum Einsatz. Für alle beobachteten Personen in beiden Gruppen werden erscheinungsbasierte Merkmale extrahiert. Anschließend erfolgt ein Matching aller Personen der einen Gruppe gegen alle Personen der anderen Gruppe. Mit den dabei ermittelten Matching Scores wird eine Ähnlichkeitsmatrix aufgestellt (siehe Abbildung 9.8).

Mittels bipatitem Matching[6] [KUHN, 1955] wird anschließend die bestmögliche Zuordnung von Personen aus beiden Gruppen gefunden. Die Ähnlichkeit der beiden beobachteten Gruppen ergibt sich aus der Summe der Ähnlichkeiten der gefundenen Zuordnung. Je mehr korrespondierende Personen gefunden werden, desto höher wird die Ähnlichkeit der Gruppen bewertet. Eine perfekte Zuordnung aller Personen ist dabei nicht notwendig (siehe Abbildung 9.8b). Verwechslungen ähnlich aussehender Personen haben zum Beispiel kaum einen Einfluss auf die Gruppenähnlichkeit, weil die Summe der eingehenden Einzelähnlichkeiten nahezu identisch ist mit der Summe der Ähnlichkeiten bei korrekter Zuordnung. Dies kann auch beim Matching der in Abbildung 9.9 zu sehenden, virtuell aus dem VIPeR-Datensatz [GRAY et al., 2007] zusammengestellten großen Gruppe beobachtet werden. Die meisten Personen können korrekt zugeordnet werden. Die Ähnlichkeitswerte der verbleibenden Personen fallen eher gering aus und haben nur einen marginalen Einfluss auf die Gruppenähnlichkeit.

Für die Zuordnung der Zielperson zu einer Gruppe muss sie einmalig wiedererkannt und bis zum Verschwinden in der Gruppe getrackt werden. Anschließend genügt es, die gut sichtbaren Personen der Gruppe für die Gruppenwiedererkennung zu verwenden.

---

[6] Bipatites Matching ist auch bekannt als Ungarischer oder Kuhn-Munkres-Algorithmus.

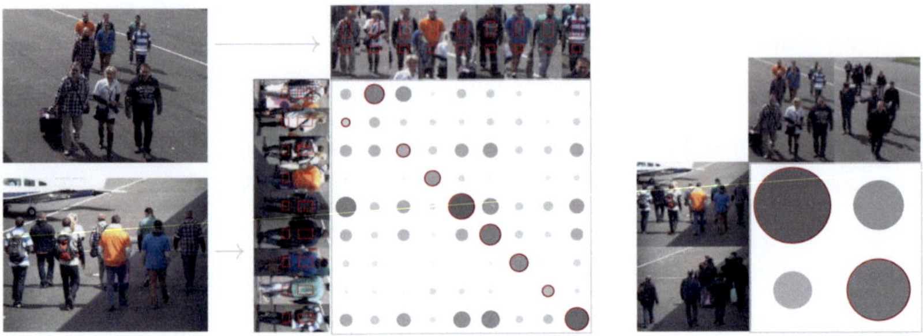

(a) (b) (c)

Abbildung 9.8: Wiedererkennung von Gruppen anhand einer Ähnlichkeitsmatrix
Beim Tracking der Gruppen (a) werden Beispielbilder für alle Einzelpersonen extrahiert. Anschließend werden alle Personen der beiden Gruppen mittels erscheinungsbasierter Wiedererkennung verglichen (b). Die Bereiche für die Merkmalsextraktion sind in den Personenbildern rot hervorgehoben. Die berechnete Ähnlichkeit durch das in [EISENBACH et al., 2012] vorgestellte Verfahren ist durch die Größe und Dunkelheit der Kreise visualisiert. Die durch bipatites Matching gefundene bestmögliche Zuordnung von Personen zwischen beiden Gruppen ist durch eine rote Umrandung der entsprechenden Kreise hervorgehoben. Die Summe der Ähnlichkeiten der umrandeten Kreise ergibt die Gruppenähnlichkeit (c). Es ist zu erkennen, dass Gruppen als ähnlicher bewertet werden, wenn sie die gleichen Personen enthalten. Vorlage: [EISENBACH et al., 2014]

Die beschriebene Vorgehensweise, bei der eine Zuordnung einer Teilmenge von Personen ausreichend ist, stellt somit eine robuste Umsetzung einer Gruppenwiedererkennung dar, sofern Bilder der Einzelpersonen innerhalb der Gruppen extrahiert werden können. Durch die Kontextinformation der erkannten Gruppe kann die Wiedererkennung der Zielperson in kritischen Situationen mit vielen Verdeckungen verbessert werden.

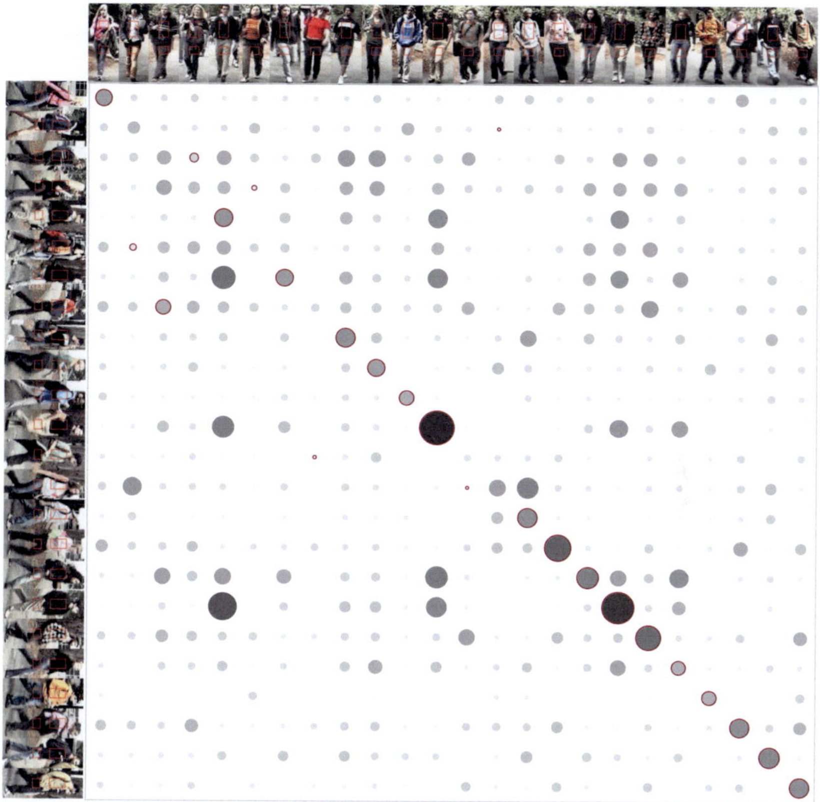

Abbildung 9.9: Wiedererkennung großer Gruppen
Dargestellt ist die Ähnlichkeitsmatrix für das Matching der virtuell aus dem VIPeR-Datensatz zusammengestellten großen Gruppe. Für eine Beschreibung der Visualisierungen sei auf Abbildung 9.8 verwiesen. Die Bilder der Einzelpersonen sind aus dem VIPeR-Datensatz [GRAY et al., 2007] entnommen.

9.3 Fazit

Die Entscheidungsfindung hat einen großen Einfluss auf die erreichbaren Wiedererkennungsraten. Eine große Verbesserung der Wiedererkennungsraten erzielen Techniken, die mehrere Bobachtungen oder

Zusatzinformationen in die Entscheidung einbeziehen sowie Techniken zur Einschränkung des Suchraums.

Durch eine Entscheidung basierend auf mehreren Beobachtungen entlang eines Tracks erhöhen sich die Erkennungsraten. Für die Verrechnung der *Matching Scores* und Rankings mehrerer Beobachtungen sollte das vorgestellte probabilistisches Framework [EISENBACH et al., 2015b] statt einfacher Heuristiken verwendet werden.

Durch eine Einschränkung des Suchraums kann die Menge der mit dem Template zu vergleichenden Personen stark eingeschränkt werden, wodurch auch das Risiko für fehlerhafte Zuordnungen zum Template aufgrund ähnlicher Bekleidungen vermindert wird. Geeignete Techniken zur Suchraumeinschränkung bei der Videoüberwachung sind ein raumzeitliches Reasoning auf einer globalen Karte und die Priorisierung von Hypothesen mittels Prädiktion der wahrscheinlichsten Laufwege [KOLAROW et al., 2013][4]. Bei Robotikanwendungen hilft ein Tracking der zuvor identifizierten Person, den Suchraum einzuschränken [WENGEFELD et al., 2016][4].

Bei temporär vollständiger Verdeckung der Zielperson durch die Bewegung in einer Gruppe ist eine erscheinungsbasierte Wiedererkennung nicht möglich. Eine Entscheidung muss in diesem Fall mittels Kontextinformationen getroffen werden. In [EISENBACH et al., 2014] wurde gezeigt, dass die Wiedererkennung der Gruppe ein probates Mittel ist, um auf den Aufenthaltsort der Zielperson zu schließen. Die Zielperson muss dazu einmalig der Gruppe zugeordnet werden können.

9.4 Erzielter Nutzen durch Entscheidungsfindung

Abbildung 9.10 zeigt, bezüglich welcher Kriterien die Wiedererkennung durch eine geeignete Entscheidungsfindung verbessert werden kann. Die Entscheidungsfindung trägt entscheidend dazu bei, die *Genauigkeit* der Wiedererkennung zu erhöhen. Sie hat den größten Einfluss auf die Ge-

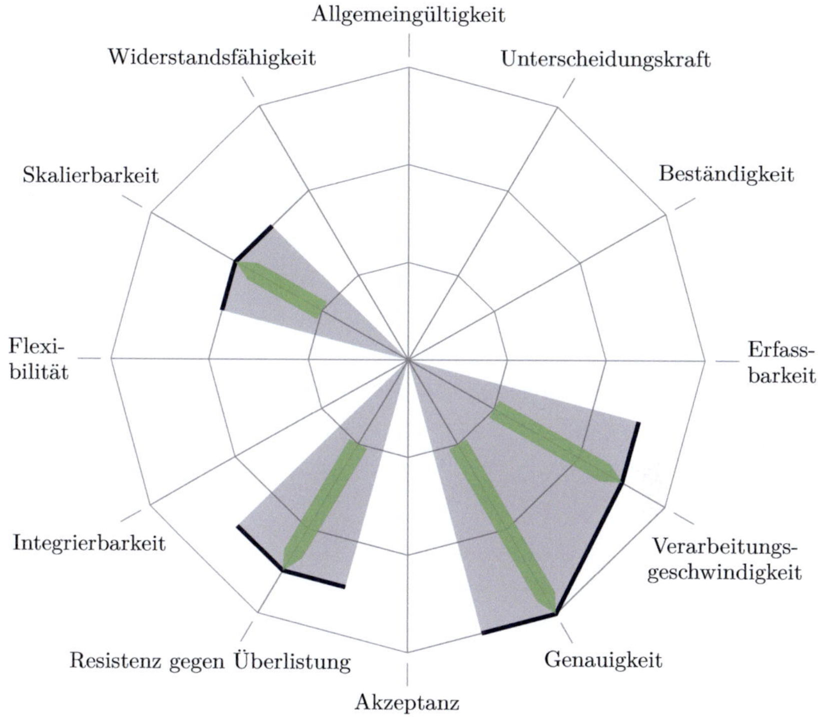

Abbildung 9.10: Nutzen der Entscheidungsfindung für die Wiedererkennung
Für eine Beschreibung der erzielten Verbesserungen sei auf den Text in Abschnitt 9.4 verwiesen.

nauigkeit unter allen Komponenten der Wiedererkennung. Techniken zur Einschränkung des Suchraums und die Verrechnung mehrerer Beobachtungen in einem probabilistisches Framework verbessern die Wiedererkennungsgenauigkeit. Durch Kontextinformationen kann auch in schwer entscheidbaren Situationen noch eine korrekte Entscheidung getroffen werden. Hält sich die Zielperson beispielsweise in einer größeren

Gruppe auf, so kann durch die Wiedererkennung der Gruppe auf deren Aufenthaltsort geschlossen werden.

Durch diese Art der Verwendung von Kontextinformationen kann auch die *Resistenz gegen Überlistung* erhöht werden, da beispielsweise das Verstecken in einer Gruppe wirksam verhindert wird. Das Tracking zuvor identifizierter Personen hilft ebenfalls entscheidend, um bewusste Täuschungen zu vereiteln. Wechselt eine Person in betrügerischer Absicht die Kleidung, so kann bei einem erfolgreichen Tracking das neue Erscheinungsbild der Person in das Template aufgenommen werden.

Alle Techniken zur Suchraumeinschränkung tragen dazu bei, dass die Anzahl der notwendigen Vergleiche und gegebenenfalls auch der Merkmalsextraktionen minimiert wird. Dadurch wird die *Verarbeitungsgeschwindigkeit* erhöht und die *Skalierbarkeit* verbessert.

Kapitel 10

Einbindung in Anwendung

Nachdem in den Kapiteln 4 bis 9 alle Komponenten des Wiedererkennungssystems vorgestellt wurden, wird in diesem Kapitel erläutert, wie die erscheinungsbasierte Personenwiedererkennung in die beiden Szenarien — Videoüberwachung und Servicerobotik — eingebunden wurde. In Abschnitt 10.1 wird beschrieben, wie für einen Operateur bei der Videoüberwachung die Verfolgung einer Zielperson über mehrere Kameras hinweg erleichtert wird, indem Videoabschnitte, auf denen die Zielperson wiedererkannt wurde, visuell hervorgehoben werden. In Abschnitt 10.2 wird auf die Begleitung von Schlaganfallpatienten durch einen Serviceroboter während ihres Orientierungstrainings eingegangen. Hierbei ist die Wiedererkennung des Nutzers notwendig. Außerdem wird beschrieben, wie die Wiedererkennung des Nutzers in Seniorenwohnungen umgesetzt wurde. Abschließend wird in Abschnitt 10.3 analysiert, welchen Nutzen das geeignete Einbinden der Wiedererkennung in die Anwendung erzielt.

10.1 Anwendungsbereich Videoüberwachung

Die Anzahl an Überwachungskameras zur Absicherung öffentlicher und privater Infrastrukturen, die eine Systemrelevanz aufweisen, nimmt stetig zu. Bei kleinen und mittelgroßen Infrastrukturen, wie Regionalflughäfen, Bahnhöfen, U-Bahnen und Einkaufszentren, führt diese Art der Überwachung jedoch nur zu scheinbarer Sicherheit. Die steigende Menge an Videoaufnahmen kann vom bestehenden Sicherheitspersonal oft nicht mehr mit der notwendigen Sorgfalt gesichtet werden, was einer effizienten Verbrechensvorsorge durch aktive Beobachtung entgegen steht und die Aufklärung durch passive Beobachtung verlangsamt. Ein verheerendes Beispiel ist die zeitweise Schließung eines Terminals des Münchner Flughafens im Jahr 2010. Ein Terminal musste für mehrere Stunden geschlossen werden, nachdem ein Passagier durch ein Sicherheitsgate eilte und das Sicherheitspersonal nicht in der Lage war, die Person in den zahlreichen Überwachungskameras zu verfolgen. Die gestiegene Menge an Videoaufnahmen führt daher zur Notwendigkeit, menschliche Operateure mit teilautomatisierten Systemen zu unterstützen, um Videodaten in vertretbarer Zeit sichten und analysieren zu können.

Nachfolgend werden stellvertretend für das Anwendungsfeld Videoüberwachung die Arbeiten aus dem Forschungsprojekt APFel[1] vorgestellt, in dem ein System zur intelligenten und automatisierten Überwachung entwickelt wurde. Das implementierte System erweitert das übliche aktive Beobachten des Videomaterials der Kameras zu einer intelligenten, automatisierten, investigativen Personensuche und Bewegungspfadre-

[1] APFel: Analyse von Personenbewegungen an Flughäfen mittels zeitlich rückwärts- und vorwärtsgerichteter Videodatenströme. Forschungsprojekt gefördert vom Bundesministerium für Bildung und Forschung unter dem Förderkennzeichen 13N10797. Laufzeit: 01.01.2010 – 31.03.2014

konstruktion einer ausgewählten Person innerhalb mehrstündiger Videodaten. [KOLAROW et al., 2013][2]
Das Szenario der Überwachung sicherheitskritischer Infrastrukturen kann charakterisiert werden durch ein hohes Personenaufkommen und eine relativ große Anzahl nicht überlappender Kameras. Beim kameraübergreifenden Tracking spielt die Wiedererkennung daher eine zentrale Rolle, um Personen nach Verlassen einer Kamera in einer anderen Kamera wiederzufinden. Eine besondere Schwierigkeit stellen dabei Unterschiede in der Beleuchtung und der Perspektive dar. In diesem Unterkapitel wird daher auf Besonderheiten der Gestaltung der Wiedererkennung und deren Einbindung in die Anwendung Videoüberwachung eingegangen.

Abgrenzung der Forschungsarbeiten in APFel zum State of the Art

Die meisten Ansätze zur automatisierten Videoüberwachung versuchen das Interesse des menschlichen Beobachters bei der Sichtung der Videoaufnahmen (engl. *Monitoring*) auf relevante Kameras zu lenken[3]. Ein fehlender Aspekt bei den meisten automatisierten Videoüberwachungssystemen ist die Möglichkeit der Recherche zum zeitlichen Ablauf der Geschehnisse nach deren Feststellung, auch bekannt als *„Surveillance Video Mining“* [DICK und BROOKS, 2003] (dt. Wissenserwerb in Überwachungsvideos). Diese Aufgabe beinhaltet eine kameraübergreifende Suche durch das gesamte gespeicherte Videomaterial, um die Anwesenheit einer ausgewählten Person oder eines Objekts festzustellen. Diese Suche, die schneller als in Echtzeit erfolgen muss, konnte von bestehenden Systemen zum Zeitpunkt der Projektbearbeitung nicht geleistet werden.
Das nachfolgend vorgestellte APFel-System füllt diese Lücke durch das Markieren jedes Vorkommens einer ausgewählten Person in mehreren

[2]Der Autor dieser Dissertation war Co-Autor der Publikation.
[3]Der interessierte Leser sei für eine Beschreibung der Verfahren zur Aufmerksamkeitssteuerung beim Monitoring auf Anhang G.1.1 verwiesen.

Stunden Videomaterial innerhalb weniger Minuten. Zusätzlich wird der Pfad der Zielperson in einer globalen Karte dargestellt. Dies hebt automatisierte Videoüberwachungsysteme auf eine neue Ebene, indem eine „Analyse nach dem Ereignis“ (engl. *„After-the-Event Analysis“*) umgesetzt wird, welche in [Dick und Brooks, 2003] noch als ungelöstes Problem aufgelistet wurde.

10.1.1 Teilautomatisierte Videoüberwachung und Analyse nach dem Ereignis

Das im Forschungsprojekt APFel erstellte System zur Assistenz eines menschlichen Operateurs verwendet einen zweistufigen Ansatz (siehe Abbildung 10.1). In der ersten Phase werden so viele Informationen wie möglich in Echtzeit aus dem Livekamerabildern extrahiert und in einer Datenbank gespeichert. Dies beinhaltet Vorverarbeitungsschritte, wie Personendetektion und -tracking, aber auch die Extraktion von Merkmalen für die spätere Wiedererkennung.

Die zweite Phase wird manuell durch die Auswahl einer zu suchenden Person ausgelöst. In dieser Phase wird der Pfad der ausgewählten Person vom ersten Erscheinen bis zum aktuellen Aufenthaltsort rekonstruiert. Die Durchsuchung mehrstündigen Videomaterials erfolgt innerhalb weniger Minuten. Die Ergebnisse werden dem Operateur anschließend anschaulich präsentiert. Sofort zu wissen, wo die ausgewählte Person war, momentan ist und sich gerade hinbewegt, hilft dem menschlichen Operateur, die Situation schnell einzuschätzen. Zusätzlich erhöht ein solches System die Aufmerksamkeit von Operateuren, indem es sie aktiv in den Analyseprozess einbindet.

10.1.2 Eingesetzte Wiedererkennungskomponenten

In diesem Unterabschnitt werden die Systemkomponenten der Live- und Investigativphase vorgestellt (Abbildung 10.1). Zusätzlich wird auf den Datenaustausch und die Kommunikation eingegangen.

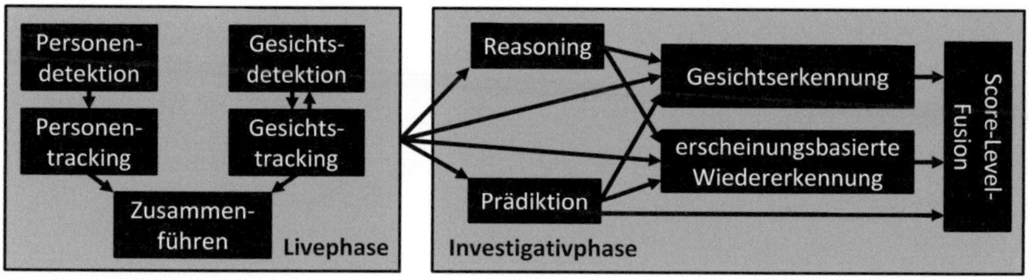

Abbildung 10.1: Darstellung der beteiligten Teilkomponenten
Die Analyse der Videodaten erfolgt in zwei Phasen. In der Livephase werden die Bewegungsspuren aller Personen in den Videos erfasst. Startet ein menschlicher Operateur die Suche nach einer ausgewählten Person, so wird die Zielperson während der Investigativphase im kompletten Videomaterial gesucht. Das Reasoning und die Prädiktion dienen der Suchraumeinschränkung. Eine erscheinungsbasierte Wiedererkennung wird in diesem Fall mit einer Gesichtserkennung[4]durch Score-Level-Fusion kombiniert.

Vorverarbeitung

Für die Erfassung aller Personen in den Videoaufnahmen wird das in Kapitel 4.2.3 vorgestellte System bestehend aus Vordergrund-Hintergrund-Segmentierung, Bodenebenenschätzung, Contour-Cues-basierter Personendetektion und visuellem Tracking mittels logarithmischer Suche eingesetzt. Um eine spätere Gesichtserkennung zu ermöglichen, werden außerdem Gesichter detektiert. Die verschiedenen visuellen Detektionen werden anschließend, wie in Kapitel 4.3.2 beschrieben, in eine globale Karte projiziert und konservativ zu Personenhypothesen vereint. Mehrdeutige Situationen werden für eine spätere Personenwiedererkennung markiert. Die globale Karte wird erzeugt, indem jede Kamera anhand ihrer intrinsischen Parameter kalibriert und die Position der Kameras zueinander durch ein kalibriertes Laserscannernetzwerk [Schenk et al., 2012b][2], [Schenk et al., 2012a][2] bestimmt wird.

[4]Die Gesichtserkennung wurde von einem Projektpartner bereitgestellt.

Merkmalsextraktion und Template-Generierung

Die Videoüberwachung stellt ein unüberwachtes Szenario dar, bei dem die Sichtbarkeit biometrischer Merkmale nicht für alle Kameras garantiert werden kann. Um die Zielperson dennoch in möglichst vielen Videodaten zu finden, wurde im Projekt APFel eine erscheinungsbasierte Wiedererkennung mit einer Gesichtserkennung[4] kombiniert.

Erscheinungsbasierte Wiedererkennung Die Erscheinung der Kleidung von Personen kann unter verschiedenen Umwelteinflüssen im Kameranetzwerk signifikant variieren. Daher ist es notwendig, möglichst viele komplementäre Merkmale für die Wiedererkennung zu nutzen. Um dennoch die Echtzeitanforderungen des Einsatzszenarios zu erfüllen, wird der maschinelle Lernansatz aus Kapitel 6 verfolgt. Dieser wählt während des *Enrollments* (dt. Initialisierungsphase) zur Laufzeit nur die Merkmale aus, die eine hohe Relevanz für die Unterscheidung der Zielperson von anderen Personen aufweisen [EISENBACH et al., 2012]. Die Verwendung eines kompakten Templates mit gut passenden, personenspezifisch ausgewählten Merkmalen ermöglicht ein sehr schnelles Matching gegen 12.000 Hypothesen pro Sekunde.

Gesichtserkennung Die Gesichtserkennungskomponente ist essentiell für eine sichere Identifikation von Personen in einem großen Kameranetzwerk. Diese Komponente stellt jedoch qualitative Anforderungen an ein Bild, speziell an die Auflösung des Gesichts. Um eine akzeptable Erkennungsleistung zu erzielen, wird eine Gesichtsauflösung von mindesten 25 Pixel Augenabstand empfohlen. Daher müssen einige der Kameras gezielt platziert werden, sodass qualitativ hochwertige Gesichtsaufnahmen ermöglicht werden. Gut geeignete Positionen sind zum Beispiel Check-In-Schalter, Gänge und Treppen.

Die Gesichtserkennung wurde durch die am Projekt beteiligte Firma L-1 Identity Solutions[5] umgesetzt. Die extrahierten Merkmale zur Beschreibung des Gesichts orientieren sich an [GEHLEN et al., 2001a] und [GEHLEN et al., 2001b]. Das stark optimierte Matching ermöglicht über eine Million Vergleiche pro Sekunde.

Suchraumeinschränkung

Um die Wiedererkennung der gesuchten Person zu erleichtern, wird der Suchraum durch die Verwendung einer Erreichbarkeitskarte und die Prädiktion der wahrscheinlichsten Aufenthaltsorte eingeschränkt (Kapitel 9.2.1).

Score-Level-Fusion

Um die Ergebnisse der erscheinungsbasierten Wiedererkennung und der Gesichtserkennung zu fusionieren, wird das in Kapitel 8 vorgestellte Schema nach [EISENBACH et al., 2012] und [EISENBACH et al., 2015a] zur Score-Level-Fusion verwendet. Zusätzlich werden die Vorhersagen der Prädiktion in die Fusion eingebunden. Die Scores der drei Module werden basierend auf der Falschakzeptanzrate normiert und anschließend logarithmiert. Aufgrund der gleichen logarithmischen Basis kann die Fusion unkompliziert durch die gleichgewichtete Summation der normierten Scores erfolgen.

Entscheidungsfindung

Nachdem ein fusionierter Score für den Vergleich zweier Bilder berechnet wurde, muss anhand eines angemessenen Schwellwerts entschieden werden, ob die beiden Bilder die gleiche Person zeigen. Im Projket AP-Fel wurde bewusst ein relativ geringer Schwellwert für die visuelle Hervorhebung relevanter Videoabschnitte angesetzt, da es in einem Überwachungsszenario akzeptabel ist, einem menschlichen Operateur einige

[5] Der gegenwärtige Name der Firma lautet „IDEMIA Identity & Security Germany AG“.

falsche Personen zu präsentieren, während das Fehlen der ausgewählten Person inakzeptabel ist.

Datenaustausch und Kommunikation

In dem vorgestellten System wird eine große Menge an Daten erzeugt und zwischen Teilkomponenten ausgetauscht. Dafür wird eine Datenbank in Kombination mit einem zentralen Nachrichtenserver genutzt. Die Datenbank speichert den Großteil der Daten. Durch kurze Nachrichten teilen sich die einzelnen Module das Vorhandensein neuer Informationen gegenseitig mit. Daher können alle Teilkomponenten dezentralisiert laufen. Dies ermöglicht eine leichte Erweiterung des Systems und garantiert dadurch die Skalierbarkeit und Zuverlässigkeit durch mögliche Redundanzen, während für die Daten eine Speicherung auf einem zentralen sicheren System garantiert werden kann. Um die Zuverlässigkeit weiter zu verbessern, wurden alle Teilkomponenten so entworfen, dass sie mit verlorenen oder nicht verfügbaren Daten umgehen können.

Besonderheiten bei der Einbindung in die Anwendung

Um den Operateur bei der Suche nach einer ausgewählten Person zu unterstützen, werden alle Analyseergebnisse übersichtlich visualisiert (siehe Abschnitt 10.1.3). Dabei wurden Entscheidungsschwellwerte bewusst niedrig gewählt, um zu garantieren, dass die Zielperson nicht übersehen wird. Zusätzlich wird die Sicherheit bei der Entscheidung durch die Intensität der visuellen Darstellung angegeben. Der Operateur ist dadurch in der Lage, die relevanten Videodaten priorisiert zu durchsuchen. Das System trifft bewusst keine eigenständigen endgültigen Entscheidungen. Stattdessen wird der Operateur aktiv in alle Entscheidungen eingebunden. Durch die zusätzliche Kontrolle des Operateurs wird die Fehlerwahrscheinlichkeit gesenkt. Sollte der Operateur Analyseergebnisse korrigieren, können die Fehler bei anschließenden Lernvorgängen berücksichtigt werden.

10.1.3 Visualisierung

Der Startbildschirm zur Ansicht der Livebilder ähnelt den meisten State-of-the-Art-Systemen. Die Bilder der Kameras werden auf mehreren Monitoren dargestellt. Der menschliche Operateur kann sich die Livestreams anschauen oder schnell vorwärts oder rückwärts durch die aufgenommenen Bilder spulen. Für eine detailliertere Ansicht kann der Operateur eine ausgewählte Kamera als Vollbild darstellen oder in ein Bild hineinzoomen. Wenn es vom Operateur gewünscht wird, können verschiedene zusätzliche Informationen aus der Liveanalyse eingeblendet werden. Dies können zum Beispiel Detektionsergebnisse oder Bewegungsspuren sein.

Zusätzlich zu dieser gewöhnlichen Art des *Monitorings* kann der Operateur eine beliebige Person in einer Kamera auswählen, um eine detaillierte Untersuchung anzustoßen. Nachdem eine Person ausgewählt wurde, öffnet sich ein neues Fenster (siehe Abbildung 10.2). Innerhalb dieses Fensters werden alle relevanten Informationen zu dieser Person zusammengefasst.

Dabei ist neben den auf die Zielperson fokussierten Kamerabildern und dargestellten Bewegungsspuren in den oberen Kacheln auch ein interaktiver Zeitstrahl, inklusive Schieberegler, zur schnellen Navigation durch die Videoaufnahmen zu sehen. Dieser interaktive Zeitstrahl ist das Kernelement des Informationsfensters zur ausgewählten Person. Er visualisiert die Ergebnisse der Personensuchmodule. Anhand der grünen Markierungen kann der Operateur erkennen, in welchen Aufnahmen die gesuchte Person wiedererkannt wurde. Der Operateur kann diese Informationen nutzen, um direkt zu den relevanten Kameras und Zeitpunkten zu springen, ohne die kompletten Daten manuell durchsuchen zu müssen.

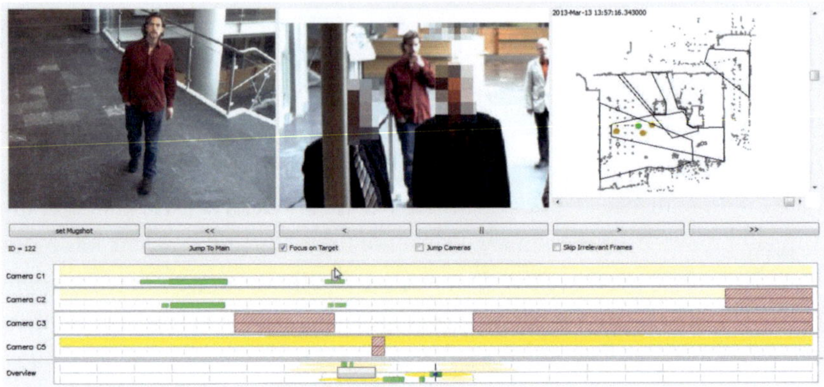

Abbildung 10.2: Personenspezifisches Untersuchungsfenster
Die vom Operateur ausgewählte Aufnahme der Person wird in der oberen linken Kachel angezeigt. Die obere mittlere Kachel zeigt das Bild der aktuell ausgewählten Kamera zum ausgewählten Zeitpunkt und kann über einen Schieberegler im unten dargestellten Zeitstrahl gesteuert werden. In der oberen rechten Kachel wird die globale Karte der Einsatzumgebung dargestellt. Darin sind alle Positionen der Personen zum entsprechenden durch den Schieberegler ausgewählten Zeitpunkt eingezeichnet.
Der interaktive Zeitstrahl, inklusive Schieberegler, ist das Kernelement des Informationsfensters zur ausgewählten Person. Er wird nicht nur genutzt, um schnell durch die Videoaufnahmen vor- und zurückzuspulen, sondern auch zur Darstellung nützlicher Zusatzinformationen der Personensuchmodule: Bilder, in denen keine Personen enthalten sind und bei denen das Erreichen einer Kamera durch die Zielperson zum entsprechenden Zeitpunkt mittels Erreichbarkeitskarte ausgeschlossen werden kann, werden rot markiert und können automatisch übersprungen werden. Die Bilder, in denen die ausgewählte Person am wahrscheinlichsten zu erwarten ist, werden durch die Prädiktionskomponente gelb eingefärbt. Am wichtigsten sind jedoch die grünen Markierungen für Stellen, an denen die gesuchte Person wiedererkannt wurde. Zusätzlich wird die komplette Bewegungsspur der Person in der globalen Karte dargestellt (oben rechts). Beim schnellen Spulen durch die aufgenommenen Daten springt die obere mittlere Kachel zu der Kamera, in der die gesuchte Person am besten zu erkennen ist und fokussiert auf sie.

10.1.4 Experimente

Im Rahmen dieser Arbeit wurden drei Experimente zur Evaluation der Leistungsfähigkeit der Wiedererkennung im Kontext der Videoüberwachung und des daraus erzielten Nutzens für die Anwendung durchgeführt. Zuerst wurde die Leistung der Wiedererkennung im Einsatzszenario eines Flughafens ermittelt. Im zweiten Experiment erfolgte eine qualitative Analyse des intelligenten Videoüberwachungssystems. Abschließend wurde quantitativ ermittelt, welchen Nutzen ein Operateur durch die Verwendung des intelligenten Videoüberwachungssystems erzielen kann. Als reale Einsatzumgebungen dienten der Regionalflughafen Erfurt-Weimar und der Fluglandeplatz Schönhagen.

Benchmarking der Wiedererkennung im Einsatzszenario eines Flughafens

In [Eisenbach et al., 2012] wurde zunächst die erscheinungsbasierte Wiedererkennung im Einsatzszenario eines Flughafens experimentell untersucht.

Datensatz Mit zwei nicht überlappenden Kameras wurden im Terminal des Flughafens Erfurt-Weimar HD-Videodaten aufgezeichnet (siehe Abbildung 10.3). Die Aufnahmen umfassten einen Zeitraum von 50 Minuten. Dabei wurden zehn Bilder pro Sekunde aufgenommen. Acht Probanden durchquerten während dieses Zeitraums die Erfassungsbereiche der Kameras. Das Szenario beinhaltet häufige Verdeckungen, Beleuchtungsveränderungen und wechselnde Ansichten.
Der visuelle Personentracker extrahierte 1562 Tracks von Personen im Erfassungsbereich der Kameras. Die Tracks umfassten im Mittel 48 Bilder und hatten damit eine Länge von knapp 5 Sekunden. Die Bildausschnitte der Personen hatten eine Höhe zwischen 150 und 1000 Pixeln. Die Aufgabe bestand in der Zuordnung der Tracks zu Personen. Dazu wurde jeweils ein Track als Probe gewählt und für die Erstellung des Templates der Zielperson genutzt. Alle anderen Tracks bildeten die

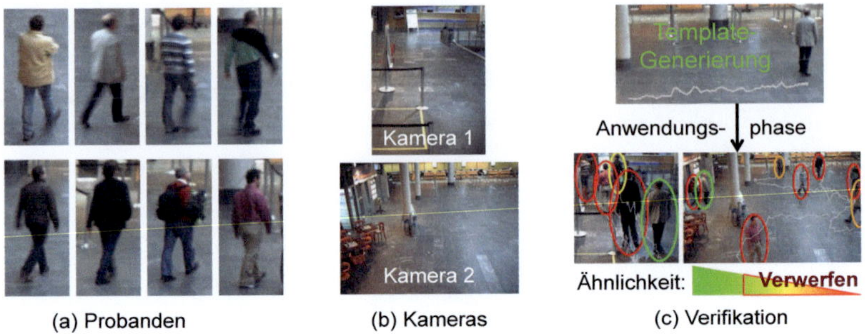

Abbildung 10.3: Versuchsanordnung am Flughafen Erfurt-Weimar Acht Probanden (a) wurden durch zwei nicht überlappende HD-Kameras (b) erfasst. Nach Generierung eines Templates anhand eines Tracks (c) musste für alle weiteren Tracks verifiziert werden, ob es sich um die gleiche Person handelt.

Galerie. Das Ziel war es, zu verifizieren, welche Tracks der Galerie mit der Zielperson übereinstimmen. Die *Ground Truth* wurde durch ein kalibriertes Laserscannernetzwerk [SCHENK et al., 2012b][2], [SCHENK et al., 2012a][2] automatisiert ermittelt.

Ergebnisse Abbildung 10.4 stellt die ROC- und DET-Kurven für ein *Closed-Set*-Szenario dar. Dabei waren nur die Tracks der acht Probanden in der Galerie und der Probe enthalten. Zusätzlich sind die Kurven für eine *Open-Set*-Evaluation abgetragen. Dabei wurden alle durch die beiden Kameras erfassten Personen am Flughafen berücksichtigt.

In Abbildung 10.4 ist zu erkennen, dass bei einer Falschakzeptanzrate von 20% eine Verifikationsrate nahe 100% erreicht wird. Das heißt, für 80% der Anfragen kann mit hoher Sicherheit angegeben werden, dass keine Übereinstimmung mit dem Template der Zielperson vorliegt. In eindeutigen Situationen konnte das System alle Personen korrekt wiedererkennen. In einigen Fällen erzielten Personen, die nicht in den Trainingsdaten für die Merkmalsauswahl enthalten waren, hohe *Impostor-Scores*. Sie konnten aber immer noch von der ausgewählten

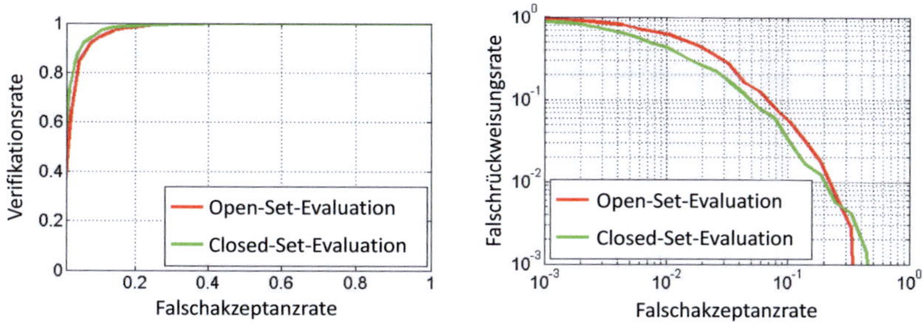

(a) ROC-Kurve (b) DET-Kurve

Abbildung 10.4: Verifikationsleistung der Wiedererkennung im Einsatzszenario
Bewertung der Wiedererkennungsleistung in einem realistisches Überwachungsszenario anhand der Receiver-Operating-Characteristic- und Detection-Error-Tradeoff-Kurve

Person unterschieden werden. Nur Situationen mit vielen Verdeckungen durch andere Personen führten zu Fehlern bei der Verifikation.

Qualitative Analyse der intelligenten Videoüberwachung

Neben der reinen Wiedererkennungsleistung im Einsatzszenario ist auch die Einbettung in die Anwendung wichtig. Daher wurde in [Kolarow et al., 2013][2] das im Forschungsprojekt APFel entwickelte intelligente Videoüberwachungstool im Livebetrieb am Regionalflughafen Erfurt-Weimar evaluiert.

Versuchsaufbau Mit Probanden wurden am Flughafen Erfurt-Weimar Situationen nachgestellt, bei denen der Aufenthaltsort einer verirrten Person oder der Besitzer eines verlassenen Gepäckstücks ermittelt werden mussten. Der Versuchsaufbau bestand aus vier hochauflösenden Videokameras (1600×1200 Pixel), 15 handelsüblichen PCs, auf denen die notwendigen Analysemodule liefen, und einem Operateur-PC zur Durchführung der Suche. Das Szenario ist herausfordernd aufgrund von veränderlichen Beleuchtungen, hohem Passagieraufkommen, nicht überlappenden Kameras, zahlreichen Verdeckungen und weiteren Umwelteinflüssen eines realen Einsatzfeldes. Wegen datenschutzrechtlicher Auflagen durften die Videodaten der Livetests nicht dauerhaft gespeichert werden, weshalb nur exemplarische Durchläufe, aber keine kontrollierten Experimente durchgeführt werden konnten. Dennoch lassen die Tests Rückschlüsse auf die Bedienbarkeit, den erzielten Nutzen, aber auch auf mögliche Probleme zu.

Laufzeitanalyse Nachdem der Operateur die Suche gestartet hatte, konnte das Videoanalysetool die relevanten zehn- bis 15-minütigen Videosequenzen aller vier Kameras im Durchschnitt innerhalb von zwei Sekunden durchsuchen und die Ergebnisse dem Operateur präsentieren. Bei einem längeren Szenario, bei dem 40 Minuten lange Videoaufnahmen verarbeitet werden mussten, dauerte die Analyse drei Sekunden. Die Vorverarbeitung für die Wiedererkennung zur Ermittlung der personenzentrierten Bildausschnitte konnte auch bei Szenen mit mehr als 50 Personen pro Kamera mit dem Videotakt schritthalten. Die Template-Generierung während des Enrollments (siehe Kapitel 6) nahm die meiste Zeit in Anspruch. Theoretische Analysen in [KOLAROW et al., 2013][2] legen nahe, dass die Echtzeitfähigkeit des im Forschungsprojekt APFel entwickelten intelligenten Videoüberwachungstools erst ab etwa 300 Personen pro Kamera einbrechen würde.

Analyse von Problemfällen Bei den Livetests konnten einige Probleme identifiziert werden: Bei der Gesichtserkennung treten Probleme bei der Identifikation auf, wenn der Augenabstand weniger als 25 Pixel beträgt. Wenn Personen nahe beieinander stehen, zum Beispiel in der Schlange am Check-In, oder wenn sie in engen Gruppen laufen, kommt es zu großen Verdeckungen, durch die der visuelle Tracker nicht in der Lage ist alle Personen zu verfolgen. In diesen Fällen kann auch durch die erscheinungsbasierte Wiedererkennung keine Auflösung der ID-Konflikte erfolgen, solange keine Person die Gruppe verlässt.

Stattdessen kann jedoch die in Kapitel 9 vorgestellte Identifikation der Gruppe erfolgen.

Trotz dieser problematischen Sonderfälle war der Operateur stets in der Lage, den Aufenthaltsort der gesuchten Person und deren komplette Bewegungsspur mit Hilfe des im APFel-Projekt entwickelten Videoanalysetools in weniger als fünf Minuten zu ermitteln. Daher erscheint der Einsatz der Analysewerkzeuge sinnvoll.

Zum Vergleich: Die im Jahr 2012 durchgeführte konventionelle Analyse des Videomaterials des Bonner Hauptbahnhofs zur Ermittlung des Bonner Kofferbombers dauerte mehrere Tage an. Schließlich konnte der Attentäter durch die Bilder einer Überwachungskamera einer McDonald's-Filiale überführt werden. Die Verknüpfung der Bilder verschiedener Überwachungskameras hätte den Suchvorgang wahrscheinlich deutlich beschleunigt.

Nutzen für einen Operateur

Aufgrund der fehlenden Möglichkeit, die Experimente der Livetests unter identischen Bedingung mehrfach mit unterschiedlichen Operateuren zu wiederholen, ist ein Rückschluss auf die Zeitersparnis durch das Analysetool nicht möglich. Daher wurden in [Kolarow et al., 2013][2] zusätzliche Experimente durchgeführt, für die Videos datenschutzkonform aufgezeichnet und für eine mehrfache Verwendung gespeichert werden konnten.

Aufgezeichnete Videodatensätze Am Fluglandeplatz Schönhagen wurde ein Szenario nachgestellt, bei dem der Tathergang des Diebstahls eines Funkempfängers durch einen Dieb und dessen Komplizen rekonstruiert werden sollte. Am Flughafen Erfurt-Weimar wurde das Szenario eines verloren gegangenen Kindes nachgestellt, bei dem der Zeitpunkt des Verschwindens und der aktuelle Aufenthaltsort des Kindes ermittelt werden sollte. Es wurden 40- beziehungsweise 80-minütige

Videos von vier HD-Kameras aufgezeichnet. Das Videomaterial beinhaltete jeweils mehr als 30 Personen.

Versuchsaufbau Alle Videodaten und die Ergebnisse der Liveanalyse, das heißt Detektion und Tracking aller Personen, wurden auf Festplatten aufgezeichnet und während der Nutzertests mit mehreren Operateuren erneut abgespielt. Die Operateure sollten die Handlungsabfolge nachstellen, die gesuchten Personen finden und deren Bewegungsspuren nachzeichnen. Für eines der Szenarios konnten sie das entwickelte Videoanalysetool nutzen, für das andere Szenario nicht. Die Aufteilung geschah so, dass das Videoanalysetool bei jedem der beiden Szenarien jeweils für die Hälfte der Operateure verfügbar war.

Ergebnisse In Tabelle 10.1 sind die durchschnittlichen Zeiten angegeben, die von den Operateuren benötigt wurden, um den Hergang des jeweiligen Szenarios zu rekonstruieren.
Die Rekonstruktion des Hergangs konnte um den Faktor 4,3 im Diebstahlszenario beschleunigt werden und um den Faktor 3,4 im Szenario des verloren gegangenen Kindes. Dies stellt den Nutzen des intelligenten Videoanalysetools für einen Operateur klar heraus. Die Durchsuchung der Videodaten nach bestimmten Personen kann deutlich beschleunigt werden.

Szenario	ohne Tool	mit Tool
Diebstahl	533 Sekunden	122 Sekunden
verloren gegangenes Kind	632 Sekunden	157 Sekunden

Tabelle 10.1: Zeiten für die Rekonstruktion des Hergangs
Durchschnittlich von den Operateuren benötigte Zeit, um den Hergang des jeweiligen Szenarios, ohne und mit Nutzung des im Forschungsprojekt APFel entwickelten intelligenten Videoanalysetools, zu rekonstruieren

Ergänzende Ausführungen und Visualisierungen Ergänzend zu den Erläuterungen der Einbindung der Wiedererkennung in die Anwendung der Videoüberwachung werden in Anhang G.1 einige zusätzliche Aspekte erläutert. Die Benutzeroberfläche für das Monitoring der Livebilder ist in Abbildung G.1 in Anhang G.1.2 dargestellt. Die beiden Einsatzumgebungen, das heißt der Regionalflughafen Erfurt-Weimar und der Fluglandeplatz Schönhagen, werden in Anhang G.1.4 näher vorgestellt. Anhang G.1.3 geht auf die automatische Ermittlung der *Ground Truth* durch ein kalibriertes Laserscannernetzwerk ein. Detaillierte Beschreibungen der beiden in den Experimenten betrachteten Szenarien — Diebstahls eines Funkempfängers und verloren gegangenes Kind — sind in Anhang G.1.5 zu finden.

10.1.5 Fazit

Das vorgestellte Analysetool, das im Rahmen des Forschungsprojekts APFel entwickelt wurde, hilft einem Operateur mit der steigenden Menge an Aufzeichnungen bei der Videoüberwachung klarzukommen. Das Analysetool erweitert die aktive Überwachung vom Monitoring zu einem leistungsstarken Ermittlungswerkzeug. Dieses hilft einem menschlichen Operateur dabei, kritische Ereignisse rechtzeitig einzuschätzen, um sofort reagieren zu können. Zum Zeitpunkt der Veröffentlichung in [Kolarow et al., 2013][2] war noch kein vergleichbares System verfügbar oder wurde unter ähnlichen reellen Einsatzbedingungen evaluiert. Die Experimente in [Kolarow et al., 2013][2] zeigen, dass die Benutzung des APFel-Prototyps bei einem Szenario mit vier Kameras einen Geschwindigkeitsvorteil von bis zu Faktor 4,3 bei der Aufklärung eines Falls bringt.

Durch die im Forschungsprojekt APFel beteiligte Firma IDEMIA Identity & Security Germany AG[6] wurde das intelligente Videoüberwachungstool mittlerweile zu einem Produkt „Video Investigation“ wei-

[6]Zum Zeitpunkt der Projektbearbeitung trug die Firma den Namen „L-1 Identity Solutions“

terentwickelt.[7] Dies unterstreicht die Eignung der beschriebenen Methoden.

10.2 Anwendungsbereich Servicerobotik für die Gesundheitsassistenz

Die Einbindung der Wiedererkennung in eine Servicerobotikanwendung soll stellvertretend anhand zweier Forschungsprojekte im Bereich der Gesundheitsassistenz vorgestellt werden.

Begleitung von Schlaganfallpatienten In der fortgeschrittenen Rehabilitation nach Schlaganfällen spielt das Eigentraining der Patienten eine entscheidende Rolle, um die kognitiven Fähigkeiten wieder zu erlangen. Die Angst einiger Patienten, Orientierungsübungen im Gang der Rehabilitationsklinik nicht bewältigen zu können oder den Weg zurück zum Patientenzimmer nicht zu finden, kann dazu führen, dass das Eigentraining nicht durchgeführt oder verweigert wird.

Um diese Patienten zu unterstützen, wurde im Rahmen des Forschungsprojekts ROREAS[8] [Gross et al., 2017b] ein robotischer Rehabilitationsassistent entwickelt, der die Patienten während ihrer Laufübungen durch die Klinik begleitet. Dabei folgt der Roboter den Patienten und lotst sie, wenn notwendig, zurück zu ihren Zimmern. Er muss daher stets Kontakt zum Patienten halten, auch nach zeitweisen vollständigen Verdeckungen. Dabei nimmt die robuste Nutzerwiedererkennung eine Schlüsselrolle ein.

---

[7] Webseite zum Produkt „Video Investigation":
`https://www.idemia.com/video-investigation`
(zuletzt aufgerufen am 22.05.2019)

[8] ROREAS: Interaktiver Robotischer Reha-Assistent für das Lauf- und Orientierungstraining von Patienten nach Schlaganfällen. Forschungsprojekt gefördert vom Bundesministerium für Bildung und Forschung unter dem Förderkennzeichen 16SV6133. Laufzeit: 01.07.2013 – 31.03.2016

Begleitung alleinlebender Senioren Der demographische Wandel führt dazu, dass viele ältere Personen allein oder in Seniorenresidenzen wohnen und sich dadurch teilweise in ihrer Lebensqualität eingeschränkt fühlen. Im Rahmen des Forschungsprojekts SYMPARTNER[9] [Gross et al., 2019] wurde ein Serviceroboter entwickelt, der alleinlebende Senioren in ihrem Alltag begleitet und sie in ihrer häuslichen Umgebung unterstützt. Die Anwesenheit des Roboters soll unter Einsatz von Unterhaltungsmedien zu einer Steigerung des Wohlbefindens und der Lebensqualität der Senioren führen. Daneben wurden aber auch medizinische Aspekte, wie das Erinnern an eine Medikamenteneinnahme, umgesetzt. Für diese personenbezogene Aufgabe muss eine sichere Unterscheidung des Nutzers von Besuchern und Pflegepersonal durch eine Wiedererkennung umgesetzt werden.

Wiedererkennung durch einen mobilen Roboter Die Wiedererkennung einer Person durch einen mobilen Roboter ist sehr anspruchsvoll. Dies resultiert aus der Notwendigkeit einer guten Nutzererkennung in Echtzeit bei gleichzeitiger Verwendung möglichst weniger Rechenkapazitäten, um genügend Kapazitäten für sicherheitsrelevante Aufgaben des Roboters, wie Hindernisvermeidung, und rechenintensive Aufgaben, wie Pfadplanung, zu bewahren. Während die Erfüllung dieser Echtzeitanforderungen schon sehr schwierig ist, wird die Wiedererkennung noch deutlich erschwert durch

- viele Eigenbewegungen des Roboters, wodurch die Bilder verwackelt werden,
- eine sehr dynamische Einsatzumgebung mit vielen unterschiedlichen Beleuchtungen,

[9] SYMPARTNER: Symbiose von PAUL und Roboter Companion für eine emotionssensitive Unterstützung. Forschungsprojekt gefördert vom Bundesministerium für Bildung und Forschung unter dem Förderkennzeichen 16SV7218. Laufzeit: 01.04.2015 – 30.06.2018

- enge Flure des Klinikgebäudes beziehungsweise enge Wohnungen, wodurch teilweise und vollständige Verdeckungen des Nutzers durch andere Personen oder Gegenstände gehäuft auftreten,
- ungünstige Entfernungen des Nutzers zum Roboter, die während der Interaktion des Nutzers mit dem Roboter zu Verdeckungen des Unterkörpers führen und
- unterschiedliche Auflösungen der Bildregion, in der der Nutzer zu sehen ist, als ein Resultat verschiedener Entfernungen zum Roboter.

10.2.1 Forschungsarbeiten zur Nutzerwiedererkennung auf einem Roboter

Die erstmalige robuste und echtzeitfähige Umsetzung einer erscheinungsbasierten Nutzerwiedererkennung auf einem Roboter für ein unkontrolliertes Szenario ohne die Verwendung von Markern und unter Berücksichtigung der genannten Herausforderungen wurde in [Eisenbach et al., 2015b] im Rahmen des Projekts ROREAS vorgestellt. In diesem Abschnitt erfolgt eine Abgrenzung zu anderen State-of-the-Art-Ansätzen zur Nutzerwiedererkennung auf einem mobilen Roboter.

Folgen durch robustes Tracking Soll ein Roboter einer Person folgen, wird dies häufig durch ein robustes Tracking umgesetzt [Li et al., 2004, Gockley et al., 2007, Mueller et al., 2007, Granata und Bidaud, 2012, Cosgun et al., 2013, Hu et al., 2013a, Park und Kuipers, 2013, Ilias et al., 2014, Do und Lin, 2015, Leigh et al., 2015, Morales et al., 2014, Tasaki et al., 2015, Sun et al., 2016, Chen et al., 2017a, Chen et al., 2017b, Weber et al., 2017, Jiang et al., 2018, Nikdel et al., 2018, Popov et al., 2018, Sun et al., 2018, Zhao et al., 2018]. Das Tracking erfolgt entweder visuell, basierend auf Laserscans oder multimodal. Der Verzicht auf eine Personenwiedererkennung ist möglich,

- weil sich im jeweiligen Szenario nur eine Person in der Nähe des Roboters befinden kann,
- weil das Tracking relativ einfach ist, sodass davon auszugehen ist, dass Trackabrisse unwahrscheinlich sind
- oder weil davon auszugehen ist, dass sich der Nutzer und die Personen in der Umgebung des Roboters kooperativ verhalten.

In [Gupta et al., 2016] und [Do Hoang et al., 2017] werden Notfallstrategien eingesetzt, um einen Trackabriss ohne Wiedererkennung zu behandeln.

Visuelle Marker Um das schwierige Problem der erscheinungsbasierten Personenwiedererkennung beim Folgen durch einen mobilen Roboter zu umgehen, werden visuelle Marker [Hebesberger et al., 2016] oder RFID-Tracker [Germa et al., 2010] eingesetzt. Alternative visuelle Marker zu dem in [Hebesberger et al., 2016] eingesetzten Marker [Nitsche et al., 2015] werden in [López de Ipiña et al., 2002], [Krajník et al., 2014] und [Lightbody et al., 2017] vorgestellt.

Nutzerwiedererkennung beim Folgen Nach dem erstmaligen Einsatz einer erscheinungsbasierten Nutzererkennung beim Folgen durch einen mobilen Roboter in [Eisenbach et al., 2015b] wurde auch in [Koide und Miura, 2016], [Condés und Cañas, 2018] und [Koide und Miura, 2018] eine Wiedererkennung eingesetzt. In [Condés und Cañas, 2018] erfolgt die Identifikation durch eine Gesichtserkennung, was einen effektiven Einsatz beim Folgen verhindert, da das Gesicht von hinten nicht sichtbar ist. In [Koide und Miura, 2016] werden die Kleidungsfarbe, die visuell ermittelte Personengröße und geometrische Maße zur Beschreibung der Gangart als Merkmale verwendet. Die Kleidungsfarbe wird durch ein Histogramm über Farbton und Sättigung des HSV-Farbraums in mehreren Regionen, die durch Boosting ermittelt wurden, repräsentiert. Anhand eines Online-Boosting wird personenspezifisch eine geeignete Kombination von Merkmalen aus Kleidungsfarbe, Größe und Gang während der Template-Generierung ausgewählt.

Anhand anspruchsvoller Szenarien zum Folgen des Nutzers im Außenbereich wurden kurze Experimente durchgeführt, die vergleichbare Ergebnisse zu [Eisenbach et al., 2015b] erzielten. In [Koide und Miura, 2018] wurde die Wiedererkennung des Nutzers beim Folgen über gelernte Merkmale umgesetzt. Die Merkmale wurden durch ein Convolutional Neural Network extrahiert. In Experimenten wurde die Robustheit des Folgens mit diesen leistungsstarken Merkmalen nachgewiesen.

Personenwiedererkennung im robotischen Anwendungsfeld
In [Coşar et al., 2017] und [Coşar und Bellotto, 2019] wurde ebenfalls eine Personenwiedererkennung in einem robotischen Szenario eingesetzt, jedoch nicht zum Folgen. In [Coşar et al., 2017] werden geometrische Maße des Körpers, die aus Tiefendaten einer RGBD-Kamera ermittelt wurden, für die Wiedererkennung verwendet. In [Coşar und Bellotto, 2019] wurde die Wiedererkennung anhand von Merkmalen umgesetzt, die aus einem Wärmebild der Person ermittelt wurden.

Für einen umfassenden Überblick zum Folgen von Personen durch autonome Roboter sei auf [Islam et al., 2019] verwiesen.

10.2.2 Eingesetzte Wiedererkennungskomponenten

Die Wiedererkennungskomponenten, die für die echtzeitfähige und robuste Erkennung des Nutzers anhand des in [Eisenbach et al., 2015b] gewählten Ansatzes notwendig waren, werden nachfolgend vorgestellt.

Vorverarbeitung

Für die Erfassung aller Personen wurde das in Kapitel 4.2.4 vorgestellte System bestehend aus laserbasiertem Beindetektor, visuellem Oberkörperdetektor basierend auf HOGs und Entscheidungsbäumen, körperteilbasierten HOGs sowie Convolutional Neural Networks und einem Kalman-Filter-basierten Tracking in globalen Koordinaten eingesetzt.

Beim Tracking wird die gleiche konservative Zuordnung von Detektionen zu Personenhypothesen genutzt wie bei der Videoüberwachung. Zusätzlich wird die Sichtbarkeit von Personenhypothesen durch eine globale Belegtheitskarte des Roboters validiert.

Merkmalsextraktion

Von den in Kapitel 5 vorgestellten Merkmalen wurden im Projekt ROREAS die beiden Farbmerkmale des SDALF-Ansatzes [Farenzena et al., 2010] — gewichtete HSV-Histogramme und Maximum Stable Color Regions (dt. maximal stabile Farbregionen) — verwendet, sowie Local Binary Patterns[10] (dt. lokale Binärmuster) zur Beschreibung der Textur der Kleidung. Die Extraktion der beiden SDALF-Merkmale wurde bezüglich der Rechenzeit optimiert.
Aufgrund von häufigen teilweisen Verdeckungen können die erscheinungsbasierten Merkmale im häuslichen Umfeld oftmals nicht robust extrahiert werden. Daher wurde für dieses Einsatzszenario zusätzlich eine Gesichtserkennung [Aganian, 2018][11], [Liu et al., 2017] zur Feststellung der Identität des Nutzers eingesetzt. Um die Anforderungen an die Auflösung und Pose des Gesichts zu erfüllen, muss der Roboter eine Navigationsstrategie einsetzen, bei der er Personen gezielt so anfährt, dass das Gesicht möglichst frontal sichtbar ist.

Template-Generierung und -Update

Wenn ein Patient sein Eigentraining beginnt, erfolgt zunächst die Anmeldung am Roboter. Sobald das erste Bild des Patienten erfasst wur-

[10] Die Untersuchungen in [Eisenbach et al., 2015b] zeigten, dass die Textur in dem adressierten robotischen Szenarien keinen Beitrag zur Beschreibung des Aussehens einer Person liefert, da viele der aufgenommenen Bilder durch die Eigenbewegung des Roboters verschwommen sind und nahezu alle Patienten in der Rehaklinik homogen gefärbte Kleidung tragen. Die automatische Merkmalsgewichtung bei der Score-Level-Fusion bestätigte diese Hypothese, da den Local Binary Patterns ein Gewicht von null zugeordnet wurde. Daher wurde nach ersten Experimenten auf die Verwendung von Local Binary Patterns verzichtet.

[11] Das Fachpraktikum von Dustin Aganian wurde vom Autor betreut.

de, teilt der Roboter per Sprachausgabe mit, dass das Training starten kann. Für die Generierung des initialen Templates wird das erste Bild des Patienten verwendet. Solange der Patient sicher getrackt werden kann, werden weitere Bilder für den Aufbau des Templates verwendet. Sollte das Template eine vorgegebene Anzahl an Ansichten enthalten, erfolgt eine Reduktion der Ansichten durch ein Clustering. Dabei werden nur noch die Clusterzentren für das komprimierte Template verwendet (siehe Kapitel 6.3).
Während des Trainings erfolgt immer dann eine Wiedererkennung des Nutzers, wenn der aktuelle Track aufgrund von Mehrdeutigkeiten unterbrochen werden muss. Sollte der Nutzer mit hoher Sicherheit wiedererkannt werden, so wird der neue Track für eine Adaption des Templates genutzt. Dazu werden, wie bei der Erstellung des initialen Templates, alle neuen Ansichten hinzugefügt. Immer, wenn die maximale Anzahl an Ansichten erreicht wird, wird das Template durch ein Clustering wieder komprimiert (siehe Kapitel 6.3).

Matching

Für den Vergleich gewichteter HSV-Histogramme wurde eine anwendungsspezifische Distanzmetrik unter Anwendung des Kernel-LFDA-Verfahrens gelernt (siehe Kapitel 7). Für die *Maximum Stable Color Regions* wurde die verbesserte Vergleichsmethode nach [Cheng et al., 2011] eingesetzt.

Score-Level-Fusion

Die Merkmale wurden durch Score-Level-Fusion kombiniert. Für die Normierung des Wertebereichs wurde die z-Normierung als weniger datenintensiver Ansatz gewählt. Dies ist notwendig, da das *Metric Learning* bereits die meisten Trainingsdaten verbraucht, um eine geeignete Distanzmetrik zu lernen. Die Gewichtung der Merkmale erfolgt anschließend mit dem in Kapitel 8.3.2 vorgestellten PROPER-Verfahren [Eisenbach et al., 2015a]. Unter Benutzung eines im Rahmen des

Projektes ROREAS mit dem Roboter aufgenommenen, szenariospezifischen Trainingsdatensatzes hat PROPER folgende Gewichte vergeben: 0,8657 für die gewichteten HSV-Histogramme (mit gelernter Metrik), 0,1343 für die *Maximum Stable Color Regions* und 0,0 für die *Local Binary Patterns* (mit gelernter Metrik). Die Texturmerkmale *Local Binary Patterns* wurden somit entfernt.

Entscheidungsfindung

Um zu entscheiden, welche Hypothese die größte Übereinstimmung mit dem *Nutzertemplate* hat, werden mehrere Beobachtungen pro Track berücksichtigt. Durch Anwendung des in Kapitel 9.1 vorgestellten probabilistische Frameworks [EISENBACH et al., 2015b] wird entschieden, welcher Track die größte Ähnlichkeit zum *Nutzertemplate* aufweist. Die in Kapitel 9.2.2 vorgestellte Suchraumeinschränkung wird genutzt, um Vergleiche mit Personen, die sich nicht in der Nähe des Roboters aufhalten, zu vermeiden. Die Entscheidung, welche Person der Nutzer ist, wird schließlich anhand des in Kapitel 9.2.2 vorgestellten Entscheidungsbaums getroffen.

Kommunikation

Die Kommunikation der Wiedererkennungskomponente mit den anderen Komponenten des Roboters, zum Beispiel für die Erfassung der Personen und für die Navigation, erfolgte über einheitliche Schnittstellen der Robotik-Middleware MIRA [EINHORN et al., 2012].

Besonderheiten bei der Einbindung in die Anwendung

Bei der Einbindung in die robotische Rehabilitationsanwendung war zu beachten, dass ein initiales Modell des Patienten für die spätere Wiedererkennung benötigt wird, dass viele Patienten ähnliche Kleidung tragen und dass ein verloren gegangener Patient sicher wiedergefunden werden musste. Die initiale Ansicht des Patienten konnte durch

eine Anmeldung am Roboter sichergestellt werden. Die Nutzerwiedererkennung konnte auch mit einem einzigen Bild für die Generierung des Templates robust erfolgen. Um die Anzahl notwendiger Unterscheidungen ähnlich gekleideter Personen auf ein Minimum zu reduzieren, wurde die in Kapitel 9.2.2 vorgestellte Suchraumeinschränkung verwendet. Damit mussten in den meisten Fällen nur zwei Personen in der Nähe des Roboters unterschieden werden. Um sicherzustellen, dass der Nutzer im Falle einer gescheiterten Wiedererkennung dennoch wiedergefunden wird, wurden Notfallstrategien in den Ablauf integriert. Der Roboter fuhr in diesen Situationen definierte Punkte an, die als Ruhepositionen für Patienten markiert wurden. Die Patienten waren instruiert entsprechende Sitzgelegenheiten wahrzunehmen.
Im häuslichen Einsatzfeld waren ebenfalls Notfallstrategien notwendig. Der Roboter konnte auf eine Karte zurückgreifen, die häufige Aufenthaltsorte des Nutzers enthielt. Verlor der Roboter den Kontakt zum Nutzer, so fuhr er die Aufenthaltsorte systematisch an [Volkhardt und Gross, 2013a, Volkhardt und Gross, 2013b]. Außerdem war eine sichere Identifikation des Nutzers für personenspezifische Hinweise, wie die Erinnerung an eine Medikamenteneinnahme, notwendig. Als zusätzliche Absicherung musste der Nutzer am Display bestätigen, dass der Roboter die korrekte Person identifiziert hat.

10.2.3 Experimente

Zur Evaluation des in ROREAS verfolgten Ansatzes der Personenwiedererkennung wurden Experimente in drei Stufen [Gross et al., 2016b][2] durchgeführt: Zuerst wurde die Wiedererkennungsleistung im geplanten Anwendungsbereich evaluiert, indem ein Bechmarking auf einem Datensatz durchgeführt wurde, der in einer Schlaganfall-Rehabilitationsklinik mit dem im Projekt ROREAS entwickelten Roboter [Gross et al., 2014], [Scheidig et al., 2015][2], [Gross et al., 2017b][2] aufgenommen wurde. Als zweites wurde das reine Wiedererkennungssystem in Livetests mit drei Probanden in einer Klinik evaluiert, um den Vorteil der Nutzerwiedererkennung für das Folgen und Lotsen mit einem mobilen robotischen Lauftrainer herauszustellen. Abschließend wurden Nutzertests mit echten Schlaganfallpatienten durchgeführt. Die Leistungsfähigkeit des in SYMPARTNER verfolgten Ansatzes zur Nutzeridentifikation im häuslichen Einsatzfeld wurde durch Experimente, bei denen Probanden vom Roboter gesucht wurden, ermittelt.

Benchmarking auf einem klinischen Datensatz

In [Eisenbach et al., 2015b] wurde ein Benchmarkdatensatz in der Rehaklinik aufgenommen, um die szenariospezifische Wiedererkennungsleistung zu beurteilen.

Datensatz An zwei Tagen fuhr der Roboter zu Zeiten mit hohem Personenaufkommen ständig durch den Flur, in dem die Laufübungen der Patienten stattfanden. Basierend auf den Aufnahmen wurde teilautomatisiert ein anspruchsvoller Datensatz erstellt (siehe [Vorndran, 2015b][12], [Eisenbach et al., 2015b]). Er besteht aus 776 Bildern, die 192 verschiedene Personen mit jeweils zwei bis zehn verschiedenen Ansichten zeigen. Der Datensatz ist sehr herausfordernd und deckt alle Schwierigkeiten einer robotischen Anwendung ab (siehe Abbildung 10.5(a)).

Ergebnisse Abbildung 10.5(b) und 10.5(c) zeigen die CMC- und SRR-Kurve des im Forschungsprojekt ROREAS eingesetzten Wiedererkennungssystems im Vergleich zum SDALF-Ansatz, der die gleichen Merkmale verwendet. Es ist zu erkennen, dass die in Kapitel 5 vorgestellten Modifikationen an den Merkmalen sowie das modifizierte *Metric Learning* (Kapitel 7) und die *Score-Level-Fusion* (Kapitel 8) im realen Einsatzfeld zu signifikanten Verbesserungen der Wiedererkennungsraten führen. Die SRR-Kurve der vorgestellten Wiedererkennung ist jedoch auf dem ROREAS-Datensatz deutlich niedriger als

[12] Die Bachelorarbeit von Alexander Vorndran wurde vom Autor betreut.

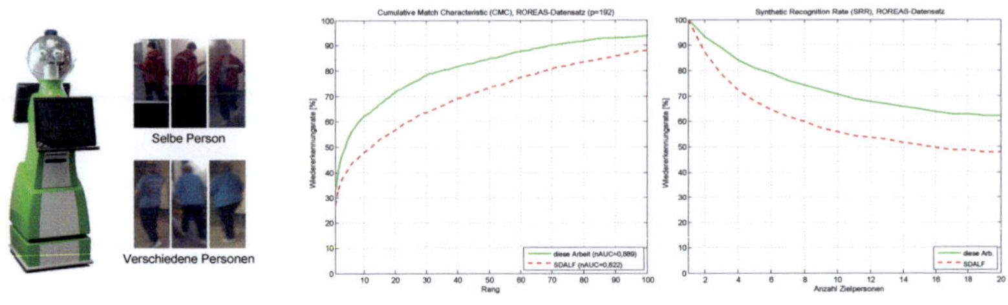

(a) Eingesetzter Roboter, Beispiele des Datensatzes

(b) CMC (ROREAS-Datensatz)

(c) SRR (ROREAS-Datensatz)

Abbildung 10.5: Wiedererkennungsleistung auf dem ROREAS-Datensatz
(a) Anspruchsvolle Beispielbilder des ROREAS-Datensatzes, der mit einem mobilen Roboter aufgenommen wurde, während er durch den Flur einer Schlaganfall-Rehabilitationsklinik fuhr. Der Datensatz ist gekennzeichnet durch hohe Innerklassenvarianz und kleine Zwischenklassenvarianz für Gruppen ähnlich gekleideter Personen. (b, c) Der in dieser Arbeit verfolgte Ansatz [Eisenbach et al., 2015b] verbessert die mit SDALF-Merkmalen erreichte Leistung im Einsatzszenario durch den Einsatz einer gelernten Metrik und Score-Level-Fusion deutlich. Dies wird anhand der CMC- und SRR-Kurven für den ROREAS-Datensatz gezeigt.

auf anderen Benchmarkdatensätzen, wie zum Beispiel VIPeR [Gray et al., 2007]. Das bedeutet, dass die erscheinungsbasierte Personenwiedererkennung auf einem Roboter (Forschungsprojekt ROREAS) deutlich schwieriger ist als die Wiedererkennung von Fußgängern in mehreren nicht überlappenden statischen Kameras (Forschungsprojekt APFel, VIPeR-Datensatz). Anhand der SRR-Kurve ist zu erkennen, dass der Nutzer in einer Gruppe aus fünf Personen nur in 81% der Fälle korrekt erkannt wurde, wenn nur eine Beobachtung pro Person berücksichtigt wird (engl. *Single Shot*). In einem robotischen Anwendungsszenario können aber mehrere Beobachtungen pro Person (engl. *Multi Shot*) und Kontextinformationen (siehe Kapitel 9) genutzt werden, um die Erkennungsrate deutlich zu steigern. Daher soll im nächsten Abschnitt die Leistungsfähigkeit des Gesamtsystems untersucht werden.

Evaluation des Folgens und Lotsens im realen Einsatzfeld

In [EISENBACH et al., 2015b] wurden Livetests in der m&i-Schlaganfall-Rehabilitationsklinik Bad Liebenstein durchgeführt. Diese sollten evaluieren, ob das Wiedererkennungsmodul beim Auflösen von Mehrdeutigkeiten im Tracking einen zusätzlichen Nutzen erzielt. Die m&i-Klinik war als Anwender am Forschungsprojekt ROREAS beteiligt.

Versuchsaufbau Über eine Spanne von sechs Stunden folgte und lotste der Roboter drei Probanden durch den Flur einer Station der Klinik, wo zukünftig Patienten während ihres Eigentrainings begleitet werden sollen. Abbildung 10.6 zeigt eine Karte der Einsatzumgebung und die drei Probanden. Deren Erscheinung bildet typische Bekleidungen ab: dunkle/schwarze, helle/graue und farbige Kleidung.

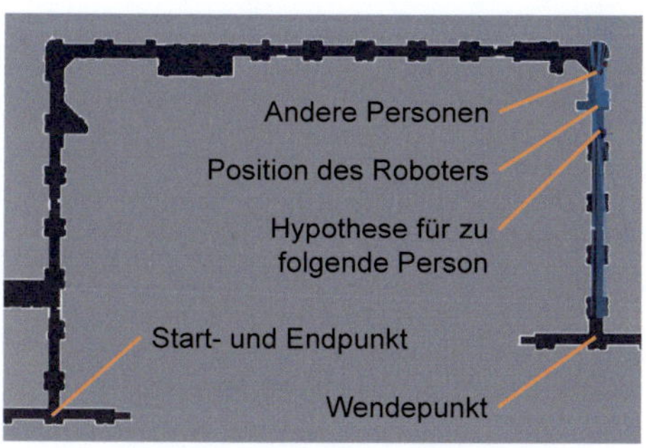

(a) Karte der Einsatzumgebung

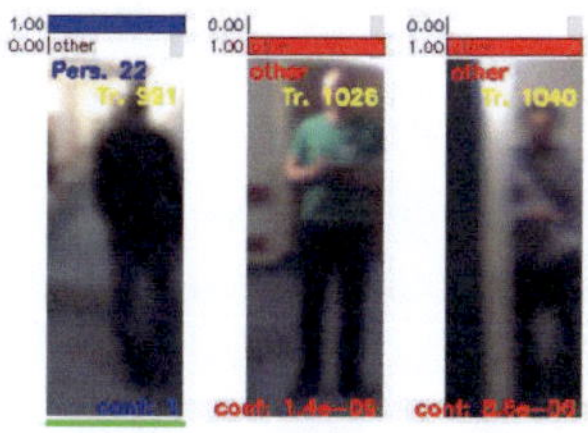

(b) Visualisierung der Wiedererkennungsergebnisse

Abbildung 10.6: Karte der Einsatzumgebung
Links ist die vom Roboter aufgebaute Karte des Flurs, in dem das Orientierungstraining stattfand, dargestellt. Die Anordnung zwischen Nutzer und Roboter ist exemplarisch eingezeichnet. Außerdem sind die Wegpunkte für das Lauftraining markiert. Rechts ist die Visualisierung der Wiedererkennungsergebnisse zu sehen, während die drei Probanden um den Roboter standen.

In jedem Durchlauf wurde einer der Probanden, wie in Abbildung 10.6 gezeigt, vom Roboter auf einer Strecke von circa 400 m gelotst beziehungsweise verfolgt. Über ein Tablet konnten fehlerhafte Entscheidungen korrigiert werden, sodass der Roboter stets Kontakt zum aktuellen Nutzer hielt. Das Lotsen und Folgen wurde solange wiederholt, bis jeweils eine reine Fahrzeit von einer Stunde erreicht wurde. Während dieser Zeit lotste der Roboter die Probanden auf einer Gesamtdistanz von 2 km und folgte den Probanden über 2,4 km.

Referenzansatz Um zu evaluieren, welche Entscheidung der Roboter ohne visuelle Wiedererkennung gefällt hätte, wurde als Referenzansatz bei einem Trackabriss der jeweils räumlich nächste Track zur letzten Beobachtung zugeordnet.

Quantitative Ergebnisse Tabelle 10.2 zeigt die Resultate für das Folgen und Lotsen. Die erscheinungsbasierte Wiedererkennung half dem Roboter die Anzahl der Verwechslungen mit anderen Personen zu verringern. Diese würden ansonsten manuelle Korrekturen erfordern. Der Roboter musste in einigen Fällen auf Grund von Unsicherheiten bei der Entscheidung zusätzlich stoppen. Die geringe Anzahl an unnötigen Stopps ist für die betrachtete Anwendung jedoch akzeptabel. Dabei ist zu beachten, dass die Wiedererkennung jeweils alle sichtbaren Personen im Erfassungsbereich des Roboters als Nutzerhypothesen in Betracht zog.

Durch die in Kapitel 9.2.2 präsentierte Suchraumeinschränkung [Wengefeld et al., 2016][2] konnte in anschließenden Experimenten der Vergleich meistens auf zwei Personen eingeschränkt werden. Dadurch konnte die Anzahl vollständig autonomer Durchläufe, das heißt ohne Verwechslungen und ohne unnötige Stopps, vervierfacht werden.

	Distanz	Anzahl Personen	Unnötige Stopps	Verwechslungen mit ReID	ohne ReID
Folgen	2400 m	67	2	3	10
Lotsen	2000 m	48	4	0	3

Tabelle 10.2: Wiedererkennungsleistung während Livetests in einer Klinik
Dargestellt sind die Ergebnisse aus mehreren Durchläufen des Folgens und Lotsens durch den Flur einer Rehabilitationsklinik. Es ist jeweils die gefahrene Distanz, die Anzahl an Personen in der Nähe des Roboters, die Anzahl unnötiger Stopps aufgrund einer nicht möglichen Wiedererkennung des Nutzers (unkritisch) und die Anzahl an Verwechslungen des Nutzers mit anderen Personen (kritisch) angegeben. Die Angabe der Verwechslungen erfolgte einmal unter Verwendung einer erscheinungsbasierten Wiedererkennung (ReID) und als Referenz, ohne Wiedererkennung durch Zuweisung des räumlich nächsten Tracks.

Qualitative Ergebnisse Zu Zeiten mit hohem Personenaufkommen, in denen der Referenzansatz klar scheiterte, funktionierte die visuelle Wiedererkennung sehr gut. Der Roboter konnte auch in komplizierten Situationen den Kontakt zum Nutzer halten, zum Beispiel beim Folgen auf einem Zickzackkurs durch sieben Personen.

Laufzeit Die Echtzeitanforderungen wurden zu jeder Zeit erfüllt und das Wiedererkennungsmodul nutzte durchschnittlich nur 3% der CPU auf einem der beiden verbauten PCs des Roboters.

Nutzertests mit Schlaganfallpatienten

Nach dem erfolgreichen Abschluss der Tests mit Probanden im Einsatzfeld wurden im Forschungsprojekt ROREAS Nutzertests mit Schlaganfallpatienten durchgeführt [Gross et al., 2016a][2], [Gross et al., 2016b][2], [Gross et al., 2017a][2], [Gross et al., 2017b][2]. In einem Zeitraum von neun Monaten wurden fünf Kampagnen über einen Zeitraum von je zwei Tagen durchgeführt. Dabei wurde die Autonomie bei jeder Kampagne gesteigert und unter anderem die Wiedererkennungskomponente verbessert. Insgesamt führten 26 Patienten insgesamt 60 Orientierungstrainings durch. Über eine Dauer von 12:52 Stunden legte der Roboter dabei eine Fahrstrecke von 14,3 km zurück.

Da ein fehlerhaftes Verhalten beim Training mit realen Patienten inakzeptabel ist, konnten Korrekturen über ein Tablet eingegeben werden, dass ein technischer Beobachter der Experimente bediente. Der technische Beobachter hatte die Anweisung nur in Notfällen einzugreifen. Beim ersten Nutzertest waren durchschnittlich noch 3,1 Eingriffe pro 10 Minuten notwendig. Beim fünften Nutzertest konnte die durchschnittliche Anzahl an Eingriffen pro 10 Minuten auf 1,2 reduziert werden. Bei mehr als 300 vom Nutzer zu unterscheidenden Personen an einem Tag waren 19 Eingriffe notwendig. Davon waren 16 Eingriffe notwendig, weil der Detektor keine Person erkannte oder weil eine vollständige Verdeckung vorlag. In drei Fällen wurde der Nutzer bei der erscheinungsbasierten Wiedererkennung mit anderen Personen verwechselt. Für Details sei auf [Gross et al., 2017a][2] verwiesen.

Der Umfang dieser Experimente und der erstmalige robuste Einsatz einer erscheinungsbasierten Wiedererkennung bei Realweltests mit einem mobilen Roboter stellen einen erheblichen Neuheitswert gegenüber dem State of the Art dar.

Nutzerwiedererkennung im häuslichen Einsatzfeld

Bei der Anwendung der erscheingsbasierten Wiedererkennung im häuslichen Einsatzfeld im Rahmen des SYMPARTNER-Projekts wurden Probleme bei häufig auftretenden Verdeckungssituationen deutlich. Daher musste zur zusätzlichen Absicherung der Identität eine Gesichtserkennung eingesetzt werden. Das Gesicht wurde durch den MTCNN-Detektor [Zhang et al., 2016a] detektiert und anhand des SphereFace-Verfahrens [Liu et al., 2017] identifiziert. Die Robustheit beider Komponenten wurde bei Experimenten mit einem mobilen Roboter in einem

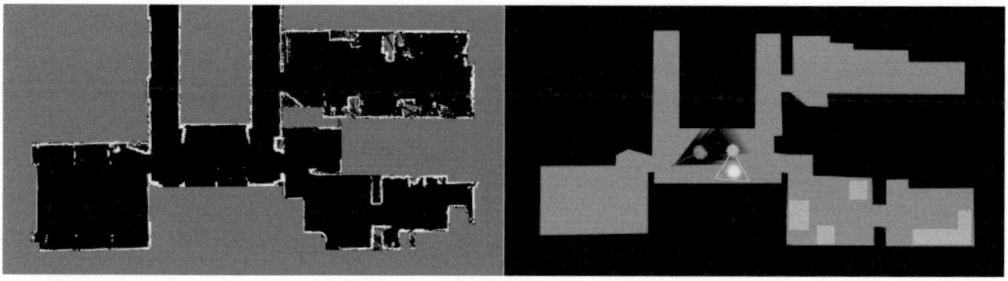

Abbildung 10.7: Versuchsumgebung und Explorationskarte
Links: Karte des Living Lab an der TU Ilmenau, in dem die Experimente durchgeführt wurden
Rechts: Explorationskarte während der Suche nach dem Nutzer: Der Roboter (orange) hat die Suche gerade begonnen. Der zurückgelegte Pfad ist rot eingezeichnet. Bereits untersuchte Bereiche sind schwarz eingefärbt, noch zu explorierende Bereiche grau. Als weißer Kreis ist eine detektierte Person in der Nähe des Roboters gekennzeichnet. Die geplante Pose des Roboters zur Erfassung einer Nahaufnahme des Gesichts ist in türkis eingezeichnet.

Living Lab, dass einer Seniorenwohnung nachempfunden ist, demonstriert.

Dennoch muss das Gesicht für eine erfolgreiche Identifikation aus der Nähe und möglichst frontal erfasst werden. Dazu wurde eine Navigationsstrategie eingesetzt, die Personen in der Einsatzumgebung sucht und so anfährt, dass eine Nahaufnahme des Gesichts möglich ist (siehe Abbildung 10.7). Experimente zur Navigationsstrategie im Living Lab konnten nachweisen, dass der Nutzer robust identifiziert werden kann, wenn er sich in der Einsatzumgebung befindet und der Roboter auch die Abwesenheit des Nutzers robust feststellen kann. Probleme traten nur bei Gegenlicht und starken Verdeckungen auf.

Ergänzende Ausführungen und Visualisierungen Ergänzend zu den Experimenten zur Einbindung der Wiedererkennung in die robotischen Anwendungen, werden in Anhang G.2 einige Experimente ausführlicher erläutert. Ergänzend zu den in Tabelle 10.2 aufgelisteten Ergebnisse der Livetests in einer Klinik sind die Ergebnisse der einzelnen

Durchläufe in Tabelle G.1 in Anhang G.2.1 angegeben. Abbildung G.7 in Anhang G.2.1 zeigt die Situation, in welcher der Roboter den Nutzer auf einem Zickzackkurs durch sieben Personen verfolgte. Umfassendere Ausführungen der Experimente mit einem mobilen Roboter in einem Living Lab sind in Anhang G.2.2 zu finden.

10.2.4 Fazit

Im Forschungsprojekt ROREAS wurde eine erscheinungsbasierte Personenwiedererkennung umgesetzt, die auf einem mobilen Roboter läuft, den Nutzer in Echtzeit erkennt und dabei nur wenig Rechenkapazität des Roboters beansprucht. Sie ist robust gegenüber verwackelten Bildern, variierenden Auflösungen und Beleuchtungen, Verdeckungen und Personen mit Gehhilfen. Die Wiedererkennungsleistung wurde bei Livetests im adressierten Einsatzfeld einer Schlaganfall-Rehabilitationsklinik während des regulären Betriebs evaluiert. Während der zwei Stunden des Folgens und Lotsens der Probanden auf einer Strecke von 4,4 km kam der Roboter in engen Kontakt mit 115 anderen Personen. Insgesamt wurde der Nutzer nur dreimal verwechselt. Auch während Zeiten mit hohem Personenaufkommen war der Roboter in der Lage, die Probanden zuverlässig durch den Gang der Klinik zu verfolgen beziehungsweise sie zu lotsen. Daher konnten auch umfangreiche Nutzertests mit 26 Schlaganfallpatienten über einen Zeitraum von 12:52 Stunden durchgeführt werden. Die Wiedererkennung half dem Roboter weitgehend autonom zu agieren. Während des Orientierungstrainings waren im Durchschnitt lediglich 1,2 manuelle Eingriffe pro 10 Minuten Fahrzeit notwendig.

Im Forschungsprojekt SYMPARTNER musste im häuslichen Einsatzfeld zur sicheren Identifikation des Nutzers zusätzlich eine Gesichtserkennung eingesetzt werden.

10.3 Erzielter Nutzen durch Einbindung in die Anwendung

Durch eine geeignete szenariospezifische Wahl der Komponenten für die Wiedererkennung und eine geeignete Einbindung in die Anwendung kann das Wiedererkennungssystem entscheidend verbessert werden. Welchen Nutzen die geeignete Einbindung in die Anwendung für das Wiedererkennungsgesamtsystem erzielt, ist in Abbildung 10.8 zu sehen.

Im Rahmen dieser Arbeit wurde die Wiedererkennung in zwei Anwendungsszenarien eingebunden. Durch die Einbindung des entwickelten Systems in die zwei völlig unterschiedlichen Einsatzgebiete — Videoüberwachung und Servicerobotik — wurde eine hohe *Flexibilität* der entwickelten erscheinungsbasierten Wiedererkennung nachgewiesen. Um diese Flexibilität zu erreichen, ist das Wiedererkennungsmodul modular aufgebaut. Es ist auch leicht um zusätzliche Teilkomponenten zu erweitern, die gegebenenfalls auch parallel abgearbeitet werden können. Damit wird eine gute *Skalierbarkeit* erreicht. Die gute *Integrierbarkeit* in das Wiedererkennungsmodul wird durch einheitliche Schnittstellen sichergestellt.

Die umgesetzte Einbettung der Wiedererkennung in die Anwendung mit möglichst geringer zusätzlicher Kommunikation stellt eine hohe *Verarbeitungsgeschwindigkeit* sicher. Alle notwendigen Berechnungen können in Echtzeit erfolgen und nutzen dabei nur wenig Rechenressourcen. Eine transparente Darstellung der ermittelten, datenschutzrechtlich unbedenklichen Daten für die erscheinungsbasierte Wiedererkennung und ein geeignetes Datenhandling führt zu einer höheren *Akzeptanz*, auch in eher kritisch bewerteten Einsatzszenarien wie einer Videoüberwachung. Die *Resistenz gegen Überlistung* wird gesteigert durch die Einbindung des Operateurs bei der Videoüberwachung und durch geeignete Notfallstrategien des Serviceroboters im Falle eines verlorenen Kontakts zum Nutzer.

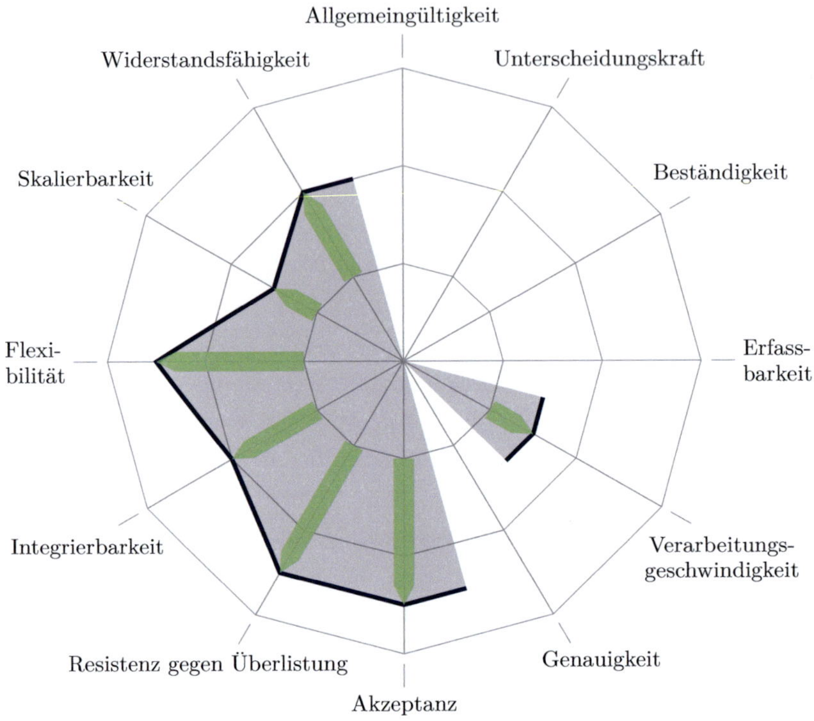

Abbildung 10.8: Nutzen der geeigneten Einbindung in die Anwendung für die Personenwiedererkennung
Für eine Beschreibung der erzielten Verbesserungen sei auf den Text in Abschnitt 10.3 verwiesen.

Eine hohe *Widerstandsfähigkeit* zeichnet sich aus durch *Fehlertoleranz*, *Wiederherstellungsszenarien*, *Sicherung und Wiederholbarkeit*, *Redundanz* sowie die *Vermeidung einer einzelnen Bruchstelle*. Eine *Fehlertoleranz* wird durch komplementäre Wiedererkennungskomponenten und eine zeitliche Integration der Ergebnisse erreicht. Im Falle eines verlorenen Nutzers im Robotikszenario werden Notfallstrategien angewendet, um den Nutzer an Knotenpunkten wiederzufinden. Bei der Videoüberwachung wird der Operateur in die Suche eingebunden. Beides sind geeignete *Wiederherstellungsszenarien.* Alle Ergebnisse werden in einer Datenbank abgelegt (Videoüberwachung) oder durch die Robotik-Middleware MIRA persistent an die Robotikanwendung übertragen. Dies dient der *Sicherung* der Daten und nach einer Wiederherstellung im Fehlerfall der *Wiederholbarkeit. Redundanzen* bei der Wiedererkennung werden durch komplementäre Merkmale umgesetzt. Dies dient auch der *Vermeidung einer einzelnen Bruchstelle.*

Kapitel 11

Zusammenfassung und Ausblick

Dieses abschließende Kapitel fasst die Ergebnisse der Dissertation zusammen und gibt einen Ausblick auf mögliche zukünftige Forschungsansätze. Schwerpunkt ist dabei die Einordnung und Wertung der eigenen erzielten Leistungen.

11.1 Zusammenfassung

Im Rahmen dieser Arbeit wurde die erscheinungsbasierte Wiedererkennung von Personen behandelt. Es wurden zwei mögliche Realwelteinsatzgebiete betrachtet:

- Die **Videoüberwachung** eines Flughafens wurde im Rahmen des Forschungsprojekts APFel betrachtet. Das Ziel dieses Projekts war die Unterstützung eines Operateurs bei der kameraübergreifenden Verfolgung ausgewählter Personen. Die Wiedererkennung ist hierbei die entscheidende Komponente, um diesen Vorgang teilautomatisiert umzusetzen.

- Die zweite Anwendung ist die **Nutzererkennung durch einen Serviceroboter**. Im Rahmen des Forschungsprojekts ROREAS wurde ein Serviceroboter zur Begleitung und Unterstützung von Schlaganfallpatienten während ihrer Rehabilitation entwickelt. Die Wiedererkennung ist dabei wichtig, um den Patienten in Fluren mit hohem Personenaufkommen folgen zu können, auch wenn diese zwischenzeitlich vollständig verdeckt und somit für den Roboter nicht sichtbar waren. Im Rahmen des Forschungsprojekts SYMPARTNER war die Wiedererkennung notwendig, um den Roboter bei der Suche nach seinem Nutzer im häuslichen Umfeld zu unterstützen.

Aus den Anwendungen resultierten die Anforderungen an das zu entwerfende Wiedererkennungssystem:

- **Verwendung erscheinungsbasierter Merkmale**, die geeignet sind, um Personen anhand ihrer Kleidung wiederzuerkennen.
- **Echtzeitfähige Verarbeitung** aller Wiedererkennungsschritte bei gleichzeitiger Verwendung möglichst weniger Rechenressourcen, vor allem im Falle der Servicerobotik.
- **Bevorzugte Verwendung maschineller Lernverfahren** für alle Teilkomponenten der Wiedererkennung, um möglichst große Flexibilität und Praktikabilität zu erreichen.

Die Dissertation hatte entsprechend das Ziel des Entwurfs einer echtzeitfähigen erscheinungsbasierten Personenwiedererkennung, die flexibel für verschiedene Anwendungen einsetzbar ist.

Der generelle Ablauf der Wiedererkennung ist an die Verarbeitungskette in einem biometrischen System angelehnt:

- **Vorverarbeitung:** Alle Vorverarbeitungsschritte für eine spätere Wiedererkennung zielen auf die Extraktion von personenzentrierten Bildausschnitten aus dem Kamerabild ab. Dies umfasst eine *Vordergrund-Hintergrund-Segmentierung* mittels Mixture of Gaussians zur Suchraumeinschränkung im Bild, eine anschließende *visuelle Personendetektion* mittels Convolutional Neral Networks, um entsprechende Bildausschnitte zu extrahieren, und ein hyperechtzeitfähiges visuelles *Tracking* mittels logarithmischer Suche. Das Tracking ermöglicht die Verwendung mehrerer Beispielbilder pro Person für die Wiedererkennung, wodurch eine deutliche Steigerung der Erkennungsleistung erzielt werden kann. Ein abschließender *Beleuchtungsausgleich* anhand einer gelernten, adaptiven Beleuchtungskarte verbessert die Unterscheidbarkeit der Personen durch eine Verringerung der Innerklassenvarianz bezüglich der wahrgenommenen Kleidungsfarbe.

- **Merkmalsextraktion:** Als Merkmale für die Wiedererkennung werden sowohl *händisch entworfene Merkmale* aus dem Bereich der Bildverarbeitung verwendet, wie lokale Deskriptoren, Textur- und Farbmerkmale, als auch *gelernte Merkmale*. Zum Lernen geeigneter Merkmale wurden drei Ansätze untersucht. Die mittels *Deep Belief Networks* unüberwacht gelernten Merkmale waren nur bedingt für eine Wiedererkennung geeignet. Mittels *Convolutional Neural Networks* konnten überwacht *semantische Attribute* gelernt werden, die eine erfolgreiche Wiedererkennung ermöglichen. Durch den Einsatz *moderner Fehlerfunktionen* zur Optimierung der Unterscheidbarkeit von Personen konnten mittels tiefer Neuronaler Netzwerke Merkmalsvektoren gelernt werden, die eine erscheinungsbasierte Wiedererkennung auf menschlichem Niveau ermöglichen.

- **Template-Generierung:** Damit eine Person wiedererkannt werden kann, muss sie in einer Initialisierungsphase (*Enrollment*) zunächst durch ein Template beschrieben werden. Das Template umfasst extrahierte Merkmale für eine oder mehrere Ansichten der Person. Ein gutes Template sollte möglichst kompakt sein und adaptiv. Um ein *kompaktes Template* zu erhalten, kann eine *Merkmalsauswahl* zur Laufzeit erfolgen, die geeignete personenspezifische Merkmale auswählt. Die Eignung der Merkmale lässt sich mittels *Joint Mutual Information* bestimmen. Die *Adaptivität des Templates* wird gewährleistet durch die Hinzunahme neuer Ansichten, falls die Person sicher wiedererkannt wird. Hat das Template eine vorgegebene Größe überschritten, so erfolgt eine Reduktion der Ansichten mittels Clustering.

- **Matching:** Um das Template der Zielperson mit aktuell beobachteten Personen zu vergleichen (*Matching*), ist eine geeignete Metrik notwendig. Durch Anwendung dieser Metrik sollten Merkmalsvektoren, die aus Bildern derselben Person extrahiert wurden, im idealen Fall, trotz verschiedener Umwelteinflüsse, stets ähnlicher sein als Merkmalsvektoren, die aus Bildern verschiedener Personen extrahiert wurden. Dies ist bei herkömmlichen Distanzmaßen jedoch nicht der Fall. Zum Erlernen einer geeigneten Distanzmetrik wurden daher zwei *Metric-Learning*-Verfahren untersucht: Das lineare KISSME-Verfahren und die nichtlineare kernelbasierte LFDA (kLFDA). Durch eine geeignete Vorverarbeitung der Trainingsdaten konnten die Wiedererkennungsraten mittels kLFDA deutlich gesteigert werden.
  Das anhand der Metrik berechnete Ranking ist in der Praxis oft nicht optimal und kann durch eine Umsortierung (*Re-Ranking*) verbessert werden. Der in dieser Arbeit vorgestellte Ansatz benötigt kein menschliches Feedback und ist somit auch für den Einsatz auf einem Roboter geeignet.

- **Fusion:** Eine gute Wiedererkennungsleistung kann nur durch die Kombination verschiedener Merkmale erreicht werden. Die Fusion kann dabei auf fünf Ebenen erfolgen. Im Rahmen dieser Dissertation wurde die Fusion auf *Score Level* ausführlich evaluiert. Es wurden verschiedene Verfahren zur Scorenormierung und Merkmalsgewichtung analysiert. Für die Gewichtung der Merkmale

wurde ein eigener Ansatz vorgestellt, der die State-of-the-Art-Methoden in der Fusionsleistung deutlich übertrifft.
Des Weiteren wurde untersucht, wie die Fusion auf *Feature Level*, das heißt durch Konkatenation der Merkmalsvektoren mit anschließendem Metric Learning, mit der Score-Level-Fusion kombiniert werden kann. Hierfür wurde Metric Learning auf mehreren Teilmengen des Merkmalsraums angewendet und die Matching-Ergebnisse wurden auf Score Level fusioniert. Die Experimente zeigten, dass diese Variante in der Praxis die besten Ergebnisse erzielt.

- **Entscheidungsfindung:** Nachdem die Ähnlichkeiten der Personen zum Template der Zielperson durch Scores beschrieben wurden und darauf aufbauend ein Ranking erstellt wurde, muss schließlich die Entscheidung getroffen werden, ob eine der Personen mit dem Template übereinstimmt. Um eine Entscheidung bei mehreren Beobachtungen herbeizuführen, ist ein *probabilistischer Mehrheitsentscheid* hilfreich. Da die Beobachtungen zu einer Person in aufeinander folgenden Bildern nicht unabhängig voneinander sind, müssen die Scores mittels Ordnungsstatistiken korrigiert werden. Sie lassen sich anschließend als Wahrscheinlichkeiten beschreiben, ob es sich um die gesuchte Person handelt. Basierend auf diesen Wahrscheinlichkeiten lässt sich eine probabilistische Mehrheitsentscheidung treffen. Der Mehrheitsentscheid liefert außerdem eine Wahrscheinlichkeit, wie sicher die Entscheidung ist.
Bei der Entscheidungsfindung können außerdem weitere Informationen einbezogen werden, um den Suchraum für die Wiedererkennung einzuschränken. Dies kann durch ein *raum-zeitliches Reasoning* auf einer globalen Karte erfolgen. Eine *Prädiktion der wahrscheinlichsten Laufwege* kann zusätzlich helfen, unwahrscheinliche Hypothesen bei der Berechnung niedriger zu priorisieren. Durch ein *Tracking identifizierter Personen* kann ebenfalls

eine spatio-temporale *Einschränkung des Suchraums* für nachfolgende Wiedererkennungen erfolgen.
Kontextinformationen können helfen, Entscheidungen in schwierigen Situationen herbeizuführen. Hält sich eine Person beispielsweise in einer größeren Gruppe auf, so kann die Gruppe als Kontextinformation genutzt werden. Kann die Gruppe als Ganzes wiedererkannt werden, so lässt sich dadurch auch auf den Aufenthaltsort der darin befindlichen Personen schließen.

- **Einbindung in Anwendung:** Neben der Wahl geeigneter Komponenten für die Wiedererkennung ist auch eine geeignete Einbindung in die Anwendung notwendig. Es wurden zwei Anwendungsszenarien untersucht: Videoüberwachung und Servicerobotik. Anhand des Projekts APFel wurde die Bedeutung der Wiedererkennung für das kameraübergreifende Tracking bei der Videoüberwachung aufgezeigt. Dieses ermöglicht dem Operateur, eine gesuchte Person besser im Blick zu behalten und verkürzt somit die Analysezeiten. Im Anwendungsbereich der Servicerobotik ist eine Wiedererkennung wichtig zur Erkennung des aktuellen Nutzers. Im Rahmen des Projekts ROREAS konnte der Roboter einen Schlaganfallpatienten begleiten, um ihn beim Eigentraining während seiner Rehabilitation zu unterstützen. Dabei war der Patient in vielen Fällen nur von hinten zu sehen, weshalb die Wiedererkennung in diesen Fällen ausschließlich erscheinungsbasiert erfolgen konnte. Im Rahmen des Projekts SYMPARTNER wurde der Nutzer im häuslichen Umfeld gesucht. Da zusätzlich eine eindeutige Identifikation der Person notwendig ist, ist eine Kombination aus erscheinungsbasierter Wiedererkennung beim Heranfahren und einer Gesichtserkennung im Nahfeld sinnvoll.

11.2 Eigene erzielte Leistungen

Schwerpunktmäßig wurde in dieser Arbeit untersucht, für welche Teilaspekte der Personenwiedererkennung Verfahren des maschinellen Lernens eingesetzt werden können und wie diese zu gestalten sind. Es wurden Fortschritte gegenüber dem State of the Art zu allen Teilaspekten des Wiedererkennungssystems erreicht:

- **Vorverarbeitung**: Durch den Einsatz von Convolutional Neural Networks konnte die Personendetektion deutlich verbessert werden [EISENBACH et al., 2016b]. Der entwickelte Ansatz erzielt deutlich bessere Generalisierungseigenschaften in unbekannten Einsatzgebieten als der State of the Art zur Detektion mittels Neuronaler Netzwerke. Dies erhöht die Flexibilität bezüglich der Anwendungsszenarien. Eine Laufzeitoptimierung des Convolutional Neural Networks ermöglicht die Anwendung auf einer Jetson TX1 [EISENBACH et al., 2017c] und somit den Einsatz auf einem Roboter.
  Um Beleuchtungseinflüsse auf die Kleidungsfarbe wiederzuerkennender Personen zu korrigieren, wurde datengetrieben eine Beleuchtungskarte gelernt und bei verändernden Bedingungen adaptiert [EISENBACH et al., 2013]. Der vorgestellte Ansatz macht im Gegensatz zu den meisten State-of-the-Art-Verfahren zur Farbkonstanz keine Annahmen über die Einsatzumgebung und ist daher für ein reales Einsatzfeld besser geeignet.

- **Merkmalsextraktion**: Es wurde gezeigt, dass geeignete Merkmale für die Wiedererkennung rein datengetrieben gelernt werden können. Die Genauigkeit bei der Schätzung der mittels Convolutional Neural Networks gelernten semantischen Attribute übertraf teilweise den State of the Art [GOLDA, 2016][1].
  Durch den Einsatz moderner Fehlerfunktionen konnten mit tiefen Neuronalen Netzwerken Merkmalsvektoren gelernt werden, die ei-

[1] Die Masterarbeit von Thomas Golda wurde vom Autor betreut.

ne sehr gute Unterscheidung von Personen ermöglichen [AGANIAN, 2019][2]. Aktuelle Softmax-Loss-Weiterentwicklungen wurden dabei erstmals im Kontext der erscheinungsbasierten Wiedererkennung verwendet. Die erzielten Wiedererkennungsraten liegen auf menschlichem Niveau, trotz einer im Vergleich zum State of the Art eher einfachen Netzwerkarchitektur.

- **Template-Generierung**: Es wurde ein Verfahren entwickelt, das zur Laufzeit für eine ausgewählte Person geeignete Merkmale auswählt, um diese Person von anderen zu unterscheiden [EISENBACH et al., 2012]. Dadurch kann das Template kompakt gehalten werden und die Laufzeit sowie die Wiedererkennungsleistung verbessert werden. Einfache, personenspezifisch ausgewählte Merkmale waren komplexeren Merkmalen deutlich überlegen.

- **Matching**: Zur Verbesserung des Metric Learning wurde eine Vorverarbeitung der Trainingsdaten vorgestellt [EISENBACH et al., 2015b]. Außerdem wurde ein *Re-Ranking*-Verfahren entwickelt, das die Sortierung basierend auf Score-Werten auch ohne menschliche Rückmeldung verbessert [VORNDRAN, 2015b][3], was auch eine deutliche Verbesserung für die nachfolgende Fusion von Merkmalen bringt.

- **Fusion**: Die Fusion auf Score Level wurde erstmalig im Kontext der erscheinungsbasierten Wiedererkennung von Personen evaluiert [EISENBACH et al., 2015a]. Hierzu wurden zahlreiche State-of-the-Art-Verfahren verglichen und ein eigener Ansatz eingebracht, der das Fusionsergebnis deutlich verbessern kann. Außerdem erfolgte erstmalig eine Kombination von Score-Level-Fusion und Metric Learning, die eine (teilweise deutliche) Verbesserung der State of the Art-Erkennungsraten erzielt.

[2]Die Masterarbeit von Dustin Aganian wurde vom Autor betreut.
[3]Die Masterarbeit von Alexander Vorndran wurde vom Autor betreut.

- **Entscheidungsfindung**: Zur Entscheidung, welche Person der aktuelle Nutzer eines Roboters ist, wurde ein neuartiger Ansatz vorgestellt. Dieser berücksichtigt für mehrere Beobachtungen nicht nur die reinen Matching Scores, sondern rechnet diese geeignet in Wahrscheinlichkeiten um, bezieht zusätzlich Ranking-Informationen ein und entscheidet dann anhand eines probabilistischen Mehrheitsvotums [EISENBACH et al., 2015b]. Dieses konsistente probabilistische Framework stellt einen deutlichen Vorteil gegenüber den in der Literatur verwendeten einfachen Heuristiken dar.
  Des Weiteren wurde die Entscheidungsfindung durch eine enge Kopplung mit dem Personentracking [WENGEFELD et al., 2016][4] verbessert. Das Tracking zuvor identifizierter Personen ermöglichte eine spatio-temporale Suchraumeinschränkung für die Wiedererkennung. Dadurch konnte die Sicherheit bei der Wiedererkennung erhöht werden, wodurch das Template häufiger adaptiert werden konnte. Dies führte durch die größere Varianz der Ansichten wiederum zu besseren Wiedererkennungsraten.

- **Einbindung in Anwendung**: Es wurde erstmalig ein Wiedererkennungssystem realisiert, dass in Echtzeit auf einem mobilen Roboter den aktuellen Nutzer anhand dessen Kleidung erkennt [EISENBACH et al., 2015b].
  Bezüglich der Videoüberwachung konnte gezeigt werden, dass die erscheinungsbasierte Wiedererkennung eine kameraübergreifende Verfolgung von Personen ermöglicht und dazu führt, dass ein Operateur eine Situation deutlich schneller einschätzen kann [KOLAROW et al., 2013][4].

Durch die im Rahmen dieser Arbeit entwickelten Verfahren konnten die an ein Wiedererkennungssystem gestellten Gütekriterien deutlich verbessert werden (siehe Abbildung 11.1). Tabelle 11.1 zeigt, welche Teile des Wiedererkennungssystems einen Einfluss auf die einzelnen Güte-

[4]Der Autor dieser Dissertation war Co-Autor der Publikation.

	Vorverarbeitung	Merkmalsextraktion	Template-Generierung	Matching	Fusion	Entscheidungsfindung	Einbindung in Anwendung
Allgemeingültigkeit		✓					
Unterscheidungskraft		✓		✓	✓		
Beständigkeit	✓	✓	✓	✓			
Erfassbarkeit	✓	✓			✓		
Verarbeitungsgeschwindigkeit		✓	✓	✓		✓	✓
Genauigkeit		✓	✓	✓	✓	✓	
Akzeptanz	✓	✓					✓
Resistenz gegen Überlistung	✓		✓		✓	✓	✓
Integrierbarkeit					✓		✓
Flexibilität							✓
Skalierbarkeit			✓	✓	✓	✓	✓
Widerstandsfähigkeit					✓		✓

Tabelle 11.1: Verbesserung der Wiedererkennung
Möglichkeiten für Verbesserung der Gütekriterien durch in dieser Arbeit beschriebenen Verfahren, unterteilt nach Abarbeitungsschritten im Wiedererkennungssystem.

kriterien ausüben. Auf die erreichte Leistung bezüglich der einzelnen Gütekriterien wird in Anhang H.1 näher eingegangen.

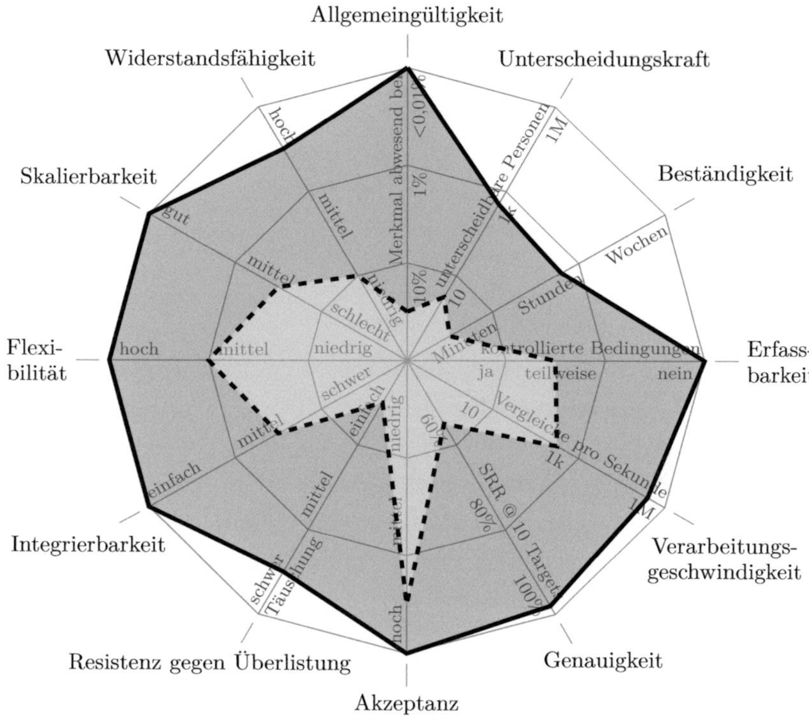

Abbildung 11.1: Gütekriterien zur Beurteilung des Wiedererkennungssystems
Die durchgezogene Linie zeigt die erreichte Leistung bei Verwendung der besten vorgestellten Einzelkomponenten für die Wiedererkennung. Es ist zu erkennen, dass für die meisten Gütekriterien gute bis sehr gute Ergebnisse erzielt werden. Nur bezüglich Unterscheidungskraft und Beständigkeit ist eine erscheinungsbasierte einer biometrischen Wiedererkennung deutlich unterlegen (siehe Anhang H.3). Für eine detaillierte Auswertung aller Gütekriterien sei auf Anhang H.1 verwiesen.
Die gestrichelte Linie zeigt das Ergebnis bei schlechter Wahl der Einzelkomponenten: Der Einsatz personenbezogener Daten als auch nicht gelernter Vergleichsmetriken und Merkmale, insbesondere lokaler Deskriptoren, wie SIFT oder SURF, sowie die Fusion und Entscheidung anhand von Heuristiken würden eine geringere Güte entsprechend der betrachteten Kriterien erzielen (Details siehe Anhang H.2).

11.3 Ausblick

Die in dieser Dissertation vorgestellten Techniken zeigen, wie die erscheinungsbasierte Wiedererkennung auf vielfältige Weise verbessert werden kann. Dennoch bieten sich einige Anknüpfungspunkte für zukünftige Forschungsarbeiten an, die das Potential haben, die Wiedererkennungsleistung weiter zu steigern.

Kombination vorgestellter Teilkomponenten

In dieser Arbeit wurden verschiedene Teilkomponenten für die erscheinungsbasierte Wiedererkennung einzeln evaluiert. Es wurden auch bereits einige Teilkomponenten, wie Metric Learning und Score-Level-Fusion, erfolgreich kombiniert. Großes Potential für eine Leistungssteigerung bietet die bisher nicht betrachtete Kombination gelernter Merkmale mit einer personenspezifischen Merkmalsauswahl bei der Erstellung des Templates. Dieser Aspekt sollte für weitere Forschungsarbeiten in Betracht gezogen werden.

Kombination von Re-Ranking-Verfahren

Zu dem in dieser Arbeit vorgestellten *Re-Ranking*-Verfahren existieren einige Alternativen, die andere Techniken für die Verbesserung des Rankings einsetzen. In weitere Forschungsarbeiten könnte evaluiert werden, ob eine Kombination der Ansätze möglich ist und ob damit zusätzliche Verbesserungen im Ranking erzielt werden.

Vergleich von Fusionstechniken

Neben der in dieser Arbeit betrachteten Score-Level-Fusion wird im State of the Art der erscheinungsbasierten Wiedererkennung oft eine Rank-Level-Fusion verwendet. Ein fairer Vergleich der Techniken auf Benchmarkdatensätzen würde sich für zukünftige Forschungsarbeiten anbieten.

Kombination mit biometrischen Merkmalen

Da die vorgestellte Wiedererkennung modular gestaltet ist, kann eine Kombination mit biometrischen Merkmalen problemlos erfolgen. Insbesondere die Kombination mit einer Gesichtserkennung bietet sich für die betrachteten Anwendungsszenarien an. In zukünftigen Forschungsarbeiten könnte für das Robotikszenario evaluiert werden, welche Navigationsstrategien geeignet sind, um die Randbedingungen bezüglich Auflösung und Pose für die Gesichtserkennung aktiv herbeizuführen.

Nutzung von 3D-Informationen

In dieser Dissertation wurden nur Bilddaten für die erscheinungsbasierte Wiedererkennung verwendet. Aktuell setzen sich aber vor allem im Bereich der Servicerobotik 3D-Kameras durch, die neben dem RGB-Bild auch eine Tiefeninformation für jedes Pixel liefern. In Tiefendaten ist es relativ einfach, die Person zu segmentieren und einzelne Körperteile zu ermitteln. Diese Informationen können genutzt werden für eine körperteilbasierte, erscheinungsbasierte Wiedererkennung. Außerdem lassen sich zusätzliche Wiedererkennungsmerkmale aus den Tiefendaten ermitteln.

Verbesserungen für gelernte Merkmale

Im State of the Art setzt sich aktuell überwiegend *Deep Learning* für die Merkmalsextraktion bei der erscheinungsbasierten Wiedererkennung durch. Die Kombination der in dieser Arbeit verwendeten modernen Fehlerfunktionen mit den aufwendigen Architekturen aus dem State of the Art hat das Potential neue Bestwerte auf Benchmarkdatensätzen zu erzielen. Die aufwendigen Architekturen extrahieren gelernte Merkmale für verschiedene Bildauschnitte unter Einsatz verschiedener herkömmlicher Fehlerfunktionen. Eine Kombination der einzelnen Merkmalsvektoren anhand der in dieser Dissertation vorgestellten Score-Level-Fusionstechniken hätte einige Vorteile gegenüber der im State of the Art verwendeten Konkatenation der Merkmalsvektoren, die einer gleichgewichteten Verrechnung der Distanzwerte aller Merkmalsvektoren ohne vorherige Scorenormierung gleichkommt.

Kombination von Metric Learning mit gelernten Merkmalen

Ein Nachteil von gelernten Merkmalsvektoren ist das notwendige Training auf großen Datensätzen verschiedener Anwendungsszenarien, das eine Anpassung auf eine spezifische Anwendung unmöglich macht. Daher könnte in zukünftigen Forschungsarbeiten evaluiert werden, ob ein auf gelernten Merkmalsvektoren angewendetes Metric Learning hilft, Besonderheiten in konkreten Anwendungen beim Vergleich zu berücksichtigen und spezifische Umwelteinflüsse zu kompensieren.

Unsicherheit in gelernten Merkmalsvektoren

Für den Vergleich gelernter Merkmalsvektoren wird die euklidische Distanz verwendet. Dabei wird davon ausgegangen, dass alle Teile des Merkmalsvektors vom Neuronalen Netzwerk gleich gut aus dem Bild ermittelt werden können. Diese Hypothese ist aber bei verschwommenen oder niedrig aufgelösten Bildern für bestimmte Arten von Merkmalen, beispielsweise feine Textur oder kleine Teile des Bildes betreffende semantische Attribute, nicht haltbar. Daher wäre es lohnenswert die Unsicherheit des Neuronalen Netzwerks bezüglich einzelner Komponenten des Merkmalsvektors zu bestimmen und beim Vergleich zu berücksichtigen.

Anhang A

Ergänzungen zu Grundlagen

In diesem Anhang sind zusätzliche Erläuterungen zu in Kapitel 3 behandelten Grundlagen zu finden, die ein tieferes Verständnis ermöglichen.

A.1 Abbildungsfehler bei der t-SNE-Einbettung

Bei der Abbildung hochdimensinaler Daten auf wenige Dimensionen können zwei Arten von Abbildungsfehlern auftreten: Intrusions und Extrusions [Verleysen und Lee, 2015]. Wenn ein Datenpunkt in der Nachbarschaft eines Datenpunkts eingebettet wird, zu dem im hochdimensionalen Raum keine nachbarschaftliche Beziehung existiert, dann wird dies als Intrusion bezeichnet. Sind zwei Datenpunkte in der Abbildung nicht benachbart, obwohl die Nachbarschaft im hochdimensionalen Merkmalsraum existiert, dann wird dies als Extrusion bezeichnet. [Vorndran, 2015b]

Bei t-SNE (Abschnitt 3.1.2, Seite 48) können Extrusions auftreten, jedoch niemals Intrusions. Das heißt, wenn in der zweidimensionalen Visualisierung eines hochdimensionalen Raums Nachbarschaften zu sehen sind, dann existieren sie auch im hochdimensionalen Raum. Zu beachten ist jedoch, dass der Umkehrschluss auf Grund von möglichen Extrusions gegebenenfalls nicht gilt: Sind Punkte in der Abbildung nicht benachbart, so kann *nicht* auf gleiche Eigenschaft im hochdimensionalen Raum geschlossen werden. Des Weiteren ist zu beachten, dass t-SNE ein probabilistisches Verfahren ist und somit bei jedem Durchlauf andere Abbildungen hervorbringen kann.

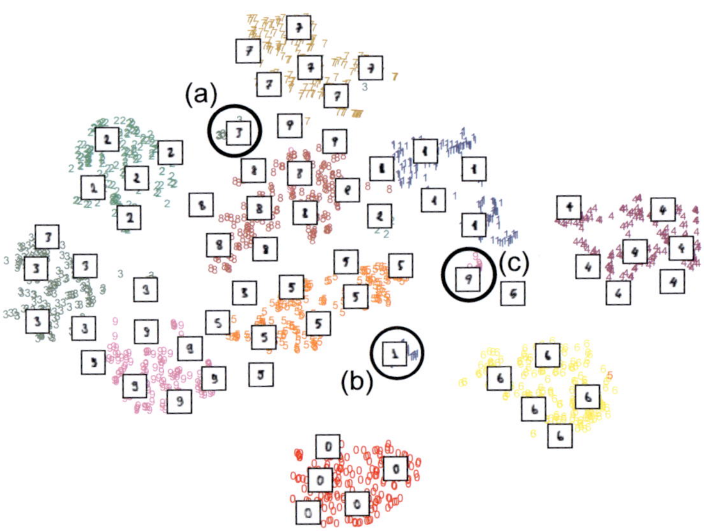

Abbildung A.1: t-SNE-Abbildung handgeschriebener Zahlen
Die Bilder haben ursprünglich eine Größe von 8×8 Pixeln. Zur Veranschaulichung wurden die entsprechenden Ziffern nachträglich farblich markiert (t-SNE nutzt keine Klasseninformationen). Pro Klasse sind jeweils einige Beispielbilder dargestellt. Extrusions (a-c) sind schwarz umkreist. Bildquelle: [Vorndran, 2015b].

In Abbildung A.1 ist beispielhaft eine t-SNE-Abbildung handgeschriebener Zahlen ($\mathbb{R}^{64}$) dargestellt.

A.2 Umwandlung Performanzmaß nAUC in ER

Die Herleitung zu Gleichung (3.9), Seite 47 ergibt sich wie folgt:

$$\begin{aligned}
\text{nAUC} &= \frac{1}{|\mathcal{G}| \cdot |\mathcal{P}|} \sum_{r=1}^{|\mathcal{G}|} |\{\underline{\mathbf{p}} \in \mathcal{P} \mid \text{rang}(\underline{\mathbf{p}} \mid \mathcal{G}) \leq r\}| \\
&= 1 - \frac{1}{|\mathcal{G}| \cdot |\mathcal{P}|} \sum_{\underline{\mathbf{p}} \in \mathcal{P}} (\text{rang}(\underline{\mathbf{p}} \mid \mathcal{G}) - 1) \\
&= 1 - \frac{1}{|\mathcal{G}| \cdot |\mathcal{P}|} \left(\sum_{\underline{\mathbf{p}} \in \mathcal{P}} \text{rang}(\underline{\mathbf{p}} \mid \mathcal{G}) - |\mathcal{P}| \right) \\
&= 1 - \frac{1}{|\mathcal{G}|} \left(\frac{1}{|\mathcal{P}|} \sum_{\underline{\mathbf{p}} \in \mathcal{P}} \text{rang}(\underline{\mathbf{p}} \mid \mathcal{G}) - 1 \right) \\
&= 1 - \frac{1}{|\mathcal{G}|} (\text{ER} - 1)
\end{aligned}$$

Die entsprechende geometrische Interpretation ist in Abbildung A.2 dargestellt. Die Fläche unter der Kurve wird als *normalized Area under CMC Curve* (nAUC) bezeichnet. Mittels *Expected Rank* (ER) lässt sich die normierte Fläche oberhalb der Kurve ermitteln. Dadurch können die Performanzmaße ineinander umgewandelt werden.

A.3 Weitere Benchmarkdatensätze

Neben den in Kapitel 3.1.3 beschriebenen Benchmarkdatensätzen sind für die Evaluation erscheinungsbasierter Wiedererkennungsverfahren

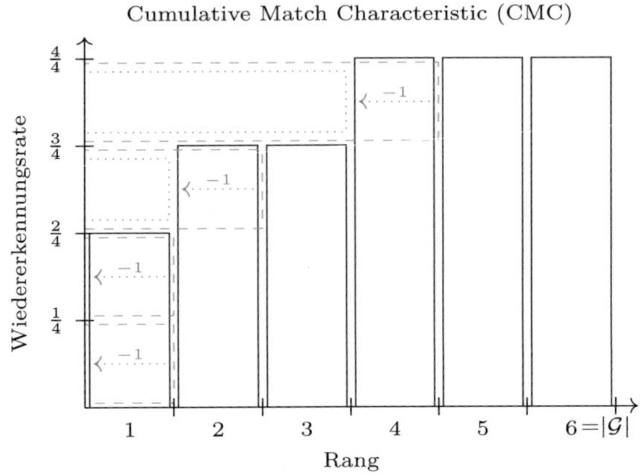

$$\mathrm{ER} = \frac{4+2+1+1}{4} = 2$$

$$\begin{aligned}\mathrm{nAUC} &= \frac{\frac{2}{4}+\frac{3}{4}+\frac{3}{4}+1+1+1}{6} = \frac{5}{6}\\ &= 1 - \frac{\mathrm{ER}-1}{|\mathcal{G}|} = 1 - \frac{2-1}{6} = \frac{5}{6}\end{aligned}$$

Abbildung A.2: Prinzipskizze zur Umwandlung von Expected Rank (ER) in normalized Area under CMC Curve (nAUC)
In der CMC-Kurve wird pro Rang die kumulierte Wiedererkennungsrate abgetragen. Entsprechend ergibt sich die Fläche unter der Kurve (nAUC) als der Durchschnitt über die kumulierten Wiedererkennungsraten aller Ränge (Balken mit durchgezogenen dunkelblauen Linien). Im dargestellten Beispiel wird eine Galeriegröße von $|\mathcal{G}| = 6$ und eine Probe mit $|\mathcal{P}| = 4$ Personen verwendet. Der *Expected Rank* (grüne gestrichelte Balken) ergibt sich entsprechend der vier Zeilen, in denen eine Person auf Rang vier wiedererkannt wurde, eine Person auf Rang zwei und zwei Personen auf Rang eins. Man erkennt, dass das fehlende Flächenstück über der Kurve leicht ermittelt werden kann, indem der *Expected Rank* um eins reduziert und mit der Galeriegröße normiert wird. Dementsprechend lassen sich *Expected Rank* (ER) und *normalized Area under CMC Curve* (nAUC) mathematisch ineinander umwandeln.

auch noch weitere Datensätze relevant, auf die nachfolgend eingegangen wird.

SARC3D

Der SARC3D-Datensatz [Baltieri et al., 2010][1] beinhaltet je vier Ansichten von 50 Personen. Der Hintergrund in den Bildern der Personen wurde entfernt, sodass jeweils nur die ausgeschnittene Person zu sehen ist.

3DPes

Der 3DPes-Datensatz [Baltieri et al., 2011][2] erweitert den SARC3D-Datensatz. Der neue Datensatz enthält Aufnahmen von 200 Personen in acht Kameras. Die Bildausschnitte der Personen sind teilweise schlecht auf die Personen zugeschnitten und enthalten größere Hintergrundbereiche.

ETHZ

Der ETHZ-Datensatz (*ETHZ Dataset for Appearance-Based Modeling*) [Schwartz und Davis, 2009][3] enthält kurze Trackingsequenzen von Personen in einer Fußgängerzone. Der Datensatz wurde bei den ersten Publikationen zu erscheinungsbasierten Wiedererkennungsverfahren verwendet. Er enthält relativ wenige Beleuchtungsunterschiede und nahezu keine Perspektivenwechsel. Durch das relativ gleichbleibende Erscheinungsbild der Personen gilt der Datensatz als zu einfach. Daher wird er inzwischen kaum noch verwendet.

[1] SARC3D-Datensatz verfügbar unter `http://imagelab.ing.unimore.it/sarc3d/ImageLab_ReIdentification_Dataset.zip`

[2] 3DPes-Datensatz verfügbar unter `http://imagelab.ing.unimore.it/3DPeS/3dPES_data/3DPeS_ReId_Snap.zip`

[3] ETHZ-Datensatz verfügbar unter `https://homepages.dcc.ufmg.br/~william/datasets/ethz/files/dataset_ETHZ.zip`

GRID

Der *QMUL Underground Re-Identification* (GRID)-Datensatz [Loy et al., 2009][4] wurde mit einer Überwachungskamera in einer U-Bahn aufgenommen. Die Bildqualität entspricht einer Analogkamera und ist relativ schlecht. Der Datensatz enthält je ein Galerie- und ein Probebild von 250 Personen, die durch zwei Kameras erfasst wurden. Dabei wurde durch eine Kamera die Frontalansicht und durch die andere Kamera die Rückansicht der Personen erfasst. Zusätzlich sind Bilder von 775 Personen vorhanden, die nicht Teil der Galerie sind (Distraktoren).

PRID

Der *Person Re-ID* 2011 (PRID)-Datensatz [Hirzer et al., 2011][5] enthält Aufnahmen von zwei Überwachungskameras, die einen Fußgängerüberweg und einen Fußweg erfassen. Eine der Kameras hat einen Farbstich, wodurch die Erkennung erschwert wird. Die erfassten Personen werden durch die zwei Kameras in unterschiedlichen Perspektiven wahrgenommen. Der Datensatz beinhaltet 385 Personen, die sich durch die erste Kamera bewegten und 749 Personen, die sich durch die zweite Kameras bewegten, wobei 200 Personen von beiden Kameras erfasst wurden.

DukeMTMC-reID

Für die Aufnahme des DukeMTMC-reID-Datensatzes (*Duke Multi-Target, Multi-Camera Tracking Dataset for Person Re-Identification*) [Ristani et al., 2016, Zheng et al., 2017][6] wurden Aufnahmen aus acht HD-Kameras verwendet. Der Trainingsdatensatz enthält 16.522 Bilder von 702 Personen. Die Probe (2228 Bilder) und Galerie (17.661 Bilder)

[4] GRID-Datensatz verfügbar unter `http://personal.ie.cuhk.edu.hk/~ccloy/files/datasets/underground_reid.zip`

[5] PRID verfügbar unter `https://files.icg.tugraz.at/f/6ab7e8ce8f/?raw=1`

[6] DukeMTMC-reID-Datensatz verfügbar unter `https://drive.google.com/open?id=1jjE85dRCMOgRtvJ5RQV9-Afs-2_5dY3O`

beinhalten 702 andere Personen. Zusätzlich umfasst die Galerie Bilder von 408 Distraktoren.

INRIA

Der *INRIA-Person*-Datensatz [Dalal und Triggs, 2005][7] wurde für das Training von Personendetektoren erstellt. Im Rahmen dieser Arbeit wird er als Co-Trainingsdatensatz für die erscheinungsbasierte Personenwiedererkennung verwendet, um Statistiken über Personen zu ermitteln. Beispielsweise wird dieser Datensatz genutzt, um die variable Binbreite der Histogrammmerkmale festzulegen.

PETA

Der *Pedestrian Attribute Recognition At Far Distance* (PETA)-Datensatz [Deng et al., 2014][8] kombiniert zehn Benchmarkdatensätze für die Detektion und die Wiedererkennung von Personen. Für alle enthaltenen Personen stehen detaillierte Annotationen semantischer Attribute und softbiometrischer Merkmale zur Verfügung. Anhand der 19.000 Bilder von 8705 Personen ist das überwachte Training tiefer Neuronaler Netzwerke zur Extraktion semantischer Attribute und softbiometrischer Merkmale möglich.

A.4 Netzwerk aus Laserscannern zum kameraübergreifenden Tracking

Zum kameraübergreifenden Tracking wurde für die Erstellung eines Wiedererkennungsdatensatzes im Videoüberwachungsszenario (Abschnitt 3.1.3, Seite 52) ein Netzwerk aus Laserscannern eingesetzt.

[7] INRIA-Datensatz verfügbar unter `ftp://ftp.inrialpes.fr/pub/lear/douze/data/INRIAPerson.tar`

[8] PETA-Datensatz verfügbar unter `https://www.dropbox.com/s/52ylx522hwbdxz6/PETA.zip`

Zur Erfassung der Personen in mehreren Kameras können die Laserscanner frei im Raum platziert werden. Sie werden durch einen Akku mit Strom versorgt und übertragen ihre Messungen per WLAN an einen PC, der das Tracking [Schenk et al., 2011][9] durchführt. Der Laserscanner ist zusammen mit allen notwendigen Anbauten für den mobilen Einsatz in einer handlichen Tonne verbaut. Die räumliche Kalibrierung der Laserscanner untereinander erfolgt automatisch anhand von paarweise gleichzeitig beobachteten Laufwegen von Personen [Schenk et al., 2012a][9], [Schenk et al., 2012b][9]. Die Inbetriebnahme des Systems ist somit in unter zehn Minuten möglich. Der Betrieb mit einer Akkuladung kann über mehr als sechs Stunden erfolgen [Schenk, 2011][10].

A.5 Vertiefende Erläuterungen zu Farbräumen

Ergänzend zu den Ausführungen in Abschnitt 3.2.1, Seite 53ff werden die benannten Kategorien von Farbräumen in diesem Abschnitt näher erläutert. Des Weiteren werden die Formeln zur Umrechnung des RGB-Farbraums in die jeweiligen Farbräume angegeben. In Abbildung A.3 sind die einzelnen Kanäle der Farbräume für ein Beispielbild visualisiert.

A.5.1 Farbräume basierend auf additiver Farbmischung von Licht

Durch additive Mischung der Farben Rot, Grün und Blau können alle wahrnehmbaren Farben erzeugt werden. Der **RGB-Farbraum** (für Rot, Grün, Blau) ist daher häufig der Ausgangspunkt für die elektronische Erfassung von Farben, insbesondere in digitalen Kameras.

[9] Der Autor dieser Dissertation war Co-Autor der Publikation.

[10] Die Masterarbeit von Konrad Schenk wurde vom Autor co-betreut.

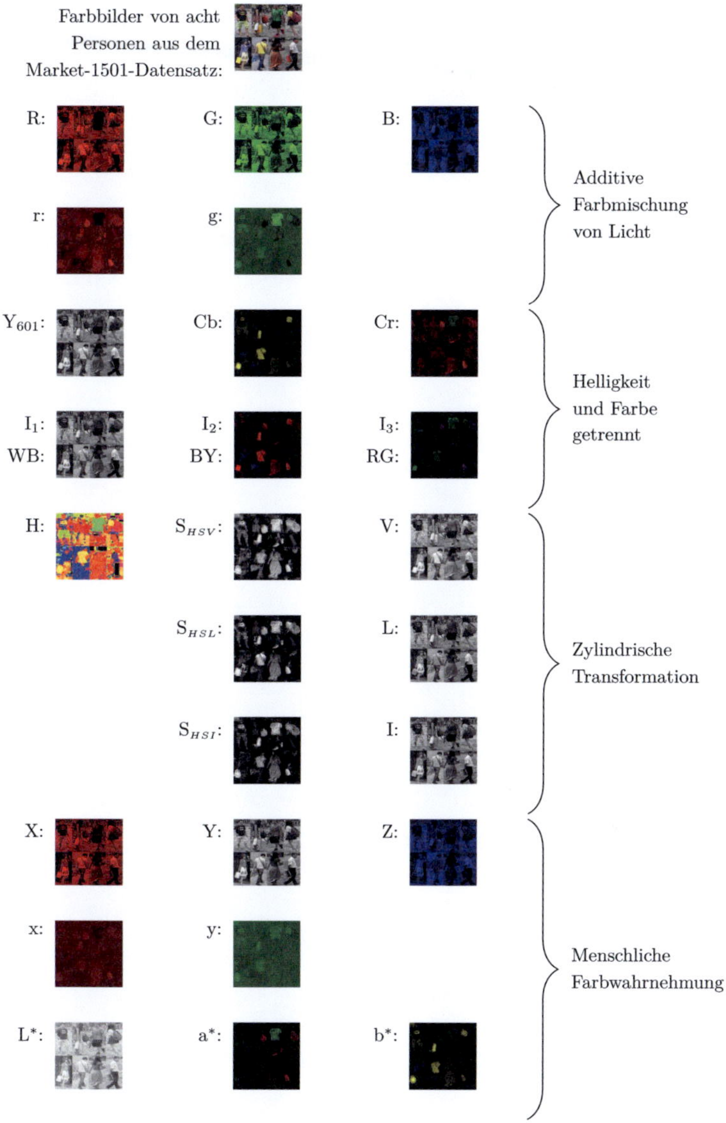

Abbildung A.3: Visualisierung einzelner Farbkanäle der vorgestellten Farbräume

Eine helligkeitsunabhängige Version des RGB-Farbraums ist der **rg-Farbraum**. Dabei werden die Werte des Rot- und des Grün-Kanals durch die Summe der Werte aller drei Kanäle geteilt:

$$r = \frac{R}{R+G+B}, \qquad g = \frac{G}{R+G+B} \tag{A.1}$$

Dieser Farbraum wird oft in der Bildverarbeitung eingesetzt, wenn die Erkennung bestimmter Farben, beispielsweise Hautfarben, unabhängig von der aktuellen Beleuchtung möglich sein soll.

A.5.2 Farbräume mit getrennter Helligkeit und Farbe

In einem Bild tragen Helligkeit und Farbe häufig jeweils einen eigenen Anteil an Informationen. Beim RGB-Farbraum sind diese Informationen jedoch auf alle Kanäle verteilt. Sollen die beiden Informationen unterschiedlich verarbeitet werden, so ist es besser, einen Kanal für die Helligkeitsinformation zu verwenden und die beiden anderen für die Farbe.

Ein Beispiel hierfür ist der **YCbCr-Farbraum**. Y enthält die Helligkeitsinformation, Cb und Cr enthalten den Blau- und Rotanteil der Farbe. Dieser Farbraum wurde für das Farbfernsehen entwickelt, da Helligkeit und Farbe in unterschiedlicher Auflösung übertragen werden sollten. Farben lassen sich vom RGB-Farbraum durch eine affine Transformation in den YCbCr-Farbraum übertragen [JACK, 2007]:

$$\begin{bmatrix} Y_{601} \\ Cb \\ Cr \end{bmatrix} = \begin{bmatrix} 16 \\ 128 \\ 128 \end{bmatrix} + \begin{bmatrix} 0{,}257 & 0{,}504 & 0{,}098 \\ -0{,}148 & -0{,}291 & 0{,}439 \\ 0{,}439 & -0{,}368 & 0{,}071 \end{bmatrix} \cdot \begin{bmatrix} R \\ G \\ B \end{bmatrix} \tag{A.2}$$

Ein weiterer Farbraum mit getrennter Helligkeits- und Farbinformation ist $\mathbf{I_1 I_2 I_3}$ [OHTA, 1985]. Er wurde speziell für Bildverarbeitungsaufgaben entworfen und verfolgt neben dem Ziel getrennter Grauwert- (I_1)

und Farbkanäle (I_2, I_3) eine einfache und effiziente Transformation aus dem RGB-Farbraum:

$$\begin{bmatrix} I_1 \\ I_2 \\ I_3 \end{bmatrix} = \begin{bmatrix} \frac{1}{3} & \frac{1}{3} & \frac{1}{3} \\ \frac{1}{2} & 0 & -\frac{1}{2} \\ -\frac{1}{4} & \frac{1}{2} & -\frac{1}{4} \end{bmatrix} \cdot \begin{bmatrix} R \\ G \\ B \end{bmatrix} \tag{A.3}$$

Der $I_1 I_2 I_3$-Farbraum hat sich vor allem beim Clustring von Farbbildern als geeignet herausgestellt.

Eine skalierte Version davon ist der **RG-BY-WB-Farbraum** [Pomierski und Gross, 1996]. RG bezeichnet die Rot-Grün-Achse, BY die Blau-Gelb-Achse und WB die Weiß-Schwarz-Achse. Die Transformation aus dem $I_1 I_2 I_3$-Farbraum und dem RGB-Farbraum lässt sich mittels Gleichung (A.4) und Gleichung (A.5) beschreiben:

$$RG = -2 \cdot I_3, \qquad BY = -1{,}75 \cdot I_2, \qquad WB = 4{,}5 \cdot I_1 \tag{A.4}$$

$$\begin{bmatrix} RG \\ BY \\ WB \end{bmatrix} = \begin{bmatrix} 0{,}5 & -1 & 0{,}5 \\ -0{,}875 & 0 & 0{,}875 \\ 1{,}5 & 1{,}5 & 1{,}5 \end{bmatrix} \cdot \begin{bmatrix} R \\ G \\ B \end{bmatrix} \tag{A.5}$$

Dieser Farbraum eignete sich gut für Farbkonstanz (engl. *Color Constancy*). Außerdem wurde in [Pomierski und Gross, 1996] der neurophysiologische Bezug zur Farbwahrnehmung im visuellen System hergestellt.

A.5.3 Farbräume mit zylindrischer Transformation

Während die bisher beschriebenen Farbräume jeweils affine Transformationen des RGB-Farbraums sind, wurden Farbräume mit zylindrischer Transformation dazu entworfen, Farbveränderungen intuitiver zu gestalten [Jack, 2007]. Diese Farbräume sind an die menschliche Interpretation von Farbe angelehnt und teilen die Farbinformation auf in Farbton (engl. *Hue*), Sättigung (engl. *Saturation*) und Helligkeit. Der Farbton wird in diesen Farbräumen als Winkel repräsentiert, die

Sättigung als Abstand vom Mittelpunkt eines Kreises. Entsprechend befinden sich die ungesättigten Farben der Schwarz-Weiß-Achse in der Mitte des Kreises, vollständig gesättigte Farben dagegen am Kreisrand.

$$\begin{aligned} &M=\max(R,G,B) \\ &m=\min(R,G,B) \\ &C=M-m \end{aligned} \quad H = 60° \cdot \begin{cases} \frac{G-B}{C} \mathrm{mod} 6 & \text{falls } M = R \\ \frac{B-R}{C} + 2 & \text{falls } M = G \\ \frac{R-G}{C} + 4 & \text{falls } M = B \end{cases} \tag{A.6}$$

$$S_{HSV} = \begin{cases} 0 & \text{falls } V = 0 \\ \frac{C}{V} & \text{sonst} \end{cases}$$

$$\begin{aligned} &V=M \\ &I=\tfrac{1}{3}(R+G+B) \\ &L=\tfrac{1}{2}(M+m) \end{aligned} \quad S_{HSI} = \begin{cases} 0 & \text{falls } I = 0 \\ 1 - \frac{m}{I} & \text{sonst} \end{cases}$$

$$S_{HSL} = \begin{cases} 0 & \text{falls } L = 0 \text{ oder } L = 1 \\ \frac{C}{2L} & \text{falls } L \leq \frac{1}{2} \\ \frac{C}{2-2L} & \text{falls } L > \frac{1}{2} \end{cases}$$

Zur Repräsentation der Helligkeitsinformation gibt es drei verschiedene Möglichkeiten: Dunkelstufe (engl. *Value*), Lichtintensität (engl. *Intensity*) und relative Helligkeit (engl. *Lightness*). Entsprechend ergeben sich die **Farbräume HSV, HSI und HSL**. Die jeweiligen Repräsentationen der Helligkeit eignen sich für unterschiedliche Farbverarbeitungsschritte. Für Details sei auf [Jack, 2007] verwiesen. Die Umrechnungen vom RGB-Farbraum ergeben sich wie entsprechend Gleichung (A.6).

A.5.4 Farbräume angelehnt an die menschliche Farbwahrnehmung

Durch die Internationale Beleuchtungskommission CIE wurde 1931 experimentell ein Farbraum ermittelt, der geräteunabhängig die wahrgenommene Farbe durch einen menschlichen Normalbeobachter widerspiegelt. Dieser ist auch als **XYZ-Farbraum** bekannt und separiert Helligkeit (Y) von Farbe (X, Z) [Poynton, 1997]. Für die Umwandlung von RGB- in XYZ-Farben müssen zunächst die (geräteabhängigen) Koordinaten im XYZ-Raum festgelegt werden, zum Beispiel standard-RGB (sRGB) mit nach ITU-R BT.709 festgelegten CIE-xy-Chromatizitätskoordinaten für Rot (0,64; 0,33), Grün (0,30; 0,60), Blau (0,15; 0,06) und Weiß (0,3127; 0,3290). Dementsprechend ergibt sich folgende lineare Transformation:

$$\begin{bmatrix} X \\ Y \\ Z \end{bmatrix} = \begin{bmatrix} 0{,}4124564 & 0{,}3575761 & 0{,}1804375 \\ 0{,}2126729 & 0{,}7151522 & 0{,}0721750 \\ 0{,}0193339 & 0{,}1191920 & 0{,}9503041 \end{bmatrix} \cdot \begin{bmatrix} R \\ G \\ B \end{bmatrix} \tag{A.7}$$

Um eine einfachere zweidimensionale Darstellung der Farbe zu ermöglichen, kann der XYZ-Farbraum durch Normierung in den **xyY-Farbraum** umgewandelt werden (Helligkeit Y bleibt erhalten):

$$x = \frac{X}{X+Y+Z}, \qquad y = \frac{Y}{X+Y+Z} \tag{A.8}$$

Daraus ergibt sich ein hufeisenförmiges zweidimensionales Diagramm (Dimensionen x und y) der wahrnehmbaren Farben, die sogenannte *CIE-Normfarbtafel*. Dabei befinden sich die spektral reinen Farben am Rand des Hufeisens auf der Spektralfarblinie, während sich der Weißpunkt in der Mitte des Diagramms befindet. Je weiter die Farben in Richtung Weißpunkt verschoben werden, desto pastellfarbener werden sie wahrgenommen.

$$P' \in \{X',Y',Z'\} = \begin{cases} \sqrt[3]{\frac{P}{P_n}} & \text{falls } \frac{P}{P_n} \geq \frac{216}{24389} \\ \frac{1}{116} \cdot \left(\frac{24389}{27} \cdot \frac{P}{P_n} + 16 \right) & \text{sonst} \end{cases}$$

$$\begin{bmatrix} X_n \\ Y_n \\ Z_n \end{bmatrix} = \begin{bmatrix} 95{,}047 \\ 100 \\ 108{,}883 \end{bmatrix}, \qquad \begin{bmatrix} L^* \\ a^* \\ b^* \end{bmatrix} = \begin{bmatrix} 116 \cdot Y' - 16 \\ 500 \cdot \left(X' - Y'\right) \\ 200 \cdot \left(Y' - Z'\right) \end{bmatrix} \tag{A.9}$$

Aus dem XYZ-Farbraum wurde durch die CIE der **L*a*b*-Farbraum** entwickelt und in Norm EN ISO 11664-4 festgehalten. L^* entspricht der Helligkeit (engl. *Lightness*), a^* der Grün-Rot-Achse und b^* der Blau-Gelb-Achse. Bei diesem Farbraum wurde visuelle und rechnerische Gleichabständigkeit angestrebt, das heißt, gleich wahrgenommene Abstände zwischen Farben haben etwa die gleiche euklidische Distanz im $L^*a^*b^*$-Farbraum. Dementsprechend muss für eine Umwandlung aus dem RGB-, beziehungsweise XYZ-Farbraum eine nichtlineare Transformation erfolgen (Gleichung (A.9), Konstanten entsprechen Normlichtart D65 und Beobachterwinkel 2°).

A.6 Vertiefende Erläuterungen zu Histogrammvergleichsmaßen

Für den Vergleich von Histogrammen existieren zahlreiche Maße (Abschnitt 3.2.2, Seite 55). Eine Systematisierung nach [Cha, 2008] und [Rubner et al., 2000] ist in Abbildung A.4 zu sehen. Typische Vertreter der einzelnen Familien von Histogrammvergleichsmaßen sind jeweils angegeben.

Nachfolgend sind die Berechnungsformeln für die in Abbildung A.4 angegebenen Histogrammvergleichsmaße aufgeführt. Beim Vergleich zweier Histogramme $\underline{\mathbf{g}}$ und $\underline{\mathbf{p}}$ mit je n Bins anhand von Bin-für-Bin-Metriken werden alle Bins einzeln miteinander verglichen. Die Diffe-

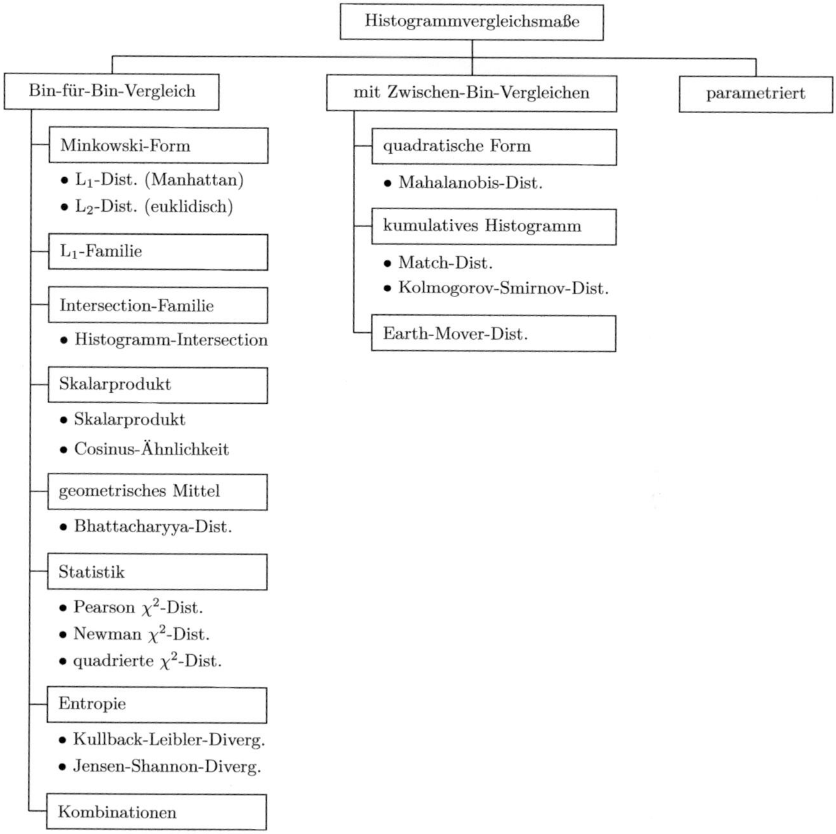

Abbildung A.4: Systematisierung der Histogrammvergleichsmaße
Die Untergliederung der Maße ist [CHA, 2008] und [RUBNER et al., 2000] entnommen.

renzen werden anschließend summiert. Es ergeben sich die folgenden Formeln zur Berechnung der Distanzen d oder Ähnlichkeiten s:

Manhattan-Distanz:

$$d_{L_1} = \sum_{i=1}^{n} |g_i - p_i| \tag{A.10}$$

Euklidische Distanz:

$$d_{L_2} = \sqrt{\sum_{i=1}^{n} (g_i - p_i)^2} \tag{A.11}$$

Histogramm-Intersection:

$$s_{\mathrm{HI}} = \sum_{i=1}^{n} \min(g_i, p_i) \tag{A.12}$$

Skalarprodukt:

$$s_{\mathrm{SP}} = \sum_{i=1}^{n} g_i \cdot p_i \tag{A.13}$$

Cosinus-Ähnlichkeit:

$$s_{\cos} = \frac{\sum_{i=1}^{n} g_i \cdot p_i}{\sqrt{\sum_{i=1}^{n} g_i^2} \cdot \sqrt{\sum_{i=1}^{n} p_i^2}} \tag{A.14}$$

Bhattacharyya-Distanz:

$$d_{\mathrm{Bhat}} = -\ln \sum_{i=1}^{n} \sqrt{g_i \cdot p_i} \tag{A.15}$$

Pearson χ^2-Distanz:

$$d_{\mathrm{Pearson}\,\chi^2}(\underline{\mathbf{g}}, \underline{\mathbf{p}}) = \sum_{i=1}^{n} \frac{(g_i - p_i)^2}{p_i} \tag{A.16}$$

Newman χ^2-Distanz:

$$d_{\mathrm{Newman}\,\chi^2}(\underline{\mathbf{g}}, \underline{\mathbf{p}}) = \sum_{i=1}^{n} \frac{(g_i - p_i)^2}{g_i} \tag{A.17}$$

Quadrierte χ^2-Distanz:

$$d_{\text{quatr}\,\chi^2} = \sum_{i=1}^{n} \frac{(g_i - p_i)^2}{g_i + p_i} \tag{A.18}$$

Kullback-Leibler-Divergenz:

$$d_{\text{KL}} = \sum_{i=1}^{n} g_i \cdot \ln \frac{g_i}{p_i} \tag{A.19}$$

Jensen-Shannon-Divergenz:

$$d_{\text{JS}} = \frac{1}{2} \left[\sum_{i=1}^{n} g_i \cdot \ln \frac{2 \cdot g_i}{g_i + p_i} + \sum_{i=1}^{n} p_i \cdot \ln \frac{2 \cdot p_i}{g_i + p_i} \right] \tag{A.20}$$

Bei der zweiten Kategorie von Histogrammvergleichsmaßen in Abbildung A.4 werden auch Zwischen-Bin-Vergleiche durchgeführt. Bei der **Mahalanobis-Distanz** wird dies über eine Ähnlichkeitsmatrix $\underline{\mathbf{M}}$ realisiert. Typischerweise wird $\underline{\mathbf{M}}$ datengetrieben gelernt, entweder als Inverse der Kovarianzmatrix oder als Ergebis eines Metric Learnings. Die Mahalanobis-Distanz wird wie folgt berechnet:

$$d_{\text{Mahal}} = \sqrt{(\underline{\mathbf{g}} - \underline{\mathbf{p}})^T \underline{\mathbf{M}} (\underline{\mathbf{g}} - \underline{\mathbf{p}})} \tag{A.21}$$

Die zweite Möglichkeit Zwischen-Bin-Vergleiche durchzuführen, ergibt sich durch die Verwendung kumulativer Histogramme $\underline{\hat{\mathbf{g}}}$ und $\underline{\hat{\mathbf{p}}}$, die aus den Histogrammen $\underline{\mathbf{g}}$ und $\underline{\mathbf{p}}$ berechnet werden können. Bestehen beide Histogramme aus je n Bins, so ergibt sich die **Match-Distanz** wie folgt:

$$d_{\text{Mat}} = \sum_{i=1}^{n} |\hat{g}_i - \hat{p}_i| \tag{A.22}$$

Auch die Kolmogorov-Smirnov-Distanz verwendet kumulative Histogramme:

$$d_{\text{KS}} = \max_{i=1}^{n} \left(|\hat{g}_i - \hat{p}_i| \right) \tag{A.23}$$

Die Earth-Mover-Distanz gibt die minimalen Kosten an, um das Histogramm $\underline{\mathbf{g}}$ in das Histogramm $\underline{\mathbf{p}}$ zu überführen. Zwischen den einzelnen Bins entstehen Pfadkosten f. Diese werden gewichtet mit dem Wert, der von einem Bin „abgetragen“ werden muss, um das andere Bin damit „aufzuschütten“. Diese Verschiebungen werden solange durchgeführt, bis das eine Histogramm in das andere überführt ist (siehe Abbildung A.5).

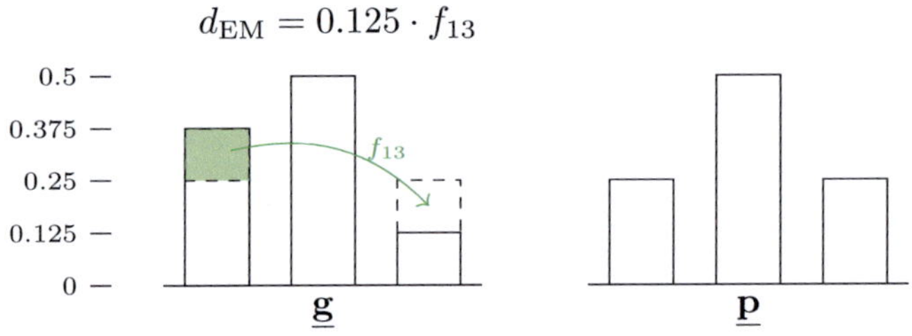

Abbildung A.5: Beispiel zur Erläuterung der Earth-Mover-Distanz
Das Histogramm $\underline{\mathbf{g}}$ soll in das Histogramm $\underline{\mathbf{p}}$ überführt werden. Dafür muss 0.125 vom ersten Bin „abgetragen“ werden und auf das dritte Bin „aufgeschüttet“ werden. Für den Transport entstehen Pfadkosten f_{13} vom ersten zum dritten Bin.

Parametrische Maße werden im Kontext der Personenwiedererkennung nicht verwendet.

A.7 Berechnung der Transformationsmatrizen für PCA und LDA

Nachfolgend werden die Schritte beschrieben, um das Optimierungsproblem mit Nebenbedingungen der LDA in ein Eigenwertproblem umzuformen (Abschnitt A.7.1). Anschließend wird die Lösung eines Eigenwertproblems beschrieben (Abschnitt A.7.2).

A.7.1 Umformung des Optimierungsproblems der LDA

Das bei der LDA gegebene Optimierungsproblem mit Nebenbedingungen kann entsprechend der in [WELLING, 2005] beschriebenen Umformungen als Eigenwertproblem formuliert werden (Abschnitt 3.3.1, Seite 59). Die notwendigen Schritte werden im Folgenden kurz zusammengefasst.

Gesucht ist bei der LDA ausschließlich die Richtung des Vektors $\underline{\mathbf{w}}$. Die Länge des Vektors kann beliebig gewählt werden ($\underline{\mathbf{w}} \rightarrow \alpha\underline{\mathbf{w}}$). Daher kann $\underline{\mathbf{w}}$ so gewählt werden, dass die Nebenbedingung 1 ergibt, also $\underline{\mathbf{w}}^T \underline{\mathbf{S}}_w \underline{\mathbf{w}} = 1$. Dadurch lässt sich die Maximierung von σ wie folgt umformulieren:

$$\min_{\underline{\mathbf{w}}} -\frac{1}{2}\underline{\mathbf{w}}^T \underline{\mathbf{S}}_b \underline{\mathbf{w}}, \text{ sodass } \underline{\mathbf{w}}^T \underline{\mathbf{S}}_w \underline{\mathbf{w}} = 1 \tag{A.24}$$

Wegen des negativen Vorzeichens wird aus der Maximierung eine Minimierung. Der Faktor $\frac{1}{2}$ wird für nachfolgende Umformungen benötigt.

Mittels Lagrange-Multiplikator λ lässt sich ein Optimierungsproblem mit Nebenbedingungen umformulieren als Funktion, deren Extrempunkte die Lösung ergeben:

$$\min_x f(x), \text{ sodass } g(x) = c$$
$$\rightarrow L(x, \lambda) = f(x) + \lambda(g(x) - c) \tag{A.25}$$

Damit ergibt sich aus Gleichung (A.24) und Gleichung (A.25):

$$L_P = -\frac{1}{2}\underline{\mathbf{w}}^T \underline{\mathbf{S}}_b \underline{\mathbf{w}} + \frac{1}{2}\lambda(\underline{\mathbf{w}}^T \underline{\mathbf{S}}_w \underline{\mathbf{w}} - 1) \tag{A.26}$$

Zulässige Extrempunkte dieser Funktion müssen die Karush-Kuhn-Tucker-Bedingungen (KKT-Bedingungen) erfüllen. Dies ist genau dann der Fall, wenn folgende Gleichung erfüllt ist:

$$\underline{\mathbf{S}}_b \underline{\mathbf{w}} = \lambda \underline{\mathbf{S}}_w \underline{\mathbf{w}} \tag{A.27}$$

Diese Gleichung beschreibt ein generalisiertes Eigenwertproblem. Um dies in ein reguläres Eigenwertproblem umzuwandeln, muss die Form $\underline{\mathbf{A}\mathbf{w}} = \lambda \underline{\mathbf{w}}$ erreicht werden, wobei $\underline{\mathbf{A}}$ symmetrisch positiv definit sein muss (SPD-Matrix).

Durch Multiplikation mit $\underline{\mathbf{S}}_w^{-1}$ von links lässt sich die gewünschte Form erreichen:

$$\underline{\mathbf{S}}_w^{-1} \underline{\mathbf{S}}_b \underline{\mathbf{w}} = \lambda \underline{\mathbf{w}} \tag{A.28}$$

Um das gewünschte reguläre Eigenwertproblem zu erhalten, muss nun noch garantiert werden, dass die Matrix $\underline{\mathbf{S}}_w^{-1} \underline{\mathbf{S}}_b$ symmetrisch ist. Dies lässt sich erreichen durch die Umformulierung $\underline{\mathbf{S}}_b = \underline{\mathbf{S}}_b^{\frac{1}{2}} \underline{\mathbf{S}}_b^{\frac{1}{2}}$ (Gleichung (A.29)) und Substitution $\underline{\mathbf{v}} = \underline{\mathbf{S}}_b^{\frac{1}{2}} \underline{\mathbf{w}}$ (Gleichung (A.30)):

$$\underline{\mathbf{S}}_w^{-1}\underline{\mathbf{S}}_b^{\frac{1}{2}}\underline{\mathbf{S}}_b^{\frac{1}{2}}\underline{\mathbf{w}} = \lambda\underline{\mathbf{w}} \tag{A.29}$$

$$\underline{\mathbf{S}}_w^{-1}\underline{\mathbf{S}}_b^{\frac{1}{2}}\underline{\mathbf{v}} = \lambda\underline{\mathbf{S}}_b^{-\frac{1}{2}}\underline{\mathbf{v}} \tag{A.30}$$

$$\underline{\mathbf{S}}_b^{\frac{1}{2}}\underline{\mathbf{S}}_w^{-1}\underline{\mathbf{S}}_b^{\frac{1}{2}}\underline{\mathbf{v}} = \lambda\underline{\mathbf{v}} \tag{A.31}$$

$\underline{\mathbf{S}}_b^{\frac{1}{2}}$ erhält man über die Eigenwertzerlegung von $\underline{\mathbf{S}}_b = \underline{\mathbf{U}\boldsymbol{\Lambda}\mathbf{U}}^T$, mit $\underline{\mathbf{U}}$ als Matrix der Eigenvektoren und $\underline{\boldsymbol{\Lambda}}$ als Diagonalmatrix der Eigenwerte $\underline{\lambda}$. Über die Diagonalmatrix der Wurzeln der Eigenwerte $\underline{\boldsymbol{\Lambda}}^{\frac{1}{2}}$ ergibt sich $\underline{\mathbf{S}}_b^{\frac{1}{2}} = \underline{\mathbf{U}\boldsymbol{\Lambda}}^{\frac{1}{2}}\underline{\mathbf{U}}^T$.

Die Matrix $\underline{\mathbf{S}}_b^{\frac{1}{2}}\underline{\mathbf{S}}_w^{-1}\underline{\mathbf{S}}_b^{\frac{1}{2}}$ ist symmetrisch positiv definit und entspricht der Kovarianzmatrix $\underline{\mathbf{C}}$ bei der PCA. Gesucht sind dementsprechend die Eigenvektoren $\underline{\mathbf{v}}$ zu den größten Eigenwerten λ von $\underline{\mathbf{S}}_b^{\frac{1}{2}}\underline{\mathbf{S}}_w^{-1}\underline{\mathbf{S}}_b^{\frac{1}{2}}$.

Die gewünschten Projektionsvektoren $\underline{\mathbf{w}}$ der LDA erhält man über Rücksubstitution:

$$\underline{\mathbf{w}} = \underline{\mathbf{S}}_b^{-\frac{1}{2}}\underline{\mathbf{v}} \tag{A.32}$$

Zu beachten ist, dass die Matrix $\underline{\mathbf{W}}$ der Projektionsvektoren $\underline{\mathbf{w}}$ in der Regel keine Rotationsmatrix ist. Anders als bei der PCA gilt also *nicht* $\underline{\mathbf{W}\mathbf{W}}^T = \underline{\mathbf{I}}$ mit $\underline{\mathbf{I}}$ als Einheitsmatrix. Möchte man die Rekonstruktion berechnen, muss stattdessen die Inverse berechnet werden, sodass gilt $\underline{\mathbf{W}\mathbf{W}}^{-1} = \underline{\mathbf{I}}$. Da $\underline{\mathbf{W}}$ unter Umständen nicht quadratisch ist, muss in der Regel die Moore-Penrose-Pseudoinverse verwendet werden.

A.7.2 Eigenwertzerlegung einer Matrix

Die Lösung einiger Optimierungsprobleme, unter anderem die Lösungen der PCA (Abschnitt 3.3.1, Seite 58) und der LDA (Seite 59), lassen sich durch eine Eigenwertzerlegung berechnen. Die Eigenwerte λ und

Eigenvektoren $\underline{\mathbf{w}}$ einer Matrix $\underline{\mathbf{A}}$ ergeben sich als Lösung folgender Gleichung mit $\underline{\mathbf{w}} \neq 0$ [Papula, 2009], [Scheiner, 2012][11]:

$$\underline{\mathbf{A}}\underline{\mathbf{w}} = \lambda \underline{\mathbf{w}} \tag{A.33}$$

Durch Umstellungen (Gleichungen A.34, A.35) mit $\underline{\mathbf{I}}$ als Einheitsmatrix lässt sich Gleichung (A.33) durch die charakteristische Gleichung (A.36) lösen.

$$\underline{\mathbf{A}}\underline{\mathbf{w}} = \lambda \underline{\mathbf{I}}\underline{\mathbf{w}} \tag{A.34}$$

$$(\underline{\mathbf{A}} - \lambda \underline{\mathbf{I}})\underline{\mathbf{w}} = 0 \tag{A.35}$$

$$\det(\underline{\mathbf{A}} - \lambda \underline{\mathbf{I}}) = 0 \tag{A.36}$$

Die zu den dabei ermittelten n Eigenwerten $\lambda_i, i{=}1 \ldots n$ gehörigen Eigenvektoren $\underline{\mathbf{w}}_i$ lassen sich durch Lösung des homogenen linearen Gleichungssystems A.35 ermitteln [Papula, 2009], [Scheiner, 2012].

A.8 Vertiefende Erläuterungen zu Neuronalen Netzwerken

Nachfolgend werden einige in Kapitel 3.3.2 beschriebene Techniken zum Training Neuronaler Netzwerke detaillierter beschrieben. Außerdem wird auf die in Kapitel 3.3.2 genannten *Deep-Learning*-Techniken näher eingegangen.

A.8.1 Training mittels Backpropagation-Algorithmus

Um die gewünschte Ausgabe in einem Neuronalen Netzwerk zu erhalten, zum Beispiel die Positionen von Personen in einem Eingabebild, müssen die Stärken der Verbindungen zwischen den einzelnen Schich-

[11] Die Bachelorarbeit von Petra Scheiner wurde vom Autor betreut.

ten, die sogenannten Gewichte, gelernt werden. Dies erfolgt im *Multilayer Perceptron* durch ein überwachtes Training anhand von Beispieldaten mittels des *Backpropagation*-Algorithmus [RUMELHART et al., 1986]. Dem Neuronalen Netzwerk wird dabei zunächst ein Beispiel präsentiert. Falls die Ausgabe des Neuronalen Netzwerks nicht mit dem gewünschten Ergebnis übereinstimmt, können die Gewichte ausgehend von der Ausgabeschicht entsprechend des Fehlergradienten angepasst werden. Die gewünschte Ausgabe vorheriger verdeckter Schichten ist nicht bekannt. Der Fehler muss daher entsprechend der Ausgaben der Schichten und der Gewichte zwischen den Schichten von der Ausgabe zurück zur entsprechenden verdeckten Schicht abgeleitet werden. Nun kann eine Anpassung der Gewichte zur Hiddenschicht entsprechend des abgeleiteten Fehlers erfolgen.

A.8.2 Verschwindende Gradienten beim Backpropagation-Algorithmus

Beim Training tiefer Neuronaler Netzwerke kann das Problem verschwindender Gradienten beim Anwenden des *Backpropagation*-Algorithmus auftreten. Diese entstehen, wenn nichtlineare Ausgabefunktionen mit gesättigten Bereichen, beispielsweise die Sigmoidfunktion, verwendet werden. Die damit einhergehenden geringen Fehlergradienten werden anteilig auf mehrere Neuronen der vorherigen Schicht aufgeteilt. Dies setzt sich in Richtung früher Schichten immer weiter fort, bis in den Schichten nahe der Eingabeschicht kaum noch Fehlergradienten für die Gewichtsanpassung vorhanden sind. Die ersten Schichten nach der Eingabe lernen in klassischen tiefen Neuronalen Netzwerken somit nur sehr langsam. Spätere Schichten, die schneller lernen, bauen jedoch auf vorderen Schichten auf und müssen dadurch ständig umtrainiert werden.

A.8.3 Techniken zur Verbesserung des Trainings tiefer Neuronaler Netzwerke

Neuronale Netzwerke wurden schon in den 80er-Jahren direkt auf Bilder angewendet, um eine Klassifikation vorzunehmen [FUKUSHIMA, 1980]. Ein praktischer Einsatz für schwierige Realweltaufgaben wurde jedoch erst durch das Vorhandensein großer Datenmengen und schnellerer Hardware in Form von leistungsfähigen Grafikkarten möglich. Dies erklärt jedoch noch nicht die heute erzielten Leistungen, die nur durch Verbesserungen der Techniken zum Training Neuronaler Netzwerke ermöglicht werden. Die Schlüsseltechniken, die das Training tiefer Neuronaler Netzwerke entscheidend verbessern, werden im Folgenden beschrieben.

Training mit Mini-Batches

Beim Training kann das Gewichtsupdate nach jedem präsentierten Trainingsbeispiel erfolgen (*Stochastic Gradient Descent*), nach Präsentation aller Trainingsbeispiele (*Batch Gradient Descent*) oder nach einer kleinen Teilmenge an präsentierten Trainingsbeispielen (*Mini-Batch Gradient Descent* [DEKEL et al., 2012]).

Das Problem bei Gewichtsupdates mit nur einem Trainingsbeispiel (SGD) ist eine Überanpassung an das einzelne Beispiel bei der Bestimmung der Gradientenrichtung. Die bestimmte Richtung hängt von der zufälligen Auswahl des Trainingsbeispiels ab und führt unter Umständen nicht zu einem zielführenden Lernverhalten für alle Trainingsbeispiele. Bei der Berücksichtigung aller Trainingsbeispiele für das Gewichtsupdate (BGD) wird der Zufallsfaktor minimiert. Dadurch besteht aber die Gefahr, bei der Optimierung in einem lokalen Minimum hängen zu bleiben. Außerdem erfolgen bei einem großen Datensatz nur sehr selten Gewichtsupdates, was zu einem unnötig langem Training führt. Ein Kompromiss ist die Nutzung von Mini-Batches für Gewichtsupdates. Die Anzahl der Trainingsbeispiele zur Zusammenstellung der Mini-

Batches hat einen Einfluss auf die Ausrichtung der Gradientenrichtung und die Häufigkeit der Gewichtsupdates während einer Trainingsepoche. In der Literatur wird das Training mit Mini-Batches häufig auch als *Stochastic Gradient Descent* (SGD) mit Mini-Batches bezeichnet.

Momentum Um einen schnelleren Lernfortschritt zu erreichen und um das Risiko, bei der Optimierung in einem lokalen Minimum hängen zu bleiben, zu minimieren, kann zum aktuellen Gradienten noch ein gewichteter Momentumterm addiert werden [Qian, 1999]. Das Momentum ergibt sich aus Gradienten vorheriger Gewichtsupdates. Das Gewicht steuert wie groß der Einfluss alter Gewichtsupdates ist.

Neben der Nutzung eines Momentums können noch weitere Techniken zur Beschleunigung des gradientenbasierten Trainings eingesetzt werden. Einen guten Überblick zu den Weiterentwicklungen des *Stochastic-Gradient-Descent*-Trainings gibt [Ruder, 2016].

Ausgabefunktionen

Damit tiefe Neuronale Netzwerke komplexe Merkmale lernen können, müssen die Neuronen der einzelnen Schichten nichtlineare Ausgabefunktionen enthalten. Eine Ausgabefunktion $f : \mathbb{R} \rightarrow \mathbb{R}$ bildet die Aktivierung z eines Neurons auf die Ausgabe y ab. Nachfolgend wird auf Ausgabefunktionen eingegangen, die in dieser Arbeit verwendet werden.

Sigmoid-Ausgabefunktion Die Sigmoid-Ausgabefunktionen [Rumelhart et al., 1986] (Gleichung (A.37)) wurde vor dem Aufkommen des *Deep Learnings* oft als Ausgabefunktion in *Multilayer Perceptrons* eingesetzt.

$$f_\sigma(z) = \frac{1}{1 + e^{-z}} \tag{A.37}$$

Aufgrund eines großen Wertebereichs, bei dem die Ableitung der Sigmoid-Funktion (Gleichung (A.38)) Werte nahe null annimmt, kann es zu verschwindenden Gradienten bei der Anwendung des *Backpropagation*-Algorithmus kommen.

$$f_\sigma(z)' = f_\sigma(z)(1 - f_\sigma(z)) \tag{A.38}$$

Daher wird die Sigmoid-Funktion in den Hiddenschichten tiefer Neuronaler Netzwerke nur noch selten eingesetzt. Diese Ausgabefunktion findet aber noch Verwendung für die Ausgabekodierung in der letzten Schicht, da durch diese Funktion erzwungen werden kann, dass die Ausgaben im Bereich $[0, 1]$ liegen.

Rectified Linear Unit (ReLU) Die Ausgabefunktion der *Rectified Linear Units* [Nair und Hinton, 2010] (Gleichung (A.39)) wird häufig in tiefen Neuronalen Netzwerken eingesetzt.

$$f_{\text{ReLU}}(z) = \max(0, z) \tag{A.39}$$

Diese Ausgabefunktion ist schnell berechenbar und die Ableitung (Gleichung (A.40)) ergibt für alle positiven Aktivierungen eins. Daher werden bei der Anwendung des *Backpropagation*-Algorithmus auch bei vielen Schichten die Probleme der Sigmoid-Ausgabefunktion vermieden. Problematisch ist, dass die Ableitung (Gleichung (A.40)) für negative Aktivierungen null ist.

$$f_{\text{ReLU}}(z)' = \begin{cases} 0 & \text{falls } z < 0 \\ 1 & \text{falls } z \geq 0 \end{cases} \tag{A.40}$$

Exponential Linear Unit (ELU) Die Ausgabefunktion der *Exponential Linear Units* [Clevert et al., 2016] (Gleichung (A.41)) versucht das Problem von ReLU bei negativen Aktivierungen z zu beheben.

$$f_{\mathrm{ELU}}(z) = \begin{cases} \alpha(e^z - 1) & \text{falls } z < 0 \\ z & \text{falls } z \geq 0 \end{cases} \tag{A.41}$$

Die Ausgabefunktion von ELU wurde so entworfen, dass deren Ableitung (Gleichung (A.41)) sich für negative Werte von z nur langsam null annähert.

$$f_{\mathrm{ELU}}(z)' = \begin{cases} f_{\mathrm{ELU}}(z) + \alpha & \text{falls } z < 0 \\ 1 & \text{falls } z \geq 0 \end{cases} \tag{A.42}$$

Softmax-Ausgabe Die Softmax-Funktion wird häufig in der Ausgabeschicht in Verbindung mit der Kreuzentropie als Fehlerfunktion für Klassifikationsprobleme genutzt [Bishop, 1995]. Für alle Neuronen der Ausgabeschicht werden zunächst die Aktivierungen $\underline{\mathbf{z}} = (z_1, \ldots, z_i, \ldots, z_n)$ berechnet. Anschließend wird die Ausgabe y_i eines Neurons i mit Aktivierung z_i entsprechend Gleichung (A.43) normiert. Die Summe aller normierten Ausgaben ergibt eins.

$$f_{\mathrm{Softmax}}(z_i) = \frac{e^{z_i}}{\sum\limits_j e^{z_j}} \tag{A.43}$$

Fehlerfunktionen

Für das Training eines Neuronalen Netzwerks wird eine Fehlerfunktion genutzt, um während des Trainings die aktuelle Ausgabe des Neuronalen Netzes mit dem *Teacher* (dt. Sollwerte) zu vergleichen. Anhand der Fehler werden die Gewichte des Neuronalen Netzwerks angepasst, sodass die Ausgaben in der nächsten Iteration besser mit dem *Teacher* übereinstimmen.

Kreuzentropie Die Kreuzentropie [Hinton, 1990] ist ein häufig genutztes Fehlermaß in Kombination mit der Softmax-Ausgabe beim überwachten Training von Multiklassenproblemen. Für den *Teacher* wird in der Regel eine 1-aus-N-Kodierung verwendet, bei der nur das Vektorelement der korrekten Klasse eine Eins enthält und alle anderen Vektorelemente eine Null. Diese Kodierung ist notwendig, da anhand der Kreuzentropie zwei Verteilungen verglichen werden. Für jedes Neuron der Ausgabeschicht muss es daher einen entsprechenden Teacherwert geben.

Binäre Kreuzentropie Bei binären Klassifikationsproblemen kann die binäre Kreuzentropie als Fehlermaß für ein Ausgabeneuron mit Sigmoid-Ausgabefunktion genutzt werden.

Spezielle Schichten

In modernen *Deep-Learning*-Architekturen werden spezielle Schichten eingesetzt, die nachfolgend kurz beschrieben werden.

Convolution Ein *Convolutional Layer* [LeCun et al., 1989] (dt. Faltungsschicht) setzt eine Faltungsoperation um. Anstatt für jede Position in einer Merkmalskarte ein eigenes Gewicht für die Verrechnung zu verwenden, werden die Gewichte eines Faltungskernels genutzt. Der Faltungskernel wird an allen Positionen der Merkmalskarte aufgesetzt, um eine neue Merkmalskarte zu berechnen. Die Faltung ersetzt somit die Aktivierung durch das Skalarprodukt. Durch dieses Teilen der Gewichte für alle Positionen, müssen deutlich weniger Gewichte gelernt werden. Außerdem können durch die Faltungsoperation mehrdimensionale Nachbarschaften, zum Beispiel die zwei Dimensionen eines Bildes, besser abgebildet werden. Auch biologisch ist diese Schicht plausibel, da ähnliche Abbildungen im visuellen Kortex zu finden sind. [Hubel und Wiesel, 1962]

Max-Pooling Ein *Max-Pooling Layer* [FUKUSHIMA, 1980] (dt. Schicht mit Maximumsauswahl) wird genutzt, um die Auflösung einer Merkmalskarte zu reduzieren. Aus einem vorgegebenen Bereich, der an mehreren Positionen der Merkmalskarte aufgesetzt wird, wird jeweils das Maximum aller Werte des Bereichs bestimmt.

Global Average Pooling Durch *Global Average Pooling* [LIN et al., 2014] (dt. Ermittlung des globalen Durchschnitts) lässt sich die Auflösung einer Merkmalskarte auf einen einzigen Wert reduzieren, indem pro Merkmal der Durchschnitt der Werte gebildet wird, das heißt, die Merkmalskarte hat nach Anwendung dieser Operation eine Höhe und Breite von eins, behält aber ihre Tiefe. Diese Schicht wird in modernen Architekturen häufig vor der Ausgabeschicht verwendet, um die dreidimensionale Merkmalskarte auf einen eindimensionalen Vektor zu reduzieren. Dadurch enthält die vollverschaltete Klassifikationsschicht weniger Gewichte.

Regularisierung

Um zu vermeiden, dass tiefe Neuronale Netzwerke auswendig lernen, müssen Techniken zur Regularisierung eingesetzt werden. Die zwei bekanntesten Techniken aus dem *Deep Learning* werden nachfolgend vorgestellt.

Dropout *Dropout* [SRIVASTAVA et al., 2014] verhindert das Auswendiglernen in Neuronalen Netzwerken, indem bei jedem Lernschritt einige zufällig gewählte Neuronen pro Schicht entfernt werden. Das Neuronale Netzwerk muss mit den verbleibenden Neuronen versuchen, das Problem zu lösen. Weil bei jedem Lernschritt andere Neuronen entfernt werden, muss das Neuronale Netzwerk viele verschiedene Teillösungen finden. Durch das Verwenden aller Neuronen bei der Inferenz werden die Teillösungen kombiniert. Diese Vorgehensweise ähnelt dem

Ensemble Learning und wirkt dem Auswendiglernen in gleicher Weise entgegen.

Batch Normalization Durch *Batch Normalization* [IOFFE und SZEGEDY, 2015] werden die Ausgaben beziehungsweise Aktivierungen der Hiddenschichten anhand der Statistik eines Batches normiert. Diese Normierung glättet das Fehlergebirge für die Optimierung und führt zu mehr vorhersagbaren und stabilen Gradienten. [SANTURKAR et al., 2018]

Spezielle Neuronale Netzwerke

Nachfolgend wird auf spezielle Typen von Neuronalen Netzwerken eingegangen, die im Rahmen dieser Arbeit eingesetzt werden.

Deep Belief Networks *Deep Belief Networks* (DBN) [HINTON et al., 2006] bestehen aus mehreren hintereinander geschalteten *Restricted Boltzmann Machines. Restricted Boltzmann Machines* (RBM) [SMOLENSKY, 1986] sind generative stochastische einschichtige Neuronale Netzwerke, die populär wurden, nachdem dafür schnelle Lernalgorithmen entwickelt wurden [HINTON, 2012]. Sie lernen die Wahrscheinlichkeitsverteilung der Eingabedaten und sind nach dem Training in der Lage Beispiele aus der Verteilung zu generieren. Eine *Restricted Boltzmann Machine* lernt also Merkmale, welche die Trainingsdaten beschreiben. Durch das Hintereinanderschalten mehrerer *Restricted Boltzmann Machines* in *Deep Belief Networks* werden immer höherwertigere Merkmale gelernt, die abstraktere Zusammenhänge beschreiben können. Diese Modelle bildeten somit den Anfang des *Deep Learning.* Das Training läuft in zwei Schritten ab: Zunächst erfolgt ein *Pretraining*, bei dem die *Restricted Boltzmann Machines* schichtweise zum *Deep Belief Network* hinzugefügt und einzeln trainiert werden. Die Gewichte bereits hinzugefügter *Restricted Boltzmann Machines* bleiben eingefroren. Anschließend erfolgt im zweiten Schritt ein *Finetuning.* Dabei wird das gesamte *Deep Belief Network* trainiert, wodurch die gelernten Merkmale verfeinert werden. Für Details zu den Lernalgorithmen sei auf [Hinton, 2012] verwiesen.

Convolutional Neural Networks In einem *Convolutional Neural Network* (CNN) [LeCun et al., 1989] werden *Convolutional Layers* und *Max-Pooling Layers* kombiniert. Häufig werden mehrere *Convolutional Layers* nacheinander verwendet, gefolgt von einem *Max-Pooling Layer* zur Reduktion der Auflösung der Merkmalskarte. *Convolutional Neural Networks* können direkt auf Bilddaten angewendet werden. Frühe Schichten lernen in diesem Fall zunächst einfache Filter zur Extraktion von Kanten oder bestimmten Farben. Diese Filter werden in späteren Schichten zu immer komplexeren Merkmalen kombiniert. *Convolutional Neural Networks* werden daher in der Bildverarbeitung sehr erfolgreich eingesetzt, um auf die Problemstellung angepasste Merkmale zu lernen, die häufig händisch entworfenen Merkmalen überlegen sind [Russakovsky et al., 2015].

Residual Networks Die Idee der *Residual Networks* (ResNets) [He et al., 2016a] ist einer der großen Durchbrüche der letzten Jahre im Bereich *Deep Learning.* Mithilfe eines ResNets wurde 2015 bei der *ImageNet Large Scale Visual Recognition Challenge* (ILSVRC) [Russakovsky et al., 2015] erstmals die menschliche Leistungsfähigkeit bei der Objekterkennung überschritten. In [He et al., 2016a] wurde festgestellt, dass eine steigende Tiefe von *Convolutional Neural Networks* nur bis etwa 20 Schichten eine Verbesserung der Leistung erzielt. Wird die Tiefe gesteigert, indem neue Schichten zwischen den bereits existierenden Schichten eingefügt werden, bricht die Leistung ein, obwohl das Neuronale Netzwerk mindestens die gleiche Leistung erzielen könnte, wenn in allen neu eingefügten Schichten die Identitätsfunktion gelernt würde. Neuronale Netzwerke sind also offensichtlich nicht in der Lage, Identitätsfunktionen zu lernen. Daher wird in [He et al., 2016a] vorgeschlagen, die Faltungsoperation in *Convolutional Layers* in zwei Teile

zu zerlegen — einen Identitätsteil und das Residuum — die additiv verknüpft werden. Dies wird realisiert, indem sogenannte *Skip Connections* eingefügt werden. Das heißt, die Merkmalskarte, die als Eingabe für die Berechnung des Residuums dient, wird auf das Ergebnis der Berechnungen im Residuum addiert. In [He et al., 2016a] werden *Residual*-Module vorgestellt die aus zwei oder drei *Convolutional Layers* bestehen und einer einschließenden *Skip Connection.*
Mithilfe dieser Konstruktion der *Convolutional Neural Networks* lassen sich auch 1000-schichtige Neuronale Netzwerke trainieren, ohne dass die Leistung einbricht [He et al., 2016b]. Das heißt, bei ResNets hat die Tiefe des Neuronalen Netzwerks einen positiven Einfluss auf die Leistungsfähigkeit. Dies ist vor allem durch eine Verbesserung des Gradientenflusses in ResNets bei Anwendung des *Backpropagation*-Algorithmus zu erklären, denn durch die *Skip Connections* fließt immer der volle Gradient. Somit kommen immer genügend viele Fehlerinformationen bei den frühen Schichten an.

Transfer Learning

Transfer Learning bezeichnet eine Technik zur Initialisierung der Gewichte eines Neuronalen Netzwerks mit Gewichten aus einem vorherigen Training auf Daten einer anderen Problemstellung. Die Gewichte werden also gewissermaßen transferiert. Für Bilderkennungsaufgaben werden häufig Gewichte von einem Training auf dem ImageNet-Datensatz [Russakovsky et al., 2015] verwendet. ImageNet ist ein Datensatz zur Objekterkennung, bei dem 1000 Kategorien unterschieden werden müssen. Die Initialisierung mit ImageNet-Gewichten verbessert in der Regel die Leistungsfähigkeit der eingesetzten Neuronalen Netzwerke deutlich [Pan et al., 2010]. Die Ursache ist eine Initialisierung im Fehlergebirge, bei welcher der Startpunkt der Optimierung bereits am Rande oder innerhalb des Einzugskraters des gesuchten Optimums liegt. Für eine visuelle Darstellung sei auf [Li et al., 2017] und auf Abbildung 5.9 in Kapitel 5.3.3 verwiesen.

Ein umfangreicher Überblick zu Transfer Learning ist in [Pan et al., 2010] zu finden. Im Rahmen dieser Dissertation wurde Transfer Learning in [Balada, 2018][12] eingehend untersucht, jedoch in einem anderen Anwendungsfeld.

Konkrete Umsetzungen Neuronaler Netzwerke

Damit Gewichte transferiert werden können, muss die identische Architektur zum bereits durchgeführten Training verwendet werden. Durch die Größe des ImageNet-Datensatzes ist das Training neuer Architekturen sehr aufwendig. Daher werden in der Regel für Bildverarbeitungsaufgaben Neuronale Netzwerke eingesetzt, die bereits auf ImageNet trainiert wurden. Nachfolgend werden die für diese Arbeit relevanten Architekturen vorgestellt.

AlexNet Das AlexNet [Krizhevsky et al., 2012] ist ein *Convolutional Neural Network* bestehend aus fünf *Convolutional Layers*, drei *Max-Pooling Layers* und drei vollverschalteten Schichten. Mit dem AlexNet wurde 2012 eine neue Bestleistung auf dem ImageNet-Datensatz bei der *ImageNet Large Scale Visual Recognition Challenge* (ILSVRC) [Russakovsky et al., 2015] erreicht. Dass ein Neuronales Netzwerk die konkurrierenden Bildverarbeitungsansätze deutlich deklassierte, verhalf dem *Deep Learning* endgültig zum Durchbruch. Das AlexNet besitzt 62,4 Millionen lernbare Gewichte, mehr als die Hälfte davon in der ersten vollverschalteten Schicht. Für die Berechnung einer Inferenz sind 1,5 Milliarden *Floating Point Operations* (FLOPs) notwendig.

ResNet50 Das ResNet50 [He et al., 2016a] ist die am meisten verwendete Variante eines *Residual Networks* für Bilderkennungsaufgaben. Es ist aus folgenden Schichten und Modulen in dieser Reihenfolge zusammengesetzt: Ein *Convolutional Layer*, ein *Max-Pooling Layer*, 16 *Residual*-Blöcke bestehend aus je drei *Convolutional Layers*, ein *Global*

[12] Die Masterarbeit von Christoph Balada wurde vom Autor betreut.

Average Pooling Layer und eine vollverschaltete Klassifikationsschicht. Die Auflösung der Merkmalskarten wird durch den ersten *Convolutional Layer*, den *Max-Pooling Layer* und an drei Stellen innerhalb der 16 *Residual*-Blöcke verringert. Das ResNet50 besitzt 25,6 Millionen lernbare Gewichte. Für die Berechnung einer Inferenz sind 3,8 Milliarden FLOPs notwendig.

Weitere bekannte Neuronale Netzwerke Neben den beschriebenen Neuronalen Netzwerken werden außerdem noch folgende Architekturen häufig für *Deep Learning* eingesetzt: VGG19 [SIMONYAN und ZISSERMAN, 2015], InceptionNet [SZEGEDY et al., 2015], Xception [CHOLLET, 2017], Squeeze-and-Excitation Network (SE-ResNet50) [HU et al., 2018], MobileNet [HOWARD et al., 2017] und DenseNet [HUANG et al., 2017]. Für eine detaillierte Beschreibung der Architekturen sei auf [BALADA, 2018][12] verwiesen.

A.9 Vertiefende Erläuterungen zum Clustering

Die Grundidee der in dieser Arbeit eingesetzten und in Abschnitt 3.3.3, Seite 66 beschrieben Clusteringverfahren wird in Abbildung A.6 dargestellt. Im Folgenden werden die einzelnen Verfahren näher erläutert.

A.9.1 k-Means-Clustering

Beim *k-Means*-Clustering (dt. k-Mittelwerte-Clustering) [LLOYD, 1982] wird zunächst die Anzahl der zu suchenden Cluster vorgegeben. Die Clusterzentren (Kreuze in Abbildung A.6(a)) werden zufällig initialisiert. Anschließend wird die Gruppierung der Datenpunkte mittels *Expectation-Maximization*-Algorithmus [DEMPSTER et al., 1977] verbessert. Dazu erfolgt abwechselnd ein *Expectation*-Schritt, bei dem je-

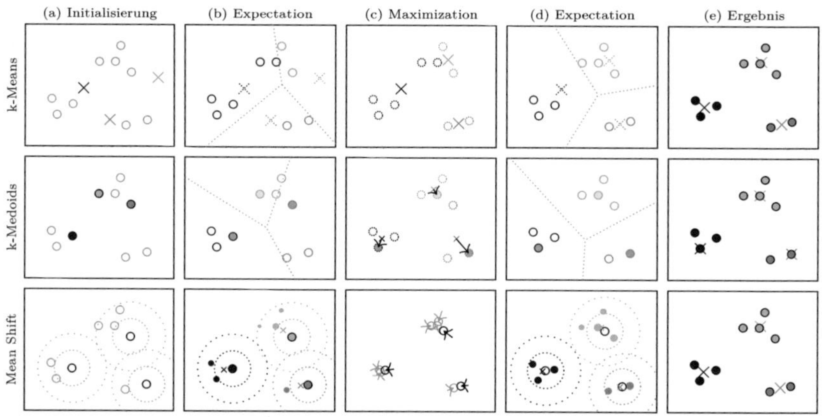

Abbildung A.6: Prinzipieller Ablauf der Clusteringverfahren am Beispiel
Gegeben sind neun Datenpunkte im $\mathbb{R}^2$. Darauf werden die drei Clusteringverfahren (k-Means, k-Medoids und Mean Shift) initialisiert (a). Nun folgen abwechselnd Expectation- und Maximization-Schritte (b-d) bis der EM-Algorithmus konvergiert (e) und sich Datenpunkte zu Clustern gruppiert haben (farblich codiert). Zu jedem Cluster wird auch das Zentrum bestimmt (Kreuze). Details werden im Text erläutert.

der Datenpunkt dem nächsten Clusterzentrum zugeordnet wird (In Abbildung A.6(b, d) visualisiert durch die Farben der Kreise), und ein *Maximization*-Schritt (Abbildung A.6(c)), bei dem das Clusterzentrum anhand der zugehörigen Datenpunkte neu berechnet wird. Der Algorithmus konvergiert, wenn sich die Clusterzentren nicht mehr verändern (Abbildung A.6(e)). Das Clusterzentrum entspricht beim *k-Means*-Clustering dem Mittelwert der zugehörigen Datenpunkte.

A.9.2 k-Medoids-Clustering

Eine Abwandlung des *k-Means*-Clustering ist das *k-Medoids*-Clustering, auch bekannt als *Partitioning Around Medoids* (PAM, dt. Partitionierung um Medoiden) [Kaufman und Rousseeuw, 1987]. Ein Medoid ist definiert als der Datenpunkt einer Menge von Punkten, der in der

Summe den geringsten Abstand zu allen anderen Datenpunkten besitzt. Wenn für den Raum, in dem der Datenpunkt liegt, der Mittelwert definiert ist, so ist der Medoid der Datenpunkt, der am nächsten am Mittelwert der Menge aller Punkte liegt.
Das Clustering erfolgt analog zu *k-Means*, nur dass anstatt des Mittelwerts pro Cluster jeweils der Medoid verwendet wird. Initial wird eine vorgegebene Anzahl an Datenpunkten entsprechend der gewünschten Anzahl an Clustern ausgewählt (Abbildung A.6(a)). Danach erfolgt die Zuordnung der Datenpunkte zum nächsten Medoid (Abbildung A.6(b, d)). Zur Bestimmung des Medoids pro Cluster (Abbildung A.6(c)) ist die explizite Berechnung des Mittelwerts nicht notwendig. Stattdessen kann die Summe der (vorberechneten) Distanzen zu den zugeordneten Datenpunkten verwendet werden. Der Mittelwert ist in Abbildung A.6(c) nur zur besseren Nachvollziehbarkeit eingezeichnet. Das Verfahren konvergiert, wenn sich die Medoiden der Cluster nicht mehr verändern (Abbildung A.6(e)). Das Clusterzentrum entspricht dem jeweiligen Medoid.
Die Vorteile des *k-Medoids*-Clusterings sind die Verwendbarkeit jeglicher Distanzfunktionen, statt der euklidischen Distanz bei *k-Means*, und die Möglichkeit des Einsatzes vorberechneter Distanzen. Die Verwendung von Medoiden statt Mittelwerten ist vor allem dann von Vorteil, wenn der Mittelpunkt von zwei Punkten unter Umständen keinen gültigen Datenpunkt ergibt, wie es für einige Merkmale der erscheinungsbasierten Personenwiedererkennung der Fall ist. Durch vorberechnete Distanzen kann eine deutlich höhere Effizienz gegenüber dem *k-Means*-Clustering erzielt werden.

A.9.3 Mean-Shift-Clustering

Oft ist die Anzahl der benötigten Cluster unbekannt. In diesen Fällen ist *Mean Shift* ein geeignetes Clusteringverfahren. Anstatt der Anzahl der Cluster wird beim *Mean-Shift*-Ansatz nur die lokale Nachbarschaft in Form einer Kernelfunktion festgelegt.

Bei Verwendung eines Gaußkernels ist auch das *Mean-Shift*-Clustering [Fukunaga und Hostetler, 1975] ein EM-Algorithmus [Carreira-Perpinan, 2007]. Bei der Initialisierung wird der Einfluss der lokalen Nachbarschaft durch die Bandbreite des Kernels festgelegt. In Abbildung A.6(a) ist dies beispielhaft für drei Datenpunkte dargestellt. Die Datenpunkte werden beim *Mean-Shift*-Clustering in jeder Iteration verschoben. Lokal gruppierte Punkte erreichen die gleiche Position und werden darauf basierend zu einem Cluster zusammengefasst (Abbildung A.6(e)). Beim Expectation-Schritt (Abbildung A.6(b, d)) wird die Gewichtung für die Verschiebung bestimmt. Dazu wird für jeden der verschobenen Datenpunkte mittels Kernelfunktion das Gewicht jedes ursprünglichen Datenpunktes bestimmt. Im Maximization-Schritt wird der gewichtete Mittelwert berechnet. Jeder der Datenpunkte wird in Richtung seines gewichteten Mittelwerts verschoben (siehe Abbildung A.6(c)). Der Algorithmus konvergiert, wenn die Summe der Verschiebungen einen vorgegeben Schwellwert unterschreitet. Nahe aneinander liegende Datenpunkte werden zu Clustern zusammengesfasst. Das Clusterzentrum ergibt sich aus der verschobenen Position, die dem Modus entspricht, dem lokalen Maximum der Wahrscheinlichkeitsdichteverteilung der ursprünglichen Datenpunkte (siehe Abschnitt 3.4.1, Seite 68).

Der Nachteil des *Mean-Shift*-Clusterings ist die relativ langsame Konvergenz. Eine Variante, um eine schnellere Konvergenz zu erhalten, ist *Gaussian Blurring Mean-Shift* [Cheng, 1995]. Dabei werden bei der Berechnung des gewichteten Mittelwerts nicht die Positionen der ursprünglichen, sondern der verschobenen Datenpunkte verwendet. Die Punkte bewegen sich dadurch aufeinander zu und erhalten hohe Gewichte im Expectation-Schritt, wodurch sich nahe beieinander liegende Punkte schnell auf den gleichen Punkt zubewegen. Das Ergebnis ist dafür etwas ungenauer.

Anhang B

Ergänzungen zur Vorverarbeitung

In diesem Anhang werden Alternativen zu den in Kapitel 4 beschriebenen Verfahren vorgestellt. In Abschnitt B.1 wird auf alternative Vordergrund-Hintergrund-Segmentierungsverfahren eingegangen, in Abschnitt B.2 auf alternative Detektionsalgorithmen und in Abschnitt B.4.4 auf alternative Suchstrategien für das in Kapitel 4.3 beschriebene Trackingverfahren. Abschnitt B.5.1 geht näher auf den State of the Art zum Beleuchtungsausgleich ein.

Außerdem werden in diesem Anhang einige Aspekte des in Kapitel 4.3 beschriebenen visuellen Trackings (Abschnitt B.4) und des in Kapitel 4.4 beschriebenen Beleuchtungsausgleichs (Abschnitt B.5) vertieft behandelt.

B.1 Alternative Verfahren zur Vordergrund-Hintergrund-Segmentierung

Zusätzlich zur in Kapitel 4.1 beschriebenen Vordergrund-Hintergrund-Segmentierung mittels *Mixture-of-Gaussians* wurden in [Sieder, 2010][1] und [Meder, 2011][2] komplementäre Ansätze für statische Kameraanordnungen untersucht. Der in [Sieder, 2010][1] umgesetzte Ansatz modelliert pro Pixel nur einen Hintergrundwert und ist dem in Kapitel 4.1 beschriebenen Ansatz qualitativ unterlegen. In [Meder, 2011][2] wurde ein Neuronales Netzwerk mit radialen Basisfunktionen umgesetzt. Der Ansatz modelliert die Wahrscheinlichkeitsdichteverteilung ähnlich zu dem in Kapitel 4.1 beschriebenen Ansatz, berücksichtigt aber zusätzlich auch Nachbarschaften zwischen den Pixeln. Die Ergebnisse sind qualitativ leicht besser als der *Mixture-of-Gaussian*-Ansatz, jedoch bei deutlich höherem Rechenaufwand. In der Praxis ergeben sich keine relevanten qualitativen Unterschiede bezüglich des Einsatzszenarios als erster Vorverarbeitungsschritt für eine nachfolgende Personendetektion. Aufgrund der benannten Defizite wurden diese komplementären Ansätze im Rahmen der Arbeit nicht weiter verfolgt.

B.2 Alternative Verfahren zur visuellen Detektion

Nachfolgend werden alternative Ansätze zu den in Kapitel 4.2.1 beschrieben Detektoren vorgestellt, die im Rahmen dieser Arbeit evaluiert oder verwendet werden.

[1] Die Bachelorarbeit von Richard Sieder wurde vom Autor betreut.
[2] Die Bachelorarbeit von Julian Meder wurde vom Autor betreut.

B.2.1 Oberkörper-HOG mit Schätzung der Orientierung

In [WEINRICH et al., 2012] wurde ein Verfahren entwickelt, das mehrere HOG-Detektoren in einem Entscheidungsbaum anordnet, um die Oberkörperorientierungen festzustellen und Personen anhand des Oberkörpers zu detektieren.

B.2.2 Körperteilbasiertes HOG

Eine Erweiterung des HOG-Verfahrens wurde in [FELZENSZWALB et al., 2010] vorgestellt. Für mehrere Körperteile einer Person werden einzelne HOG-Deskriptoren gelernt. Ein zusätzliches Modell beschreibt die möglichen Anordnungen der Körperteile zueinander. Um eine Person zu detektieren, werden die Detektionen bezüglich einzelner Körperteile in eine Karte eingetragen (engl. *Voting Space*). Anhand der Karte wird für die Position der Person abgestimmt.

B.2.3 Contour Cues

Eine Abwandlung des HOG mit effizienterer Berechnung der Merkmale bei gleicher Leistungsfähigkeit wurde in [WU et al., 2011] vorgestellt. Die Berechnung der *Contour-Cues*-Merkmale erfolgt ähnlich zum HOG, jedoch ohne Gewichtung mittels Magnituden der Kanten.

B.2.4 Fastest Person Detector in the West

Die bisher vorgestellten Verfahren sind zwar relativ leistungsfähig, jedoch nicht echtzeitfähig. Problematisch ist, dass diese Verfahren viele Auflösungsstufen in der Auflösungspyramide benötigen, um Personen in allen Größen detektieren zu können. Dieses Problem wurde durch den *Fastest Person Detector in the West* (FPDW, dt. schnellste Personendetektor im Westen) [DOLLÁR et al., 2010] behoben. Er nutzt nur wenige Stufen in der Auflösungspyramide. Um dennoch Personen in allen Größen detektiern zu können, wird zwischen Histogrammen verschiedener Auflösungen interpoliert. Dieser Ansatz ist sehr schnell, da er weniger Detektionsfenster auswerten muss.

B.2.5 Körperteilbasierte Detektion mittels CNNs

In [Schnürer et al., 2019][3] wurde im Rahmen dieser Dissertation ein Deep-Learning-Ansatz untersucht, um die Position der Körperteile einer Person in Bildern einer Tiefenkamera mittels Convolutional Neural Networks (CNNs) zu schätzen. Dabei wurden sehr gute Ergebnisse erzielt. In dieser Arbeit werden jedoch Ansätze verwendet, die auf Farbbildern arbeiten.

B.3 Details zur laserbasierten Detektion

In der Robotikanwendung wird, wie in Kapitel 4.2.2 beschrieben, der GDIF-Detektor [Weinrich et al., 2014a] (GDIF steht für *Generic Distance-Invariant Features*, dt. generische distanzinvariante Merkmale) eingesetzt, welcher Beinpaare in der 2D-Laserentfernungsmessung findet, um robust Personen zu detektieren.
Um Beine zu finden, werden zunächst die vom Laserscanner in alle Richtungen ausgesendeten Laserstrahlen in Segmente eingeteilt. Weisen bezüglich des Richtungswinkels benachbarte Strahlen eine ähnliche Distanz zum nächsten Hindernis auf, so werden die Strahlen dem gleichen Segment zugeordnet. Als Merkmal zur Erkennung der Beinpaare wird ein Histogramm über die Strahlen der Segmente gebildet, die als Vordergrundsegmente anzusehen sind. Die Aufsatzpunkte werden entsprechend der Distanz des Segments gewählt, wodurch eine Invarianz gegenüber der Distanz erreicht wird. Die anschließende Klassifikation erfolgt mittels AdaBoost [Freund und Schapire, 1997] und binären Entscheidungsbäumen [Breiman et al., 1984].

[3] Die Masterarbeit von Thomas Schnürer wurde vom Autor co-betreut.

Für Details sei auf [Weinrich et al., 2014a] und [Weinrich et al., 2014b] verwiesen. In diesen Publikationen ist auch eine Übersicht zu alternativen State-of-the-Art-Verfahren zur Detektion von Personen in 2D-Laserentfernungsmessungen zu finden.

B.4 Details zum visuellen Tracking mit logarithmischer Suche

Der in [Kolarow et al., 2012][4] entwickelte Ansatz zum visuellen Tracking nutzt ein spärliches Template, um Personen in aufeinander folgenden Bildern mittels logarithmischer Suche wiederzufinden. Das Template besteht bewusst nur aus sehr einfachen Merkmalen von Punkten aus homogenen Regionen, um die Bedingungen für eine logarithmische Suche zu erfüllen.

Das Personentracking mit sehr wenigen Vergleichen wird ermöglicht durch die Kombination aus logarithmischer Suche, einer geringen Anzahl ausgewählter Punkte für das spärliche Template und dem Verzicht auf komplexe Deskriptoren. Nachfolgend wird dieser in Kapitel 4.3.1 beschriebene Ansatz näher erläutert.

B.4.1 Logarithmische Suche

Um ein schnelles Tracking zu realisieren, soll eine logarithmische Suche auf ein spärliches Template angewendet werden. Bei der logarithmischen Suche wird das Template mit einer relativ großen Schrittweite auf benachbarte Positionen verschoben (siehe Abbildung B.1). Von der besten benachbarten Position wird das Template mit dieser Schrittweite weiter verschoben. Wenn mit dieser Schrittweite keine Verbesserung mehr erzielt werden kann, wird die nähere Umgebung mit halber Schrittweite abgesucht. Dieser Schritt wird solange wiederholt, bis eine gewünschte Genauigkeit (in der Regel pixelgenau) erreicht ist.

[4] Der Autor dieser Dissertation war Co-Autor der Publikation.

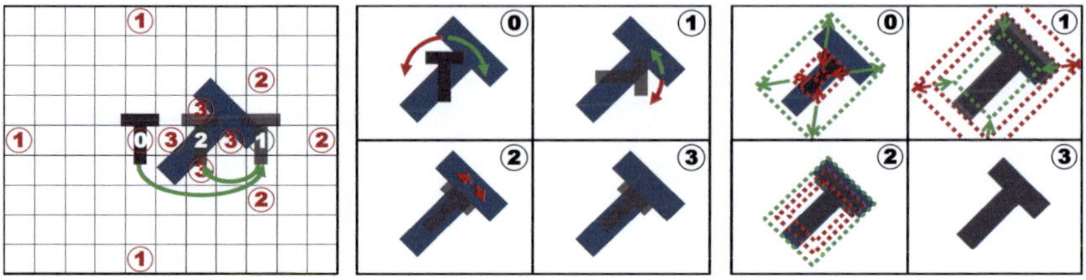

Abbildung B.1: Ablauf der logarithmischen Suche
Das Ziel ist blau hervorgehoben und das Template für das Tracking ist in grau dargestellt. Zuerst wird die Translation ermittelt (links). Dabei wird das Template mit einer vorgegebenen Schrittweite in vier Richtungen verschoben. Bei der am besten passenden Position wird die Suche wiederholt. Lässt sich keine bessere Position finden, wird die Suche mit halbierter Schrittweite fortgesetzt, bis eine minimale Schrittweite erreicht ist. Nach der Translation werden in gleicher Weise Rotation (Mitte) und Skalierung ermittelt (rechts). Bei Personen wird auf die Rotation verzichtet, da die Personen in den betrachteten Szenarien vorwiegend in aufrechten Posen zu beobachten sind. Außerdem ergibt sich die Skalierung in den betrachteten Szenarien bei bekannter Kamerageometrie direkt aus der Position im Bild.

B.4.2 Spärliches Template

Damit eine Suche in dieser Art funktioniert, muss der Fehler im Suchraum in Richtung der am besten passenden Position kontinuierlich abfallen. Dies muss für eine möglichst große Umgebung der am besten passenden Position gewährleistet sein. Das kann durch geschickte Erzeugung des Templates erreicht werden (siehe Abbildung B.2).

Dazu wird das Template aus Punkten zusammengestellt, die in homogenen Regionen innerhalb des detektierten Bereichs liegen, in dem die Person im Bild zu sehen ist. Diese Regionen werden mittels Clustering gefunden. In [Kolarow et al., 2012][4] wurden mehrere Clusteringalgorithmen mit linearer Laufzeit verglichen. Am besten geeignet war der Region-Growing-Ansatz nach [Tremeau und Borel, 1997]. Innerhalb der gefundenen homogenen Regionen werden anschließend zufällig Punkte gezogen, die das Aussehen der Person durch die Farbe an dieser Position beschreiben. Dabei wird darauf geachtet, dass die Punkte

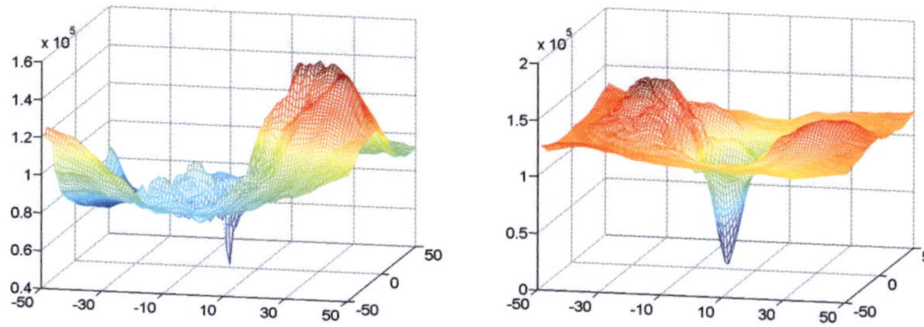

(a) Kantenmerkmale

(b) Merkmale aus homogenen Regionen

Abbildung B.2: Fehlergebirge beim Template Matching
Verglichen wird die Eignung verschiedener Merkmale für die logarithmische Suche. Kantenmerkmale und andere deskriptive Merkmale erzeugen ein zerklüftetes Fehlergebirge, das für eine logarithmische Suche nicht geeignet ist (a). Merkmale aus homogenen Regionen verändern den Fehler hingegen nur allmählich. Dadurch erzeugen diese Merkmale ein kontinuierliches Fehlergebirge mit einem großen Einzugskrater in der Nähe der am besten passenden Position (b). Ein solches Fehlergebirge bietet beste Bedingungen für den Einsatz einer logarithmischen Suche.

einen Mindestabstand zu Clustergrenzen haben und möglichst nicht auf dem Hintergrund liegen. Wie ermittelt wird, ob ein Cluster im Hintergrund liegt, kann in [Kolarow et al., 2012][4] nachgelesen werden. Gültige Regionen für das zufällige Ziehen von Punkten sind beispielhaft in Abbildung B.3 visualisiert. Das spärliche Template ist aus einer Menge von Punkten zusammengesetzt, die über die Position und Farbe beschrieben sind. Für das *Template Matching* werden die Farbdifferenzen an den jeweiligen Positionen ermittelt und zu einem Gesamtfehler summiert. Für die Beschreibung der Farben haben sich der RGB- und der HSV-Farbraum als am besten geeignet herausgestellt. Für den Vergleich der Farben war die l_1-Distanz am besten geeignet.

Einzelne Punkte in diesem Template können die Person natürlich nicht gut beschreiben. Aber die Summe aller Punkte beschreibt die Person ausreichend gut, um ein Tracking zu ermöglichen. Bei Experimenten in

(a) Original (b) Watershed (c) Reg. Grow. (d) Original (e) Watershed (f) Reg. Grow.

Abbildung B.3: Clustering zur Ermittlung homogener Regionen
Ermittelte gültige Positionen innerhalb homogener Regionen durch Clustering mittels Watershed-Algorithmus oder Region Growing für das zufällige Ziehen von Punkten für die Erstellung des spärlichen Templates. Regionen, in denen keine Punkte gezogen werden dürfen, sind gelb maskiert. Beispielhaft sind Bilder der Sequenzen A (a–c) und D (d–f) des BoBoT-Datensatzes [Klein et al., 2010] dargestellt.

[Kolarow et al., 2012][4] hat sich eine Menge von 400 Punkten als hinreichend erwiesen. Zusätzliche Punkte verbessern die Trackingqualität nur minimal, verschlechtern aber die Laufzeit.

B.4.3 Leistungsfähigkeit des Verfahrens

Das Verfahren kann durch die gewählte Suchstrategie und die Art des Templates eine detektierte Person oder andere Objekte robust mit 200 Hz tracken (Abbildung B.4(a)). Neben der hohen Verarbeitungsgeschwindigkeit hat das Verfahren auch den Vorteil, dass Verdeckungen robust erkannt werden können. Dies ist erkennbar durch einen deutlichen Anstieg des Trackingfehlers (Abbildung B.4(a) (rechts)). Dadurch kann in Verdeckungssituationen auf ein Bewegungsmodell umgeschaltet werden, bis die Person wieder ausreichend gut sichtbar ist. Zusätzlich können Bilder mit Verdeckungen für die spätere Wiedererkennung als problematisch markiert werden. Visuelle Ergebnisse des Trackings von Personen auf Benchmarkdatensätzen und im Videoüberwachungsszenario sind in Abbildung B.4(b) dargestellt.

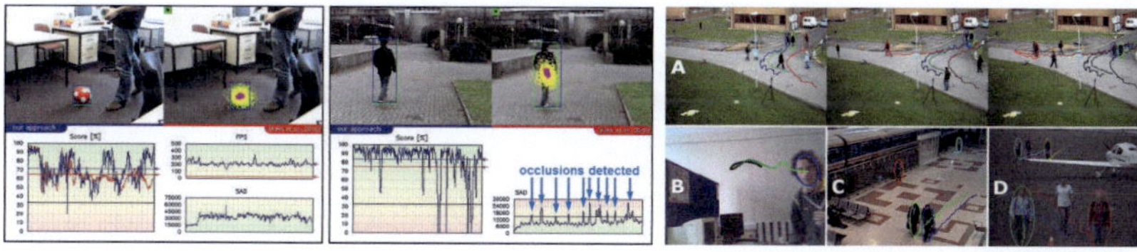

(a) BoBoT-Datensatz (b) Personentracking

Abbildung B.4: Visuelle Ergebnisse des Trackings mit logarithmischer Suche
(a) Tracking von Objekten und Personen auf dem BoBoT-Datensatz im Vergleich zu [KLEIN et al., 2010]. Das vorgestellte Trackingverfahren ist akkurater und deutlich schneller. Zusätzlich können starke Verdeckungen erkannt und entsprechend durch ein Bewegungsmodell behandelt werden. (b) Benchmarking auf Personentrackingdatensätzen: (A) PETS2009 [FERRYMAN und SHAHROKNI, 2009] — drei Personen können trotz zahlreicher Verdeckungen über einen langen Zeitraum stabil getrackt werden. (B) Motinas Face Tracking [MAGGIO und CAVALLARO, 2005] — das Gesicht kann robust getrackt werden. (C) PETS2006 [THIRDE et al., 2006] — das Personentracking auf öffentlichen Plätzen funktioniert robust. (D) Projekt APFel [KOLAROW et al., 2013][4] — auf einem Fluglandeplatz werden mehrere Personen robust auf HD-Bildern schneller als in Echtzeit getrackt.

B.4.4 Alternative Suchstrategien

Untersuchungen in [GRASER, 2015][5] zeigten, dass die Suchstrategie (logarithmische Suche) auch ersetzt werden kann. Untersucht wurden der Levenberg-Marquardt-Algorithmus [LEVENBERG, 1944, MARQUARDT, 1963] und Random Sample Consensus (RANSAC) [FISCHLER und BOLLES, 1981]. Beide Verfahren wurden mit der logarithmischen Suche verglichen. Die Suche mittels RANSAC erzielte dabei die beste Trackingqualität. Die Laufzeit würde sich dabei jedoch deutlich erhöhen.

[5]Die Bachelorarbeit von Georg Graser wurde vom Autor co-betreut.

B.5 Ergänzungen zum Beleuchtungsausgleich

Ergänzend zu der Kurzbeschreibung in Kapitel 4.4 zum Beleuchtungsausgleich wird nachfolgend der State of the Art beschrieben und anschließend die algorithmische Umsetzung erläutert.

B.5.1 State of the Art Farbkonstanz und Beleuchtungsausgleich

Bei der erscheinungsbasierten Personenwiedererkennung haben Farbmerkmale einen entscheidenden Einfluss auf die Wiedererkennungsleistung [Liu et al., 2014b, Liu et al., 2015a]. Ein großes Problem bei der Wiedererkennung sind unterschiedlich wahrgenommene Farben, verursacht durch Unterschiede in der Beleuchtung. Beim Personentracking können Veränderungen der Beleuchtung detektiert und sofort behandelt werden [Comaniciu et al., 2003], [Yilmaz et al., 2006], [Kolarow et al., 2012][4]. Dies wird durch die raum-zeitliche Zuordnung zu vergangenen Beobachtungen ermöglicht. Dagegen ist eine solche Kompensation für eine erscheinungsbasierte Wiedererkennung deutlich schwieriger, da sich Raum und Zeit für zwei Beobachtungen signifikant unterscheiden können [Bak et al., 2010, Farenzena et al., 2010, Cheng et al., 2011, Eisenbach et al., 2012]. Daher ist es essentiell, Farbveränderungen, die durch Beleuchtungsunterschiede verursacht werden, schon im Voraus zu kennen. Mit Hilfe dieser Kenntnis kann eine Farbrepräsentation berechnet werden, die invariant bezüglich variierender Beleuchtungen ist. Dieser Beleuchtungsausgleich benötigt jedoch vollständiges Wissen über alle Beleuchtungen in der Szene.

Die dynamische Beleuchtung im Erfassungsbereich einer Kamera kann in den betrachten Szenarien dieser Arbeit nicht mittels initialer Farbkalibrierung ermittelt werden. Für die korrekte Schätzung der Beleuchtung, die auf Vordergrundobjekte einwirkt, kommen nur datengetriebene Ansätze des maschinellen Lernens in Frage, die Personen als Referenzobjekte benutzen (siehe Abbildung 4.4(a)).

Laut [Agarwal et al., 2006a] wird bei der Beleuchtungsschätzung in Bildern zwischen vorkalibrierten und datengetriebenen Ansätzen unterschieden (siehe Abbildung B.5). Datengetriebene Ansätze werden des Weiteren unterschieden in statische [van de Weijer und Gevers, 2005], farbskalabasierte [Forsyth, 1990] und Ansätze des maschinellen Lernens [Gijsenij et al., 2010]. Für die in dieser Arbeit betrachteten Einsatzszenarien kommen nur maschinelle Lernverfahren in Betracht, da eine umfangreiche Kalibrierung oder Messung nicht praktikabel wären. Daher werden im Folgenden nur diese Ansätze näher erläutert. Für eine umfangreichere Betrachtung der klassischen Ansätze des State of the Art sei auf [Eisenbach et al., 2013] und [Scheiner, 2012][6] verwiesen.

Maschinelle Lernverfahren sind in der Lage, für die Schätzung der Beleuchtung, die auf Vordergrundobjekte einwirkt, Personen als Referenzobjekte zu benutzen. Die Mehrheit der maschinellen Lernverfahren beschäftigen sich mit der Farbtransformation zwischen Kameras unter Einsatz einer *Brightness Transfer Function* (BTF, dt. Helligkeitsübertragungsfunktion) [Javed et al., 2005, Siebler et al., 2010]. Dabei werden unter anderem Neuronale Netzwerke [Cardei et al., 2002], Support Vector Maschinen [Funt und Xiong, 2004], lineare Regression [Agarwal et al., 2006b], Spline-Interpolation [Xiong et al., 2007] und Farbe durch Korrelation (engl. *Color by Correlation*) [Finlayson et al., 2001] eingesetzt. Diese Methoden können jedoch für die betrachteten Einsatzgebiete nicht verwendet werden, da zu große Datenmengen benötigt werden.

Der Ansatz von [Monari, 2012] versucht eine Beleuchtungskarte aufzubauen, und ähnelt daher dem in Kapitel 4.4 beschriebenen und in [Eisenbach et al., 2013] veröffentlichten Ansatz. In [Monari, 2012] werden zum Aufbau der Beleuchtungskarte die Positionen aller Licht-

[6] Die Bachelorarbeit von Petra Scheiner wurde vom Autor betreut.

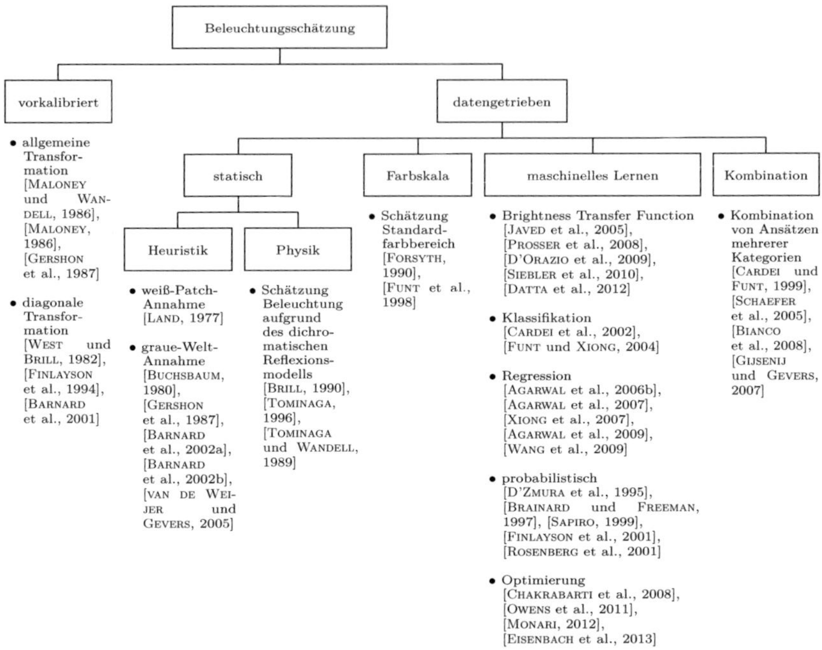

Abbildung B.5: State of the Art Farbkonstanz und Beleuchtungsausgleich
Kategorisierung nach [AGARWAL et al., 2006a], [GIJSENIJ et al., 2010], [SCHEINER, 2012][6] und [EISENBACH et al., 2013]

quellen mittels Schattenwürfen und Reflexionen am Boden geschätzt. Die Inhomogenität des Bodens, fehlende Reflexionen, sowie verschiedene Fußbodenbeläge verhindern den Einsatz des Verfahrens in den betrachteten Szenarien dieser Arbeit.

Der in Kapitel 4.4 beschriebene Ansatz orientiert sich an den in [OWENS et al., 2011] beschriebenen Verfahren. In [OWENS et al., 2011] wird mittels Referenzobjekten eine Veränderung der Farben ermittelt. Als Referenzobjekte können beispielsweise DVD-Hüllen dienen. Anhand von wiedererkannten Mustern auf den DVD-Hüllen werden einander entsprechende Farben ermittelt. Durch Unterschiede in der Wahrnehmung

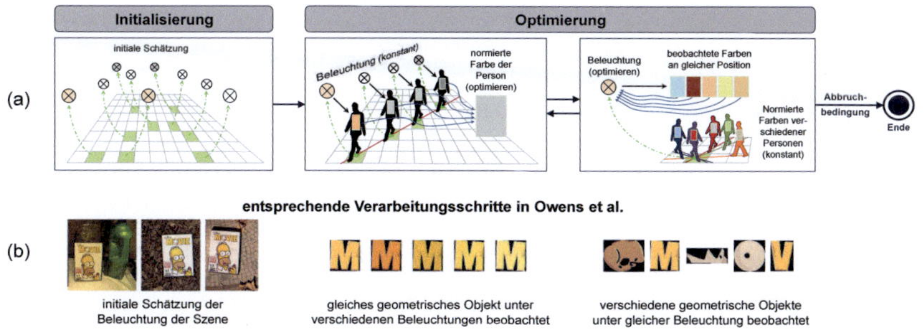

Abbildung B.6: Ablauf des vorgestellten Algorithmus zum Beleuchtungsausgleich
(a) Aufbau einer Beleuchtungskarte anhand von wahrgenommenen Farben der Kleidung getrackter Personen. (b) Entsprechende Schritte des Basisalgorithmus [OWENS et al., 2011].

der eigentlich identischen Farben können Beleuchtungsunterschiede ermittelt werden. Wenn statt DVD-Hüllen Personen als Referenzobjekte verwendet werden, kann dieser Ansatz auch genutzt werden, um eine Beleuchtungskarte aufzubauen.

B.5.2 Farbkonstanz als Optimierungsproblem

Im Folgenden wird beispielhaft für das Überwachungsszenario gezeigt, wie sich eine konstante Farbrepräsentation ermitteln lässt, die invariant bezüglich variierender Beleuchtungen ist. Dazu wird das Optimierungsschema nach [OWENS et al., 2011] verwendet und so erweitert, dass es für ein Personenerkennungsszenario anwendbar ist (Abbildung B.6).
Die Grundidee des Basisalgorithmus [OWENS et al., 2011] ist die Beobachtung von mehreren Referenzobjekten in verschiedenen Szenen mit unterschiedlichen Beleuchtungen. Da sich die eigentliche Farbe der Referenzobjekte (mit nicht bekannten Farben) nicht verändert, muss die jeweils beobachtete Farbe durch die Beleuchtung einer Szene verursacht worden sein.

Die eigentliche Originalfarbe $\underline{\mathbf{x}} = (x^R\, x^G\, x^B)^T$ (im RGB-Farbraum) kann nach [Owens et al., 2011] ausgedrückt werden als diagonale Transformation des Beleuchtungsvektors $\underline{\mathbf{w}} = (w^R\, w^G\, w^B)^T$ und der beobachteten Farbe $\underline{\mathbf{y}} = (y^R\, y^G\, y^B)^T$ in der Form

$$\underline{\mathbf{x}} = (\underline{\mathbf{w}}\underline{\mathbf{I}}) \cdot \underline{\mathbf{y}}, \tag{B.1}$$

wobei $\underline{\mathbf{I}}$ die Einheitsmatrix ist. Dafür kann $\underline{\mathbf{w}}$ als Eigenvektor zu den kleinsten Eigenwerten einer iterativ datengetrieben optimierten 3×3-Matrix $\underline{\mathbf{\Phi}}$ berechnet werden, die anhand der geschätzten Originalfarbe $\underline{\mathbf{x}}$ und mehreren Beobachtungen $\underline{\mathbf{Y}} = (\underline{\mathbf{y}}_1\, \underline{\mathbf{y}}_2\, \dots\, \underline{\mathbf{y}}_n)$ ermittelt wird. Details zu den Berechnungen folgen in Abschnitt B.5.4.

Der Algorithmus zum Aufbau einer Beleuchtungskarte ist in zwei Phasen geteilt, wie in Abbildung B.6(a) zu sehen ist: In der Initialisierungsphase wird die Beleuchtung an jeder Position des Bildes geschätzt. In der zweiten Phase wird das Farbmodell durch Beobachtung von getrackten Personen in der Szene iterativ optimiert.

B.5.3 Initialisierung

Für die initiale Schätzung der Beleuchtung an allen Positionen der Beleuchtungskarte wurden in [Eisenbach et al., 2013] und [Scheiner, 2012][6] mehrere Verfahren vergleichend untersucht.

Das im Basisalgorithmus [Owens et al., 2011] propagierte Verfahren nach [Chakrabarti et al., 2008] stellte sich als ungeeignet heraus. Das Verfahren nach [Chakrabarti et al., 2008] schätzt die Beleuchtung anhand des Hintergrundbildes ohne Personen in der Szene. Dabei kann sich die geschätzte Beleuchtung im Hintergrund unter Umständen deutlich unterscheiden von der eigentlichen Beleuchtung in einer im Vordergrund der Szene liegenden Zelle der Beleuchtungskarte (siehe Abbildung 4.4(a)). Weil nicht die eigentliche Beleuchtung auf Oberkörperhöhe geschätzt wird, ergibt sich eine ungünstige Initialisierung.

Das zweite untersuchte Verfahren verwendet initial einen Beleuchtungsvektor $\underline{\mathbf{w}} = (1\,1\,1)^T$, der beobachtete Farben nicht verändert, sodass beobachtete und geschätzte reale Farben identisch sind. Anschließend wird dieser Vektor durch normalverteiltes Rauschen verändert. Verbessert sich die Unterscheidbarkeit von Personen, so wird die Veränderung akzeptiert, andernfalls verworfen. Als Kriterium für die Unterscheidbarkeit dient das in [Scheiner, 2012][6] entwickelte Fehlermaß MCSE (siehe Abschnitt B.5.6). Dabei werden iterativ alle Beleuchtungsvektoren der Beleuchtungskarte durchlaufen, bis keine Verbesserungen der Unterscheidbarkeit mehr auftritt. Diese Initialisierung liefert eine sehr gute Ausgangsposition für die anschließende Optimierung. Dies geht jedoch zu Lasten der Laufzeit, weshalb diese Art der Initialisierung verworfen wurde.

Ähnlich gut für die Optimierung geeignet sind die initialen Beleuchtungsvektoren $\underline{\mathbf{w}} = (1\,1\,1)^T$ für alle Positionen der Beleuchtungskarte ohne weitere Veränderungen. Diese Art der Initialisierung bildet den besten Kompromiss zwischen Qualität und Laufzeit.

Für weitere Details siehe [Eisenbach et al., 2013] und [Scheiner, 2012][6].

Mathematische Umsetzung

Initial soll $\underline{\mathbf{w}} = (1\,1\,1)^T$ für alle Positionen gelten. Um dies zu realisieren, muss die Matrix $\underline{\mathbf{\Phi}}^{(0)}$ (Kapitel B.5.4 Optimierungsproblem) so gewählt werden, dass sie symmetrisch positiv semidefinit und der Eigenvektor v_1 zum kleinsten Eigenwert $\underline{\mathbf{w}}_1$ gleich $(1\,1\,1)^T$ ist. Diese Eigenschaften werden erfüllt durch die Matrix

$$\underline{\mathbf{\Phi}}^{(0)} = \begin{pmatrix} a & -\frac{a}{4} & -\frac{a}{4} \\ -\frac{a}{4} & a & -\frac{a}{4} \\ -\frac{a}{4} & -\frac{a}{4} & a \end{pmatrix} \qquad \text{(B.2)}$$

$$\text{mit} \quad \underline{\mathbf{w}}_1 = \begin{pmatrix} 1 \\ 1 \\ 1 \end{pmatrix}, \underline{\mathbf{w}}_2 = \begin{pmatrix} -1 \\ 1 \\ 0 \end{pmatrix}, \underline{\mathbf{w}}_3 = \begin{pmatrix} -1 \\ 0 \\ 1 \end{pmatrix}$$

$$\text{und} \quad v_1 = 0{,}5 \cdot a, v_{2,3} = 1{,}25 \cdot a\ ,$$

wenn $a > 0$ gilt. Die Wahl von $a = 2$ hat sich als geeignet erwiesen. Für die mathematische Herleitung sei auf [EISENBACH et al., 2013] und [SCHEINER, 2012][6] verwiesen.

B.5.4 Optimierungsproblem

Das Optimierungsverfahren nach [OWENS et al., 2011] versucht die Schätzungen für die realen Farben $\underline{\hat{\mathbf{x}}}_p$ und Beleuchtungen $\underline{\mathbf{w}}_l$ unter Verwendung der beobachteten Farben $\underline{\mathbf{Y}}_{lp}$ für Person p an Position l iterativ zu verbessern. Die Grundidee ist eine abwechselnde Optimierung der Beleuchtungen und der Farben. Zuerst werden die Beleuchtungen optimiert, während die Farben konstant bleiben. Dann werden die Farben optimiert, während die Beleuchtungen konstant bleiben (siehe Abbildung B.6). Beide Optimierungen erfolgen über eine Eigenwertzerlegung der jeweiligen Optimierungsmatrix mit Randbedingungen. Die Optimierungsmatrix kann dabei jeweils aus den beobachteten Farben und einem jeweils konstant gehaltenen Teil (Beleuchtung oder reale Farbe) berechnet werden. Mathematische Details werden nachfolgend näher erläutert.

In Iteration i wird zuerst die reale Farbe $\underline{\hat{\mathbf{x}}}_p$ optimiert (Gleichung (B.3)). Der Beleuchtungsvektors $\underline{\mathbf{w}}$ wird dabei konstant gehalten.

$$\begin{aligned} \underline{\hat{\mathbf{x}}}_p^{(i)} &= \underset{\left\|\underline{\hat{\mathbf{x}}}_p\right\|^2=1}{\arg\max}\, \underline{\hat{\mathbf{x}}}_p^{(i-1)\,T} \underline{\mathbf{\Gamma}}_p^{(i)} \underline{\hat{\mathbf{x}}}_p^{(i-1)} \\ \text{mit}\quad \underline{\mathbf{\Gamma}}_p^{(i)} &= \sum_l \underline{\mathbf{Y}}_{lp}^T \underline{\mathbf{w}}_l^{(i-1)} \underline{\mathbf{w}}_l^{(i-1)\,T} \underline{\mathbf{Y}}_{lp} \end{aligned} \tag{B.3}$$

Die Lösung von Gleichung (B.3) ist das Maximum der quadratischen Form $\underline{\hat{\mathbf{x}}}_p^{(i-1)\,T} \underline{\mathbf{\Gamma}}_p^{(i)} \underline{\hat{\mathbf{x}}}_p^{(i-1)}$ unter der Bedingung $\left\|\underline{\hat{\mathbf{x}}}_p\right\|^2 = 1$. Dies ist der Eigenvektor zum größten Eigenwert der Matrix $\underline{\mathbf{\Gamma}}_p^{(i)}$.

Anschließend wird $\underline{\mathbf{w}}_l$ optimiert, während die geschätzten realen Farben $\hat{\underline{\mathbf{x}}}$ konstant gehalten werden:

$$\begin{aligned} \underline{\mathbf{w}}_l^{(i)} &= \mathop{\arg\min}_{\left\|\underline{\mathbf{w}}_l\right\|^2=3} \underline{\mathbf{w}}_l^{(i-1)\,T} \underline{\mathbf{\Phi}}_l^{(i)} \underline{\mathbf{w}}_l^{(i-1)} \\ \text{mit} \quad \underline{\mathbf{\Phi}}_l^{(i)} &= (1-\alpha)\, \underline{\mathbf{\Phi}}_l^{(i-1)} \\ &\quad + \alpha \sum_p \underline{\mathbf{Y}}_{lp} \left(\underline{\mathbf{I}} - \hat{\underline{\mathbf{x}}}_p^{(i)} \hat{\underline{\mathbf{x}}}_p^{(i)\,T} \right) \underline{\mathbf{Y}}_{lp}^T \,, \end{aligned} \tag{B.4}$$

wobei α die Lernrate und $\underline{\mathbf{I}}$ die Einheitsmatrix ist. Die Lösung ergibt sich als das Minimum von $\underline{\mathbf{w}}_l^{(i-1)\,T} \underline{\mathbf{\Phi}}_l^{(i)} \underline{\mathbf{w}}_l^{(i-1)}$ unter der Nebenbedingung $\left\|\underline{\mathbf{w}}_l\right\|^2 = 3$. In diesem Fall ist der Eigenvektor zum kleinsten Eigenwert von $\underline{\mathbf{\Phi}}_l^{(i)}$ gesucht.

Der iterative Algorithmus terminiert, wenn die Performanz auf dem Validierungsdatensatz abnimmt. Das Abbruchkriterium ist die Unterscheidbarkeit der Farben anhand des in [SCHEINER, 2012][6] entwickelten Fehlermaßes MCSE (siehe Abschnitt B.5.6). Für weitere mathematische Details zum Optimierungsschema sei auf [EISENBACH et al., 2013] und [OWENS et al., 2011] verwiesen.

B.5.5 Berechnung der Beleuchtungskarte

In [OWENS et al., 2011] werden als Referenzobjekte für die Optimierung bekannte Objekte, speziell DVD-Hüllen, unter verschiedenen Beleuchtungen präsentiert. Geometrische Formen auf dem Titelbild der DVD-Hülle werden verwendet, um korrespondierende Farbausschnitte (engl. *color patches*) in den verschiedenen Fotos wiedererkennen zu können (siehe Abbildung B.6(b)). Die einzelnen geometrischen Formen werden dann für die Optimierung der Schätzung der Beleuchtung genutzt.

Angewendet auf das adressierte Personenwiedererkennungsszenario entsprechen die Farben der Kleidung der Personen aus einem definierten Bildausschnitt des Oberkörpers (Abbildung 4.4(b)) den geometrischen Formen der DVD-Hülle. Durch Personentracking (siehe Abschnitt 4.3) können dann die Wegpunkte in der Beleuchtungskarte ermittelt werden, an denen Beobachtungen für eine bestimmte Person vorliegen.

Da Beobachtungen von verschiedenen Personen an der exakt gleichen Stelle in realen Szenarien nur sehr selten vorkommen, für eine adäquate Lösung des Optimierungsproblems aber benötigt werden (Gleichung (B.4)), müssen benachbarte Beobachtungen gruppiert werden. Dazu werden Beobachtungen in Zellen einer globalen Gridkarte eingeordnet. Für das Szenario der Videoüberwachung genügt die 2D-Position als Koordinate für die Karte. Für einen Roboter müsste zusätzlich der Beobachtungswinkel berücksichtigt werden.

Um die Anzahl der Beobachtungen zu steigern und um Unsicherheiten im Tracking zu berücksichtigen, werden einzelne Beobachtungen mehreren Gridzellen gewichtet zugewiesen. Die Gewichte für jede Gridzelle und Beobachtung werden bestimmt über das Integral über den Flächen der Gridzellen unter Verwendung einer bivariaten Normalverteilung, mit deren Mittelpunkt an der Position, an der die Person beobachtet wurde und einer konstanten Standardabweichung ohne Korrelation (siehe Abbildung 4.4(b)). Durch die Zuordnung der Beobachtungen zu mehreren Gridzellen entsteht ein größeres Gleichungssystem, wodurch besser generalisierbare Lösungen gefunden werden.

Außerdem hat es sich als günstig erwiesen, die Trajektorien mit einem Tiefpassfilter zu glätten und Ausreißer zu entfernen, die die Annahme der gleichen Kleidungsfarbe einer Person über den kompletten Track verletzen. Diese können über einen Anstieg des Trackingfehlers erkannt werden [Kolarow et al., 2012][4].

B.5.6 Experimentelle Evaluation

Der zugrunde liegende Basisalgorithmus des Optimierungsverfahrens zur Beleuchtungskorrektur konnte in [Owens et al., 2011] bereits State-of-the-Art-Performanz auf Standardbenchmarkdatensätzen zur Farbkonstanz zeigen. Daher fokussieren sich die Experimente im Rahmen dieser Arbeit auf die Erstellung der Beleuchtungskarte und den erzielten Nutzen für die Personenwiedererkennung.

Versuchsaufbau

Als Szenario für die Evaluation wurde die Videoüberwachung an einem Flughafen gewählt. Es wurden Videodaten einer Kamera im Terminal des Flughafens Erfurt-Weimar zur normalen Betriebszeit aufgenommen. Dabei wurden keine zusätzlichen Lichtquellen hinzugefügt. Das heißt, alle Sequenzen wurden unter realistischen Beleuchtungsbedingungen aufgenommen. Diese variieren von dunklen Gebieten, gut ausgeleuchteten und überbeleuchteten Regionen, bis zu Gebieten nahe der Check-In-Schalter, die von farbigen Lichtquellen beleuchtet wurden. Die Tracks aller Personen im Erfassungsbereich der Kamera wurden durch das in Abschnitt 4.3 beschriebene visuelle Trackingverfahren [Kolarow et al., 2012][4] ermittelt.

Der Datensatz zum Aufbau der Beleuchtungskarte beinhaltet acht Personen (siehe Abbildung B.8(f)), unter anderem mit sehr ähnlicher Kleidung. Für den Aufbau der Karte wurde ein Zeitraum von fünf Minuten betrachtet. In dieser Zeit wurden 62 Trajektorien beobachtet. Die acht Personen konnten sich frei durch den Sichtbereich der Kamera bewegen ohne Einschränkungen des Laufweges oder der Geschwindigkeit. Sie konnten den Erfassungsbereich der Kamera auch zeitweise verlassen.

Die Evaluation der Generalisierungsfähigkeit erfolgte mittels vierfacher Kreuzvalidierung. Dafür wurde ein Viertel der Trajektorien aus dem Datensatz für den Test der Performanz gewählt, die Hälfte der Trajektorien für das Training und ein Viertel der Trajektorien für den Validierungsdatensatz. Der Validierungsdatensatz wird benutzt, um abzubrechen, wenn die Generalisierungsfähigkeit nachlässt. Dies wurde mittels des in Abschnitt „Gütemaß“ beschriebenen Fehlermaßes MCSE überprüft.

Parametrierung Beleuchtungskarte

Eine geeignete Zellgröße für die Beleuchtungskarte wurde experimentell ermittelt (siehe Abbildung B.8). Um gute Generalisierungseigenschaften zu erhalten, sollte die Zellgröße entsprechend der Erkenntnisse aus Experimenten in [Eisenbach et al., 2013] und [Scheiner, 2012][6] zwischen 0,5 m×0,5 m und 2,5 m×2,5 m gewählt werden. Wenn einige der Personen bekannt sind, sollten kleinere Zellgrößen zwischen 0,5 m×0,5 m und 1,5 m×1,5 m bevorzugt werden. Die Standardabweichung der bivariaten Normalverteilung für die gewichtete Zuordnung von Beobachtungen zu mehreren Zellen sollte dazu jeweils etwas größer als die Rasterzellgröße gewählt werden. Für detailliertere Auswertungen zur Wahl der Parameter sei auf [Eisenbach et al., 2013] und [Scheiner, 2012][6] verwiesen.

Gütemaß

Zur Ermittlung des Nutzens des Beleuchtungsausgleichs für die Personenwiedererkennung wurde die Unterscheidbarkeit der Kleidungsfarben der Personen vor und nach der Farbkorrektur gemessen. Dafür wurde in [Eisenbach et al., 2013] ein Maß vorgestellt, welches die Trennbarkeit der aus mehreren beobachteten Kleidungsfarben resultierenden Cluster für die jeweiligen Personen im Farbraum bestimmt. Damit lässt sich der Nutzen unabhängig vom eingesetzten Wiedererkennungsverfahren ermitteln.

Die Unterscheidbarkeit von Personen wird nachfolgend über Klassenseparierbarkeit hergeleitet. Darauf basierend wird anschließend das Gütemaß Multiklassenseparierbarkeitsfehler (engl. *Multi Class Separation Error*, MCSE) definiert.

Bezüglich der Farbkonstanz kann eine Klasse definiert werden als eine Menge von Beobachtungen einer identischen Farbe derselben Person, an einem gegebenen Körperteil, unter variierenden Beleuchtungsbedingungen. Wenn zwei Klassen separierbar sind, dann unterscheiden sich die beobachteten Farben der beiden Personen und eine Unterscheidung

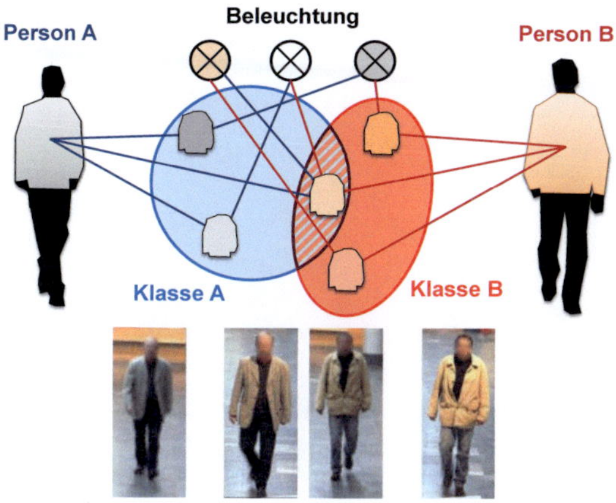

Abbildung B.7: Beispiel für überlappende Klassen
Die drei Beleuchtungen haben einen Einfluss auf die wahrgenommene Farbe der Kleidung der beiden Personen. Wenn die Kovarianzellipsen der Beobachtungen der jeweiligen Person überlappen, dann existieren Kombinationen aus Beleuchtung und tatsächlicher Farbe der Bekleidung die eine ähnliche wahrgenommene Farbe erzeugen. Die Personenbilder (unten) zeigen ein reales Beispiel für diese Situation. Lassen sich die Klassen hingegen perfekt separieren, so kann ausgeschlossen werden, dass die Kleidungen unter ungünstigen Umständen ähnlich erscheinen können. Diese Tatsache wird genutzt um das Fehlermaß MCSE abzuleiten.

ist möglich, auch bei unterschiedlichen Beleuchtungen. Andererseits, wenn sich zwei Klassen überlappen, dann führen bestimmte Beleuchtungen dazu, dass eigentlich unterschiedliche Farben gleich aussehen (siehe Abbildung B.7).

Die lineare Separierbarkeit dieser Klassen kann mittels Fisher-Kriterium [Fisher, 1936] (λ) beurteilt werden. Die Beispiele von zwei Klassen werden dabei durch eine lineare Transformation auf eine Dimension projiziert. Anschließend kann die Trennbarkeit anhand der Inner- und Zwischenklassenvarianz ermittelt werden. Für mathematische Details siehe Kapitel 3.3.1, Abschnitt Linear Discriminant Analysis (LDA). Für die Beurteilung der Trennbarkeit mehrerer Klassen erwies sich die Multiklassen-LDA jedoch als ungeeignet (siehe dazu [EISENBACH et al., 2013]). Daher wurde in [EISENBACH et al., 2013] das Performanzmaß MCSE definiert. Dieses ermittelt die paarweisen Trennbarkeiten von je zwei Klassen und akkumuliert sie mittels Gleichung (B.5).

$$\text{MCSE} = \sum_{i=0}^{N} \frac{1}{1+\sqrt{\lambda_i}} \tag{B.5}$$

Dabei ist N die Anzahl an paarweisen Vergleichen und λ_i das Fisher-Maß des i-ten paarweisen Vergleichs. Das Maß MCSE hat folgende Eigenschaften:

- Kleinere Werte repräsentieren eine bessere Klassentrennbarkeit
- Schlechte Separierbarkeit zwischen zwei Klassen hat einen größeren Einfluss auf den Gesamtfehler als die Separierbarkeit zwischen fast perfekt trennbaren Klassen. Dies wird benötigt, um Probleme der Multi-Klassen-LDA zu beheben (siehe [EISENBACH et al., 2013]).
- Die paarweisen Vergleiche werden zwischen 0 und 1 normalisiert. Ein einzelnes Paar von nicht trennbaren Klassen kann somit nicht das zusammengesetzte Maß dominieren.

Für ausführliche Experimente zur Eignung des Maßes zur Beurteilung der Klassenseparierbarkeit sei auf [EISENBACH et al., 2013] und [SCHEINER, 2012][6] verwiesen.

Verwendung von Personen-IDs

Im Rahmen der Untersuchungen in [EISENBACH et al., 2013] wurden zwei Herangehensweisen bei der Verwendung von Trajektorien betrachtet:

1. **Unbekannte Personen-IDs**: Alle Trajektorien wurden als unterschiedliche Personen behandelt. Diese Annahme verletzt das Optimierungekriterium nicht, da die Optimierung nur die Farb-

varianz einzelner Personen verringert und nicht die Varianz verschiedener Personen vergrößert.

2. **Bekannte Personen-IDs**: Die eindeutige Personen-ID wurde für jede Trajektorie während der Optimierung benutzt. Diese Variante benötigt einen initialen Wiedererkennungsschritt und führt zu einem Henne-Ei-Problem, welches aber wiederum als Optimierungsproblem behandelt werden könnte. Die vollständige Zuornung aller Trajektorien zu Personen stellt jedoch kein realistisches Szenario dar, da in diesem Fall das Wiedererkennungsproblem bereits gelöst sein müsste. Trotzdem zeigen die Experimente in [Eisenbach et al., 2013], dass zusätzliche Informationen genutzt werden können, um bessere Ergebnisse zu erzielen.

Beurteilung der Beleuchtungskorrektur

Abbildung B.8 zeigt den Einfluss der Beleuchtungskorrektur auf die Unterscheidbarkeit von Personen. Ohne Anwendung der Beleuchtungskorrektur gibt es eine deutlich erkennbare Überlappung bei den beobachteten Farben der Personen 5, 6 und 7 (Abbildung B.8(b)).
Diese kann durch die Beleuchtungskorrektur deutlich verringert werden (Abbildung B.8(c)). Auch das berechnete Fehlermaß MCSE zeigt die deutliche Verbesserung bei der Separierbarkeit der Personen an (in den jeweiligen Diagrammen rechts oben angegeben).
Falls die Trajektorien zusätzlich den korrekten Personen durch eine Wiedererkennung zugeordnet werden können, so hat dies einen positiven Einfluss auf die Beleuchtungskarte. Die korrigierten Farben aller acht Personen waren in dem Experiment vollständig unterscheidbar, wenn die Personen-IDs in das Optimierungsverfahren einflossen (Abbildung B.8(d)). In der Praxis kann in der Regel nur ein Teil der Trajektorien durch Wiedererkennung den korrekten Individuen sicher zugeordnet werden. Aber auch in diesem Fall zeigt das Experiment, dass die Zusatzinformation einen positiven Einfluss auf die Gesamtseparierbarkeit aller Personen hat.

B.5.7 Fazit und Kritikpunkte

Das Experiment in einem Realweltüberwachungsszenario zeigt, dass heterogene Beleuchtung innerhalb des Erfassungsbereichs einer Kamera durch das beschriebene Verfahren kompensiert werden kann. Die Unterscheidbarkeit der Personen wird durch die Beleuchtungskorrektur anhand der automatisch gelernten Beleuchtungskarte deutlich verbessert. Damit wird auch die nachfolgende Wiedererkennung erleichtert.

Das Verfahren macht keine Annahmen über die Farben oder Oberflächenreflexionen in der Szene. Stattdessen werden Personen in der Szene genutzt, um eine Beleuchtungskarte zu schätzen. Das Verfahren funk-

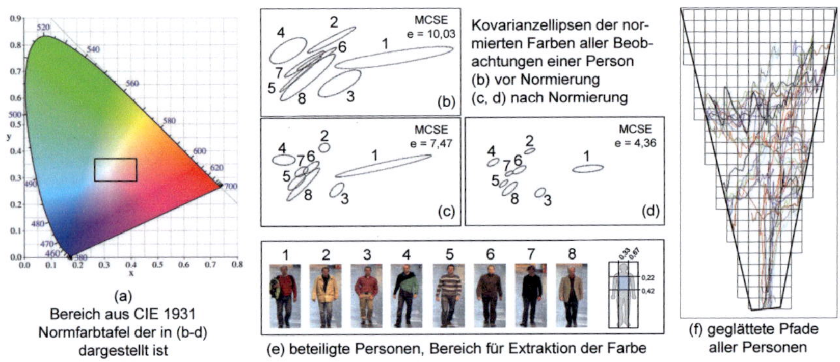

Abbildung B.8: Separierbarkeit von acht Personen vor und nach Anwendung der Beleuchtungskorrektur

(a) dargestellter Ausschnitt des CIE Farbdiagramms, (b) Separierbarkeit ohne Beleuchtungskorrektur, (c) nach Optimierung ohne bekannte Personen-IDs, (d) nach Optimierung mit bekannten Personen-IDs. Dargestellt sind die Kovarianzellipsen resutierend aus allen Beobachtungen einer Person mit 95% Konfidenzintervall. Die Nummerierung der Ellipsen entspricht den Indizes der in (e) dargestellten acht Personen. Es ist eine deutliche Verbesserung der Separierbarkeit der Personen zu erkennen. Auch das Fehlermaß MCSE zeigt dies an. (f) Trajektorien der beobachteten Personen im Sichtbereich der Kamera. Verschiedene Farben stehen für verschiedene Personen. Das hinterlegte Raster mit einer Zellengröße von 0,8 m×0,8 m führt zu den besten Generalisierungseigenschaften bei Optimierung ohne bekannte Personen-IDs.

tioniert auch ohne eine Zuordnung der Trajektorien zu Personen. Auch die Kleidungsfarben der Personen müssen nicht bekannt sein. Farbvariationen bei Beobachtungen entlang einer Trajektorie lassen auf unterschiedliche Beleuchtungen in den durchlaufenen Rasterzellen schließen. Dies genügt, um das Optimierungsproblem zu formulieren.
Um gute Generalisierungseigenschaften zu erreichen, sind jedoch relativ viele Beobachtungen notwendig. Die Anzahl der Personenbeobachtungen lässt sich aber nur steigern, wenn Beobachtungen aus einem größeren Zeitraum einfließen. Dies kann jedoch im Konflikt stehen zur Adaption der Beleuchtungskarte in möglichst kurzer Zeit bei eintretenden Beleuchtungsänderungen. Sollte der Zustandsraum weiter vergrößert werden, zum Beispiel um den Beobachtungswinkel für einen Roboter, dann wird dieses Problem weiter verstärkt. In diesem Fall sind noch mehr Beobachtungen für eine adäquate Schätzung der Beleuchtungskarte notwendig. Handelt es sich bei der Einsatzumgebung nicht um stark begangene Räume, so ist eine ausreichend genaue Schätzung der Beleuchtungskarte in der Praxis de facto ausgeschlossen. Dies trifft vor allem für robotische Szenarien im klinischen sowie häuslichen Einsatzbereich zu.

Anhang C

Ergänzungen zur Merkmalsextraktion

In diesem Anhang werden einige Aspekte zu händisch entworfenen Merkmalen (Abschnitt C.1), zu Deep Belief Networks (Abschnitt C.2), zur Extraktion von semantischen Attributen und softbiometrischen Merkmalen (Abschnitt C.3) und zu Fehlerfunktionen (Abschnitt C.4) aus Kapitel 5 eingehender betrachtet.

C.1 Händisch entworfene Merkmale

In Abschnitt C.1.1 werden weitere händisch entworfene Merkmale vorgestellt. Details zur Optimierung der SDALF-Merkmale werden in Abschnitt C.1.2 erläutert.

C.1.1 Beschreibung weiterer händisch entworfener Merkmale

In diesem Abschnitt werden ergänzend die Merkmale aus Abbildung 5.2 beschrieben, auf die in Abschnitt 5.2 nicht näher eingegangen wurde.

Farbhistogramme

$L^*a^*b^*$-Histogramm In Anlehnung an [FIGUEIRA et al., 2013] werden die Farbhistogramme des Bildes im $L^*a^*b^*$-Farbraum mit zehn nicht gleichförmigen (engl. *non-uniform*) Bins[1] pro Kanal extrahiert. Es handelt sich daher um ein Randverteilungshistogramm mit insgesamt 30 Bins.

BVT-Histogramm Der Prozedur von [FIGUEIRA et al., 2013] folgend kann auch ein *Black-Value-Tint*-Histogramm (BVT, dt. Schwarz, Helligkeitswert, Farbe) [CHENG et al., 2011] extrahiert werden. BVT-Histogramme werden im HSV-Farbraum ermittelt und handhaben dunkle und ungesättigte Pixel in einem separaten Grauwerthistogramm. Dies minimiert deren Einfluss auf das Farbhistogramm.

Lokale Deskriptoren

PCHR Als Punktewolken, die Farbinformationen speichern, werden *Point Clouds of Homogenious Regions* (PCHR, dt. Punktewolken aus homogenen Regionen) [KOLAROW et al., 2012][2] eingesetzt, die im Rahmen dieser Dissertation auch für das schnelle Objekttracking verwendet wurden (siehe Kapitel 4). Für die Beschreibung einer Person werden Farbinformationen an Positionen innerhalb homogener Regionen extrahiert. Die Menge aller Tuple aus Farbe und Position bildet das Template einer Person. Es beschreibt die lokale Farbverteilung des Personenbildes. PCHR-Templates können aufgrund einer Variabilität bezüglich der Position in der Punktewolke nicht direkt miteinander verglichen werden. Stattdessen muss ein Template mit Bildern zu vergleichender Personen abgeglichen werden.

[1] Die Grenzen für die Bin-Bereiche wurden im Rahmen dieser Arbeit so gewählt, dass das durchschnittliche Histogramm eine Gleichverteilung annehmen würde. Dies wurde unter Benutzung des INRIA-Datensatzes [DALAL und TRIGGS, 2005] (verfügbar unter `http://pascal.inrialpes.fr/data/human/`) erzielt, der normalerweise für das Benchmarking und Training von Personendetektoren eingesetzt wird.

[2] Der Autor dieser Dissertation war Co-Autor der Publikation.

ISM Implicit Shape Models (ISM, dt. implizites Modell der Gestalt) [LEIBE et al., 2004] benutzen ein Codebuch von Prototypen zur Beschreibung der Struktur spezifischer Objekte — im Falle der Wiedererkennung sind es Personen — und eine Wahrscheinlichkeitsverteilung zur Beschreibung der räumlichen Position der Codebucheinträge. Eine Person muss durch mehrere Codebucheinträge beschrieben werden. Probleme können auftreten, wenn einige Codebucheinträge bei sich perspektivisch ändernden Ansichten nicht mehr sichtbar sind. Daher muss in der Regel über mehrere Beobachtungen ein Modell der Person erstellt werden. ISMs wurden in [JÜNGLING und ARENS, 2011] in Kombination mit SIFT für die Personenwiedererkennung eingesetzt. Die erzielten Wiedererkennungsraten liegen deutlich unter denen von Farb- und Texturmerkmalen. [EISENBACH et al., 2012]

SIFT Scale-Invariant Feature Transform (SIFT, dt. skalierungsinvariante Merkmalstranformation) [LOWE et al., 1999] ist ein Algorithmus zur Extraktion und Beschreibung von Punkten, die in der lokalen Umgebung eindeutig identifizierbar sind. Markante Punkte der Kleidung einer Person lassen sich über SIFT-Deskriptoren beschreiben und entsprechend wiederfinden. SIFT-Merkmale sind invariant gegenüber Translation, Rotation und Skalierung. Aufgrund der fehlenden Invarianz gegenüber perspektivischen Veränderungen bestehen für SIFT die gleichen Probleme wie für ISMs. Auch für SIFT muss ein Modell über mehrere Beobachtungen aufgebaut werden. SIFT-Deskriptoren wurden in [JÜNGLING und ARENS, 2011] in Kombination mit ISMs für die Personenwiedererkennung eingesetzt. Sie schneiden deutlich schlechter als Farb- und Texturmerkmale ab. [EISENBACH et al., 2012]

SURF Eine Alternative zu SIFT ist SURF (Speeded Up Robust Features, dt. Beschleunigung robuster Merkmale) [BAY et al., 2006]. Auch mittels SURF können markante Punkte extrahiert und beschrieben werden. Der Algorithmus ist jedoch deutlich schneller als SIFT. Im Rahmen der Dissertation wurden SURF-Merkmale für die Personenwiedererkennung in [Trinh, 2011][3] untersucht. Es bestehen jedoch die gleichen Probleme wie bei ISMs und SIFT, weshalb dieser Ansatz nicht weiterverfolgt wurde.

Textur

LBP Uniforme *Local Binary Pattern* (LBP, dt. lokale Binärmuster) [Ojala et al., 2002] beschreiben die Textur als ein Histogramm von Binärmustern. Diese Binärmuster kodieren dunklere und hellere Pixel um einen Zentrumspunkt herum, welcher an jede mögliche Position im Ausgangsbild verschoben wird. Nicht-uniforme LBP werden durch ein zusätzliches Histogrammbin repräsentiert.

MR8 Die durch *Maximum Response Filter* (MR8, dt. Filter maximaler Antworten) [Varma und Zisserman, 2005] erzeugte Repräsentation wird durch eine Filterbank erstellt, die aus zwei anisotropen Filtern (Kanten- und Balken-Filter, engl. *Edge and Bar Filters*) für je sechs Orientierungen und drei Skalierungen bestehen sowie aus zwei rotationsinvarianten Filtern (Gaußfilter und *Laplacian of Gaussian*). Für den Deskriptor werden nur acht Filterantworten verwendet, indem die jeweils maximale Antwort der anisotropen Filter über alle Orientierungen und Skalierungen ermittelt wird. Angelehnt an [Figueira et al., 2013] wird im Rahmen dieser Arbeit eine Histogrammberechnung mit nicht uniform verteilten Bins mit zehn Bins pro Antwort verwendet, um die Dimensionalität dieser Repräsentation weiter zu reduzieren.

BiCov BiCov [Ma et al., 2012a] kodiert biologisch inspirierte Merkmale (engl. *Biologically Inspired Features*) mit Kovarianzdeskriptoren (engl. *Covariance Descriptors*). Als biologisch inspirierte Merkmale werden Gabor-Filter verschiedener Amplituden und Orientierungen bezeichnet, die auf die Kanäle des HSV-Farbraums angewendet werden. Dieses Merkmal wurde im Rahmen dieser Dissertation in [Fischer,

[3] Die Bachelorarbeit von Thanh Quang Trinh wurde vom Autor betreut.

2016][4] näher untersucht. Aufgrund der aufwendigen Extraktion und der vergleichsweise schlechten Wiedererkennungsleistung wurde dieses Merkmal nicht weiter betrachtet.

LDFV LDFV [Ma et al., 2012b] verwendet pro Pixel lokale Deskriptoren, die in Fishervektoren kodiert werden. Als lokale Deskriptoren werden für alle Pixel jeweils die Intensität und Kanteninformationen ermittelt und zu einem siebendimensionalen Vektor zusammengefasst.

Kombinationen

ELF *Ensemble of Localized Features* (ELF, dt. Ensemble lokaler Merkmale) [Gray und Tao, 2008, Prosser et al., 2010] ist eine Kombination aus acht Farbhistogrammen (RGB, HS, YCbCr) mit 16 Bins pro Kanal und den Antworten von 21 Texturfiltern (13 Gabor-Filter [Fogel und Sagi, 1989] und acht Schmid-Filter [Schmid, 2001]). Alle Histogramme werden verknüpft zu einem 464-dimensionalen Merkmalsvektor. In Anlehnung an [Figueira et al., 2013] werden in dieser Arbeit für alle Histogramme nicht gleichmäßig verteilte (engl. *non-uniform*) Bins eingesetzt.
In einigen Arbeiten wird dieser 464-dimensionale Merkmalsvektor für sechs horizontale, nicht überlappende Streifen des Eingangsbildes ermittelt und zu einem 2784-dimensionalen Merkmalsvektor konkateniert. Dieser Merkmalsvektor wird häufig als Eingabe für maschinelle Lernverfahren genutzt. In dieser Arbeit wird der auf Streifen extrahierte 2784-dimensionale Merkmalsvektor nachfolgend mit **SELF** abgekürzt.

SDC Das *Salience-Dense-Correspondence*-Merkmal (SDC, dt. hervorstechende kompakte Übereinstimmungen) [Zhao et al., 2013] extrahiert SIFT-Deskriptoren, die Textur kodieren, und Farbhistogramme (32 gleichmäßig verteilte Bins pro Kanal) im $L^*a^*b^*$-Farbraum aus dicht aneinander gereihten, überlappenden Bildausschnitten.

[4]Die Bachelorarbeit von Michael Fischer wurde vom Autor betreut.

C.1.2 Details zur Optimierung der SDALF-Merkmale

In diesem Abschnitt werden die knappen Erläuterungen aus Abschnitt 5.2.2 zur Optimierung der SDALF-Merkmale detaillierter ausgeführt. Für die Beschleunigung der Merkmalsextraktion und Verbesserung der Erkennungsraten wurden einige Veränderungen an den SDALF-Merkmalen vorgenommen. So wurden einige Approximationen vorgenommen und andere Vereinfachungen aus [Farenzena et al., 2010] zurückgenommen. Außerdem wurden einige Verarbeitungsschritte entfernt, die bei einigen der adressierten Anwendungen, wie der Nutzererkennung auf einem mobilen Roboter, nicht so einfach durchgeführt werden könnten, zum Beispiel die Hintergrundsubtraktion.

Tabelle C.1 zeigt die Effekte der evaluierten Modifikationen. Die Auflistung zeigt, dass

- das wHSV-Merkmal von einer Aufteilung in Ober- und Unterkörper als auch von der Berücksichtigung der Symmetrie profitiert. Statische Aufteilungen und Symmetrielinien verschlechtern die Leistungsfähigkeit aber nicht.
- ein trilinear interpoliertes volles wHSV-Histogramm die Erkennungsraten verbessert.
- das MSCR-Merkmal von einer Vordergrundmaske profitiert. Eine statische durchschnittliche Personenmaske schneidet dabei sogar besser ab, weil Fehler bei der Extraktion der Maske, die einen großen Einfluss auf die Merkmalsextraktion haben, vermieden werden.
- eine Parameterfeinabstimmung, *Metric-Learning* (siehe Kapitel 7) und *Score-Level-Fusion* (siehe Kapitel 8) die Wiedererkennungsleistung signifikant verbessern.

Dies zeigt, dass die Modifikationen helfen, die Wiedererkennung deutlich zu verbessern und die Notwendigkeit einer Vordergrundmaske zu eliminieren, was zum Beispiel für eine mobile robotische Anwendung wünschenswert ist. Zusätzlich zeigt Tabelle C.2 Details zur Laufzeitverbesserung. Das Training mit 316 Personenpaaren dauert 1,19 Sekunden. Die Merkmalsextraktion nimmt 10,656 ms pro Bild in Anspruch und ein Vergleich zweier Merkmalsvektoren benötigt 68,108 μs. Dadurch ist nachgewiesen, dass die SDALF-Merkmalsextraktion die Echtzeitanforderungen der adressierten Realweltanwendungen erfüllt.

C.2 Deep Belief Network

In diesem Abschnitt sind die für die Beurteilung der Wiedererkennungsleistung der mittels Deep Belief Network gelernten Merkmale in

Modifikation	nAUC (VIPeR)
keine (Original-SDALF)	0,922
ohne Aufteilung, ohne Symmetrie (wHSV)	0,808
mit Aufteilung, ohne Symmetrie (wHSV)	0,906
statische Aufteilung und Symmetrie (wHSV)	0,917
Histogramm mit Interpolation (wHSV)	
(statische Aufteilung und Symmetrie)	0,925
keine Maske (MSCR)	0,921
statische Maske (MSCR)	0,927
kreuzvalidierte Parameterfeinabstimmung	
inklusive *Score-Level-Fusion*	
wHSV-Randverteilungshistogramm + MSCR	0,942
volles wHSV-Histogramm + MSCR	0,944
zusätzliches nichtlineares *Metric Learning*	
(volles trilinear interpoliertes Histogramm,	
statische Aufteilung, Symmetrie und Maske,	
kreuzvalidiertes Parametertuning	
inklusive *Score-Level-Fusion*)	0,963

Tabelle C.1: Effekte der Modifikationen auf die Merkmale
Leistungszugewinn und -verlust bei Umsetzung verschiedener Modifikationen an den SDALF-Merkmalen *weighted HSV Histogram* (wHSV) und *Maximum Stable Color Regions* (MSCR) gemessen anhand der normalisierten Fläche unter der CMC-Kurve (nAUC) auf dem VIPeR-Datensatz [Gray et al., 2007] (siehe Grundlagen, Kapitel 3.1.3, Abbildung 3.3(a)).

Verarbeitungsschritt	Zeit
einmaliges Offline-Training (*Metric-Learning*)	1,19 s auf dem VIPeR-Datensatz [GRAY et al., 2007]
Merkmalsextraktion wHSV-Merkmal	2,881 ms pro Person
Merkmalsextraktion MSCR-Merkmal	7,775 ms pro Person
Matching wHSV	5,382 μs pro Vergleich
Matching MSCR	62,726 μs pro Vergleich
Score-Level-Fusion	$< 1\,\mu s$ pro Vergleich
Summe 10 Durchläufe auf VIPeR	
10× Training (316 Personen)	11,9 s
$10 \times 2 \times 316$ Merkmalsextraktionen	67,3 s
$10 \times 316 \times 316$ Vergleiche	68,0 s
	147,2 s
zugrunde liegendes SDALF [FARENZENA et al., 2010]	
10 Durchläufe auf VIPeR	43 min

Tabelle C.2: Details zur Rechenzeit
Rechenzeiten auf einer Intel Core i7-620 CPU (2,66 GHz) einzelner Wiedererkennungsschritte bei Verwendung der im Rahmen dieser Arbeit optimierten SDALF-Merkmale. Als Vergleichsmaß ist die Rechenzeit der Originalimplementierung der SDALF-Merkmale [FARENZENA et al., 2010] auf derselben CPU angegeben.

Kapitel 5.3.1 herangezogenen CMC-Kurven (Abbildung C.1(a)) und SRR-Kurven (Abbildung C.1(b)) aus [WESTPHAL, 2014][5] abgebildet.

C.3 Semantische Attribute und softbiometrische Merkmale

Auf den State of the Art zu semantischen Attributen und softbiometrischen Merkmalen wird in Abschnitt C.3.1 näher eingegangen. In Abschnitt C.3.2 werden die im State of the Art verwendeten Gütemaße zur Bewertung der Erkennungsleistung von Attributen vorgestellt. An-

[5]Die Bachelorarbeit von Oliver Westphal wurde vom Autor betreut.

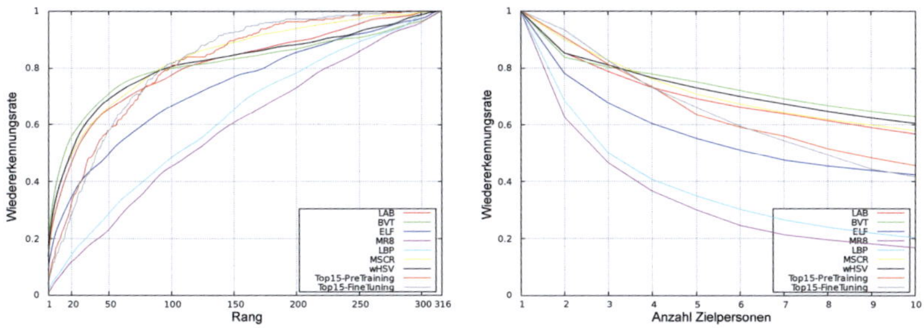

(a) CMC-Kurve (b) SRR-Kurve

Abbildung C.1: Wiedererkennungsleistung mittels DBN gelernter Merkmale
Wiedererkennungsleistung der 15 besten mittels Deep Belief Networks (DBN) gelernten Merkmale nach dem Pre-Training und nach dem Feintuning im Vergleich zu händisch entworfenen Farb- und Texturmerkmalen, visualisiert anhand der Cumulative Match Characteristic (CMC) und Synthetic Recognition Rate (SRR) auf dem VIPeR-Datensatz [Gray et al., 2007] (siehe Grundlagen, Kapitel 3.1.3, Abbildung 3.3(a)). Bildquelle: [Westphal, 2014][5]

schließend wird in Abschnitt C.3.3 auf die Erkennungsleistung einzelner Attribute eingegangen.

C.3.1 State of the Art zur Extraktion semantischer Attribute und softbiometrischer Merkmale

Nachfolgend wird der State of the Art zur Extraktion vorgegebener semantischer Attribute und softbiometrischer Merkmale beschrieben, um einen Vergleich mit dem in Kapitel 5.3.2 vorgestellten Verfahren zu ermöglichen. Die Beschreibung der Grundideen der Verfahren ist an [Golda, 2016][6] angelehnt und wurde um wichtige Charakteristika ergänzt. Außerdem wurden fehlerhafte Beschreibungen korrigiert.

[6]Die Masterarbeit von Thomas Golda wurde vom Autor betreut.

Extraktion durch Bildverarbeitung und klassisches maschinelles Lernen

Attribute Interpreted Re-Identification (AIR) In [Layne et al., 2012] wird der 2784-dimensionale SELF-Merkmalsvektor (siehe Abschnitt C.1.1) eingesetzt, um zwölf semantische Attribute und drei softbiometrische Merkmale zu extrahieren. Als Klassifikator wird eine Support Vector Machine (SVM) [Vapnik und Lerner, 1963] (siehe Kapitel 3.3.2) trainiert.

Optimised Attribute Re-Identification (OAR) [Layne et al., 2014] baut auf AIR [Layne et al., 2012] auf und erweitert den Merkmalsvektor auf 17 semantische Attribute und vier softbiometrische Merkmale.

PETA-Datensatz In [Deng et al., 2014] wurde der Pedestrian Attribute (PETA)-Datensatz[7] vorgestellt, der Label für 19.000 Personenbilder zur Verfügung stellt. Dieser Datensatz setzt sich aus mehreren Datensätzen für die erscheinungsbasierte Personenwiedererkennung und für die Personendetektion zusammen[8]. Er umfasst deutlich mehr semantische Attribute und softbiomentrische Merkmale als die zuvor beschriebenen Arbeiten. Die Label lassen sich zu einem 105-elementigen binären Attributvektor zusammenfassen. Als Baseline für spätere Vergleiche wurde eine Support Vector Machine (SVM) und ein Markov Random Field (MRF) [Kindermann und Snell, 1980] auf dem 2784-dimensionalen SELF-Merkmalsvektor angewendet.

[7] PETA-Datensatz verfügbar unter `https://www.dropbox.com/s/52ylx522hwbdxz6/PETA.zip`

[8] Der PETA-Datensatz beinhaltet folgende Datensätze: 3DPeS [Baltieri et al., 2011] (1012 Bilder), CAVIAR4REID [Cheng et al., 2011] (1220 Bilder), CUHK [Li et al., 2014] (4563 Bilder), GRID [Loy et al., 2009] (1275 Bilder), iLIDS [Zheng et al., 2009] (477 Bilder), MIT [Papageorgiou und Poggio, 2000] (888 Bilder), PRID [Hirzer et al., 2011] (1134 Bilder), SARC3D [Baltieri et al., 2010] (200 Bilder), Town Centre [Benfold und Reid, 2009] (6967 Bilder), VIPeR [Gray et al., 2007] (1264 Bilder)

Low Rank Attribute Embedding (LORAE) In [Su et al., 2015] stellt ebenfalls der 2784-dimensionale SELF-Merkmalsvektor die Basis für die Extraktion von semantischen Attributen dar. Die entscheidende Neuerung ist die Einbettung binärer Attribute in einen kontinuierlichen Raum. Dabei werden Korrelationen zwischen Attributen berücksichtigt, um vergessene Attribute zu inferieren und einander ausschließende Attribute zu behandeln. Zum Beispiel lassen die Attribute Rock und Handtasche einen Schluss auf weibliches Geschlecht zu, auch wenn irrtümlich das Attribut männliches Geschlecht im binären Attributvektor extrahiert wurde. Fehler bei der Extraktion der binären Attribute können so beseitigt werden. Je nach Datensatz wurden unterschiedliche Merkmale ermittelt. Für den PRID-Datensatz [Hirzer et al., 2011] wurden 20 Merkmale aus [Layne et al., 2014] verwendet, für den VIPeR-Datensatz [Gray et al., 2007] 90 Attribute aus [Deng et al., 2014] und für sonstige Datensätze die 32-elementigen *Discriminative Binary Codes* aus [Rastegari et al., 2012].

Semantic Retrieval of Pedestrians In [Pala, 2016] wurden 15 Attribute extrahiert, die sich auf die Kleidungsfarbe beziehen. Dabei wurde aber im Vergleich zu den zuvor beschriebenen Arbeiten ein komplexerer Merkmalsvektor als Basis für die Extraktion verwendet: Als erstes wird der SDALF-Deskriptor [Farenzena et al., 2010] (siehe Kapitel 5.2) verwendet. Als zweites wird der Multiple Component Matching (MCM)-Deskriptor [Satta et al., 2011], der sich aus HSV-Histogrammen für 80 zufällig gezogene Bildausschnitte zusammensetzt, für die drei Partitionen des Körpers aus SDALF ermittelt. Als dritte Komponente wird der MCM-Deskriptor auf neun Körperteilen angewendet, die mittels *Pictural Structures* [Cheng et al., 2011] ermittelt wurden. Für die Klassifikation wurden eine Support Vector Machine (SVM) und Fuzzylogik [Zadeh, 1965] untersucht.

Extraktion mittels Deep Learning

Semantic Retrieval of Pedestrians via Deep Representations In [Pala, 2016] wird ein mehrstufiges Vorgehen für die Extraktion von Attributen gewählt: Zunächst wird die Person im Bild pixelgenau segmentiert [Luo et al., 2013]. Anschließend erfolgt eine Partitionierung in Kopf, Torso und Beine. Auf jeden dieser drei Bildbereiche wird ein Convolutional Neural Network (CNN) angewendet. Die Architektur des CNN besteht aus zwei Convolutional Schichten, zwei Max-Pooling-Schichten, zwei vollverschalteten Schichten und einer Ausgabeschicht mit einem Neuron pro Attribut. Dabei wird die Extraktion jedes Attributs als binäres Klassifikationsproblem betrachtet. Das Training erfolgt auf dem PETA-Datensatz [Deng et al., 2014] mit zusätzlicher Datenaugmentierung. Der in PETA enthalte VIPeR-Datensatz [Gray et al., 2007] wurde für das Training vorenthalten und zum Testen genutzt. Außerdem wurden Attribute, die in weniger als 1% der Bilder vorkamen, und Attribute bezüglich der Schuhe verworfen, sodass 54 Attribute verbleiben. Als Fehlerfunktionen wurden die binäre Kreuzentropie und der Pairwise Ranking Loss nach [Joachims, 2002] und [Gong et al., 2014c] untersucht. Als Qualitätsmaß für die Erkennung der Attribute auf den Testdaten wurde die Average Precision verwendet, die auch als Fläche unter der Precision-Recall-Kurve bekannt ist. Die Leistung des Attributvektors für eine Wiedererkennung wurde nicht evaluiert.

Multi-Label Convolutional Neural Network (MLCNN) In [Zhu et al., 2015] wird das Bild der Person in drei überlappende Spalten und fünf überlappende Zeilen, also insgesamt 15 überlappende Regionen, geteilt. Für jede dieser 15 Bildausschnitte wird ein Convolutional Neural Network (CNN) mit drei Convolutional Schichten und drei Max-Pooling-Schichten angewendet. Pro Attribut wurde anschließend definiert, welche der 15 Bildausschnitte einen Einfluss auf das Attribut haben können. Die Ausgaben der entsprechenden CNNs werden konkateniert und vollverschaltet mit dem Neuron, dass dieses Attribut repräsentiert, verbunden. In dieser Weise werden 21 Attribute aus [Layne et al., 2014] prädiziert. Das Training erfolgt auf je der Hälfte der Personen aus dem VIPeR-Datensatz [Gray et al., 2007] beziehungsweise dem GRID-Datensatz [Loy et al., 2009]. Die andere Hälfte der Personen wird zum Testen verwendet. Als Fehlerfunktion wird die binäre Kreuzentropie verwendet. Für die Personenwiedererkennung erfolgt eine Fusion der extrahierten Attribute mit händisch designten, statistischen Merkmalen auf Score Level (zu Fusionsebenen siehe Kapitel 8).

Semi-Supervised Deep Attribute Learning (SSDAL) In [Su et al., 2016] werden mit einem AlexNet [Krizhevsky et al., 2012] alle 105 binären Attribute aus dem PETA-Datensatz [Deng et al., 2014] prädiziert. Das Training erfolgt in drei Schritten: Zuerst erfolgt ein überwachtes Training auf dem PETA-Datensatz unter Einsatz der binären Kreuzentropie als Fehlerfunktion pro Attribut. Die Testdaten für den VIPeR- [Gray et al., 2007], GRID- [Loy et al., 2009] beziehungsweise PRID-Datensatz [Hirzer et al., 2011], die im PETA-Datensatz enthalten sind, werden jeweils beim Training ausgespart. Als zweites erfolgt ein *Finetuning* des AlexNet auf dem MOTChallenge-Personentrackingdatensatz [Leal-Taixé et al., 2015], der den relativ kleinen PETA-Datensatz um über 20.000 Bilder ergänzt. Da für diesen Datensatz keine Attribut-Annotationen vorliegen, soll erreicht werden, dass für Bilder der gleichen Person gleiche Attribute ermittelt werden und für Bilder unterschiedlicher Personen unterschiedliche Attribute. Dies wird durch ein Triplet-Loss-basiertes Training (siehe Fehlerfunktionen in Kapitel 5.3.3) realisiert. Da die semantische Bedeutung des Attributvektors dabei zerstört werden kann, werden zu starke Abweichungen vom ursprünglichen Attributvektor als bestrafender Term auf die Fehlerfunktion addiert. Als letzter Schritt erfolgt ein teilüberwachtes Lernen auf einer Kombination aus PETA- und MOTChallenge-Datensatz. Die fehlenden Label für den MOTChallenge-Datensatz werden dabei vom zu trainierenden AlexNet erzeugt.

C.3.2 Gütemaße zur Bewertung der Erkennungsleistung von Attributen

In der Literatur zur Wiedererkennung von Personen anhand semantischer Attribute und softbiometrischer Merkmale werden vorwiegend zwei Bewertungsmaße zur Beurteilung der Erkennungsleistung von Attributen angegeben: *Attribute Classification Accuracy* (ACA) und *mean Average Precision* (mAP). Auf diese beiden Gütemaße wird nachfolgend näher eingegangen.

Gütemaß Attribute Classification Accuracy

In [Su et al., 2016] wurde die *Attribute Classification Accuracy* (ACA) als Gütemaß für die Erkennung von binären semantischen Attributen und softbiometrischen Merkmalen vorgeschlagen. Die *Attribute Classification Accuracy* vergleicht die *Ground Truth* mit N aktivierten Attributen im Attributvektor mit den N höchsten Aktivierungen im prädizierten Attributvektor. Das Gütemaß berechnet sich aus der Kardinalität der Schnittmenge der N aktivierten *Ground-Truth*-Attribute und der N besten prädizierten Attribute dividiert durch N.
Kritisch muss hierbei bewertet werden, dass die Ground Truth bekannt sein muss, um eine Binarisierung des prädizierten Attributvektors nach dem beschriebenen Prinzip durchführen zu können. Dies widerspricht der gängigen Praxis bei der Bewertung binärer Klassifikationsprobleme, bei der eine Binarisierung mittels Schwellwert gefordert wird. Da in [Su et al., 2016] kein anderes Gütemaß angegeben wurde, muss die *Attribute Classification Accuracy* dennoch für einen Vergleich mit diesem Verfahren im Rahmen dieser Arbeit eingesetzt werden.

Gütemaß mean Average Precision

Das Gütemaß mean Average Precision (mAP) zur Bewertung von Multiklassenproblemen ist auch bekannt als mittlere Fläche unter der Precision-Recall-Kurve. Zur Ermittlung dieses Fehlermaßes wird das

Multiklassenproblem zuerst für jede Klasse in ein binäres Klassifikationsproblem zerlegt, bei dem die jeweilige Klasse gegen alle anderen Klassen betrachtet wird. Für verschiedene Entscheidungsschwellen, zum Beispiel bezüglich der Softmax-Ausgabe eines Neuronalen Netzwerks, wird jeweils die Konfusionsmatix mit True Positives (tp), False Positives (fp) sowie False Negatives (fn) aufgestellt und die Precision (Gleichung (C.1a)) und der Recall (Gleichung (C.1b)) ermittelt.

$$\text{Precision} = \frac{tp}{tp + fp} \tag{C.1a}$$

$$\text{Recall} = \frac{tp}{tp + fn} \tag{C.1b}$$

Über die Precision-Recall-Paare aller Entscheidungsschwellen wird die Precision-Recall-Kurve aufgespannt. Die Fläche unter dieser Kurve ist auch als Average Precision (AP) bekannt. Die mean Average Precision (mAP) ergibt sich aus dem Mittelwert der berechneten Average Precisions für alle Klassen.

Bezogen auf die Bewertung der Attributerkennungsraten wird jedes Attribut als eigene Klasse angesehen und die mean Average Precision (mAP) zu diesem Multiklassenproblemen nach der oben beschriebenen Methodik ermittelt.

Kritik am Fehlermaß Average Precision Das Problem bei der Verwendung der Average Precision ist der große Beitrag vieler Arbeitspunkte zur Fläche unter der Precision-Recall-Kurve, die für die Praxis irrelevant sind, da der Recall zu niedrig ausfällt. Damit kann der Vergleich zweier Algorithmen stark von irrelevanten Bereichen der jeweiligen Precision-Recall-Kurve beeinflusst und somit verzerrt werden.

Als bessere Alternative bietet sich der F_1-Score (Gleichung (C.2)) an, der nur den Arbeitspunkt des besten harmonischen Mittels aus Precision und Recall in die Bewertung einbezieht.

$$F_1\text{-Score} = 2 \cdot \frac{\text{Precision} \cdot \text{Recall}}{\text{Precision} + \text{Recall}} \tag{C.2}$$

Der F_1-Score kann auf Micro- oder Macroebene auch auf Multiklassenprobleme übertragen werden. Für nähere Ausführungen sei auf [Gross und Eisenbach, 2019] verwiesen.

C.3.3 Details zu Ergebnissen der gelernten Attribute

In Tabelle C.3 sind ergänzend zu Tabelle 5.1 aus Kapitel 5 die Erkennungsleistungen einzelner Attribute aufgelistet.

C.4 Fehlerfunktionen

Abschnitt C.4.1 zeigt vergrößerte Grafiken zur Herleitung der Erweiterungen des Softmax Loss. In Abschnitt C.4.2 werden die Probleme beim Training mit der Softmax-Loss-Erweiterung Additive Angular Margin Loss (AAML) umfassender analysiert. Die Nebenbedingungen aller in Kapitel 5 aufgelisteten additiven Erweiterungen zum Klassifikationsfehler werden in Abschnitt C.4.3 beschrieben. In Abschnitt C.4.4 wird auf Unterschiede aller in Kapitel 5 aufgelisteten Metrikfehler zu Triplet Loss eingegangen. Auf die Ergebnisse der Parametertests zum Softmax Loss wird in Abschnitt C.4.5 eingegangen. Abschließend werden in Abschnitt C.4.6 weitere Ergebnisse zur Kombination von Fehlerfunktionen präsentiert.

Attribut	[Golda]	[Pala]	Attribut	[Golda]	[Pala]
schwarzes Haar	**0,8051**	0,779	Unterbekl. Jeans	**0,7717**	0,701
braunes Haar	**0,3911**	0,365	Unterbekl. Hose	**0,6099**	0,529
kurzes Haar	**0,8228**	0,649	Unterbekl. kurze Hose	0,3020	**0,320**
langes Haar	**0,7252**	0,577	Unterbekl. kurzer Rock	0,2155	**0,275**
schwarzer Oberkörper	**0,7736**	0,659	Oberbekl. sonstiges	**0,6179**	—
roter Oberkörper	**0,7569**	0,724	schwarze Schuhe	**0,5255**	—
weißer Oberkörper	**0,7006**	0,618	weiße Schuhe	**0,4903**	—
blauer Oberkörper	**0,6191**	0,477	graue Schuhe	**0,0945**	—
grauer Oberkörper	**0,3529**	0,265	braune Schuhe	**0,0588**	—
brauner Oberkörper	**0,1595**	0,128	Schuhwerk Turnschuhe	**0,4379**	—
legere Oberbekleidung	**0,9814**	0,978	Schuhwerk Schuhe	**0,3867**	—
formelle Oberbekl.	0,1565	**0,163**	Schuhwerk Lederschuhe	**0,3000**	—
Oberbekl. langärmlig	**0,7740**	0,773	trägt Rucksack	**0,5192**	—
Oberbekl. kurzärmlig	0,4248	**0,467**	trägt nichts	**0,4372**	—
Oberbekl. T-Shirt	0,3958	**0,453**	trägt Umhängetasche	**0,3018**	—
Logo auf Oberbekl.	**0,1070**	0,104	trägt etw. anderes	**0,1826**	—
Oberbekl. Jacke	**0,0766**	0,049	keine Accessoires	**0,5922**	—
schwarzer Unterkörper	**0,6954**	0,587	Geschlecht männlich	**0,7511**	—
blauer Unterkörper	**0,6250**	0,573	Geschlecht weiblich	**0,7229**	—
grauer Unterkörper	0,4336	**0,442**	Alter < 30	**0,8480**	—
legere Unterbekleidung	**0,9905**	0,972	Alter 30 – 45	**0,2325**	—
formelle Unterbekl.	**0,1389**	0,026	Alter 45 – 60	**0,1159**	—

Tabelle C.3: Vergleich der Erkennungsleistung einzelner Attribute Vergleich der im Rahmen dieser Dissertation durchgeführten Untersuchung in [GOLDA, 2016][6] mit dem State of the Art [PALA, 2016] anhand der Fläche unter der Precision-Recall-Kurve, auch bekannt als Average Precision. Das jeweils bessere Ergebnis ist fett gedruckt hervorgehoben. Attribute, die in [PALA, 2016] nicht verwendet wurden, sind mit einem Strich gekennzeichnet. Vorlage: [GOLDA, 2016][6].

C.4.1 Vergrößerte Grafiken zu Erweiterungen des Softmax Loss

In Abbildung C.2 bis C.5 sind vergrößerte Grafiken aus Abbildung 5.7 in Kapitel 5 zu finden.

C.4.2 Details zu Problemen beim Training mit Additive Angular Margin Loss (AAML)

Bei der Anwendung des *Additive Angular Margin Loss* auf die erscheinungsbasierte Personenwiedererkennung mit den in [DENG et al., 2019] für die Gesichtserkennung vorgeschlagenen Parametern kam es zu den in Kapitel 5.3.3 angesprochenen Problemen beim Training. Diese zeigten sich durch fallende Fehler zu Beginn des Trainings mit einem stark ansteigenden Fehler nach wenigen Epochen. Dies führte zu numerischen Instabilitäten bei der Berechnung des Fehlers, wodurch das Training kollabierte.

In [AGANIAN, 2019][9] wurde eine umfassende Analyse zu möglichen Ursachen der Instabilitäten durchgeführt:

- **Abstand** m: Versuche, einen kleineren Abstand m zu verwenden, um so das Optimierungsproblem zu vereinfachen, waren nicht erfolgreich.
- **Mini-Batch-Größe**: Mittels Gradient Checkpointing [CHEN et al., 2016b, GRUSLYS et al., 2016] wurde die Mini-Batch-Größe von 64 auf 220 erhöht. Damit konnten kleinere Fehler erreicht werden. Im späteren Verlauf des Trainings stieg der Fehler jedoch wieder an bis das Training kollabierte. Bei einer weiteren Erhöhung der Mini-Batch-Größe auf 370 durch Nutzung von zwei Grafikkarten in Kombination mit Gradient Checkpointing kam es kaum noch zu Verbesserungen im Vergleich zu einer Mini-Batch-Größe von 220.
- **Initialisierung der Gewichte**: Bei den anfänglichen Versuchen wurden auf ImageNet [DENG et al., 2009] vortrainierte Gewichte für die Initialisierung des Neuronalen Netzwerks verwendet. Damit konnte jedoch kein erfolgreiches Training durchgeführt werden. Die vor dem Kollaps des Trainings erreichten Leistungen bei der erscheinungsbasierten Wiedererkennung lagen durchgängig unter der mittels Softmax Loss erreichbaren Leistung. Visualisierungen von Fehlergebirgen tiefer Neuronaler Netzwerke in [LI et al., 2017] (Abbildung 5.9a, Seite 124) legen die Vermutung nahe, dass das beobachtete Verhalten entsteht, wenn die initialen Gewichte weit vom Optimum entfernt liegen und das Training in einem chaotischen Teil des Fehlergebirges startet. Das

[9] Die Masterarbeit von Dustin Aganian wurde vom Autor betreut.

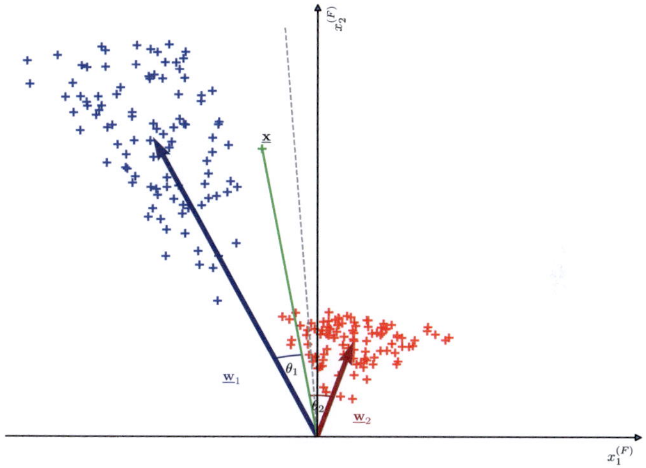

Abbildung C.2: Herleitung der Erweiterungen des Softmax Loss
Softmax Loss ohne Bias – Vergrößerte Darstellung von Abbildung 5.7(b)

Legende:
x_1^F, x_2^F ... Dimensionen des zweidimensionalen Merkmalsraums $\mathcal{X}$
$\underline{\mathbf{w}}_1, \underline{\mathbf{w}}_2$ ... Gewichtsvektoren für zwei Klassen
$\underline{\mathbf{x}}$ ... zu klassifizierender Datenpunkt
θ_1, θ_2 ... Winkel der Gewichtsvektoren zum Datenpunkt
gestrichelte Linie ... Winkelhalbierende der Gewichtsvektoren

Bildquelle: [Aganian, 2019][9]

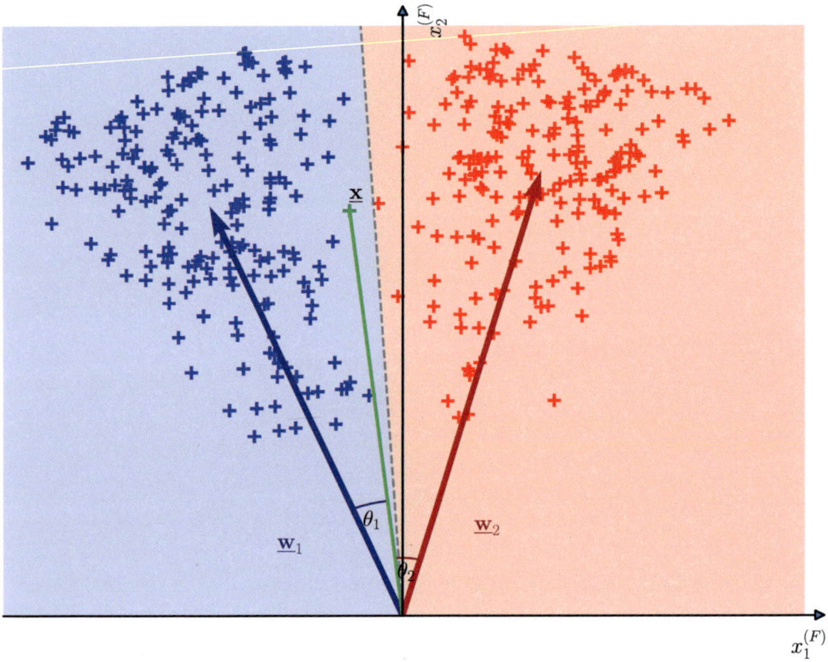

Abbildung C.3: Herleitung der Erweiterungen des Softmax Loss
Softmax Loss ohne Bias mit normierten Gewichten – Vergrößerte Darstellung von Abbildung 5.7(c)

Durch die Normierung der Gewichtsvektoren $\underline{\mathbf{w}}_1, \underline{\mathbf{w}}_2$ kann der Datenpunkt $\underline{\mathbf{x}}$ anhand der Winkel θ_1, θ_2 der Gewichtsvektoren zum Datenpunkt klassifiziert werden. Die Winkelhalbierende stellt dabei die Trenngerade dar.

Bildquelle: [Aganian, 2019][9]

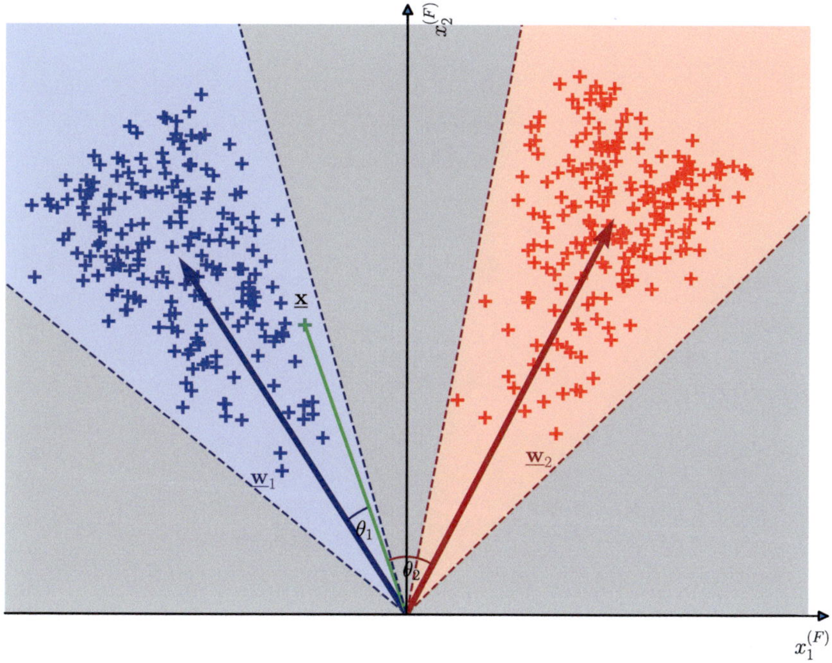

Abbildung C.4: Herleitung der Erweiterungen des Softmax Loss
Softmax Loss ohne Bias mit normierten Gewichten und zusätzlichem Abstand – Vergrößerte Darstellung von Abbildung 5.7(d)

Durch das Einfügen eines zusätzlichen Abstandes m (engl. *Margin*) bezüglich der Entscheidung anhand des Winkels wird die Zwischenklassenvarianz erhöht (grauer Bereich zwischen den Klassen) und die Innerklassenvarianz verringert (blaue und rote Punkte). Beide Kriterien charakterisieren eine bessere Trennbarkeit der Klassen.

Bildquelle: [Aganian, 2019][9]

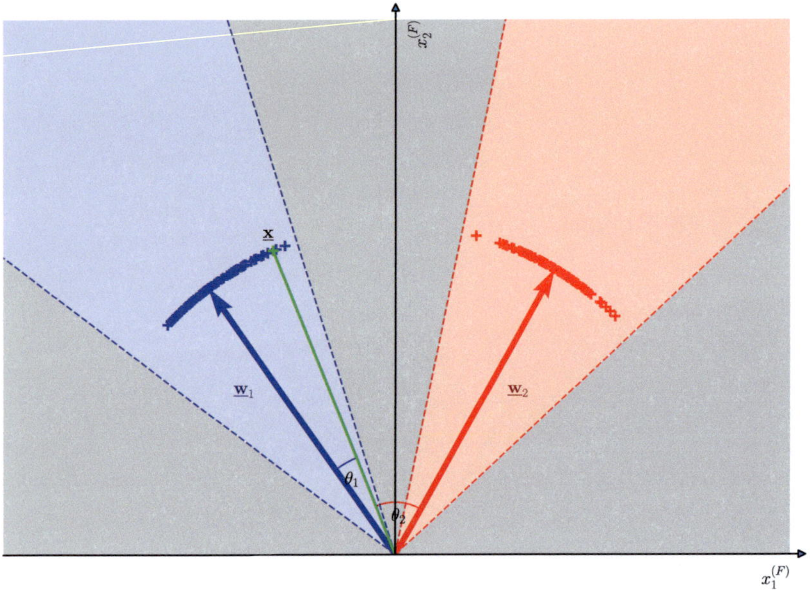

Abbildung C.5: Herleitung der Erweiterungen des Softmax Loss
Abb. C.4 mit zusätzlich normierten Merkmalsvektoren – Vergrößerte Darstellung von Abbildung 5.7(e)

Die Abbildungen C.4 und C.5 zeigen die Art des Abstandes, die bei Verwendung des *Multiplicative Angular Margin Loss* entsteht. Durch die Normierung der Merkmalsvektoren $\underline{\mathbf{x}}_i$ kann die Zwischenklassenvarianz weiter gesteigert und die Innerklassenvarianz weiter verringert werden.

Bildquelle: [Aganian, 2019][9]

aufgetretene Problem ist in Abbildung 5.9b durch den rot dargestellten Trainingsverlauf skizziert. Eine Initialisierung mit Gewichten eines vorherigen Trainings mit Softmax Loss oder Ring Loss auf dem Zieltrainingsdatensatz ergab tatsächlich ein einfacheres Optimierungsproblem wie in Abbildung 5.9b durch den blau dargestellten Trainingsverlauf skizziert. Das Training kollabierte nicht mehr und die erzielten Leitungen lagen deutlich über der Softmax-Loss-Referenz.

C.4.3 Nebenbedingungen bei additiven Erweiterungen zum Klassifikationsfehler

In diesem Abschnitt wird auf alle in Abbildung 5.6 aufgelisteten additiven Erweiterungen zum Klassifikationsfehler eingegangen. Die additiven Erweiterungen (Abbildung 5.6 Mitte) versuchen durch Nebenbedingungen die Eigenschaften des Merkmalsvektors bezüglich Innerklassen- und Zwischenklassenvarianz zu verbessern. Bei *Center Loss* [Wen et al., 2016] wird der Abstand der Merkmalsvektoren zu ihren jeweiligen Klassenmittelpunkten bestraft. Durch das Zusammenziehen der Merkmalsvektoren einer Klasse wird die Innerklassenvarianz reduziert. Bei *Contrastive-Center Loss* [Qi und Su, 2017] wird zusätzlich eine geringe Zwischenklassenvarianz bestraft, wodurch verhindert wird, dass sich auch Merkmalsvektoren unterschiedlicher Klassen zusammenziehen. Bei *Range Loss* [Zhang et al., 2017a] wird der Fehler bezüglich der Innerklassenvarianz ermittelt, indem die k größten Innerklassenpaare bestimmt werden. Der Fehler bezüglich der Zwischenklassenvarianz wird definiert als kleinster Abstand zwischen allen Klassenmittelpunkten. Bei *Ring Loss* [Zheng et al., 2018b] wird der Wert der Norm der Merkmalsvektoren gelernt. Abweichungen von dieser Norm werden bestraft. Damit wird erreicht, dass alle Merkmalsvektoren auf einer Hyperkugel[10] liegen, wodurch die Innerklassenvarianz verringert und die Zwischenklassenvarianz vergrößert wird.

C.4.4 Unterschiede der Metrikfehler zu Triplet Loss

In diesem Abschnitt wird auf alle in Abbildung 5.6 aufgelisteten Metrikfehler eingegangen. Die Fehlerfunktionen der Kategorie der Metrikfehler sind alle von Triplet Loss [SCHROFF et al., 2015] abgeleitet. Das beschriebene Grundprinzip ist für alle Fehlerfunktionen gleich. Es bestehen jedoch Unterschiede bei der Zusammenstellung der Triplets und bei den Nebenbedingungen für die Abstände der Merkmalsvektoren. *Improved Triplet Loss* [CHENG et al., 2016] beschränkt die maximale Distanz zwischen Anker $\underline{\mathbf{x}}^{(F),\omega^\circ}$ und Positiv $\underline{\mathbf{x}}^{(F),\omega^+}$. Dies behebt das Problem von Triplet Loss, dass der geforderte Abstand m über eine Skalierung aller Merkmalsvektoren und somit aller Abstände erreicht werden kann. Des Weiteren werden Anker, Positiv und Negativ zufällig, das heißt ohne Mining, gezogen. Durch die weniger schwierigen Triplets ergibt sich ein stabilerer Trainingsverlauf. Es birgt jedoch auch das Risiko, dass ohne ein Mining in späteren Epochen des Trainings kaum noch Fortschritte erzielt werden. Bei *Quadruplet Loss* [CHEN et al., 2017d] wird kein Merkmalsvektor gelernt. Stattdessen wird ein Neuronales Netzwerk trainiert, dass direkt die Distanz für ein Bildpaar ausgeben soll. Die Art des Trainings ähnelt Triplet Loss dennoch. Es werden Anker, Positiv und zwei Negative gezogen. Daraus werden drei Paare gebildet: Anker-Positiv, Anker-Negativ und Negativ-Negativ. Das zusätzliche Negativ-Negativ-Paar soll erreichen, dass die Innerklassenvarianz um einen Mindestabstand geringer wird als die Zwischenklassenvarianz zweier anderer Klassen. *Triplet Hard Loss* [HERMANS et al., 2017] wählt einen anderen Ansatz für das Mining. Anstatt das Hard-Positiv und Hard-Negativ über den gesamten Datensatz zu bestimmen, werden

[10] Der Name Ring Loss leitet sich davon ab, dass alle Merkmalsvektoren bei einem zweidimensionalen Problem auf einem Ring liegen.

nur die Beispiele eines Minibatches für das Mining betrachtet. Dadurch ergeben sich mittelschwere Triplets, die ein stabiles Training ermöglichen. Des Weiteren wird ein Soft Margin für den Mindestabstand in der Fehlerfunktion verwendet. Dadurch wird ein harter Sprung in der Fehlerfunktion vermieden. Triplet Hard Loss wird sehr häufig bei der erscheinungsbasierten Personenwiedererkennung angewendet. Bei der in [Xiang et al., 2018] veröffentlichten Fehlerfunktion, die einen Klassifikationsfehler bezüglich des Winkels mit *Triplet Hard Loss* kombiniert, werden die Distanzen über den Winkel zwischen Merkmalsvektoren bestimmt. Als Klassifikationsfehler wird Softmax Loss ohne Bias mit normierten Gewichten verwendet, jedoch ohne Margin. Hard-Positiv und Hard-Negativ werden wie bei *Triplet Hard Loss* aus dem Minibatch bestimmt. Diese Fehlerfunktion wurde bisher noch in keiner weiteren Arbeit zur erscheinungsbasierten Personenwiedererkennung verwendet.

C.4.5 Ergebnisse der Parametertests zum Softmax Loss

Bei den Parametertests zur Bestimmung einer möglichst guten Softmax-Loss-Referenz (siehe Kapitel 5.3.3) stellten sich folgende Konfigurationen als geeignet heraus:

- Art der Datenaugmentierung: Die besten Ergebnisse wurden bei zufälliger horizontaler Spieglung der Bilder mit einer Wahrscheinlichkeit von $p = 0{,}5$ erzielt. Eine zufällige Wahl unterschiedlicher Bildausschnitte brachte keine Vorteile.
- Gestaltung der Average Pooling Schicht des eingesetzten ResNet50: In allen Experimenten wurden mit Global Average Pooling die besten Ergebnisse erzielt.
- Merkmalsvektorgrößen: Bei den Klassifikationsfehlern (Softmax Loss, Additive Angular Margin Loss) wurden mit kleineren Merkmalsvektorgrößen von 64 bis 512 die besten Ergebnisse erzielt. Bei Triplet Hard Loss waren größere Merkmalsvektoren besser geeignet. Die besten Ergebnisse wurden bei einer Merkmalsvektorgröße

von 2048 erzielt. Mit Ring Loss konnten für alle Merkmalsvektorgrößen ab 128 gute Ergebnisse erzielt werden.

- Lernraten-Scheduler: Drei Varianten wurden evaluiert: Konstante Lernrate, linear fallende Lernrate, erst steigende dann fallende Lernrate. Bei Softmax Loss und Ring Loss war eine erst steigende dann fallende Lernrate am geeignetsten. Bei Additive Angular Margin Loss war bei den meisten Experimenten eine konstante Lernrate am besten geeignet. Ein Training mit Triplet Hard Loss war nur erfolgreich bei Verwendung einer erst steigenden und anschließend fallenden Lernrate.
- Startlernrate: Bei Softmax Loss wurden die besten Ergebnisse mit Lernraten im Bereich von 0,01 bis 0,05 erzielt. Bei Ring Loss lagen geeignete Lernraten in Bereich von 0,025 für große Merkmalsvektoren bis 0,05 für kleine Merkmalsvektoren. Bei Additive Angular Margin Loss lagen geeignete Lernraten in Bereich von 0,005 bis 0,025. Bei Triplet Hard Loss lagen geeignete Lernraten in Bereich von 0,025 bis 0,05.
- Gewichtung des Ring Loss für Kombination mit Softmax Loss: Eine geeignete Gewichtung hängt von der Merkmalsvektorgröße ab. Am besten geeignet waren Gewichtungen im Bereich von 0,001 für große Merkmalsvektoren bis 0,05 für kleine Merkmalsvektoren.
- Abstand m bei Additive Angular Margin Loss: Der Wert aus [Deng et al., 2019] $m = 0{,}5$ eignete sich auch für die erscheinungsbasierte Personenwiedererkennung am besten wenn mit Softmax Loss vortrainiert wurde.
- Skalierung s bei Additive Angular Margin Loss: Der Wert aus [Deng et al., 2019] $s = 64$ eignete sich auch für die erscheinungsbasierte Personenwiedererkennung am besten.
- Minibatchgröße: Bei Additive Angular Margin Loss (AAML) sollte die Minibatchgröße so groß wie möglich gewählt werden. Die maximal mögliche Minibatchgröße wird durch die Hardware begrenzt. Bei einer Grafikkarte konnte eine Minibatchgröße von 220

verwendet werden, bei zwei Grafikkarten 370. Bei Triplet Hard Loss waren kleinere Minibatchgrößen besser geeignet. Die besten Ergebnisse wurden mit einer Minibatchgröße von 60 erzielt.

- Initialisierung der Gewichte: Bei Additive Angular Margin Loss (AAML) war eine Initialisierung mit Gewichten eines vorherigen Trainings auf den gleichen Daten mit einer anderen Fehlerfunktion notwendig, um ein erfolgreiches Training durchzuführen. Die besten Ergebnisse wurden bei Initialisierung mit Triplet-Hard-Loss-Gewichten erzielt. Bei Triplet Hard Loss wurden die besten Ergebnisse bei Initialisierung mit ImageNet-Gewichten erzielt.

C.4.6 Weitere Ergebnisse zur Kombination von Fehlerfunktionen

Neben der in Kapitel 5.3.3 beschriebenen Kombination von Fehlerfunktionen durch Konkatenation der gelernten Merkmalsvektoren wurde auch ein sequentielles und ein paralleles Training zweier Fehlerfunktionen untersucht. Die Ergebnisse dieser Untersuchungen werden nachfolgend kurz zusammengefasst.

Sequentielles Training Es wurde evaluiert, ob ein trainiertes Neuronales Netzwerk für die Initialisierung des Trainings mit einer zweiten Fehlerfunktion genutzt werden kann (siehe Abbildung C.6). Wurde das Triplet-Hard-Loss-Training mit Additive-Angular-Margin-Loss-Gewichten initialisiert, so konnten die Ergebnisse von Triplet Hard Loss auf ImageNet-Gewichten nicht erreicht werden. Die Initialisierung des Additive-Angular-Margin-Loss-Trainings mit Triplet-Hard-Loss-Gewichten brachte Verbesserungen für kleine Merkmalsvektorgrößen (≤ 512). Jedoch konnten die besten Triplet-Hard-Loss-Einzelergebnisse nicht erreicht werden.

Paralleles Training Es wurde die parallele Verwendung von Additive Angular Margin Loss (AAML) und Triplet Hard Loss untersucht.

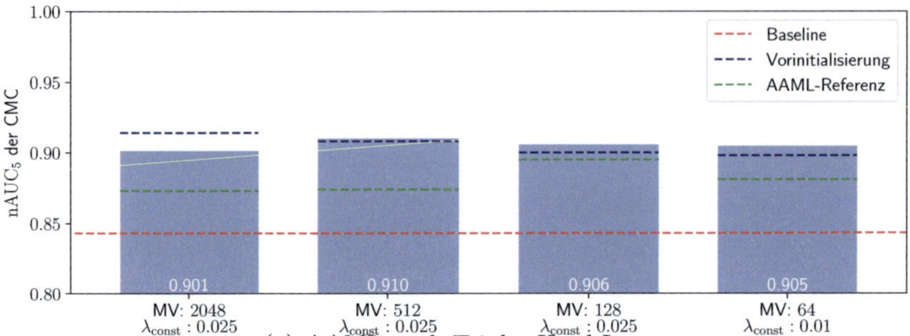

(a) AAML nach Triplet Hard Loss

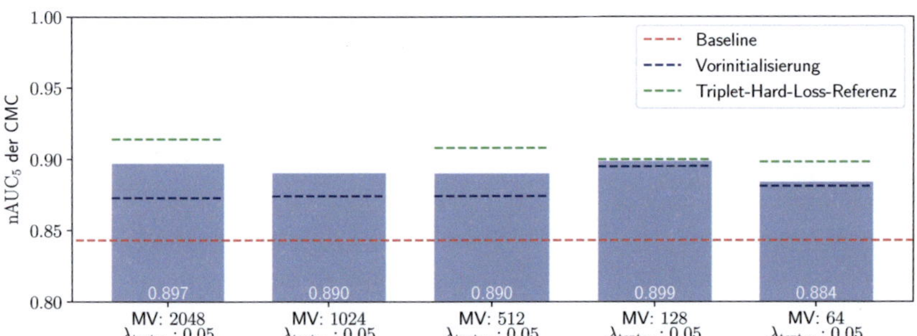

(b) Triplet Hard Loss nach AAML

Abbildung C.6: Sequentielles Training von AAML und Triplet Hard Loss

Training von zwei Fehlerfunktionen (Additive Angular Margin Loss (AAML), Triplet Hard Loss) nacheinander für verschiedene Merkmalsvektorgrößen (MV). Als Gütemaß dient die normierte Fläche unter der CMC-Kurve über die ersten fünf Ränge $nAUC_5$. Das Training mit der zweiten Fehlerfunktion (Ergebnis: hellblaue Balken) beginnt mit den besten Gewichten des Trainings mit der zuerst verwendeten Fehlerfunktion (Ergebnis gekennzeichnet als Vorinitialisierung – blaue Linie). Das jeweils beste erzielte Einzelergebnis der zweiten Fehlerfunktion ist zum Vergleich als grüne Linie abgetragen. Bildquelle: [Aganian, 2019][9]

Dabei gingen die beiden Fehlerfunktionen gleichgewichtet in den Gesamtfehler ein. Für die Initialisierung wurden Ring-Loss-Gewichte verwendet, da ein erfolgreiches Training aufgrund des anfangs dominierenden Additive Angular Margin Loss nicht möglich wäre. Nur für einen Merkmalsvektor der Größe 128 konnten bessere Ergebnisse als mit den jeweiligen Einzelergebnissen der Fehlerfunktionen erreicht werden (siehe Abbildung C.7). Für andere Merkmalsvektorgrößen lagen die Ergebnisse hinter den Einzelergebnissen. Die Probleme bei größeren Merkmalsvektorgrößen werden durch Additive Angular Margin Loss verursacht, dessen Fehler den Gesamtfehler aus beiden Fehlerfunktionen in der Anfangsphase des Trainings dominiert. Die besten Triplet-Hard-

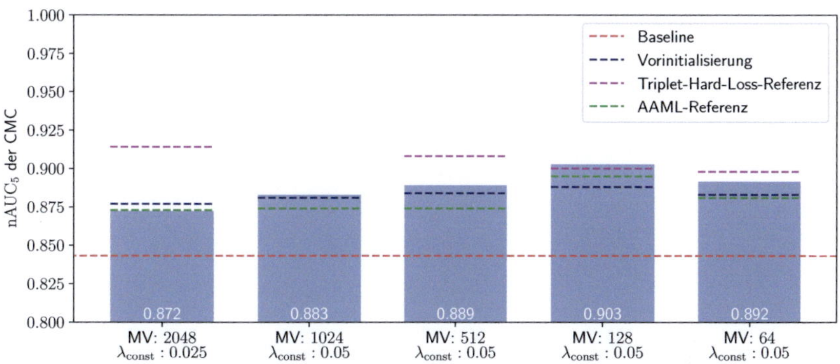

Abbildung C.7: Paralleles Training von AAML und Triplet Hard Loss

Gleichzeitiges Training mit den zwei gleichgewichteten Fehlerfunktionen Additive Angular Margin Loss (AAML) und Triplet Hard Loss bei verschieden Merkmalsvektorgrößen (MV). Für die Vorinitialisierung wurden jeweils die Gewichte des besten Trainings mit Ring Loss bei gleicher Merkmalsvektorgröße (blaue Linien) verwendet. Als Gütemaß dient die normierte Fläche unter der CMC-Kurve über die ersten fünf Ränge $nAUC_5$. Die Referenzwerte der besten Trainingsergebnisse mit jeweils einer der beiden Fehlerfunktionen sind als pinke (Triplet Hard Loss) und grüne Linie (Additive Angular Margin Loss (AAML)) abgetragen. Der Referenzwert des Trainings mit Softmax Loss (rote Linie) konnte für alle Merkmalsvektorgrößen überboten werden. Bildquelle: [Aganian, 2019][9]

Loss-Einzelergebnisse konnten auch durch ein paralleles Training nicht erreicht werden.

Anhang D

Ergänzungen zur Template-Generierung

In diesem Anhang werden einige Aspekte zur *Template*-Generierung aus Kapitel 6 tiefergehend erläutert. In Abschnitt D.1 wird auf einige Aspekte zur Generierung eines kompakten *Templates* vertiefend eingegangen. Weitere Experimente zum kompakten *Template* sind in Abschnitt D.2 zu finden.

D.1 Erstellung eines kompakten Templates

Nachfolgend werden einige Aspekte aus Kapitel 6.2 zur Generierung eines personenspezifischen, kompakten Templates näher ausgeführt.

D.1.1 Eignung für Merkmalsauswahl

Grundsätzlich können alle Arten von Merkmalen für die in Kapitel 6.2 vorgestellte filterbasierte Merkmalsauswahl verwendet werden. Da aber nur eine geringe Anzahl an relevanten Merkmalsraumdimensionen ausgewählt wird, sollte ein Merkmal nur aus einem Kanal bestehen oder einer geringen Anzahl an Kanälen, die sich in einzelne diskriminative Teile aufspalten lassen. Ein Kanal ist definiert als eine einzelne Komponente einer Menge von Elementen aus denen das Merkmal zusammengesetzt ist. Dies soll an drei Beispielen erklärt werden:

- Das Merkmal der gemittelten RGB-Farbe besteht aus drei teilbaren diskriminativen Kanälen (rot, grün und blau). Deshalb ist dieses Merkmal geeignet.
- Ein SIFT-Deskriptor besteht aus einer Menge von 128 Kanälen, welche einzeln keine Aussagekraft besitzen. Daher kann dieser Deskriptor nur verwendet werden, wenn er unter Anwendung eines Dimensionsreduktionsverfahrens (zum Beispiel PCA oder LDA, siehe Kapitel 3.3.1) in wenige einzeln deskriptive Kanäle überführt wird.
- Gelernte Merkmale können verwendet werden. Dabei muss aber sichergestellt werden, dass unterschiedliche Teile des Merkmalsvektors auch unterschiedliche Informationen tragen. Entspricht der Merkmalsvektor einer Schicht eines tiefen Neuronalen Netzwerks, dann kann durch Regularisierung anhand von Dropout eine Co-Adaption der Neuronen verhindert werden. Dadurch wird die Bedingung der verteilten Information erfüllt.

D.1.2 Verwendete Merkmale

Um die Leistungsfähigkeit des in Kapitel 6.2 vorgestellten Ansatzes zur Extraktion personenspezifischer, diskriminativer Merkmale hervorzuheben, wird das Merkmalsset bewusst auf nachfolgend beschriebene, sehr einfache Texturmerkmale und Farbmittelwerte beschränkt.

Texturmerkmale

Zur Beschreibung der Textur wurden folgende 13 Texturmerkmale aus [Haralick et al., 1973] verwendet:

- Homogenität (f_1)

- Kontrast (f_2)
- Korrelation (f_3)
- Varianz (f_4)
- *Inverse Difference Moment* (f_5)
- Durchschnitt der Summe der Grauwertematrix (engl. *Co-Occurrence Matrix*) (f_6)
- Varianz der Summe der Grauwertematrix (f_7)
- Entropie der Summe der Grauwertematrix (f_8)
- Entropie (f_9)
- Varianz der Differenz der Grauwertematrix (f_{10})
- Entropie der Differenz der Grauwertematrix (f_{11})
- Zwei informationstheoretische Maße der Korrelation (f_{12}, f_{13})

Farbmittelwerte

Als Farbmerkmal wurde die durchschnittliche Farbe einer definierten Region in neun verschiedenen Farbräumen verwendet: *RGB*, YC_bC_r, *HSV*, *HSL*, *HSI*, *RG-BY-WS* [Pomierski und Gross, 1996], *XYZ*, $L^*a^*b^*$, $I_1I_2I_3$ [Ohta, 1985]. Für eine Beschreibung der Farbräume sei auf die Grundlagen in Kapitel 3.2.1 verwiesen.

Regionen für die Extraktion der Merkmale

Die Merkmale wurden aus zwei vordefinierten Regionen des Ober- und Unterkörpers extrahiert (siehe Abbildung D.1). Die Position der Merkmalsextraktionsregionen ist relativ zum Bildausschnitt, der die Person enthält, festgelegt.

D.1.3 Erzeugung des Trainingsdatensatzes

Die Qualität der in Kapitel 6.2.2 vorgestellten echtzeitfähigen Merkmalsauswahl hängt stark von der Qualität des Trainingsdatensatzes ab. Ein guter Trainingsdatensatz muss genügend eindeutige Trainings-

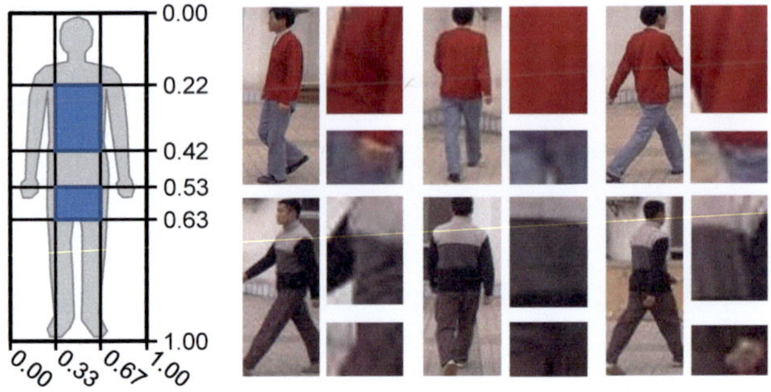

Abbildung D.1: Bereiche für die Merkmalsextraktion
Dargestellt sind die relativen Koordinaten für die Festlegung der Bereiche zur Extraktion der Merkmale des Ober- und Unterkörpers und beispielhafte Bildausschnitte. Die Beispielbilder sind dem CASIA-A-Datensatz [Wang et al., 2003] entnommen.

beispiele mit einer großen Vielfalt an Ansichten, sowohl für die Positiv- als auch Negativdaten, aufweisen.

Weil die Beispiele für den Trainingsdatensatz automatisch ausgewählt werden, müssen mögliche Probleme, wie Verdeckungen oder ID-Switches, erkannt und vom Datensatz ausgeschlossen werden. Gleichzeitig muss der Trainingsdatensatz aber auch eine große Vielfalt aufweisen. Dies beinhaltet zum Beispiel Änderungen der Perspektive oder der Beleuchtung.

Die ausgewählte Zielperson kann ausgehend von der initial markierten Postion getrackt werden, damit mehrere Ansichten zum Trainingsdatensatz hinzugefügt werden können. Dies ist auch für alle anderen gleichzeitig beobachteten Personen möglich. Die Unterscheidung in Positiv- und Negativdaten ist über die zugeteilte Track-ID möglich, solange keine Gefahr für Verwechslungen (engl. *ID-Switches*) besteht. Diese kritischen Situationen können durch die geometrische Nähe des Tracks der Zielperson zu Tracks anderer Personen und anhand des eingesetzten visuellen Trackers (siehe Kapitel 4.3.1) festgestellt werden. Mögliche Verdeckungen durch andere Personen können durch die Betrachtung geometrischer Zusammenhänge zwischen den Personen und der Kamera erkannt werden. Um schlecht geeignete Trainingsbeispiele zu vermeiden, werden diese Problemfälle vom Training ausgeschlossen.

D.1.4 Methoden zur Abschätzung der Mutual Information

In [SCHAFFERNICHT et al., 2010] wurden verschiedene Methoden zur Abschätzung der Mutual Information, bezüglich der Eignung für die Merkmalsauswahl, verglichen. Die Untersuchung beinhaltete folgende Verfahren:

- Histogramm mit gleicher Binbreite
- Ensemble von Histogrammen verschiedener Binbreiten
- Histogramm mit variabler Binbreite
- *Kernel Density Estimation* (KDE)
- *Least-Squares Mutual Information* (LSMI) [SUZUKI et al., 2008]
- *K-Nearest Neighbor* (KNN)
- *Joint Mutual Information* über KNN-Ansatz

Die Experimente zeigten, dass die meisten Verfahren, das heißt Histogramme, KDE und LSMI, unabhängig von der Genauigkeit der Schätzung der tatsächlichen Mutual Information, jeweils Werte liefern, die die Merkmale korrekt bezüglich ihres statistischen Zusammenhangs zum Klassenlabel sortieren. Das heißt, alle untersuchten Methoden zur Abschätzung der Mutual Information (außer den beiden KNN-Ansätzen) waren etwa gleich gut für eine Merkmalsauswahl geeignet. Eine korrekte Berechnung der exakten Mutual Information ist demnach nicht notwendig. Dies bedeutet auch, dass eine korrekte Sortierung der am besten geeigneten Merkmale schon mit der sehr einfachen histogrammbasierten Methode mit gleicher Binbreite erzeugt werden kann.

D.1.5 Approximation von Wahrscheinlichkeiten über Histogramme

Zur Approximation der Wahrscheinlichkeitsverteilungen über Histogramme kann für jede Dimension die Binbreite nach der Regel von Scott [Scott, 1992], basierend auf der Varianz und der Anzahl der Datenpunkte, bestimmt werden. Anschließend werden die Histogramme erstellt, indem alle Datenpunkte gleichgewichtet in die Histogrammbins einsortiert werden, sodass die Summe aller Bins eins ergibt. Für weitere Details sei auf [Scott, 1992] verwiesen.

In [Eisenbach et al., 2012] wurden zwei Abwandlungen dieser Vorgehensweise vorgestellt. Die Regel von Scott geht von annähernd normalverteilten Daten pro Dimension aus, um die Varianz zu berechnen. Bei multimodalen Verteilungen, die in Merkmalsräumen für die Personenwiedererkennung häufig vorkommen, ergibt sich bei dieser Berechnungsvorschrift eine große Varianz und damit breite Bins, die für die Approximation der Verteilung ungeeignet sind. Es ist daher besser die einzelnen Modi mittels Mean-Shift-Clustering zu ermitteln und die Binbreite anhand des Maximums der jeweiligen Varianzen der Cluster zu bestimmen.

Ein weiteres Problem bei der Personenwiedererkennung ist die ungleiche Menge an Trainingsbeispielen für die Positiv- und Negativklasse. Es liegen in der Regel deutlich mehr Beispiele anderer Personen vor als Beispiele der Zielperson. Daher werden die Beispiele der einzelnen Klassen so gewichtet, dass beide den gleichen Einfluss auf das Histogramm haben. Die durch die veränderte Verteilung resultierende Mutual Information hat in [Eisenbach et al., 2012] bessere Ergebnisse bei der Merkmalsauswahl erzielt als die Mutual Information anhand gleichgewichteter Beispiele. Die beiden Abwandlungen verbessern die Merkmalsauswahl und steigern damit die Wiedererkennungsleistung signifikant.

D.1.6 Merkmalsauswahl anhand Mutual Information

Nach der Berechnung des Gütemaßes für die Eignung einzelner Merkmale (Mutual Information) oder Merkmalsteilmengen (Joint Mutual Information) muss eine Auswahl möglichst nicht redundanter Merkmale getroffen werden. Dazu sind folgende zwei Ansätze gebräuchlich:

- Mutual Information in Kombination mit dem *Mutual Information for Feature Selection* (MIFS)-Algorithmus [Battiti, 1994]
- Berechnung der Joint Mutual Information für verschiedene Untermengen von Merkmalen und Auswahl der Untermenge mit der höchsten Joint Mutual Information

Evaluationen in [Eisenbach et al., 2012] ergaben, dass der MIFS-Algorithmus auf Wiedererkennungsdatensätzen schlecht abschneidet. Dies wird wahrscheinlich durch die Wahl des ersten Merkmals verursacht, welches einen hohen Einfluss auf die Wahl aller weiteren Merkmale hat. Da MIFS nur die Mutual Information zur Beurteilung der Eignung einzelner Merkmale benutzt, kommt es zu Schwierigkeiten bei XOR-Problemen, bei denen Merkmale nur in Kombination mit anderen Merkmalen relevant sind (schwach relevante Merkmale). In XOR-Problemen ist die Mutual Information daher für beide Kanäle null, weil sie einzeln irrelevant sind (keine statistische Abhängigkeit zum Label (positiv/negativ)). Die Joint Mutual Information nimmt hingegen einen großen Wert an, weil die Merkmale in Kombination eine Relevanz aufweisen (hohe statistische Abhängigkeit zum Label). Da XOR-ähnliche Probleme in Merkmalsräumen bei der Wiedererkennung vorhanden sind, wurde der Joint-Mutual-Information-Ansatz gewählt. Dennoch hat auch die Joint-Mutual-Information-basierte Merkmalsauswahl einige Nachteile:

- **Hochdimensionale Verteilungen**: Es ist problematisch zu versuchen hochdimensionale Verteilungen mit nur wenigen Beispielen zu approximieren. Daher können nur kleine Merkmalssets berücksichtigt werden. Je nach Anzahl der Trainingsbeispiele können in den betrachteten Anwendungen Kombinationen von drei bis sechs Merkmalen analysiert werden.

- **Rechenzeit**: Ein passendes Merkmalsset auszuwählen ist zeitaufwendig, da jede mögliche Kombination von Kanälen ausprobiert werden muss. Die verwendete Rechenzeit für das Online-Training beim Enrollment muss beim *Matching* (Kapitel 7) kompensiert werden.
- **Keine schrittweise Auswahl möglich**: Eine schrittweise Auswahl von Merkmalen wird fehlschlagen, da die selben Schwierigkeiten auftreten wie beim MIFS-Algorithmus für XOR-ähnliche Probleme.

D.1.7 Vergleich mit dem Template

Für den Vergleich einer Person mit dem Template werden mehrere Beobachtungen und Merkmale aus mehreren Bildregionen berücksichtigt. Die kurzen Beschreibungen aus Kapitel 6.2.3 werden nachfolgend detaillierter ausgeführt.

Berücksichtigung mehrerer Beobachtungen

Zur Beurteilung der Übereinstimmung der Person mit dem *Template* werden mehrere Beobachtungen berücksichtigt. Dabei wird pro Track jeweils der Durchschnitt über die N *Matching-Scores* mit der besten Übereinstimmung (engl. *Best Match*) kombiniert (Gleichung (D.1)).

$$d_{Track} = \frac{\sum_{i=1}^{N} (d_i)}{N} + \min_{i=1}^{N} (d_i) \tag{D.1}$$

Fusion mehrerer Merkmale aus verschiedenen Bildregionen

Um mehrere Bildregionen zu kombinieren, aus denen Merkmale extrahiert werden können, wird in [EISENBACH et al., 2012] die Fusion auf

Score Level vorgeschlagen. Dazu wird die Vergleichbarkeit der Trackscores aus unterschiedlichen Regionen mittels FAR-Normierung realisiert (siehe Kapitel 8.3.1 und zugehöriger Anhang F.3).

$$s'^{(\mathrm{FAR})} = -\log_{10} FAR(d_{Track}) \tag{D.2}$$

Die negativ logarithmischen *FAR-Scores* (Gleichung (D.2)) verschiedener Regionen werden anschließend gleich gewichtet summiert, um den fusionierten Score zu erhalten. In Kapitel 8 wird auf die Score-Level-Fusion näher eingegangen.

Entscheidungsfindung

Wenn die Scores für alle beobachteten Personen berechnet wurden, wird darauf basierend ein Ranking erstellt. Zur Entscheidung, welche Person am besten mit dem *Template* übereinstimmt, werden folgende Kriterien verwendet:

- Für *Closed Set* Szenarien, bei denen alle in der Probe enthaltenen Personen auch in der Galerie enthalten sind (vorwiegend bei Benchmarkdatensätzen, siehe Grundlagen, Kapitel 3.1.1), wird die Person auf Rang eins gewählt, wenn die Differenz zu Rang zwei groß genug ist. Ansonsten ist die Entscheidung unsicher. Dann sollte eine Score-Level-Fusion mit anderen Wiedererkennungsverfahren erfolgen (zum Beispiel mit einer Gesichtserkennung bei der Videoüberwachung).
- Für *Open Set* Szenarien, bei denen in der Probe auch Personen enthalten sind, die sich nicht in der Galerie befinden (in realen Anwendungen, siehe Grundlagen, Kapitel 3.1.1), wird die Person auf Rang eins gewählt, wenn der Score besser als ein definierter globaler Schwellwert ist. Ansonsten ist die Entscheidung unsicher. Dies kann wieder durch Score-Level-Fusion mit anderen Verfahren behoben werden.

D.2 Ergänzungen zu den Experimenten

In Kapitel 6.2.4 wurden einige experimentelle Untersuchungen aus [EISENBACH et al., 2012] nur zusammengefasst. Auf diese Experimente wird nachfolgend detaillierter eingegangen.

D.2.1 Ergebnisse der Kombination von Merkmalen aus mehreren Körperbereichen

Obwohl die in Kapitel 6.2.4 vorgestellten Ergebnisse schon sehr vielversprechend sind, können sie weiter gesteigert werden, indem Merkmale mehrerer Regionen genutzt werden. In einem Experiment in [EISENBACH et al., 2012] wurde gezeigt, dass trotz der Auswahl unterschiedlicher Merkmale für zwei Körperbereiche eine geeignete Fusion erfolgen kann. Dazu wurden die Distanzscores, die aus den einzelnen Vergleichen pro Region resultieren, normiert und auf *Score Level* fusioniert. Als Ausgangspunkt dienten die in Kapitel 6.2.4 beschriebenen Matchingergebnisse mit ausgewählten Merkmalen aus Regionen des Oberkörpers und des Unterkörpers.

Wie in Tabelle D.1 zu sehen ist, kann die Leistungsfähigkeit signifikant gesteigert werden. Das vorgestellte Verfahren schneidet für jede Kombination von Perspektiven deutlich besser ab als [JÜNGLING und ARENS, 2011]. Wenn die Perspektiven für Galerie und Probe übereinstimmen, wird eine perfekte Wiedererkennung erreicht. In diesem Fall waren die Scores auch groß genug, um bei einer *Open Set Evaluation* akzeptiert zu werden (für Details siehe [EISENBACH et al., 2012]).

Abbildung D.2 zeigt die ROC- und DET-Kurve für die ermittelten Scores für alle Kombinationen von Perspektiven auf dem Casia-A-Datensatz. Da die Leistungssteigerung der Wiedererkennung unter Benutzung der Score-Level-Fusion im Vergleich zur Wiedererkennung mit ausschließlich Oberkörpermerkmalen in Abbildung D.2 gering erscheint, ist die FAR-Achse in Abbildung D.3 logarithmisch skaliert dargestellt. Die signifikante Region für die Unterscheidung der Zielperson

		Probe					
	Winkel	0°	90°	135°	180°	270°	315°
Galerie	0°	100	91	100	100	92	98
	90°	78	100	89	77	95	78
	135°	98	98	100	97	97	94
	180°	100	94	100	100	91	97
	270°	88	100	98	86	100	100
	315°	97	94	100	94	95	100

Tabelle D.1: Korrektklassifikationsrate fusionierter Merkmale
Dargestellt ist die Korrektklassifikationsrate (CCR, engl. *Correct Classification Rate*) für die Score-Level-Fusion der Wiedererkennungsergebnisse mit Oberkörper- und Unterkörpermerkmalen. Unterschiede zum Referenzansatz sind wie in Tabelle 6.2 hervorgehoben.

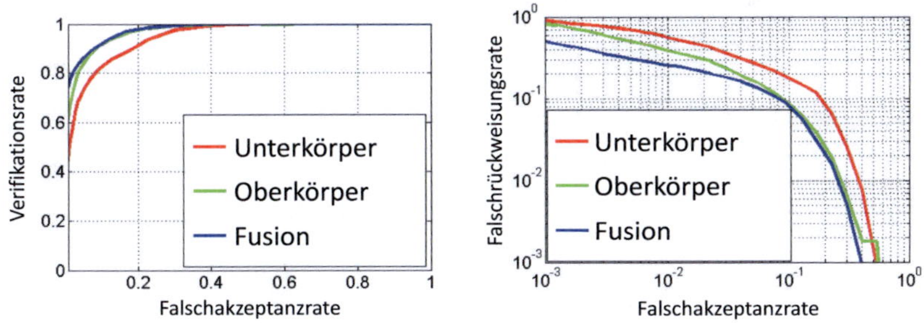

(a) ROC-Kurve (b) DET-Kurve

Abbildung D.2: ROC- und DET-Kurve
Bewertung der Wiedererkennungsleistung anhand der Receiver-Operator-Characteristic- und Detection-Error-Tradeoff-Kurve. Verglichen werden die Leistungen bei Verwendung von automatisch auswählten Merkmalen des Oberkörpers und des Unterkörpers mit der Kombination der Merkmale durch Score-Level-Fusion.

von ähnlich gekleideten Personen liegt im Bereich einer FAR von 10^{-2} und niedriger. Die deutlich höhere Verifikationsrate der Fusion in diesem Bereich im Vergleich zu den einzelnen Ansätzen ist erkennbar.

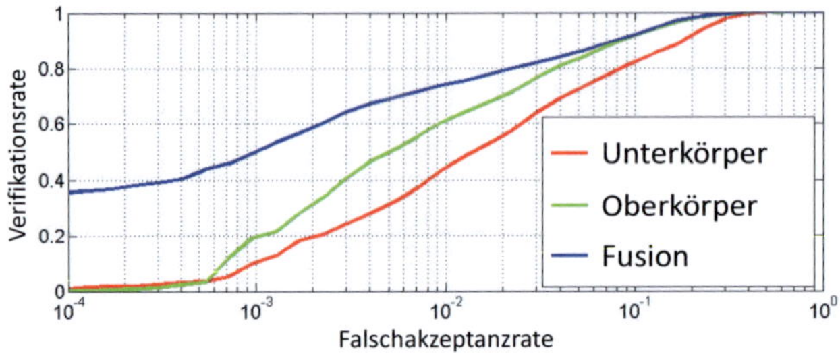

Abbildung D.3: ROC-Kurve mit logarithmischer FAR-Achse
Zur Hervorhebung der Leistungssteigerung durch eine Fusion wird die FAR-Achse der ROC-Kurve aus Abbildung D.2(a) logarithmisch skaliert. Die signifikante Region für die Unterscheidung der Zielperson von ähnlich gekleideten Personen liegt im Bereich einer FAR von 10^{-2} und niedriger. Die deutliche Leistungssteigerung in dieser Region ist erkennbar.

D.2.2 Laufzeitanalyse

Die Generierung des *Templates* benötigt zwischen zwei Sekunden (40 Kanäle, 10 Sekunden Videomaterial für das Training) und 40 Minuten (600 Kanäle, eine Stunde Videomaterial für das Training). Der Zeitaufwand für das Training ist stark abhängig von der Größe des Trainingsdatensatzes und der Anzahl der Merkmale. Bei großen Trainingsdatensätzen sollte zunächst ein *Subsampling* (dt. Unterabtastung) durchgeführt werden, um die benötigte Zeit für das Training zu reduzieren. In realen Überwachungsszenarien übersteigt die benötigte Zeit für die *Template*-Generierung üblicherweise nicht zwei Minuten (für 600 Kanäle) aufgrund eines kleineren Trainingsdatensatzes.

Durch das reduzierte Merkmalsset und den Einsatz eines sehr einfachen Ähnlichkeitsmaßes erfolgt das Matching sehr effizient. Pro Sekunde können 12.000 Scoreberechnungen auf einem Intel-Core-i7-System durchgeführt werden. Die Wiedererkennung einer Person auf allen Bildern von 100 Minuten HD-Videodaten bei vorberechneten Merkmalen dauerte weniger als 10 Sekunden. Daher kann die benötigte Zeit für die *Template*-Generierung in der Anwendungsphase kompensiert werden. Die Echzeitfähigkeit des Ansatzes ist also trotz der aufwendigen *Template*-Generierung gegeben.

D.2.3 Einschränkungen bei der Anwendbarkeit

Obwohl das vorgestellte Verfahren in den Experimenten sehr gut funktionierte, sollen im Folgenden auch einige Einschränkungen aufgelistet werden:

- **Zeit für *Template*-Generierung**: Bei einigen Anwendungen ist eine Zeit von zwei Sekunden für das Enrollment inakzeptabel. In diesen Fällen kann zunächst eine Wiedererkennung mit einem generischen Merkmalsset erfolgen. Nebenbei kann das personenspezifische *Template* erstellt werden. Ist das Training abgeschlossen, kann das besser geeignete, personenspezifische Merkmalsset verwendet werden.
- **Hochdimensionale Merkmalsvektoren**: Hochdimensionale Merkmale, wie zum Beispiel volle Histogramme, enthalten häufig keine Kanäle, die einzeln relevant für die Unterscheidung von Personen sind. Diese Merkmale können eigentlich nicht beim vorgestellten Ansatz verwendet werden. Die in Kapitel 7 vorgestellten *Metric-Learning*-Verfahren führen jedoch eine Dimensionsreduktion des Merkmalssets durch. Das entstehende Merkmal der in Kapitel 7 vorgestellten Kernel-LFDA besteht aus wenigen und einzeln relevanten Kanälen. Nach der Anwendung von *Metric Learning* lässt sich der vorgestellte Ansatz zur Erstellung eines personenspezifischen *Templates* daher auch auf hochdimensionale Merkmale anwenden.

Bei *Deep-Learning*-Merkmalen gibt es keine Einschränkung der Anwendbarkeit des vorgestellten Verfahrens, wenn sichergestellt ist, dass die Neuronen des Merkmalsvektors unterschiedliche Informationen kodieren.

Anhang E

Ergänzungen zum Matching

In diesem Anhang werden einige Aspekte zum Matching aus Kapitel 7 tiefergehend erläutert. In Abschnitt E.1 werden Inhalte aus Kapitel 7.1 zum *Metric Learning* tiefergehend erläutert. In Abschnitt E.2 wird auf Aspekte des *Re-Rankings* aus Kapitel 7.2 vertieft eingegangen.

E.1 Metric Learning

In diesem Abschnitt sind vertiefende Erläuterungen zu den beiden betrachteten *Metric-Learning*-Verfahren KISSME (Kapitel 7.1.2) und Kernel-LFDA (Kapitel 7.1.3) zu finden.

E.1.1 Distanzmetrik

Das Ziel von *Metric Learning* ist das Lernen einer szenariospezifischen Distanzmetrik. Mathematisch ist eine Distanzmetrik wie folgt definiert:

Definition

DISTANZMETRIK

Eine Distanzmetrik $d : \mathcal{X} \times \mathcal{X} \rightarrow \mathbb{R}$ misst im Merkmalsraum $\mathcal{X}$ wie unterschiedlich zwei Merkmalsvektoren $\underline{\mathbf{x}}_i$ und $\underline{\mathbf{x}}_j$ sind.

Folgende Bedingungen müssen für eine Distanzmetrik gelten [DEZA und DEZA, 2006], [VORNDRAN, 2015b][1]:

Nicht-Negativität

$$d(\underline{\mathbf{x}}_i, \underline{\mathbf{x}}_j) \geq 0 \tag{E.1a}$$

Axiom der Selbstähnlichkeit

$$d(\underline{\mathbf{x}}_i, \underline{\mathbf{x}}_j) = 0 \Leftrightarrow \underline{\mathbf{x}}_i = \underline{\mathbf{x}}_j \tag{E.1b}$$

Symmetrie

$$d(\underline{\mathbf{x}}_i, \underline{\mathbf{x}}_j) = d(\underline{\mathbf{x}}_j, \underline{\mathbf{x}}_i) \tag{E.1c}$$

Dreiecksungleichung

$$d(\underline{\mathbf{x}}_i, \underline{\mathbf{x}}_j) \leq d(\underline{\mathbf{x}}_i, \underline{\mathbf{x}}_k) + d(\underline{\mathbf{x}}_k, \underline{\mathbf{x}}_j) \tag{E.1d}$$

Die Bedingungen besagen, dass alle Distanzen positiv sein müssen (Gleichung (E.1a)), dass eine Distanz genau dann null sein muss wenn die Merkmalsvektoren identisch sind (Gleichung (E.1b)), dass die Reihenfolge der Merkmalsvektoren für die Distanz keine Rolle spielen darf (Gleichung (E.1c)) und dass die Dreiecksungleichung gelten muss (Gleichung (E.1d)). Die Dreiecksungleichung besagt, dass der direkte Weg zwischen zwei Merkmalsvektoren $d(\underline{\mathbf{x}}_i, \underline{\mathbf{x}}_j)$ niemals länger sein darf als der Umweg über einen Merkmalsvektor $\underline{\mathbf{x}}_k$.

[1] Die Bachelorarbeit von Alexander Vorndran wurde vom Autor betreut.

E.1.2 Vermeidung singulärer Kovarianzmatrizen beim KISSME-Verfahren

Um das in Kapitel 7.1.2 thematisierte Problem singulärer Kovarianzmatrizen zu beheben sind drei Vorgehensweisen möglich:

- **Manipulation der Kovarianzmatrix**: In [Xiong et al., 2014] wird für andere Verfahren, bei denen das gleiche Problem auftreten kann, vorgeschlagen, einen kleinen konstanten Wert ϵ auf die Hauptdiagonale der Kovarianzmatrix zu addieren. Experimente in [Vorndran, 2015a][2] mit dieser Vorgehensweise führten zu schlechten Ergebnissen.
- **Kernel-Trick**: Die Merkmalsvektoren können durch eine Kernelfunktion in einen Kernelraum mit niedriger Dimensionalität überführt werden. Durch eine Verringerung der Dimensionalität müssen weniger Parameter für die Kovarianzmatrix ermittelt werden. Dies kann auch mit weniger Trainingsdaten erfolgen. Diese Vorgehensweise brachte in [Vorndran, 2015a][2] keine Verbesserungen, da nur wenige Kernelstützstellen gewählt werden dürfen, um eine niedrige Dimensionalität zu erreichen. Außerdem ist nicht davon auszugehen, dass die *Genuine*- und *Impostor*-Paare im Kernelraum wie gefordert normalverteilt sind. Das KISSME-Verfahren kann jedoch nach einem kernelbasierten nichtlinearen *Metric-Learning*-Ansatz angewendet werden, der eine Dimensionsreduktion durchführt. In [Vorndran, 2015a][2] wurde die Anwendung von KISSME nach dem in Abschnitt 7.1.3 beschriebenen Kernel-LFDA-Verfahren untersucht. Diese Kombination brachte eine deutliche Verbesserungen der Wiedererkennungsleistung auf Daten des Forschungsprojekts ROREAS aus dem robotischen Anwendungsfeld.
- **Dimensionsreduktion der Merkmalsvektoren**: Dies führt zu einer Reduzierung der Parameter der Kovarianzmatrix aufgrund der geringeren Dimensionalität der Merkmalsvektoren. In

[2] Das Fachpraktikum von Alexander Vorndran wurde vom Autor betreut.

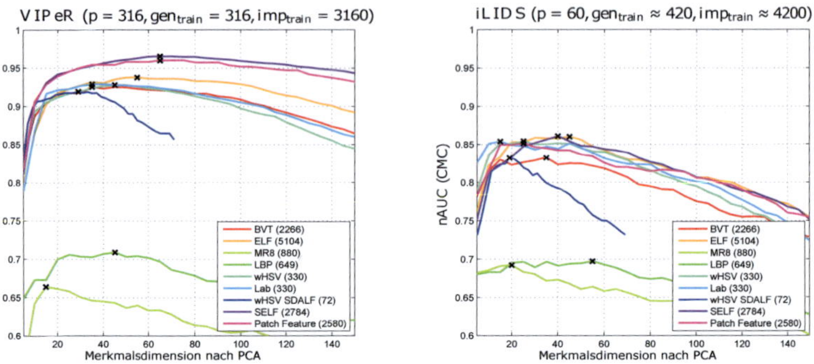

(a) VIPeR-Datensatz (b) iLIDS-Datensatz

Abbildung E.1: KISSME: Einfluss der PCA-Dimensionen
Dargestellt ist die Wiedererkennungsleistung als normierte Fläche unter der CMC-Kurve in Abhängigkeit der PCA-Dimensionen auf zwei Benchmarkdatensätzen für verschiedene händisch entworfene Merkmale. Hinter jedem Merkmal ist in Klammern die Dimensionalität vor Anwendung der PCA angegeben. Oberhalb der Grafiken ist die jeweilige Anzahl an Personen p in der Galerie und an *Genuine*- und *Impostor*-Paaren im Trainingsdatensatz angegeben. Es ist zu erkennen, dass sich für alle Merkmale ähnliche Verläufe ergeben, bei denen sehr viele oder sehr wenige Hauptkomponenten zu einer schlechten Wiedererkennungsleistung durch die mittels KISSME berechnete Metrik führen. Die PCA ist daher ein geeignetes Mittel, um die Invertierbarkeit der Kovarianzmatrizen zu ermöglichen. Die beste Anzahl an Hauptkomponenten schwankt jedoch abhängig von dem verwendeten Merkmal und dem Datensatz. Für die Parametersuche nach einer geeigneten Anzahl an Hauptkomponenten sollte der Bereich von zehn bis 70 PCA-Dimensionen betrachtet werden. Quelle: [VORNDRAN, 2015b][1]

[KÖSTINGER et al., 2012] wird vorgeschlagen eine unüberwachte Dimensionsreduktion mittels Hauptkomponentenanalyse (PCA) durchzuführen. Analysen in [VORNDRAN, 2015a][2] zeigten, dass eine Dimensionsreduktion das Problem behebt, aber die Anzahl der Hauptkomponenten einen entscheidenden Einfluss auf die Leistungsfähigkeit der Metrik hat (siehe Abbildung E.1). Ein geeigneter Wert lässt sich nur über eine Parametersuche finden.

Problematisch ist, dass diese Dimensionsreduktion unüberwacht stattfindet. Weil bei der PCA keine Label zu *Genuine*- und *Impostor*-Paaren verwendet werden, gehen potentiell wichtige Informationen unkontrolliert verloren. Eine überwachte Dimensionsreduktion mittels Linear Discriminant Analysis (LDA) kann jedoch nicht zum Einsatz kommen, da bei der LDA ebenfalls nichtsinguläre Kovarianzmatrizen benötigt werden.
Aufgrund der guten Ergebnisse in [Vorndran, 2015a][2] ist der Einsatz der PCA als Vorverarbeitungsschritt die bevorzugte Vorgehensweise in dieser Dissertation.

E.1.3 Kombination von PCA und KISSME zu einer Matrix

Durch Umformungen lässt sich zeigen, dass die Hauptkomponenten für die Ermittlung der Distanz zweier Merkmalsvektoren nicht direkt berechnet werden müssen. Stattdessen kann die Matrix $\underline{\mathbf{M}}_{\text{PCA}}^T$ zur Dimensionsreduktion direkt auf die Differenz der Merkmalsvektoren angewendet werden:

$$
\begin{aligned}
(\underline{\mathbf{y}}_i - \underline{\mathbf{y}}_j) &= \underline{\mathbf{M}}_{\text{PCA}}^T \cdot (\underline{\mathbf{x}}_i - \underline{\mu}) - \underline{\mathbf{M}}_{\text{PCA}}^T \cdot (\underline{\mathbf{x}}_j - \underline{\mu}) \\
&= \underline{\mathbf{M}}_{\text{PCA}}^T \cdot \big((\underline{\mathbf{x}}_i - \underline{\mu}) - (\underline{\mathbf{x}}_j - \underline{\mu})\big) \\
&= \underline{\mathbf{M}}_{\text{PCA}}^T \cdot (\underline{\mathbf{x}}_i - \underline{\mu} - \underline{\mathbf{x}}_j + \underline{\mu}) \\
&= \underline{\mathbf{M}}_{\text{PCA}}^T \cdot (\underline{\mathbf{x}}_i - \underline{\mathbf{x}}_j) \qquad \text{(E.2)}
\end{aligned}
$$

Anschließend können die Matrizen für PCA ($\underline{\mathbf{M}}_{\text{PCA}}$) und KISSME ($\underline{\mathbf{M}}_{\text{KISSME}}$) durch Einsetzen von Gleichung (E.2) in Gleichung (7.1) und Umformungen gemäß Gleichung (E.3) zu einer Matrix $\underline{\mathbf{M}}_{\text{Kombi}}$ zusammengefasst werden, um in der Anwendungsphase Berechnungen zu sparen.

$$\begin{aligned}
&d^2_{\underline{\mathbf{M}}_\text{Kombi}}(\underline{\mathbf{x}}_i, \underline{\mathbf{x}}_j) \\
&\quad= \left(\underline{\mathbf{M}}_\text{PCA}^T \cdot (\underline{\mathbf{x}}_i - \underline{\mathbf{x}}_j)\right)^T \cdot \underline{\mathbf{M}}_\text{KISSME} \cdot \left(\underline{\mathbf{M}}_\text{PCA}^T \cdot (\underline{\mathbf{x}}_i - \underline{\mathbf{x}}_j)\right) \\
&\quad= (\underline{\mathbf{x}}_i - \underline{\mathbf{x}}_j)^T \cdot \underline{\mathbf{M}}_\text{PCA} \cdot \underline{\mathbf{M}}_\text{KISSME} \cdot \underline{\mathbf{M}}_\text{PCA}^T \cdot (\underline{\mathbf{x}}_i - \underline{\mathbf{x}}_j) \\
&\quad= (\underline{\mathbf{x}}_i - \underline{\mathbf{x}}_j)^T \cdot \underline{\mathbf{M}}_\text{Kombi} \cdot (\underline{\mathbf{x}}_i - \underline{\mathbf{x}}_j) \\
&\qquad \text{mit} \quad \underline{\mathbf{M}}_\text{Kombi} = \underline{\mathbf{M}}_\text{PCA} \cdot \underline{\mathbf{M}}_\text{KISSME} \cdot \underline{\mathbf{M}}_\text{PCA}^T
\end{aligned} \tag{E.3}$$

E.1.4 Mahalanobismatrix nach Merkmalsextraktion anwenden

Um zu vermeiden, dass bei jeder Berechnung der Mahalanobisdistanz eine Matrixmultiplikation notwendig ist (Gleichungen E.3 und 7.1), kann die Mahalanobismatrix derart zerlegt werden, dass sie als Transformation auf jeden Merkmalsvektor angewendet werden kann. Die Transformation kann in diesem Fall als einmalige Matrixmultiplikation während der Merkmalsextraktion erfolgen. Die transformierten Vektoren können anschließend während des Matchings anhand der euklidischen Distanz verglichen werden. Eine Mahalanobisdistanz entspricht daher einer Unterraumprojektion mit Anwendung eines euklidischem Distanzmaßes [Bellet et al., 2013].

Die Mahalanobismatrix ist eine symmetrisch positiv definite (SPD) Matrix. Eine SPD-Matrix $\underline{\mathbf{M}}$ kann mittels Cholesky-Zerlegung in das Produkt einer unteren Dreiecksmatrix $\underline{\mathbf{L}}$ und deren Transponierte $\underline{\mathbf{L}}^T$ zerlegt werden:

$$\underline{\mathbf{L}} \cdot \underline{\mathbf{L}}^T = \text{Choleskyzerlegung}(\underline{\mathbf{M}}) \tag{E.4}$$

Dementsprechend kann auch die KISSME-Metrik $\underline{\mathbf{M}}_{\text{KISSME}}$ nach Gleichung (7.1) derart zerlegt werden, dass alle Matrixmultiplikationen bereits nach der Merkmalsextraktion angewendet werden können:

$$\begin{aligned} d^2_{\underline{\mathbf{M}}_{\text{Kombi}}}&(\underline{\mathbf{x}}_i, \underline{\mathbf{x}}_j) \\ &= (\underline{\mathbf{x}}_i - \underline{\mathbf{x}}_j)^T \cdot \underline{\mathbf{M}}_{\text{PCA}} \cdot \underline{\mathbf{M}}_{\text{KISSME}} \cdot \underline{\mathbf{M}}_{\text{PCA}}^T \cdot (\underline{\mathbf{x}}_i - \underline{\mathbf{x}}_j) \\ &= (\underline{\mathbf{x}}_i - \underline{\mathbf{x}}_j)^T \cdot \underline{\mathbf{M}}_{\text{PCA}} \cdot \underline{\mathbf{L}} \cdot \underline{\mathbf{L}}^T \cdot \underline{\mathbf{M}}_{\text{PCA}}^T \cdot (\underline{\mathbf{x}}_i - \underline{\mathbf{x}}_j) \\ &= \left\| \underline{\mathbf{L}}^T \cdot \underline{\mathbf{M}}_{\text{PCA}}^T \cdot (\underline{\mathbf{x}}_i - \underline{\mathbf{x}}_j) \right\|_2^2 \\ &= \left\| \underline{\mathbf{L}}^T \cdot \underline{\mathbf{M}}_{\text{PCA}}^T \cdot \underline{\mathbf{x}}_i - \underline{\mathbf{L}}^T \cdot \underline{\mathbf{M}}_{\text{PCA}}^T \cdot \underline{\mathbf{x}}_j \right\|_2^2 \\ &= \left\| \underline{\mathbf{x}}'_i - \underline{\mathbf{x}}'_j \right\|_2^2, \quad {\scriptstyle \underline{\mathbf{x}}'_k = \underline{\mathbf{L}}^T \cdot \underline{\mathbf{M}}_{\text{PCA}}^T \cdot \underline{\mathbf{x}}_k,\ k \in \{i,j\}} \end{aligned} \tag{E.5}$$

Die transformierten Merkmalsvektoren $\underline{\mathbf{x}}'_i$ und $\underline{\mathbf{x}}'_j$ werden anschließend anhand der euklidischen Distanz verglichen.

E.1.5 Local Fisher Discriminant Analysis

Die Local Fisher Discriminant Analysis (LFDA, dt. lokale Diskriminanzanalyse nach dem Fisher-Kriterium) [Sugiyama, 2007] erweitert die Linear Discriminant Analysis (LDA)[3] um eine lokale Nachbarschaftsfunktion bei der Berechnung der Inner- und Zwischenklassenvarianzen. Wie bei der LDA können die Dimensionen, die am besten zur Trennung der Daten geeignet sind, direkt berechnet werden. Das heißt, es ist keine iterative Annäherung notwendig. Als Kriterien für eine gute Trennbarkeit werden, wie bei der LDA, eine hohe Zwischenklassenvarianz und eine niedrige Zwischenklassenvarianz gefordert.

[3] Die LDA wird in einigen Publikationen entsprechend des verwendeten Fisher-Kriteriums zur Trennbarkeit von Klassen auch als Fisher Discriminant Analysis (FDA) bezeichnet.

Lokale Nachbarschaft einbeziehen[4]

Bei der Berechnung der Innerklassenvarianz (Gleichung (E.6)) und Zwischenklassenvarianz (Gleichung (E.7)) erfolgt bei der LFDA eine Gewichtung $w_{i,j}$ entsprechend der lokalen Nachbarschaft zweier Datenpunkte $\underline{\mathbf{x}}_i$ und $\underline{\mathbf{x}}_j$.

$$\underline{\mathbf{S}}_w = \frac{1}{2}\sum_{i=1}^{n}\sum_{j=1}^{n} w_{i,j}^{(w)} \left(\underline{\mathbf{x}}_i - \underline{\mathbf{x}}_j\right)\left(\underline{\mathbf{x}}_i - \underline{\mathbf{x}}_j\right)^T \tag{E.6}$$

$$\underline{\mathbf{S}}_b = \frac{1}{2}\sum_{i=1}^{n}\sum_{j=1}^{n} w_{i,j}^{(b)} \left(\underline{\mathbf{x}}_i - \underline{\mathbf{x}}_j\right)\left(\underline{\mathbf{x}}_i - \underline{\mathbf{x}}_j\right)^T \tag{E.7}$$

Die Gewichte für die Innerklassenvarianz $w_{i,j}^{(w)}$ und Zwischenklassenvarianz $w_{i,j}^{(b)}$ ergeben sich wie folgt:

$$w_{i,j}^{(w)} = \begin{cases} \frac{a_{i,j}}{n_l} & \textbf{for } y_i = y_j = l \\ 0 & \textbf{for } y_i \neq y_j \end{cases} \tag{E.8}$$

$$w_{i,j}^{(b)} = \begin{cases} a_{i,j} \cdot \left(\frac{1}{n} - \frac{1}{n_l}\right) & \textbf{for } y_i = y_j = l \\ \frac{1}{n} & \textbf{for } y_i \neq y_j \end{cases} \tag{E.9}$$

Dabei entspricht n der Anzahl der Datenpunkte aller Klassen, n_l der Anzahl der Datenpunkte der Klasse l, y_i und y_j den Klassenlabeln der Datenpunkte $\underline{\mathbf{x}}_i$ und $\underline{\mathbf{x}}_j$, und $a_{i,j}$ bewertet die lokale Nähe der Datenpunkte. Der Gewichtungsfaktor $a_{i,j}$ betrachtet für die Bestimmung der räumlichen Nähe der Datenpunkte $\underline{\mathbf{x}}_i$ und $\underline{\mathbf{x}}_j$ die euklidische Di-

[4]Die in diesem Abschnitt verwendeten Formeln sind aus [Vorndran, 2015a][2] entnommen.

stanz und Schätzungen für die Standardabweichungen σ_i und σ_j in der lokalen Nähe der beiden Datenpunkte:

$$a_{i,j} = \exp\left(-\frac{\left\|\underline{\mathbf{x}}_i - \underline{\mathbf{x}}_j\right\|^2}{\sigma_i \cdot \sigma_j}\right) \tag{E.10}$$

Die Standardabweichung in der lokalen Nähe eines Datenpunktes $\underline{\mathbf{x}}_i$ wird durch die euklidische Distanz zum k-ten nächsten Nachbarn $\underline{\mathbf{x}}_i^{(k)}$ approximiert:

$$\sigma_i = \left\|\underline{\mathbf{x}}_i - \underline{\mathbf{x}}_i^{(k)}\right\| \tag{E.11}$$

Die Wahl des Parameters k hat einen Einfluss auf die lokale Nachbarschaft eines Datenpunktes. Je größer k gewählt wird, desto mehr Datenpunkte werden als lokal benachbart angesehen.

Berechnung der LDA-Projektionen

Nachdem die Innerklassenvarianz und Zwischenklassenvarianz entsprechend Gleichung (E.6) und Gleichung (E.7) bestimmt wurden, kann die Berechnung der LDA-Projektionen durch eine Eigenwertzerlegung der Matrix $\underline{\mathbf{S}}_b^{\frac{1}{2}}\underline{\mathbf{S}}_w^{-1}\underline{\mathbf{S}}_b^{\frac{1}{2}}$ und Einsetzen in Gleichung (3.19) erfolgen (siehe Grundlagen, Kapitel 3.3.1).

Distanzberechnung

Die Distanzberechnung zwischen zwei Merkmalsvektoren $\underline{\mathbf{x}}_i$ und $\underline{\mathbf{x}}_j$ erfolgt anhand der euklidischen Distanz nachdem die Datenpunkten anhand der Matrix $\underline{\mathbf{M}}_{LFDA}$ in den LFDA-Unterraum transformiert wurden:

$$d_{M_{LFDA}}(\underline{\mathbf{x}}_i, \underline{\mathbf{x}}_j) = \left\|\underline{\mathbf{M}}_{LFDA}^T(\underline{\mathbf{x}}_i - \underline{\mathbf{x}}_j)\right\|_2^2 \tag{E.12}$$

Die Projektion der Merkmalsvektoren $\underline{\mathbf{x}}_i$ und $\underline{\mathbf{x}}_j$ durch eine Matrixmultiplikation mit $\underline{\mathbf{M}}_{LFDA}$ kann direkt nach der Merkmalsextraktion erfolgen und muss somit nur einmalig berechnet werden. Beim Matching können die projizierten Merkmalsvektoren anhand der euklidischen Distanz verglichen werden. Die Dimensionsreduktion durch $\underline{\mathbf{M}}_{LFDA}$ führt zu einem beschleunigten Vergleich der Merkmalsvektoren.

Vorteile der LFDA

Die Berücksichtigung der lokalen Nachbarschaft in die Berechnung der Inner- und Zwischenklassenvarianz wirkt sich positiv aus, wenn die Datenpunkte keiner Normalverteilung folgen. Vor allem bei multimodalen Daten treten bei der LDA Fehler bei der Modellierung der Verteilungen auf, die durch die LFDA vermieden werden (siehe Abbildung E.2) [Sugiyama, 2007].

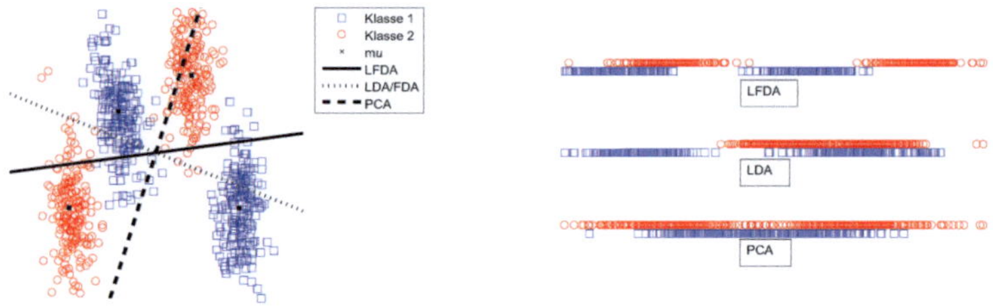

(a) Merkmalsraum mit Projektionsgeraden

(b) projizierte Unterräume

Abbildung E.2: Vergleich der gefundenen Projektion von PCA, LDA und LFDA
Einfache Problemstellung mit zwei Klassen, die jeweils eine multimodale Verteilung aufweisen. Die PCA ignoriert die Klassenlabel und findet eine schlechte Projektion. Die LDA modelliert beide Modi jeder Klasse mit je einer Gaußfunktion, was die tatsächliche multimodale Verteilung nicht widerspiegelt. Dementsprechend wird auch durch die LDA eine schlechte Projektion gefunden. Die LFDA berücksichtigt die lokale Nachbarschaft und kann somit die einzelnen Modi getrennt modellieren. Dadurch wird eine Projektion gefunden, bei der eine nichtlineare Trennung der Klassen zu einem großen Teil möglich ist. Quelle: [Vorndran, 2015a][2]

In Abbildung E.2 wird auch deutlich, dass bei der LFDA im Gegensatz zur LDA Projektionen gefunden werden können, die eine nichtlineare Trennung erfordern.

Durch die Berücksichtigung der lokalen Nachbarschaft können mehrere Teile der Verteilung pro Klasse einzeln modelliert werden. Daher hängt die Anzahl der berechneten Projektionen bei der LFDA im Gegensatz zur LDA nicht von der Anzahl der Klassen ab.

Probleme der LFDA

Für die Berechnung der LFDA-Projektionen müssen die Kovarianzmatrizen der Inner- und Zwischenklassenvarianz invertiert werden. Bei wenigen verfügbaren Datenpunkten und gleichzeitig hochdimensionalen Merkmalsvektoren können die berechneten Kovarianzmatrizen singulär werden. Das gleiche Problem tritt auch bei KISSME auf (siehe Kapitel 7.1.2). Die in Abschnitt E.1.2 erläuterten Strategien zur Vermeidung singulärer Kovarianzmatrizen können auch bei der LFDA eingesetzt werden. In [PEDAGADI et al., 2013] wird vorgeschlagen die PCA zur Dimensionsreduktion der Merkmalsvektoren anzuwenden. Dabei treten die gleichen Probleme wie bei KISSME auf, weil die PCA ein unüberwachter Lernschritt ist, bei dem relevante Informationen verloren gehen können. Die in [XIONG et al., 2014] vorgeschlagene Transformation der Merkmalsvektoren in einen Kernelraum führt zu deutlich besseren Ergebnissen bei der erscheinungsbasierten Personenwiedererkennung. Auf die Kernel-LFDA wird in Kapitel 7.1.3 detailliert eingegangen.

E.1.6 Visualisierung von Kernelfunktionen

In Abbildung E.3 sind die in [XIONG et al., 2014] untersuchten Kernelfunktionen für die Kernel-LFDA (Kapitel 7.1.3) visualisiert. Die χ^2-Distanz mit radialer Basisfunktion ist am besten für die erscheinungsbasierte Wiedererkennung geeignet.

E.1.7 Einfluss der Anzahl der Kernelstützstellen

Abbildung E.4 zeigt die Ergebnisse der Untersuchungen in [VORNDRAN, 2015a][2] zum Einfluss der Anzahl der Kernelraumstützstellen auf die Wiedererkennungsleistung. Es ist eine abnehmende Wiedererkennungsleistung bei einer verringerten Anzahl an Stützstellen zu erkennen.

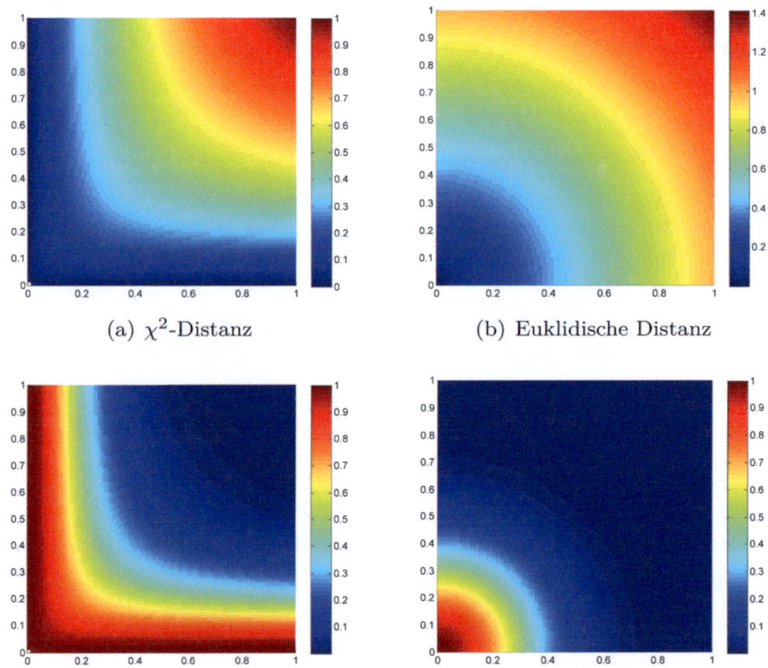

(a) χ^2-Distanz (b) Euklidische Distanz

(c) χ^2-RBF-Kernel (d) RBF-Kernel mit euklidischer Distanz

Abbildung E.3: Distanzmaße und zugehörige RBF-Kernel
Oben: Visualisierung der χ^2-Distanz und der euklidischen Distanz anhand von zwei Dimensionen. Unten: Zugehörige RBF-Kernel. Quelle: [VORNDRAN, 2015a][2]

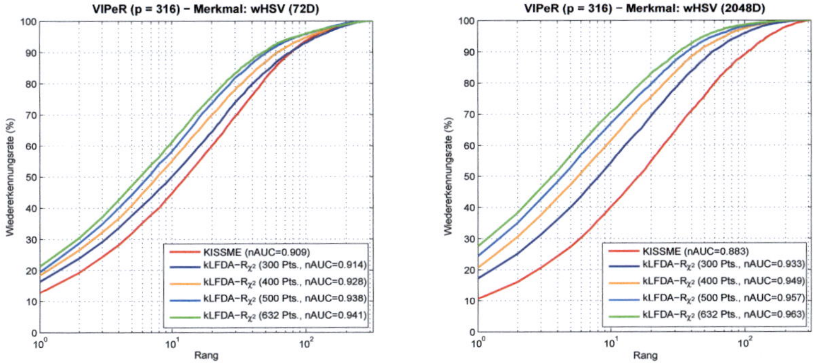

(a) wHSV mit 72 Dimensionen

(b) wHSV mit 2048 Dimensionen

Abbildung E.4: Anzahl Kernelstützstellen
Analyse des Einflusses der Anzahl der Kernelraumstützstellen auf die Wiedererkennungsleistung auf dem VIPeR-Datensatz [GRAY et al., 2007] (siehe Grundlagen, Kapitel 3.1.3, Abbildung 3.3(a)), dargestellt anhand der CMC-Kurve für zwei verschiedene Merkmale [FARENZENA et al., 2010]. Die Stützstellen wurden jeweils durch k-Medoids-Clustering bestimmt. Quelle: [VORNDRAN, 2015a][2]

E.1.8 Vergleich von KISSME und kLFDA

In Abbildung E.5 wird die Wiedererkennungsleistung der vorgestellten Metric-Learning-Verfahren KISSME und kLFDA verglichen. Für beide Verfahren ist das für *Metric Learning* oft verwendete Merkmal aus [XIONG et al., 2014] der Ausgangspunkt für den Vergleich anhand einer gelernten Metrik.

E.1.9 Visualisierung gelernter Metriken

In Abbildung E.6 werden die mittels KISSME und kLFDA gelernten Metriken anhand von zweidimensionalen t-SNE-Einbettungen visualisiert. KISSME kann Hell-zu-Dunkel-Übergänge sowie Weiß-Blau-Übergänge gut abbilden. Außerdem können Personen mit rötlicher bis

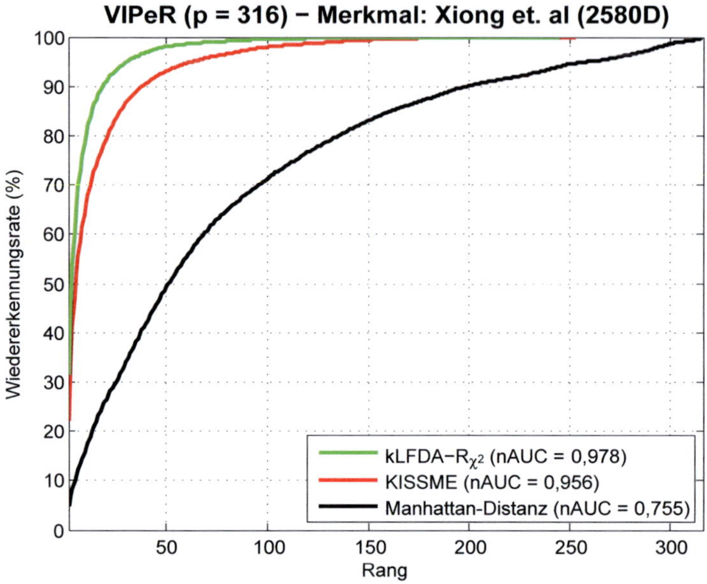

Abbildung E.5: Vergleich Metric-Learning-Verfahren
Vergleich der Wiedererkennungsleistung der vorgestellten Metric-Learning-Verfahren auf dem VIPeR-Datensatz [Gray et al., 2007] (siehe Grundlagen, Kapitel 3.1.3, Abbildung 3.3(a)) anhand der Cumulative Match Characteristic (CMC). Ausgangspunkt ist jeweils das 2580-dimensionale Merkmal aus [Xiong et al., 2014], dass die Randverteilungen der RGB-, HSV- und YUV-Farbhistogramme sowie das LBP-Randverteilungshistogramm auf sechs horizontalen Streifen des Personenbildes extrahiert. Für den Vergleich der Merkmalsvektoren wurden anhand von KISSME und kLFDA gelernte Metriken eingesetzt. Es ist zu sehen, dass das nichtlineare kLFDA-Verfahren eine deutlich bessere Wiedererkennungsleistung erzielt als das lineare KISSME-Verfahren. Die Wiedererkennungsleistung unter Verwendung der Manhattan-Distanz, die unter den nicht gelernten Metriken für das SELF-Merkmal eine der besten Leistungen erzielt, ist deutlich schlechter als die Leistung bei Verwendung einer gelernten Metrik. Quelle: [Vorndran, 2015a][2]

violetter Kleidung gut abgegrenzt werden. Bei der Kernel-LFDA sind die Übergänge noch besser erkennbar. Es existiert wie bei KISSME eine Hell-Dunkel-Achse. Außerdem spaltet sich ein Weiß/Grau-zu-Blau-Zweig ab. Von den Personen mit dunkler Oberbekleidung spaltet sich ein Zweig über violett zu rot ab. Bei der Kernel-LFDA ist eine klare Gruppierung ähnlicher Oberbekleidung zu erkennen. Personen mit roter, blauer, schwarzer und weißer Oberbekleidung können deutlich abgegrenzt werden.

E.1.10 Lokale Metrik

Die in Kapitel 7.1.5, Unterabschnitt „Evaluation der Erweiterung zu einer lokalen Metrik" beschriebenen lokalen Metriken werden nachfolgend näher erläutert. Die Grundidee lokaler Metriken ist die Gruppierung ähnlich aussehender Personen zu Prototypen und die Nutzung mehrerer prototyspezifischer Metriken als Vergleichsmaß.

State of the Art

Zunächst wird auf den State of the Art zur Unterteilung von Personen in Prototypen und die Verwendung lokaler Metriken eingegangen. In [Weinberger und Saul, 2008] wird die Idee beschrieben, den Merkmalsraum zunächst durch Clustering in Partitionen zu unterteilen und pro Partition eine andere lokale Mahalanobisdistanz zu lernen. In [Satta et al., 2012], [Liu et al., 2014b], [Nanda und Sa, 2014] und [Schumann et al., 2017] werden Personenprototypen im Kontext der erscheinungsbasierten Personenwiedererkennung durch Clustering der Trainingsdaten im Merkmalsraums ermittelt. In [Schumann et al., 2017] werden pro Prototyp andere Merkmale durch den Einsatz von *Deep Learning* gelernt. Um genügend Trainingsdaten pro Prototyp zu erhalten, werden mehrere Datensätze der erscheinungsbasierten Personenwiedererkennung kombiniert. In [Liu et al., 2014b] werden die Merkmale pro Prototyp anders gewichtet, um ein für die Personen des Prototyps spezifisches Merkmalsset zu erhalten. Anhand der prototypspezifischen Gewichtung der Merkmale wird das Ranking der Galerie erstellt.

(a) lineare KISSME-Metrik

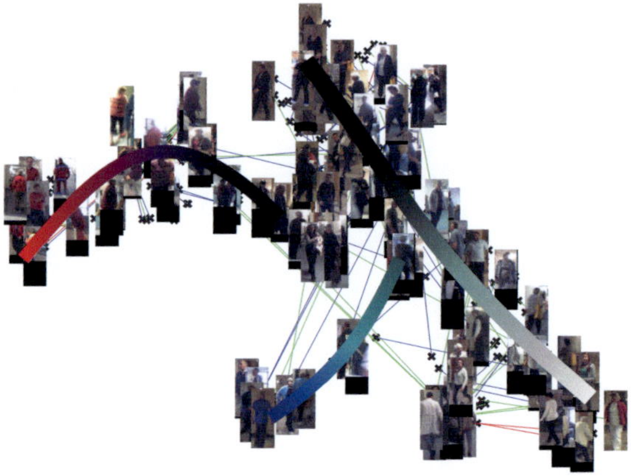

(b) nichtlineare kLFDA-Metrik

Abbildung E.6: Visualisierung der gelernten Metriken mittels t-SNE
Darstellung der gelernten Distanzfunktionen anhand von 2D-Einbettungen mittels t-SNE. Linien verbinden Bildpaare der gleichen Person. Bei KISSME sind drei hauptsächliche Farbübergänge der Oberbekleidung zu sehen. Rötliche Bekleidung wird deutlich abgegrenzt. Bei kLFDA können rote, blaue, schwarze und weiße Oberbekleidungen deutlich abgegrenzt werden. Quelle: [VORNDRAN, 2015b][1]

In [Nanda und Sa, 2014] erfolgt die Zuordnung einer Person zu einem Prototyp basieren auf einem *k-Nearest-Neighbor*-Klassifikator. Die gesuchte Person wird nur mit anderen Personen des gleichen Prototyps anhand von prototypspezifisch gewichteten Merkmalen verglichen. In [Satta et al., 2012] erfolgt pro Körperteil ein Clustering, um typische Bekleidungen als Prototypen zu extrahieren. Eine Person wird durch einen Vektor der Distanzen zu den extrahierten Prototypen beschrieben. Die Distanzen werden anschließend nach Relevanz der Prototypen gewichtet. Basierend auf dem Distanzvektor werden Personen miteinander verglichen.

Eigener Ansatz

Im Rahmen dieser Dissertation wurde in [Vorndran, 2015b][1] ein zweistufiger Ansatz für den Vergleich einer Person umgesetzt. Zuerst wird eine Person anhand einer globalen Metrik einem Prototypen zugeordnet. Anschließend wird die für diesen Prototyp gelernte lokale Metrik genutzt, um die Galerie mit der gesuchten Person zu vergleichen und ein Ranking zu erstellen. Auf wichtige Schritte des Verfahrens wird nachfolgend eingegangen. Für Details zur Umsetzung sei auf [Vorndran, 2015b][1] verwiesen.

Ermittlung der Prototypen Um Personenprototypen zu ermitteln, müssen ähnlich aussehende Personen gruppiert werden. Dies erfolgt durch Anwendung von k-Medoids-Clustering. Damit die zufällige Initialisierung des k-Medoids-Clustering keinen zu großen Einfluss auf die Zusammenstellung der Prototypen hat, wird das k-Medoids-Clustering zehnmal durchgeführt. In einem Graph, bei dem jeder Knoten eine Person repräsentiert, wird in den Kanten gespeichert, bei wie vielen Clusteringdurchläufen die Personen dem gleichen Cluster zugeordnet wurden. Dies entspricht der Verfahrensweise nach [Nanda und Sa, 2014]. Anschließend wird der Normalized-Graph-Cut-Algorithmus [Shi und Malik, 1997] auf den Graph angewendet. Das heißt, es werden Kanten aus dem Graph entfernt, sodass k nicht zusammenhängende Teilgraphen entstehen. Dabei ist k ein frei wählbarer Parameter, der die Anzahl der Prototypen vorgibt. Beim Normalized-Graph-Cut-Algorithmus wird jedoch sichergestellt, dass alle Bilder einer Person dem selben Prototypen zugeordnet werden. Dadurch sind beim Lernen der lokalen Metrik mehr *Genuine*-Paare verfügbar.

Globale Metrik Die globale Metrik wird durch die Anwendung des Kernel-LFDA-Verfahrens gelernt. Sie dient ausschließlich der Unterscheidung der Prototypen. Um eine Person einem Prototypen zuzuordnen, werden die 15 nächsten Nachbarn in den Trainingsdaten gesucht. Die Prototypenlabel der 15 nächsten Nachbarn werden genutzt, um per Mehrheitsentscheid den am besten passenden Prototypen zu ermitteln.

Lokale Metrik Pro Prototyp wird eine lokale Metrik durch die Anwendung des Kernel-LFDA-Verfahrens gelernt. Als Trainingsdaten dienen die Personen, die dem jeweiligen Prototyp zugeordnet wurden. In der Anwendungsphase wird die lokale Metrik anhand der Prototypzuordnung der gesuchten Person ausgewählt. Anhand dieser lokalen Metrik erfolgen alle Vergleiche mit der Galerie.

Ergebnisse aus Experimenten

In [Vorndran, 2015b][1] wurde die Eignung der lokalen Metriken experimentell untersucht. Die Ergebnisse zeigten, dass das Lernen einer personenspezifischen Metrik nach der vorgestellten Verfahrensweise nicht möglich ist. Die lokalen Metriken erreichten meistens eine schlechtere Wiedererkennungslesitung als eine rein globale Metrik bei Verwendung des gleichen *Metric-Learning*-Verfahrens.
Bei Verwendung der Kernel-LFDA als *Metric-Learning*-Verfahren war die rein globale Metrik jeweils besser geeignet als die lokale Metrik. Dieses Ergebnis zeigte sich für alle evaluierten Anzahlen an Prototypen.

Bei Verwendung von KISSME als *Metric-Learning*-Verfahren waren drei Prototypen am besten geeignet. Die lokale Metrik erreichte eine Verbesserung der Fläche unter der CMC-Kurve (nAUC) bei einer gleichzeitigen Verschlechterung der Rang-1-Statistik (siehe Tabelle E.1).

	Wiedererkennungsrate auf Rang					
KISSME als	1	5	10	20	50	nAUC
lokale Metrik	36,41	**61,69**	**72,61**	**83,12**	**94,65**	**0,896**
globale Metrik	**37,14**	61,43	71,49	80,88	92,60	0,880

Tabelle E.1: Wiedererkennungsleistung mit lokaler Metrik
Vergleich der Wiedererkennungsleistung von lokaler und globaler Metrik unter Verwendung von KISSME als Metric-Learning-Verfahren auf einem robotischen Datensatz, der im Rahmen des Forschungsprojekts ROREAS erstellt wurde. Die jeweils besseren Ergebnisse sind fettgedruckt. Quelle: [VORNDRAN, 2015b][1]

Analysen in [VORNDRAN, 2015b][1] zeigten, dass das Problem in zu wenigen *Genuine*-Paaren pro Prototyp für das Training der lokalen Metriken liegt. Bei KISSME führt dies zu Problemen bei der Abschätzung der *Genuine*-Kovarianzmatrix. Bei kLFDA kann die Innerklassenvarianz nicht adäquat ermittelt werden.

E.2 Re-Ranking[5]

In diesem Abschnitt wird auf Details zur Umsetzung des in Kapitel 7.2 kurz vorgestellten *Re-Ranking*-Verfahrens eingegangen. Außerdem werden alternative Herangehensweisen genannt.

[5]Das in diesem Abschnitt beschriebene Verfahren wurde im Rahmen dieser Dissertation in [VORNDRAN, 2017][6]umgesetzt.

[6]Die Masterarbeit von Alexander Vorndran wurde vom Autor betreut.

E.2.1 State of the Art Re-Ranking

Bei *Re-Ranking*-Verfahren kann man zwischen überwachten und unüberwachten Ansätzen unterscheiden. Bei überwachten Ansätzen wird Feedback von einem menschlichen Operateur oder von anderen Merkmalen genutzt um das Ranking zielgerichtet anzupassen. Beispiele für Ansätze mit menschlichem Feedback sind [Hirzer et al., 2011, Liu et al., 2013, Das et al., 2015, Wang et al., 2016]. Ein Ansatz, der andere Merkmale als Basis für das *Re-Ranking* nutzt ist [An et al., 2013]. Diese Ansätze eignen sich aufgrund der Art des Feedbacks nicht für das Robotikszenario. Da die überwachten Ansätze nicht auf beide betrachteten Szenarien übertragbar sind, werden sie in dieser Arbeit nicht betrachtet.

Beim unüberwachten *Re-Ranking* kann die neue Sortierung entweder anhand der Mannigfaltigkeit der Daten oder anhand der Kontextinformationen von Personen, die in den benachbarten Rängen einsortiert wurden oder ähnlich aussehen, erfolgen. Ansätze, die den Kontext des Rankings nutzen sind [Leng et al., 2013, Ma und Li, 2014, An et al., 2015, Garcia et al., 2015, Ye et al., 2015b, Chen et al., 2017c, Garcia et al., 2017, Nguyen et al., 2017, Yu et al., 2017, Zhong et al., 2017, Liu et al., 2018, Rehman et al., 2018, Saquib Sarfraz et al., 2018, Chang et al., 2019]. Diese Ansätze können nur bei großen Galerien verwendet werden. Da diese Bedingung im Robotikszenario unter Umständen nicht erfüllt ist, werden diese Ansätze in dieser Arbeit nicht näher betrachtet.

Die Idee ein Ranking basierend auf der Mannigfaltigkeit der Daten zu erstellen, wurde bereits in [Zhou et al., 2004] beschrieben. Die adressierte Anwendung war *Document Retrieval*. In [Loy et al., 2013] wurde dieser Ansatz auf die erscheinungsbasierte Personenwiedererkennung angewendet. Über einen *k-Nearest-Neighbor*-Graphen wird die Mannigfaltigkeit der Personen im Merkmalsraum beschrieben. Der Graph wird als Basis für die Nachbarschaftsfunktion von Merkmalsvektoren genutzt. In [Vorndran, 2015b][1] wurde die Matrixrepräsentation aus

[LOY et al., 2013] zur Speicherung des *k-Nearest-Neighbor*-Graphen übernommen. Die Berechnung des *Re-Rankings* weicht von [LOY et al., 2013] ab. In [BAI et al., 2017a] wird basierend auf einem gewichteten Ähnlichkeitsgraphen zur Repräsentation der Mannigfaltigkeit ein Ranking erstellt.

E.2.2 Repräsentation der Mannigfaltigkeit

Damit die lokale Nachbarschaft bei der Umsortierung berücksichtigt werden kann, muss die Mannigfaltigkeit zunächst beschrieben werden. Im Rahmen dieser Arbeit wurden zwei Möglichkeiten untersucht:

- *k-Nearest-Neighbor*-Graph
- *k-Nearest-Anchor*-Graph

E.2.3 k-Nearest-Neighbor-Graph

Beim *k-Nearest-Neighbor-Graph* (dt. k-nächste-Nachbarn-Graph) sind die Personen der Galerie und die Person der Probe als Knoten repräsentiert und Nachbarschaften der Personen im Merkmalsraum als Kanten. Diese Repräsentation wurde auch in [YAN et al., 2007, XU et al., 2011, LIU et al., 2012, LIU et al., 2013, LOY et al., 2013] verwendet. Abbildung E.7 zeigt am Beispiel des Doppel-Halbmond-Problems welche Graphen bei unterschiedlich vielen Nachbarn pro Knoten aufgebaut werden.

In Abbildung E.7 ist zu erkennen, dass bei der Wahl eines kleinen k nur wenige Verbindungen zwischen unterschiedlichen Klassen erstellt werden. Dafür ist aber auch die interne Struktur pro Klasse nur ungenügend repräsentiert. Bei der Wahl eines großen k wird die interne Struktur sehr gut beschrieben. In diesem Fall werden aber auch mehr Verbindungen zwischen den Klassen ergänzt. Die Anzahl der nächsten Nachbarn k muss daher so gewählt werden, dass ein guter Kompromiss gefunden wird.

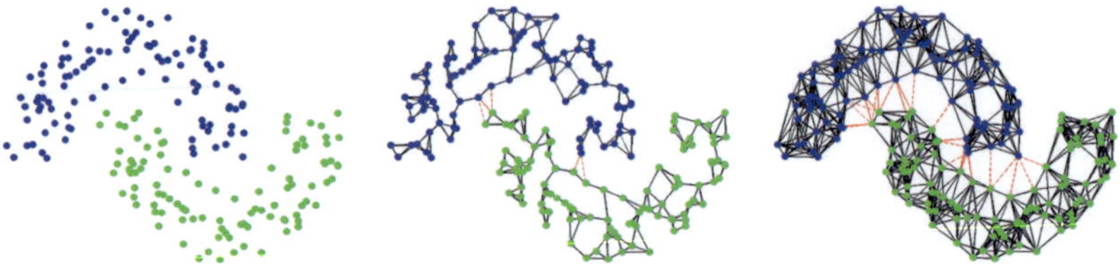

(a) Problemstellung (b) 3-NN-Graph (c) 9-NN-Graph

Abbildung E.7: Abbildung der Mannigfaltigkeit durch k-NN-Graph
Durch einen *k-Nearest-Neighbor*-Graphen kann die Mannigfaltigkeit des Doppel-Halbmond-Problems gut abgebildet werden. Die Anzahl der k Nachbarn pro Knoten (drei in (b), neun in (c)) beeinflusst wie gut lokale Nachbarschaften abgebildet werden. Quelle: [VORNDRAN, 2015b][1]

Die Kanteninformationen des Graphen können in einer Matrix $\underline{\mathbf{W}} \in \mathbb{R}^{N \times N}$ gespeichert werden [XU et al., 2011, LOY et al., 2013]. Ein Kantengewicht von null repräsentiert, dass eine Person keiner der k nächsten Nachbarn ist. Gewichte $0 < w_{ij} \leq 1$ geben die räumliche Nähe der Personen im Merkmalsraum an. Ein Gewicht von eins besagt, dass die Personen auf identische Merkmalsvektoren abgebildet werden. Gleichung (E.13) gibt die Berechnungsvorschrift für die Kantengewichte an, wobei eine beliebige Distanzfunktion d genutzt werden kann. Der Parameter σ entspricht der Standardabweichung der Gaußkurve und ist frei wählbar.

$$w_{ij} = \begin{cases} exp\left(-\frac{d^2(\underline{\mathbf{x}}_i, \underline{\mathbf{x}}_j)}{2\sigma^2}\right), & \text{falls } \underline{\mathbf{x}}_j \text{ einer der } k\text{-NN von } \underline{\mathbf{x}}_i \\ 0, & \text{sonst} \end{cases} \tag{E.13}$$

In [VORNDRAN, 2015b][1] wurden auch relative Distanzen betrachtet[7]. Statt der räumlichen Distanz wird der Rang innerhalb der nächsten

[7] Die Nutzung relativer Distanzen wurde vom Verfasser dieser Dissertation bei der Betreuung der Bachelorarbeit vorgeschlagen.

Nachbarn für die Gewichtung genutzt. Dadurch erfolgt eine lokale Normierung der Distanzwerte. Für mathematische Details sei auf [VORNDRAN, 2015b][1] verwiesen.

E.2.4 k-Nearest-Anchor-Graph

Sind nur wenig Personen in der Galerie vorhanden, so lässt sich die Mannigfaltigkeit durch einen *k-Nearest-Neighbor*-Graphen nur unzureichend beschreiben. Beim *k-Nearest-Anchor*-Graph (dt. k-nächste-Ankerpunkte-Graph) werden hingegen Ankerpunkte aus einem Trainingsdatensatz verwendet, die die Mannigfaltigkeit bereits hinreichend gut approximieren. Die Personen in der Galerie und die Person der Probe werden anschließend in den *k-Nearest-Anchor*-Graph eingefügt und mit Ankerpunkten verbunden (siehe Abbildung 7.6). Diese Repräsentation der Mannigfaltigkeit wurde auch in [LIU et al., 2010, XU et al., 2011] verwendet.

Für die Erstellung des *k-Nearest-Anchor*-Graphen werden zuerst durch Clustering repräsentative Punkte der Trainingsdaten als Ankerpunkte ausgewählt. Je mehr Ankerpunkte gewählt werden, desto besser kann die Mannigfaltigkeit repräsentiert werden. Aber die Anzahl der Ankerpunkte wirkt sich auch auf die benötigte Rechenzeit des *Re-Rankings* aus. Für eine effiziente Berechnung sollte ein guter Kompromiss für die Anzahl der Ankerpunkte gefunden werden.

Jeder Datenpunkt und jeder Ankerpunkt wird mit seinen k nächsten Ankerpunkten verbunden. Die Struktur des Graphen kann wie beim *k-Nearest-Neighbor*-Graphen über eine Matrix beschrieben werden. Abbildung E.8 zeigt am Beispiel des Doppel-Halbmond-Problems welche Graphen bei unterschiedlich vielen Nachbarn pro Knoten aufgebaut werden. Auch beim *k-Nearest-Anchor*-Graph hat die Anzahl der Nachbarn pro Knoten einen Einfluss darauf, wie gut die Mannigfaltigkeit beschreiben werden kann.

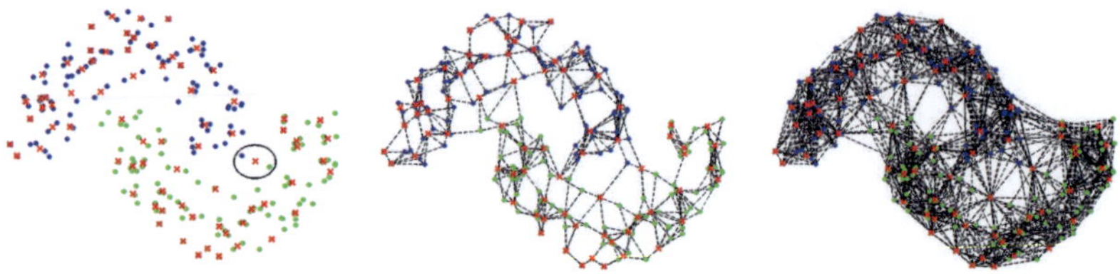

(a) Ankerpunkte (b) 3-NA-Graph (c) 9-NA-Graph

Abbildung E.8: Abbildung der Mannigfaltigkeit durch k-NA-Graph
(a) Die roten Kreuze stellen die gewählten Ankerpunkten beim Doppel-Halbmond-Problem dar. Der umkreiste Ankerpunkt ist ungünstig gewählt, da er zwischen zwei Klassen liegt. Durch Verbindung der (b) drei oder (c) neun nächsten Ankerpunkte wird der *k-Nearest-Anchor*-Graph erstellt. Quelle: [VORNDRAN, 2015b][1]

E.2.5 Berechnung des Re-Rankings

Zur Berechnung des *Re-Rankings* wird ausgehend vom Anfrageknoten eine Ausbreitung eines initialen Wertes durch den Graphen simuliert. Initial erhalten alle Knoten der Galerie den Wert null. Nur der Knoten der Probe, der als Anfrageknoten dient, erhält den Wert eins. In mehreren Iterationen wird der Wert jedes Knotens entsprechend seiner Kanten[8] auf Nachbarknoten verteilt. Am Ende der Simulation gibt der Wert jedes Knotens an, wie ähnlich die repräsentierte Person zur Zielperson ist. Dementsprechend wird das neue Ranking anhand der Werte der Galerieknoten erstellt. Für die mathematische Umsetzung sei auf [VORNDRAN, 2015b][1] verwiesen.

[8]Die Kanten beinhalten Gewichte (siehe Anhang E.2.3), die umso größer sind, desto geringer die Distanz der Knoten im Merkmalsraum ist. Das maximale Kantengewicht beträgt eins.

E.2.6 Integration von Feedback

Die Integration von Feedback ist für das *Re-Ranking* anhand der Mannigfaltigkeit nicht unbedingt notwendig. In [VORNDRAN, 2015b][1] wurde jedoch gezeigt, dass das Ranking durch Feedback verbessert werden kann. Das Feedback kann in einem Videoüberwachungsszenario von einem Operateur gegeben werden. Damit das Verfahren auch auf einem Roboter eingesetzt werden kann, darf für das Feedback jedoch kein Mensch benötigt werden. Daher wurde in [VORNDRAN, 2015b][1] untersucht, wie automatisches Feedback ohne Beteiligung eines Menschen generiert werden kann. Dieser Aspekt wurde im State of the Art bisher nicht untersucht. In [VORNDRAN, 2015b][1] wird vorgeschlagen, positives Feedback für die Knoten zu vergeben, die im initialen Ranking die vorderen Plätze belegten und negatives Feedback für die Knoten, die die hinteren Plätze im initialen Ranking belegten. Durch positives und negatives Feedback wird erreicht, dass beim *Re-Ranking* versucht wird, einen gewissen Teil des initialen Rankings zu erhalten.

Für das positive Feedback werden die Knoten betrachtet, die im initialen Ranking die ersten t Ränge belegten. Die Knoten erhalten initial einen positiven Wert y entsprechend ihres Rangs i im initialen Ranking:

$$y = 1 - \frac{i-1}{t} \tag{E.14}$$

Dementsprechend bekommt die Person auf Platz 1 des initialen Rankings den initialen Knotenwert 1 zugewiesen und die Person auf Platz t bekommt den initialen Knotenwert $\frac{1}{t}$ zugewiesen. Knoten, die keinen der ersten t Ränge im initialen Ranking belegen, werden weiterhin mit einem Wert von null initialisiert.

Für das negative Feedback werden die Knoten betrachtet, die im initialen Ranking die letzten t Ränge belegten. Die Knoten erhalten initial einen negativen Wert $-y$ entsprechend Gleichung (E.14), wobei i sich in diesem Fall auf die letzten Plätze bezieht. Dementsprechend bekommt die Person auf dem letzten Platz des initialen Rankings den initialen Knotenwert -1 zugewiesen.

Es ist auch der gleichzeitige Einsatz von positiven und negativen Feedback möglich. Wenn Feedback verwendet wird, muss der Wert des Anfrageknotens erhöht werden, damit er weiterhin den größten Einfluss auf die Umsortierung ausübt. Ein Wert von zehn hat sich in den Untersuchungen in [VORNDRAN, 2015b][1] als geeignet herausgestellt.

Die Berechnungen des *Re-Rankings* durch eine iterative Ausbreitung der Werte durch den Graphen entsprechend der Beschreibungen in Kapitel E.2.5 bleibt bei der Verwendung von Feedback unverändert. Nur die initialen Werte der Knoten vor Beginn der Simulation werden angepasst, sodass mehr Knoten Werte ungleich null beinhalten.

E.2.7 Ergebnisse aus Experimenten

In Abbildung E.9 sind die Wiedererkennungsleistungen vor und nach dem *Re-Ranking* als gestrichelte beziehungsweise durchgezogene Linien dargestellt. Die initialen Rankings wurden durch drei verschiedene Metriken erzeugt.

Es ist zu erkennen, dass die Rang-1-Statistik mit dem beschriebenen *Re-Ranking*-Verfahren nicht verbessert werden kann. Dennoch ergeben sich teilweise deutliche Verbesserungen für die Fläche unter der CMC-Kurve. Vor allem die mittleren und hinteren Ränge werden durch das beschriebene *Re-Ranking*-Verfahren verbessert. Vorteile ergeben sich dadurch bei Betrachtung der SRR-Kurve. Für wenige zu unterscheidende Personen wird die Wiedererkennungsleistung deutlich verbessert. Das heißt, wenn ein Roboter den Nutzer aus einer geringen Menge an Kandidaten bestimmen muss, kann die Wiedererkennungsrate durch das *Re-Ranking* gesteigert werden.

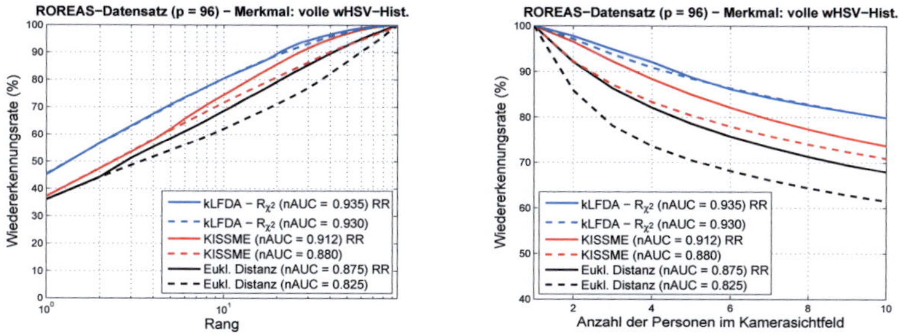

(a) CMC-Kurve (b) SRR-Kurve

Abbildung E.9: Leistungssteigerung durch Re-Ranking
Dargestellt ist die Wiedererkennungsleistung anhand der (a) Cumulative Match Characteristic (CMC) und der (b) Synthetic Recognition Rate (SRR) auf dem ROREAS-Datensatz, der in [VORNDRAN, 2015b][1] mit einem mobilen Roboter in einer Rehabilitationsklinik aufgezeichnet wurde. Der ROREAS-Datensatz umfasst 96 Personen in der Galerie. Für die Wiedererkennung wurde jeweils das wHSV-Merkmal mit vollen Histogrammen genutzt. Darauf wurden die anhand von KISSME und kLFDA gelernten Metriken und die euklisische Distanz für die Vergleiche der Merkmalsvektoren angewendet. Die Bewertung der initialen Rankings vor Anwendung des *Re-Rankings* ist jeweils als gestrichelte Linie dargestellt. Die durchgezogenen Linien zeigen die verbesserte Wiedererkennungsleistung durch Anwendung des *Re-Rankings*. Die Mannigfaltigkeit wurde jeweils durch einen *k-Nearest-Anchor*-Graphen modelliert. Quelle: [VORNDRAN, 2015b][1]

E.2.8 Analyse der Re-Ranking-Ergebnisse

Für die gelernten Metriken durch Anwendung von KISSME und kLFDA, sowie für die euklidische Distanz konnte das Ranking verbessert werden. Nachfolgend wird auf die drei Metriken näher eingegangen.

KISSME

Zur Verbesserung des anhand des KISSME-Verfahrens erstellten Rankings war der Einsatz relativer Distanzen und die Integration von positivem Feedback am besten geeignet. Für das positive Feedback wurden die ersten fünf Ränge berücksichtigt und die Feedbackwerte wurden mit einem Faktor von 0,5 gewichtet. Für die Erstellung des *k-Nearest-Anchor*-Graphen erzielte die Berücksichtigung der $k = 15$ nächsten Nachbarn die besten Ergebnisse. Durch das *Re-Ranking* wurde eine ähnliche Wiedererkennungsrate für Rang 1 erzielt, jedoch bessere Raten ab Rang 5 und deutlich bessere Raten ab Rang 10. Die normalisierte Fläche unter der CMC-Kurve (nAUC) konnte von 0,880 auf 0,912 gesteigert werden. Das heißt, die verbleibende Fläche oberhalb der CMC-Kurve konnte um 26% verringert werden.

kLFDA

Zur Verbesserung des anhand des kLFDA-Verfahrens erstellten Rankings war der Einsatz relativer Distanzen und die Integration von positivem Feedback am besten geeignet. Unter der Verwendung von absoluten Distanzen in Kombination mit positiven und negativen Feedback wurden jedoch ähnlich gute Ergebnisse erzielt. Für das positive Feedback wurden die ersten 20 Ränge berücksichtigt und die Feedbackwerte wurden mit einem Faktor von 0,5 gewichtet. Für die Erstellung des *k-Nearest-Anchor*-Graphen erzielte die Berücksichtigung der $k = 15$ nächsten Nachbarn die besten Ergebnisse. Durch das *Re-Ranking* wurde eine ähnliche Wiedererkennungsrate für die Ränge 1 bis 10 erzielt. Ab Rang 20 waren die Wiedererkennungsraten besser. Die normalisierte Fläche unter der CMC-Kurve (nAUC) konnte von 0,930 auf 0,935 gesteigert werden. Das heißt, die verbleibende Fläche oberhalb der CMC-Kurve konnte um 7% verringert werden.

Euklidische Distanz

Zur Verbesserung des anhand der euklidischen Distanz erstellten Rankings war ebenfalls der Einsatz relativer Distanzen und die Integration von positivem Feedback am besten geeignet. Durch das *Re-Ranking* wurde eine ähnliche Wiedererkennungsrate für Rang 1 erzielt. Ab Rang 5 ergaben sich deutlich bessere Wiedererkennungsraten. Die normalisierte Fläche unter der CMC-Kurve (nAUC) konnte von 0,825 auf 0,875 gesteigert werden. Das heißt, die verbleibende Fläche oberhalb der CMC-Kurve konnte um 28,5% verringert werden.

Fazit

Für alle drei Metriken war der Einsatz relativer Distanzen und die Integration von positivem Feedback am besten geeignet. Der *k-Nearest-Anchor*-Graph sollte unter Berücksichtigung der $k = 15$ nächsten Nachbarn aufgebaut werden. Durch Anwendung des so parametrierten *Re-Rankings* konnte die normalisierte Fläche unter der CMC-Kurve für alle drei Metriken deutlich gesteigert werden.

Anhang F

Ergänzungen zur Fusion

In diesem Anhang werden einige Aspekte zur Fusion aus Kapitel 8 tiefergehend erläutert. In Abschnitt F.1 wird auf die Arten der Image-Level-Fusion aus Kapitel 8.1.1 näher eingegangen. In Abschnitt F.2 wird näher ausgeführt, wie die für die Scorenormierung (Kapitel 8.3.1) benötigten Wahrscheinlichkeitsdichtefunktionen modelliert werden können. Ergänzende wahrscheinlichkeitsdichtebasierte und transformationsbasierte Ansätze zur Scorenormierung werden in den Abschnitten F.3 und F.4 erläutert. Details zur Merkmalsgewichtung (Kapitel 8.3.2) werden in Abschnitt F.5 beschrieben. Ergänzungen zu den in Kapitel 8.4 beschriebenen Experimenten befinden sich in Abschnitt F.6.

F.1 Arten der Image-Level-Fusion

Die *Image-Level-Fusion* (Kapitel 8.1.1) kann auf drei Arten erfolgen [Elmenreich, 2002]:

- Bei der **konkurrierenden Fusion** werden Daten gleichartiger Sensoren mit gleicher Nutzinformation kombiniert. Dies kann zum Beispiel die Berechnung eines Bildes der zu erkennenden Person sein, dass sich aus zwei überlappenden Kameras zusammensetzt. Die überlappenden Bereiche können widersprüchliche, konkurrierende Informationen enthalten, zum Beispiel auf Grund der Perspektive. Je nachdem welche der konkurrierenden Informationen genutzt werden, kann sich ein unterschiedliches fusioniertes Bild ergeben.

- Bei der **komplementären Fusion** werden Daten gleichartiger Sensoren mit unterschiedlichen Nutzinformationen kombiniert. Dies umfasst zum Beispiel die Fusion des Bildes einer Farbkamera mit dem Bild einer Tiefenkamera zu einem RGB-D-Bild.
- Bei der **kooperativen Fusion** liegt die Nutzinformation verteilt vor. Nur durch die Kombination aller Sensoren entsteht die zusätzliche Information. Ein typisches Beispiel ist die Berechnung eines Tiefenbildes aus Stereokameras.

Auch Kombinationen dieser drei Arten der Fusion auf Bildebene sind möglich, beispielsweise um ein komplexes 3D-Modell der Person aus den reinen Bilddaten zu berechnen.

F.2 Modellierung von Wahrscheinlichkeitsdichtefunktionen

In diesem Abschnitt wird näher erläutert, wie die für die Scorenormierung (Kapitel 8.3.1) benötigten *Genuine- und Impostor*-Wahrscheinlichkeitsdichtefunktionen modelliert werden können. Dabei werden zwei Varianten betrachtet: Die Modellierung mittels Kerneldichteschätzung (Abschnitt F.2.1) und die Modellierung mittels kumulativer Wahrscheinlichkeitsdichtefunktionen (Abschnitt F.2.2).

F.2.1 Modellierung über Kerneldichteschätzung

Die Modellierung der Wahrscheinlichkeitsdichteverteilungen $P(s_i|\omega^+)$ und $P(s_i|\omega^-)$ kann wie in [ULERY et al., 2006] mittels Kerneldichteschätzung (KDE, engl. *Kernel Density Estimation*, siehe Grundlagen,

Kapitel 3.4.1) unter Einsatz von gaußförmigen Kerneln mit variabler Bandbreite umgesetzt werden. Die Dichtefunktion ist daher

$$\begin{aligned} P(s_i|\omega^k) &= \alpha \cdot \sum_{j=1}^{N} \exp\left(\frac{(s_i^{(\omega^k)} - s_j^{(\omega^k)})^2}{2h(\underline{\mathbf{s}}^{(\omega^k)})^2}\right) \qquad \text{(F.1)} \\ \alpha &= \frac{1}{\sqrt{2\pi} \cdot h(\underline{\mathbf{s}}^{(\omega^k)})} \cdot \frac{1}{N_{(\omega^k)}}, k\in\{+,-\}, \end{aligned}$$

wobei $N_{(\omega^k)} = \left|\underline{\mathbf{s}}^{(\omega^k)}\right|$ die Anzahl an *Genuine*- beziehungsweise *Impostor*-Beispielen im Trainingsdatensatz angibt. Dazu werden Trainingsbeispiele $\underline{\mathbf{s}}^{(\omega^k)} = \left[s_1^{(\omega^k)}, \ldots, s_j^{(\omega^k)}, \ldots, s_N^{(\omega^k)}\right]$ verwendet. Im Gegensatz dazu ist s_i ein Beispiel des Testdatensatzes. Die variable Bandbreite $h(\underline{\mathbf{s}}^{(\omega^k)})$ wird gewählt durch die Formel nach Silverman [SILVERMAN, 1986]

$$h(\underline{\mathbf{s}}^{(\omega^k)}) = f(\underline{\mathbf{s}}^{(\omega^k)}) \cdot \underbrace{\sigma_{\underline{\mathbf{s}}^{(\omega^k)}} \cdot \left(\frac{4}{3}\right)^{\frac{1}{5}} \cdot N_{(\omega^k)}^{-\frac{1}{5}}}_{\text{konstante Bandbreite nach Silverman}}, \qquad \text{(F.2)}$$
$$k\in\{+,-\}.$$

σ repräsentiert hierbei die Standardabweichung der Verteilung und $f(\underline{\mathbf{s}}^{(\omega^k)}) \geq 1$ wird automatisch für jede Verteilung so gewählt, dass die Breite des Kernels in den Randbereichen der Verteilung ansteigt. Optimierungskriterien für $f(\underline{\mathbf{s}}^{(\omega^k)})$ sind Glattheit (engl. *Smoothness*) beider Verteilungen und eine monoton fallende *Likelihood Ratio*.

Da häufige Berechnungen der KDE (Gleichung (F.1)) sehr zeitaufwendig sind und daher im Widerspruch zu der geforderten Echtzeitfähigkeit stehen, wird die Transformation nur einmalig auf dem Trainingsdatensatz berechnet und für die Anwendungsphase als Lookuptabelle gespeichert.

F.2.2 Modellierung über kumulative Wahrscheinlichkeitsdichtefunktion

Alternativ kann die Modellierung der beiden Wahrscheinlichkeitsdichteverteilungen $P(s_i|\omega^+)$ und $P(s_i|\omega^-)$ über die kumulative Wahrscheinlichkeitsdichtefunktion (engl. *Cumualtive Distribution Function*, CDF) erfolgen.

Ermittlung der CDFs Die CDF der *Genuine*-Verteilung entspricht der *True Positive Rate*. Die CDF der *Impostor*-Verteilung entspricht der *False Positive Rate* beziehungsweise Falschakzeptanzrate. Beide Funktionen lassen sich leicht bestimmen, indem für verschiedene Schwellwerte ermittelt wird, welcher Prozentsatz der *Genuine*- und *Impostor*-Distanzscores kleiner als der jeweilige Wert ist.

Berechnung der Wahrscheinlichkeitsdichteverteilungen Die Verteilungen $P(s_i|\omega^+)$ und $P(s_i|\omega^-)$ ergeben sich jeweils durch Berechnung der ersten Ableitung der CDF. Dazu muss die CDF stückweise durch eine ableitbare Funktion approximiert werden. Eine Aufteilung der Funktion entsprechend der Quantile 0,25%, 1%, 2,5%, 5%, 10%, 12,5%, 15%, 85%, 87,5%, 90%, 95%, 97,5%, 99% und 99,75% hat sich als geeignet herausgestellt. In Experimenten lieferte die Splineapproximation über Polynome die besten Ergebnisse. Polynome neunten Grades erreichten die genaueste Approximation der stückweisen Funktion. Die Ränder der Verteilungsfunktion sollten über Exponentialfunktionen approximiert werden. Die Verteilungen $P(s_i|\omega^+)$ und $P(s_i|\omega^-)$ können anschließend stückweise über die erste Ableitung der jeweiligen Funktion beschrieben werden.

Die Bestimmung der Polynome ist zeitaufwendig und sollte daher nur einmalig auf dem Trainingsdatensatz erfolgen. Für die Anwendungsphase können die stückweisen Polynome zur Beschreibung der Wahrscheinlichkeitsdichteverteilungen genutzt werden. Auch die Verwendung einer vorberechneten Lookuptabelle ist möglich.

F.3 Weitere wahrscheinlichkeitsdichtebasierte Ansätze zur Scorenormierung

In diesem Abschnitt werden wahrscheinlichkeitsdichtebasierte Alternativen zur Normierung mittels *Likelihood-Ratio*-Methode beschrieben, die auf eine explizite und genaue Modellierung der *Genuine*-Verteilung verzichten.

Normierung durch logistische Regression (Reg)

Die logistische Regression versucht die *Genuine*-Verteilung nicht akkurat zu modellieren, sondern modelliert stattdessen das Verhältnis der *Genuine*- und *Impostor*-Verteilung. Dafür wird eine grobe Approximation für beide Verteilungen berechnet (mittels KDE mit fester Bandbreite), um das logarithmische Verhältnis der *Genuine*- zur *Impostor*-Score-Verteilung zu schätzen (siehe Abbildung F.1 oben).

In einer Vertrauensregion, in der Approximationsfehler selten sind, wird die logarithmische Wahrscheinlichkeit (engl. *log-Likelihood*) durch Schätzung mittels Polynom niedrigen Grades [Ulery et al., 2006] angenähert (Abbildung F.1 unten). Im Rahmen der Experimente in [Eisenbach et al., 2015a] wurden Polynome der Grade 1 bis 9 evaluiert. Eine einfache Linie (Grad 1) zeigte die besten Normierungsergebnisse. Dies ist erwartungsgemäß, da die meisten Merkmale nahezu eine Gerade in der Log-Likelihood-Darstellung zeigen, wie es auch in Abbildung F.1 für das wHSV-Merkmal [Farenzena et al., 2010] der Fall ist. Dennoch sollte erwähnt werden, dass in der *Log-Likelihood*-Darstellung für einige Merkmale komplexere Funktionen zu erkennen waren. Diese Merkmale sind wahrscheinlich nicht gut geeignet für die Normierung mittels logistischer Regression.

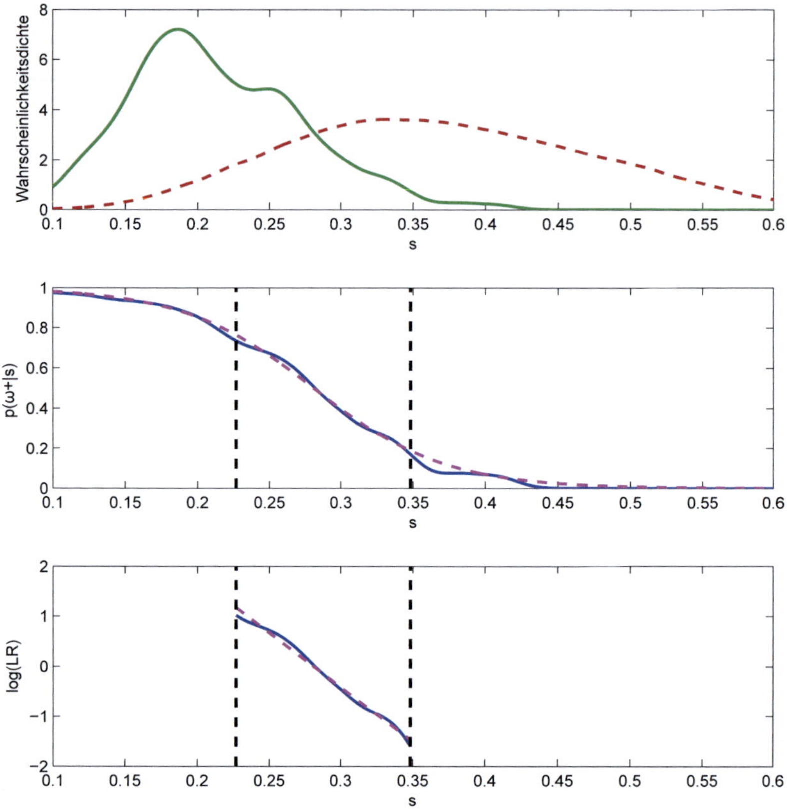

Abbildung F.1: Normierung durch logistische Regression
Oben: Approximierte *Genuine-* (durchgezogene grüne Linie) *Impostor-* (gestrichelte rote Linie) Verteilung; Mitte: Wahrscheinlichkeit $P(\omega^+|s_i)$ modelliert durch das Verhältnis der Verteilungen (durchgezogene blaue Linie) und durch logistische Regression (gestrichelte pinke Linie); Unten: Verhältnis von *Genuine-* und *Impostor*-Scoreverteilung in logarithmischer Skalierung, in der die Parameter der Linie bestimmt werden

Unter Verwendung einer Linie zur Approximation berechnet sich die Wahrscheinlichkeit, die den normierten Score darstellt, wie folgt:

$$s_i'^{(\mathrm{Reg})} = \tilde{P}(\omega^+|s_i) = \frac{\exp(m \cdot s_i + n)}{1 + \exp(m \cdot s_i + n)}, \tag{F.3}$$

wobei m und n den Anstieg und den Schnittpunkt mit der y-Achse der Linie im Log-Raum darstellen. Die gestrichelte pinke Linie in Abbildung F.1 (Mitte) zeigt die approximierte Wahrscheinlichkeit $\tilde{P}(\omega^+|s_i))$.

Normierung über Falschakzeptanzrate (FAR)

Eine andere Möglichkeit, die Notwendigkeit der Modellierung der *Genuine*-Verteilung zu umgehen, ist die Formulierung der Normierung als Wahrscheinlichkeit, die nur von den *Impostor*-Scores abhängt. Üblicherweise wird dies erreicht durch die Verwendung der Wahrscheinlichkeit einen *Impostor*-Score zu akzeptieren [EISENBACH et al., 2012], was der Falschakzeptanzrate (FAR, engl. *False Acceptance Rate*) bei entsprechend gewähltem Schwellwert $\tau = s_i$ entspricht. Daher ergibt sich die Normierung als

$$s_i'^{(\text{FAR})} = \text{FAR}(s_i). \tag{F.4}$$

Weil häufige Berechnungen der FAR zeitaufwendig sind, wird die Transformation durch eine Lookuptabelle approximiert.

F.4 Umsetzungen der transformationsbasierten Normierung

In diesem Abschnitt werden konkrete Umsetzungen für die in Kapitel 8.3.1 beschriebene transformationsbasierte Normierung vorgestellt.

F.4.1 Lineare Ansätze

Minimum-Maximum-Normierung (MM)

Die einfachste lineare Methode ist die Normierung anhand des Minimums und des Maximums. Diese beiden Kenngrößen werden über alle

Trainingsscores $\underline{\mathbf{s}}$ bestimmt. Die Trainingsscores $\underline{\mathbf{s}}$ werden dafür durch Vergleiche aller möglichen Paare von Bildern des Trainingsdatensatzes berechnet. Alle Scores können anschließend wie folgt in den Bereich $[0, 1]$ skaliert werden:

$$s_i'^{(\mathrm{MM})} = \frac{s_i - \min(\underline{\mathbf{s}})}{\max(\underline{\mathbf{s}}) - \min(\underline{\mathbf{s}})}. \tag{F.5}$$

z-Normierung

Eine Normierung kann auch durch die Verwendung des Mittelwertes μ und der Standardabweichung σ aller Trainingsscores erfolgen. Diese Vorgehensweise ist bekannt als z-Normierung und macht alle Scores durch nachfolgende Berechnung mittelwertfrei und erzielt eine einheitliche Varianz.

$$s_i'^{(\mathrm{z})} = \frac{s_i - \mu_{\underline{\mathbf{s}}}}{\sigma_{\underline{\mathbf{s}}}} \tag{F.6}$$

F.4.2 Nichtlineare Ansätze

Nichtlineare Normierungsmethoden skalieren die Scores nicht nur, sondern verändern auch die Form der *Genuine*- und *Impostor*-Verteilungen.

Normierung mittels *Decimal Scaling* (Dec)

Eine gut geeignete Methode, exponentiell verteilte Scores zu normieren, ist die dezimale Skalierung (engl. *Decimal Scaling*). Um diese Methode anwenden zu können, werden die Scores zunächst auf eine logarithmische Skala transformiert.

$$\underline{\mathbf{s}}^{(Log)} = \log_{10}(1 + \underline{\mathbf{s}}) \tag{F.7}$$

Die Normierung der logarithmischen Scores in den Bereich $[0, 1]$ erfolgt dann mittels

$$s_i'^{\,(\mathrm{Dec})} = \frac{s_i^{(Log)}}{10^n}, \tag{F.8}$$

wobei $n = \log_{10} \max(\underline{\mathbf{s}}^{(Log)})$ [ROSS und NANDAKUMAR, 2009].

Double-Sigmoid-Normierung (DS)

In [CAPPELLI et al., 2000] wird die *Double-Sigmoid*-Normierung eingeführt, die definiert ist als

$$s_i'^{\,(\mathrm{DS})} = \begin{cases} \frac{1}{1+\exp\left(-2\left(\frac{s_i-\tau}{\alpha_1}\right)\right)} & \text{wenn } s_i < \tau \\ \frac{1}{1+\exp\left(-2\left(\frac{s_i-\tau}{\alpha_2}\right)\right)} & \text{sonst} \end{cases}, \tag{F.9}$$

wobei τ der Arbeitspunkt ist, an dem eine Sigmoidfunktion in die andere übergeht und α_1 beziehungsweise α_2 die Steilheit der Funktionen definieren. Die Parameter können aus der *Genuine-Impostor*-Verteilung abgeleitet werden. Dafür ist τ als Schnittpunkt der *Genuine*- und *Impostor*-Score-Verteilung zu wählen, sodass $P(\omega^+|\tau) = 0{,}5$; α_1 als linke Begrenzung des Überlapps, sodass $P(\omega^+|\alpha_1) = 1 - \beta$; und α_2 als rechte Begrenzung des Überlapps, sodass $P(\omega^+|\alpha_2) = \beta$. Potentielle Ausreißer in den Rändern der Verteilungen können dabei ausgeschlossen werden. Dies wird erzielt durch den Parameter β. Evaluationen in [EISENBACH et al., 2015a] zeigten, dass die Wahl von $\beta = 0{,}05$ zu den besten Normierungsergebnissen führte.

Normierung mittels tanh-Schätzer (tanh)

In [HAMPEL et al., 1986] wurden die tanh-Schätzer (engl. *tanh-Estimators*) eingeführt, welche gute Fusionsergebnisse im biometrischen Kontext erzielen. Die Normierung ist gegeben als

$$s_i'^{(\mathrm{tanh})} = \frac{1}{2}\left\{\tanh\left[0{,}01\left(\frac{s_i - \mu^{(\psi)}_{\underline{\mathbf{s}}^{(\omega+)}}}{\sigma^{(\psi)}_{\underline{\mathbf{s}}^{(\omega+)}}}\right)\right] + 1\right\}, \tag{F.10}$$

wobei μ und σ der geschätzte Mittelwert und die Standardabweichung der *Genuine*-Verteilung sind unter Verwendung eines Hampel-Schätzers ψ mit Gewichten

$$w_{Ha}(u_i) = \begin{cases} 1 & |u_i| \leq a \\ \frac{a}{|u_i|} & a < |u_i| \leq b \\ \frac{a}{|u_i|} \cdot \left(\frac{c-|u_i|}{c-b}\right) & b < |u_i| \leq c \\ 0 & |u_i| > c \end{cases}, \tag{F.11}$$

wobei $u_i = s_i - \mathrm{median}(\underline{\mathbf{s}}^{(\omega^+)})$. Die Parametrisierung des Hampel-Schätzers erfolgt wie in [JAIN et al., 2005] mit $a = \mathrm{quantile}_{0,7}(|\underline{\mathbf{u}}|)$, $b = \mathrm{quantile}_{0,85}(|\underline{\mathbf{u}}|)$ und $c = \mathrm{quantile}_{0,95}(|\underline{\mathbf{u}}|)$.

F.5 Details zur Merkmalsgewichtung

In diesem Abschnitt werden Ansätze für die Gewichtung einzelner Merkmale näher beschrieben, die bereits in Kapitel 8.3.2 vorgestellt wurden.

Gleichgewichtung

Eine übliche Vorgehensweise, die Gewichte zu berechnen, ist die gleiche Gewichtung aller M Merkmale. In diesem Fall ergibt sich für jedes Gewicht w_m eines Merkmals m

$$w_m^{(\text{Equ})} = \frac{1}{M}. \tag{F.12}$$

Gewichtung anhand Gütemaß

Um unterschiedliche Gewichte zu berechnen, wird oft ein Gütemaß benutzt, dass sich aus der ROC-Kurve (siehe Grundlagen, Kapitel 3.1.2) ableiten lässt. Hierfür wird das Gütemaß auf Scores für Bildpaare des Trainingsdatensatzes berechnet.
Ein übliches Gütemaß für die Berechnung der Gewichte ist die *Equal Error Rate* (EER, siehe Grundlagen, Kapitel 3.1.2). Das Gewicht für Merkmal m berechnet sich wie folgt:

$$w_m^{(\text{EER})} = \frac{\frac{1}{\text{EER}_m}}{\sum_{k=1}^{M} \frac{1}{\text{EER}_k}}. \tag{F.13}$$

Anstatt Gütemaße der ROC-Kurve zu verwenden, kann bei der Personenwiedererkennung auch ein Ranking auf dem Trainingsdatensatz berechnet und mittels CMC-Kurve auf ein Gütemaß abgebildet werden. Daher soll auch die Gewichtung als Funktion der Rang-1- oder Rang-10-Statistik der CMC-Kurve evaluiert werden. Auch die Gewichtung als Funktion der Fläche unter der CMC-Kurve (nAUC, engl. *normalized Area Under Curve*, siehe Grundlagen, Kapitel 3.1.2) ist möglich. In diesem Fall berechnen sich die Gewichte für Merkmal m wie folgt:

$$w_m^{(\text{Gütemaß})} = \frac{\text{Gütemaß}_m}{\sum_{k=1}^{M} \text{Gütemaß}_k}, \tag{F.14}$$

wobei für das Gütemaß entweder Rang 1, Rang 10 oder nAUC eingesetzt werden kann.

Gewichtung anhand der *Genuine-Impostor*-Verteilung

Eine andere Möglichkeit Gewichte zu berechnen steht im Zusammenhang mit der *Genuine-Impostor*-Scoreverteilung. Methoden dieser Kategorie versuchen zu messen, wie gut sich *Genuine-* und *Impostor*-Scores trennen lassen, denn ein großer Überlapp von *Genuine-* und *Impostor*-Scores deutet auf eine große Menge an falschen Entscheidungen im Wiedererkennungssystem hin (siehe Abbildung 8.5).

Ein statistischer Ansatz, um die Trennung zu messen, ist D-Prime [CHIA et al., 2010]

$$d_m = \frac{\mu_m^{\omega^-} - \mu_m^{\omega^+}}{\sqrt{\left(\sigma_m^{\omega^-}\right)^2 + \left(\sigma_m^{\omega^+}\right)^2}}, \tag{F.15}$$

wobei $\mu_m^{\omega^+}$ und $\mu_m^{\omega^-}$ die Mittelwerte der *Genuine-* und *Impostor*-Scores und $\sigma_m^{\omega^+}$ und $\sigma_m^{\omega^-}$ deren Standardabweichungen sind. Die Gewichte ergeben sich daher wie folgt:

$$w_m^{(\mathrm{DP})} = \frac{d_m}{\sum_{k=1}^{K} d_k}. \tag{F.16}$$

Dieses Maß nimmt eine Normalverteilung sowohl für die *Genuine-* als auch für die *Impostor*-Score-Verteilung an. Bei Untersuchungen in [EISENBACH et al., 2015a] zu allen Matchingscoreverteilungen für erscheinungsbasierte Merkmale wurde festgestellt, dass diese Annahme nur für wenige *Impostor*-Verteilungen zutrifft und für keine der *Genuine*-Verteilungen.

Um die Annahme von Normalverteilungen zu vermeiden, wurde in [CHIA et al., 2010] vorgeschlagen, die Breite der Überlappregion zu messen. Diese Region wird dabei als *Non-Confidence Width* (NCW, dt. Mistrauensbreite) bezeichnet. Eine beispielhafte Darstellung dieses

Maßes ist in Abbildung 8.5 zu sehen. Wie dies auch bei anderen Maßen der Fall ist, ergeben sich die Gewichte als direkte Funktion der NCW

$$w_m^{(\mathrm{NCW})} = \frac{\frac{1}{\mathrm{NCW}_m}}{\sum_{k=1}^{K} \frac{1}{\mathrm{NCW}_k}}. \tag{F.17}$$

F.6 Details zur Evaluation der Teilkomponenten

Um die beste Konfiguration für die *Score-Level-Fusion* zu ermitteln, wurde die Leistungsfähigkeit aller 64 Kombinationen von *Scorenormierung* und *Merkmalsgewichtung* verglichen. Die beste Erkennungsleistung wurde für die *Likelihood Ratio* (LR)-Scorenormierung in Kombination mit der vorgestellten *PROPER*-Merkmalsgewichtung erzielt (siehe Kapitel 8.4.2). Details sind in Abbildung F.2 zu sehen.

Scorenormierung

Abbildung F.2(a) zeigt die *Cumulative Matching Characteristic* (CMC)–Kurven (siehe Grundlagen, Kapitel 3.1.2) für verschiedene Scorenormierungsmethoden in Kombination mit der leistungsfähigsten Merkmalsgewichtungsmethode *PROPER*. Es ist zu erkennen, dass alle Scorenormierungsmethoden in der Lage sind, die Erkennungsleistung im Vergleich zur Leistung jedes einzelnen Merkmals (graue Linien) zu verbessern. Ebenso wie im biometrischen Anwendungsfeld (siehe [Ulery et al., 2006]), schneidet die LR-Normierung leicht besser ab als die anderen Scorenormierungsmethoden.

Merkmalsgewichtung

Abbildung F.2(b) zeigt die CMC-Kurven für die Gewichtung der Merkmale in Kombination mit der leistungsfähigsten LR-Scorenormierung. Die vorgestellte Gewichtung der Merkmale mittels *PROPER* übertrifft

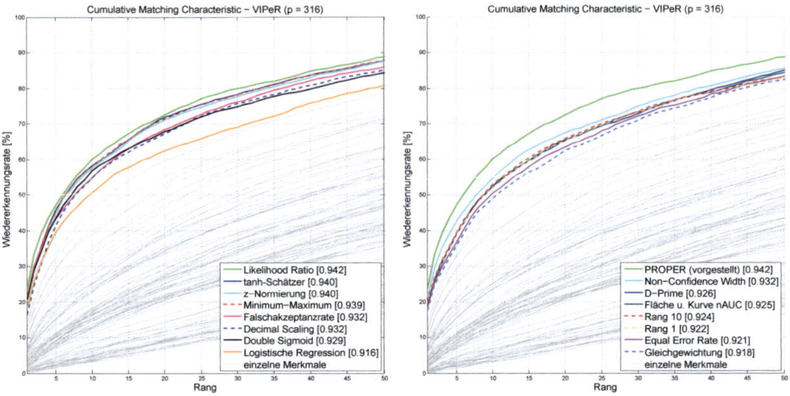

(a) Scorenormierung (b) Merkmalsgewichtung

Abbildung F.2: Kombination von Scorenormierung und Merkmalsgewichtung
Die Wiedererkennungsleistung auf dem VIPeR-Datensatz [Gray et al., 2007] (siehe Grundlagen, Kapitel 3.1.3, Abbildung 3.3(a)) ist in Form von CMC-Kurven dargestellt. Die Fläche unter der jeweiligen Kurve (nAUC) ist in eckigen Klammern angegeben. In (a) sind die Ergebnisse der Score-Level-Fusion mit den vorgestellten Scorenormierungsansätzen zu sehen. Für die Gewichtung wird dabei jeweils die leistungsfähigste Methode PROPER eingesetzt. Die Leistungsfähigkeit der einzelnen Merkmale ist in Form der grauen Linien dargestellt. In (b) werden Score-Level-Fusionsergebnisse bei Verwendung der vorgestellten Merkmalsgewichtungsmethoden dargestellt. Für die Scorenormierung wird dabei jeweils das leistungsfähigste Verfahren *Likelihood Ratio* eingesetzt.

die Leistung aller State-of-the-Art-Gewichtungsmethoden mit einem signifikanten Abstand. Die zweitbeste Leistung bei der Merkmalsgewichtung erzielte das *Non-Confidence Width* (NCW)-Kriterium [Chia et al., 2010] in Kombination mit der LR-Normierung. Der zu erwartende Rang (*ER*, engl. *Expected Rank*) für *PROPER* ist 19,23, was bedeutet, dass der korrekte Match im Durchschnitt innerhalb der ersten 19 Ränge zu finden ist (von 316, $\sigma_{Rang} = 29{,}65$). Dies ist mehr als drei Ränge besser als bei der NCW ($ER = 22{,}41$; $\sigma_{Rang} = 31{,}85$). Es wird deutlich, dass die Nutzung der zusätzlichen Informationen durch *PROPER* die Wiedererkennungsrate bedeutend verbessert.

Gelernte Gewichte

Die gelernten Gewichte beim Einsatz von *PROPER* in Kombination mit *Metric Learning* (siehe Abbildung F.3) für die verwendeten Merkmale sind in Abbildung F.3 dargestellt. Farbmerkmale und Merkmalsvektoren, die für *Metric Learning* entworfen wurden, werden am höchsten gewichtet. Dabei werden Merkmale aus allen verwendeten Farbräumen mit ähnlich großen Gewichten in die Fusion einbezogen. Texturmerkmale und Merkmale, die nicht für *Metric Learning* geeignet sind, werden niedrig gewichtet.

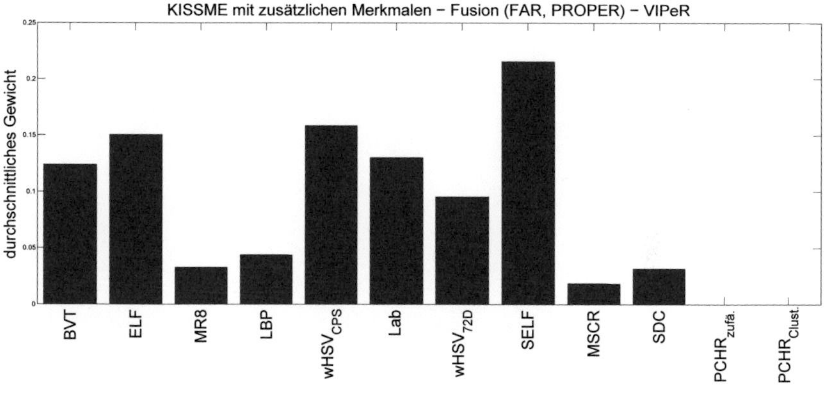

Abbildung F.3: Gelernte Gewichte für die Fusion der Merkmale
Die gelernten Fusionsgewichte — bei vorheriger Anwendung von *Metric Learning* pro Merkmal — zeigen den Einfluss jedes Merkmals auf die Gesamtleistung (siehe Abbildung 8.8 für die CMC-Kurven).

Anhang G

Ergänzungen zur Einbindung in die Anwendung

In diesem Anhang werden einige Aspekte zur Einbindung der Wiedererkennung in die beiden Anwendungen aus Kapitel 10 tiefergehend erläutert. In Abschnitt G.1 wird auf den Anwendungsbereich Videoüberwachung und in Abschnitt G.2 auf den Anwendungsbereich Servicerobotik eingegangen.

G.1 Anwendungsbereich Videoüberwachung

Nachfolgend wird auf weitere Forschungsarbeiten zur automatisierten Videoüberwachung (Abschnitt G.1.1), die Visualisierung der Liveanalyseergebnisse (Abschnitt G.1.2), die Erzeugung der Ground Truth (Abschnitt G.1.3), die beiden Einsatzumgebungen (Abschnitt G.1.4) und die Szenarien für die Evaluation (Abschnitt G.1.5) näher eingegangen.

G.1.1 Forschungsarbeiten zur automatisierten Videoüberwachung

In den letzten Jahren gab es deutliche Fortschritte in dem Feld der automatisierten Videoüberwachung. Wie in [Dick und Brooks, 2003] beschrieben, ist das hauptsächliche Ziel der automatisierten Videoüberwachung die Analyse von großen Videodatenmengen mehrerer Überwachungskameras in Echtzeit. Das herkömmliche passive Anschauen der mehrstündigen Videodaten auf mehreren Monitoren (engl. *Monitoring*) soll dabei überwunden und durch innovative Konzepte ersetzt werden. Dabei soll das Interesse des menschlichen Beobachters nur auf die relevanten Kameras gelenkt werden. Diese Aufgabe des *Monitorings* adressieren die meisten Forschungsarbeiten zur automatisierten Videoüberwachung, zum Beispiel Knight [Shah et al., 2007], das VSAM-Projekt [Collins et al., 2000], OBSERVER [Duque et al., 2006] oder NEST [Mossgraber et al., 2010]. In [Camps et al., 2016] wurde zusätzlich zum Monitoring auch eine erscheinungsbasierte Wiedererkennung eingebunden. Jedoch geht die Visualisierung der Ergebnisse nicht über ein Ranking hinaus. Die Funktionalität der in [Kolarow et al., 2013][1] umgesetzten interaktiven Zeitleiste wird in [Camps et al., 2016] nicht erreicht. Einen Überblick über kommerzielle Systeme gibt [Sedky et al., 2005]. Der Fokus der kommerziellen Systeme liegt dabei auf *Monitoring*. Für einen umfangreicheren Überblick zu automatisierten Videoüberwachungssystemen sei auf [Valera und Velastin, 2005] verwiesen.

[1]Der Autor dieser Dissertation war Co-Autor der Publikation.

G.1.2 Visualisierung der Liveanalyseergebnisse bei der intelligenten Videoüberwachung

Zusätzlich zum in Kapitel 10.1.3 vorgestellten personenspezifischen Untersuchungsfenster ist in Abbildung G.1 die Benutzeroberfläche für das Monitoring der Livebilder der Überwachungskameras dargestellt.

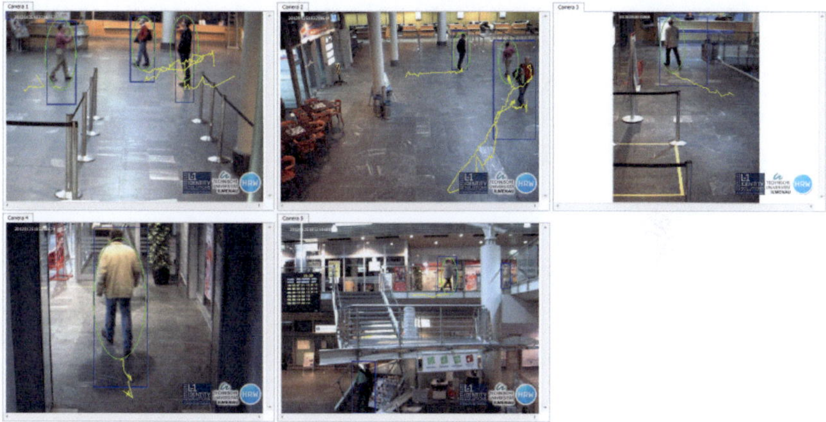

Abbildung G.1: Benutzeroberfläche für das Monitoring
Dargestellt ist die Benutzeroberfläche des Demonstrators des Forschungsprojekts APFel für das Monitoring der Livebilder von fünf Kameras. Die Livebilder sind um Visualisierungen der Vordergrundregionen als blaue Rechtecke, der Detektionen als grüne Ellipsen und der Laufwege als gelbe Pfade angereichert.

G.1.3 Erzeugung der Ground Truth bei der Videoüberwachung

Für die Evaluation der Personenwiedererkennung im Einsatzszenario der Videoüberwachung wurden die in Kapitel 10.1.4 vorgestellten Datensätze in einem Mehrkamerasystem erstellt. Für die Zuordnung von Personenhypothesen zwischen den nicht überlappenden Kameras wurde die *Ground Truth* automatisch erstellt. Dazu wurde ein kalibriertes Laserscannernetzwerk [SCHENK et al., 2012b][1], [SCHENK et al., 2012a][1] eingesetzt. Dieses Netzwerk deckte die Sichtbereiche aller Kameras und den Bereich dazwischen ab. Es wurden fünf Laserscanner auf einer Höhe von 0,7 m genutzt und der in [SCHENK et al., 2011][1] beschriebene Trackingalgorithmus eingesetzt, der auf Voruntersuchungen in [SCHENK, 2011][2] aufbaut, um die Bewegungsspuren aller Personen in der Szene aufzuzeichnen. Die Kameras waren raum-zeitlich mit dem Laserscannernetzwerk synchronisiert. Dadurch konnten die Fußpunkte detektierter Personen in die kalibrierten Kameras projiziert werden. Die Position der personenzentrierten Bildausschnitte (engl. *Regions of Interest*) wurde durch die Annahme einer konstanten Personengröße und eines festen Seitenverhältnisses für die Bildausschnitte geschätzt.

G.1.4 Einsatzumgebungen

Das im Forschungsprojekt APFel entwickelte intelligente Videoüberwachungstool wurde an zwei Standorten erprobt, die der geplanten Einsatzumgebung entsprechen. Zum einen wurde die Überwachung eines Terminals des Flughafens Erfurt-Weimar erprobt. Zum anderen fand eine Evaluation der Überwachung der Flugfelder des Fluglandeplatzes Schönhagen statt.

Flughafen Erfurt-Weimar

Der Flughafen Erfurt-Weimar wurde als repräsentativer Vertreter für kleine Regionalflughäfen gewählt. Im Terminal des Flughafens wurde eine prototypische Installation des Demonstrators des APFel-Projekts umgesetzt (siehe Abbildung G.2). Auf zwei Etagen wurden bis zu fünf Kameras an strategisch gut geeigneten Punkten angebracht, sodass sowohl eine Gesichtserkennung möglich war, als auch eine gute Abdeckung erreicht wurde.

[2] Die Masterarbeit von Konrad Schenk wurde vom Autor betreut.

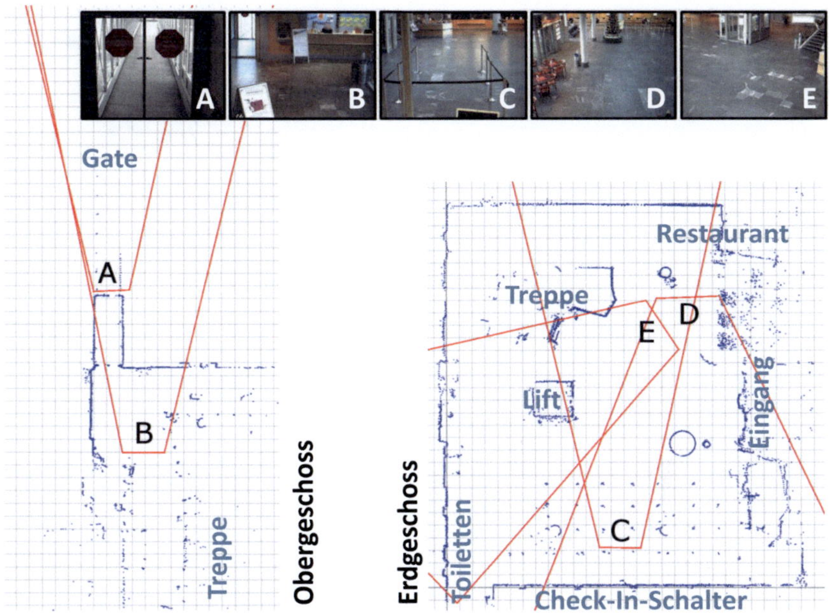

Abbildung G.2: Karte des Flughafens Erfurt-Weimar mit Kameras Mittels eines kalibrierten Laserscannernetwerkes [SCHENK et al., 2012b][1], [SCHENK et al., 2012a][1] wurde eine Karte des Flughafenterminals erstellt (blau). Anschließend wurden die Kamerapositionen teilautomatisiert erfasst. Die Sichtbereiche der Kameras sind als rote Trapeze eingezeichnet. Zu jeder der fünf Kameras (A – E) ist beispielhaft ein Bild angegeben.

Fluglandeplatz Schönhagen

Der Fluglandeplatz Schönhagen wurde als repräsentativer Vertreter für Fluglandeplätze gewählt. In Zusammenarbeit mit dem European Aviation Security Center (EASC) e.V. wurde ein Prototyp des APFel-Demonstrators umgesetzt. Durch vier Kameras werden exemplarisch gewählte Flugfelder im Außenbereich und ein Teilbereich eines Hangars abgedeckt (siehe Abbildung G.3). Die Positionen der Kameras wurden so gewählt, dass Personen, die sich entlang der Hangars bewegen, die

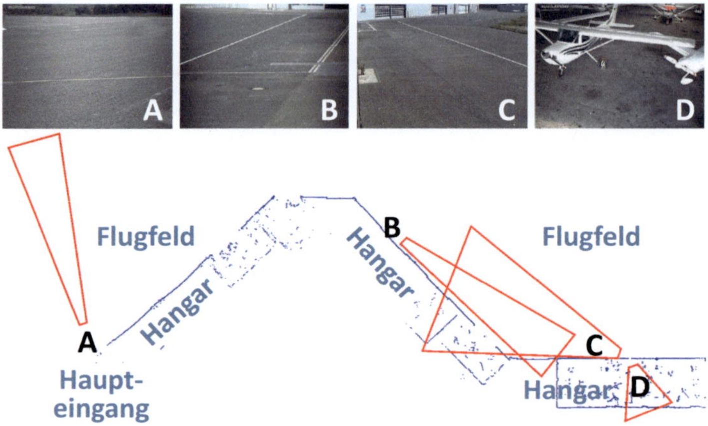

Abbildung G.3: Karte des Fluglandeplatzes Schönhagen mit Kameras
Mittels eines kalibrierten Laserscannernetwerkes [SCHENK et al., 2012b][1], [SCHENK et al., 2012a][1] wurde eine Karte des relevanten Bereichs des Fluglandeplatzes erstellt (blau). Anschließend wurden die Kamerapositionen teilautomatisiert erfasst. Die Sichtbereiche der Kameras sind als rote Trapeze eingezeichnet. Zu jeder der vier Kameras (A – D) ist beispielhaft ein Bild angegeben. Drei Kameras befinden sich im Außenbereich und überwachen ausgewählte Flugfelder. Kamera D befindet sich im Innenbereich und deckt einen Teil eines Hangars ab.

Kameras passieren müssen. Dadurch wurde eine Großaufnahme des Gesichts und somit auch eine Gesichtserkennung ermöglicht.

G.1.5 Nachgestellte Szenarien für die Evaluation der intelligenten Videoüberwachung

Nachfolgend werden die in Kapitel 10.1.4 genannten Szenarien zur Ermittlung des Nutzen für einen Operateur näher vorgestellt.

Diebstahl

Am Fluglandeplatz Schönhagen wurde in Zusammenarbeit mit dem European Aviation Security Center (EASC) e.V. ein Diebstahlszenario nachgestellt. Ein Dieb entwendete einen Funkempfänger aus einem Kleinflugzeug, dass in einem Hangar stand (Abbildung G.4 A) und versteckte ihn in einem Koffer. Er verließ den Hangar und übergab die Beute an einen Komplizen (Abbildung G.4 B). Danach trennten sich ihre Wege und der Komplize versuchte den Fluglandeplatz mit dem Funkempfänger durch den Haupteingang zu verlassen (Abbildung G.4 C). An dem Zeitpunkt, an dem der Komplize den Haupteingang erreicht, beginnt die Analyse. Der Operateur verdächtigt den Komplizen des Diebstahls und möchte den Tathergang rekonstruieren. Dies soll auf Basis der 40-minütigen Videoaufnahmen erfolgen, in denen etwa 30 Personen enthalten sind. Die Benutzeroberflächen für das Monitoring und die personenspezifische Untersuchung sind in den Abbildungen G.5 und G.6 dargestellt.

Das System bestand aus vier hochauflösenden Kameras, eine im Hangar und drei im Außenbereich. Dabei überlappten sich die Sichtbereiche von zwei der drei Kameras im Außenbereich (siehe Abbildung G.4).

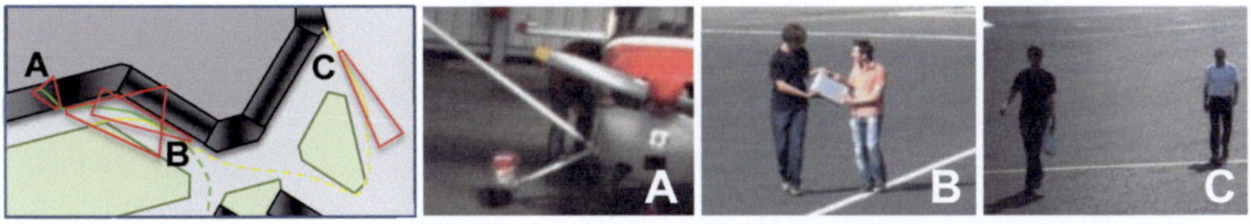

Abbildung G.4: Diebstahlszenario auf dem Fluglandeplatz Schönhagen
Die Bewegungsspur des Diebs ist grün markiert, der Pfad des Komplizens gelb (beide liefen von Punkt A in Richtung Punkt C). Die Sichtbereiche der vier Kameras sind als rote Trapeze eingezeichnet. Die Schlüsselszenen sind in den drei Bildern dargestellt: Das Entwenden des Funkempfängers (A), die Übergabe (B) und die Ankunft des Komplizens am Haupteingang (C). Der Operateur musste diese Bilder aus einer großen Menge an Videoaufzeichnungen heraussuchen, in denen auch viele weitere Personen enthalten waren.

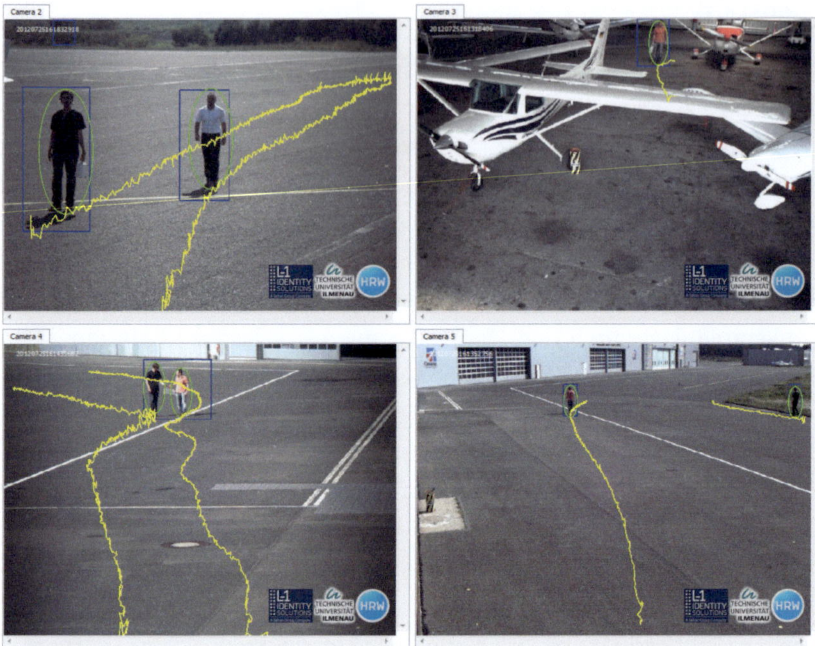

Abbildung G.5: Benutzeroberfläche für das Monitoring beim Diebstahlszenario
Dargestellt sind die Schlüsselszenen des Diebstahlszenarios in den jeweiligen Kameras zu verschiedenen Zeitpunkten. In den Kamerabildern sind die Vordergrundregionen (blau), Detektionen (grün) und Laufwege (gelb) hervorgehoben.

Verloren gegangenes Kind

Am Flughafen Erfurt-Weimar wurde das Szenario eines verloren gegangenen Kindes nachgestellt. Eine Familie, bestehend aus den Eltern und zwei Kindern, betrat den Flughafen und gab ihr Gepäck am Check-In-Schalter ab. Danach gingen die Familienmitglieder gemeinsam in ein Restaurant. Dabei verließ ein Kind die Gruppe unbemerkt, um die Toilette aufzusuchen. Als die Familie das Verschwinden bemerkte, informierte sie das Sicherheitspersonal. Währenddessen kehrte das Kind

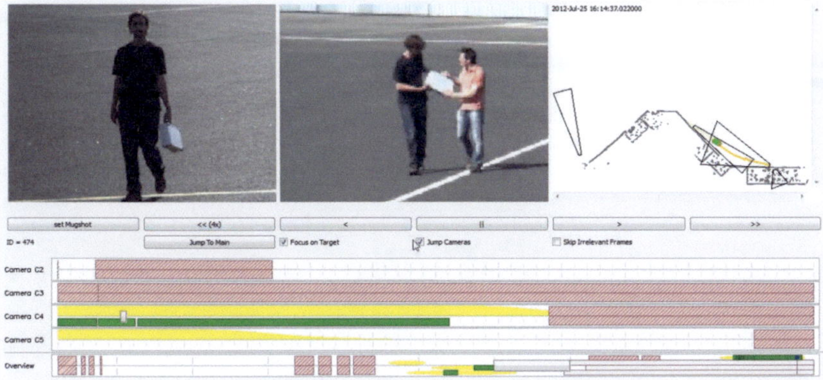

Abbildung G.6: Personenspezifische Untersuchung im Diebstahlszenario
Abgebildet ist das personenspezifische Untersuchungsfenster des Demonstrators des Forschungsprojekts APFel für das Diebstahlszenario. Anhand der grünen Hervorhebungen im interaktiven Zeitstrahl (unten) konnte der Operateur erkennen, wann und wo die Zielperson (oben links) wiedererkannt wurde. Dadurch konnte der Zeitpunkt der Übergabe der Beute (oben Mitte) schnell ermittelt und die Bewegungsspur der beteiligten Personen (oben rechts) nachvollzogen werden.

von der Toilette zurück und irrte umher, um seine Eltern zu suchen. Die Aufgabe des Operateurs bestand in der Zurückverfolgung des Laufweges der Eltern bis zum Zeitpunkt des Verschwindens des Kindes und der Ermittlung des aktuellen Aufenthaltsorts des Kindes.

Das System bestand aus vier hochauflösenden Kameras: Eine in der oberen Etage und drei in der unteren Etage mit teilweisem Überlapp (Kameras B – E aus Abbildung G.2). Die Videoaufnahmen umfassten 80 Minuten. Das Videomaterial beinhaltete mehr als 30 Personen.

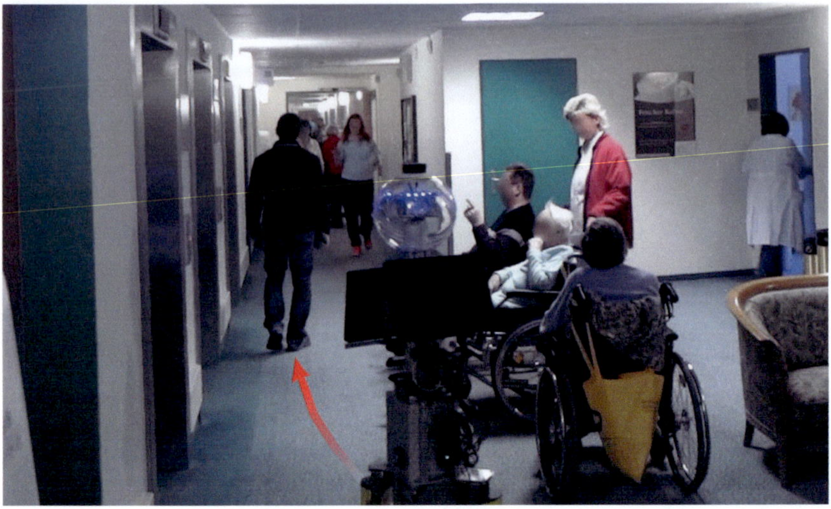

Abbildung G.7: ROREAS-Roboter folgt einem Probanden
Bei Livetests in der realen Einsatzumgebung einer Rehabilitationsklinik musste der Roboter auch schwierige Situationen meistern. In der dargestellten Szene folgte der Roboter dem Probanden durch einen Gang im Zickzackkurs durch sieben Personen. Durch die erscheinungsbasierte Wiedererkennung konnte diese schwierige Aufgabe robust gemeistert werden, solange der Nutzer noch visuell erfassbar war.

G.2 Anwendungsbereich Servicerobotik

In diesem Teil des Anhangs werden einige Aspekte aus Kapitel 10.2 zur Einbindung der Wiedererkennung in eine Servicerobotikanwendung näher ausgeführt.

G.2.1 Ergänzungen zu den Experimenten in der Rehabilitationsklinik

Ergänzend zu den in Kapitel 10.2.3 beschriebenen Tests mit Probanden in der Rehabilitationsklinik zeigt Tabelle G.1 die detaillierten Ergebnisse der einzelnen Durchläufe des Folgens und Lotsens.

FOLGEN

Durchlauf	Anzahl Personen	Anzahl Tracks	Unnötige Stopps	Verwechslungen mit ReID	Verwechslungen ohne ReID
1	15	748	0	1	2
2	13	701	1	0	3
3	14	262	1	1	1
4	11	772	0	0	1
5	8	241	0	0	3
6	6	275	0	1	0
Summe	67	2999	2	3	10

LOTSEN

Durchlauf	Anzahl Personen	Anzahl Tracks	Unnötige Stopps	Verwechslungen mit ReID	Verwechslungen ohne ReID
1	8	386	1	0	1
2	13	465	2	0	1
3	10	847	0	0	0
4	5	247	1	0	0
5	12	154	0	0	1
Summe	48	2099	4	0	3

Tabelle G.1: Details zur Wiedererkennungsleistung während Tests in einer Klinik
Dargestellt sind mehrere Durchläufe des Folgens und Lotsens von Probanden auf einer Strecke von 400 m durch den Flur einer Rehabilitationsklinik. Pro Durchlauf sind jeweils die Anzahl an Personen in der Nähe des Roboters, die Anzahl an durch den Tracker erzeugten Tracks, die Anzahl unnötiger Stopps aufgrund einer nicht möglichen Wiedererkennung des Nutzers (unkritisch) und die Anzahl an Verwechslungen des Nutzers mit anderen Personen (kritisch) angegeben. Die Angabe der Verwechslungen erfolgt einmal unter Verwendung einer erscheinungsbasierten Wiedererkennung (ReID) und als Referenz, ohne Wiedererkennung durch Zuweisung des räumlich nächsten Tracks.

Zu Zeiten mit hohem Personenaufkommen, in denen der Referenzansatz klar scheiterte, funktionierte die visuelle Wiedererkennung sehr gut. Zum Beispiel musste der Roboter in der in Abbildung G.7 gezeigten Situation dem Probanden auf einem Zickzackkurs durch sieben

Personen folgen. Der Nutzer wurde fast den ganzen Weg vorbei an allen anderen Personen verfolgt, aber dann wurde der Kontakt zum Nutzer durch ein Ausweichmanöver dauerhaft unterbrochen. Der Roboter hielt sofort wie gewünscht an. Bei Nutzertests würde der Roboter als Notfallstartegie den nächsten Wegpunkt anfahren und dort nach dem Nutzer suchen.

G.2.2 Ergänzungen zu den Experimenten im häuslichen Einsatzfeld

Die in Kapitel 10.2.3 kurz dargestellten Experimente zur Nutzeridentifikation anhand des Gesichts werden nachfolgend näher ausgeführt.

Experimente zur Gesichtsdetektion

In Experimenten konnte die robuste Erfassung der notwendigen Landmarken für die Gesichtserkennung auch unter Verdeckungen und nicht frontalen Posen nachgewiesen werden (siehe Abbildung G.8). Mit 24 Probanden wurde in [Aganian, 2018][3] ein Datensatz erstellt, bei dem unter realistischen Bedingungen durch einen stehenden Roboter Personen aus verschiedenen Entfernungen, in verschiedenen Posen und mit Verdeckungen erfasst wurden.

Für alle Probanden wurde das in Abbildung G.8 dargestellte Ergebnis beobachtet: Bei Drehungen des Gesichts bis zu 60° war die Detektion der Landmarken und die Identifikation der Person noch möglich. Nur bei nach oben schauenden Personen traten Probleme bei der Identifikation auf. Diese Ansichten sind im Trainingsdatensatz kaum vorhanden. Deshalb haben die Verfahren nicht gelernt damit umzugehen. Von den fünf Landmarken auf den beiden Augen, der Nase und den beiden Mundwinkeln mussten drei Landmarken oder beide Augen sichtbar sein, damit die verdeckten Landmarken korrekt geschätzt wurden. War dies möglich, so wurde das Gesicht korrekt ausgerichtet und die

[3] Das Fachpraktikum von Dustin Aganian wurde vom Autor betreut.

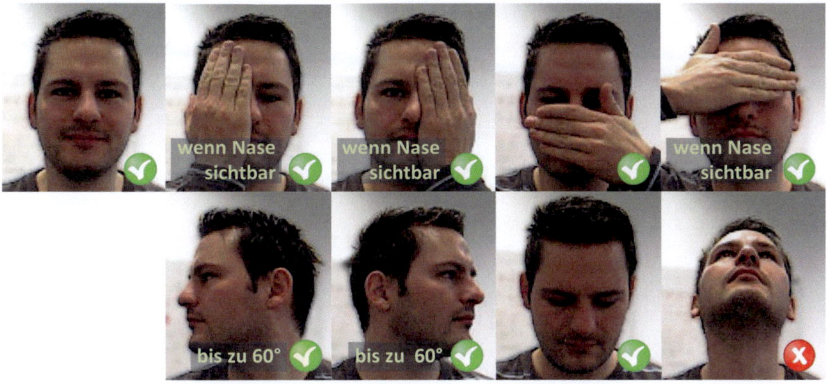

Abbildung G.8: Limitierungen der Gesichtsdetektion
Experimente zur Detektion von Gesichtern mittels MTCNN [ZHANG et al., 2016a] zeigten die robuste Erfassung der notwendigen Landmarken für die Gesichtserkennung auch unter Verdeckungen und nicht frontalen Posen. Bei Sichtbarkeit der beiden Augen oder von drei der fünf Landmarken (Augen, Nase, Mundwinkel) werden alle fünf Landmarken korrekt erfasst. Auch bei seitlichen Posen und nach unten gesenktem Gesicht werden die Landmarken korrekt erfasst. Nur bei nach oben gerichteten Posen treten Probleme auf, weil diese Ansichten in den Trainingsdaten unterrepräsentiert sind.

Identifikation der Person war erfolgreich. Auch eine Verdeckung der Augen durch eine dunkle Sonnenbrille verhinderte die Identifikation nicht. Nur Reflexionen heller Lichtquellen in den dunklen Sonnenbrillengläsern konnten zu falsch detektierten Landmarken führen, die eine korrekte Identifikation verhinderten. Zusätzlich wurden Experimente zum Einfluss des Abstands der Personen zum Roboter durchgeführt. Die Identifikation war erfolgreich, solange die Höhe des Gesichts mindestens 60 Pixel betrug. Bei geringerer Auflösung des Gesichts ließ die Erkennungsleistung stark nach. Bei der auf dem Roboter verwendeten ASUS-Xtion-RGBD-Kamera mit einer Auflösung von 640×480 Pixeln, die einen Bereich in einem Winkel von 57° vor dem Roboter erfasst, konnten Personen bis zu einem Abstand von etwa 3 bis 3,5 m robust identifiziert werden.

Experimente zur Identifikation anhand des Gesichts

Auch die Leistungsfähigkeit der Identifikation anhand des Gesichts konnte bei Experimenten mit einem mobilen Roboter in einem Living Lab, dass einer Seniorenwohnung nachempfunden ist, gezeigt werden. Dazu wurden Sequenzen mit fünf Probanden aufgezeichnet, während der Roboter durch die Einsatzumgebung fuhr. Die aufgenommenen Daten umfassen unterschiedliche Gesichtsposen, unterschiedliche Abstände der Personen zum Roboter und damit einhergehende unterschiedliche Auflösungen des Gesichtsbildes, schwierige Beleuchtungen, wie dunkle Bereiche oder Gegenlicht sowie zahlreiche partielle Selbstverdeckungen und Verdeckungen durch andere Personen oder Möbel. Der Datensatz stellt somit eine große Herausforderung für eine Gesichtserkennung dar. Zur Bewertung der Verifikationsleistung wurde jedes extrahierte Gesicht mit allen anderen verglichen.
Abbildung G.9(a) zeigt die Precision-Recall-Kurve. Es ist deutlich zu erkennen, dass das Deep-Learning-basierte Verfahren SphereFace [Liu et al., 2017] dem klassischen Ansatz aus OpenFace [Amos et al., 2016] deutlich überlegen ist. Der Vorteil zeigt sich besonders dann, wenn eine hohe Precision verlangt wird, um Verwechslungen mit anderen Personen zu vermeiden.

Experimente zur Navigationsstrategie

Trotz der Leistungsfähigkeit der Komponenten zur Detektion und Identifikation muss das Gesicht für eine erfolgreiche Identifikation aus der Nähe und möglichst frontal erfasst werden. Dazu wurde eine Navigationsstrategie eingesetzt, die systematisch Personen in der Einsatzumgebung sucht und so anfährt, dass eine Nahaufnahme des Gesichts möglich ist (siehe Kapitel 10.2.3, Abbildung 10.7). In den Experimenten musste der Roboter den Nutzer in dem $127\,\mathrm{m}^2$ umfassenden Bereich des Living Labs suchen. Dazu wurde aus der 15 Personen umfassenden Galerie jeweils ein zufälliger Nutzer gewählt. Im Durchschnitt waren vier Personen aus der Galerie und zwei weitere Personen im Living

Lab anwesend, die der Roboter suchen und mit dem Nutzertemplate vergleichen musste.

Während 100 Durchläufen befand sich der zu suchende Nutzer in 50 Durchläufen im Living Lab und war in 50 Durchläufen abwesend. Wenn der Nutzer anwesend war, konnte er in 45 von 50 Durchläufen (90%) gefunden und korrekt identifiziert werden. Dabei musste der Roboter schwierige Herausforderungen meistern (siehe Abbildung G.10).

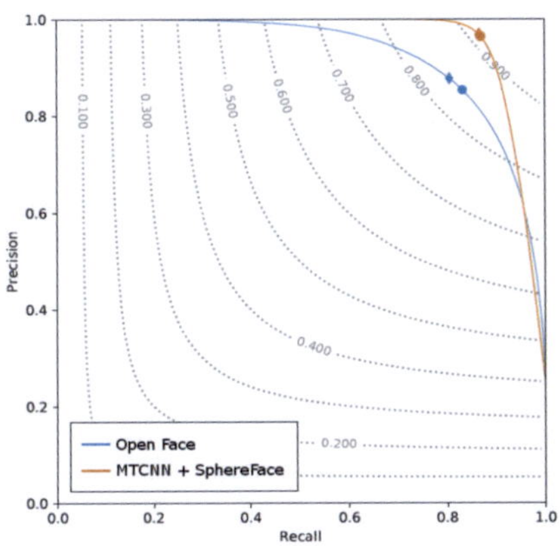

(a) Erkennungsleistung

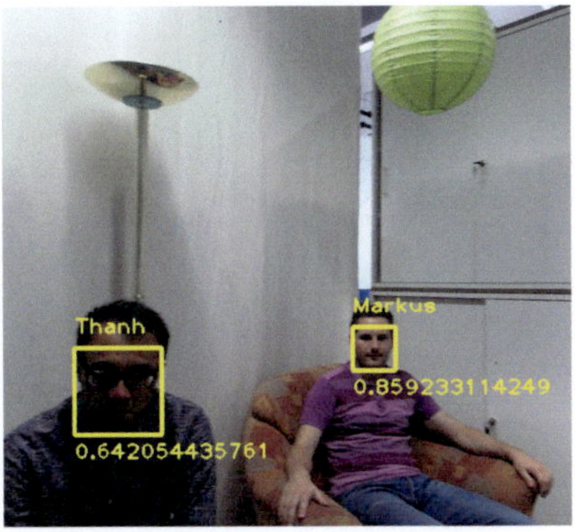

(b) Beispielhafte Erkennung

Abbildung G.9: Gesichtserkennung in einem Living Lab mit einem mobilen Roboter
(a) Die Gesichtserkennungsleistung von OpenFace [Amos et al., 2016] und SphereFace [Liu et al., 2017] mit MTCNN-Gesichtsdetektion [Zhang et al., 2016a] wurde anhand der Precision-Recall-Kurve verglichen. Der Datensatz wurde in einem Living Lab mit einem mobilen Roboter erstellt, der fünf Personen suchte. Der jeweils beste Arbeitspunkt nach F_1-Score ist als Raute markiert, die beste Accuracy als Kreis. SphereFace ist deutlich besser für die Gesichtserkennung geeignet als OpenFace.
(b) Dargestellt ist ein Beispiel der Gesichtserkennung während der Experimente in einem Living Lab, das der Einsatzumgebung einer Seniorenwohnung nachempfunden ist. Die Namen der identifizierten Personen sowie die Sicherheit der Identifikation werden angezeigt.

Abbildung G.10: Herausforderungen bei der Personensuche
In den Experimenten mussten die Personen auch unter nicht frontalen Posen, niedriger Auflösung, schwieriger Beleuchtung, verschwommenen Bildern und Verdeckungen identifiziert werden. Nur bei Gegenlicht traten in einigen Fällen Probleme auf.

In keinem der fünf Fehlerfälle wurde eine falsche Person identifiziert. Die ausgebliebenen Identifikationen wurden durch ungünstige Umweltbedingungen verursacht. In drei Fällen erschien das Gesicht aufgrund von Gegenlicht während des Sonnenuntergangs nahezu schwarz. In einem Fall war der Nutzer zu stark verdeckt. In einem weiteren Fall traf beides zu (Verdeckung und Gegenlicht). Wenn der Nutzer abwesend war, wurde keiner der anwesenden Personen mit dem Nutzer verwechselt. In allen 50 Durchläufen durchsuchte der Roboter die komplette Einsatzumgebung, um die Nutzersuche anschließend zu beenden. Abbildung G.9(b) zeigt das für die Gesichtserkennung verwendete Kamerabild des mobilen Roboters während der Experimente. Es ist zu erkennen, dass in der Galerie vorhandene Personen identifiziert werden.

Anhang H

Beurteilung des Wiedererkennungssystems

In diesem Anhang wird detailliert auf die einzelnen Gütekriterien zur Beurteilung des entwickelten Wiedererkennungssystems anhand Abbildung 11.1 eingegangen (Abschnitt H.1). Anschließend wird in Abschnitt H.2 beschrieben, wie sich die Güte des Wiedererkennungssystems bei einer schlechten Wahl der Teilkomponenten verringern würde. In Abschnitt H.3 wird abschließend der Vergleich zu biometrischen Merkmalen gezogen.

H.1 Detaillierte Auswertung aller Gütekriterien

Allgemeingültigkeit

Es wird eine bestmögliche Allgemeingültigkeit erreicht, da kleidungsbasierte Merkmale, wie Textur, Farbe und semantische Attribute oder gelernte, aus dem Bild extrahierte Merkmale, für alle Personen erfasst werden können.

Unterscheidungskraft

Die Unterscheidungskraft kann durch möglichst diskriminative Merkmale erhöht werden. Eine hohe Diskriminanz kann vor allem durch gelernte Merkmale, insbesondere durch *Deep Learning*, erreicht werden. Durch eine gelernte Metrik wird die Unterscheidungskraft der verwendeten Merkmale gesteigert. Außerdem wird die Unterscheidungskraft durch eine Fusion mehrerer sich ergänzender Merkmale gesteigert.
Die mittels gelernter Merkmale erreichte Rang-1-Statistik auf dem Market-1501-Testdatensatz, der 750 Personen beinhaltet, lag bei 0,881%. Dies legt nahe, dass bis zu 660 Personen unterschieden werden können, ohne dass es zu nicht entscheidbaren Mehrdeutigkeiten aufgrund ähnlicher Kleidung kommt.
Die Bedingung, die an biometrische Merkmale gestellt wird, dass ein Merkmal für beliebige zwei Personen hinreichend unterschiedlich sein muss, wird jedoch von keinem erscheinungsbasierten Merkmal erfüllt.

Beständigkeit

Die Beständigkeit ist für ansichtsinvariante Merkmale, wie Farbe und semantische Attribute, über einen Tag hinweg hoch. Sie kann für extrahierte Farbmerkmale durch einen Beleuchtungsausgleich weiter verbessert werden. Die Beständigkeit wird außerdem durch gelernte Merkmale und gelernte Vergleichsmetriken gesteigert, da sie variierende Umwelteinflüsse kompensieren können. Durch während des Enrollments ausgewählte robuste personenspezifische Merkmale, die für die Zielperson hinreichend unveränderlich sind, wird die Beständigkeit ebenfalls erhöht.
Dennoch sind erscheinungsbasierte Merkmale abhängig von der getragenen Kleidung. Ein Wechsel der Kleidung macht extrahierte Merkmale unbrauchbar. Durch ein Tracking der Zielperson kann jedoch ein Kleidungswechsel beobachtet und bei der Wiedererkennung berücksichtigt werden. Es ist davon auszugehen, dass erscheinungsbasierte Merkmale bei einer für das Tracking notwendigen guten Kameraabdeckung für

einige Stunden beständig sind. Eine Beständigkeit über mehrere Tage hinweg ist aufgrund variierender Kleidung beim Einsatz erscheinungsbasierter Merkmale nicht möglich.

Erfassbarkeit

Durch den Einsatz von Convolutional Neural Networks können Personen in den meisten Fällen sehr sicher detektiert werden. Auch das eingesetzte Tracking mittels logarithmischer Suche erzielt eine hohe Genauigkeit. Die eingesetzten Verfahren stellen daher eine hohe Erfassbarkeit der Personen sicher. Durch den Bezug auf große Körperregionen ist die Erfassbarkeit für die meisten Merkmale sehr hoch. Die Erfassbarkeit wird durch die Fusion auf Score Level verbessert, da eine Wiedererkennung auch erfolgen kann, wenn nur eine Teilmenge der (komplementären) Merkmale extrahiert werden kann.
Die Erfassung erscheinungsbasierter Merkmale stellt auch unter komplett unkontrollierten Bedingungen kein Problem dar. Erscheinungsbasierte Merkmale können in der Regel besser als biometrische Merkmale erfasst werden, da Blickwinkel, starke Posen oder Verdeckungen keine Probleme für eine ganzkörperbasierte Detektion, ein Tracking oder die Merkmalsextraktion darstellen.

Verarbeitungsgeschwindigkeit

Die echtzeitfähige Einbettung der Wiedererkennung in die Anwendung mit wenig Kommunikation stellt eine hohe Verarbeitungsgeschwindigkeit sicher. Aufgrund der gewählten Ansätze bei der Merkmalsextraktion, der Template-Generierung, dem Matching, der Fusion und der Suchraumeinschränkung bei der Entscheidungsfindung, die alle darauf abzielen den Großteil der Berechnungen in die Merkmalsextraktion oder Trainingsphase zu verschieben und unnötige Berechnungen zu vermeiden, können Vergleiche von Personen mit dem Template der Zielperson sehr schnell durchgeführt werden. Bei Verwendung eines kleinen Merkmalsvektors, der mittels euklidischer Distanz verglichen werden kann, sind 200.000 Vergleiche pro Sekunde auf einer CPU möglich. Dies ist für die betrachteten Szenarien eine sehr hohe Verarbeitungsgeschwindigkeit.

Genauigkeit

Durch den Einsatz gelernter Merkmale wird eine hohe Genauigkeit bei der Wiedererkennung erreicht. Variierende Umwelteinflüsse können größtenteils durch die Merkmale kompensiert werden. Eine bei der Erstellung des Templates durchgeführte personenspezifische Merkmalsauswahl verbessert die Genauigkeit. Werden sich ergänzende Merkmale kombiniert und kommt eine gelernte Metrik für die Vergleiche der Merkmalsvektoren zum Einsatz, wird in der Regel die Genauigkeit der Wiedererkennung deutlich gesteigert. Auch ein *Re-Ranking* verbessert die Genauigkeit. Die Einschränkung des Suchraums bei der Entscheidungsfindung und die Verrechnung mehrere Beobachtungen in einem probabilistischen Framework tragen entscheidend dazu bei, eine sehr hohe Genauigkeit bei der Wiedererkennung zu erreichen.

Die Wiedererkennungsrate der Zielperson unter zehn möglichen Personen (engl. *Targets*) bei Verwendung gelernter Merkmale liegt laut SRR-Kurve für den Market-1501-Datensatz bei etwa 98%. Es wird also eine hohe Genauigkeit errreicht. Erscheinungsbasierte Merkmale erreichen jedoch nicht die Erkennungsgenauigkeit biometrischer Merkmale. Biometrische Merkmale können diese hohe Genauigkeit jedoch auch nur unter bestimmten Randbedingungen, wie zum Beispiel einer hohen Auflösung eines Gesichts, erreichen. Unter gleichen Bedingungen, wie zum Beispiel weit von der Kamera entfernten und somit niedrig aufgelösten Personen, erzielt eine erscheinungsbasierte Wiedererkennung unter Umständen sogar bessere Erkennungsleistungen als biometrische Merkmale wie Gesicht, Gang, Iris und Ähnliches.

Akzeptanz

Da die Detektion der Personen und Extraktion der Merkmale in Videodaten erfolgt, ohne dass die Personen in ihren Handlungen eingeschränkt werden und ohne notwendige Kooperation oder Interaktion, wird eine hohe Akzeptanz erreicht. Eine transparente Darstellung der ermittelten, datenschutzrechtlich unbedenklichen Daten für die erscheinungsbasierte Wiedererkennung und ein geeignetes Datenhandling verbessern zusätzlich die Akzeptanz. Auf diese Weise kann auch in eher kritisch bewerteten Einsatzszenarien, wie einer Videoüberwachung, eine sehr hohe Akzeptanz erreicht werden.

Resistenz gegen Überlistung

Eine bewusste Verhinderung der Merkmalsextraktion ist bei erscheinungsbasierten Merkmalen nur schwer möglich. Unter anderem verhindert die automatische Auswahl personespezifischer Merkmale bei der Template-Genereierung bewusste Täuschungen, die auf bestimmte Merkmale abzielen. Eine auf bestimmte Merkmale abzielende Täuschung wird auch durch die Kombination verschiedenartiger Merkmale vereitelt.

Hält sich die Zielperson mit dem Ziel des Versteckens in einer größeren Gruppe auf, so kann durch die Wiedererkennung der Gruppe auf deren Aufenthaltsort geschlossen werden. Durch diese Kontextinformation kann auch dieser Täuschungsversuch geeignet behandelt werden.

Die Resistenz gegen Überlistung hängt entscheidend davon ab, wie gut ein vorsätzlicher Wechsel der Kleidung in Täuschungsabsicht durch Kameras erfasst werden kann. Das Tracking zuvor identifizierter Personen ermöglicht es diese Situationen zu erkennen. Durch Hinzunahme des neuen Erscheinungsbilds zum Template kann einer Täuschung entgegengewirkt werden. Des Weiteren erschweren die Einbindung des Operators im Videoüberwachungsszenario und die Notfallstrategien im Robotikszenario eine bewusste Täuschung.

Integrierbarkeit

Die Kombination von Merkmalen durch Score-Level-Fusion erfolgt universell. Für die einzelnen Merkmale sind durch eine einheitliche Normierung und Gewichtung klare Schnittstellen geschaffen. Dies verbessert die Integrierbarkeit. Zum Wiedererkennungssystem können jederzeit problemlos weitere, unter Umständen auch biometrische, Merkmale hinzugefügt werden. Eine gute Integrierbarkeit in die Anwendung wird ebenfalls durch einheitliche Schnittstellen für alle Teilkomponenten der erscheinungsbasierten Wiedererkennung erreicht.

Flexibilität

Die hohe Flexibilität wurde durch den Einsatz der Wiedererkennung in zwei verschiedenartigen Anwendungen — Videoüberwachung und Servicerobotik — nachgewiesen.

Skalierbarkeit

Eine gute Skalierbarkeit wird unter anderem durch ein kleines adaptives Template gewährleistet, das nur wenige personenspezifische, diskriminative Merkmale enthält. Durch die Dimensionsreduktion bei den verwendeten gelernten Metriken werden sowohl der Speicherbedarf der Merkmalsvektoren als auch die Laufzeit der Vergleiche verringert und somit die Skalierbarkeit verbessert. Alle Techniken zur Suchraumeinschränkung tragen dazu bei, dass die Anzahl der notwendigen Vergleiche und gegebenenfalls auch der Merkmalsextraktionen minimiert wird. Die modular aufgebaute Wiedererkennung ist außerdem leicht um zusätzliche Teilkomponenten zu erweitern, die gegebenenfalls auch parallel abgearbeitet und mittels Score-Level-Fusion einheitlich kombiniert werden können. Dies spricht für eine sehr gute Skalierbarkeit der vorgestellten Wiedererkennung.

Widerstandsfähigkeit

Eine relativ hohe Widerstandsfähigkeit wird auf verschiedene Weisen erreicht: Die Fehlertoleranz wird gesteigert durch die Fusion komplementärer Merkmale auf Score Level sowie durch komplementäre Wiedererkennungskomponenten und eine zeitliche Integration der Ergebnisse. Wiederherstellungsszenarien werden durch die Einbindung eines Operateurs sowie durch Notfallstrategien für den Roboter umgesetzt. Eine persistente Übertragung und Speicherung der Daten hilft bei der Wiederherstellung im Fehlerfall und garantiert eine Wiederholbarkeit. Redundanzen in Form von komplementären Merkmalen dienen der Vermeidung einer einzelnen Bruchstelle.

H.2 Verringerter Nutzen bei schlechter Wahl der Einzelkomponenten

Die gestrichelte Linie in Abbildung 11.1 zeigt, dass die Beurteilung des Wiedererkennungssystems bei schlechter Wahl der Einzelkomponenten deutlich schlechter ausgefallen wäre. Die Wahl lokaler Deskriptoren wie SIFT oder SURF als Merkmale, der Einsatz softbiometrischer Merkmale, die Verwendung eines großen Templates, der Einsatz nicht gelernter Vergleichsmetriken oder Merkmale sowie die Fusion und Entscheidung anhand von Heuristiken würden eine geringere Güte erzielen. Auf die einzelnen Teilkomponenten wird nachfolgend näher eingegangen.

Lokale Deskriptoren

Die Wahl lokaler Deskriptoren, wie SIFT oder SURF, als Merkmale hätte einen negativen Einfluss auf die Allgemeingültigkeit, die Unterscheidungskraft, die Beständigkeit, die Erfassbarkeit und die Resistenz gegen Überlistung.

Softbiometrische Merkmale

Beim Einsatz softbiometrischer Merkmale würde durch die Verwendung personenbezogener Daten die Akzeptanz leicht sinken. Außerdem wäre für einige softbiometrischer Merkmale die Erfassbarkeit deutlich eingeschränkt.

Großes Template

Die Verwendung von Merkmalen, die einen großen Merkmalsvektor und somit auch ein großes Template erzeugen, würde sich negativ auswirken auf die Verarbeitungsgeschwindigkeit und Skalierbarkeit.

Nicht gelernte Merkmale

Bei Verwendung händisch entworfener Merkmale würden die Unterscheidungskraft, die Beständigkeit, die Genauigkeit und die Skalierbarkeit verschlechtert.

Nicht gelernte Vergleichsmetriken

Der Einsatz nicht gelernter Vergleichsmetriken würde sich negativ auswirken auf die Beständigkeit, die Unterscheidungskraft und die Genauigkeit.

Heuristiken

Eine Fusion und Entscheidung anhand von Heuristiken würde sich negativ auf die Unterscheidungskraft, die Genauigkeit, die Resistenz gegen Überlistung, die Integrierbarkeit, die Skalierbarkeit und die Widerstandsfähigkeit auswirken.

Anwendung
Die notwendige Flexibilität für den Einsatz in zwei verschiedenartigen Anwendungen wäre mit händisch entworfenen Merkmalen und Heuristiken für die Fusion und Entscheidung nicht erreichbar.

H.3 Vergleich mit biometrischen Merkmalen

In diesem Abschnitt wird die vorgestellte erscheinungsbasierte Wiedererkennung verglichen mit einer Wiedererkennung basierend auf jeweils einem biometrischen Merkmal. Dabei werden eine Gesichtserkennung (Abbildung H.1) und eine Identifikation mittels Fingerabdruck (Abbildung H.2) betrachtet. Die Grafiken schätzen ein, wie die Gütekriterien bei der ausschließlichen Verwendung eines biometrischen Merkmals einzuschätzen wären. Kriterien, die sich auf konkrete Zahlen beziehen, orientieren sich an der Literaturlage und basieren auf Benchmarkingergebnissen auf öffentlichen Datensätzen. Die anderen Kriterien wurden mit Bezug auf die Anwendungsszenarien dieser Dissertation eingeschätzt. Die Verwendung eines einzelnen biometrischen Merkmals hat einige Nachteile gegenüber der vorgestellten erscheinungsbasierten Wiedererkennung. Dafür erreichen biometrische Merkmale bessere Ergebnisse bei der Unterscheidungskraft, Beständigkeit, Verarbeitungsgeschwindigkeit und Genauigkeit.

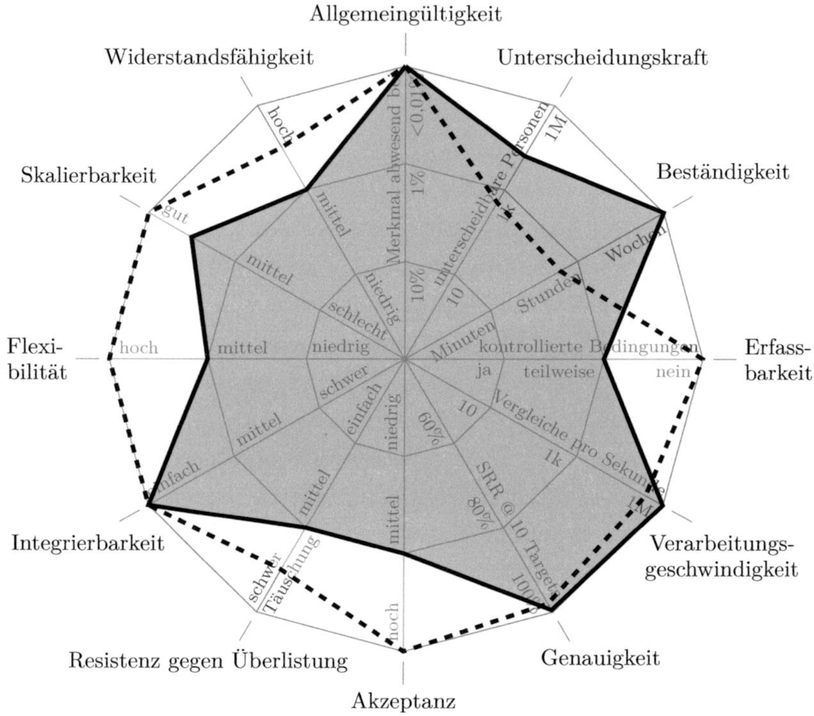

Abbildung H.1: Vergleich mit Wiedererkennung basierend auf Gesicht

Vergleich von erscheinungsbasierter Wiedererkennung (gestrichelte Linie) mit alleiniger Gesichtserkennung (durchgezogene Linie) bezogen auf die Anwendungsszenarien dieser Arbeit.

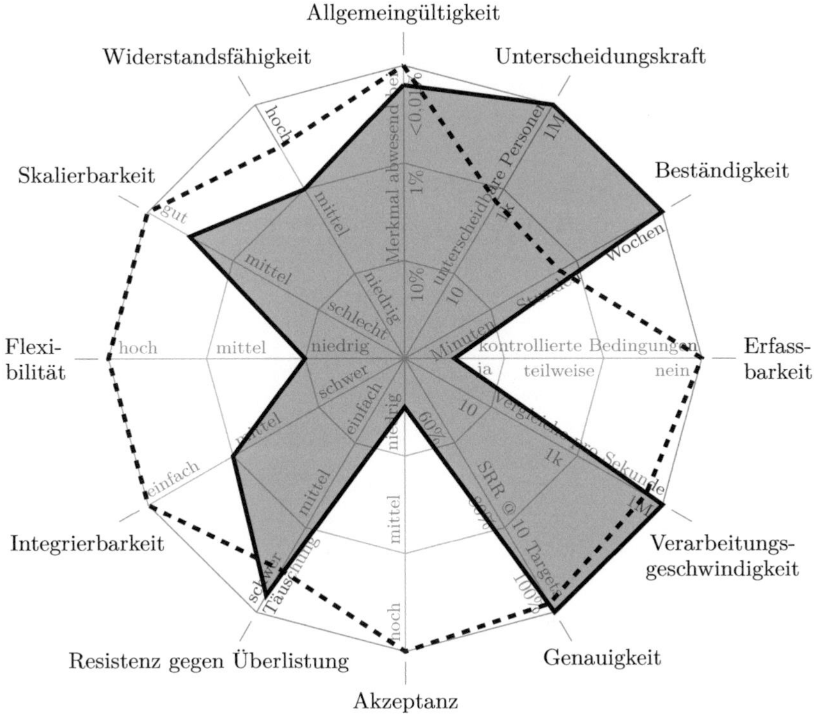

Abbildung H.2: Vergleich mit Wiedererkennung basierend auf Fingerabdruck
Vergleich von erscheinungsbasierter Wiedererkennung (gestrichelte Linie) mit alleiniger Identifikation anhand eines Fingerabdrucks (durchgezogene Linie) bezogen auf die Anwendungsszenarien dieser Arbeit.

Abbildungsverzeichnis

Literaturverzeichnis

[Aganian, 2018] Aganian, Dustin (2018). *Gesichtserkennung zur Überprüfung von Hausverboten*. Praktikumsbericht, Zentrum für Bildverarbeitung und Signalverarbeitung e.V. (ZBS), TU Ilmenau.

[Aganian, 2019] Aganian, Dustin (2019). *Evaluation moderner Fehlerfunktionen für tiefe Neuronale Netze am Beispiel der erscheinungsbasierten Personenwiedererkennung*. Masterarbeit, TU Ilmenau.

[Agarwal et al., 2006a] Agarwal, Vivek, B. R. Abidi, A. Koschan und M. A. Abidi (2006a). *An Overview of Color Constancy Algorithms*. Journal of Pattern Recognition Research, 1(1):42–56.

[Agarwal et al., 2009] Agarwal, Vivek, A. Gribok, A. Koschan, B. Abidi und M. Abidi (2009). *Illumination chromaticity estimation using linear learning methods*. Journal of Pattern Recognition Research, 4(1):92–109.

[Agarwal et al., 2007] Agarwal, Vivek, A. V. Gribok und M. A. Abidi (2007). *Machine Learning Approach to Color Constancy*. Neural Networks, 20(5):559–563.

[Agarwal et al., 2006b] Agarwal, Vivek, A. V. Gribok, A. Koschan und M. A. Abidi (2006b). *Estimating Illumination Chromaticity via Kernel Regression*. In: *IEEE Int. Conf. on Image Processing (ICIP)*, S. 981–984.

[Amos et al., 2016] Amos, Brandon, B. Ludwiczuk und M. Satyanarayanan (2016). *OpenFace: A General-Purpose Face Recognition Library with Mobile Applications*. Technischer Bericht, CMU-CS-16-118, CMU School of Computer Science.

[An et al., 2013] An, Le, X. Chen, M. Kafai, S. Yang und B. Bhanu (2013). *Improving Person Re-Identification by Soft Biometrics Based Reranking*. In: *ACM/IEEE Int. Conf. on Distributed Smart Cameras (ICDSC)*, S. 1–6. IEEE.

[An et al., 2015] An, Le, M. Kafai, S. Yang und B. Bhanu (2015). *Person*

Reidentification With Reference Descriptor. IEEE Trans. on Circuits and Systems for Video Technology (TCSVT), 26(4):776–787.

[BAI et al., 2017a] BAI, SONG, X. BAI und Q. TIAN (2017a). *Scalable Person Re-Identification on Supervised Smoothed Manifold*. In: *IEEE Conf. on Computer Vision and Pattern Recognition (CVPR)*, S. 2530–2539.

[BAI et al., 2017b] BAI, XIANG, M. YANG, T. HUANG, Z. DOU, R. YU und Y. XU (2017b). *Deep-Person: Learning Discriminative Deep Features for Person Re-Identification*. arXiv preprint arXiv:1711.10658.

[BĄK et al., 2012] BĄK, SŁAWOMIR, G. CHARPIAT, E. CORVEE, F. BREMOND und M. THONNAT (2012). *Learning to Match Appearances by Correlations in a Covariance Metric Space*. In: *European Conference Computer Vision (ECCV)*, S. 806–820. Springer.

[BAK et al., 2010] BAK, SLAWOMIR, E. CORVEE, F. BREMOND und M. THONNAT (2010). *Person Re-identification Using Spatial Covariance Regions of Human Body Parts*. In: *IEEE Int. Conf. on Advanced Video and Signal-Based Surveillance (AVSS)*, S. 435–440.

[BALADA, 2018] BALADA, CHRISTOPH (2018). *Transfer Learning für die Erkennung von Straßenschäden*. Masterarbeit, TU Ilmenau.

[BALTIERI et al., 2010] BALTIERI, DAVIDE, R. VEZZANI und R. CUCCHIARA (2010). *3D Body Model Construction and Matching for Real Time People Re-Identification.*. In: *Eurographics Italian Chapter Conf.*, S. 65–71.

[BALTIERI et al., 2011] BALTIERI, DAVIDE, R. VEZZANI und R. CUCCHIARA (2011). *3DPes: 3D People Dataset for Surveillance and Forensics*. In: *Workshop on Human Gesture and Behavior Understanding*, S. 59–64. ACM.

[BARMAN und SHAH, 2016] BARMAN, ARKO und S. K. SHAH (2016). *Improving Person Re-Identification Systems: A Novel Score Fusion Framework for Rank-n Recognition*. In: *Indian Conf. on Computer Vision, Graphics and Image Processing (ICVGIP)*, S. 4. ACM.

[BARMAN und SHAH, 2017] BARMAN, ARKO und S. K. SHAH (2017). *Distance Aggregation based Score Fusion for Improving Person Re-Identification*. In: *Int. Symp. on Technologies for Homeland Security (HST)*, S. 1–8. IEEE.

[BARMAN und SHAH, 2018] BARMAN, ARKO und S. K. SHAH (2018). *A Generalized Optimization Framework for Score Aggregation in Person Reidentification Systems*. In: *IEEE Int. Conf. on Advanced Video and Signal-Based Surveillance (AVSS)*, S. 1–6. IEEE.

[BARNARD et al., 2002a] BARNARD, KOBUS, V. CARDEI und B. FUNT (2002a). *A Comparison of Computational Color Constancy Algorithms. Part I: Methodology and Experiments with Synthesized Data*. IEEE Trans.

on Image Processing (TIP), 11(9):972–984.

[BARNARD et al., 2001] BARNARD, KOBUS, F. CIUREA und B. FUNT (2001). *Sensor Sharpening for Computational Color Constancy.* Journal of the Optical Society of America A (JOSA A), 18(11):2728–2743.

[BARNARD et al., 2002b] BARNARD, KOBUS, L. MARTIN, A. COATH und B. FUNT (2002b). *A Comparison of Computational Color Constancy Algorithms. Part II: Experiments with Image Data.* IEEE Trans. on Image Processing (TIP), 11(9):985–996.

[BATTITI, 1994] BATTITI, ROBERTO (1994). *Using Mutual Information for Selecting Features in Supervised Neural Net Learning.* IEEE Trans. on Neural Networks (TNN), 5(4):537–550.

[BAY et al., 2006] BAY, HERBERT, T. TUYTELAARS und L. VAN GOOL (2006). *SURF: Speeded Up Robust Features.* In: *European Conference Computer Vision (ECCV)*, S. 404–417. Springer.

[BELLET et al., 2013] BELLET, AURÉLIEN, A. HABRARD und M. SEBBAN (2013). *A Survey on Metric Learning for Feature Vectors and Structured Data.* Technischer Bericht, Université de Saint-Etienne, Frankreich. arXiv:1306.6709.

[BENENSON et al., 2014] BENENSON, RODRIGO, M. OMRAN, J. HOSANG und B. SCHIELE (2014). *Ten Years of Pedestrian Detection, What Have we Learned?.* In: *European Conference Computer Vision (ECCV)*, S. 613–627. Springer.

[BENFOLD und REID, 2009] BENFOLD, BEN und I. D. REID (2009). *Guiding Visual Surveillance by Tracking Human Attention.* In: *British Machine Vision Conf. (BMVC)*, Bd. 2.

[BIANCO et al., 2008] BIANCO, SIMONE, F. GASPARINI und R. SCHETTINI (2008). *Consensus-based framework for illuminant chromaticity estimation.* Journal of Electronic Imaging, 17(2):023013–1–9.

[BISHOP, 1995] BISHOP, CHRISTOPHER M (1995). *Neural Networks for Pattern Recognition.* Oxford University Press.

[BLUM und LIU, 2005] BLUM, RICK S und Z. LIU (2005). *Multi-Sensor Image Fusion and its Applications.* CRC Press.

[BOSER et al., 1992] BOSER, BERNHARD E, I. M. GUYON und V. N. VAPNIK (1992). *A Training Algorithm for Optimal Margin Classifiers.* In: *Annual Workshop on Computational Learning Theory*, S. 144–152. ACM.

[BRAINARD und FREEMAN, 1997] BRAINARD, DAVID H und W. T. FREEMAN (1997). *Bayesian Color Constancy.* Journal of the Optical Society of America A (JOSA A), 14(7):1393–1411.

[BRAUCKMANN und BUSCH, 2011] BRAUCKMANN, MICHAEL und C. BUSCH

(2011). *Large Scale Database Search.* In: *Handbook of Face Recognition*, S. 639–653. Springer.

[Breiman et al., 1984] Breiman, Leo, J. Friedman, C. J. Stone und R. A. Olshen (1984). *Classification and Regression Trees.* CRC press.

[Bridle, 1990] Bridle, John S (1990). *Training Stochastic Model Recognition Algorithms as Networks Can Lead to Maximum Mutual Information Estimation of Parameters.* In: *Advances in Neural Processing Systems (NIPS)*, S. 211–217.

[Brill, 1990] Brill, Michael H (1990). *Image Segmentation by Object Color: A Unifying Framework and Connection to Color Constancy.* Journal of the Optical Society of America A (JOSA A), 7(10):2041–2047.

[Buchsbaum, 1980] Buchsbaum, Gershon (1980). *A Spatial Processor Model for Object Colour Perception.* Journal of the Franklin Institute, 310(1):1–26.

[Camps et al., 2016] Camps, Octavia, M. Gou, T. Hebble, S. Karanam, O. Lehmann, Y. Li, R. J. Radke, Z. Wu und F. Xiong (2016). *From the Lab to the Real World: Re-Identification in an Airport Camera Network.* IEEE Trans. on Circuits and Systems for Video Technology (TCSVT), 27(3):540–553.

[Cappelli et al., 2000] Cappelli, Raffaele, D. Maio und D. Maltoni (2000). *Combining Fingerprint Classifiers.* In: *Int. Workshop on Multiple Classifier Systems (MCS)*, Bd. 1857 d. Reihe *Lecture Notes in Computer Science (LNCS)*, S. 351–361. Springer.

[Cardei et al., 2002] Cardei, Vlad, B. Funt und K. Barnard (2002). *Estimating the scene illumination chromaticity using a neural network.* Journal of the Optical Society of America A (JOSA A), 19(12):2374–2386.

[Cardei und Funt, 1999] Cardei, Vlad C. und B. Funt (1999). *Committee-Based Color Constancy.* In: *IS&T/SID Color Imaging Conference (CIC)*, S. 311–313.

[Carreira-Perpinan, 2007] Carreira-Perpinan, Miguel A (2007). *Gaussian mean-shift is an EM algorithm.* IEEE Transactions on Pattern Analysis and Machine Intelligence, 29(5):767–776.

[de Carvalho Prates und Schwartz, 2015a] Carvalho Prates, Raphael Felipe de und W. R. Schwartz (2015a). *Appearance-based Person Re-Identification by Intra-Camera Discriminative Models and Rank Aggregation.* In: *Int. Conf. on Biometrics (ICB)*, S. 65–72. IEEE.

[de Carvalho Prates und Schwartz, 2015b] Carvalho Prates, Raphael Felipe de und W. R. Schwartz (2015b). *CBRA: Color-based Ranking Aggregation for Person Re-Identification.* In: *IEEE Int. Conf. on*

Image Processing (ICIP), S. 1975–1979. IEEE.

[Cha, 2008] Cha, Sung-Hyuk (2008). *Taxonomy of Nominal Type Histogram Distance Measures*. In: *American Conf. on Applied Mmathematics (MATH)*, S. 325–330.

[Chakrabarti et al., 2008] Chakrabarti, Ayan, K. Hirakawa und K. Zickler (2008). *Color Constancy Beyond Bags of Pixels*. In: *IEEE Conf. on Computer Vision and Pattern Recognition (CVPR)*, S. 1–6.

[Chang et al., 2019] Chang, Yiqian, Y. Shi, Y. Wang und Y. Tian (2019). *Bi-Directional Re-Ranking for Person Re-Identification*. In: *IEEE Conf. on Multimedia Information Processing and Retrieval (MIPR)*, S. 48–53. IEEE.

[Chen et al., 2017a] Chen, Bao Xin, R. Sahdev und J. K. Tsotsos (2017a). *Integrating Stereo Vision With a CNN Tracker for a Person-Following Robot*. In: *Int. Conf. on Computer Vision Systems (ICCVS)*, S. 300–313. Springer.

[Chen et al., 2017b] Chen, Bao Xin, R. Sahdev und J. K. Tsotsos (2017b). *Person Following Robot using Selected Online Ada-Boosting with Stereo Camera*. In: *Conf. on Computer and Robot Vision (CRV)*, S. 48–55. IEEE.

[Chen et al., 2017c] Chen, Kezhou, N. Sang, Z. Li, C. Gao und R. Wang (2017c). *Re-Ranking Person Re-Identification with Local Discriminative Information*. In: *IAPR Asian Conference on Pattern Recognition (ACPR)*, S. 1–6. IEEE.

[Chen et al., 2016a] Chen, Shi-Zhe, C.-C. Guo und J.-H. Lai (2016a). *Deep Ranking for Person Re-identification via Joint Representation Learning*. IEEE Trans. on Image Processing (TIP), S. 2353–2367.

[Chen et al., 2016b] Chen, Tianqi, B. Xu, C. Zhang und C. Guestrin (2016b). *Training Deep Nets with Sublinear Memory Cost*. arXiv preprint arXiv:1604.06174.

[Chen et al., 2017d] Chen, Weihua, X. Chen, J. Zhang und K. Huang (2017d). *Beyond Triplet Loss: A Deep Quadruplet Network for Person Re-Identification*. In: *IEEE Conf. on Computer Vision and Pattern Recognition (CVPR)*.

[Cheng et al., 2016] Cheng, De, Y. Gong, S. Zhou, J. Wang und N. Zheng (2016). *Person Re-Identification by Multi-Channel Parts-Based CNN With Improved Triplet Loss Function*. In: *IEEE Conf. on Computer Vision and Pattern Recognition (CVPR)*, S. 1335–1344.

[Cheng et al., 2011] Cheng, Dong Seon, M. Cristani, M. Stoppa, L. Bazzani und V. Murino (2011). *Custom Pictorial Structures for Re-*

identification. In: *British Machine Vision Conference (BMVC)*.

[Cheng, 1995] Cheng, Yizong (1995). *Mean shift, mode seeking, and clustering*. IEEE Trans. on Pattern Analysis and Machine Intelligence (TPAMI), 17(8):790–799.

[Chia et al., 2010] Chia, Chaw, N. Sherkat und L. Nolle (2010). *Towards a Best Linear Combination for Multimodal Biometric Fusion*. In: *Int. Conf. on Pattern Recognition (ICPR)*, S. 1176–1179.

[Choi et al., 2013] Choi, Benjamin, C. Meriçli, J. Biswas und M. Veloso (2013). *Fast Human Detection for Indoor Mobile Robots Using Depth Images*. In: *IEEE Int. Conf. on Robotics and Automation (ICRA)*, S. 1108–1113. IEEE.

[Chollet, 2017] Chollet, François (2017). *Xception: Deep Learning with Depthwise Separable Convolutions*. In: *IEEE Conf. on Computer Vision and Pattern Recognition (CVPR)*, S. 1251–1258.

[Choromanska et al., 2015] Choromanska, Anna, M. Henaff, M. Mathieu, G. B. Arous und Y. LeCun (2015). *The Loss Surfaces of Multilayer Networks*. In: *Artificial Intelligence and Statistics*, S. 192–204.

[Clevert et al., 2016] Clevert, Djork-Arné, T. Unterthiner und S. Hochreiter (2016). *Fast and Accurate Deep Network Learning by Exponential Linear Units (ELUs)*. In: *Int. Conf. on Learning Representations (ICLR)*.

[Collins et al., 2000] Collins, Robert T., A. J. Lipton, T. Kanade, H. Fujiyoshi, D. Duggins, Y. Tsin, D. Tolliver, N. Enomoto, O. Hasegawa, P. Burt und L. Wixson (2000). *A System for Video Surveillance and Monitoring*. Technischer Bericht CMU-RI-TR-00-12, Carnegie Mellon University (CMU).

[Collobert und Weston, 2008] Collobert, Ronan und J. Weston (2008). *A Unified Architecture for Natural Language Processing: Deep Neural Networks with Multitask Learning*. In: *Int. Conf. on Machine Learning (ICML)*, S. 160–167. ACM.

[Comaniciu et al., 2003] Comaniciu, Dorin, V. Ramesh und P. Meer (2003). *Kernel-Based Object Tracking*. IEEE Trans. on Pattern Analysis and Machine Intelligence (TPAMI), 25(5):564–577.

[Condés und Cañas, 2018] Condés, Ignacio und J. M. Cañas (2018). *Person Following Robot Behavior Using Deep Learning*. In: *Workshop of Physical Agents*, S. 147–161. Springer.

[Cortes und Vapnik, 1995] Cortes, Corinna und V. Vapnik (1995). *Support-Vector Networks*. Machine Learning, 20(3):273–297.

[Coşar und Bellotto, 2019] Coşar, Serhan und N. Bellotto (2019).

Human Re-Identification with a Robot Thermal Camera Using Entropy-Based Sampling. Journal of Intelligent & Robotic Systems (JIRS), S. 1–18.

[Coşar et al., 2017] Coşar, Serhan, C. Coppola, N. Bellotto et al. (2017). *Volume-based Human Re-Identification with RGB-D Cameras.* In: *Int. Joint Conf. on Computer Vision, Imaging and Computer Graphics Theory and Applications (VISIGRAPP)*, S. 389–397.

[Cosgun et al., 2013] Cosgun, Akansel, D. A. Florencio und H. I. Christensen (2013). *Autonomous Person Following for Telepresence Robots.* In: *IEEE Int. Conf. on Robotics and Automation (ICRA)*, S. 4335–4342. IEEE.

[Cover und Thomas, 1991] Cover, Thomas M und J. A. Thomas (1991). *Elements of information theory.* John Wiley & Sons.

[Dalal und Triggs, 2005] Dalal, Navneet und B. Triggs (2005). *Histograms of Oriented Gradients for Human Detection.* In: *IEEE Conf. on Computer Vision and Pattern Recognition (CVPR)*, S. 886–893.

[Das et al., 2015] Das, Abir, R. Panda und A. Roy-Chowdhury (2015). *Active Image Pair Selection for Continuous Person Re-Identification.* In: *IEEE Int. Conf. on Image Processing (ICIP)*, S. 4263–4267. IEEE.

[Datta et al., 2012] Datta, Ankur, L. M. Brown, R. Feris und S. Pankanti (2012). *Appearance Modeling for Person Re-Identification using Weighted Brightness Transfer Functions.* In: *Int. Conf. on Pattern Recognition (ICPR)*, S. 2367–2370. IEEE.

[Davis und Dhillon, 2008] Davis, Jason V und I. S. Dhillon (2008). *Structured Metric Learning for High Dimensional Problems.* In: *Int. Conf. on Knowledge Discovery and Data Mining (SIGKDD)*, S. 195–203. ACM.

[Davis et al., 2007] Davis, Jason V, B. Kulis, P. Jain, S. Sra und I. S. Dhillon (2007). *Information-Theoretic Metric Learning.* In: *Int. Conf. on Machine Learning (ICML)*, S. 209–216. ACM.

[Dekel et al., 2012] Dekel, Ofer, R. Gilad-Bachrach, O. Shamir und L. Xiao (2012). *Optimal distributed online prediction using mini-batches.* Journal of Machine Learning Research (JMLR), 13(Jan):165–202.

[Dempster et al., 1977] Dempster, Arthur P, N. M. Laird und D. B. Rubin (1977). *Maximum likelihood from incomplete data via the EM algorithm.* Journal of the royal statistical society. Series B (methodological), S. 1–38.

[Deng et al., 2009] Deng, Jia, W. Dong, R. Socher, L.-J. Li, K. Li und L. Fei-Fei (2009). *ImageNet: A Large-Scale Hierarchical Image Database.* In: *IEEE Conf. on Computer Vision and Pattern Recognition (CVPR)*, S. 248–255. IEEE.

[Deng et al., 2019] Deng, Jiankang, J. Guo, X. Niannan und S. Zafeiriou (2019). *ArcFace: Additive Angular Margin Loss for Deep Face Recognition.* In: *IEEE Conf. on Computer Vision and Pattern Recognition (CVPR).*

[Deng et al., 2018] Deng, Jiankang, J. Guo und S. Zafeiriou (2018). *ArcFace: Additive Angular Margin Loss for Deep Face Recognition.* arXiv preprint arXiv:1801.07698v1, Version 1.

[Deng et al., 2014] Deng, Yubin, P. Luo, C. C. Loy und X. Tang (2014). *Pedestrian attribute recognition at far distance.* In: *Int. Conf. on Multimedia (ICM)*, S. 789–792. ACM.

[Deza und Deza, 2006] Deza, Michel-Marie und E. Deza (2006). *Dictionary of Distances.* Elsevier.

[Dick und Brooks, 2003] Dick, Anthony R. und M. J. Brooks (2003). *Issues in Automated Visual Surveillance.* In: *Australian Conf. on Digital Image Computing: Techneques and Applications (DICTA)*, S. 195–204.

[Do Hoang et al., 2017] Do Hoang, Minh, S.-S. Yun und J.-S. Choi (2017). *The Reliable Recovery Mechanism for Person-Following Robot in Case of Missing Target.* In: *Int. Conf. on Ubiquitous Robots and Ambient Intelligence (URAI)*, S. 800–803. IEEE.

[Do und Lin, 2015] Do, Minh-Quoc und C.-H. Lin (2015). *Embedded Human-Following Mobile-Robot with an RGB-D Camera.* In: *Int. Conf. on Machine Vision Applications (MVA)*, S. 555–558. IEEE.

[Dollár et al., 2010] Dollár, Piotr, S. J. Belongie und P. Perona (2010). *The Fastest Pedestrian Detector in the West.* In: *British Machine Vision Conf. (BMVC)*, Bd. 2.

[D'Orazio et al., 2009] D'Orazio, Tiziana, P. L. Mazzeo und P. Spagnolo (2009). *Color Brightness Transfer Function Evaluation for Non Overlapping Multi Camera Tracking.* In: *ACM/IEEE Int. Conf. on Distributed Smart Cameras (ICDSC)*, S. 1–6. IEEE.

[Duque et al., 2006] Duque, Duarte, H. Santos und P. Cortez (2006). *The OBSERVER: An Intelligent and Automated Video Surveillance System.* In: *Int. Conf. on Image Analysis and Recognition (ICIAR)*, Bd. 4141 d. Reihe *Lecture Notes in Computer Science (LNCS)*, S. 898–909. Springer.

[D'Zmura et al., 1995] D'Zmura, Michael, G. Iverson und B. Singer (1995). *Probabilistic Color Constancy.* Geometric Representations of Perceptual Phenomena, S. 187–202.

[Einhorn et al., 2012] Einhorn, Erik, T. Langner, R. Stricker, Ch. Martin und H.-M. Gross (2012). *MIRA – Middleware for Robotic Applications.* In: *IEEE/RSJ Int. Conf. on Intelligent Robots and Systems*

(IROS), S. 2591–2598. IEEE.

[Eisenbach et al., 2012] Eisenbach, Markus, A. Kolarow, K. Schenk, K. Debes und H.-M. Gross (2012). *View Invariant Appearance-based Person Reidentification Using Fast Online Feature Selection and Score Level Fusion.* In: *IEEE Int. Conf. on Advanced Video and Signal-Based Surveillance (AVSS)*, S. 184–190. IEEE.

[Eisenbach et al., 2014] Eisenbach, Markus, A. Kolarow, K. Schenk, K. Debes und H.-M. Gross (2014). *APFel: Analyse von Personenbewegungen an Flughäfen mittels zeitlich rückwärts- und vorwärtsgerichteter Videodatenströme.* Projektabschlussbericht, TU Ilmenau.

[Eisenbach et al., 2015a] Eisenbach, Markus, A. Kolarow, A. Vorndran, J. Niebling und H.-M. Gross (2015a). *Evaluation of Multi Feature Fusion at Score-Level for Appearance-based Person Re-Identification.* In: *IEEE Int. Joint Conf. on Neural Networks (IJCNN)*, S. 469–476. IEEE.

[Eisenbach et al., 2013] Eisenbach, Markus, P. Scheiner, A. Kolarow, K. Schenk, H.-M. Gross und I. Weinreich (2013). *Learning Illumination Maps for Color Constancy in Person Reidentification.* In: *German Workshop Farbbildverarbeitung (FWS)*, S. 103—-114. GFaI.

[Eisenbach et al., 2016a] Eisenbach, Markus, D. Seichter und H.-M. Gross (2016a). *Are Color Features Important for Person Detection? - Insights into Features Learned by Deep Convolutional Neural Networks.* In: *German Workshop Farbbildverarbeitung (FWS)*, S. 169–182.

[Eisenbach et al., 2016b] Eisenbach, Markus, D. Seichter, T. Wengefeld und H.-M. Gross (2016b). *Cooperative Multi-Scale Convolutional Neural Networks for Person Detection.* In: *World Congress on Computational Intelligence (WCCI)*, S. 267–276. IEEE.

[Eisenbach et al., 2017a] Eisenbach, Markus, R. Stricker, K. Debes und H.-M. Gross (2017a). *Crack Detection with an Interactive and Adaptive Video Inspection System.* In: *Arbeitsgruppentagung Infrastrukturmanagement*, S. 94–103.

[Eisenbach et al., 2017b] Eisenbach, Markus, R. Stricker, D. Seichter, K. Amende, K. Debes, M. Sesselmann, D. Ebersbach, U. Stöckert und H.-M. Gross (2017b). *How to Get Pavement Distress Detection Ready for Deep Learning? A Systematic Approach.* In: *IEEE Int. Joint Conf. on Neural Networks (IJCNN)*, S. 2039–2047. IEEE.

[Eisenbach et al., 2017c] Eisenbach, Markus, R. Stricker, D. Seichter, A. Vorndran, T. Wengefeld und H.-M. Gross (2017c). *Speeding up Deep Neural Networks on the Jetson TX1.* In: *IJCNN-Workshop on Computational Aspects of Pattern Recognition and Computer Vision with Neural Systems (CAPRI)*, S. 11–22. Springer.

[EISENBACH et al., 2019] EISENBACH, MARKUS, R. STRICKER, M. SESSELMANN, D. SEICHTER und H. M. GROSS (2019). *Enhancing the quality of visual road condition assessment by Deep Learning*. In: *World Road Congress (WRC)*.

[EISENBACH et al., 2015b] EISENBACH, MARKUS, A. VORNDRAN, S. SORGE und H.-M. GROSS (2015b). *User Recognition for Guiding and Following People with a Mobile Robot in a Clinical Environment*. In: *IEEE/RSJ Int. Conf. on Intelligent Robots and Systems (IROS)*, S. 3600—3607. IEEE.

[ELMENREICH, 2002] ELMENREICH, WILFRIED (2002). *An introduction to sensor fusion*. Technischer Bericht, Vienna University of Technology, Austria. Research Report 47/2001.

[FARENZENA et al., 2010] FARENZENA, MICHELA, L. BAZZANI, A. PERINA, V. MURINO und M. CRISTANI (2010). *Person Re-Identification by Symmetry-Driven Accumulation of Local Features*. In: *IEEE Conf. on Computer Vision and Pattern Recognition (CVPR)*, S. 2360–2367.

[FELZENSZWALB et al., 2010] FELZENSZWALB, PEDRO F, R. B. GIRSHICK, D. MCALLESTER und D. RAMANAN (2010). *Object Detection with Discriminatively Trained Part-based Models*. IEEE Trans. on Pattern Analysis and Machine Intelligence (TPAMI), 32(9):1627–1645.

[FERRYMAN und SHAHROKNI, 2009] FERRYMAN, JAMES und A. SHAHROKNI (2009). *PETS2009: Dataset and Challenge*. In: *IEEE Int. Workshop on Performance Evaluation for Tracking and Surveillance (PETS)*, S. 1–6. IEEE.

[FIGUEIRA et al., 2013] FIGUEIRA, DARIO, L. BAZZANI, H. Q. MINH, M. CRISTANI, A. BERNARDINO und V. MURINO (2013). *Semi-supervised Multi-feature Learning for Person Re-identification*. In: *IEEE Int. Conf. on Advanced Video and Signal-Based Surveillance (AVSS)*, S. 111–116.

[FINLAYSON et al., 1994] FINLAYSON, GRAHAM D, M. S. DREW und B. V. FUNT (1994). *Spectral Sharpening: Sensor Transformations for Improved Color Constancy*. Journal of the Optical Society of America A (JOSA A), 11(5):1553–1563.

[FINLAYSON et al., 2001] FINLAYSON, GRAHAM D., S. D. HORDLEY und P. M. HUBEL (2001). *Color by Correlation: A Simple, Unifying Framework for Color Constancy*. IEEE Trans. on Pattern Analysis and Machine Intelligence (TPAMI), 23(11):1209–1221.

[FISCHER, 2016] FISCHER, MICHAEL (2016). *Diskriminative Merkmale für die Kleidungs-basierte Wiedererkennung von Personen*. Bachelorarbeit, TU Ilmenau.

[FISCHLER und BOLLES, 1981] FISCHLER, MARTIN A und R. C. BOLLES (1981). *Random sample consensus: a paradigm for model fitting with ap-*

plications to image analysis and automated cartography. Communications of the ACM, 24(6):381–395.

[Fisher, 1936] Fisher, Ronald A. (1936). *The use of multiple measurements in taxonomic problems*. Annals of Eugenics, 7(2):179–188.

[Fogel und Sagi, 1989] Fogel, Itzhak und D. Sagi (1989). *Gabor Filters as Texture Discriminator*. Biological Cybernetics, 61(2):103–113.

[Forsyth, 1990] Forsyth, David A. (1990). *A Novel Algorithm for Color Constancy*. Int. Journal of Computer Vision (IJCV), 5(1):5–36.

[Freund und Schapire, 1997] Freund, Yoav und R. E. Schapire (1997). *A Decision-theoretic Generalization of on-line Learning and an Application to Boosting*. Journal of computer and system sciences, 55(1):119–139.

[Fukunaga und Hostetler, 1975] Fukunaga, Keinosuke und L. Hostetler (1975). *The estimation of the gradient of a density function, with applications in pattern recognition*. IEEE Transactions on Information Theory, 21(1):32–40.

[Fukushima, 1980] Fukushima, Kunihiko (1980). *Neocognitron: A Self-Organizing Neural Network Model for a Mechanism of Pattern Recognition Unaffected by Shift in Position*. Biological Cybernetics, 36(4):193–202.

[Funt et al., 1998] Funt, Brian, K. Barnard und L. Martin (1998). *Is Machine Colour Constancy Good Enough?*. In: *European Conference Computer Vision (ECCV)*, S. 445–459. Springer.

[Funt und Xiong, 2004] Funt, Brian und W. Xiong (2004). *Estimating Illumination Chromaticity via Support Vector Regression*. In: *IS&T/SID Color Imaging Conference (CIC)*, S. 47–52.

[Gallagher und Chen, 2008] Gallagher, Andrew C und T. Chen (2008). *Clothing cosegmentation for recognizing people*. In: *IEEE Conf. on Computer Vision and Pattern Recognition (CVPR)*, S. 1–8.

[Gao et al., 2017] Gao, Bin, M. Zeng, F. Sun und J. Liu (2017). *Joint Weight and Metric Learning for Person Re-Identification based on Efficient Positive Semi-Definite Constraints and Colour Ranking Aggregation*. Electronics Letters, 53(4):239–241.

[Garcia et al., 2017] Garcia, Jorge, N. Martinel, A. Gardel, I. Bravo, G. L. Foresti und C. Micheloni (2017). *Discriminant Context Information Analysis for Post-Ranking Person Re-Identification*. IEEE Trans. on Image Processing (TIP), 26(4):1650–1665.

[Garcia et al., 2015] Garcia, Jorge, N. Martinel, C. Micheloni und A. Gardel (2015). *Person re-identification ranking optimisation by discriminant context information analysis*. In: *IEEE Int. Conf. on Computer Vision (ICCV)*, S. 1305–1313.

[GEHLEN et al., 2001a] GEHLEN, STEFAN, M. RINNE und M. WERNER (2001a). *Hierarchical Graph-Matching*. European Patent 01118536.0.

[GEHLEN et al., 2001b] GEHLEN, STEFAN, M. RINNE und M. WERNER (2001b). *Hierarchical image model adaptation*. US Patent 7,596,276.

[GENG et al., 2019] GENG, SHUZE, M. YU, Y. GUO und Y. YU (2019). *A Weighted Center Graph Fusion Method for Person Re-identification*. IEEE Access.

[GERMA et al., 2010] GERMA, THIERRY, F. LERASLE, N. OUADAH und V. CADENAT (2010). *Vision and RFID Data Fusion for Tracking People in Crowds by a Mobile Robot*. Computer Vision and Image Understanding (CVIU), 114(6):641–651.

[GERSHON et al., 1987] GERSHON, RON, A. D. JEPSON und J. K. TSOTSOS (1987). *From [R,G,B] to Surface Reflectance: Computing Color Constant Descriptors in Images*. In: *Int. Joint Conf. on Artificial Intelligence (IJCAI)*, Bd. 2, S. 755–758.

[GIJSENIJ und GEVERS, 2007] GIJSENIJ, ARJAN und T. GEVERS (2007). *Color Constancy using Natural Image Statistics*. In: *IEEE Conf. on Computer Vision and Pattern Recognition (CVPR)*, S. 1–8. IEEE.

[GIJSENIJ et al., 2010] GIJSENIJ, ARJAN, T. GEVERS und J. VAN DE WEIJER (2010). *Computational Color Constancy: Survey and Experiments*. IEEE Trans. on Image Processing (TIP), 1(11).

[GLOBERSON und ROWEIS, 2006] GLOBERSON, AMIR und S. T. ROWEIS (2006). *Metric Learning by Collapsing Classes*. In: *Advances in Neural Processing Systems (NIPS)*, S. 451–458.

[GOCKLEY et al., 2007] GOCKLEY, RACHEL, J. FORLIZZI und R. SIMMONS (2007). *Natural Person-Following Behavior for Social Robots*. In: *Int. Conf. on Human-Robot Interaction (HRI)*, S. 17–24. ACM.

[GOLDA, 2016] GOLDA, THOMAS (2016). *Attribute-based Person Re-Identification by Deep Learning*. Masterarbeit, TU Ilmenau.

[GONG et al., 2014a] GONG, SHAOGANG, M. CRISTANI, C. C. LOY und T. M. HOSPEDALES (2014a). *The Re-Identification Challenge*, Kap. 1, S. 1–20. Springer. Person Re-Identification.

[GONG et al., 2014b] GONG, SHAOGANG, M. CRISTANI, S. YAN und C. C. LOY (2014b). *Person Re-Identification*. Springer.

[GONG et al., 2014c] GONG, YUNCHAO, Y. JIA, T. LEUNG, A. TOSHEV und S. IOFFE (2014c). *Deep Convolutional Ranking for Multilabel Image Annotation*. In: *Int. Conf. on Learning Representations (ICLR)*.

[GRANATA und BIDAUD, 2012] GRANATA, CONSUELO und P. BIDAUD (2012). *A Framework for the Design of Person Following Behaviors for*

Social Mobile Robots. In: *IEEE/RSJ Int. Conf. on Intelligent Robots and Systems (IROS)*, S. 4652–4659. IEEE.

[GRASER, 2015] GRASER, GEORG (2015). *Intelligente Suchstrategien und Verdeckungserkennung für schnelles Objekttracking mittels Weak-Feature-Template-Matching*. Bachelorarbeit, TU Ilmenau.

[GRAY et al., 2007] GRAY, DOUGLAS, S. BRENNAN und H. TAO (2007). *Evaluating Appearance Models for Recognition, Reacquisition, and Tracking*. In: *IEEE Int. Workshop on Performance Evaluation for Tracking and Surveillance (PETS)*.

[GRAY und TAO, 2008] GRAY, DOUGLAS und H. TAO (2008). *Viewpoint Invariant Pedestrian Recognition with an Ensemble of Localized Features*. In: *European Conference Computer Vision (ECCV)*, Bd. 5302 d. Reihe *Lecture Notes in Computer Science (LNCS)*, S. 262–275. Springer.

[GROSS et al., 2014] GROSS, HORST-MICHAEL, K. DEBES, E. EINHORN, ST. MÜLLER, A. SCHEIDIG, CH. WEINRICH, A. BLEY und CH. MARTIN (2014). *Mobile Robotic Rehabilitation Assistant for Walking and Orientation Training of Stroke Patients: A Report on Work in Progress*. In: *IEEE Int. Conf. on Systems, Man, and Cybernetics (SMC)*, S. 1880–1887. IEEE.

[GROSS und EISENBACH, 2019] GROSS, HORST-MICHAEL und M. EISENBACH (2019). *Vorlesung Angewandte Neuroinformatik*.

[GROSS et al., 2016a] GROSS, HORST-MICHAEL, M. EISENBACH, A. SCHEIDIG, T. Q. TRINH und T. WENGEFELD (2016a). *Contribution towards Evaluating the Practicability of Socially Assistive Robots - by Example of a Mobile Walking Coach Robot*. In: *Int. Conf. on Social Robotics (ICSR)*, Bd. 9979 d. Reihe *Lecture Notes in Artificial Intelligence (LNAI)*, S. 890–899. Springer.

[GROSS et al., 2017a] GROSS, HORST-MICHAEL, S. MEYER, R. STRICKER, A. SCHEIDIG, M. EISENBACH, S. MÜLLER, T. Q. TRINH, T. WENGEFELD, A. BLEY, C. MARTIN und C. FRICKE (2017a). *Mobile Robot Companion for Walking Training of Stroke Patients in Clinical Post-stroke Rehabilitation*. In: *IEEE Int. Conf. on Robotics and Automation (ICRA)*, S. 1028–1035. IEEE.

[GROSS et al., 2017b] GROSS, HORST-MICHAEL, A. SCHEIDIG, K. DEBES, E. EINHORN, M. EISENBACH, ST. MÜLLER, TH. SCHMIEDEL, T. Q. TRINH, CH. WEINRICH, T. WENGEFELD, A. BLEY und CH. MARTIN (2017b). *ROREAS: Robot Coach for Walking and Orientation Training in Clinical Post-Stroke Rehabilitation. Prototype Implementation and Evaluation in Field Trials*. Autonomous Robots (AR), 41(3):679–698.

[GROSS et al., 2016b] GROSS, HORST-MICHAEL, A. SCHEIDIG, M. EISENBACH, T. Q. TRINH und T. WENGEFELD (2016b). *Assistenzrobotik für die*

Gesundheitsassistenz. Ein Beitrag zur Evaluierung der Praxistauglichkeit am Beispiel eines mobilen Reha-Roboters. In: *German AAL Conference (AAL)*, S. 58–67. VDE.

[Gross et al., 2019] Gross, Horst-Michael, A. Scheidig, S. Müller, B. Schütz, C. Fricke und S. Meyer (2019). *Living with a Mobile Companion Robot in your Own Apartment – Final Implementation and Results of a 20-Weeks Field Study with 20 Seniors.* In: *IEEE Int. Conf. on Robotics and Automation (ICRA)*, S. 2253–2259. IEEE.

[Gruslys et al., 2016] Gruslys, Audrunas, R. Munos, I. Danihelka, M. Lanctot und A. Graves (2016). *Memory-efficient Backpropagation Through Time.* In: *Advances in Neural Processing Systems (NIPS)*, S. 4125–4133.

[Guillaumin et al., 2009] Guillaumin, Matthieu, J. Verbeek und C. Schmid (2009). *Is that you? Metric Learning Approaches for Face Identification.* In: *IEEE Int. Conf. on Computer Vision (ICCV)*, S. 498–505. IEEE.

[Gupta et al., 2016] Gupta, Meenakshi, S. Kumar, L. Behera und V. K. Subramanian (2016). *A Novel Vision-based Tracking Algorithm for a Human-Following Mobile Robot.* IEEE Trans. on Systems, Man and Cybernetics (TSMC), 47(7):1415–1427.

[Hampel et al., 1986] Hampel, Frank R., E. M. Ronchetti, P. J. Rousseeuw und W. A. Stahel (1986). *Robust Statistics: The Approach Based on Influence Functions.* Wiley.

[Haralick et al., 1973] Haralick, Robert M., K. Shanmugam und I. Dinstein (1973). *Textural Features for Image Classification.* IEEE Trans. on Systems, Man and Cybernetics (TSMC), 3(6):610–621.

[Hart et al., 1968] Hart, Peter E., N. J. Nilsson und B. Raphael (1968). *A Formal Basis for the Heuristic Determination of Minimum Cost Paths.* IEEE Trans. on Systems, Science and Cybernetics (TSSC), 4:100–107.

[He et al., 2016a] He, Kaiming, X. Zhang, S. Ren und J. Sun (2016a). *Deep Residual Learning for Image Recognition.* In: *IEEE Conf. on Computer Vision and Pattern Recognition (CVPR)*, S. 770–778.

[He et al., 2016b] He, Kaiming, X. Zhang, S. Ren und J. Sun (2016b). *Identity Mappings in Deep Residual Networks.* In: *European Conference Computer Vision (ECCV)*, S. 630–645. Springer.

[Hebesberger et al., 2016] Hebesberger, Denise, C. Dondrup, T. Koertner, C. Gisinger und J. Pripfl (2016). *Lessons Learned from the Deployment of a Long-Term Autonomous Robot as Companion in Physical Therapy for Older Adults with Dementia: A Mixed Methods*

Study. In: *Int. Conf. on Human-Robot Interaction (HRI)*, S. 27–34. IEEE Press.

[Hermans et al., 2017] Hermans, Alexander, L. Beyer und B. Leibe (2017). *In Defense of the Triplet Loss for Person Re-Identification*. arXiv preprint arXiv:1703.07737.

[Hinton, 1990] Hinton, Geoffrey E (1990). *Connectionist Learning Procedures*. In: *Machine Learning*, S. 555–610. Elsevier.

[Hinton, 2012] Hinton, Geoffrey E (2012). *A Practical Guide to Training Restricted Boltzmann Machines*. In: *Neural Networks: Tricks of the Trade*, S. 599–619. Springer.

[Hinton et al., 2006] Hinton, Geoffrey E, S. Osindero und Y.-W. Teh (2006). *A Fast Learning Algorithm for Deep Belief Nets*. Neural Computation, 18(7):1527–1554.

[Hinton und Salakhutdinov, 2006] Hinton, Geoffrey E und R. R. Salakhutdinov (2006). *Reducing the Dimensionality of Data with Neural Networks*. Science, 313(5786):504–507.

[Hirzer et al., 2011] Hirzer, Martin, C. Beleznai, P. M. Roth und H. Bischof (2011). *Person Re-Identification by Descriptive and Discriminative Classification*. In: *Scandinavian Conf. on Image Analysis (SCIA)*, S. 91–102. Springer.

[Hirzer et al., 2012] Hirzer, Martin, P. M. Roth und H. Bischof (2012). *Person Re-Identification by Efficient Impostor-Based Metric Learning*. In: *IEEE Int. Conf. on Advanced Video and Signal-Based Surveillance (AVSS)*, S. 203–208. IEEE.

[Howard et al., 2017] Howard, Andrew G, M. Zhu, B. Chen, D. Kalenichenko, W. Wang, T. Weyand, M. Andreetto und H. Adam (2017). *MobileNets: Efficient Convolutional Neural Networks for Mobile Vision Applications*. arXiv preprint arXiv:1704.04861.

[Hu et al., 2018] Hu, Jie, L. Shen und G. Sun (2018). *Squeeze-and-Excitation Networks*. In: *IEEE Conf. on Computer Vision and Pattern Recognition (CVPR)*, S. 7132–7141.

[Hu et al., 2013a] Hu, Jwu-Sheng, J.-J. Wang und D. M. Ho (2013a). *Design of Sensing System and Anticipative Behavior for Human Following of Mobile Robots*. Trans. on Industrial Electronics (TIE), 61(4):1916–1927.

[Hu et al., 2013b] Hu, Yang, S. Liao, Z. Lei, D. Yi und S. Li (2013b). *Exploring Structural Information and Fusing Multiple Features for Person Re-Identification*. In: *IEEE Conf. on Computer Vision and Pattern Recognition (CVPR Workshops)*, S. 794–799.

[Huang et al., 2017] Huang, Gao, Z. Liu, K. Q. Weinberger und

L. VAN DER MAATEN (2017). *Densely Connected Convolutional Networks*. In: *IEEE Conf. on Computer Vision and Pattern Recognition (CVPR)*.

[HUBEL und WIESEL, 1962] HUBEL, DAVID H und T. N. WIESEL (1962). *Receptive Fields, Binocular Interaction and Functional Architecture in the Cat's Visual Cortex*. The Journal of Physiology, 160(1):106–154.

[ILIAS et al., 2014] ILIAS, B, S. A. SHUKOR, S. YAACOB, A. ADOM und M. M. RAZALI (2014). *A Nurse Following Robot with High Speed Kinect Sensor*. ARPN Journal of Engineering and Applied Sciences (JEAS), 9(12):2454–2459.

[IOFFE und SZEGEDY, 2015] IOFFE, SERGEY und C. SZEGEDY (2015). *Batch Normalization: Accelerating Deep Network Training by Reducing Internal Covariate Shift*. In: *Int. Conf. on Machine Learning (ICML)*, S. 448–456.

[LÓPEZ DE IPIÑA et al., 2002] IPIÑA, DIEGO LÓPEZ DE, P. R. MENDONÇA und A. HOPPER (2002). *TRIP: A Low-cost Vision-based Location System for Ubiquitous Computing*. Personal and Ubiquitous Computing (PUC), 6(3):206–219.

[ISLAM et al., 2019] ISLAM, MD JAHIDUL, J. HONG und J. SATTAR (2019). *Person following by autonomous robots: A categorical overview*. Submitted to Int. Journal of Robotics Research (IJRR).

[JACK, 2007] JACK, KEITH (2007). *Video Demystified. A Handbook for the Digital Engineer*, Kap. 3 Color Spaces, S. 15–34. Newnes, Elsevier, Burlington, MA, 5 Aufl.

[JACQUES et al., 2017] JACQUES, JULIO CS JUNIOR, X. BARO und S. ESCALERA (2017). *Exploiting Feature Representations through Similarity Learning and Ranking Aggregation for Person Re-Identification*. In: *Int. Conf. on Automatic Face & Gesture Recognition (FG)*, S. 302–309. IEEE.

[JACQUES et al., 2018] JACQUES, JULIO CS JUNIOR, X. BARÓ und S. ESCALERA (2018). *Exploiting Feature Representations through Similarity Learning, Post-Ranking and Ranking Aggregation for Person Re-Identification*. Image and Vision Computing, 79:76–85.

[JAFARI et al., 2014] JAFARI, OMID HOSSEINI, D. MITZEL und B. LEIBE (2014). *Real-Time RGB-D based People Detection and Tracking for Mobile Robots and Head-Worn Cameras*. In: *IEEE Int. Conf. on Robotics and Automation (ICRA)*, S. 5636–5643. IEEE.

[JAIN, 1989] JAIN, ANIL K. (1989). *Fundamentals of Digital Image Processing*. Prentice-Hall, London. Template Matching, Logarithmic Search, S. 404–406.

[JAIN et al., 2005] JAIN, ANIL K., K. NANDAKUMAR und A. ROSS (2005). *Score Normalization in Multimodal Biometric Systems*. Pattern Recognition, 38(12):2270–2285.

[Jain et al., 2004] Jain, Anil K, A. Ross und S. Prabhakar (2004). *An Introduction to Biometric Recognition.* IEEE Trans. on Circuits and Systems for Video Technology (TCSVT), 14(1):4–20.

[Javed et al., 2005] Javed, Omar, K. Shafique und M. Shah (2005). *Appearance modeling for Tracking in Multiple Non-overlapping Cameras.* In: *IEEE Conf. on Computer Vision and Pattern Recognition (CVPR)*, S. 26–33.

[Jiang et al., 2018] Jiang, Shenlu, W. Yao, Z. Hong, L. Li, C. Su und T.-Y. Kuc (2018). *A Classification-Lock Tracking Strategy Allowing a Person-Following Robot to Operate in a Complicated Indoor Environment.* Sensors, 18(11):3903.

[Joachims, 2002] Joachims, Thorsten (2002). *Optimizing Search Engines using Clickthrough Data.* In: *Int. Conf. on Knowledge Discovery and Data Mining (SIGKDD)*, S. 133–142. ACM.

[Jüngling und Arens, 2010] Jüngling, Kai und M. Arens (2010). *Local Feature Based Person Reidentification in Infrared Image Sequences.* In: *IEEE Int. Conf. on Advanced Video and Signal-Based Surveillance (AVSS)*, S. 448–454.

[Jüngling und Arens, 2011] Jüngling, Kai und M. Arens (2011). *View-invariant Person Re-identification with an Implicit Shape Model.* In: *IEEE Int. Conf. on Advanced Video and Signal-Based Surveillance (AVSS)*, S. 197–202.

[Kalman, 1960] Kalman, Rudolph Emil (1960). *A new approach to linear filtering and prediction problems.* Journal of basic Engineering, 82(1):35–45.

[Karaman und Bagdanov, 2012] Karaman, Svebor und A. D. Bagdanov (2012). *Identity Inference: Generalizing Person Re-identification Scenarios.* In: *Computer Vision – ECCV. Workshops and Demonstrations*, Bd. 7583 d. Reihe *Lecture Notes in Computer Science (LNCS)*, S. 443–452. Springer.

[Karanam et al., 2016] Karanam, Srikrishna, M. Gou, Z. Wu, A. Rates-Borras, O. Camps und R. J. Radke (2016). *A Systematic Evaluation and Benchmark for Person Re-Identification: Features, Metrics, and Datasets.* arXiv preprint arXiv:1605.09653.

[Karanam et al., 2015a] Karanam, Srikrishna, Y. Li und R. J. Radke (2015a). *Person Re-Identification with Discriminatively Trained Viewpoint Invariant Dictionaries.* In: *IEEE Int. Conf. on Computer Vision (ICCV)*, S. 4516–4524.

[KARANAM et al., 2015b] KARANAM, SRIKRISHNA, Y. LI und R. J. RADKE (2015b). *Sparse Re-Id: Block Sparsity for Person Re-Identification.* In: *IEEE Conf. on Computer Vision and Pattern Recognition (CVPR Workshops)*, S. 33–40.

[KAUFMAN und ROUSSEEUW, 1987] KAUFMAN, LEONARD und P. J. ROUSSEEUW (1987). *Clustering by Means of Medoids.* In: DODGE, YADOLAH, Hrsg.: *Statistical Data Analysis Based on the L1-Norm and Related Methods*, S. 405–416. North-Holland, Elsevier Science Ltd.

[KAWAI et al., 2012] KAWAI, RYO, Y. MAKIHARA, C. HUA, H. IWAMA und Y. YAGI (2012). *Person Re-Identification using View-Dependent Score-Level Fusion of Gait and Color Features.* In: *Int. Conf. on Pattern Recognition (ICPR)*, S. 2694–2697. IEEE.

[KEMELMACHER-SHLIZERMAN et al., 2016] KEMELMACHER-SHLIZERMAN, IRA, S. M. SEITZ, D. MILLER und E. BROSSARD (2016). *The MegaFace Benchmark: 1 Million Faces for Recognition at Scale.* In: *IEEE Conf. on Computer Vision and Pattern Recognition (CVPR)*, S. 4873–4882.

[KINDERMANN und SNELL, 1980] KINDERMANN, ROSS und J. L. SNELL (1980). *Markov Random Fields and Their Applications.* American Mathematical Society.

[KLEIN et al., 2010] KLEIN, DOMINIK A, D. SCHULZ, S. FRINTROP und A. B. CREMERS (2010). *Adaptive real-time video-tracking for arbitrary objects.* In: *Intelligent Robots and Systems (IROS), 2010 IEEE/RSJ International Conference on*, S. 772–777. IEEE.

[KOIDE und MIURA, 2016] KOIDE, KENJI und J. MIURA (2016). *Identification of a Specific Person Using Color, Height, and Gait Features for a Person Following Robot.* Robotics and Autonomous Systems (RAS), 84:76–87.

[KOIDE und MIURA, 2018] KOIDE, KENJI und J. MIURA (2018). *Convolutional Channel Features-Based Person Identification for Person Following Robots.* In: *Int. Conf. on Intelligent Autonomous Systems (ICIAS)*, S. 186–198. Springer.

[KOLAROW et al., 2012] KOLAROW, ALEXANDER, M. BRAUCKMANN, M. EISENBACH, K. SCHENK, E. EINHORN, K. DEBES und H.-M. GROSS (2012). *Vision-based Hyper-Real-Time Object Tracker for Robotic Applications.* In: *IEEE/RSJ Int. Conf. on Intelligent Robots and Systems (IROS)*, S. 2108–2115. IEEE.

[KOLAROW et al., 2013] KOLAROW, ALEXANDER, K. SCHENK, M. EISENBACH, M. DOSE, M. BRAUCKMANN, K. DEBES und H.-M. GROSS (2013). *APFel: The Intelligent Video Analysis and Surveillance System for Assisting Human Operators.* In: *IEEE Int. Conf. on Advanced Video and

Signal-Based Surveillance (AVSS), S. 195–201. IEEE.

[KÖSTINGER et al., 2012] KÖSTINGER, MARTIN, M. HIRZER, P. WOHLHART, P. M. ROTH und H. BISCHOF (2012). *Large Scale Metric Learning from Equivalence Constraints.* In: *IEEE Conf. on Computer Vision and Pattern Recognition (CVPR)*, S. 2288–2295.

[KRAJNÍK et al., 2014] KRAJNÍK, TOMÁŠ, M. NITSCHE, J. FAIGL, P. VANĚK, M. SASKA, L. PŘEUČIL, T. DUCKETT und M. MEJAIL (2014). *A Practical Multirobot Localization System.* Journal of Intelligent & Robotic Systems (JIRS), 76(3-4):539–562.

[KRAUSE, 2013] KRAUSE, KERSTIN (2013). *Normalisierung von Farben in einem Multi-Kamera-System zur Wiedererkennung von Personen.* Bachelorarbeit, TU Ilmenau.

[KRIZHEVSKY et al., 2012] KRIZHEVSKY, ALEX, I. SUTSKEVER und G. E. HINTON (2012). *Imagenet Classification with Deep Convolutional Neural Networks.* In: *Advances in Neural Processing Systems (NIPS)*, S. 1097–1105.

[KUHN, 1955] KUHN, HAROLD W (1955). *The Hungarian Method for the Assignment Problem.* Naval Research Logistics Quarterly, 2(1-2):83–97.

[KULIS, 2013] KULIS, BRIAN (2013). *Metric Learning: A Survey.* Foundations and Trends in Machine Learning, 5(4):287–364.

[LAND, 1977] LAND, EDWIN H (1977). *The Retinex Theory of Color Vision.* Scientific American, 237(6):108–129.

[LAYNE et al., 2012] LAYNE, RYAN, T. M. HOSPEDALES und S. GONG (2012). *Person Re-Identification by Attributes.* In: *British Machine Vision Conf. (BMVC).*

[LAYNE et al., 2014] LAYNE, RYAN, T. M. HOSPEDALES und S. GONG (2014). *Attributes-based Re-Identification.* In: *Person Re-Identification*, S. 93–117. Springer.

[LEAL-TAIXÉ et al., 2015] LEAL-TAIXÉ, LAURA, A. MILAN, I. REID, S. ROTH und K. SCHINDLER (2015). *MOTChallenge 2015: Towards a Benchmark for Multi-Target Tracking.* arXiv preprint arXiv:1504.01942.

[LECUN et al., 1989] LECUN, YANN, B. BOSER, J. S. DENKER, D. HENDERSON, R. E. HOWARD, W. HUBBARD und L. D. JACKEL (1989). *Backpropagation Applied to Handwritten Zip Code Recognition.* Neural Computation, 1(4):541–551.

[LECUN et al., 1990] LECUN, YANN, B. E. BOSER, J. S. DENKER, D. HENDERSON, R. E. HOWARD, W. E. HUBBARD und L. D. JACKEL (1990). *Handwritten Digit Recognition with a Back-Propagation Network.* In: *Advances in Neural Processing Systems (NIPS)*, S. 396–404.

[LeCun und Cortes, 2010] LeCun, Yann und C. Cortes (2010). *MNIST handwritten digit database.* Datensatz online verfügbar: `http://yann.lecun.com/exdb/mnist/`.

[Lee, 2012] Lee, Peter M (2012). *Bayesian statistics: an introduction.* John Wiley & Sons.

[Leibe et al., 2004] Leibe, Bastian, A. Leonardis und B. Schiele (2004). *Combined Object Categorization and Segmentation with an Implicit Shape Model.* In: *ECCV Workshop on Statistical Learning in Computer Vision*, Bd. 2, S. 7.

[Leigh et al., 2015] Leigh, Angus, J. Pineau, N. Olmedo und H. Zhang (2015). *Person Tracking and Following with 2D Laser Scanners.* In: *IEEE Int. Conf. on Robotics and Automation (ICRA)*, S. 726–733. IEEE.

[Lejbølle et al., 2017a] Lejbølle, Aske R, K. Nasrollahi und T. B. Moeslund (2017a). *Enhancing Person Re-Identification by Late Fusion of Low-, Mid- and High-Level Features.* IET Biometrics, 7(2):125–135.

[Lejbølle et al., 2017b] Lejbølle, Aske R, K. Nasrollahi und T. B. Moeslund (2017b). *Late Fusion in Part-based Person Re-Identification.* In: *Int. Conf. on Machine Learning and Computing (ICMLC)*, S. 385–393. ACM.

[Leng et al., 2013] Leng, Qingming, R. Hu, C. Liang, Y. Wang und J. Chen (2013). *Bidirectional Ranking for Person Re-Identification.* In: *IEEE Int. Conf. on Multimedia and Expo (ICME)*, S. 1–6. IEEE.

[Levenberg, 1944] Levenberg, Kenneth (1944). *A method for the solution of certain non-linear problems in least squares.* Quarterly of applied mathematics, 2(2):164–168.

[Levinson et al., 2011] Levinson, Jesse, J. Askeland, J. Becker, J. Dolson, D. Held, S. Kammel, J. Z. Kolter, D. Langer, O. Pink, V. Pratt, M. Sokolsky, G. Stanek, D. Stavens, A. Teichman, M. Werling und S. Thrun (2011). *Towards Fully Autonomous Driving: Systems and Algorithms.* In: *Intelligent Vehicles Symposium (IV)*, S. 163–168. IEEE.

[Li et al., 2017] Li, Hao, Z. Xu, G. Taylor und T. Goldstein (2017). *Visualizing the Loss Landscape of Neural Nets.* arXiv preprint arXiv:1712.09913.

[Li et al., 2004] Li, Shuyin, M. Kleinehagenbrock, J. Fritsch, B. Wrede und G. Sagerer (2004). *"BIRON, let me Show you Something": Evaluating the Interaction with a Robot companion.* In: *Int. Conf. on Systems, Man and Cybernetics (SMC)*, Bd. 3, S. 2827–2834. IEEE.

[Li et al., 2014] Li, Wei, R. Zhao, T. Xiao und X. Wang (2014). *Dee-*

pReID: Deep Filter Pairing Neural Network for Person Re-Identification. In: *IEEE Conf. on Computer Vision and Pattern Recognition (CVPR)*, S. 152–159.

[Li et al., 2015a] Li, Xiang, A. Wu, M. Cao, J. You und W.-S. Zheng (2015a). *Towards More Reliable Matching for Person Re-Identification.* In: *Int. Conf. on Identity, Security and Behavior Analysis (ISBA)*, S. 1–6. IEEE.

[Li et al., 2015b] Li, Yang, Z. Wu, S. Karanam und R. J. Radke (2015b). *Multi-Shot Human Re-Identification Using Adaptive Fisher Discriminant Analysis.* In: *British Machine Vision Conf. (BMVC)*, Bd. 1, S. 2.

[Li et al., 2013] Li, Zhen, S. Chang, F. Liang, T. S. Huang, L. Cao und J. R. Smith (2013). *Learning Locally-Adaptive Decision Functions for Person Verification.* In: *IEEE Conf. on Computer Vision and Pattern Recognition (CVPR)*, S. 3610–3617.

[Liao et al., 2015] Liao, Shengcai, Y. Hu, X. Zhu und S. Z. Li (2015). *Person Re-Identification by Local Maximal Occurrence Representation and Metric Learning.* In: *IEEE Conf. on Computer Vision and Pattern Recognition (CVPR)*, S. 2197–2206.

[Lightbody et al., 2017] Lightbody, Peter, T. Krajník und M. Hanheide (2017). *A Versatile High-Performance Visual Fiducial Marker Detection System with Scalable Identity Encoding.* In: *Symp. on Applied Computing*, S. 276–282. ACM.

[Lin et al., 2014] Lin, Min, Q. Chen und S. Yan (2014). *Network in Network.* In: *Int. Conf. on Learning Representations (ICLR).*

[Liu et al., 2013] Liu, Chunxiao, C. Change Loy, S. Gong und G. Wang (2013). *POP: Person Re-Identification Post-Rank Optimisation.* In: *IEEE Int. Conf. on Computer Vision (ICCV)*, S. 441–448.

[Liu et al., 2014a] Liu, Chunxiao, S. Gong und C. C. Loy (2014a). *On-the-Fly Feature Importance Mining for Person Re-Identification.* Pattern Recognition, 47(4):1602–1615.

[Liu et al., 2012] Liu, Chunxiao, S. Gong, C. C. Loy und X. Lin (2012). *Person Re-Identification: What Features are Important?.* In: *European Conference Computer Vision (ECCV)*, S. 391–401. Springer.

[Liu et al., 2014b] Liu, Chunxiao, S. Gong, C. C. Loy und X. Lin (2014b). *Evaluating Feature Importance for Re-Identification*, Kap. 10, S. 203–228. Springer. Person Re-Identification.

[Liu et al., 2010] Liu, Wei, J. He und S.-F. Chang (2010). *Large Graph Construction for Scalable Semi-Supervised Learning.* In: *Int. Conf. on Machine Learning (ICML)*, S. 679–686.

[LIU et al., 2017] LIU, WEIYANG, Y. WEN, Z. YU, M. LI, B. RAJ und L. SONG (2017). *Sphereface: Deep Hypersphere Embedding for Face Recognition.* In: *IEEE Conf. on Computer Vision and Pattern Recognition (CVPR)*, Bd. 1, S. 1.

[LIU et al., 2016] LIU, WEIYANG, Y. WEN, Z. YU und M. YANG (2016). *Large-Margin Softmax Loss for Convolutional Neural Networks.* In: *Int. Conf. on Machine Learning (ICML)*, S. 507–516.

[LIU et al., 2015a] LIU, XIAOKAI, H. WANG, Y. WU, J. YANG und M.-H. YANG (2015a). *An Ensemble Color Model for Human Re-Identification.* In: *Winter Conference on Applications of Computer Vision (WCACV)*, S. 868–875. IEEE.

[LIU et al., 2018] LIU, YONG, L. SHANG und A. SONG (2018). *Adaptive Re-Ranking of Deep Feature for Person Re-identification.* arXiv preprint arXiv:1811.08561.

[LIU et al., 2015b] LIU, ZHENG, Z. ZHANG, Q. WU und Y. WANG (2015b). *Enhancing Person Re-Identification by Integrating Gait Biometric.* Neurocomputing, 168:1144–1156.

[LLOYD, 1982] LLOYD, STUART (1982). *Least Squares Quantization in PCM.* IEEE Transactions on Information Theory, 28(2):129–137.

[LOWE et al., 1999] LOWE, DAVID G et al. (1999). *Object Recognition from Local Scale-Invariant Features..* In: *IEEE Int. Conf. on Computer Vision (ICCV)*, Bd. 99, S. 1150–1157.

[LOY et al., 2013] LOY, CHEN CHANGE, C. LIU und S. GONG (2013). *Person Re-Identification by Manifold Ranking.* In: *IEEE Int. Conf. on Image Processing (ICIP)*, S. 3567–3571. IEEE.

[LOY et al., 2009] LOY, CHEN CHANGE, T. XIANG und S. GONG (2009). *Multi-Camera Activity Correlation Analysis.* In: *IEEE Conf. on Computer Vision and Pattern Recognition (CVPR)*, S. 1988–1995. IEEE.

[LU et al., 2016] LU, YUHENG, R. WANG, S. SHAN und X. CHEN (2016). *Multiple-Shot Person Re-Identification via Riemannian Discriminative Learning.* In: *Asian Conf. on Computer Vision (ACCV)*, S. 408–425. Springer.

[LUO et al., 2013] LUO, PING, X. WANG und X. TANG (2013). *Pedestrian Parsing via Deep Decompositional Network.* In: *IEEE Int. Conf. on Computer Vision (ICCV)*, S. 2648–2655.

[MA und LI, 2014] MA, ANDY JINHUA und P. LI (2014). *Query Based Adaptive Re-Ranking for Person Re-Identification.* In: *Asian Conf. on Computer Vision (ACCV)*, S. 397–412. Springer.

[MA et al., 2012a] MA, BINGPENG, Y. SU und F. JURIE (2012a). *BiCov: a novel image representation for person re-identification and face verification.* In: *British Machine Vision Conf. (BMVC).*

[MA et al., 2012b] MA, BINGPENG, Y. SU und F. JURIE (2012b). *Local Descriptors Encoded by Fisher Vectors for Person Re-identification.* In: *European Conference Computer Vision (ECCV)*, S. 413–422.

[MA et al., 2014] MA, BINGPENG, Y. SU und F. JURIE (2014). *Discriminative Image Descriptors for Person Re-Identification*, Kap. 2, S. 23–42. Springer. Person Re-Identification.

[VAN DER MAATEN und HINTON, 2008] MAATEN, LAURENS VAN DER und G. HINTON (2008). *Visualizing data using t-SNE.* Journal of Machine Learning Research (JMLR), 9(2579-2605):85.

[MAGGIO und CAVALLARO, 2005] MAGGIO, EMILIO und A. CAVALLARO (2005). *Hybrid Particle Filter and Mean Shift Tracker with Adaptive Transition Model.* In: *IEEE Int. Conf. on Acoustics, Speech, and Signal Processing (ICASSP)*, Bd. 2, S. ii–221. IEEE.

[MALONEY, 1986] MALONEY, LAURENCE T (1986). *Evaluation of Linear Models of Surface Spectral Reflectance with Small Numbers of Parameters.* Journal of the Optical Society of America A (JOSA A), 3(10):1673–1683.

[MALONEY und WANDELL, 1986] MALONEY, LAURENCE T und B. A. WANDELL (1986). *Color Constancy: A Method for Recovering Surface Spectral Reflectance.* Journal of the Optical Society of America A (JOSA A), 3(1):29–33.

[MALTONI et al., 2009] MALTONI, DAVIDE, D. MAIO, A. K. JAIN und S. PRABHAKAR (2009). *Handbook of Fingerprint Recognition.* Springer, 2. Aufl. Preface. S. xi. Kap. 7. Biometric Fusion. S. 303–340.

[MARQUARDT, 1963] MARQUARDT, DONALD W (1963). *An algorithm for least-squares estimation of nonlinear parameters.* Journal of the society for Industrial and Applied Mathematics, 11(2):431–441.

[MARTINEL et al., 2014] MARTINEL, NIKI, C. MICHELONI und G. L. FORESTI (2014). *Saliency Weighted Features for Person Re-Identification.* In: *European Conference Computer Vision (ECCV)*, S. 191–208. Springer.

[MARTINEL et al., 2016] MARTINEL, NIKI, C. MICHELONI und G. L. FORESTI (2016). *A Pool of Multiple Person Re-Identification Experts.* Pattern Recognition Letters, 71:23–30.

[MEDER, 2011] MEDER, JULIAN (2011). *Neuronale RBF-Netze zur Vordergrund-Hintergrund-Segmentierung.* Bachelorarbeit, TU Ilmenau.

[MIGNON und JURIE, 2012] MIGNON, ALEXIS und F. JURIE (2012). *PCCA: A New Approach for Distance Learning from Sparse Pairwise Constraints.* In: *IEEE Conf. on Computer Vision and Pattern Recognition (CVPR)*, S.

2666–2672. IEEE.

[Monari, 2012] Monari, Eduardo (2012). *Color Constancy Using Shadow-Based Illumination Maps for Appearance-Based Person Re-identification.* In: *IEEE Int. Conf. on Advanced Video and Signal-Based Surveillance (AVSS)*, S. 197–202.

[Morales et al., 2014] Morales, Yoichi, T. Kanda und N. Hagita (2014). *Walking Together: Side-by-Side Walking Model for an Interacting Robot.* Journal of Human-Robot Interaction (JHRI), 3(2):50–73.

[Morgenstern, 2012] Morgenstern, Wieland (2012). *Berechnung von HOG-Features auf der GPU zum echtzeitfähigen Personentracking mit Kameras.* Bachelorarbeit, TU Ilmenau.

[Mossgraber et al., 2010] Mossgraber, Jürgen, F. Reinert und H. Vagts (2010). *An Architecture for a Task-Oriented Surveillance System: A Service- and Event-Based Approach.* In: *Int. Conf. on Systems (ICONS)*, S. 146–151.

[Mueller et al., 2007] Mueller, Steffen, E. Schaffernicht, A. Scheidig, H.-J. Boehme und H.-M. Gross (2007). *Are you still Following me?.* In: *Europ. Conf. on Mobile Robots (ECMR)*, S. 211–216. Albert-Ludwigs-Universitaet Freiburg – Universitaetsverlag.

[Nair und Hinton, 2010] Nair, Vinod und G. E. Hinton (2010). *Rectified Linear Units Improve Restricted Boltzmann Machines.* In: *Int. Conf. on Machine Learning (ICML)*, S. 807–814.

[Nanda und Sa, 2014] Nanda, Aparajita und P. K. Sa (2014). *Person Re-Identification Using Prototype Formation.* In: *Int. Conf. on Industrial and Information Systems (ICIIS)*, S. 1–6. IEEE.

[Nandakumar et al., 2009] Nandakumar, Karthik, A. Ross und A. K. Jain (2009). *Biometric Fusion: Does Modeling Correlation Really Matter?.* In: *IEEE Int. Conf. on Biometrics: Theory, Applications, and Systems (BTAS)*, S. 1–6.

[Nanni et al., 2016] Nanni, Loris, M. Munaro, S. Ghidoni, E. Menegatti und S. Brahnam (2016). *Ensemble of Different Approaches for a Reliable Person Re-Identification System.* Applied Computing and Informatics, 12(2):142–153.

[Nguyen et al., 2017] Nguyen, Ngoc-Bao, V.-H. Nguyen, T. D. Ngo und K. M. Nguyen (2017). *Person Re-Identification with Mutual Re-Ranking.* Vietnam Jour. of Computer Science, 4(4):233–244.

[Nikdel et al., 2018] Nikdel, Payam, R. Shrestha und R. Vaughan (2018). *The Hands-Free Push-Cart: Autonomous Following in Front by Predicting User Trajectory Around Obstacles.* In: *IEEE Int. Conf. on Robotics and Automation (ICRA)*, S. 1–7. IEEE.

[Nitsche et al., 2015] Nitsche, Matias, T. Krajnik, P. Cizek, M. Mejail, T. Duckett et al. (2015). *WhyCon: an efficient, marker-based localization system.* In: *IROS Workshop on Aerial Open-source Robotics*.

[Ohta, 1985] Ohta, Yuichi (1985). *Knowledge-based Interpretation of Outdoor Natural Color Scenes.* Pitman Publishing, London.

[Ojala et al., 2002] Ojala, Timo, M. Pietikäinen und T. Mäenpää (2002). *Multiresolution Gray Scale and Rotation Invariant Texture Classification with Local Binary Patterns.* IEEE Trans. on Pattern Analysis and Machine Intelligence (TPAMI), 24(7):971–987.

[Owens et al., 2011] Owens, Trevor, K. Saenko, A. Chakrabarti, Y. Xiong, T. Zickler und T. Darrell (2011). *Learning Object Color Models from Multi-view Constraints.* In: *IEEE Conf. on Computer Vision and Pattern Recognition (CVPR)*, S. 169–176.

[Pala, 2016] Pala, Federico (2016). *Re-Identification and Semantic Retrieval of Pedestrians in Video Surveillance Scenarios.* Doktorarbeit, Universita'degli Studi di Cagliari.

[Pan et al., 2010] Pan, Sinno Jialin, Q. Yang et al. (2010). *A Survey on Transfer Learning.* Transactions on Knowledge and Data Engineering (TKDE), 22(10):1345–1359.

[Papageorgiou und Poggio, 2000] Papageorgiou, Constantine und T. Poggio (2000). *A trainable system for object detection.* Int. Journal of Computer Vision (IJCV), 38(1):15–33.

[Papula, 2009] Papula, Lothar (2009). *Mathematik für Ingenieure und Naturwissenschaftler*, Bd. 2. Vieweg + Teubner, Wiesbaden, 12 Aufl.

[Park und Kuipers, 2013] Park, Jong Jin und B. Kuipers (2013). *Autonomous Person Pacing and Following with Model Predictive Equilibrium Point Control.* In: *IEEE Int. Conf. on Robotics and Automation (ICRA)*, S. 1060–1067. IEEE.

[Parzen, 1962] Parzen, Emanuel (1962). *On estimation of a probability density function and mode.* The annals of mathematical statistics, 33(3):1065–1076.

[Pearlmutter, 1989] Pearlmutter, Barak A (1989). *Learning state space trajectories in recurrent neural networks.* Neural Computation, 1(2):263–269.

[Pearson, 1901] Pearson, Karl (1901). *On Lines and Planes of Closest Fit to Systems of Points in Space.* The London, Edinburgh, and Dublin Philosophical Magazine and Journal of Science, 2(11):559–572.

[Pedagadi et al., 2013] Pedagadi, Sateesh, J. Orwell, S. Velastin und B. Boghossian (2013). *Local Fisher Discriminant Analysis for Pedestri-*

an Re-Identification. In: *IEEE Conf. on Computer Vision and Pattern Recognition (CVPR)*, S. 3318–3325.

[Pham et al., 2014] Pham, Nam Trung, K. Leman, R. Chang, J. Zhang und H. L. Wang (2014). *Fusing Appearance and Spatio-temporal Features for Multiple Camera Tracking*. In: *Int. Conf. on Multimedia Modeling (MMM)*, Bd. 8325 d. Reihe *Lecture Notes in Computer Science (LNCS)*, S. 365–374. Springer.

[Pomierski und Gross, 1996] Pomierski, Torsten und H.-M. Gross (1996). *Biological Neural Architecture for Chromatic Adaptation Resulting in Constant Color Sensations*. In: *IEEE Int. Conf. on Neural Networks (ICNN)*, S. 734–739. IEEE.

[Poon und Domingos, 2011] Poon, Hoifung und P. Domingos (2011). *Sum-Product Networks: A New Deep Architecture*. In: *IEEE Int. Conf. on Computer Vision Workshops (ICCV Workshops)*, S. 689–690. IEEE.

[Popov et al., 2018] Popov, Vasil L, S. A. Ahmed, N. G. Shakev und A. V. Topalov (2018). *Detection and Following of Moving Targets by an Indoor Mobile Robot using Microsoft Kinect and 2D Lidar Data*. In: *Int. Conf. on Control, Automation, Robotics and Vision (ICARCV)*, S. 280–285. IEEE.

[Poynton, 1997] Poynton, Charles (1997). *Frequently asked questions about color*. Broschüre. 24 Seiten, URL: `http://poynton.ca/ColorFAQ.html`.

[Prosser et al., 2008] Prosser, Bryan, S. Gong und T. Xiang (2008). *Multi-camera Matching using Bi-Directional Cumulative Brightness Transfer Functions*. In: *British Machine Vision Conf. (BMVC)*.

[Prosser et al., 2010] Prosser, Bryan, W.-S. Zheng, S. Gong und T. Xiang (2010). *Person Re-Identification by Support Vector Ranking*. In: *British Machine Vision Conf. (BMVC)*.

[Qi und Su, 2017] Qi, Ce und F. Su (2017). *Contrastive-center loss for deep neural networks*. In: *IEEE Int. Conf. on Image Processing (ICIP)*, S. 2851–2855.

[Qian, 1999] Qian, Ning (1999). *On the Momentum Term in Gradient Descent Learning Algorithms*. Neural Networks, 12(1):145–151.

[Radovanović et al., 2010] Radovanović, Miloš, A. Nanopoulos und M. Ivanović (2010). *Hubs in Space: Popular Nearest Neighbors in High-Dimensional Data*. Journal of Machine Learning Research (JMLR), 11(Sep):2487–2531.

[Ranzato, 2014] Ranzato, Marc Aurelio (2014). *Tutorial on Large-Scale Visual Recognition. Part IV: Large-Scale Visual Recognition with Deep Learning*. In: *IEEE Conf. on Computer Vision and Pattern Recognition*

(CVPR).

[RASTEGARI et al., 2012] RASTEGARI, MOHAMMAD, A. FARHADI und D. FORSYTH (2012). *Attribute Discovery via Predictable Discriminative Binary Codes.* In: *European Conference Computer Vision (ECCV)*, S. 876–889. Springer.

[REHMAN et al., 2018] REHMAN, SAEED-UR, Z. CHEN, M. RAZA, P. WANG und Q. ZHANG (2018). *Person Re-Identification Post-Rank Optimization via Hypergraph-Based Learning.* Neurocomputing, 287:143–153.

[RISTANI et al., 2016] RISTANI, ERGYS, F. SOLERA, R. ZOU, R. CUCCHIARA und C. TOMASI (2016). *Performance Measures and a Data Set for Multi-Target, Multi-Camera Tracking.* In: *ECCV Workshop on Benchmarking Multi-Target Tracking (BMTT).*

[ROSENBERG et al., 2001] ROSENBERG, CHARLES, M. HEBERT und S. THRUN (2001). *Color Constancy using KL-Divergence.* In: *IEEE Int. Conf. on Computer Vision (ICCV)*, Bd. 1, S. 239–246. IEEE.

[ROSENBLATT, 1961] ROSENBLATT, FRANK (1961). *Principles of Neurodynamics. Perceptrons and the Theory of Brain Mechanisms.* Spartan Books, Washington DC.

[ROSENBLATT et al., 1956] ROSENBLATT, MURRAY et al. (1956). *Remarks on some nonparametric estimates of a density function.* The Annals of Mathematical Statistics, 27(3):832–837.

[ROSS und NANDAKUMAR, 2009] ROSS, ARUN und K. NANDAKUMAR (2009). *Fusion, Score-Level*, S. 611–616. Springer. Encyclopedia of Biometrics.

[RUBNER et al., 2000] RUBNER, YOSSI, C. TOMASI und L. J. GUIBAS (2000). *The Earth Mover's Distance as a Metric for Image Retrieval.* Int. Journal of Computer Vision (IJCV), 40(2):99–121.

[RUDER, 2016] RUDER, SEBASTIAN (2016). *An Overview of Gradient Descent Optimization Algorithms.* arXiv preprint arXiv:1609.04747.

[RUMELHART et al., 1986] RUMELHART, DAVID E, G. E. HINTON und R. J. WILLIAMS (1986). *Learning Internal Representations by Error Propagation.* In: RUMELHART, DAVID E., J. L. MCCLELLAND und THE PDP RESEARCH GROUP, Hrsg.: *Parallel Distributed Processing: Explorations in the Microstructure of Cognition*, Bd. 1: Foundation. MIT Press.

[RUSSAKOVSKY et al., 2015] RUSSAKOVSKY, OLGA, J. DENG, H. SU, J. KRAUSE, S. SATHEESH, S. MA, Z. HUANG, A. KARPATHY, A. KHOSLA, M. BERNSTEIN et al. (2015). *ImageNet Large Scale Visual Recognition Challenge.* Int. Journal of Computer Vision (IJCV), 115(3):211–252.

[SANTURKAR et al., 2018] SANTURKAR, SHIBANI, D. TSIPRAS, A. ILYAS und A. MADRY (2018). *How Does Batch Normalization Help Optimization?.*

In: *Advances in Neural Processing Systems (NIPS)*, S. 2483–2493.

[Sapiro, 1999] Sapiro, Guillermo (1999). *Color and Illuminant Voting*. IEEE Trans. on Pattern Analysis and Machine Intelligence (TPAMI), 21(11):1210–1215.

[Saquib Sarfraz et al., 2018] Saquib Sarfraz, M, A. Schumann, A. Eberle und R. Stiefelhagen (2018). *A Pose-Sensitive Embedding for Person Re-Identification with Expanded Cross Neighborhood Re-Ranking*. In: *IEEE Conf. on Computer Vision and Pattern Recognition (CVPR)*, S. 420–429.

[Satta et al., 2012] Satta, Riccardo, G. Fumera und F. Roli (2012). *Fast Person Re-Identification based on Dissimilarity Representations*. Pattern Recognition Letters, 33(14):1838–1848.

[Satta et al., 2011] Satta, Riccardo, G. Fumera, F. Roli, M. Cristani und V. Murino (2011). *A multiple component matching framework for person re-identification*. In: *Int. Conf. on Image Analysis and Processing (ICIAP)*, S. 140–149. Springer.

[Schaefer et al., 2005] Schaefer, Gerald, S. Hordley und G. Finlayson (2005). *A combined physical and statistical approach to colour constancy*. In: *IEEE Conf. on Computer Vision and Pattern Recognition (CVPR)*, S. 148–153.

[Schaffernicht et al., 2010] Schaffernicht, Erik, R. Kaltenhäuser, S. S. Verma und H.-M. Gross (2010). *On Estimating Mutual Information for Feature Selection*. In: *Int. Conf. on Artificial Neural Networks (ICANN)*, Bd. 6352 d. Reihe *LNCS*, S. 362–367. Springer.

[Scheidig et al., 2015] Scheidig, Andrea, E. Einhorn, C. Weinrich, M. Eisenbach, S. Müller, T. Schmiedel, T. Wengefeld, T. Q. Trinh, H.-M. Gross, A. Bley, R. Scheidig, G. Pfeiffer, S. Meyer und S. Oelkers (2015). *Robotischer Reha-Assistent zum Lauftraining von Patienten nach Schlaganfall: Erste Ergebnisse zum Laufcoach*. In: *German AAL Conference (AAL)*, S. 436–445. VDE.

[Scheidig et al., 2019] Scheidig, Andrea, B. Jaeschke, B. Schuetz, T. Q. Trinh, A. Vorndran, A. Mayfarth und H.-M. Gross (2019). *May I Keep an Eye on Your Training? Gait Assessment Assisted by a Mobile Robot*. In: *Int. Conf. on Rehabilitation Robotics (ICORR)*. IEEE/RAS-EMBS.

[Scheiner, 2012] Scheiner, Petra (2012). *Berechnung von Beleuchtungskarten für Statische Kamerakonfigurationen*. Bachelorarbeit, TU Ilmenau, Hochschule Koblenz.

[Schenk, 2011] Schenk, Konrad (2011). *Laserbasiertes Verfahren zur vollautomatischen Erfassung und Protokollierung von Personenbewegungstra-*

jektorien. Masterarbeit, TU Ilmenau.

[SCHENK, 2018] SCHENK, KONRAD (2018). *Contribution to the Long Term Prediction of Motion Trajectories*. Doktorarbeit, TU Ilmenau.

[SCHENK et al., 2011] SCHENK, KONRAD, M. EISENBACH, A. KOLAROW und H.-M. GROSS (2011). *Comparison of Laser-based Person Tracking at Feet and Upper-Body Height*. In: *German Conf. on Artificial Intelligence (KI)*, Bd. 7006 d. Reihe *Lecture Notes in Artificial Intelligence (LNAI)*, S. 277–288. Springer.

[SCHENK et al., 2012a] SCHENK, KONRAD, A. KOLAROW, M. EISENBACH, K. DEBES und H.-M. GROSS (2012a). *Automatic Calibration of a Stationary Network of Laser Range Finders by Matching Movement Trajectories*. In: *IEEE/RSJ Int. Conf. on Intelligent Robots and Systems (IROS)*, S. 431–437. IEEE.

[SCHENK et al., 2012b] SCHENK, KONRAD, A. KOLAROW, M. EISENBACH, K. DEBES und H.-M. GROSS (2012b). *Automatic Calibration of Multiple Stationary Laser Range Finders using Trajectories*. In: *IEEE Int. Conf. on Advanced Video and Signal-Based Surveillance (AVSS)*, S. 306–312. IEEE.

[SCHMID, 2001] SCHMID, CORDELIA (2001). *Constructing models for content-based image retrieval*. In: *IEEE Conf. on Computer Vision and Pattern Recognition (CVPR)*, S. 39–45.

[SCHNITZER und FLEXER, 2015] SCHNITZER, DOMINIK und A. FLEXER (2015). *The Unbalancing Effect of Hubs on K-Medoids Clustering in High-Dimensional Spaces*. In: *IEEE Int. Joint Conf. on Neural Networks (IJCNN)*. IEEE.

[SCHNÜRER et al., 2019] SCHNÜRER, THOMAS, S. FUCHS, M. EISENBACH und H.-M. GROSS (2019). *Real-Time 3D Pose Estimation from Single Depth Images*. In: *Int. Conf. on Computer Vision Theory and Applications (VISAPP)*.

[SCHROFF et al., 2015] SCHROFF, FLORIAN, D. KALENICHENKO und J. PHILBIN (2015). *Facenet: A Unified Embedding for Face Recognition and Clustering*. In: *IEEE Conf. on Computer Vision and Pattern Recognition (CVPR)*, S. 815–823.

[SCHRÖTER et al., 2013] SCHRÖTER, CHRISTOF, ST. MÜLLER, M. VOLKHARDT, E. EINHORN, C. HUIJNEN, H. VAN DEN HEUVEL, A. VAN BERLO, A. BLEY und H.-M. GROSS (2013). *Realization and User Evaluation of a Companion Robot for People with Mild Cognitive Impairments*. In: *IEEE Int. Conf. on Robotics and Automation (ICRA)*, S. 1145–1151. IEEE.

[SCHUMANN et al., 2017] SCHUMANN, ARNE, S. GONG und T. SCHUCHERT (2017). *Deep Learning Prototype Domains for Person Re-Identification*. In: *IEEE Int. Conf. on Image Processing (ICIP)*, S. 1767–1771. IEEE.

[SCHWARTZ und DAVIS, 2009] SCHWARTZ, WILLIAM ROBSON und L. S. DAVIS (2009). *Learning Discriminative Appearance-Based Models Using Partial Least Squares*. In: *Brazilian Symposium on Computer Graphics and Image Processing (SIBGRAPI)*, S. 322–329. IEEE.

[SCOTT, 1992] SCOTT, DAVID W. (1992). *Multivariate Density Estimation: Theory, Practice, and Visualization*. John Wiley & Sons, New York.

[SEDKY et al., 2005] SEDKY, MOHAMED H., M. MONIRI und C. C. CHIBELUSHI (2005). *Classification of Smart Video Surveillance Systems for Commercial Applications*. In: *IEEE Int. Conf. on Advanced Video and Signal-Based Surveillance (AVSS)*, S. 638–643.

[SEICHTER, 2015] SEICHTER, DANIEL (2015). *Deep Neural Network for detecting unintended single or double AAC encoding*. Bachelorarbeit, Fraunhofer IDMT, TU Ilmenau.

[SEICHTER et al., 2018] SEICHTER, DANIEL, M. EISENBACH, R. STRICKER und H. M. GROSS (2018). *How to Improve Deep Learning based Pavement Distress Detection while Minimizing Human Effort*. In: *Int. Conf. on Automation Science and Engineering (CASE)*, S. 63–68. IEEE.

[SESSELMANN et al., 2019] SESSELMANN, MAXIMILIAN, R. STRICKER und M. EISENBACH (2019). *Einsatz von Deep Learning zur automatischen Detektion und Klassifikation von Fahrbahnschäden aus mobilen LiDAR Daten*. AGIT – Jour. für Angewandte Geoinformatik.

[SHAH et al., 2007] SHAH, MUBARAK, O. JAVED und K. SHAFIQUE (2007). *Automated Visual Surveillance in Realistic Scenarios*. IEEE MultiMedia, 14:30–39.

[SHANNON, 1948] SHANNON, CLAUDE ELWOOD (1948). *A Mathematical Theory of Communication*. Bell Labs Technical Journal, 27:379–423.

[SHI und MALIK, 1997] SHI, JIANBO und J. MALIK (1997). *Normalized Cuts and Image Segmentation*. In: *IEEE Conf. on Computer Vision and Pattern Recognition (CVPR)*, S. 731—-737.

[SIEBLER et al., 2010] SIEBLER, CLEMENS, K. BERNARDIN und R. STIEFELHAGEN (2010). *Adaptive Color Transformation for Person Reidentification in Camera Networks*. In: *ACM/IEEE Int. Conf. on Distributed Smart Cameras (ICDSC)*, S. 199–205.

[SIEDER, 2010] SIEDER, RICHARD (2010). *Berechnung der Vordergrund-Hintergrund-Segmentierung auf der GPU zum echtzeitfähigen Personentracking mit Kamera*. Bachelorarbeit, TU Ilmenau.

[SILVERMAN, 1986] SILVERMAN, BERNARD W. (1986). *Density Estimation for Statistics and Data Analysis*. CRC Press.

[SIMONYAN und ZISSERMAN, 2015] SIMONYAN, KAREN und A. ZISSERMAN

(2015). *Very Deep Convolutional Networks for Large-Scale Image Recognition.* In: *Int. Conf. on Learning Representations (ICLR).*

[Smolensky, 1986] Smolensky, Paul (1986). *Information Processing in Dynamical Systems: Foundations of Harmony Theory.* In: Rumelhart, David E und J. L. McLelland, Hrsg.: *Parallel Distributed Processing: Explorations in the Microstructure of Cognition*, Bd. 1, Kap. 6, S. 194—-281. MIT Press.

[Sorge, 2013] Sorge, Sven (2013). *Wiedererkennung von Personen durch symmetriegetriebene Extraktion von Merkmalen.* Masterarbeit, TU Ilmenau.

[Spinello und Arras, 2011] Spinello, Luciano und K. O. Arras (2011). *People Detection in RGB-D Data.* In: *IEEE/RSJ Int. Conf. on Intelligent Robots and Systems (IROS)*, S. 3838–3843. IEEE.

[Srivastava et al., 2014] Srivastava, Nitish, G. E. Hinton, A. Krizhevsky, I. Sutskever und R. Salakhutdinov (2014). *Dropout: A Simple Way to Prevent Neural Networks from Overfitting.*. Journal of Machine Learning Research (JMLR), 15(1):1929–1958.

[Stolberg, 2011] Stolberg, Sven (2011). *Farb-, form- und texturbasierte Features zum Tracking von Personen.* Bachelorarbeit, TU Ilmenau.

[Stricker et al., 2019] Stricker, Ronny, M. Eisenbach, M. Sesselmann, K. Debes und H. M. Gross (2019). *Improving Visual Road Condition Assessment by Extensive Experiments on the Extended GAPs Dataset.* In: *IEEE Int. Joint Conf. on Neural Networks (IJCNN).* IEEE.

[Su et al., 2015] Su, Chi, F. Yang, S. Zhang, Q. Tian, L. S. Davis und W. Gao (2015). *Multi-Task Learning with Low Rank Attribute Embedding for Person Re-Identification.* In: *IEEE Int. Conf. on Computer Vision (ICCV)*, S. 3739–3747.

[Su et al., 2016] Su, Chi, S. Zhang, J. Xing, W. Gao und Q. Tian (2016). *Deep Attributes Driven Multi-Camera Person Re-Identification.* In: *European Conference Computer Vision (ECCV)*, S. 475–491. Springer.

[Sugiyama, 2007] Sugiyama, Masashi (2007). *Dimensionality Reduction of Multimodal Labeled Data by Local Fisher Discriminant Analysis.* Journal of Machine Learning Research (JMLR), 8(May):1027–1061.

[Sun et al., 2016] Sun, Yue, L. Sun und J. Liu (2016). *Human Comfort Following Behavior for Service Robots.* In: *Int. Conf. on Robotics and Biomimetics (ROBIO)*, S. 649–654. IEEE.

[Sun et al., 2018] Sun, Yue, L. Sun und J. Liu (2018). *Performance Evaluation of Human Comfortable Following Model for Service Robots.* In: *Int. Conf. on CYBER Technology in Automation, Control, and Intelligent*

Systems (CYBER), S. 144–147. IEEE.

[Suzuki et al., 2008] Suzuki, Taiji, M. Sugiyama, J. Sese und T. Kanamori (2008). *A Least-Squares Approach to Mutual Information Estimation with Application in Variable Selection.* In: *Workshop on New Challenges for Feature Selection in Data Mining and Knowledge Discovery (FSDM).*

[Szegedy et al., 2015] Szegedy, Christian, V. Vanhoucke, S. Ioffe, J. Shlens und Z. Wojna (2015). *Rethinking the Inception Architecture for Computer Vision.* arXiv preprint arXiv:1512.00567.

[Tasaki et al., 2015] Tasaki, Ryosuke, M. Kitazaki, J. Miura und K. Terashima (2015). *Prototype Design of Medical Round Supporting Robot "Terapio".* In: *IEEE Int. Conf. on Robotics and Automation (ICRA)*, S. 829–834. IEEE.

[Thirde et al., 2006] Thirde, D, L. Li und J. Ferryman (2006). *An Overview of the PETS 2006 Dataset.* In: *IEEE Int. Workshop on Performance Evaluation for Tracking and Surveillance (PETS)*, S. 47–50.

[Tominaga, 1996] Tominaga, Shoji (1996). *Surface Reflectance Estimation by the Dichromatic Model.* Color Research & Application, 21(2):104–114.

[Tominaga und Wandell, 1989] Tominaga, Shoji und B. A. Wandell (1989). *Standard Surface-Reflectance Model and Illuminant Estimation.* Journal of the Optical Society of America A (JOSA A), 6(4):576–584.

[Tremeau und Borel, 1997] Tremeau, Alain und N. Borel (1997). *A region growing and merging algorithm to color segmentation.* Pattern Recognition, 30(7):1191–1203.

[Trinh, 2011] Trinh, Thanh Quang (2011). *Berechnung von SURF-Features auf der GPU zum echtzeitfähigen Personentracking mit Kameras.* Bachelorarbeit, TU Ilmenau.

[Ulery et al., 2006] Ulery, Brad, A. Hicklin, C. Watson, W. Fellner und P. Hallinan (2006). *Studies of Biometric Fusion.* Technischer Bericht IR 7346, National Institute of Standards and Technology (NIST).

[Ulrich et al., 1997] Ulrich, Iwan, F. Mondada und J.-D. Nicoud (1997). *Autonomous Vacuum Cleaner.* Robotics and Autonomous Systems (RAS), 19(3-4):233–245.

[Valera und Velastin, 2005] Valera, Maria und S. A. Velastin (2005). *Intelligent Distributed Surveillance Systems: A Review.* IEE Proc. on Vision, Image and Signal Processing, 152:192–204.

[Vapnik und Lerner, 1963] Vapnik, Vladimir N und A. Lerner (1963). *Pattern Recognition using Generalized Portrait Method.* Automation and Remote Control, 24:774–780.

[VARMA und ZISSERMAN, 2005] VARMA, MANIK und A. ZISSERMAN (2005). *A Statistical Approach to Texture Classification from Single Images*. Int. Journal of Computer Vision (IJCV), 62(1-2):61–81.

[VENEMAN et al., 2007] VENEMAN, JAN F, R. KRUIDHOF, E. E. HEKMAN, R. EKKELENKAMP, E. H. VAN ASSELDONK und H. VAN DER KOOIJ (2007). *Design and Evaluation of the LOPES Exoskeleton Robot for Interactive Gait Rehabilitation*. IEEE Trans. on Neural Systems and Rehabilitation Engineering (TNSRE), 15(3):379–386.

[VERLEYSEN und LEE, 2015] VERLEYSEN, MICHEL und J. A. LEE (2015). *Data visualization with dimensionality reduction and manifold learning*. Tutorial, Int. Joint Conf. on Neural Networks (IJCNN).

[VOLKHARDT und GROSS, 2013a] VOLKHARDT, MICHAEL und H.-M. GROSS (2013a). *Finding People in Apartments with a Mobile Robot*. In: *Int. Conf. on Systems, Man and Cybernetics (SMC)*, S. 4348–4353. IEEE.

[VOLKHARDT und GROSS, 2013b] VOLKHARDT, MICHAEL und H.-M. GROSS (2013b). *Finding People in Home Environments with a Mobile Robot*. In: *Europ. Conf. on Mobile Robots (ECMR)*.

[VOLKHARDT et al., 2013] VOLKHARDT, MICHAEL, CH. WEINRICH und H.-M. GROSS (2013). *People Tracking on a Mobile Companion Robot*. In: *IEEE Int. Conf. on Systems, Man, and Cybernetics (SMC)*, S. 4354–4359. IEEE.

[VORNDRAN, 2015a] VORNDRAN, ALEXANDER (2015a). *Einsatz von "Metric Learning"-Verfahren für die Wiedererkennung von Personen in dynamischen öffentlichen Einsatzumgebungen*. Praktikumsbericht, L-1 Identity Solutions, TU Ilmenau.

[VORNDRAN, 2015b] VORNDRAN, ALEXANDER (2015b). *Evaluation von Distance-Metric-Learning für die Kleidungs-basierte Wiedererkennung von Personen im klinischen Einsatzfeld*. Bachelorarbeit, TU Ilmenau.

[VORNDRAN, 2017] VORNDRAN, ALEXANDER (2017). *Nutzung von Tiefendaten zur Verbesserung der Wahrnehmung und Wiedererkennung von Personen für einen mobilen Trainingsroboter*. Masterarbeit, TU Ilmenau.

[WACHAJA et al., 2017] WACHAJA, ANDREAS, P. AGARWAL, M. ZINK, M. R. ADAME, K. MÖLLER und W. BURGARD (2017). *Navigating Blind People with Walking Impairments using a Smart Walker*. Autonomous Robots (AURO), 41(3):555–573.

[WANG et al., 2018a] WANG, FENG, J. CHENG, W. LIU und H. LIU (2018a). *Additive Margin Softmax for Face Verification*. IEEE Signal Processing Letters (SPL), 25(7):926–930.

[WANG et al., 2018b] WANG, GUANSHUO, Y. YUAN, X. CHEN, J. LI und

X. Zhou (2018b). *Learning Discriminative Features with Multiple Granularities for Person Re-Identification.* In: *Int. Conf. on Multimedia (ICM)*, S. 274–282. ACM.

[Wang et al., 2016] Wang, Hanxiao, S. Gong, X. Zhu und T. Xiang (2016). *Human-in-the-Loop Person Re-Identification.* In: *European Conference Computer Vision (ECCV)*, S. 405–422. Springer.

[Wang et al., 2018c] Wang, Hao, Y. Wang, Z. Zhou, X. Ji, D. Gong, J. Zhou, Z. Li und W. Liu (2018c). *CosFace: Large Margin Cosine Loss for Deep Face Recognition.* In: *IEEE Conf. on Computer Vision and Pattern Recognition (CVPR).*

[Wang et al., 2003] Wang, Liang, T. Tan, H. Ning und W. Hu (2003). *Silhoutte Analysis-based Gait Recognition for Human Identification.* IEEE Trans. on Pattern Analysis and Machine Intelligence (TPAMI), 25(12):1505–1518.

[Wang et al., 2009] Wang, Ning, D. Xu und B. Li (2009). *Edge-based Color Constancy via Support Vector Regression.* IEICE Trans. on Information and Systems, 92(11):2279–2282.

[Weber et al., 2017] Weber, Thomas, S. Triputen, M. Danner, S. Braun, K. Schreve und M. Rätsch (2017). *Follow Me: Real-Time in the Wild Person Tracking Application for Autonomous Robotics.* In: *Robot World Cup (RoboCup)*, S. 156–167. Springer.

[van de Weijer und Gevers, 2005] Weijer, Joost van de und T. Gevers (2005). *Color Constancy based on the Grey-Edge Hypothesis.* In: *IEEE Int. Conf. on Image Processing (ICIP)*, S. II–722–5.

[Weinberger et al., 2006] Weinberger, Kilian Q, J. Blitzer und L. K. Saul (2006). *Distance Metric Learning for Large Margin Nearest Neighbor Classification.* In: *Advances in Neural Processing Systems (NIPS)*, S. 1473–1480.

[Weinberger und Saul, 2008] Weinberger, Kilian Q und L. K. Saul (2008). *Fast Solvers and Efficient Implementations for Distance Metric Learning.* In: *Int. Conf. on Machine Learning (ICML)*, S. 1160–1167. ACM.

[Weinrich et al., 2012] Weinrich, Christoph, Ch. Vollmer und H.-M. Gross (2012). *Estimation of Human Upper Body Orientation for Mobile Robotics using an SVM Decision Tree on Monocular Images.* In: *IEEE/RSJ Int. Conf. on Intelligent Robots and Systems (IROS)*, S. 2147–2152. IEEE.

[Weinrich et al., 2014a] Weinrich, Christoph, T. Wengefeld, C. Schröter und H.-M. Gross (2014a). *People Detection and Distinction of their Walking Aids in 2D Laser Range Data based on*

Generic Distance-Invariant Features. In: *IEEE Int. Symp. on Robot and Human Interactive Communication (RO-MAN)*, S. 767–773. IEEE.

[Weinrich et al., 2014b] Weinrich, Christoph, T. Wengefeld, M. Volkhardt, A. Scheidig und H.-M. Gross (2014b). *Generic Distance-Invariant Features for Detecting People with Walking Aid in 2D Laser Range Data.* In: *Int. Conf. on Intelligent Autonomous Systems (IAS).*

[Welling, 2005] Welling, Max (2005). *Fisher Linear Discriminant Analysis.* Technischer Bericht, Department of Computer Science, University of Toronto.

[Wen et al., 2016] Wen, Yandong, K. Zhang, Z. Li und Y. Qiao (2016). *A Discriminative Feature Learning Approach for Deep Face Recognition.* In: *European Conference Computer Vision (ECCV)*, S. 499–515.

[Wengefeld et al., 2016] Wengefeld, Tim, M. Eisenbach, T. Q. Trinh und H.-M. Gross (2016). *May I be your Personal Coach? Bringing Together Person Tracking and Visual Re-identification on a Mobile Robot.* In: *International Symposium on Robotics (ISR)*, S. 141–148. VDE.

[West und Brill, 1982] West, Gerhard und M. H. Brill (1982). *Necessary and Sufficient Conditions for Von Kries Chromatic Adaptation to give Color Constancy.* Journal of Mathematical Biology, 15(2):249–258.

[Westphal, 2014] Westphal, Oliver (2014). *Lernen von Merkmalen für die Wiedererkennung von Personen mittels Deep Belief Networks.* Bachelorarbeit, TU Ilmenau.

[Wu et al., 2011] Wu, Jianxin, C. Geyer und J. M. Rehg (2011). *Real-Time Human Detection Using Contour Cues.* In: *IEEE Int. Conf. on Robotics and Automation (ICRA)*, S. 860–867.

[Wu et al., 2014] Wu, Ziyan, Y. Li und R. J. Radke (2014). *Viewpoint Invariant Human Re-Identification in Camera Networks Using Pose Priors and Subject-Discriminative Features.* IEEE Trans. on Pattern Analysis and Machine Intelligence (TPAMI), 37(5):1095–1108.

[Xiang et al., 2018] Xiang, Wangmeng, J. Huang, X. Qi, X. Hua und L. Zhang (2018). *Homocentric Hypersphere Feature Embedding for Person Re-identification.* arXiv preprint arXiv:1804.08866.

[Xing et al., 2003] Xing, Eric P, M. I. Jordan, S. J. Russell und A. Y. Ng (2003). *Distance Metric Learning with Application to Clustering with Side-Information.* In: *Advances in Neural Processing Systems (NIPS)*, S. 521–528.

[Xiong et al., 2014] Xiong, Fei, M. Gou, O. Camps und M. Sznaier (2014). *Person Re-Identification Using Kernel-Based Metric Learning Methods.* In: *European Conference Computer Vision (ECCV)*, S. 1–16. Springer.

[Xiong et al., 2007] Xiong, Weihua, L. Shi, B. Funt, S.-S. Kim, B.-H. Kan, S.-D. Lee und C.-Y. Kim (2007). *Illumination Estimation via Thin-Plate Spline Interpolation.* In: *IS&T/SID Color Imaging Conference (CIC).*

[Xu et al., 2011] Xu, Bin, J. Bu, C. Chen, D. Cai, X. He, W. Liu und J. Luo (2011). *Efficient Manifold Ranking for Image Retrieval.* In: *Int. ACM SIGIR Conf. on Research and Development in Information Retrieval (SIGIR)*, S. 525–534. ACM.

[Yan et al., 2007] Yan, Shuicheng, D. Xu, B. Zhang, H.-J. Zhang, Q. Yang und S. Lin (2007). *Graph Embedding and Extensions: A General Framework for Dimensionality Reduction.* IEEE Trans. on Pattern Analysis and Machine Intelligence (TPAMI), S. 40–51.

[Yang und Moody, 1999] Yang, Howard Hua und J. Moody (1999). *Feature Selection Based on Joint Mutual Information.* In: *Int. ICSC Symp. on Advances in Intelligent Data Analysis (AIDA)*, S. 22–25.

[Ye et al., 2015a] Ye, Mang, J. Chen, Q. Leng, C. Liang, Z. Wang und K. Sun (2015a). *Coupled-View Based Ranking Optimization for Person Re-Identification.* In: *Int. Conf. on Multimedia Modeling (MMM)*, S. 105–117. Springer.

[Ye et al., 2015b] Ye, Mang, C. Liang, Z. Wang, Q. Leng und J. Chen (2015b). *Ranking Optimization for Person Re-Identification via Similarity and Dissimilarity.* In: *Int. Conf. on Multimedia (ICM)*, S. 1239–1242. ACM.

[Yilmaz et al., 2006] Yilmaz, Alper, O. Javed und M. Shah (2006). *Object Tracking: A Survey.* ACM Computing Surveys (CSUR), 38(4):1–45.

[Yu et al., 2017] Yu, Rui, Z. Zhou, S. Bai und X. Bai (2017). *Divide and Fuse: A Re-Ranking Approach for Person Re-Identification.* In: *British Machine Vision Conf. (BMVC).*

[Zadeh, 1965] Zadeh, Lotfi A (1965). *Fuzzy Sets.* Information and Control, 8(3):338–353.

[Zhai et al., 2019] Zhai, Yao, X. Guo, Y. Lu und H. Li (2019). *In Defense of the Classification Loss for Person Re-Identification.* In: *IEEE Conf. on Computer Vision and Pattern Recognition (CVPR Workshops).*

[Zhang et al., 2016a] Zhang, Kaipeng, Z. Zhang, Z. Li und Y. Qiao (2016a). *Joint Face Detection and Alignment Using Multitask Cascaded Convolutional Networks.* IEEE Signal Processing Letters (SPL), 23(10):1499–1503.

[Zhang et al., 2016b] Zhang, Li, T. Xiang und S. Gong (2016b). *Learning a Discriminative Null Space for Person Re-Identification.* In: *IEEE Conf. on Computer Vision and Pattern Recognition (CVPR)*, S. 1239–1248.

[Zhang et al., 2016c] Zhang, Shanshan, R. Benenson, M. Omran, J. Hosang und B. Schiele (2016c). *How Far are We from Solving Pedestrian Detection?.* In: *IEEE Conf. on Computer Vision and Pattern Recognition (CVPR).*

[Zhang et al., 2017a] Zhang, Xiao, Z. Fang, Y. Wen, Z. Li und Y. Qiao (2017a). *Range Loss for Deep Face Recognition with Long-tailed Training Data.* In: *IEEE Int. Conf. on Computer Vision (ICCV)*, S. 5409–5418.

[Zhang et al., 2017b] Zhang, Xuan, H. Luo, X. Fan, W. Xiang, Y. Sun, Q. Xiao, W. Jiang, C. Zhang und J. Sun (2017b). *AlignedReID: Surpassing Human-Level Performance in Person Re-Identification.* arXiv preprint arXiv:1711.08184.

[Zhao et al., 2013] Zhao, Rui, W. Ouyang und X. Wang (2013). *Unsupervised Salience Learning for Person Re-identification.* In: *IEEE Conf. on Computer Vision and Pattern Recognition (CVPR)*, S. 3586–3593.

[Zhao et al., 2018] Zhao, Zuoquan, C. Fang und Q. Ren (2018). *People Following System Based on LRF.* In: *Int. Workshop on Human Friendly Robotics (HFR)*, S. 78–83. IEEE.

[Zheng et al., 2018a] Zheng, Aihua, X. Zhang, B. Jiang, B. Luo und C. Li (2018a). *A Subspace Learning Approach to Multishot Person Reidentification.* IEEE Trans. on Systems, Man and Cybernetics (TSMC), S. 1–10.

[Zheng et al., 2015a] Zheng, Liang, L. Shen, L. Tian, S. Wang, J. Wang und Q. Tian (2015a). *Scalable Person Re-Identification: A Benchmark.* In: *IEEE Int. Conf. on Computer Vision (ICCV)*, S. 1116–1124.

[Zheng et al., 2015b] Zheng, Liang, S. Wang, L. Tian, F. He, Z. Liu und Q. Tian (2015b). *Query-Adaptive Late Fusion for Image Search and Person Re-Identification.* In: *IEEE Conf. on Computer Vision and Pattern Recognition (CVPR)*, S. 1741–1750.

[Zheng et al., 2009] Zheng, Wei-Shi, S. Gong und T. Xiang (2009). *Associating Groups of People..* In: *British Machine Vision Conf. (BMVC).*

[Zheng et al., 2011] Zheng, Wei-Shi, S. Gong und T. Xiang (2011). *Person Re-identification by Probabilistic Relative Distance Comparison.* In: *IEEE Conf. on Computer Vision and Pattern Recognition (CVPR)*, S. 649–656. IEEE.

[Zheng et al., 2014] Zheng, Wei-Shi, S. Gong und T. Xiang (2014). *Group Association: Assisting Re-Identification by Visual Context.* In: *Person Re-Identification*, S. 183–201. Springer.

[ZHENG et al., 2018b] ZHENG, YUTONG, D. K. PAL und M. SAVVIDES (2018b). *Ring Loss: Convex Feature Normalization for Face Recognition.* In: *IEEE Conf. on Computer Vision and Pattern Recognition (CVPR).*

[ZHENG et al., 2017] ZHENG, ZHEDONG, L. ZHENG und Y. YANG (2017). *Unlabeled Samples Generated by GAN Improve the Person Re-identification Baseline in vitro.* In: *IEEE Int. Conf. on Computer Vision (ICCV).*

[ZHONG et al., 2017] ZHONG, ZHUN, L. ZHENG, D. CAO und S. LI (2017). *Re-ranking Person Re-Identification with k-Reciprocal Encoding.* In: *IEEE Conf. on Computer Vision and Pattern Recognition (CVPR)*, S. 1318–1327.

[ZHOU et al., 2004] ZHOU, DENGYONG, J. WESTON, A. GRETTON, O. BOUSQUET und B. SCHÖLKOPF (2004). *Ranking on Data Manifolds.* In: *Advances in Neural Processing Systems (NIPS)*, S. 169–176.

[ZHU et al., 2015] ZHU, JIANQING, S. LIAO, D. YI, Z. LEI und S. Z. LI (2015). *Multi-Label CNN based Pedestrian Attribute Learning for Soft Biometrics.* In: *Int. Conf. on Biometrics (ICB)*, S. 535–540. IEEE.

Index